AF802500

ALFRED GUTERSOHN

Das Gewerbe in der freien Marktwirtschaft

Erster Band

SCHRIFTENREIHE DES SCHWEIZERISCHEN INSTITUTS
FÜR GEWERBLICHE WIRTSCHAFT AN DER
HOCHSCHULE ST. GALLEN
FÜR WIRTSCHAFTS- UND SOZIALWISSENSCHAFTEN

3

Das Gewerbe in der freien Marktwirtschaft

Band I

Das Wesen des Gewerbes und die Eigenart seiner Leistungen

Von

Prof. Dr. Alfred Gutersohn

Zweite, überarbeitete Auflage

DUNCKER & HUMBLOT · BERLIN/MÜNCHEN/ST. GALLEN

CIP-Kurztitelaufnahme der Deutschen Bibliothek

Gutersohn, Alfred

Das Gewerbe in der freien Marktwirtschaft. —
Berlin, München, S[ank]t Gallen: Duncker und
Humblot.
Bd. 1. Das Wesen des Gewerbes und die Eigenart
seiner Leistungen. — 2., überarb. Aufl. —
1977.
(Schriftenreihe des Schweizerischen Instituts
für Gewerbliche Wirtschaft an der Hochschule
S[ank]t Gallen für Wirtschafts- und Sozial-
wissenschaften; 3)
ISBN 3-428-03839-8

Alle Rechte vorbehalten
© 1977 Duncker & Humblot, Berlin 41
Gedruckt 1977 bei Buchdruckerei Bruno Luck, Berlin 65
Printed in Germany

ISBN 3 428 03839 8

Vorwort zur zweiten Auflage

Der Band I des Buches über „Das Gewerbe in der freien Marktwirtschaft“ ist in der ersten Auflage im Jahre 1954 erschienen. Seither hat das rasche Wachstum der abendländischen und einiger fernöstlicher Volkswirtschaften starke Weiterentwicklungen, von tiefgreifenden Strukturänderungen begleitet, gebracht. Damit mußte die fällige Neuauflage zu einer besonders ansprechenden Aufgabe werden, die eingangs aufgestellten Thesen an den heutigen Sachverhalten zu messen und die einschlägigen Zukunftsaussichten abzuschätzen.

So bot uns die Grundlagenforschung im Rahmen des Schweizerischen Instituts für gewerbliche Wirtschaft an der Hochschule St. Gallen für Wirtschafts- und Sozialwissenschaften mitsamt den von diesem durchgeführten Betriebsvergleichen, den Aussprachen mit zu Kursveranstaltungen zugezogenen Experten und im Schosse der regelmäßig abgehaltenen internationalen „Recontres de St. Gall“ viele Gelegenheiten zur Verifikation und Erweiterung oder Vertiefung der Einsichten. Ferner kam dem Verfasser jahrzehntelange praktische Mitarbeit im schweizerischen Spitzenverband des Gewerbes zugute. Manches Mehr-Wissen ließ sich auch aus der Betreuung des „Internationalen Gewerbearchivs“ schöpfen.

Die Ergebnisse unserer Studien bestätigen weitgehend die früheren Befunde. Die Einwände dagegen haben wir wohl beachtet; sie erwiesen sich aber größtenteils als durch Mißverständnisse ausgelöste, an denen allerdings Lücken in unseren Darlegungen und deren noch zuwenig genaue Formulierung mitschuldig waren. Das hat uns die noch schärfere und profiliertere Ergründung der gewerblichen Wirtschaft aufgetragen. Zugleich sollte die Darstellung durch die Einfügung zahlreicherer Beispiele aus dem eigenen Beobachtungsbereich der Leser noch an Anschaulichkeit gewinnen. Damit ist es zu deren starker Überarbeitung, unter Inkaufnahme eines Zusatzbedarfs an Seiten dafür, gekommen.

Der Untersuchung kann man nach wie vor die betont wirtschaftliche, vorab volkswirtschaftliche Ausrichtung zum Vorwurf machen. Zweifellos reicht die Bedeutung der Betriebe, die wir als „gewerbliche“ ansprechen, über die Belange der „nackten“ Güterversorgung hinaus. Doch tat nun einmal, um klare Einblicke in die heute doch wohl grundlegenden Gegebenheiten zu gewinnen, eine Beurteilung zur Hauptsache nach den

Leistungen für die materielle Bedarfsdeckung not. Natürlich bleibt diese eine solche nur auf einer Ebene und damit nicht umfassende. Dafür verhilft die Analyse innerhalb der einzelnen Wissensgebiete, mit den ihnen eigenen Fragen und Maßstäben, am ehesten Zugang zu eindeutigen Aufschlüssen, die sich hernach mit der in den Nachbarwissenschaften auf ähnliche Weise gewonnenen zu Gesamt-Erkenntnissystemen zusammenfassen lassen. Allerdings mußten wir im Zuge unserer Betrachtungen in einigen Beziehungen doch auf einige Nachbargebiete übergreifen. Es geschah aber nur dort, wo wir uns auf Grund bekannter Lehre und konkreter Erfahrungen als dazu zuständig erachteten. — Der Arbeit scheint heute vergönnt, bei allmählich wieder wacherem Sinn für die Dienste des Gewerbes abgeschlossen werden zu können. Darob könnte sich am Ende das Mißverständnis verlieren, daß sie überholten, „antiquierten" Strukturen gegolten hätte ...

Wir fühlen uns allen, die uns mit ihren Anregungen, Sachkenntnissen und Beiträgen zum Gesamtverständnis des Untersuchungsobjektes an die Hand gegangen sind, tief verpflichtet. Ebenso gebührt den Mitarbeitern des Gewerbeinstituts in St. Gallen für die Mitwirkung bei der Beschaffung neuen Unterlagenmaterials sowie dessen bewährter Sekretärin, Frau M. Habersaat, für die oft mühselige Textbereinigung auf den Druck des Buches hin, unser verbindlicher Dank.

St. Gallen, im Februar 1977

Der Verfasser

Vorwort zur ersten Auflage

Das vorliegende Buch befaßt sich mit einem Bereich der Wirtschaft, der alltäglich und jedermann vertraut zu sein scheint, bisher jedoch nur eine beschränkte Aufmerksamkeit der Wissenschaft gefunden hat. Zum mindesten war er seit der letzten Jahrhundertwende nur noch vereinzelt und gleichsam am Rande Gegenstand wissenschaftlicher Abhandlungen. Dabei fehlte es nicht an Unklarheiten und eigentlichen Widersprüchen: Zuerst mit Widerstreben, später zunehmend geneigter, hatte man an die fortschreitende Verdrängung der kleineren Betriebe durch die sich entwickelnden größeren und an die Überlegenheit der letzteren zu glauben begonnen. In Wirklichkeit vermochten sich aber nicht nur die Kleinindustrie, sondern ebenfalls das Handwerk und der Kleinhandel zu behaupten und zum Teil in der modernen Volkswirtschaft stärker als je zu entfalten. Da die herrschende Lehre dieser Erfahrung wenig Beachtung schenkte, konnte die Sachlage entstehen, daß — wenigstens in einigen Ländern — wohl einige Betriebs- und Volkswirtschafter aus Auftrag oder eigenem Interesse Einzelerhebungen über Fragen des Handwerks und der kleineren Einheiten des Handels anstellten, die allgemeine Theorie sich jedoch von deren Fortbestand im wesentlichen nur noch Vorzüge in sozialer und staatspolitischer Hinsicht versprach.

Tatsächlich beruht das Wirtschaftsleben in allen freiheitlich regierten Ländern Europas nach wie vor in beträchtlichem Ausmaß auf der Tätigkeit zahlreicher kleinerer Gewerbetreibender. Ließ die industrielle Revolution mitunter mehr die Großbetriebe an Boden und manchmal ein ausgeprägtes Übergewicht gewinnen, so bewahrten die kleinen und mittleren gleichwohl eine nicht zu unterschätzende Bedeutung. Diese selbständig Erwerbenden und ihre „Geschäfte" haben ihre besonderen, von den übrigen Betriebsgrößen und Formen abweichenden Probleme, die nicht minder als jene nach Lösungen verlangen. Allerdings springen die bestimmenden Wesenszüge nicht sofort und überall in die Augen. Das äußere Bild zeigt vielmehr, bereits zwischen den verschiedenen Handwerkszweigen und erst recht von diesen zum Kleinhandel und den Dienstleistungsberufen, beträchtliche Unterschiede und auseinandergehende Bestrebungen. Daneben fördert aber die nähere Prüfung nicht minder starke Ähnlichkeiten und Gleichheiten zutage. Als erste Anzeichen dafür dürfen die Regung zum Zusammenschluß in denselben Verbänden und Parteien und die Beobachtung gelten, daß sie in Perioden der Bedrängnis bemerkenswert ähnliche Begehren geltend machen. Besonders haben sie jedoch eine Gefährdung ihres Daseins durch die Großbetriebe der Industrie und des Handels, sowohl der im privatkapitalistischen Sinne als der mit gemeinwirtschaftlichen Zielen geführten, gemein. Sie lehnen sich einerseits gegen Beschränkungen ihrer Bewegungsfreiheit, nicht minder aber gegen allzu scharfen Wettbewerb auf. Sie verkörpern einen Teil der Privatwirtschaft, können sich aber im Wechsel der Konjunkturen bald einmal zur Anrufung der Staatshilfe genötigt sehen.

Die Frage des Fortbestandes der „Kleingewerbe“ ist nicht nur für diese selbst aufgeworfen, sondern es wird die ganze Volks- und Sozialwirtschaft tiefgreifend beeinflussen, ob und wie weit sie sich zu behaupten wissen. Deshalb kommen die öffentlichen Auseinandersetzungen über den „gewerblichen Mittelstand“ und seine Wünsche nicht zur Ruhe, wobei allerdings dessen Bild je nach der Parteien- und Zeiten-Gunst in außerordentlichem Grade schwankt. Dementsprechend entbrennt über die geeigneten Maßnahmen zu seiner Förderung oder zu seinem Schutz meistens ein lebhafter Widerstreit. Die Schwierigkeiten erreichen bisweilen ein Ausmaß, das zur Vermutung drängt, es dürften dabei unklare Anschauungen über das Wesen und das Gewicht des zu Fördernden oder zu Schützenden mit eine Rolle spielen. So stellt sich die doppelte Aufgabe, nicht nur den Lebensraum des Handwerks, Kleinhandels und der Kleinbetriebe der Dienstleistungszweige in der „industrialisierten“ Gesamtwirtschaft, sondern ebensosehr deren Wesen zu ergründen. Der systematischen volkswirtschaftlichen Analyse sollte es dabei gelingen, die beiden Obliegenheiten in einem Zug zu meistern, indem ja im Blickfeld der Volkswirtschaftslehre die einzelnen Wirtschaftszweige und Betriebsformen gerade durch das, was sie zur Hebung der Wohlfahrt beisteuern, ihr kennzeichnendes Gepräge aufgedrückt erhalten.

Hier möchte nun unsere Arbeit, an die bisherigen anknüpfend, in die Lücke treten. Wir streben hauptsächlich Einblicke in wirtschaftliche Gegebenheiten und Zusammenhänge an, weil uns in einer Zeit, die so viel wie die gegenwärtige Gewicht auf den äußeren Wohlstand und seine möglichste Mehrung legt, das Fortbestehen breiter Erzeugungszweige und Betriebsformen nur aus solchen ableitbar erscheint. Es will in diesem Punkt eine Entscheidung getroffen sein. Die Mitberücksichtigung sozialer Belange und das Erfordernis, auch auf diese zu achten, sei damit nicht bestritten; doch fallen sie unter den obwaltenden Bedingungen nur subsidiär, ergänzend, in Betracht. — Das Gewerbe verbindet mit seiner Alltäglichkeit eine überaus starke Vielfalt und Wandelbarkeit seiner Erscheinungsformen. Unsere Analyse hat daher nicht nur die Oberflächlichkeiten des Alltags-Sprachgebrauchs zu überwinden, sondern sich noch in großem Umfange der Einzelbeobachtung zu bedienen. Der Untersuchungsgegenstand widerstrebt der exakten Erfassung im Sinne genauer Mengenvergleiche. Wer die Wissenschaftlichkeit nur nach dem Grad der Anwendung ökonometrischer Methoden messen möchte, müßte darum unserem Anlaufe von vorneherein mit größten Vorbehalten begegnen ... Ferner erweist es sich als unumgänglich, die Forschung nicht auf den Anschluß der Betriebe derselben oder ähnlicher Struktur an die Märkte und ihre Beeinflussung durch die Gesetzgebung und Staatswirtschaft zu beschränken, sondern das Blickfeld bis auf die Kräfte innerhalb dieser Einheiten zu verengen. Die Ermittlung der Grundlagen erheischt die Überschreitung des in den letzten Jahren gezogenen Grabens zwischen der Volks- und der Betriebswirtschaftslehre, was die jüngstens sich mehrenden Mahnungen bekräftigt, die Trennung der beiden Disziplinen nur als Arbeitshypothese zu verstehen und nicht zu einer absoluten zu machen.

Unser Abriß der gewerblichen Wirtschaft möchte klare Erkenntnisse bieten und zugleich ein möglichst wirklichkeitsnaher bleiben. Es zeigte sich aber bald und gerade bei der Deutung des wirtschaftlichen Wesens des Handwerks, des Kleinhandels und der diensterbringenden Berufe das Erfordernis, nicht bloß auf die empirische Erfahrung abzustellen, sondern die Abstraktion zuhilfe zu nehmen. So entstand in erster Linie ein Gedankengerüst, das — trotz der bekannten Mängel des Verfahrens, dieses Modell als allgemeines Schema der freien Marktwirtschaft zu verwenden — auf der Voraussetzung vollkommener Konkurrenz aufbaut. Wir bemühen uns, die strukturelle Entwicklung der modernen Volkswirtschaft herauszuschälen, die sich bei in keiner Art verfälschtem Wettstreit, nur mit echten Leistungen, ergeben würde. Wer sich auf die freiheitliche Ordnung der Wirtschaft stützt, hat bei der Würdigung bestimmter Betriebsformen als Teile dieser Wirtschaft zwangsläufig vor allem die Frage nach der Wettbewerbsfähigkeit und ihren Gründen, bzw. nach der darin zum Ausdruck kommenden Produktivität zu beantworten. Dabei drängt die Verwickeltheit der tatsächlichen Verhältnisse dazu, dies vorerst für den einfachsten Fall zu tun. Selbstverständlich ist aber hernach, von diesem Kern aus, durch die schrittweise Mitberücksichtigung der jeweiligen Voraussetzungen für die Annäherung der herausgeschälten Zusammenhänge an die Wirklichkeit zu sorgen. Nach diesem Verfahren vorgehend, bemüht sich die vorliegende Arbeit, die Erfassung der Realitäten wenigstens so weit als möglich zu treiben.

Wenn wir das Gewerbe in einem freiheitlichen Rahmen betrachten, so geschieht dies — ohne politische Voreingenommenheit — einfach deswegen, weil die Praxis der kommunistischen Planwirtschaft, zum beherrschenden System erhoben und nach den erhältlichen Auskünften zu schließen, nur noch wenig Platz dafür zu gewähren scheint. Wir werden zudem mit unserer Analyse auf innere Notwendigkeiten stoßen, die für die Erwartung einer starken Beschränkung des Lebensraumes für selbständige Handwerksmeister, Kaufleute und Dienstleistungsbetriebe in einer solchen Plan- und Kommandowirtschaft sprechen. Anderseits möchten wir alle Wirtschaftsverfassungen, die immer noch vorwiegend auf den Ausgleich von Angebot und Nachfrage auf einem nicht der durchgreifenden staatlichen Lenkung unterworfenen Markt abstellen, als zu den freiheitlichen gehörend einschätzen. Wir gedenken ihnen also nicht nur jene mit in jeder Hinsicht ungehemmtem Wettbewerb, sondern auch die durch staatliche Weisungen beeinflußten zuzuzählen, sofern nur Gewähr dafür besteht, daß das unmittelbare Aushandeln der Preise zwischen den Anbietern der Güter und ihren Abnehmern eine maßgebende Auslese- und Regulierungsfunktion zu erfüllen vermag.

Nach dem ursprünglichen Plane sollte es mit einem einzigen Buche gelingen, einen hinreichend einläßlichen Überblick über das „Gewerbe“ zu vermitteln. Im Zuge der Niederschrift zeigte sich aber die Unausweichlichkeit seiner Ausdehnung auf zwei Bände. Davon will der erste die genauere Wesens- und Standortsbestimmung und die ersten Kapitel des ausführenden Teiles bringen. Dem zweiten, in nicht allzu langem zeitlichen Abstande folgenden, ist es zugedacht, die Kennzeichnung der betriebswirtschaftlichen Eigentümlichkeiten der ins Auge gefaßten Produktionsarten, die Marktformen (für die Rohstoff- und Warenbeschaffung und für den Verkauf der Erzeugnisse, die Preisbildung im Handwerk, im kleinbetrieblichen Einzelhandel und in den Dienstleistungszweigen), über den Ursprung und die Art der Verbände auf diesem Gebiet und deren Auswirkungen, über die Kapitalbeschaffung für das Gewerbe, den Einfluß der Steuersysteme und der Höhe der staatlichen Abgaben, über die Grundzüge der Gewerbepolitik anzuschließen.

Mit Freude darf der Verfasser vermerken, daß die Untersuchung manche und mehrfach eine wahrhaft freundschaftliche Förderung erfuhr. So fühlt er sich den Teilnehmern aus verschiedenen Ländern an den alljährlichen Zusammenkünften der „Rencontres de St-Gall“ zur methodischen Erörterung von Problemen des Handwerks, des „Kleinhandels“, der Dienstleistungsbranchen sowie des Mittelstandes für die Hilfe zu Dank verpflichtet, die sie mit ihren Thesen, Einwänden und Unterlagen boten. Das Anrecht auf ganz besonderen Dank haben sich Herr Kollege Dr. K. Rößle, Ordinarius für Betriebswirtschaftslehre an der Universität München und Leiter des Deutschen Handwerksinstituts, für seine energischen Anstöße zur Arbeit und Herr Kollege Dr. W. Heinrich, Ordinarius für Nationalökonomie an der Hochschule für Welthandel in Wien und Leiter des Österreichischen Instituts für Gewerbeforschung, für die Durchsicht des Manuskriptes und seine Anregungen erworben. Endlich sei auch dem Leitenden Ausschuß des Schweizerischen Instituts für gewerbliche Wirtschaft an der Handels-Hochschule St. Gallen, namentlich seinem Präsidenten, Herrn Kollegen Dr. Theo Keller, Ordinarius für Volkswirtschaftslehre und Finanzwissenschaft, für die Ermutigung und gewährte Unterstützung aufrichtig gedankt.

Der Verfasser

Inhaltsverzeichnis

A. Die bisherige Entwicklung der Betriebs- und Unternehmungsstrukturen und deren Beurteilung

I. Die Bestimmtheit des Handwerks und des Kleinhandels durch Gesellschaft, Produktionstechnik und Wirtschaft

1. Grundlagen

Schon im Entstehen des selbständig ausgeübten Handwerks und des selbständig betriebenen Kleinhandels zeichnet sich ab, daß beide nicht von vornherein und für immer feststehende, ihren Zweck in sich selbst findende sein können. Vielmehr drücken ihnen die jeweiligen gesellschaftlichen Verhältnisse, technischen Voraussetzungen und wirtschaftlichen Bedürfnisse den Stempel auf. Die Historiker haben einen Meinungsstreit darüber ausgetragen, ob die Wiege des mittelalterlichen europäischen Handwerks nach der „hofrechtlichen Lehre" auf den grundherrschaftlichen Höfen oder erst in der Hinwendung freier und auf eigene Rechnung Erwerbstätiger zu bestimmten Arbeitsbereichen zu suchen sei. Dabei stellte bereits das antike, auf verbindlichen Zuteilungen an ganze Familien beruhende Handwerk ähnliche Fragen. Jedenfalls bedeuteten die Schritte vom „Hausfleiß" zum „Lohnwerk", und von diesem zum „Preiswerk", gleichgültig, ob sie auf der einen oder anderen Linie erfolgten, recht große, wahrscheinlich nicht selten gewagte Schritte. K. Bücher[1] verdanken wir die Hinweise darauf, wie das Lohnwerk so lange gut in den Körper der Gesamtwirtschaft hineinpaßte, als der Bedarf im Zeitablauf nur geringen Änderungen unterlag und damit mehr oder weniger voraussehbar blieb, solange es vorhandener Lücken im fachlichen Können oder ungenügender Arbeitsmoral wegen besondere Sicherungen für die Leistungen zu treffen galt, der Geldverkehr noch in den Anfängen steckte und die Beschäftigung des Werktätigen in einem Berufe noch nicht über das ganze Jahr andauerte. Demgegenüber bot das Preiswerk die Vorzüge der rascheren Beschaffungsgelegenheit und der sofort abschätzbaren Qualität der Erzeugnisse, der gleichmäßigeren Beschäftigung der handwerklichen Kräfte und ihrer vermehrten Ausrichtung auf einen Markt. Damit es sich aber zu halten vermochte, mußte bei aller ursprünglicher Rückendeckung mit landwirtschaftlicher Selbstversorgung ein genügend großer Auftragsanfall zu erwarten sein. Un-

[1] *Bücher*, K.: Die gewerblichen Betriebssysteme in ihrer geschichtlichen Entwicklung, in: Die Entstehung der Volkswirtschaft, Tübingen 1922, Bd. I., S. 167.

zweifelhaft war das Bemühen der mittelalterlichen Zünfte um die Qualität der Arbeit nicht zuletzt durch das Bestreben bestimmt, die nötige Erweiterung der Absatzgebiete herbeizuführen.

Bekannlich vermochte sich das Handwerk, namentlich in der Form des Preiswerks, für Jahrhunderte zur vorherrschenden und eine lange Wirtschaftsperiode prägenden Produktionsweise aufzuschwingen[2]. Zum Teil ihr entspringend, schuf das Zunftwesen die sie tragende Ordnung. Aber auch der Zunftzwang bleibt auf die wirtschaftliche Entwicklung bezogen: Wenn er als eine seiner Hauptaufgaben die Hebung der fachlichen Tüchtigkeit und die Bewährung bezweckte, so war vorab und mehr als das später in den Vordergrund tretende Ausschließlichkeitsstreben der Drang nach Überwindung der vorhandenen Unvollkommenheiten in der Meisterung der zu verarbeitenden Rohstoffe entscheidend.

„Diesem Ziel sollte u. a. das Prinzip der durchgängigen Arbeit vom Rohstoff bis zum konsumfertigen Gut dienen, indem es das Interesse des Schaffenden an der Leistung und den Sinn für die persönliche Verantwortung für die Güte des Erbrachten stärkte[3].“

Die zweite, von Anfang an sichtbare Zielsetzung: die Wahrung der Selbständigkeit und tunlichste Gleichstellung der Zunftgenossen beruht auf ähnlichen, auf die Entwicklung ausgerichteten Beweggründen. Ging es doch bei der Bedachtnahme auf möglichst viel unmittelbaren Verkauf an die Letztverbraucher darum, eine Verschüttung der eben erschlossenen Kraftquelle, wie sie die Selbständigkeit des Erwerbs verkörperte, zu verhüten. Ferner hatte der Begriff des „gerechten Preises“, abgesehen von der Unterdrückung des Preiswuchers, die soziale Seite, eine standesgemäße Lebensfristung zu sichern, und die politische: das wirtschaftliche Fundament des eben herangewachsenen freien Bürgertums zu schützen. So schwebte der Zunftordnung vor, sowohl wirtschaftliche Fortschritte erringen zu helfen, als diese hernach vor der Beeinträchtigung durch weitere, wirtschaftlich oder politisch gefährliche Wandlungen zu bewahren.

Vollends bildet der kleinbetriebliche Einzelhandel eine Frucht der mittelalterlichen Stadtwirtschaft. Es dauerte allerdings länger, bis er sich entfalten konnte, da ihm ursprünglich der vorerwähnte Drang des Handwerks nach dem Direktabsatz entgegenstand. Dieser Handel umgibt sich wieder mit Zunftordnungen und erstrebt die Qualitätsleistung, wie die Erzielung von Arbeitseinkünften nach dem Sinne der ständischen

---

[2] *Sombart*, W.: Der moderne Kapitalismus, 5. Aufl., Bd. 1, München/Leipzig 1916, S. 180 ff. *Wernet*, W.: Geschichte des Handwerks, Dortmund 1963, S. 62 ff. *Wernet*, W.: Handwerks- und Industriegeschichte, Stuttgart 1963. *Fischer*, W.: Quellen zur Geschichte des deutschen Handwerks, in: *Treue*, W.: (Hrsg.): Quellensammlung zur Kulturgeschichte, Göttingen 1957.

[3] *Schönberg*, G.: Handbuch der politischen Oekonomie, 3. Aufl., Bd. 2, Tübingen 1891, XXI Gewerbe, 1. Teil, S. 482 ff.

„Nahrungsidee“. Die Anstrengungen um die Hebung der Güte der Warenvermittlung zeitigten das Leitbild des fachkundigen und ehrbaren Kaufmanns; mancherorts wuchs sich die Beteiligung am Einzelhandel zum Gegenstand einer patrizischen Sonderberechtigung aus[4]. Mit der zunehmenden Arbeitsteilung spaltet er sich vom alten Kramladen aus meist in einen Handel mit frischen Lebensmitteln, das Manufakturwarengeschäft- das Glas-, Porzellan- und Steingutwarengeschäft, die Stahl-, Messing- und Eisenwarenhandlung, die Galanterie- und Spielwarenhandlung auf.

Obschon die Händlerzünfte in der Folge stark zur Erschwerung des Zutritts zu ihren Berufen und zur gruppenegoistischen Ausnützung der erworbenen Rechte neigten, wurden ihre rührigen Glieder zu den Ansatzpunkten für das Wiederaufleben des Fern- und Großhandels, der im Verlauf der Jahrhunderte neue Betriebsformen herbeiführen, eine neue Wirtschaftsgesinnung wecken und sich als größter Widersacher der erstarrenden Zunftherrschaft erweisen sollte.

Die anbrechende Neuzeit brachte unter dem Anstoß der Entdeckungen, der Ausbreitung der Geldwirtschaft, der politischen Umwälzungen und der verdichteten Verkehrsbeziehungen die verlagsmäßig organisierte Industrie und vom 17. Jahrhundert ab dazu noch die „Manufaktur“. Mochte es im Innern der entstehenden Territorial- und Nationalstaaten geradezu zu einem „Zunftkapitalismus“ kommen, sahen sich die frühkapitalistischen Unternehmer und mit ihnen viele Kaufleute gleichwohl in einen zunehmend stärkeren Wettbewerb verstrickt. Nach der Verlagerung der großen Märkte und des Reichtums an die atlantische Küste geriet das mitteleuropäische Handwerk zunehmend in Bedrängnis. Daß es mit der Zeit auch in West- und Nordwesteuropa zu dieser Schmälerung der Existenzgrundlagen kam, verrät indessen, daß noch andere Kräfte am Werke waren. Vorab hatten sich die selbständig tätigen Berufsleute weitherum, stärker als die Nachfrage nach ihren Diensten stieg, durch die engherziger gehandhabten Zunftbindungen anscheinend noch zuwenig daran gehindert, vermehrt. Damit stellte sich der alten Regel „Handwerk hat goldenen Boden“ fortan eine härtere der wirtschaftlichen Daseinsgefährdung der Gewerbetreibenden zur Seite.

Die Schwierigkeiten des Handwerks entstanden also nicht nur aus der „industriellen Revolution“ des 19. Jahrhunderts. Diese hat allerdings die Verschiebungen in den geschäftlichen Grundlagen weiter verstärkt. Viele Meister mußten sich mit ihren Fachgenossen in beschränkte Arbeits- und Verdienstgelegenheiten teilen, womit z. B. die Bäcker und Metzger nicht weniger städtischer Plätze und auf dem Lande zum „Reihenbacken“ und

---

[4] *Bülow*, G. von: Probleme der Wirtschaftsgeschichte, 2. Aufl., Tübingen 1926, S. 302 ff.

„Reihenschlachten“ Zuflucht nehmen mußten[5]. Andere ursprünglich für den offenen Verkauf Tätige sind freiwillig oder unter Druck zu Heimarbeitern abgesunken. Wenn das Handwerk vordem mancherorts „goldenen Boden“ besaß, so glitten seine Angehörigen jetzt oft zu „gedrückten, beschränkten Gestalten“ ab. Auf die späteren Vorgänge in gleicher Richtung im Handel deutet die Aussage eines J. Savary[6] hin, wonach der Großhandel eine Obliegenheit der Edlen bilde, wogegen es im — ehedem großenteils dem Patriziat vorbehaltenen — Einzelhandel hauptsächlich auf das Reden- und Verkaufen-Können ankomme. Wahrscheinlich hatte sich eine gesellschaftliche Umbewertung der beiden Stufen der händlerischen Betätigung ereignet.

Bereits die Entwicklung bis zum Zusammenbruch des „Ancien régime“ bietet ein vielfältiges und zunehmendem Wandel unterworfenes Bild: zunächst über geraume Zeit, eines fachlichen Aufschwungs mit besseren Einkünften sich vermehrender Handwerks- und Warenvermittlungsberufe, später aber einer starken Beschneidung der Arbeitsfelder und Verdienstmöglichkeiten mancher davon. Damit kommt es zum Nebeneinander gedeihender und vom Niedergang betroffener, sowie nach Ländern, siedlungs- und topografischen Standorten in sehr unterschiedlicher Lage befindlicher Betriebe und ganzer Erwerbsarten. Es stellen sich Verschiebungen in den Strukturen ein, die fortan zur Regelerscheinung werden sollten. Schon zeichnete sich ab, daß die Gewerbetreibenden keine für alle Zukunft gesicherte Marktpositionen zu erringen und keine „Standesreservation“ durchzusetzen vermögen, sondern sich ihr Lebensraum letztlich stets nach den erbrachten Leistungen bzw. deren Nützlichkeit für die Nachfrage darnach und für die Allgemeinheit bemißt. Die von der Auswertung der Dampfkraft getragene beschleunigte Industrialisierung des 19. Jahrhunderts mit verbesserten Arbeitsmaschinen entfesselte ungeahnte persönliche Initiativen, die zur Auflösung der Zunftbindungen drängten. Das Ergebnis waren außerordentliche nun hauptsächlich der „Fabrik“ zu verdankende Steigerungen der Produktion. Die Wohlstandsgewinne daraus wirkten auf das Handwerk und den Kleinhandel anregend zurück, indem die Vermehrung der Bevölkerung und deren Zusammenballungen, die erleichterte Erschließung der überseeischen Kolonialbereiche und die erhöhte Kaufkraft breiterer Kreise ebenfalls einen erweiterten Bedarf nach ihren Arbeiten und Diensten schufen. Wie das nachfolgende zeigt, konnten sich Zweige wie das städtische Lebensmittel- und namentlich das Bauhandwerk jetzt häufig erst recht entfalten. Dazu bahnte sich die bis zum heutigen Tag anhaltende Ausdifferenzierung der fortgeschrittenen Volkswirtschaften an, die den

[5] *Bücher*, K.: Der Niedergang des Handwerks, in: Die Entstehung der Volkswirtschaft, Tübingen 1922, Bd. 1, S. 201 ff.

[6] Zitiert bei *Kulischer*, J.: Allgemeine Wirtschaftsgeschichte des Mittelalters und der Neuzeit, 3. Aufl., München/Wien 1965, S. 283.

Boden für zahlreiche neue, vorab durch kleine bzw. kleinere Betriebe zu betreuende Aufgabenbereiche legte. Allerdings ließ der Gegeneffekt einer wachsenden Konkurrenzierung vieler davon durch die vermehrt aufgezogenen größeren und stark mechanisierten auch nicht auf sich warten, was die Marktbedingungen für sie wieder verschlechterte und Einbußen in den angestammten Tätigkeitsgebieten verschuldete. Nicht wenige mußten ganz davon abgehen und auf andere, sich inzwischen eröffnende ausweichen.

Der Schneiderei entriß die Konfektion eine andauernd steigende Zahl von Kunden; die Wagnerei und das Schmiedegewerbe bekamen die Ausschaltung des Straßentransports durch die Eisenbahnen zu spüren, die handwerkliche Spinnerei, Weberei und Textilausrüstung mußte der fabrikmäßigen weichen oder sank vollends zur Heimarbeit ab. Mit der Zurückdrängung durch die Wohlfeilheit und nicht allzu selten höhere Gebrauchseignung der industriellen Erzeugnisse verband sich oft eine Aushöhlung von innen heraus: durch die Abwanderung tüchtiger Berufsleute in lohnendere Erwerbsrichtungen.

2. Die Entwicklung von 1815 - 1914

Soweit vorhandene genauere Angaben ein Urteil darüber erlauben, greift die verschärfte Bedrängung des Handwerks in der Schweiz vom Krisenjahr 1839 ab Platz. Allerdings hatte ein im Jahre 1820 erstatteter, P. Scheitlin zugeschriebener Bericht „über den jetzigen Zustand des Handwerks der Stadt und Gemeinde St. Gallen“ bereits zu diesem Zeitpunkt eine Verschlechterung der Verhältnisse und eine Senkung der Güte der Leistungen festgestellt.

Im Jahre 1852 begleitet der Fürsprecher Jost Weber eine erste luzernische Industrie- und Gewerbeschau mit der Aussage:

> „Die unbedingte Freigebung aller Gewerbe und Handwerke hat stellenweise ruinös gewirkt. Wohl sind die Preise gefallen, aber mit ihnen auch ein Teil der Solidität und der Schönheit des Produktes[7].“

Jedenfalls finden sich in den Akten über die Gründung örtlicher und regionaler „Gewerbevereine“ aus der Mitte des vorigen Jahrhunderts mehrfach Hinweise auf einen offensichtlichen Schwund des fachlichen Könnens im Handwerk und Kleinhandel, den es durch wieder verstärkte Bemühungen um die berufliche Ausbildung zu beheben gelte. Für Deutschland ist von 1850 ab eine verlangsamte Vermehrung der Betriebe zu erkennen, die nahelegt, auf eine Behinderung der Weiterentwicklung zu schließen. Namentlich verdienen die Erhebungen von G. Schmoller Beachtung. Nachdem die Gesamtzahl der Handwerksmeister im König-

---

[7] Zitiert nach *Schwendimann*, J.: Luzernische Handels- und Gewerbepolitik, Luzern 1918, S. 228.

reich Preußen von 1795 - 1846 noch in deutlichem Steigen begriffen gewesen war, trat von da ab eine Rückbildung ein. In den nachstehenden Jahren wurden ermittelt[8]:

Die Zählungen der Jahre ... verzeichneten:

Tabelle 1

Jahre	Meister	Gehilfen	Zusammen	Bevölkerung in Mill.	Die Handwerker in % derselben	Gesamte Handwerkerbevölkerung	Dieselbe in % der Bevölkerung
1849	535 232	407 141	942 373	16,33	5,77	2 701 592	16,52
1852	553 107	447 502	1 000 609	16,93	5,90	2 715 240	16,03
1855	548 296	454 088	1 002 384	17,20	5,82	2 702 081	15,70
1858	545 034	507 198	1 052 232	17,73	5,93	2 741 837	15,45
1861	534 556	558 321	1 092 877	18,49	5,91	2 750 000	14,87

Die Übersicht soll, weil die Untersuchung im Jahre 1860 etwa 150 000 Betriebsinhaber und 50 000 Gesellen neuer Erzeugungszweige mit erfaßte, eine für die überlieferten Berufe gegenüber der Wirklichkeit noch wesentlich zu günstige gewesen sein. Gesammelte Einzelbeobachtungen tragen zur Veranschaulichung dessen bei, was vor sich ging[9].

---

[8] *Böttger*, H.: Das Programm der Handwerker, eine gewerbepolitische Studie, Braunschweig 1893, S. 58.

[9] So lautet eine Meldung aus Fraustadt (Regierungsbezirk Posen) im Jahre 1860: „Nur die größte Betriebsamkeit und Einschränkung vermag den städtischen Handwerkern eine sorgenfreie Existenz zu sichern." Für das Jahr 1863 heißt es in diesem Bericht aus Schroda (Posen): „Weil die Handwerker vielfach ihren Betrieb mit Schulden beginnen und mit den Industriellen der großen Städte nicht konkurrieren können, so müssen sie nicht selten tagelöhnern oder Erwerb durch Transport von Vagabunden oder durch Pachtungen von Obstgärten suchen." Aus Kröben (Posen) läßt sich im gleichen Jahre eine Stimme vernehmen: „Die kleinen Städte werden meistens von dürftigen, schlecht ausgebildeten und ungeschickten, mit mangelhaftem Arbeitszeug versehenen Handwerkern bewohnt, deren Zahl das Bedürfnis übersteigt." Aus Habelschwerdt (Schlesien) 1860: „Die Mehrzahl der Handwerker arbeitet ohne Gesellen und Lehrlinge bei wenig schwunghaftem Betrieb; ebenso überschreitet die große Anzahl der Viktualienhändler, welche ihre Existenz auf möglichst bequeme Weise fristen wollen, weitaus das Bedürfnis." Aus Weißenfels und Weißensee (Sachsen): „Je schlechter die Lage des kleinen Handwerks in den Städten durch teure Wohnungen, hohe Gemeindesteuern, Konkurrenz des Kapitals, wird, desto mehr übersiedelt das Handwerk auf das platte Land, und zwar ohne dabei zu gewinnen; denn selten bringen es die Handwerker, wenigstens Schuhmacher und Schneider, zu eigenem schuldenfreien Besitz. Vielen sonst fleißigen Handwerkern wird es durch die zahlreichen Konkurrenten un-

Der Konkurrenzdruck löste mancherlei Beschwerden über den Eroberungswillen der Großbetriebe aus und weckte in den betroffenen Kreisen eine Stimmung, die sich im Deutschland des Jahres 1848 in den Forderungen des „Frankfurter Handwerkerparlaments“ auf Wiedereinführung der Zunftsatzungen niederschlug. Den Anstrengungen blieb indessen eine nachhaltige Wirkung versagt, was die vorherrschende Meinung heute damit erklärt, daß sich die Lage in den verschiedenen Berufen zu unterschiedlich gestaltet hätte und die Bemühungen im eigenen Lager des gesamten Handwerks nicht mehr ganz ernst genommen worden seien.

Über die Weiterentwicklung geben uns die „Beiträge“ von O. Thissen[10] aufschlußreiche Unterlagen an die Hand. Wir müssen uns damit begnügen, ihre hauptsächlichsten Auskünfte in Erinnerung zu rufen. Dabei drängt sich allerdings ein grundsätzlicher Vorbehalt über die Aussagekraft der Angaben aus: Statistische Gesamtziffern und Quoten über die Besetzung von Wirtschaftszweigen mit Betrieben einer bestimmten Art, ihren Inhabern und Hilfskräften gewinnen erst dann vollen Aussagewert, wenn sie sich durch Nachweise über die Größe der Umsätze im Vergleich zum gesamtwirtschaftlichen Wertumschlag, über die erzielten Erträge und eine gewisse Dauerhaftigkeit sowohl der einzelnen Unternehmen als ihres Betätigungsfeldes und des Eigentums an den Betrieben ergänzen lassen. In den Jahren 1849 und 1895 stellten sich die Anteile der Handwerkerschaft an der Gesamtbevölkerung Preußens wie folgt[11]:

---

möglich gemacht, sich zu behaupten.“ Aus Münster (Westfalen) 1863: „Das Handwerk hat geringe Bedeutung, die meisten Handwerker treiben nebenher Ackerbau. Viele Schneider, Schreiner, Wagenmacher und selbst Schuhmacher arbeiten bei ihren Kunden gegen Kost und Tagelohn. Gesellen verdienen oft kaum so viel wie Knechte.“ Aus Bonn (Rheinprovinz) 1859: „Die Auswanderung hat abgenommen; jetzt wandern fast nur noch junge und alleinstehende Handwerker aus, welche in Amerika oder Australien eine Existenz zu gründen beabsichtigen.“ Aus Bergheim (Rheinprovinz) 1863: „Die kleineren Handwerker, Weber und dergleichen stehen mit den Tagelöhnern, denen Wege- und andere öffentliche Bauten eine lohnende Beschäftigung gewähren, auf einer Erwerbsstufe.“ Aus Warendorf (Westfalen) 1865: „Mit den hauptsächlichsten Handwerkern ist jede Gemeinde fast mehr als genügend versehen; dem vermögenslosen jungen Manne bleibt also, will er nicht zeitlebens Tagelöhner sein, nur übrig, in industriereichen Gegenden einen Hausstand zu gründen“ (Böttger, H., S. 58). *Meusch*, H.: Die Handwerkerbewegung von 1848/49, Alfeld/Leine 1949.

10 *Thissen*, O.: Beiträge zur Geschichte des Handwerks in Preußen, in: *Neumann*, F. J.: Beiträge zur Geschichte der Bevölkerung in Deutschland seit dem Anfang des XIX. Jahrhunderts, Tübingen 1901.

11 Vgl. *Thissen*, O.: S. 205 f.

Von den 1849 und 1895 registrierten Handwerkern waren es:

Tabelle 2

bei den	1849				1895			
	Meister	auf 10 000 Bewohner	Hilfskräfte	auf 10 000 Bewohner	Meister	auf 10 000 Bewohner	Hilfskräfte	auf 10 000 Bewohner
Schuhmachern	87 969	54,0	48 641	29,9	112 736	43,3	79 736	30,8
Stellmachern	18 284	11,2	7 154	4,4	17 529	6,7	25 848	9,9
Böttchern	14 904	9,1	6 401	3,9	8 569	3,3	11 363	4,4
Gerbern	5 748	3,5	8 133	5,0	2 649	1,0	13 525	5,2
Drechslern	6 758	4,1	5 339	3,3	5 919	2,3	13 574	5,2
Kürschnern	4 447	2,7	3 123	1,9	4 580	1,8	4 661	1,8
Schneidern	70 429	43,2	35 748	22,0	142 987	55,0	123 864	47,7
Tischlern u. Glasern	51 994	31,9	30 518	18,7	59 836	23,0	129 320	49,8
Maurern und Dachdeckern	12 808	7,8	56 963	35,0	27 116	10,4	217 455	83,6
Sattlern u. Tapezierern	10 043	6,2	6 116	3,8	17 241	6,6	29 550	11,4
Töpfern	5 119	3,1	7 353	4,5	5 670	2,2	20 850	8,0
Bäckern	24 391	15,0	15 266	9,4	35 112	13,5	63 196	24,3
Konditoren	2 056	1,2	2 106	1,3	3 139	1,2	10 527	4,1
Fleischern	18 372	11,3	9 397	5,8	34 189	13,2	52 360	20,2
Uhrmachern	2 830	1,7	1 326	0,8	6 805	2,6	6 271	2,4
Malern und Stukkateuren	4 301	2,6	3 767	2,3	19 869	7,6	56 913	21,9

Für die Schweiz gewähren die Volkszählungen ab 1860 Einblick in den im Gange befindlichen Wandel. Alle Zahlen bestätigen den Schwund der handwerklich tätigen Bevölkerung bei gleichzeitiger starker Ausweitung der Bestände der in Industriebetrieben beschäftigten Personen. Die wesentlichsten Daten sind die folgenden:

Tabelle 3: Verteilung der Erwerbstätigen in Industrie und Gewerbe [a)]

Erwerbende	Erwerbende im Ganzen				Erwerbende, Promille			
	1888	1900	1910	1920	1888	1900	1910	1920
im Ganzen	1 274 047	1 514 404	1 759 431	1 852 053	—	—	—	—
Gewerbe und Industrie	540 361	698 695	815 600	827 624	1000	1000	1000	1000
1. Erwerbszweige mit gemischter Betriebsorganisation	229 817	229 879	263 905	238 320	425	329	324	288
zerlegt in:								
a) handwerksmäßige	170 229	148 408	150 268	133 013	315	212	184	161
b) fabrikmäßige	57 920	78 646	110 567	101 421	107	113	136	122
c) unbestimmbar	11 668	2 825	3 072	3 868	3	4	4	5
2. Überwiegend handwerksmäßige Erwerbszweige	139 681	193 212	212 943	194 995	259	277	261	236
3. Überwiegend fabrikmäßige Erwerbszweige	133 468	210 297	250 290	315 557	247	301	307	381
4. Bauunternehmungen	37 395	65 307	88 852	78 852	69	93	108	95
Rekapitulation								
Gewerbe und Industrie im Ganzen	540 361	698 695	815 600	827 624	1000	1000	1000	1000
I. Handwerk	309 910	311 620	363 211	328 008	574	489	445	396
II. Fabrik	191 388	288 943	360 855	416 978	354	414	442	504
III. Bauunternehmungen	37 395	65 307	88 462	78 752	69	93	109	95
IV. Unbestimmbar	1 668	2 825	3 072	3 868	3	4	4	5

a) Vgl. *Schwarz, A.*: Der Niedergang des Handwerks in der Schweiz, in: Zeitschrift für schweizerische Statistik und Volkswirtschaft, 60. Jg./1924, S. 384.

Die berufliche Ausgliederung gewährt Einblick in das Schicksal der einzelnen Berufe. Beziehen wir die Bestände der nachstehenden Erwerbsrichtungen — aus technischen Gründen allerdings zu einer etwas anderen Auswahl der Stichjahre genötigt — auf die Wohnbevölkerungszahlen, so ergeben sich für die aufgeführten Jahre die folgenden Betreffnisse auf je 1 000 Personen:

Tabelle 4: Die Dichte der wichtigsten Handwerkszweige in der Entwicklung von 1870—1930 a)

Berufsarten	1870	1920	1930
Käser	1,91	1,07	1,44
Müller	3,48	0,73	0,48
Bäcker	3,46	3,37	3,91
Metzger, Wurster	2,61	2,52	3,05
Schneider, Schneiderinnen	20,59	18,62	16,58
Schuhmacher	9,04	3,46	3,11
Wäscherinnen, Glätterinnen	3,27	4,34	3,65
Coiffeure	0,46	1,84	3,50
Steinhauer	2,38	0,80	0,90
Dachdecker	1,25	0,76	0,77
Hafner	0,81	0,39	0,39
Säger	0,99	1,75	0,94
Zimmerleute	6,73	3,29	3,18
Schreiner	6,82	6,24	8,01
Küfer, Kübler	2,34	0,90	0,51
Korber	0,85	0,64	0,51
Sattler, Tapezierer	1,55	1,06	1,33
Schlosser	2,27	6,27	6,04
Schmiede	3,38	2,51	2,24
Spengler	1,06	1,96	2,06
Wagner	2,16	1,46	1,28

a) Berechnet nach den Angaben von *Schwarz, A.*: Artikel „Bevölkerung", in: Handbuch der schweizerischen Volkswirtschaft, Bern 1939, Bd. I, S. 272.

Damit bot sich ein recht uneinheitliches Bild. Legt man dem Vergleich die Zunahme der Gesamtbevölkerung von 1838 - 1920 um 33 % und der in der Industrie Tätigen um 64 % zugrunde, so verwehrt die nicht völlige Übereinstimmung der betrachteten Zeiträume bzw. die partielle Phasenverschiebung nicht, starke Verluste der Schuhmacherei, der Steinhauer und Zimmereileute sowie der Wagnerei, zu vermuten. Ferner berechtigt die Gegenüberstellung zur Erwartung, daß die Gewinne der Schneiderei, Sattlerei und des Schmiedegewerbes, auf die Bevölkerungsbasis bezogen, in Tat und Wahrheit Einbußen waren. In der

Müllerei zeichnete sich die starke Mechanisierung der Produktion ab. — In ausgeprägtem Unterschied dazu dürften die Zahlen eine kräftige Ausbreitung des Metzgerei-, Schreinerei-, Spenglerei- und Installationsgewerbes sowie des Coiffeurgewerbes anzunehmen gestatten. Das trifft um so mehr zu, als die offiziellen Erhebungen anderer europäischer Länder (Frankreich, Italien, Österreich) ganz ähnliche Entwicklungen anzeigten. Weitherum befanden sich die Schuhmacherei, die Zimmerei und Wagnerei, die Küferei in starker, die Schneiderei, Sattlerei und das Schmiedegewerbe in — vorläufig noch — schwächerer Rückbildung. Damit verband sich eine deutliche Tendenz zum Anwachsen der Betriebsgrößen bzw. zur stärkeren Vermehrung der größeren Einheiten. Der Strukturwandel war offenkundig kein zufälliger, sondern rührte von gleichen oder doch nahe beisammenliegenden Ursachen, vorab von starken Verschiebungen in der gesellschaftlichen Umwelt, der Technik und in den Bedarfsstrukturen, her.

Aus dem, was sich im Handel zutrug, wird besonders deutlich, daß die ermittelten Beschäftigtenzahlen nicht immer untrügliche Maßstäbe für das Gedeihen oder Zurückbleiben von Produktionszweigen und Betriebsformen bilden. Seit 1840 hat nämlich in allen irgendwie von der Industrialisierung erfaßten Ländern eine außerordentliche Ausweitung des Kreises der Handeltreibenten Platz gegriffen. In Preußen stieg ihr Betreffnis auf je 10 000 Seelen der Gesamtbevölkerung von 1845 - 1895 von 97 auf 240; von 1862 - 1907 nahmen in ganz Deutschland die Ladengeschäfte und Großhändler um 83,6, die darin tätigen Personen um 151,9 % zu[12]. Seither setzte sich die Steigerung in noch beschleunigtem Schrittmaß fort. In der Schweiz stieg der Bestand der in Handel, Bank- und Versicherungswesen Beschäftigten und ihrer Angehörigen, bei einem Wachstum der Wohnbevölkerung um 33 %, von 1888 - 1920 von 133 395 auf 283 673 oder um mehr als das Doppelte an. Ähnliche Bilder bieten andere europäische und außereuropäische Länder.

In Belgien verband sich in der Zeitspanne von 1880 - 1900 mit dem Bevölkerungswachstum um 21,5 % ein solches der Händlerschaft um 41 %, in Italien von 1882 - 1901 mit dem Bevölkerungsgewinn von 15,6 % ein solcher der sich dem Warenhandel widmenden Personen um 44,6 %.

Mit der Verlagerung der Bestände gingen aber im Handel Umschichtungen einher, die nicht ohne Einfluß auf seine Leistungen, und zwar in ungünstigem Sinne, bleiben konnten. Vielerorts wechselten die Inhaber und Betreuer kleinerer Betriebe immer häufiger und bahnte sich eine starke Abwanderung tüchtigerer Kräfte in andere Wirtschaftszweige und in Kaderstellungen an. Dafür stießen weniger auf ihre Obliegenheiten vorbereitete, nicht selten bisher anderwärts wenig erfolgreiche

[12] *Hirsch*, J.: Der moderne Handel, in: Grundriß der Sozialökonomie, 2. Aufl., Tübingen, 1925, V. Abteilung, II. Teil, sowie Statistisches Jahrbuch der Schweiz 1945, Basel 1946, S. 72.

Elemente nach. Es spiegelte eine verbreitete Erscheinung wider, wenn J. Hirsch[13] auf die Senkung des Anteils der beruflich vorgebildeten Besitzer von Kolonialwarenhandlungen im Handelskammerbezirk Halberstadt allein in der Phase von 1887 - 1907 von 67 auf 34 % hinwies. Sie mußte sich ebenfalls für diesen Bereich in eine Schwächung der Wettbewerbsstellung vieler kleinerer Einheiten gegenüber den entstehenden Großbetrieben übertragen. — Von den achtziger Jahren ab breiteten sich die Konsumgenossenschaften, als Selbsthilfeorganisationen vorab der Arbeiterbevölkerung zur Verbilligung der Lebensmittelbeschaffung, sowie die Warenhäuser und Massenfilialunternehmen aus. Die letzteren richteten sich zwar, für den Anfang, hauptsächlich auf die minderbegüterten städtischen und vorstädtischen Gesellschaftskreise samt jenen aus, von denen die Öffentlichkeit trotz noch bescheidener Honorierung schon einen gehobenen Lebensstil erwartete[14]. Diese „modernen Betriebsformen" vermochten aber je länger desto mehr auch manche bisherige Stammkunden der „Quartierläden" und des Fachhandels anzuziehen. Sie wandten sich dem Geschäftsgrundsatz „großer Umsatz — kleiner Nutzen", mit intensiver Verkaufsförderung durch nachdrückliche Reklame, zu.

3. Die Zeit einer gegenläufigen Bewegung (1915 - 1945)

Die Zeit zwischen den beiden Weltkriegen brachte dem Handwerk und Kleinhandel von 1924 an mit einigen Jahren guter Konjunktur eine etwelche Erholung. Um so mehr schien dafür der Hereinbruch der Weltwirtschaftskrise der 1930er Jahre zum mindesten anfänglich wieder Anlaß zu geben, erst recht an die unausweichliche Verdrängung des Handwerks und der kleineren Betriebe des Handels durch die kapitalistischen Großunternehmen sowie an die gegenseitige Selbstzerstörung der kleineren Einheiten durch ungezügelte Preiskämpfe zu glauben. In einigen Ländern machten sich neu aufkommende Großunternehmen des Einzelhandels in aller Form anheischig, Wegbereiter des weiteren wirtschaftlichen Fortschrittes zu sein[15]. Nichtsdestoweniger sollte sich allmählich herausstellen, daß die schwere Krise zwar unter den kleineren Einheiten viele Opfer forderte, diese aber im ganzen den Druck der schlechte-

---

[13] *Hirsch,* J.: S. 223 f.

[14] *Hirsch,* J.: S. 239.

[15] *Schär,* A.: Das Werk von B. Collin-Bernoulli, in: *Verband Schweiz. Konsumvereine* (Hrsg.): Pioniere und Theoretiker des Genossenschaftswesens, Band IV, Basel 1935; *Barbier,* Ch. H.: Die gesellschaftliche Funktion der Konsumvereinsbewegung, in: *Verband Schweiz. Konsumvereine* (Hrsg.): Die Stellung der Konsumgenossenschaften zu den übrigen großen Wirtschaftsgruppen der Schweiz, Basel 1948, S. 7 ff.; *Eidg. Preisbildungskommission:* Die Verhältnisse im schweizerischen Lebensmittelkleinhandel, Heft 1, Bern 1934, S. 80 ff.; Duttweiler objektiv betrachtet: *Duttweiler,* G.: Dynamik im Handel, in: *Behrens,* Chr. (Hrsg.): Der Handel heute, Tübingen 1962, S. 144 ff.

ren geschäftlichen Möglichkeiten eher besser als die Großunternehmen auszuhalten vermochten. Ihre Gesamtzahlen begannen langsamer als bis dahin zu sinken, um schließlich da und dort wieder zuzunehmen. Das traf nicht nur für die Kleinbetriebe als solche, sondern mit am meisten auch für die handwerklichen und einzelhändlerischen zu.

In Deutschland hatte man im Jahre 1882 auf je 1 000 Einwohner 32, 1895 dagegen nur noch 22 selbständig tätige Handwerksmeister verzeichnet. Bereits bis zum Jahre 1925 trat, auf dem Hintergrund einer starken Bevölkerungsvermehrung, nur noch eine Verringerung der relativen Dichte auf 21 Handwerksmeister ein. Obwohl die statistisch ermittelbaren Bestände nichts Endgültiges über die Stärke der Wettbewerbsposition der verschiedenen Unternehmungen aussagen, bildet es einen Fingerzeig, daß die Schätzungen von 1928 über den Anteil des Handwerks am Gesamtumsatz der Produktion einer hochindustriellen Volkswirtschaft immer noch auf 14 - 16 % lauteten. So mündeten die systematischen Untersuchungen über die Erzeugungsbedingungen für die deutsche Volkswirtschaft von 1928 - 29, nachdem bereits die Schwierigkeiten der ersten Nachkriegsjahre das Augenmerk auf gewisse Vorzüge des Handwerks für die allgemeine Güterversorgung gelenkt hatten, in das Ergebnis aus, daß eine wesentliche Entspannung der Wettbewerbslage zur Industrie zu erkennen sei und „von einer konstitutionellen Erkrankung des Handwerks, wie um die Jahrhundertwende, nicht mehr gesprochen werden könne“[16].

Für eine Reihe von Zweigen ermittelte eine Erhebung des Deutschen statistischen Reichsamtes für das Jahr 1935 Erträge, die wohl immer noch bescheidene Durchschnitte bedeuteten und teilweise von einer neuen Krise, im übrigen aber doch von einer Festigung der Wettbewerbslage zeugten[17]. Die Erhebung stellt für eingemietete Handwerksbetriebe je nach der Umsatzgröße (10 000 - 200 000 RM) die folgenden „Gewinne“ (Einkommen einschließlich des Meisterlohnes) aus dem Betriebe fest:

[16] Das deutsche Handwerk, Verhandlungen und Berichte des Unterausschusses für Gewerbe: Industrie, Handel und Handwerk, des Ausschusses zur Untersuchung der Erzeugungs- und Absatzbedingungen der deutschen Wirtschaft, Berlin 1930, 4. Bd., S. 259. Die Erhebungen gewährten u. a. bemerkenswerten Einblick in den Einfluß der immer wieder einmal in den Vordergrund rückenden kriegswirtschaftlichen Erfordernisse auf die Entwicklung der Betriebsformen und Wirtschaftszweige, etwa mit der Aussage eines Schreinermeisters, der darüber befragt, das Nachstehende erklärte: „1913 habe ich noch keine Maschinen gehabt. Sie wurden im Kriege zur schnelleren Erledigung von Kriegsmaterialaufträgen angeschafft. Heute arbeite ich mit Bandsäge, Dicktenhobel, Abrichtmaschine, Kreissäge, Fräse, Dekopiermaschine, Langlochmaschine, Teil- und Schränkmaschinen. Für die Maschinen muß Arbeit beschafft werden. Wenn ich voll beschäftigt bin, erspare ich etwa 30 % der Arbeitskraft und kann gelernte Arbeiter durch ungelernte ersetzen.“

[17] Betriebsstruktur, Kostengestaltung und Besteuerung im Handwerk, eine Sammlung von Richtzahlen, Einzelschriften zur Statistik des Deutschen Reiches Nr. 34, Berlin 1937.

Tabelle 5

Metzgereigewerbe	RM	1 377 - 17 900	oder	9,0 - 1,2 %	des Umsatzes
Bäckereigewerbe	RM	1 384 - 9 695	oder	16,6 - 5,9 %	des Umsatzes
Herrenkleiderschneiderei	RM	986 - 9 753	oder	28,7 - 8,6 %	des Umsatzes
Damenkleiderschneiderei	RM	558 - 2 971	oder	26,6 - 9,1 %	des Umsatzes
Schuhmachergewerbe ...	RM	1 045 - 3 499	oder	34,1 - 13,3 %	des Umsatzes

Der Umschwung rührte vom Aufkommen neuer Handwerkszweige, wie des Installationsgewerbes, des vielseitigen Mechanikergewerbes, der Entfaltung des graphischen Gewerbes, noch mehr indessen von einem Erstarken „überlieferter" her, die aus den steigenden Ansprüchen und der größeren Kaufkraft der Bevölkerung Nutzen zogen. Die Hauptzweige der Bereitung frischer Lebensmittel, der Ausstattungs- und Dienstleistungsgewerbe, zumal die städtischen, und namentlich auch der Hoch- und Tiefbau konnten sich jetzt auf bisher kaum erreichte Stufen entwickeln. Nun wandten sich wieder tüchtige Nachwuchskräfte den zeitweilig erneut recht lohnend gewordenen Berufen zu. Die Einbürgerung des Elektromotors und die dringende zusätzliche Nachfrage nach Rüstungsgütern sowie nach Reparaturarbeiten ermutigten zur besseren technischen Ausrüstung der Betriebe.

Nebenher deckten Sonderauswertungen der deutschen Arbeitsstättenzählung von 1938 eine bemerkenswerte geografische Streuung des Handwerks über das Land auf[17]. Aus Berechnungen seiner „Dichte" ging nämlich eine alles andere als gleichmäßige und als zweites sehr deutlich hervor, daß diese Betriebsform offenbar nicht in abgelegenen Talschaften, sondern in wirtschaftlich fortgeschritteneren Gebieten, vorab in deren Städten, den besten Nährboden fand. In der Tat erreichten nämlich nicht, wie es nach den Voraussagen der Volkswirtschafter zu erwarten gewesen wäre, die vorwiegend ländlichen Bezirke, wie z. B. derjenige von Trier oder Ostpreußen, die höchsten Betreffnisse handwerklich tätiger Personen auf je 1 000 Einwohner, sondern diese blieben — Trier z. B. mit 52 — gerade umgekehrt gegenüber dem Reichsdurchschnitt und namentlich gegenüber den Städten zurück. Es fanden sich dort zwar viele Kleinbetriebe vor; aber es wurde ersichtlich, daß der bäuerliche Bedarf und derjenige des Großgrundbesitzes nur einen beschränkten Lebensraum bot. Man begegnete wohl den Schmieden, Sattlern, Wagnern in größerer Zahl; dafür standen offenbar die Selbstversorgung und die einfacheren Verbrauchsgewohnheiten der Entfaltung der meisten übrigen Berufe entgegen. Anderseits zeigten auch die durchindustrialisierten Gebiete, vorab die Plätze der Schwerindustrie, nicht die stärksten Anteile der im Handwerk Beschäftigten; sie betrugen, gegenüber dem Reichsdurchschnitt von 66,5 ‰, für den Handwerkskammerbezirk Dortmund nur 46 und für das ganze Ruhrgebiet oder Schlesien nicht viel mehr. Um so höher stiegen die Betreffnisse in Süddeutschland und Sachsen, sowohl auf dem Lande als in den Städten, und es drängte sich auf, die deutliche Häufung in diesen Bereichen mit einer hier fortlebenden Tradition, d. h. mit einer gewahrten Empfänglichkeit der ansässigen Bevölkerung für die eine persönliche Note tragende Handwerkserzeugung, der Erhaltung besonderer handwerklicher Fähigkeiten sowie mit dem Vorherrschen der Verfeinerungsproduktion in Zusammenhang zu bringen. Für München hob sich die Dichte auf 93, für Nürnberg auf 96 und für den Handwerkskammerbezirk Coburg sogar auf 102 je 1 000 Personen. Auf dem Hintergrund dieser Feststellungen gelangte die Berichterstattung zum Schlusse:

„Die Gemeinden mit 5 - 20 000 Einwohnern (Kleinstädte) und die mit 20 bis 100 000 bilden den günstigen Boden für die Entwicklung der Handwerkswirtschaft. Sie erhalten durch ihren vollständigeren und reicher gegliederten Bestand an Handwerksbetrieben jeder Art ihr besonderes Gepräge."

Wenn aber dem so ist und selbst die Großstädte mit 100 000 und mehr Einwohnern noch eine kräftige Besetzung vielleicht weniger mit dem Bäcker-, wohl aber mit dem Konditorhandwerk, dem Textil- und Bekleidungsgewerbe, den eisen- und metallverarbeitenden Handwerksberufen zeigen, so spricht dies für alles andere denn für den Niedergang oder die fortschreitende Ausschaltung dieser Wirtschaftsformen.

Die Kommentare zu den statistischen Übersichten schälten noch nähere Aufschlüsse heraus:

„Je geringer die Siedlungsdichte eines Gebietes ist, um so größere Bedeutung haben innerhalb des Handwerkerstandes die allein arbeitenden Meister ... Die Größe der Handwerksbetriebe wird aber auch durch die sonstige wirtschaftliche Struktur der Landschaft beeinflußt ... An der Beschäftigtenzahl gemessen, wird darum die größte Handwerksdichte in den Gemeinden mit 2 - 5 000 Einwohnern nur in wenigen Zweigen erreicht. Es handelt sich dabei insbesondere um Handwerkszweige, die dem täglichen Bedarf dienen. Die höchsten Zahlen beziehen sich auf die Bäckerei und Fleischerei ... In der Kleinstadt ist auch die handwerkliche Maurerei, die oft zusammen mit Zimmerei betrieben wird, am zahlreichsten vertreten. Dagegen hat sich der handwerkliche Tief- und Straßenbau besonders in den Städten mit 50 - 100 000 Einwohnern verdichtet ... Neben einigen handwerklichen Bauzweigen steht eine Reihe von Handwerken, deren Dichte mit der Größe der Städte zunimmt ... Es handelt sich hierbei vorwiegend um Handwerkszweige, die für die Befriedigung der Wohn- und Bekleidungsbedürfnisse arbeiten. Ordnet man die einzelnen Handwerkszweige nach ihrer zahlenmäßigen Stärke, so stehen die Friseurgeschäfte in den Gemeinden mit mehr als 50 000 Einwohnern an zweiter Stelle, unmittelbar hinter den Schneidereien[18]."

Für Österreich ergaben die Zählungen von 1930, daß von der Gesamtzahl der Betriebe der Stoffbe- oder -verarbeitung 92 % solche mit nur 1 - 5 und etwa 96 % solche mit 1 - 20 Beschäftigten waren[19]. In Italien zeitigte die statistische Erfassung von 1939 eine Besetzung des Hand-

---

[18] *Statistisches Reichsamt* (Hrsg.): Wirtschaft und Statistik 1937, Nr. 4, S. 98, und Nr. 11, S. 364.

[19] *Heinrich*, W.: Das Handwerk in Europa, in: Europa, Salzburg 1950, S. 13.

werks mit ungefähr 800 000 Einheiten oder 76 % der Gesamtbestände, freilich mit einer bescheiden erscheinenden Quote von 24 % der Gesamtzahl der Beschäftigten[20].

Parallel zum Aufholen mancher Handwerkszweige stieg — im Gefolge der Industrialisierung — auch die Zahl der kleineren Einzelhandelsbetriebe weiter an. Der Zuwachs eilte da und dort sogar dem Umsichgreifen der Großunternehmen voraus. Im Zuge der Verstärkung der Gesamtbestände in Deutschland von 1925 - 33 konnten die Einheiten mit nur 1 und mit 2 - 3 beschäftigten Personen ihre Anteile von 88 auf 90,4 %, hinsichtlich der personellen Besetzung von 58 auf 62 % erhöhen. Eine Schätzung der Quote am Gesamtumsatz der Einzelfachgeschäfte lautete unter Ausscheidung des Handwerkshandels mit Brot und Fleisch und des Gemischtwarenhandels für das Jahr 1925 auf 60,5 %, eine andere für den Fachhandel im Jahre 1928 auf 80 %; für das Jahr 1937 wurde die Beteiligung der Absatzgrößenklasse bis zu 200 000 RM wiederum auf 59,2 % ermittelt. — In Österreich machten 1930 allein schon die Einmann (und Einfrau)-Betriebe 60 % der Gesamtzahlen und diejenigen mit 2 - 3 Beschäftigten zusätzliche 36 % davon aus[21].

Für die Schweiz förderte die umfassende staatliche Betriebszählung von 1939 eine ähnliche Wendung zutage. Hatte die Zahl der Handwerksbetriebe, soweit sich die Erhebungen vergleichen lassen, von 1905 - 1929 um mindestens 19 %, sehr wahrscheinlich jedoch wesentlich stärker abgenommen[22], so setzte sich jetzt wieder eine kräftige Ausweitung durch. Von 1929 - 39 stieg die Zahl der Betriebe in den „überwiegend handwerksmäßigen Betriebsarten“ von 85 941 auf 97 354[23], während allerdings die Summe der darin beschäftigten Personen eine geringe, bei Berücksichtigung der inzwischen eingetretenen Bevölkerungsvermehrung beträchtliche Schwächung, von 300 622 auf 298 037, erfuhr. Abgesehen davon, daß sich in der gesamten Stoffbearbeitung (Industrie und Handwerk zusammen) eine Gewichtsverschiebung sowohl von den Zwerg- als von den ausgesprochenen Großbetrieben her zu den Einheiten mittleren Umfanges hin abzeichnete, vermochten sich nun Handwerksberufe wie die Spenglerei und das sanitäre und Elektroinstallationsgewerbe, die Bau- und Möbelschreinerei, die Malerei und Gipserei, die Tapeziererei sowie das Metzgerei-Wurstereigewerbe und die mit Konditorei verbundene Bäckerei erst recht auszudehnen. Dazu gesellten sich die Boden-

---

[20] *Germozzi*, M.: Die gegenwärtige Lage des Handwerks in Italien, in: Bericht der internationalen Arbeitstagung über Fragen der Handwerkswirtschaft und des Detailhandels vom 10. - 17. November 1946 in St. Gallen und Bern.

[21] *Heinrich*, W.: Ebenda.

[22] Vgl. „Die Gewerbebetriebe der Schweiz“, Textband 4 der eidgenössischen Betriebszählung 1929, S. 110 und 118 ff.

[23] Vgl. „Die Gewerbebetriebe in der Schweiz“ 1939, Textband 4 der eidgenössischen Betriebszählung vom 24. August 1939, S. 36 ff.

gewinne der Photobranche, der Damenschneiderei, Weißnäherei, der Reparatur von Fahr- und Motorrädern und die besonders ausgiebigen des Coiffeurhandwerks. In der Metzgerei-Wursterei und im Bäckerei-Konditoreigewerbe, bei den Photoateliers und namentlich im Coiffeurberuf äußerte sich das neue Wachstum nicht nur im Anschwellen der Bestände, sondern ebenfalls in einem solchen der personellen Belegung.

Deshalb begleitete der Bearbeiter der eidgenössischen Betriebszählung 1939 die Ergebnisse mit der Erläuterung:

„Eines der auffälligsten Ergebnisse der neuen Betriebszählung ist die Zunahme der Betriebe ... Seine Lebensfähigkeit beweist das Handwerk, das man noch vor wenigen Jahrzehnten fast allgemein als überlebt und absterbend bezeichnete, durch die Zunahme der Betriebe und namentlich der Beschäftigten seit 1929, die bei vielen Handwerkszweigen festzustellen ist. Lediglich das Baugewerbe im engeren Sinne hat einen großen Rückgang — nämlich um 13 000 Beschäftigte — aufzuweisen, der kaum auf die Baukonjunktur allein, sondern wohl auch auf die veränderte Bauweise und die Rationalisierung in diesem Gewerbe zurückgeführt werden muß[24]."

Selbst bei der geübten vorsichtigen Zuteilung der hiefür in Betracht kommenden Produktionszweige zu den „überwiegend handwerklichen" — diese Vorsicht geht u. a. aus der Einreihung aller Sägereien, aller Buch- und Zeitungsdruckereien, der mechanischen Werkstätten, der Reparatur von Automobilen in eine Gruppe „nicht handwerkliche Kleingewerbe" hervor — umfaßten sie nur 18 % weniger Erwerbstätige als die Industrie.

Ebenso bestätigte die schweizerische Betriebszählung von 1939 das Andauern der Ausbreitung der Einzelhandelsbetriebe, und zwar für das Jahrzehnt 1929/39 einer besonders betonten der kleineren. Ihre Gesamtzahl erhöhte sich von 48 963 auf 54 893, diejenige der beschäftigten Personen von 124 275 auf 138 380. Allerdings waren die Warenhäuser und Filialunternehmungen für die Massenvermittlung von Waren mit eingeschlossen, die bis 1933, dem Jahr der Verhängung eines Ausbauverbotes für sie, ihrerseits kräftig überhand genommen hatten. Dabei wuchs nicht nur der Bestand an Fachgeschäften des Lebensmittel-, Papierwaren- und Textilwaren-, des Modeartikel- und Schuheinzelhandels, sondern das Wachstum nahm bei den Gemischtwarenhandlungen, im Drogistengewerbe und bei den Kiosken ein geradezu stürmisches Schrittmaß an. Ähnliche Zunahmen verzeichneten das Speditions- und Transportgewerbe sowie das Autogewerbe. — Trotz einer gewissen Behinderung durch die kantonale Gesetzgebung vergrößerte sich ferner die Zahl der Gasthöfe, Pensionen und Erholungsheime von 7 772 auf 9 839, die Gesamtziffer der Einheiten der Gruppe „Gastwirtschaft" von 28 923 auf 30 473 und diejenige der beschäftigten Personen von 126 234 auf 134 318, d. h.

[24] Vgl. den erwähnten Textband zur eidgenössischen Betriebszählung 1939, S. 18/36.

auf einen an den Einzelhandel heranreichenden Stand[25]. Hier wie dort war demnach wieder eine neue Entfaltung im Gange, die von Lebenswillen zeugte.

Indessen war dieses Wachstum des Handwerks und Kleinhandels von Erscheinungen begleitet, welche eher gegen als für deren Erstarken sprachen. Aus der Gegenüberstellung der Zählungen von 1929 und 1939 geht nämlich eine große Häufigkeit der Neueröffnungen und der Auflösung von Betrieben hervor. So wurde für das Handwerk, ohne Erfassung der in den Zwischenjahren ins Leben gerufenen und bereits wieder geschlossenen Betriebe, ein Landesdurchschnitt von 46,5 Neugründungen auf je 100 Einheiten zu Beginn der Periode, im Kleinhandel sogar eine solche von 56 auf je 100 bereits zu Beginn vorhandene ermittelt. Dem Zugang trat ein Abgang im Handwerk von 13,3 %, im Handel aber von 42,5 % der ursprünglichen Bestände gegenüber. Selbst bei Berücksichtigung der Zusammenhänge, daß schon das Altern der Menschen, ihre Beschränkung auf einen Zeitraum von ungefähr 30 Jahren für die selbständige Führung von Betrieben, in einer Spanne von 10 Jahren einen Wechsel von 33 % aller Inhaber bedingt, deuten diese Zahlen auf eine beträchtliche Unbeständigkeit der Existenzen, vor allem in gewissen Handelszweigen, hin. Sie müssen um so mehr als Ausdruck einer Vorläufigkeit des Daseins mancher Betriebe der fraglichen Gruppen gelten, als sie zwar für bestimmte Handwerke und Handelsarten und für verschiedene Landesteile viel kleiner blieben, in den übrigen aber um so höhere Quoten erreichten. So soll der Besitzwechsel in einzelnen Einzelhandelszweigen der größeren westschweizerischen Städte bis zu 70 % der Anfangsbestände betragen haben. Die Ausgliederung der Betriebszählungsergebnisse auf die Kantone zeigt ebenfalls in den übrigen Richtungen recht unterschiedliche Entwicklungen auf[26].

---

[25] Eine Bestätigung, die immerhin den Schluß auf die vorwiegend rationale und wirtschaftliche Begründetheit des Fortbestandes sehr zahlreicher Klein- und Mittelbetriebe nahelegt, liefert ferner für schweizerische Verhältnisse A. Schwarz mit wirtschafts- und siedlungsgeographischen Beobachtungen. Er schreibt: „Nur gewisse Industriezweige, wie das graphische und das Konfektionsgewerbe und Teile der Maschinenindustrie, bevorzugen die größeren Städte. Dagegen florieren in ihnen die Dienstleistungsgewerbe, daneben das Reparaturhandwerk und das Baugewerbe. Eine große Stadt bedarf an sich großer Menschenmassen, die diesen selbst dienen, so wie die Heere früherer Zeiten einen großen Troß mit sich führten.“ (*Schwarz*, A.: Bemerkungen zur Verstädterung in der Schweiz, in: Schweiz. Zeitschrift für Volkswirtschaft und Statistik, 88. Jg., 1952, Nr. 2, S. 148).

[26] Vgl. Bestandesänderungen von Kleinhandelsbetrieben 1929 - 1939 in: Die Volkswirtschaft, 18. Jg., 1945, S. 176, sowie: Bestandesänderungen von handwerklichen Betrieben 1929 - 1939 in: Die Volkswirtschaft, 21. Jg., 1948, S. 2 ff. Neueste Aufschlüsse über den Wechsel im Ablauf der Jahre in den Beständen der Handwerkszweige und in deren Führung liefert für die Deutsche Bundesrepublik die verdienstliche Erhebung von *Flick*, R.: Die Fluktuation im Handwerk, Göttingen 1974.

Eine etwelche Mahnung, die Zukunftsaussichten der kleineren Betriebe nicht allzu optimistisch einzuschätzen, steckte ferner in den Veränderungen der Zahl der Selbständigerwerbenden in der Schweiz, namentlich im Verhältnis zur Entwicklung der Gesamtbevölkerung des Landes. Wie auch anderwärts tritt in der Aufeinanderfolge der eidgenössischen Volkszählungen eine ununterbrochene Schrumpfung des Bestandes und des anteilsmäßigen Gewichtes der Selbständigerwerbenden von 1888 - 1950 zutage. Bemerkenswerterweise vermochte sogar der Handel mit seiner über viele Jahrzehnte andauernden raschen Vermehrung der auf eigene Rechnung Tätigen die im Jahre 1930 erreichte Quote von 20 % an der Gesamtsumme der Erwerbstätigen seither nicht mehr zu halten[27]. Viel stärkere Einbußen erlitt aber seit 1910 das Kontingent der Selbständigerwerbenden der Gruppe „Handwerk und Industrie", die leider keine Ausscheidung in die beiden Hauptzweige erlaubt, indessen genügend Fingerzeige dafür bot, daß sich der Schwund hauptsächlich im Handwerk abspielte.

[27] Andererseits weist es auch wieder auf eine Fragwürdigkeit der Volkszählungsergebnisse hin, daß diese bereits für das Jahrzehnt 1930 - 1941 einen Rückgang der Selbständigerwerbenden in der Gruppe „Handwerk und Industrie" aufzeigen, während der Vergleich der eidgenössischen Betriebszählungen 1929 und 1939 die oben erwähnte beträchtliche Vermehrung der Betriebe, und zwar namentlich der kleinen Mittelbetriebe, erkennen ließ. Wahrscheinlich spielen die mangelnde Übereinstimmung der Erhebungszeitpunkte — die Spanne vom Spätsommer 1939 zum 1. Dezember 1941 war gerade diejenige des Übergangs zur umfassenden Kriegswirtschaft — und Unterschiede in der Beantwortung der gestellten Fragen usw. eine führende Rolle; dennoch geht daraus die nur beschränkte Auswertbarkeit der Volkszählungen in der hier in Betracht fallenden Richtung hervor.

Die Zahlen zeigen, daß die Konzentration auch in neuerer Zeit nicht still steht und namentlich auf Kosten der Familienwirtschaft geht.

Tabelle 6: Wohnbevölkerung nach der Erwerbszugehörigkeit

	1888	1910	1930	1950	1970
Aktive Wohnbevölkerung	1 304 834	1 783 195	1 942 626	2 155 656	2 995 777
Selbständig Erwerbende	398 050	460 888	428 650	408 889	312 703
in %	305	258	221	190	104
davon Arbeitnehmer	906 784	1 322 307	1 513 976	1 746 767	2 683 074
in %	695	742	779	810	896
Von den Arbeitnehmern sind Familienmitglieder	168 544	203 029	158 651	130 976	137 279
in %	129	114	82	61	46

Quelle: Eidgenössische Volkszählung 1970, Erwerb und Beruf, Band 5, Heft 533, Bern 1974, S. 298.

4. Die Entwicklung seit 1945

Man konnte gespannt darauf sein, wie sich die Dinge über die Jahre des zweiten Weltkrieges und hernach entwickeln würden. Natürlich gilt es dabei, soweit möglich, zwischen der Phase der kriegsbedingten Mangelwirtschaft und der unerwartet starken Weiterentfaltung der abendländischen Volkswirtschaften auf die Beendigung der Feindseligkeiten hin zu unterscheiden. — Fassen wir zunächst die vom zweiten Weltkrieg nicht oder wenig heimgesuchten Länder ins Auge, so entwirft als wohl frühester ein Bericht von J. O. Modig über das schwedische Handwerk von 1946 das folgende Bild:

„Handwerk und Kleinindustrie nehmen in der schwedischen Wirtschaft einen sehr bedeutungsvollen Platz ein. Die Zahl der Betriebe beträgt etwa 130 000, diejenige der beschäftigten Personen etwa 470 000. Der jährliche Wert der erzeugten Ware beläuft sich auf etwa 3 1/2 Milliarden schwedische Kronen; ungefähr 92 % der zur Industrie und zum Handwerk gehörenden Betriebe sind als Kleinbetriebe zu rechnen und die in diesen Betrieben beschäftigten Personen machen etwa 41 % der in Industrie und Handwerk gesamthaft tätigen Personen aus“[28].

Der Anteil der privaten kleineren Betriebe am Gesamtumsatz des Handels dieses Landes soll nach der einen Quelle 80, nach der anderen 90 % betragen haben. Kurz vor der politischen Abschließung der *Tschechoslowakei* vom westlichen Kulturbereich gewährte ferner A. Hornof Einblick in das bis dahin starke Gewicht des Handwerks in der tschechischen Volkswirtschaft. Nachdem kriegswirtschaftliche Bestandsaufnahmen der deutschen Besetzungsmacht für Böhmen und Mähren im Jahre 1942 160 659 Handwerksbetriebe mit 540 224 Beschäftigten und einen Umsatz von 20,4 Millionen Kronen verzeichnet hatten[29], hob sich die Zahl der Einheiten bis 1946 in Böhmen allein auf 180 000 mit rund 600 000 darin tätigen Personen gegenüber einem Gesamtumfang von 1 Million der in der Industrie ihren Lebensunterhalt verdienenden Bevölkerung. — In *Dänemark* gab es 1945 92 389 Handwerksmeister, in deren Betrieben 75 000 männliche Gesellen und Lohnarbeiter, etwa 48 000 weibliche Hilfskräfte, etwa 10 000 Köpfe „verschiedenes Personal“ und ungefähr 25 000 Lehrlinge arbeiteten, womit etwa 250 000 Erwerbende dazu gehörten[30]. In *Belgien* ergab die Erhebung von 1947 das Vorhandensein von 552 723 „travailleurs isolés“, d. h. selbständig und allein oder nur mit Gliedern der Familie arbeitenden Berufstätigen, woran das Handwerk mit 159 264 und der Einzelhandel mit 393 459 beteiligt waren.

---

[28] *Modig*, J. O.: Die jetzige Lage des schwedischen Handwerks, in: Bericht über die internationale Arbeitstagung über Fragen der Handwerkswirtschaft und des Detailhandels, St. Gallen/Bern 1946, S. 255 ff.

[29] *Hornof*, A.: Situation de l'artisanat en Tchécoslovaquie, in: Bericht ..., S. 263 ff.

[30] *Levinsen*, J. V.: Die gegenwärtige Lage des dänischen Handwerks, in: Bericht ..., S. 253 ff.

Von den Unternehmern, die Arbeitskräfte beschäftigten (insgesamt 132 872), entfielen 70,4 % auf solche mit weniger als 5 Hilfskräften und 20,6 % auf jene mit 5 - 19 Hilfskräften, auf die übrigen Größenstufen also nur noch bescheidene Quoten[31]. Über das *holländische* Handwerk liegen Angaben aus dem Jahre 1949 vor, wonach sich dieses aus 132 925 Firmen mit 150 881 Betrieben zusammengesetzt hätte; für den Handel wurden für 1947 176 322 Betriebe mit 544 839 Beschäftigten, wiederum weit überwiegend kleinen Umfanges, ausgewiesen[32]. In *Frankreich* lehnt sich die statistische Erfassung des Handwerks an eine eng gezogene Legaldefinition an. Trotzdem lauten die jüngeren Ermittlungen, die sich auf die Registrierungspflicht bei den Handwerkskammern und auf Versicherungsunterlagen stützen, für die ersten Nachkriegsjahre auf ungefähr 1 Million und nach einem zeitweiligen Rückgang, gefolgt von einem neuen schwachen Anwachsen, für 1951 auf rund 935 000 Betriebe mit rund 450 000 Hilfskräften und 150 000 Lehrlingen[33]. Daneben besteht eine große Zahl sogenannter kleinindustrieller Betriebe mit 5 - 10, 11 - 20, 21 - 50 Arbeitern und Arbeiterinnen[34].

Nach den Umwälzungen, welche der zweite Weltkrieg für Deutschland brachte, mögen die ersten Handwerkszählungen der *Bundesrepublik Deutschland* als wenig aussagekräftig erscheinen. Gleichwohl erheischt der Umstand Beachtung, daß diese 1949 bereits wieder 864 000 Einheiten mit 3,06 Millionen beschäftigten Personen[35] und einem Gesamtumsatz von 19,9 Milliarden DM feststellten. Davon wären entfallen:

Tabelle 7

auf die Neuherstellung, Installation, Montage	62,5 %
auf die Reparaturen	15,8 %
auf die Dienstleistungen	3,2 %
auf die Handelstätigkeit	18,5 %

Die vorbildlich angelegte und ausgewertete Handwerkszählung der Bundesrepublik Deutschland vom 30. September 1949[36] ergab für die nachstehenden Handwerksgruppen die folgenden Anteile an den Ge-

[31] Rapport 1952 de l'Institut d'Etude Economique et Sociale des Classes Moyennes, Statistiques: les travailleurs indépendants en Belgique, S. 43 ff.

[32] Het Nederlandse Ambacht, feiten-cijfers-beelden, Den Haag, 1952, Tab. 1.

[33] *Mourier*, H.: Das Handwerk, seine Struktur und seine Eingliederung in der modernen Wirtschaft, in: Internationales Gewerbearchiv, 2. Jg./1954, S. 47, 111 und 176.

[34] Nach einem Bericht: Les établissements industriels et commerciaux du secteur privé en France 1950, hrsg. vom Institut national de statistiques et des études économiques, Paris, waren es im Gebiet der Stoffbearbeitung 894 811 von insgesamt 946 044 Betrieben.

[35] *Wernet*, W.: Handwerkspolitik, Göttingen 1952, S. 21 f.

[36] Vgl. vor allem den zusammenfassenden Textband 6 (Statistisches Bundesamt, Wiesbaden 1962).

samtbeständen an Betrieben und Beschäftigten sowie am vom Handwerk verzeichneten Gesamtumsatz:

Auf die Haupt-Handwerkszweige entfielen:

Tabelle 8

	Betriebe (in %)	Beschäftigte (in %)	Gesamtumsatz (in %)
die Bau- und Ausbauhandwerke	20,6	34,4	28,0
die Nahrungsmittelhandwerke	13,4	13,2	27,9 a)
die Bekleidungs-, Textil- und Lederhandwerke	31,7	18,7	11,0
die eisen- und metallverarbeitenden Handwerke	13,6	14,7	19,4
die holzverarbeitenden Handwerke	12,1	11,5	8,4
Körperpflege, Reinigung, Keramik, papierverarbeitendes und übriges Handwerk	8,6	7,5	5,3 b)

a) Vgl. *Zelle, A.*: Partner Handwerk, in der Sammlung: Aktuelle Betriebsfragen, Frankfurt a.M. 1953, S. 13 ff.

b) Vgl. weiter: Statistik der Bundesrepublik Deutschland, Handwerkszählung vom 30. September 1949, 6 Bde.

Wir lassen nachstehend die Ergebnisse der jüngsten Erhebungen in den verschiedenen Ländern folgen. Durch den Datenvergleich lassen sich die Entwicklungsrichtungen der letzten Jahrzehnte deutlich erkennen.

In der Bundesrepublik waren es nach der Arbeitsstättenzählung vom 25. 5. 1970[37]:

Tabelle 9

insgesamt 2 228 439 Arbeitsstätten mit 24 406 688 Beschäftigten
davon in Arbeitsstätten oder Betrieben mit

1 Beschäftigten	27 %	und 2,5 %	aller Beschäftigten
2 - 4 Beschäftigten	43 %	und 10,7 %	aller Beschäftigten
5 - 9 Beschäftigten	15 %	und 9,5 %	aller Beschäftigten
10 - 19 Beschäftigten	6 %	und 8.5 %	aller Beschäftigten
20 - 49 Beschäftigten	4,3 %	und 12,2 %	aller Beschäftigten
50 - 99 Beschäftigten	1,5 %	und 9,8 %	aller Beschäftigten
100 - 199 Beschäftigten	0,8 %	und 9,8 %	aller Beschäftigten
200 - 499 Beschäftigten	0,5 %	und 12,6 %	aller Beschäftigten
500 - 999 Beschäftigten	0,12 %	und 8,0 %	aller Beschäftigten
1000 u. mehr Beschäftigten	0,07 %	und 16,1 %	aller Beschäftigten

[37] *Statistisches Bundesamt* (Hrsg.): Statistisches Jahrbuch für die Bundesrepublik Deutschland, Stuttgart/Mainz 1975, S. 194.

Für *Österreich* ergab eine Erhebung vom 10. 10. 1964[38]:

Tabelle 10

als Gesamtzahl der Betriebsstätten: 253 738
davon in Betriebsstätten mit

1 Beschäftigten	38 %
2 - 4 Beschäftigten	17,8 %
5 - 9 Beschäftigten	23,0 %
10 - 19 Beschäftigten	10,5 %
20 - 49 Beschäftigten	5,2 %
50 - 99 Beschäftigten	3,4 %
100 - 199 Beschäftigten	1,1 %
200 - 499 Beschäftigten	0,5 %
500 - 999 Beschäftigten	0,3 %
1000 u. mehr Beschäftigten	0,03 %

Im *Frankreich* vom Jahre 1966 gab es nach den „Fichiers d'entreprises et des établissements[39]:

Tabelle 11

Gesamtbestände an Betrieben 1 907 486 und der Beschäftigten 9 724 094
Die Anteile der Betriebe mit ... an der Gesamtzahl der Beschäftigten stellten sich auf:

1 Beschäftigten	21,9 %	4,3 %
2 Beschäftigten	9,1 %	3,5 %
3 - 5 Beschäftigten	9,6 %	7,0 %
6 - 9 Beschäftigten	4,3 %	6,2 %
10 - 19 Beschäftigten	3,3 %	8,69 %
20 - 49 Beschäftigten	2,3 %	14,08 %
50 - 99 Beschäftigten	0,78 %	10,60 %
100 - 199 Beschäftigten	0,40 %	11,03 %
200 - 499 Beschäftigten	0,22 %	13,47 %
500 - 999 Beschäftigten	0,06 %	8,03 %
1000 u. mehr Beschäftigten	0,02 %	12,46 %

In der Schweiz sind weitere offizielle Betriebszählungen auf die von 1939 erst in den Jahren 1955 und 1965 gefolgt. Sie zeigten einen erneuten Entwicklungsumschwung, jetzt wieder im Sinne der stärkeren Vermehrung der größeren Betriebe und des entsprechenden Zurückbleibens der Bestände der kleineren an. Doch bleiben die letzteren nach wie vor die weitaus größten und vermochten schon die Betriebe mit 4 - 5 Beschäftigten, hinsichtlich der Beschäftigtenzahl die mit 11 - 20, der allgemeinen Bewegung zu folgen.

Die Betriebsgrößenstrukturen haben sich in der Schweiz nach den Ergebnissen der Zählungen von 1955 und 1965 wie folgt entwickelt[40]:

---

[38] *Österreichisches Statistisches Zentralamt* (Hrsg.): Ergebnisse der Vorerhebung zur nichtlandwirtschaftlichen Betriebszählung vom 10. Oktober 1964, Wien 1966.

[39] *Institut National de la Statistique et des Etudes économiques* (Hrsg.): Les établissements industriels et commerciaux en France en 1966, Paris 1968.

[40] *Eidgenössisches Statistisches Amt* (Hrsg.): Die Gewerbebetriebe in der Schweiz 1955, Bern 1962; *dass.*: Ergebnisse Betriebszählung 1965, Bern 1968.

An den Gesamtbeständen waren beteiligt:

Tabelle 12

Insgesamt	1955		1965	
	Betriebe abs.	Beschäftigte abs.	Betriebe abs.	Beschäftigte abs.
	253 022	1 798 896	248 605	2 360 264
	in %	in %	in %	in %
Einzelbetriebe	74,1	—	77,5	—
Betriebe mit ... Beschäftigten				
1	38,0	5,3	31,1	3,3
2— 3	32,5	10,8	31,4	7,8
4— 5	11,1	6,8	12,4	5,7
6— 10	8,6	9,0	9,9	7,4
11— 20	4,7	9,5	7,4	10,4
21— 50	3,2	14,2	4,7	14,8
51— 100	1,1	10,9	1,6	11,7
101— 200	0,5	9,7	0,8	11,3
201— 500	0,25	10,7	0,4	12,2
501—1000	0,06	5,7	0,08	5,9
über 1000	0,03	7,3	0,04	9,4

Nach den Ergebnissen der Betriebszählung von 1965 und den auf dieses Jahr fortgerechneten Bevölkerungszahlen lassen sich u. a. folgende Betreffnisse an Betrieben je 1 000 Einwohner errechnen:

Tabelle 13: Betriebe und deren Beschäftigte einzelner Gewerbezweige pro 1 000 Einwohner der für 1965 geschätzten Wohnbevölkerung

Städte und Kantone	eng. Baugewerbe		Schreinerei		Spenglerei u. sanit. Inst.		Schneiderei		Bäckerei Konditorei		Metzgerei		Lebensmittelhandel		Gastgewerbe u. Hotels		Coiffeurgewerbe	
	Betr.	Besch	Betr.	Besch.	Betr.	Besch.	Betr.	Besch.	Betr.	Besch	Betr.	Besch.	Betr.	Besch.	Betr.	Besch	Betr.	Besch.
Städt. Verhältnisse																		
Basel-Stadt	0,58	40,32	0,94	7,38	0,66	11,92	0,98	6,38	0,73	7,01	0,44	3,79	1,86	7,77	1,98	25,66	2,19	6,71
Zürich	0,73	37,41	1,03	6,39	0,45	5,51	1,84	18,55	0,61	7,42	0,44	3,82	1,76	11,44	2,69	33,84	2,08	7,21
Genf	0,62	43,29	1,13	5,27	0,75	10,04	0,99	3,40	0,95	4,15	0,98	3,66	2,49	10,61	4,49	43,56	2,53	8,77
Industriegebiete																		
Kt. Zürich	0,96	34,70	1,28	8,60	0,58	5,65	1,19	9,89	0,55	5,10	0,45	3,10	1,87	6,67	2,55	20,66	1,51	4,67
Kt. Aargau	1,11	37,10	2,02	19,92	0,75	4,96	0,80	7,54	0,81	3,87	0,65	2,99	3,05	9,57	3,04	13,27	1,31	**3,40**
Kt. Zug	1,10	37,02	2,05	16,07	0,30	2,46	0,52	1,25	0,59	3,93	0,49	3,26	2,08	6,43	2,87	13,70	1,18	3,41
Kantone mit gemischter Wirtschaftsstruktur																		
Kt. Luzern	0,88	32,46	2,10	12,82	0,48	4,32	0,94	10,07	0,67	3,98	0,64	4,14	2,87	7,47	2,45	23,65	1,36	2,83
Kt. St. Gallen	1,13	29,74	1,94	15,53	0,88	8,31	1,18	17,83	1,07	3,80	0,81	4,18	2,88	7,13	5,15	18,48	1,43	3,68
Kt. Thurgau	1,15	29,44	2,19	21,59	0,56	3,48	0,93	14,84	0,74	2,74	0,62	2,56	3,15	7,61	5,54	14,66	1,38	3,08
Kantone mit vorwiegend Landwirtschaft																		
Kt. Appenzell I.-Rh.	1,04	20,96	3,26	12,67	—	—	0,15	4,44	1,26	3,26	0,96	3,48	3,33	5,70	8,15	24,44	0,81	1,93
Kt. Obwalden	1,28	34,32	3,80	29,24	0,80	5,80	0,44	0,24	0,80	2,60	0,88	3,88	2,88	5,24	4,25	37,48	1,32	2,84
Kt. Waadt	1,28	37,19	1,96	10,75	0,77	6,91	0,86	2,95	0,92	4,52	0,84	3,08	3,33	9,00	3,99	27,92	1,49	4,38
Bergkantone																		
Kt. Graubünden	2,19	94,69	2,67	12,46	0,83	7,03	0,19	4,05	0,93	4,71	0,68	4,95	3,74	11,79	9,36	69,84	1,17	3,79
Kt. Wallis	2,07	58,36	2,27	13,81	0,83	6,07	0,15	1,04	0,72	3,38	0,57	1,99	3,94	10,73	8,28	42,10	1,14	3,25

Für *Belgien* lauten die Werte der Erhebung vom 30. 6. 1970 und 30. 6. 1973:

Betriebe	200 762	203 521
Beschäftigte	2 820 452	2 950 840[41]

Von diesen Gesamtbeständen waren bzw. belegten:

Tabelle 14

Betriebe mit ... Beschäftigten	30. 6. 1970		30. 6. 1973	
	Betriebe in %	Beschäftigte in %	Betriebe in %	Beschäftigte in %
— 5	69,05	8,21	67,66	7,92
5— 9	12,73	5,95	13,38	6,05
10— 19	7,97	7,96	8,34	7,79
20— 49	5,90	12,87	6,07	12,84
50— 99	2,18	10,76	2,29	10,97
100—199	1,17	11,50	1,22	11,72
200—499	0,67	14,70	0,68	14,51
500—999	0,18	8,98	0,19	9,03
1000 und mehr	0,11	19,28	0,11	19,13
	100 %	100 %	100 %	100 %

Für *Großbritannien* und die *Niederlande* liefern die jüngsten Statistiken die folgenden Angaben:

[41] Institut économique et social des classes moyennes: Le monde des travailleurs indépendants en chiffres, in: Informations, 27. Jg./1975, Nos. 7 - 8, S. 6.

Tabelle 15: Größe von Produktionsbetrieben in Großbritannien (1968) [a]

	Betriebsgröße nach Beschäftigtenklassen						
	1—10	11—24	25—99	100—499	500—999	1000—1499	1500 or more
Betriebe	%	%	%	%	%	%	%
Lebensmittel, Getränke, Tabak	22,90	21,60	22,22	18,15	3,31	1,16	0,91
Mechanische Werkstätten	34,32	25,20	16,72	10,16	1,86	0,58	0,64
Elektrische Anlagen	27,33	19,09	16,01	15,14	4,41	1,97	2,69
Bekleidung, Schuhe	23,27	23,77	25,28	14,11	0,85	0,21	0,07
Holz, Möbel usw.	47,10	23,20	17,14	5,44	0,34	0,03	—
Beschäftigte (in 1000) Lebensmittel, Getränke, Tabak	1,01	3,10	9,80	34,50	18,51	11,30	20,39
Mechanische Werkstätten	2,44	5,80	12,11	29,46	17,05	9,47	21,70
Elektrische Anlagen	0,70	1,78	4,88	18,83	16,74	12,60	43,48
Bekleidung, Schuhe	1,98	7,17	23,30	47,25	9,32	4,27	2,74
Holz, Möbel usw.	7,80	13,93	30,73	35,82	7,41	1,40	—

a) *Business Statistics Office* (Hrsg.): Annual Abstract of Statistics, London 1972, S. 147.

Tabelle 16: Zahl der Unternehmungen in den Niederlanden 1969 und 1971 nach der Größe der Betriebe a)

(Anteile in % der Gesamtbeschäftigten)

Wirtschaftszweig	mit 0—2 Beschäftigten		2—5 B.		5—10 B.		10—20 B.		20—50 B.		50—100 B.		100—20 B.		200—500 B.		500 und mehr B.	
	1969	1971	1969	1971	1969	1971	1969	1971	1969	1971	1969	1971	1969	1971	1969	1971	1969	1971
Industrie Handwerk Bergbau	28,54	27,96	26,70	26,18	15,43	15,84	10,98	11,09	9,85	10,06	4,19	4,44	2,29	2,33	1,33	1,44	0,69	0,67
Baugewerbe inkl. Ausbau	31,28	28,04	28,37	28,55	18,13	18,86	11,41	11,96	7,13	8,21	2,18	2,85	0,88	1,02	0,44	0,54	0,18	0,22
Detailhandel	52,60	52,15	31,84	30,11	9,46	10,13	4,32	4,76	1,79	2,08	0,39	0,38	0,18	0,18	0,12	0,11	0,10	0,10
Banken und Versicherungen	31,50	31,65	26,91	25,03	16,86	17,11	12,09	12,27	8,20	8,70	2,53	2,77	1,11	1,29	0,53	0,56	0,26	0,25
Transporte	39,54	38,04	26,59	26,11	15,21	15,40	8,97	9,94	5,90	6,57	1,98	2,04	0,92	0,99	0,57	0,50	0,33	0,40
Dienstleistungszweige	49,78	49,52	26,85	26,38	10,10	10,22	6,10	6,06	4,56	4,85	1,30	1,45	0,71	0,80	0,45	0,50	0,17	0,21

a) *Centraal Bureau voor de Statistiek* (Hrsg.): Arbeidsvolume en Loonsommen 1972.

Wie haben sich die Strukturen des Handels, zumal des Einzelhandels fortgebildet? Nun stellte sich, zum Hauptteil von der Auflösung solcher herrührend, wohl ein Zurückbleiben der ausgesprochenen Kleinunternehmen ein, das aber am nach wie vor starken Übergewicht der Bestände der Einheiten begrenzter Ausmaße nicht viel änderte. Für die Bundesrepublik Deutschland hat die Handels- und Gaststättenzählung von 1960 das folgende ergeben:

Tabelle 17: Unternehmen, Beschäftigte im Groß- und Einzelhandel Gastgewerbe und Fremdenverkehr der Bundesrepublik Deutschland[42]
(Prozentanteile)

Wirtschaftsgliederung	Unternehmen	Beschäftigte
	am 30. 9. 1960	
	Anzahl	
Einzelhandel insgesamt	481 612 100%	1 982 561 100%
ohne Umsatzangabe	3,35	1,62
bis unter 8 000	11,22	3,07
8 000 bis unter 20 000	11,16	3,75
20 000 bis unter 50 000	20,64	8,44
50 000 bis unter 100 000	22,59	12,67
100 000 bis unter 250 000	21,94	20,18
250 000 bis unter 500 000	5,97	10,91
500 000 bis unter 1 Mill.	1,88	6,69
1 Mill. bis unter 2 Mill.	0,72	5,21
2 Mill. bis unter 5 Mill.	0,36	5,66
5 Mill. bis unter 10 Mill.	0,10	3,37
10 Mill. bis unter 25 Mill.	0,05	3,90
25 Mill. bis unter 50 Mill.	0,01	2,55
50 Mill. und mehr	0,01	11,98

In Frankreich war 1951 ein Gesamtbestand von 715 631 Betrieben, von denen nicht weniger als 641 744 mit 0 - 5 Gehilfen tätig waren, zum Gegenstand lebhafter öffentlicher und politischer Auseinandersetzungen geworden, indem sich Beschwerden nicht über ungenügendes Vorhandensein, sondern über eine starke Verteuerung der Lebenskosten durch

[42] *Statistisches Bundesamt* (Hrsg.): Handels- und Gaststättenzählung 1960, S. 27.

einen aufgeblähten Stand der „Kleinhändler“ erhoben, während diese selbst eine ungebührliche Schmälerung ihrer Existenz durch die Besteuerung und übrige staatliche Eingriffe geltend machten[43].

Nach dem Recensement des établissements industriels et commerciaux von 1966 waren es im Detailhandel noch 555 955 Betriebe, und zwar:

Tabelle 18 a

solche ohne familienfremde Beschäftigte		49,2 %	d. Gesamtbestandes
solche mit	1 familienfremden Beschäftigten	23,7 %	d. Gesamtbestandes
solche mit	2 familienfremden Beschäftigten	9,5 %	d. Gesamtbestandes
solche mit	3 - 5 familienfremden Beschäftigten	8,4 %	d. Gesamtbestandes
solche mit	6 - 9 familienfremden Beschäftigten	2,8 %	d. Gesamtbestandes
solche mit	10 - 19 familienfremden Beschäftigten	0,7 %	d. Gesamtbestandes
solche mit	über 20 fam.-fremden Beschäftigten	0,7 %	d. Gesamtbestandes

(wieder aus der unter Fußnote 39 auf S. 23 angeführten Quelle)

Für Großbritannien lauten die Erhebungsergebnisse von 1961 auf eine Gesamtzahl der Einzelhandelsbetriebe von 508 529 (im Jahre 1950 waren es noch 531 143). Daran waren beteiligt:

Tabelle 18 b

die Betriebe ohne fam.-fremde Beschäftigte oder nur einer Person		mit 22,3 %
die mit	2 familienfremden Beschäftigten	mit 27,6 %
die mit	3 familienfremden Beschäftigten	mit 16,7 %
die mit	4 familienfremden Beschäftigten	mit 10,3 %
die mit	5 - 6 familienfremden Beschäftigten	mit 10,3 %
die mit	7 - 9 familienfremden Beschäftigten	mit 6,0 %
die mit	10 - 19 familienfremden Beschäftigten	mit 4,7 %
die mit	über 20 familienfremden Beschäftigten	mit 2,1 %

(Report on the Census of Distribution and other Services in Great Britain 1961, London 1963 Part. I, p. 48/49)

[43] „Es ist kennzeichnend, daß zwischen 1938 und 1949 die Zahl der im Handel beschäftigten Personen um 10 % zugenommen hat, während in der Produktion von Konsumgütern der Zuwachs nur 3 % erreichte. Im Jahre 1949 waren in Frankreich von tausend Personen nicht weniger als 54 im Handel tätig, gegen nur 46 in Belgien, Deutschland und Großbritannien. Der Anteil des Handels am gesamten Volkseinkommen stieg in Frankreich von 14 % im Jahre 1938 auf 16 % im Jahr 1949, während er in Deutschland nur 8,5 %, in Italien 10,4 %, in Großbritannien 13,2 % und in Holland 14,2 % betrug. Die Zahl der Handelsbetriebe, besonders der kleinen und kleinsten, hat in Frankreich in den letzten fünfzehn Jahren beträchtlich zugenommen, wobei ein wesentlicher Teil dieser Betriebe nicht von den Diensten lebt, die sie der Volkswirtschaft erweisen, sondern sozusagen von der Steuerdefraudation. Es handelt sich also, vom volkswirtschaftlichen Standpunkt aus betrachtet, um reine Schmarotzerbetriebe, die auf Kosten der Mitglieder der Volkswirtschaft leben.“ Vgl. Die Steuerdefraudation in Frankreich, in: Neue Zürcher Zeitung, 174. Jg./1953, Nr. 1376.

Ganz ähnlich, nur mit wieder um einiges stärkerer Schrumpfung der Bestände der kleinsten Einzelhandelsbetriebe, entwickelten sich die Strukturen in der Schweiz, in Belgien und den Niederlanden. In der Schweiz ist die Gesamtzahl der Einzelhandelseinheiten von 1955 bis 1965 von 55 314 auf 50 608 zurückgegangen, wobei abermals am meisten kleinste ausfielen, wogegen sich die übrigen, je größer desto mehr, weiter vermehrten[44].

Ein ähnliches Bild der Zusammensetzung aus Betrieben verschiedener Größen bieten, jedoch in den letzten Jahrzehnten im Zeichen eines stärkeren Wachstums, viele Dienstleistungszweige.

5. Zur Gesamtentwicklung in Westeuropa

Im übrigen stellte M. Woitrin im Rahmen der von der Europäischen Wirtschaftsgemeinschaft veranlaßten „Untersuchung über die Lage der industriellen Klein- und Mittelbetriebe in der EWG" (Brüssel 1966, S. 24 ff.) viele Einzelzahlen über die Entwicklung der Betriebsgrößenstrukturen in den angeschlossenen Ländern in den Jahren 1950 - 1961 zusammen, die fast durchwegs auf verhältnismäßige Bodenverluste der kleinen und kleinsten Wirtschaftseinheiten hinweisen. Dabei werden auch wesentliche Verschiebungen der Gewichte auf größere Betriebe hin in bestimmten Fabrikationszweigen aufgezeigt. Zudem will heute die besonders starke Schmälerung der Bestände der kleineren Betriebe und Unternehmen in einer Reihe von Handwerks-, Einzelhandels- und Dienstleistungszweigen quer durch ganz Europa beachtet sein. Manche Autoren neigen dazu, diesen Schwund der Bestände kurz und bündig als Gesundschrumpfung und Ablösung nicht mehr zeitgemäßer durch leistungsfähigere zu deuten. Wahrscheinlich resultiert aber der Vorgang aus einer Reihe von Anlässen, die vorerst systematischer Erforschung bedürften. Wenn bisherige Ermittlungen einen Großteil der Betriebsschließungen aus Unzulänglichkeiten der Leitung erklärten, scheinen uns einige Vorbehalte dazu am Platze. Die Bescheide können sich nämlich als Vermengung und Zusammenzählung unterschiedlicher Motive — oder auch als gemeinplätzige! — erweisen. Zwar scheint sich aufzudrängen, die Aufgabe von Unternehmungen als Ausdruck von Mißerfolgen und damit als Ausfluß irgendwie unzulänglicher Führung aufzufassen. Es ist auch kein Zweifel möglich, daß solche in starkem Maße mitspielen. Doch braucht man nur an die enge Verknüpfung vieler gewerblicher Betriebe mit dem Lebensschicksal des Inhabers oder Betreuers und daran zu denken, daß gerade sie nicht nur dem Erwerbsstreben dienen, um die Gemischtheit der Beweggründe zu gewahren. Unseres Erachtens müßten weitere Erhebungen — deswegen nicht leicht, weil viel kritischer Sinn

[44] Gemäß den unter Fussnote 40 auf S. 23 angegebenen Quellen

zum Herausschälen des jeweils wesentlichen nötig wäre — zwischen den äußeren wirtschaftlichen und gesellschaftlichen Umweltbedingungen und den betriebsinternen sowie zwischen sachlichen und persönlichen scharf unterscheiden. Manche Betriebe haben nur in der Prägung durch die Zielsetzungen und das Schaffen derjenigen, die sie aufbauten, ihren ökonomischen Sinn. Nicht selten kommt es ferner zu überstürzt voreiliger Auflösung. Selbst dort, wo die Stillegung deswegen geschieht, weil die erzielbaren Einkünfte den steigenden Ansprüchen nicht mehr genügen und lohnendere andere Beschäftigungen zu winken scheinen, braucht das nicht immer an eingebüßter Wettbewerbsfähigkeit wegen unzureichender Tüchtigkeit zu hängen. Tiefer in die Sachlage eindringende Ergründungen dürften volkswirtschaftlich und gesellschaftspolitisch recht bedeutsame Auskünfte zutage fördern.

Das alles ändert aber nur wenig am Sachverhalt, daß auch in den „modernen“ Volkswirtschaften zahlreiche kleine Einheiten fortbestehen und sich neben den nur noch mit Mühe mitkommenden oder zum Ausscheiden verurteilten zahlreiche junge neu zu entfalten vermögen. Der zitierte Bericht der Europäischen Wirtschaftsgemeinschaft konnte sich seinerseits nicht verhehlen, daß ‚die kleinen und mittleren Betriebe immer noch die wichtigste Grundlage der Wirtschaft der EWG‘ bildeten (S. 36) und auch die Konzentration einstweilen langsam vor sich gehe. — Uns scheint aber vorab einmal die nach wie vor starke Verbreitung der kleineren Unternehmen im Handwerk, Einzelhandel und in den Dienstleistungszweigen näherer Ergründung wert.

6. Die Betriebsgrößenverhältnisse in den Vereinigten Staaten von Amerika

Im Verlaufe des zweiten Weltkrieges vernahm man sodann von Feststellungen in den Vereinigten Staaten von Amerika, die mancherorts überraschen mußten. Für dieses vermeintlich klassische Gebiet des „big business“ förderte die Rechenschaftsablage über den Aufbau der Volkswirtschaft — unter dem Zwang zur äußersten Anspannung der produktiven Kräfte — noch einmal eine reiche Ausstattung mit Kleinbetrieben zutage. Auf Grund eingehender, mit den Möglichkeiten der amerikanischen Statistik durchgeführter behördlicher und halbamtlicher Untersuchungen konnte A. D. H. Kaplan so etwas wie einen systematischen Abriß der äußerlich irgendwie erfaßbaren Lebensgesetze der Kleinbetriebe bieten[45]. Den größeren Maßstäben der nordamerikanischen Wirtschaft gemäß zieht er allerdings die Grenzlinie zwischen den großen und kleinen Einheiten auf einer beträchtlich höheren als für Europa üblichen Ebene. Da er aber ebenfalls den kleinsten: den Einmannbetrieben und denjenigen mit 1 - 3, 4 - 7 und 8 - 19 Hilfspersonen seine Aufmerksamkeit

[45] Vgl. *Kaplan,* A. D. H.: Small business, its place and problems, Committee for economic development, research study, New York 1948, S. 25 ff.

widmet, vermögen die Einsichten Kaplans zum äußeren Bild der umstrittenen Position des Handwerks und Kleinbetriebs schlechthin Wesentliches beizutragen. Wir gestatten uns daher eine gedrängte Wiedergabe der hauptsächlichsten Erkenntnisse, um nicht nur den lückenhaften Einblick in Europa in die betreffenden nordamerikanischen Verhältnisse zu verbessern, sondern zugleich das Gesichtsfeld für die Beurteilung der Existenzbedingungen der Kleinbetriebe in der alten Welt zu erweitern.

In den Berichten tritt uns selbst für die Vereinigten Staaten eine überragende Häufigkeit der nur bis 4 Personen beschäftigenden und der Familienbetriebe sowie derjenigen mit bis 8 Hilfskräften entgegen. In den Jahren 1946, 1951 und 1956 sollen schätzungsweise geschäftliche Firmen vorhanden gewesen sein und Personen beschäftigt haben

Tabelle 19: USA: Betriebe und Beschäftigte nach Betriebsgröße[46]
(Prozentanteile)

Größenklasse	1946		1951		1956	
	Betriebe	Beschäftigte	Betriebe	Beschäftigte	Betriebe	Beschäftigte
bis 4 Beschäftigte	72,39	5,8	74,74	6,3	75,31	6,5
bis 8 Beschäftigte	13,54	7,1	12,62	7,0	11,64	6,6
bis 20 Beschäftigte	8,48	9,9	7,67	9,8	8,10	10,6
bis 50 Beschäftigte	3,43	10,1	3,06	9,9	3,08	10,1
bis 100 Beschäftigte	1,13	7,6	1,00	7,3	1,01	7,4
bis 500 Beschäftigte	0,85	16,5	0,75	15,8	0,71	15,2
bis 1 000 Beschäftigte	0,09	6,4	0,08	6,0	0,08	5,5
bis 10 000 Beschäftigte	0,08	20,6	0,07	19,1	0,06	20,3
Total	99,99	84,0	99,99	81,2	99,99	82,2

Die ausgesprochen kleinen Betriebe fanden sich, wieder nach A. D. H. Kaplan, der in dieser Beziehung einläßlichere Auskünfte gab, vornehmlich im Auftragsbaugewerbe, im Groß- und Einzelhandel und in den Dienstleistungszweigen vor[47]. Die „produzierenden Gewerbe" („Manufacturing, establishments with less than 100 employees") erzielten im Erhebungsjahr ein Erzeugungsvolumen von 17,36 Millionen Dollars oder 30,6 % des gesamten Wertumschlages aller (d. h. sowohl der kleinen

[46] *Hollander,* F. D. et al: The Future of Small Business, New York/Washington/London 1967, S. 226.

[47] *Kaplan,* A. D. H.: S. 28 ff.

als der mittleren und ganz großen) Betriebe. Im Einzelhandel zeigte sich erst recht das Übergewicht der Zahl der kleineren Betriebe mit 0 - 3 und 4 - 99 Hilfskräften, wobei der Lebensmittelhandel, gefolgt von den Gaststätten, die größten Kontingente belegte. Über die Entwicklung in der Zeit hält Kaplan zunächst dafür, daß die kräftige Vermehrung der Betriebe der Stoffbearbeitung im Krisenjahr 1921 und der nicht minder ausgeprägte Schwund in den Jahren wieder guter Konjunktur von 1926 - 39 in erster Linie bei den kleineren zu suchen sei. Doch deute der Vergleich der Betriebszählungen in den Jahren 1929 und 1939 im ganzen auf ein Abbröckeln des Bestandes der kleineren Fabrikanten, in ihrer Anzahl um 18 %, in der Zahl der Hilfskräfte um 23,3 % und im Produktionsertrag um 37 %, hin.

Die Periode des Zweiten Weltkrieges stand in ihrer ersten Hälfte im Zeichen einer weiteren Rückbildung der kleinen Einheiten, indem von der Auflösung von über einer Million Unternehmen allein von 1941 bis 43 volle 95 % auf sie entfielen und sich ihr Anteil an der Gesamtmasse der beschäftigten Personen von 1939 - 43 von 42,5 auf 31,5 % verringerte. Der Autor erklärte diesen Vorgang damit, die gute Bezahlung in den Großunternehmen hätte wenig Anreiz zur Rückkehr auf die selbständige Erwerbstätigkeit mit eigener Verantwortung übrig gelassen. Seit der Mitte des Jahres 1943 griff dagegen eine Bewegung in der umgekehrten Richtung Platz. Statt der Abgänge begannen jetzt die Neueröffnungen zu überwiegen. Vom Dezember 1943 bis Dezember 1946 stieg die Zahl der selbständig Erwerbenden von 2,83 Millionen auf 3, 64 Millionen, im Auftragsbaugewerbe von 189 200 auf 247 900, im Einzelhandel von 1,49 auf 1,67 Millionen und in den Dienstleistungszweigen von 617 300 auf 696 600 Personen. Die Kleinbetriebe holten nun die erlittenen Bestandesverluste auf und gewannen an Boden. Dabei sprachen die Anzeichen auch für eine Verbesserung der von ihnen erzielbaren Einkünfte. Die bestimmenden Gründe will Kaplan in der Steigerung der Kaufkraft der Bevölkerung, in der erneuten Differenzierung der Nachfrage, in den Unteraufträgen der Industrie und der besseren technischen Ausrüstung der Betriebe erkennen. Daher stellt er nicht zuletzt dem kleinbetrieblichen Einzelhandel eine bemerkenswert günstige Voraussage.

Die Beobachtung auf längere Sicht lenkte den Blick auf eine besonders große Häufigkeit der Wechsel im Eigentum an den kleineren Betrieben. Obwohl während des Zweiten Weltkriegs nur ein Drittel aller Änderungen durch die Auflösung von Einheiten verursacht waren, konnte in der mangelnden Stabilität der Fingerzeig auf Unsicherheiten (Fragwürdigkeiten) des Daseins und der Verdienstmöglichkeiten liegen. So wiesen die Unternehmen mit 1 - 3 Hilfskräften, welche gewöhnlich 35 - 40 % der erwerbstätigen Bevölkerung ausmachten, eine Häufigkeit der Handwechsel oder sonstiger Unterbrüche von demselben Ausmaß wie ihr Anteil an der Gesamtzahl der vorhandenen Betriebe auf. Im Jahre 1939 hätten diese Wechsel bei den Einheiten mit 0 - 3 Hilfskräften sogar 82,3 % und im folgenden noch mehr der Gesamtziffer betragen. Des weiteren hebt der Verfasser eine unmittelbare Abhängigkeit der „Sterblichkeit“ der kleineren Betriebe von deren „Geburtenhäufigkeit“ hervor[48]. Zeiten einer rascheren Vermehrung zögen die große Wahrscheinlichkeit einer daran anschließenden Welle gehäufter Veräußerungen und Liquidationen nach sich. Die Untersuchungsergebnisse berechtigen ferner dazu, einen Zusammenhang zwischen der größeren oder geringeren geschäftlichen Tüchtigkeit der Inhaber und der Lebensdauer der Betriebe zu vermuten. Die Erklärung lautet:

Je weniger geschäftskundig deren Leiter, desto eher neigten sie bei steigenden Löhnen zum Abtausch ihrer Stellungen an diejenige eines Lohnempfängers hin. In schlechten Jahren bleibe er bei seinem „job“, in guten pflege er abzuwandern. Im Einklang damit verraten die zu Rate gezogenen amerikanischen Statistiken für die neueröffneten oder käuflich erworbenen Betriebe die größte Anfälligkeit zu Besitzänderungen oder Auflösungen[49].

Kaplan glaubte, mit den Mitteln der Statistik sogar den Einzelursachen der „discontinuities“ beikommen zu können. Die Tücken der verwendeten Methode mahnten freilich dazu, sich mit bloß probeweisen Angaben über das Gewicht der verschiedenen Gründe: ungenügende Erfahrung, objektives oder subjektives Unvermögen, den Kapitalaufbau den Anforderungen des Marktes anzupassen, einseitiges Interesse nur für die technische Leistung, unzureichende geistige Beweglichkeit oder Unfähigkeit, die Beziehungen zur Kundschaft fruchtbar zu gestalten, zu begnügen. Immerhin mißt er den inneren Gründen erheblich stärkere Wirkung als den Umweltbedingungen und Marktlagen zu.

---

[48] Vgl. *Kaplan,* A. D. H.: S. 58 ff.

[49] Untersuchungen in bestimmten Wirtschaftszweigen von Gliedstaaten bestätigen die Abhängigkeit der durchschnittlichen Lebensdauer der Betriebe von der Länge der seit der Gründung oder Übernahme verflossenen Zeit. Von 1043 Einzelhandelsgeschäften des Staates Indiana waren 1937, d. h. Jahre nach der Zählung, nur noch 26 % vorhanden, und ein Viertel der ursprünglich erfaßten Summe ging schon im ersten Jahre ein. Ähnliches sagten Feststellungen in den stoffbearbeitenden Zweigen des Staates Minnesota aus, indem hier die Einheiten mit unter 2000 $ Kapital von den Abgängen in den Jahren 1926 - 30 einen Anteil von 7/8 bestritten. Eine Sondererhebung (Poughkeepsie Study) erlaubte sogar einen Werdegang während der Zeitspanne von 1844 - 1926 zu verfolgen. Sie scheint einen häufigen Wechsel im Eigentum und in der Betätigungsrichtung der kleinen Betriebe schon für die Jahre von 1844 - 1873 anzuzeigen, womit die heutige Unstabilität nicht als ein Ausfluß der jüngeren „kapitalistischen“ und „gemeinwirtschaftlichen“ Entwicklung, sondern als eine normale, vielleicht aus der Dichte der Neueröffnungen zu verstehende zu werten wäre. Vgl. *Kaplan,* A. D. H.: S. 66 ff.

7. Zusammenfassung

In den statistischen Ausweisen über die jüngsten 20 bis 25 Jahre zeichnet sich in allen entwickelteren europäischen und einigen überseeischen Volkswirtschaften eine auffällig ähnliche Entwicklung der Betriebs- und Unternehmungsgrößenstrukturen ab. Das Aufholen der Bestände der kleineren Einheiten des Jahrzehnts vor dem zweiten Weltkrieg ist wieder einem Um-Sich-Greifen der größeren und großen gewichen. Dabei vollzieht sich die Gewichtsverlagerung auf allen Ausmaße-Stufen, d. h. auch bei den kleineren, indem die Anzahlen der Betriebe mit nur einer beschäftigten Person stark und diejenige mit deren zwei bis drei ihrerseits noch deutlich absinken. Die Betriebe mit fünf bis zehn darin Tätigen vermochten sich insgesamt zwar zu behaupten, aber ihrerseits mit dem allgemeinen Wachstum ihrer Volkswirtschaften nicht mehr überall Schritt zu halten. Augenscheinlich ist im Gefolge der technischen Fortschritte, der gesellschaftlichen Umschichtung und der Steigerung der Ansprüche an die Güterversorgung ein Höherrücken der günstigsten Betriebs- und Unternehmungsgrößen im Gange und ein verstärktes Streben, an diese heranzukommen, am Werke. Zudem hat sich, freilich sehr ausgeprägt nur in der Industrie und in den größeren Unternehmen des Handels, eine noch kräftigere Neigung zur Zusammenfassung als je durchgesetzt. Die Verschiebungen setzten bereits in der Zeitspanne von 1948 - 60 ein, sind aber seither, nicht zuletzt unter dem Anstoß der Niederlegung der Zollschranken gegen den grenzüberschreitenden Verkehr und Warenaustausch, noch viel stärker durchgebrochen.

So wurde auch schon darauf aufmerksam gemacht, daß etwa in der deutschen Bundesrepublik bei allem Umfang ihrer Bestände nicht mehr so viele Klein- und kleinere Mittelbetriebe vorhanden seien, wie nach der Gauss'schen und der Lorenzkurve der „natürlichen Verteilung" zu erwarten wäre[50].

Gleichwohl kann von einer allgemeinen Verdrängung der kleineren Betriebe und Unternehmen oder deren durchgängiger Herabdrückung zu „Kümmerexistenzen" keine Rede sein. Gewiß mußten nicht wenige dem verschärften Wettbewerbsdruck oder aus anderen Gründen weichen und dürften heute noch manche diesem Schicksal entgegengehen. Gerade in den letzten Jahren sind vorab viele kleine Einzelhandelsbetriebe der Auflösung verfallen. Nach Berechnungen eines Ausschusses[51] wäre die Gesamtzahl der einschlägigen Verkaufsstellen in der Schweiz von 20 636 im Jahre 1962 bis zum Jahre 1973 auf ganze 13 272 abgesun-

---

[50] *Daeves*, K.: Bestimmung einer natürlichen Betriebsgröße aus dem Gauss'schen Verteilungsgesetz, in Linhard, H. (Hrsg.): Betriebsgröße und Unternehmungskonzentration, Nürnberger Hochschulwoche, Berlin 1959, S. 203 ff.

[51] *Eidgenössisches Volkswirtschaftsdepartement* (Hrsg.): Versorgung entwicklungsschwacher Gebiete, Bern 1975, S. 9.

ken. An diesem Schwund ist allerdings die Aufgabe mancher kleiner Konsumgenossenschafts- und anderer Filialläden zugunsten größerer mit beteiligt. In den andern Industrieländern dürften die jüngeren Erhebungen ähnliche Bodenverluste der Kleinbetriebe zutage fördern. Nichtsdestoweniger überleben viele und entstehen solche, nicht zuletzt in den Städten, immer wieder neu. Weiterhin finden sich darunter recht lohnende, gedeihen im Zuge des Aufkommens neuer Berufe auch kleine Einheiten und bleiben einige ausgerechnet deswegen klein, weil sie besonderen Ansprüchen zu genügen haben.

Tatsächlich weisen die Statistiken der meisten wirtschaftlich fortgeschrittenen Länder heute wie gestern ein breites Feld der kleineren Betriebe mit fünf bis zehn, zwanzig und mehr beschäftigten Personen aus. Deren Bestände machen unentwegt die Hauptkontingente der selbständigen Wirtschaftseinheiten aus. Zweifellos verschieben sich die Betriebsgrößenoptima und lehrt der gegenwärtige westeuropäische Einzelhandel, daß es zu Zeiten so etwas wie Erdrutsche auf weniger, dafür größere Betriebe geben kann. Doch hängt alles von der Natur der jeweils in Betracht zu ziehenden Wirtschaftszweige ab. Wenn sich die Voraussage einer ausgeprägten oder gar zunehmenden Verdrängung der „Kleinen" oft bestätigt, bieten andere, manchmal eng benachbarte, diesen nach wie vor oder erst recht ausgedehnte Betätigungsmöglichkeiten. — Im übrigen legen die Feststellungen A. D. H. Kaplans einer ausgeprägt antizyklischen Bewegung der Betriebsgrößenstrukturen ebenfalls für Westeuropa zu erwarten nahe, daß länger dauernde Perioden des wirtschaftlichen Aufschwungs ein stärkeres Wachsen der größeren und großen Betriebe und Unternehmungen, Perioden der Depression dagegen eine Rückverlagerung der Entwicklung auf die kleineren Einheiten zu zeitigen pflegen[52]. Selbst für die USA glaubte aber H. Gross hervorheben zu sollen, daß diese, zum mindesten den Beständen nach, noch jetzt mehr ein Land des Small Business als, wie häufig geglaubt, ein solches des Big Business verkörperten. Zwar würden von den alljährlichen gegen 300 000 Stillegungen weitaus die meisten auf die kleinen Einheiten entfallen; doch erweise es sich, daß von den gegen nahezu 350 000 Neugründungen

---

[52] *Kaplan*, A. D. H.: S. 55 ff. Ein jüngst erstattetes Gutachten scheint zunächst diesen Feststellungen zu widersprechen, indem es für seinen Teil eine eindeutige Aussage über Abhängigkeiten der Entwicklung je der Klein-, Mittel- und Großbetriebe von den Konjunkturlagen als nicht möglich einschätzt. Doch geht es dabei um einen nur für kürzere Zeitspannen und nicht für ausgeprägte Wechsel zwischen länger dauernden Hochkonjunkturen und ebensolchen Depressionen vertretenen Befund. Für diesen dürfte sich, lediglich vom Offenbleiben der Frage begleitet, ob die Konjunkturschwankungen tatsächlich, wie gelegentlich vermutet, konzentrationsfördernde Wirkung haben, die von Kaplan aufgedeckte Gesetzmäßigkeit einer antizyklischen Bewegung der Gesamtbestände der kleineren Einheiten bestätigen. Vgl. *Prognos AG* (Hrsg.): Analyse und Prognose der Unternehmensgrößenstruktur, Basel 1975, S. 166 ff.

mehr als 9/10 wieder diesen zuzurechnen seien[53]. Die Anteile der verschiedenen Größenstufen an den Gesamtbeständen an Betrieben und Unternehmen mögen in den verschiedenen Ländern etwas voneinander abweichen. Dabei dürften auch Verschiedenheiten der Leistungsstrukturen und deren Wandel ihre Rolle spielen. Dennoch bestätigt sich, das ganze Bild beherrschend, allerorts die nach wie vor stark überwiegende Zahl und Streuung der kleinen Einheiten.

Die Sachverhalte sprechen dafür, daß die Verschiebungen in den Betriebs- und Unternehmungsgrößenstrukturen nicht als Ausdruck einer unausweichlich vor sich gehenden Zermürbung und Ausschaltung der Kleineren durch die Größeren gedeutet werden dürfen. Es geschieht lediglich das eine, daß die Lebens- und Verbrauchsgewohnheiten ändern und es im Verein mit den technischen Errungenschaften, vielleicht auch mit ordnungspolitischen Bedingtheiten, zu beträchtlichen Verschiebungen der Voraussetzungen für die jeweils günstigsten Produktionsfaktorkombinationen kommen kann.

In diesen Entwicklungen sind diejenigen des Handwerks und der Handels- und Dienstleistungsbetriebe, die wir mit dem Beiwort „gewerblich" bedenken werden, mit eingeschlossen. Sie zeigen ihrerseits kein einfaches, sondern ein von verschiedenen Bewegungen durchsetztes und wechselndes Bild. Doch fehlt es nicht an Grundtrends: für das Handwerk eines solchen, daß zahlreiche Zweige in der zweiten Hälfte des 19. Jahrhunderts an die Industrialisierung der Produktion oder unter dem Einfluß von Bedarfsverlagerungen viel Boden verloren und einige, wie die Handweberei, die Töpferei, Küferei, Wagnerei, die handwerkliche Drechslerei, das Feld fast völlig räumen mußten. Namentlich seit 1918 hat sich aber die Bedrängnis vielerorts gemildert und einer neuen Entfaltung sowohl überlieferter als junger Berufe Platz gemacht. Wenn die Zeit seit 1945 wieder ein Vordringen der größeren und Großbetriebe und starke Anstöße zu deren Konzentration brachte, war dem gesamten Baugewerbe und über Jahre auch dem Nahrungsmittelhandwerk, vorab dank der Wohlstandsmehrung durch die Industrie, ein einzigartiger Aufschwung beschieden. Bei den neuen Zweigen handelt es sich um „sekundäre" und „tertiäre": entweder Industriefabrikate auf die jeweiligen Verwendungszwecke anpassende oder neue Techniken auswertende und mit ergänzenden Dienstleistungen verbindende. An die Stelle der früheren Spannungen konnten Verhältnisse eines mehr oder weniger ausgewogenen Neben- und Miteinanders und der Zusammenarbeit treten[54].

---

[53] *Gross*, H.: Small business im Großen Markt, Düsseldorf 1958, S. 21.

[54] Das Fortbestehen eines starken Handwerks in Verbindung mit fortgesetzter Anpassung an die sich ändernden wirtschaftlichen und sozialen Verhältnisse stellt u. a. auch W. Wernet mit folgenden anschaulichen Darlegungen fest: „Eine erste, mit den bisher eingesetzten statistischen Mitteln zu treffende

Das *Handwerk* bildet nach wie vor den wichtigsten Träger der Bauwirtschaft, bleibt in großem Umfang an der Nahrungsmittelbereitung beteiligt und fand in einer Reihe zusätzlicher Betätigungsrichtungen Gelegenheiten zu erneuter Entfaltung. Im *Handel* hielt ohnehin die Vermehrung der Einheiten an. Selbst in dauernd unter schwerem Wettbewerbsdruck liegenden Zweigen zeigt sich für tüchtige Kräfte die Möglichkeit, trotz aller Lautstärke und Überredungskunst der großbetrieblichen Angebote ihre Leistungsfähigkeit zur Geltung zu bringen. Offenbar wußten sich Inhaber und Leiter dieser kleinen Unternehmen den veränderten Verhältnissen anzupassen, indem sie sich der Hervorbringung von Gütern zuwandten, in denen ihnen die Großbetriebe nur schwer folgen konnten, indem sie sich neue Arbeitsfelder erschlossen und ihrerseits Fortschritte der Erzeugungstechnik für sich auszuwerten vermochten. Es mögen einzelne Zweige und Einheiten davon Überreste einer früheren Produktionsstruktur verkörpern oder sich nur noch aus eher schwachen Elementen zusammensetzen; überwiegend wissen sie sich aber auf der Höhe der Anforderungen der Zeit zu halten.

Dennoch gehört es weiterhin zur eigentümlichen, gleichsam vorbestimmten Lage dieses Handwerks und Kleinhandels, zu inneren Schwierigkeiten hinzu ihre Arbeits- und Verdienstmöglichkeiten immer wieder durch Großbetriebe streitig gemacht zu sehen. Mitunter schaffen schon persönliche Unzulänglichkeiten unter ihren Angehörigen Gelegenheiten zu deren Vordringen; vor allem können aber morgen neue Einbrüche als Ausfluß von Wandlungen des Bedarfs, von technischen Errungenschaften oder des Machtstrebens Einzelner erfolgen. Je nach den Umständen regt sich bald der Ansporn bei der Privatindustrie, bald in den Verwaltungen staatlicher Regiebetriebe, mitunter sogar bei den Produktivgenossenschaften der organisierten Arbeiterschaft, stärker in den Betätigungsbereich des Handwerks überzugreifen. Nicht zuletzt stecken in stärkeren Konjunkturschwankungen, aber auch in inflatorisch aufrechterhaltenen Hochkonjunkturen Ansporne dazu. Auf Verschlechterungen der geschäftlichen Aussichten hin muß es für die meisten großen Unter-

---

und zu erhärtende Feststellung besagt also, daß sich im Rahmen stabiler Umrisse der Handwerkswirtschaft einschneidende Veränderungen vollziehen, die alle Bereiche des inneren Strukturgefüges berühren. Die berufliche Gliederung des Handwerkskörpers wandelt sich, die Betriebsgrößen verändern sich, die Tätigkeitsgebiete sind ständigem Wechsel unterworfen, die Streuungsverhältnisse lassen Verschiebungen erkennen. Im Augenblick, in welchem diese Vorgänge statistisch festgestellt werden, wird jeweils ein bestimmtes Stadium der Entwicklung festgehalten, das nunmehr der Vergangenheit angehört, also praktisch vollzogene Wirklichkeit geworden ist. Aber nicht nur dies: Solcherart sind jeweils generelle Vorgänge ermittelt und festgehalten, zu denen die zahlreichen Einzelbewegungen unter den Betrieben zusammengeflossen sind." Vgl. *Wernet,* W. / *Petersen,* B.: Wettbewerbsvorgänge im Handwerk (Individuelle Umschichtung der selbständigen Handwerker im Verwaltungsbezirk Braunschweig), Bremen 1953, S. 8 f.

nehmen nahe liegen, den Schwund der Aufträge und die Umsatzeinbußen auf diese Weise auszugleichen. Bei künstlich genährter Voll- und Überbeschäftigung ist es die leicht unterlaufende Überschätzung der Zukunftschancen, die zur Expansion und in der Folge ebenfalls zur Versuchung anregt, sich bisheriger Leistungsbereiche der Kleinbetriebe zu bemächtigen.

So entzog nicht nur die fortschreitende Motorisierung der Landwirtschaft und der Armeen dem herkömmlichen Sattlerei-, Wagnerei- und Hufschmiedegewerbe den Boden und machten über einige Zeit in einzelnen Ländern nicht nur dem Coiffeurgewerbe innere Zersetzungserscheinungen zu schaffen. Vielmehr haben die dreißiger Jahre der Weltwirtschaftskrise die Verdrängung der handwerklichen Schuhherstellung und des Schneidereigewerbes durch die industrielle Fabrikation verstärkt; ähnlich holten Betriebe des serienmäßigen Geräte- und Maschinenbaues zu Installationsarbeiten und zur erweiterten Erzeugung von Türschlössern usf. aus. Hernach hat der kräftige wirtschaftliche Aufschwung auf das Ende des zweiten Weltkriegs hin das rasche Einsteigen von Großunternehmen in die Massenproduktion von Brot und Fleischwaren mittels Brotfabriken und Großmetzgereien gebracht. Am augenfälligsten wußten Großunternehmen des Einzelhandels in einer Reihe von Ländern und Fachbezirken die günstigen Gelegenheiten einer nur beschränkt „natürlichen", ungefähr gleichgewichtigen Entwicklung der Marktlagen, von Rücksichten auf vorhandene Kleinkaufleute wenig oder gar nicht beschwert, zu nutzen und ihr Ausdehnungsdrang scheint erst in allerjüngster Zeit auf Schranken zu stoßen.

Dennoch zeigen unsere Zusammenstellungen einen sehr unterschiedlichen Grad der Konkurrenzierung der kleineren Einheiten durch die Großen auf. Wir glauben, mit den anschließenden Untersuchungen die wichtigsten Zusammenhänge herauszuschälen, welche das Spannungsfeld der verschiedenen Betriebsformen zueinander bestimmen. Neben der ausgeprägten Rivalität zwischen ihnen werden sich Bedingtheiten abzeichnen, bei deren Vorherrschen es bei mehr oder weniger unbestrittenen Möglichkeiten für „Klein" und „Groß" bleibt, vielleicht sogar solche des ergänzenden Zusammenwirkens und neuer Bodengewinne für das erstere bestehen. Diesen Bedingtheiten gemäß müssen, übrigens schon aus der Bewegung der Gesamtbestände und dem wechselnden Los der kleineren Wirtschaftseinheiten, zumal derjenigen im Handwerk, Handel und in den Dienstleistungszweigen ableitbar, Ansatzpunkte und Platz dafür vorhanden sein, diese durch geeignete Vorkehren der Selbsthilfe und der Förderung durch die öffentliche Hand zu stärken. Sowohl die tatsächlichen Strukturen als die Erfahrungen mit wohlerwogenen bereits angewandten Nachhilfen deuten auf die Verfügbarkeit fester Hebel zur auch volkswirtschaftlich gebotenen Pflege der von uns ins Blickfeld gerückten selbständigen Erwerbstätigkeiten hin. Die Ergründung der waltenden Kräfte wird die zunächst allgemeine Vermutung bestätigen und die Bereiche näher abzuleuchten gestatten, in denen die „Patrons" vorwiegend kleinerer Unternehmen und Betriebe bei aller Verstricktheit in einen weiterhin lebhaften Wettbewerb in der Zukunft wie bisher Wesentliches zur Gesamt-Güterversorgung beizutragen berufen bleiben dürften[55].

II. Die Beurteilung des Handwerks, des Kleinhandels und der kleineren Dienstleistungsbetriebe durch die Wirtschaftswissenschaften

1. Das deutschsprachige Schrifttum

Die entstehende Volkswirtschaftslehre sah zwar über das Handwerk und die kleineren Betriebe des Handels und der Dienstleistungszweige nicht hinweg, hat sie aber seit den dreißiger Jahren des vorigen Jahrhunderts hauptsächlich unter dem Blickwinkel ihrer Bedrängung durch die heranwachsende Industrie und der Großbetriebe des Handels betrachtet. Ad. Smith war noch für die Zerlegung der Großbetriebe in der englischen Landwirtschaft eingetreten und hatte die Abhängigkeit der Arbeitsteilung und der Ausweitung der Geschäftstätigkeiten von den Ausmaßen der zu bedienenden Märkte hervorgehoben[56]. In der Folge hat die junge Wissenschaft ihre Aufmerksamkeit, unter dem Eindruck der Verkehrsvervollkommnungen und der raschen Entfaltung der neuen Produktionsverfahren mit der großzügigeren daran anschließenden Warenvermittlung, vornehmlich den damit erzielbaren Wohlstandsgewinnen zugewandt. Die immer breitere Anerkennung findende liberale Lehre gab sich der Erwartung hin, daß die Industrialisierung zwar wohl den Inhabern der bisher vorhandenen Betriebe den Boden entziehen,

[55] *Marbach,* F.: Theorie des Mittelstandes, Bern 1942, S. 257 ff. Eine jüngst herausgekommene Studie des Wirtschafts- und Sozialausschusses der Europäischen Gemeinschaft über die Lage der Klein- und Mittelbetriebe in der Europäischen Gemeinschaft (Brüssel 1975) stellt für ihren Teil fest (S. 15): „Der relativ unverminderte Bestand der Klein- und Mittelbetriebe unterstreicht ganz offensichtlich die volkswirtschaftliche Notwendigkeit dieser Betriebsformen, ohne daß darin eine Wertung hinsichtlich ihres Anteils am Bruttosozialprodukt läge." Und kurz darauf: „Der Leistungsspiegel des großen Bereichs der gewerblichen Klein- und Mittelbetriebe erstreckt sich in weitem Bogen nahezu über die gesamte Wirtschaft". Sowie auf S. 16: „Viele dieser Leistungen sind im täglichen Leben für jedermann so sehr eine Selbstverständlichkeit, daß allein schon ihre Nennung, geschweige die Herausstellung ihrer Bedeutung geradezu als banale Feststellung empfunden werden, so etwa die Notwendigkeit eines Friseurs, der Gastronomie, der Kraftfahrzeugwerkstätte, baulicher Reparaturleistungen usw."

[56] *Smith,* Ad.: Natur und Ursachen des Volkswohlstands, übersetzt von E. Löwenthal, Berlin 1879, Bd. 1, S. 19.

ihnen aber sofort andere und lohnende Beschäftigungsmöglichkeiten verschaffen würde. Nur einzelne kritische Beobachter der Entwicklung, wie S. de Sismondi[57], J. Ruskin, J. Rau, versäumten nicht, ihre Vorbehalte dazu anzumelden.

Mit der Zeit zeichneten sich indessen, mit den ersten Kriseneinbrüchen und dem um sich greifenden Arbeiterelend, auch die Kehrseiten der neuen Produktions- und Handelsformen ab. Es dauerte nicht lange, bis K. Marx und F. Engels Grund dazu erhielten, die Theorien vom unausweichlichen Klassenkampf und der „historischen Tendenz der kapitalistischen Akkumulation" zu formulieren, die bei den Intellektuellen wie in der breiten Bevölkerung außerordentlichen Widerhall fanden.

Es lohnt sich, die Thesen zur letzteren auszugsweise in Erinnerung zu rufen:

„Das Privateigentum des Arbeiters an seinen Produktionsmitteln ist die Grundlage des Kleinbetriebes, der Kleinbetrieb eine notwendige Bedingung für die Entwicklung der gesellschaftlichen Produktion und der freien Individualität des Arbeiters selbst ... Aber sie (d. h. diese Produktionsweise, der Autor) blüht nur, schnellt nur ihre ganze Energie, erobert nur die ihr angemessene klassische Form, wo der Arbeiter freier Privateigentümer seiner von ihm selbst gehandhabten Arbeitsbedingungen ist, der Bauer seines Ackers, den er bestellt, der Handwerker des Instruments, worauf er als Virtuose spielt ... Diese Produktionsweise ist nur verträglich mit engen urwüchsigen Schranken der Produktion und der Gesellschaft. Sie verewigen wollen, hieße, wie Pecqueur ... sagt, die allgemeine Mittelmäßigkeit dekretieren. Auf einem gewissen Höhengrad bringt sie die materiellen Mittel ihrer eigenen Vernichtung zur Welt ... Die Expropriation der unmittelbaren Produzenten wird mit schonungslosestem Vandalismus und unter dem Trieb der infamsten, schmutzigsten, kleinlichst gehässigsten Leidenschaften vollbracht. Das selbst erarbeitete, sozusagen auf Verwachsung des einzelnen unabhängigen Arbeitsindividuums mit seinen Arbeitsbedingungen beruhende Privateigentum wird verdrängt durch das kapitalistische Privateigentum, welches auf Ausbeutung fremder, aber formell freier Arbeit beruht[58]."

Diese Deutungen und Voraussagen schienen durch die Klagen aus dem Handwerk über die Herabdrückung durch die Konkurrenz der „Fabrikation" ihre Bestätigung zu erfahren. Etwas später gesellten sich noch die Beschwerden vorab des städtischen Kleinhandels über ungebührliche Einengungen seines Lebensraumes durch die Bazars und aufkommenden Warenhäuser bei. Als Spiegelbilder der Anspannung der Lage können der als Petition abgefaßte Bericht von G. Kinkel[59] und die Begehren des deutschen Handwerks- und Gewerbekongresses vom Jahre 1848 —

---

[57] *Sismondi,* S. de: Etudes sur l'économie politique, Bd. II, Paris 1838, S. 274 ff.; *Ruskin,* J.: Ausgewählte Werke, deutsch in 15 Bdn. Leipzig 1900 - 1906; *Rau,* J.: Lehrbuch der politischen Oekonomie, Bd. II, Heidelberg 1828.

[58] *Marx,* K.: Das Kapital, 1. Bd., Volksausgabe, 4. Aufl., Stuttgart 1921, S. 689.

[59] *Kinkel,* G.: Handwerk, errette Dich! Oder was soll der deutsche Handwerker fordern und tun, um seinen Stand zu verbessern?, Bonn 1848.

des „Frankfurter Handwerkerparlamentes“[60] — gelten. Sie wollten mit der Errichtung von Zwangsinnungen öffentlich-rechtlichen Charakters, durch den Befähigungsausweis, das Verbot, mehr als zwei Lehrlinge zu halten, der Vertretung des Handwerks in einer besonderen Kammerorganisation und durch gesetzliche Wettbewerbsbeschränkungen Abhilfe geschaffen wissen. Da der Gesetzgeber den vorgetragenen Beschwerden nur zum geringsten Teil Rechnung trug und zum Beispiel die Gewerbeordnung des Norddeutschen Bundes vom Jahre 1869 erst recht die Gewerbefreiheit einführte, verdichteten sich die — allerdings nicht im gesamten Handwerk erhobenen — Klagen an einer großen deutschen Tagung in Dresden im Jahre 1872 zu lebhaften Protesten und Rufen nach der Wiedereinführung der alten Handwerksorganisation. Seitdem spielten die Handwerkerfragen im Deutschen Reichstag anhaltend eine Rolle. — Für ähnliche Stimmungen in Frankreich machte sich eine der „lettres de mon moulin“ von A. Daudet, welche die Leiden des seiner Aufträge verlustig gehenden Kleinmüllers von Arles erzählt, zum beredeten Zeugen. Für den Bereich des Handels hat E. Zola das Schwanken der angestammten Kleinkaufleute zwischen heftiger Auflehnung gegen den Druck des in der Nachbarschaft aufsteigenden „Bon marché“ und Hoffnungslosigkeit Ausdruck verliehen. So schätzte das von E. Kautsky aufgestellte „Erfurter Programm“ der deutschen Sozialdemokratie die Voraussage: „Die ökonomische Entwicklung der bürgerlichen Gesellschaft führt mit Naturnotwendigkeit zum Untergang des Kleinbetriebes“ als schlechterdings unumstößlich ein. Einige Jahre später hob Schulze-Gaevernitz[61] in einem eigens den Vorzügen des Großbetriebes gewidmeten Buch die Aussichten auf die fortschreitende Verdrängung der kleineren Einheiten ebenfalls von bürgerlicher Seite hervor. Das hat sich über viele Jahrzehnte hinweg in einer starken Gläubigkeit der Volkswirtschaftslehre, so sehr sich ihr liberaler und konservativer Flügel um die Widerlegung des „wissenschaftlichen Sozialismus“ bemühen mochte, in die Lehre von der fortschreitenden Konzentration des Kapitals niedergeschlagen.

Etwa von 1880 ab begann allerdings die damals noch ungebrochene Lebenskraft der kleineren Familienbetriebe in der europäischen Landwirtschaft einige Zweifel an der Erwartung der zunehmenden Verdrängung der kleineren Wirtschaftseinheiten durch die größeren wachzurufen. Um die Jahrhundertwende wies sogar E. Bernstein aus sozialistischer Wertung der Dinge auf sich mehrende Erfahrungen hin, daß die Bedingungen für die Produktion nicht selten immer noch für den Klein-

---

[60] *Wernet,* W.: Geschichte des Handwerks in Deutschland, 2. Aufl., Dortmund 1956, S. 162 ff.

[61] *Schulze-Gaevernitz,* G.: Der Großbetrieb, ein wirtschaftlicher Fortschritt, Leipzig 1892.

betrieb sprächen und sich dieser in manchen Erzeugungszweigen durchaus zu behaupten wisse. — In der Tat sah man je länger desto häufiger Fabriken, ohne tiefer in die Kundschaft des Handwerks einzubrechen, das Schwergewicht ihrer Tätigkeit auf neue Gebiete der Gewinnung von Produktions- und Konsumgütern verlegen, während viele Handwerks- und Kleinhandelszweige durch Anpassung an die veränderten Marktverhältnisse, nicht selten aber sogar mit den hergebrachten Geschäftsmethoden, ihre Existenz bewahren konnten. Dennoch fielen die Erhebungen und das Ergebnis der Verhandlungen des Deutschen Vereins für Socialpolitik in Köln der Jahre 1895 - 97 mit Bezug auf das Handwerk[62] noch im Sinne einer Bekräftigung der Konzentrationstheorie aus. Selbst ein Votant wie A. Voigt äußerte sich dahin:

„Als Betriebsform ist das Handwerk in der großen Mehrzahl der Gewerbe überwunden, und auch seine alte Bedeutung für die soziale Klassenbildung hat es größtenteils verloren."

Eine ausreichende Existenzbasis finde es nur noch auf dem Lande, und auch hier vielfach erst in Verbindung mit einer bäuerlichen Nebenwirtschaft. Im übrigen ließen sich die einzelnen Zweige nach der zahlenmäßigen Entwicklung des selbständigen Handwerks in der Zeit von 1882 bis 1895 klassieren, wobei die meisten einen Rückgang zeigten. Der genannte Autor bildete vier Gruppen, zu deren erster u. a. die Spinner, Weber, Nagelschmiede, Müller, Böttcher, Seiler, aber auch Kürschner, Grobschmiede und Drechsler gehörten und die offenbar „in schnellstem Tempo" dem Niedergang entgegeneilten. Der zweiten Gruppe, der der Töpfer, Ofensetzer, Kupferschmiede, Schlosser, Zeug-, Sensen- und Messerschmiede, Stellmacher, Tischler und Schuhmacher, gab der Berichterstatter ebenfalls nur geringe Chancen, wobei er insbesondere die Gefährdung der Schuhmacherei und Tischlerei unterstrich. Bei einer dritten Gruppe von Handwerkern seien die Entwicklungstendenzen aus der Statistik nicht klar erkennbar. In allen hierher gehörenden „Gewerben" hätten sich die Selbständigen absolut etwas vermehrt; doch bleibe bei einigen der Zuwachs relativ hinter der Bevölkerungsvermehrung zurück. Das letztere treffe zu bei den Steinmetzen, Goldschmieden, Buchbindern, Sattlern, Korbmachern, Schneidern und bei der Herstellung von Metalllegierungen. Bei den Maurern, Zimmerern, Instrumentenmachern und Klempnern halte die Zunahme der Selbständigen mit dem Anwachsen der Bevölkerung annähernd Schritt oder sie eile ihr sogar voran. Trotzdem könnten alle diese Gewerbe nicht mehr als blühende Handwerke

---

[62] Zitiert bei *Beckermann*, Th.: Die wirtschaftliche Entwicklung des Handwerks seit Ende des 19. Jahrhunderts, in: Beiträge zur Wirtschaftsforschung, Festgabe für Walter Däbritz, Essen 1951, S. 327 ff.; vgl. auch Schriften des Vereins für Socialpolitik: die Handwerkerfrage, Bd. 9, Leipzig 1897; den Verhandlungsberichten gingen mehrere Bände Untersuchungen über die Lage des Handwerks in Deutschland und Österreich voraus (1895).

gelten. Im Gegenteil erscheine der Kleinbetrieb bereits ganz in den Hintergrund gedrängt bei der Verfertigung von Metallegierungen, bei den Steinmetzen, Instrumentenmachern, Goldschmieden und bei den Maurern und Zimmerern. Für die vierte und letzte Gruppe dagegen, die aber insgesamt nur einen Fünftel der Gesamtzahl der selbständigen Handwerker ausmache, für das Uhrmacher-, Tapezierer-, Bäcker-, Fleischer-, Maler- und Dachdeckergewerbe, meinte Voigt weiter, lägen relativ günstige Bedingungen vor. Hier hätte sich nicht nur der Bestand an Betrieben gehalten, sondern sogar im Verhältnis zur Bevölkerung zugenommen. Freilich bestehe auch in diesen Handwerken unverkennbar die Tendenz zum Mittel- und Großbetrieb, wie sich das namentlich in der großstädtischen Malerei, Bäckerei und Schlächterei zeige[63].

Der Leiter der Untersuchungen und Besprechungen des Vereins für Socialpolitik, K. Bücher, sah folgende Möglichkeiten der Verdrängung des Handwerks durch den Wettbewerb der Großbetriebe:

1. die völlige Ausschaltung eines Handwerks, durch die fabrikmäßige Fertigung der gleichen Produkte bewirkt, oder
2. sich auf die Schmälerung der Absatzgelegenheiten durch die gleichartige Erzeugung der Fabrik und das Verlagssystem beschränkend;
3. bestehe die Möglichkeit der Angliederung bestimmter Handwerkszweige an die Großunternehmungen;
4. falle die Verarmung der Angehörigen von Handwerksberufen wegen der Verdienstentgänge, welche die sich vollziehenden Bedarfsverschiebungen zur Folge hätten, und
5. die Herabdrückung des Handwerks zur Heim- und „Schwitz-"Arbeit durch das „Magazin" in Betracht.

In der Sammlung von Vorlesungen „Die Entstehung der Volkswirtschaft" faßte der genannte Autor sein Urteil in der Abhandlung „Der Niedergang des Handwerks" in die Sätze zusammen:

> „Man darf es wohl am Schlusse als eine aus den Ergebnissen der Untersuchungen sich aufdrängende Ueberzeugung aussprechen, daß das Handwerk in allen Fällen, wo es gebrauchsfertige, raschem Verderben nicht ausgesetzte Ware liefert, die in bestimmten Typen für Durchschnittsbedürfnisse hergestellt werden kann, im höchsten Maße gefährdet ist, selbst da, wo eine technische Ueberlegenheit des Großbetriebes nicht vorhanden ist[64]."

Es wäre freilich eine grobe Ungenauigkeit zu verschweigen, daß Bücher in anderen Darlegungen, im Rahmen der gleichen Sammlung von Beiträgen, wenigstens dem Handwerk auf dem Lande noch eine einigermaßen gesicherte Zukunft versprach. Dieser Vorbehalt wurde aber wiederum auf dem Hintergrund der Erklärung gemacht:

---

[63] Vgl. Schriften des Vereins für Socialpolitik, Bd. 9, *Bücher,* K.: Die Entstehung der Volkswirtschaft, Bd. I, 16. Aufl., Leipzig 1922, S. 210 ff.

[64] Vgl. *Bücher,* K.: S. 219 ff. und 224.

„Es muß also die Hoffnung aufgegeben werden, an diesen beiden Stellen (d. h. durch die vorgeschlagene Rückkehr zur ‚Kunstindustrie' oder durch die Verbreitung der Kraftmaschine und der elektrischen Kraftübertragung) einen neuen Halt für das Handwerk zu finden; einen solchen gibt es in den größeren Städten bei den meisten Gewerbezweigen überhaupt nicht mehr[65]."

Sein ungefähr zur gleichen Zeit formuliertes „Gesetz der Massenproduktion" legte ähnliche Schlußfolgerungen nahe.

Unter dem Anstoß der vornehmlich vom Handel getragenen Mittelstandsbewegung hatte die deutsche Volkswirtschaftslehre schon etwas früher auch die Stellung des kleinbetrieblichen Einzelhandels im Wettbewerb mit den großen Einheiten beachtet. An der Tagung des Jahres 1890 befaßte sich J. Conrad zunächst mit dem allgemeinen Vorwurf der übersteigerten Belastung der Verbraucherschaft durch die Handelsmargen. Er glaubte dabei, eine vielerorts eingetretene Überfüllung des Einzelhandels zu erkennen und deshalb die Reichweite der berechtigten Beschuldigungen wesentlich einschränken zu sollen. Hierauf befaßte sich die genannte Vereinigung der Volkswirtschafter, nachdem schon einige Handelskammern mit Versuchen, die Sachverhalte abzuklären, vorangegangen waren, im Jahre 1899 erneut mit den Fragen der Warenvermittlung, diesmal unter dem besonderen Gesichtspunkt der Entwicklungstendenzen im modernen Kleinhandel[66]. In seinem begleitenden Vortrag betonte W. Sombart die Unterschiede zwischen der überlieferten „handwerksmäßigen" Betriebsweise im Handel und den jungen dynamisch-kapitalistischen Geschäftsprinzipien. Unter Berufung darauf, daß die Verbesserung der Versorgung der Verbraucher den entscheidenden Maßstab für die Beurteilung bilden müsse, machte W. Sombart auf die Schwierigkeiten aufmerksam, eine wirkliche Übersetzung der betrachteten Wirtschaftszweige festzustellen, und er zog die Schlußfolgerung:

„Der alte handwerksmäßige Kleinhandel ist allerdings dem Untergang geweiht, abgesehen von den vielen gefährdeten Eintagsfliegen, die ebenso schnell untergehen, wie sie auftauchen. Die kleinen kapitalistischen Unternehmungen dagegen werden, wenn sie gut geleitet sind, neben dem Großbetrieb fortbestehen[67]."

Anschließend entspann sich ein Meinungsstreit über die aus Praktikerkreisen verlangte Sonderbesteuerung der Warenhäuser und Konsumvereine, gegen welche sich namentlich Befürworter der Konsumvereinbewegung wandten, indem sie jeden kapitalistischen Charakter der Genossenschaftsbetriebe bestritten und zugleich geltend machten, daß deren Ausbreitung noch keinen Kleinhandel vernichtet hätte. Die Verhandlun-

---

[65] Vgl. *Bücher*, K.: Ebenda.

[66] Vgl. Schriften des Vereins für Socialpolitik, Bd. 88, S. 137 ff., Leipzig 1900, sowie *Sombart*, W., wiedergegeben bei *Wernicke*, J.: Kapitalismus und Mittelstandspolitik, 2. Aufl., Jena 1922, S. 135.

[67] Vgl. *Wernicke*, J.: S. 137.

gen mündeten in eine weitgehende Zustimmung zu den Thesen des Hauptreferenten aus, die wenn nicht eine Bestätigung eines unausweichlichen Zuges zur Konzentration, so doch eine solche einer gebieterischen Notwendigkeit zur Umstellung auf die „kapitalistische Betriebsführung“ bedeuteten. — Damit begnügte sich der wissenschaftliche Kreis, in der Sicht von heute, mit allzu schematischen Gesichtspunkten, um in den meisten Fällen die tatsächlichen sich vollziehenden Verschiebungen zu erklären und genauere Fingerzeige für die erfolgreiche Behauptung der kleinen Einheiten zu bieten. Weil damit die „Kleinhandelsfrage“ für einmal entschieden schien, wurde sie für längere Zeit nur noch als Angelegenheit der praktischen Wirtschafts- und Sozialpolitik eingeschätzt. Auch in diesem Bereich erweckten die Beschwerden aus der Kaufmannschaft über „rücksichtslose Konkurrenzierung“ durch die Warenhäuser, Fabrikfilialen, Konsumvereine und staatlich kommunale Wohlfahrtshäuser den Eindruck der Unabwendbarkeit der Entwicklung.

Nach dem ersten Weltkrieg glaubte K. Diehl[68] drei Richtungen der Bewertung der Zukunftsaussichten für Handwerk und Kleinhandel auseinanderhalten zu können:

1. die unentwegt dem Glauben an die fortschreitende Zermürbung der Kleinbetriebe durch die größeren huldigende, vorwiegend marxistische Schule,
2. die von Volkswirtschaftern vom Rang W. Sombarts getragene Auffassung, welche dem Handwerk nur noch unter besonderen Bedingungen die Wettbewerbsfähigkeit zuerkannte, und
3. eine optimistische Richtung, die durch einige Stimmen aus der Wirtschaftspraxis und einzelne Wissenschafter mit näherem Einblick in diese verfolgt, getragen, weiterhin die schon früher von Ad. Müller und K. Marlo geltend gemachte Wirtschaftlichkeit der Kleinbetriebe vertrat.

Damit bestätigte Diehl im Grund die Vorherrschaft der Meinung in der deutschsprachigen Lehre, daß für die selbständige handwerkliche Betätigung auf dem Boden der wirtschaftlichen Konkurrenzfähigkeit auf längere Sicht nur noch beschränkte, sich ständig verringernde Möglichkeiten verbleiben dürften. Der zur dritten Richtung zu rechnende, mit seinem eigenen Werk über den Mittelstand besonders um dessen Lage bemühte J. Wernicke[69] nahm seinerseits ein rasches Vordringen der fabrikmäßigen mechanisierten Erzeugung als nicht wegzuleugnende Gegebenheit hin:

---

[68] *Diehl*, K.: Theoretische Nationalökonomie, 2. Bd., Jena 1924, S. 351 ff.

[69] *Wernicke*, J.: S. 148.

„Je maschinenfähiger das Gewerbe, d. h. je gleichartiger die zu leistenden Arbeiten, aus je weniger Stoffen zusammengesetzt die Produkte sind, je weniger sie individuellen Bedürfnissen anzupassen sind, je dauerbarer und transportabler sie sind, um so schneller wird das Gewerbe von den fabrikmäßigen Betrieben ergriffen, um so schneller geht die Konzentration vor sich."

Immerhin blieb er für die Welt der Tatsachen aufmerksam genug, um auf den immer noch breiten Fortbestand und die z. T. befriedigende Lage mancher Handwerkszweige hinzuweisen. Daneben konnte schon er das Nichteintreffen der erwarteten bzw. befürchteten Schrumpfung des Kleinhandels nicht übersehen.

„Augenscheinlich hat bis in die neueste Zeit eine Vermehrung der Ladengeschäfte stattgefunden. Und man kann nicht einmal sagen, daß diese weit über die Bedürfnisse hinausgegangen ist. Denn sonst würden sich viele kleine Geschäfte nicht zu behaupten vermögen[70]."

Obwohl es seit dem Beginn der Periode, da sich die industrielle Revolution vor allem auf Kosten der überlieferten Betriebsformen zu vollziehen schien, nicht an Erwägungen über die besonderen Werte des Handwerks gegenüber der industriellen Erzeugung mangelte, blieb gleichwohl die Neigung wegleitend, den Weiterbestand mancher Handwerks- und Handelszweige hauptsächlich aus Hemmungen und Unterbrüchen des Drangs zur größeren Wirtschaftlichkeit zu erklären.

Vorsichtig wagte dagegen G. Halm[71] die allgemeine Geltung der Konzentrationslehre mit Fingerzeigen auf die Begrenztheit der Ausweitungs- und Aufstockungsmöglichkeiten für die Betriebe und Unternehmen durch den Umfang der Beschaffungs- und Absatzmärkte wieder in Frage zu stellen. Einen wichtigen Ansatzpunkt zur wirklichkeitsnäheren Beurteilung der Sachlagen bot in der Folge O. Spann[72], der aus den Theorien H. von Thünens das Gesetz der nur verhältnismäßigen Leistungsfähigkeit aller Wirtschaftsmittel ableitete. Seine im Grund naheliegende Einsicht betont die Abhängigkeit allen Wirtschaftens, und damit ebenfalls der Produktion, von den gesamten jeweiligen Umweltbedingungen, und zwar sowohl von den quantitativen als den qualitativen. Damit ist es ihm die Bestimmtheit der Betriebs- und Unternehmensgrößen über die bisher verzeichneten Einzelbedingtheiten hinaus durch ganze Systeme von Grundlagen herauszustellen gelungen. Aber selbst der erneute Vermerk von A. Amonn[73], wonach sowohl den Klein- als den Großbe-

---

[70] *Wernicke,* J.: S. 139.

[71] *Halm,* G.: Artikel „Groß- und Kleinbetriebe", in: Handwörterbuch der Staatswissenschaften, 4. Aufl., Ergänzungsband, Jena 1923, S. 384 ff.

[72] *Spann,* O.: Tote und lebendige Wissenschaft, 4. Aufl., Jena 1935, S. 47; *ders.:* Haupttheorien der Volkswirtschaftslehre, 27. Aufl., Graz 1967, S. 139.

[73] *Amonn,* A.: Grundzüge der Volkswohlstandslehre, Jena 1926, S. 54.

trieben Vor- und Nachteile eigen wären, hat vorerst wenig Beachtung gefunden. Immer irgendwie von deren Ausbau und Zusammenfassung höhere Zweckmäßigkeit und Leistung erwartend, blieben viele Volkswirtschafter versucht, den ersteren nur noch Lückenbüßerrollen oder gelegentliche Aushilfen zuzubilligen. Manche Lehrbücher gewährten ihnen nur noch spärlich Raum; der Kleinhandel mußte sich nicht selten eine besonders entmutigende Würdigung, besonders seiner Bestrebungen nach Schutz, gefallen lassen[74].

Als um so beachtlicher erscheint die Gewißheit des Betriebswirtschafters W. Bucerius[75], daß das Handwerk noch viele unausgeschöpfte Möglichkeiten zu ergiebigerem Wirtschaften berge, weshalb er die Rationalisierungs-Kampagne von 1925 - 33 in der deutschen Industrie auf dieses ausgedehnt wissen wollte.

Wie dargetan, hat die jüngere Entwicklung die Voraussagen des Niedergangs und der Ausschaltung der kleineren Wirtschaftseinheiten nicht bestätigt. Wohl zeigt deren statistisches Bild Einbußen des Handwerks und des Kleinhandels an; schrumpfende Betätigungsfelder und sinkende Erlöse mit der Nötigung, auf andere Arbeiten hinüberzuwechseln, bildeten keine Seltenheit. Der Abbröckelungsprozeß hat sich aber gerade in den „industrialisierten Volkswirtschaften" verlangsamt und mancherorts einem neuen Wachsen der Bestände der kleineren Einheiten Platz gemacht. Dabei werden von diesen mindestens zeitweilig auch wieder bessere Erträge erzielt. Die Feststellungen des Berichts über die Erzeugungsbedingungen für die deutsche Wirtschaft von 1928/29 waren nicht aus der Luft gegriffen[76]. Freilich stellte der Sozialist E. Grünberg[77] die Frage, ob die wahrzunehmende Wiederbelebung des Handwerks und die Ausbreitung der Kleinbetriebe des Einzelhandels nicht eher eine bloße Übergangserscheinung, denn eine in die Zukunft weisende sei. Dabei wußte er darum, daß sie sich nicht mehr als Überreste früherer Wirtschaftsstrukturen einschätzen ließen. Noch einmal führte der Glaube an die Zwangsläufigkeit der kapitalistischen Konzentration einen an sich scharfblickenden Beobachter zur Mutmaßung, der „gewerbliche Mittelstand werde über kurz oder lang, so wie schon jetzt manche seiner Angehörigen zum Dasein von Lohnempfängern herabsänken und einige weniger zahlreiche sich in das Großbürgertum aufzuschwingen vermöchten, doch der Auflösung verfallen". Unterdessen hat aber die Festigung der

---

[74] *Drucker*, P.: Die Zukunft bewältigen, Düsseldorf 1969, S. 83 ff.; *Galbraith*, J. K.: Die moderne Industriegesellschaft, Taschenbuchausgabe, München/Zürich 1968, S. 156 und 388.

[75] *Bucerius*, W.: Grundlagen der rationellen Betriebsführung, 2. Aufl., Karlsruhe 1927.

[76] Vgl. oben S. 13.

[77] *Grünberg*, E.: Der Mittelstand in der kapitalistischen Wirtschaft, Leipzig 1932, S. 173.

Positionen des Handwerks angehalten. So gelangte Ad. Weber[78] in seinem Lehrbuch „Wirtschaftspolitik" zum vorläufigen Schlusse:

„Sieht man von den vorübergehenden Schwierigkeiten (der damaligen Krisenzeit, d. V.) ab, so ergibt sich, daß das Handwerk in der neuen Zeit stark genug ist, seine Stellung in der Gesamtwirtschaft infolge technischer und kaufmännischer Rationalisierung, Spezialisierung und Kombinierung mit geeigneten Handelsfunktionen zu behaupten und zu stärken. Wir stehen vor der überraschenden Tatsache, daß das Handwerk dank seiner Modernisierung und Rationalisierung sich gerade in der Stadt gut behaupten konnte."

Ebenso kam es im Handel, soweit die bisherige Ausbreitung nicht anhielt, nur zu einer Verlangsamung ihres Schrittmaßes. Deshalb beschäftigten sich die vielfältigen Beiträge zum 1932 von R. Seyffert[79] veröffentlichten „Handbuch des Einzelhandels" kaum mehr mit den Verdrängungsgefahren für die kleineren Einheiten, sondern hauptsächlich mit den Anpassungserfordernissen an die modernen Marktgegebenheiten. Ferner wurde die Aktualität der Bestrebungen zur Unterdrückung der Verfälschungen des Wettbewerbs anerkannt. Allerdings brachte das erneute Aufholen der Kleinbetriebe den Sachbearbeiter des Abschnittes „Binnenhandel und Binnenhandelspolitik" in Ad. Webers[80] Volkswirtschaftslehre, Ad. Lampe, vorerst noch nicht davon ab, diesen keine große Aussichten mehr zuzusprechen, eine Meinung, von der er allerdings später, unter dem Eindruck der Erfahrungen im zweiten Weltkrieg, um so entschiedener abrücken sollte.

Im Jahre 1934 hob die Eidgenössische Preisbildungskommission für den Platz Zürich eine stärkere Vermehrung der privaten Einzelläden als der Verkaufsfilialen hervor, wogegen die seitherige schwächere Erhöhung der Gesamtzahl fast ganz von den Zuwachsen an solchen herrührte. Die umfangreichen Studien über den schweizerischen Lebensmittelhandel und zur „Warenhausfrage" mündeten, allerdings durch den Auftrag mit verursacht, die Angemessenheit der Handelsspannen zu überprüfen, u. a. in die Auskunft aus:

„Der Absatz der Großdetailgeschäfte geht zwar nicht ohne weiteres auf Kosten des mengenmäßigen Umsatzes der Einzelladengeschäfte. Es darf nicht übersehen werden, daß der Absatz der Großbetriebe des Detailhandels wenigstens zu einem Teil durch sie selbst geschaffen wurde. Die Untersuchungen ergaben denn auch, daß der Einzelladenhandel weniger unter der Umsatzverminderung, als unter dem Preisdruck leidet, welcher hauptsächlich von Einheitspreisgeschäften und einigen anderen Großgeschäften des Detailhandels, zum Beispiel der Konfektionsbranche, ausgeht[81]."

---

[78] *Weber,* Ad., Wirtschaftspolitik I im Sammelwerk Allgemeine Volkswirtschaftslehre, 3 Bde., München 1933, S. 309.

[79] *Seyffert,* R. (Hrsg.): Handbuch des Einzelhandels, bearbeitet von Fachleuten aus Wissenschaft und Praxis, Stuttgart 1932, S. 777 ff.

[80] *Weber,* Ad.: Wirtschaftspolitik II, München 1933, S. 82 ff.

[81] Botschaft des Bundesrates an die Bundesversammlung über Warenhäuser und Einheitspreisgeschäfte vom 5. 9. 1933, Bundesblatt 1933 II, S. 139.

Mittlerweile lieferten die in einigen Ländern wiederholten Volks- und Betriebs-(Arbeitsstätten)zählungen, vereinzelt wie in Deutschland durch Repräsentativbefragungen über die ausbezahlten Lohnsummen, die Rohstoff- und Wareneinkäufe und die Ausfuhren ergänzt, noch schlüssigere Auskünfte. Sie erhärteten — bis zum Jahre 1939 — die Beobachtung, daß die Anzahl der Kleinbetriebe wieder stärker steige, wobei freilich einige begleitende Vorgänge, wie die in der Schweiz gewahrte Häufigkeit der Eigentumswechsel in den Handwerks- und kleineren Handelsbetrieben[82], davor warnten, die Vermehrung unbesehen als Ausdruck der inneren Kräftigung zu deuten.

Tatsächlich hat die Volkswirtschaftslehre von diesen Verschiebungen einstweilen nicht viel Notiz genommen und damit in den Augen vieler in dieser Richtung nicht viel versäumt. Seit dem zweiten Weltkrieg brach sich ja, wieder in den meisten westeuropäischen Ländern ähnlich, das vorhin verzeichnete Wiederaufholen der größeren Betriebe und Unternehmungen Bahn. In einem Beitrag an das neue Handwörterbuch der Sozialwissenschaften bemühte sich F. Voigt[83] wenigstens um eine Klarstellung der verschiedenen Begriffe des Handwerks, wobei er mit einem Überblick über die Arbeitsfelder, in denen es sich behaupten und sogar weiteren Boden gewinnen dürfte, auch einige Fingerzeige auf seine funktionale Bedeutung gab. Dennoch fand der Hinweis W. Wernets[84] auf die Irrigkeit der Ansicht, nach welcher das Handwerk „zum Reparaturgewerbe herabgesunken sei", noch wenig Beachtung. Im jüngeren handelswissenschaftlichen Schrifttum rückte das Problem der Verdrängung der kleineren Betriebe durch die größeren überhaupt in den Hintergrund. So hatte die Würdigung des Wesens und der Dienste des deutschen Handels durch J. Tiburtius[85] — vielleicht, weil hier der nationale Zusammenbruch alles und damit vordringliche Aufgaben wie die Versorgung schlechthin in Frage stellte — dafür kaum mehr einige Sätze übrig. Gleichwohl luden die jüngeren Entwicklungen zu einer Neubesinnung der Lehre über das, was sich tatsächlich zutrug, ein. So schrieb W. Röpke[86], vielleicht noch durch das letzte Vorkriegsjahrzehnt mit beeinflußt:

„Wenn noch um die Mitte des vorigen Jahrhunderts ein so scharf blickender Mann wie der deutsche Soziologe Riehl das Handwerk als eine ‚Ruine des alten Bürgertums' bezeichnen konnte, die ‚in die moderne bürgerliche Welt hineinragt', so ist es gewiß nicht übertrieben zu behaupten, daß diese Ruine

[82] Vgl. oben S. 18.

[83] *Voigt,* F.: Artikel „Handwerk", in: Handwörterbuch der Sozialwissenschaften, 1. Lieferung, Stuttgart/Tübingen/Göttingen 1952, S. 24/31.

[84] *Wernet,* W.: Handwerkspolitik, S. 23.

[85] *Tiburtius,* J.: Lage und Leistungen des deutschen Handels in ihrer Bedeutung für die Gegenwart, Berlin 1949, S. 296.

[86] *Röpke,* W.: Die Gesellschaftskrisis der Gegenwart, Zürich 1942, S. 338.

inzwischen, wenn nicht als Ganzes, so doch in ansehnlichen Teilstücken, recht wohnlich restauriert worden ist."

Daran anknüpfend nahm er Fingerzeige auf besondere Eignungen der kleineren Betriebe, bestimmte Bedarfe am zweckmäßigsten zu decken, vorweg. In einer weiteren Abhandlung spürte er ihren Vorzügen und den Voraussetzungen für deren Gedeihen noch systematischer nach[87].

F. Marbach[88] suchte die jüngere Entwicklung des Nebeneinanders von Betrieben verschiedener Art und Größe in seinem „Gesetz der existentiellen Konstanz des selbständig produzierenden Mittelstandes" einzufangen. Die volkswirtschaftliche Entwicklung biete zwar keine Bürgschaft für die dauernd gesicherte Stellung der einzelnen mittelständischen Berufe und Betriebe; manche würden vielmehr, durch die Veränderungen der Nachfrage, den technischen Fortschritt und eigenes Unvermögen bedingt, unterhöhlt und verdrängt. Dafür schaffe der Differenzierungsvorgang in der Gesamtwirtschaft für neue Existenzen und Gewerbezweige Platz. Nebenher trug der genannte Autor auch einige Begründungen der in erster Linie als eine empirische verstandenen Gesetzmäßigkeit vor. Er erinnerte an den Zwang für den kapitalistischen Produzenten zur progressiven Mechanisierung, an den vorhandenen Reparaturbedarf und die je nach den Personen wechselnden Bedürfnisse. Wir haben auf diese Thesen noch zurückzukommen[89]. Wohl aber bekannte sich R. Seyffert, vielleicht durch späte Äußerungen A. Lampes beeinflußt, nach dem zweiten Weltkrieg zur Auffassung, daß der größere Klein- und der kleinere Mittelbetrieb im Handel in der Regel die gesamtwirtschaftlich produktivsten seien. Erblickte immerhin schon Tiburtius in der „individuellen Kundenbedienung" einen starken Rückhalt des Fachkaufmanns, so glaubte der Leiter des Instituts für Handelsforschung an der Universität Köln auch im Bereich der inneren Betriebsökonomik, m. a. W. der Kostengestaltung, namhafte Vorteile der kleineren und mittleren Einheiten zu gewahren[90].

Eine eigentliche Wende in der Beurteilung der kleineren Betriebe bahnte sich aus den betriebswirtschaftlichen Erkenntnissen an. Zunächst machte K. Rössle[91] auf die schlechterdings nicht länger übersehbaren ganz anderen Betriebsgrößenoptima im Handwerk als in der Industrie, im Verein mit von dieser abweichenden Geboten für die Geschäftsführung, aufmerksam. Der eigentliche Umbruch kündigte sich mit den Fest-

---

[87] *Röpke,* W.: Die Funktion der Klein- und Mittelbetriebe in der Volkswirtschaft, in: *Schweiz. Institut für gewerbliche Wirtschaft* (Hrsg.): Handwerk und Kleinhandel in der modernen Volkswirtschaft, St. Gallen 1947, S. 21 ff.

[88] *Marbach,* F.: S. 257.

[89] Vgl. S. 249 ff.

[89] Vgl. S. 249 ff.

[91] *Rössle,* K.: Betriebswirtschaftslehre des Handwerks, 2. Aufl., Wiesbaden 1952; *Beckmann,* L.: Betriebswirtschaftliche Fragen des Handwerks, Dortmund 1950.

stellungen E. Schmalenbachs[92] über die Abhängigkeit der Kosten vom Beschäftigungsgrad an. In seiner Ausscheidung der Gesamtkostenentwicklung bei wachsender Beanspruchung der Kapazitäten in eine „absolut fixe", eine „degressive", eine „proportionale" und eine „progressive" Zone steckte der Hinweis, daß es „suboptimale" und zu große Betriebe geben kann. Damit ging eine Ausweitung des Geltungsanspruches der aufgedeckten Gesetzmäßigkeiten über die Bedingtheiten durch den jeweiligen Beschäftigungsgrad der Betriebe hinaus auf die Kombination ihrer Elemente überhaupt und damit auch auf die Betriebsgrößen einher.

Mit der Darstellung des Grenz- und Gesamtkostenanfalls je Nutzleistungseinheit in zuerst mehr oder weniger stark absinkenden, aber nach einem Tiefpunkt wieder ansteigenden Kurven lag die Folgerung nahe, daß es, wie günstigste Ausnützungsgrade der verfügbaren Produktionsanlagen und übrigen Mittel, auch mit geringsten Kosten zurechtkommende Betriebs- und Unternehmensgrößen geben müsse. Augenscheinlich konnten solche mit weiterem Ausbau, wie bis zum Punkt der geringsten Stückkosten billiger, auch wieder teurer arbeitende werden. Der Betriebswirtschafter E. Gutenberg[93] präzisierte das Modell noch dahin:

„Das Minimum an Stück-Gesamtkosten ($k_v + k_c$) liegt aber nicht da, wo die variablen Stückkosten ihr Minimum erreichen. Die Stück-Gesamtkosten können vielmehr auch dann noch abnehmen, wenn die variablen Stückkosten bereits wieder ansteigen. Solange bei zunehmender Beschäftigung die konstanten Stückkosten k_c abnehmen, die variablen Stückkosten k_v in geringerem Maße anwachsen, als die konstanten Stückkosten abnehmen, müssen die Gesamtstückkosten (k_g) sinken. Ist der Zuwachs der variablen Stückkosten größer als die Abnahme der konstanten Stückkosten, dann muß die Kurve der Gesamtstückkosten steigen."

In der Beurteilung der Betriebsgrößen als solche blieb dieser Gewährsmann allerdings zurückhaltend:

„Man wird mithin kaum berechtigt sein, die Ansicht zu vertreten, daß ein gesetzmäßiger Zusammenhang zwischen Produktions- bzw. Kostenfunktion und Betriebsgröße nachweisbar sei. Aber man wird annehmen dürfen, daß häufig erst eine Erweiterung der Betriebskapazität die Chance zur Verbesserung der arbeitsorganisatorischen und fertigungstechnischen Produktionsbedingungen gibt. Mehr läßt sich sicherlich nicht sagen und von einem ‚Law of increasing returns to scale' wird man kaum sprechen können[94]."

Augenscheinlich hat er, sogar an den von ihm selbst zitierten Auskünften von Th. Beste[95] vorbei, nur auf die besonderen Möglichkeiten

[92] *Schmalenbach*, E.: Kostenrechnung und Preispolitik, 8. Aufl., Köln/Opladen 1963, S. 41 ff.

[93] *Gutenberg*, E.: Grundlagen der Betriebswirtschaftslehre, 8./9. Aufl., Bd. 1, Berlin 1963, S. 240 ff. und S. 306 ff.

[94] *Gutenberg*, E.: S. 317.

[95] *Gutenberg*, E.: S. 316, und *Beste*, Th.: Die optimale Betriebsgröße als betriebswirtschaftliches Problem, Leipzig 1933.

aus Betriebserweiterungen geachtet und — weil nur nach den „Scale-Maßstäben“ urteilend — die für die kleineren Einheiten sprechenden zuwenig bemerkt. Dabei konnte sich der genannte Th. Beste auf eine Fülle empirischer Beobachtungen in vielerlei Betrieben und Unternehmen berufen, welche die erwartete höhere Wirtschaftlichkeit der Produktion der größeren Einheiten durchaus nicht auf der ganzen Linie bestätigten. Einen beachtlichen Anlauf, um den Fragen der Betriebsgröße und Unternehmungskonzentration besser gerecht zu werden, hat eine Nürnberger Hochschulwoche von 1959 unternommen[96].

In jüngerer Zeit trug H. O. Lenel eine Sammlung von Untersuchungsbefunden aus der nordamerikanischen Industrie — im Zusammenhang mit Erhebungen über die fortschreitende Konzentration und deren Auswirkungen — zusammen, welche die höhere Produktivität und mit dieser oft ebenfalls die größere schöpferische Fruchtbarkeit der marktmächtigeren Unternehmen erst recht in Zweifel zogen[97]. Das verlieh den Hinweisen K. Rössles auf die im deutschen Handwerk offensichtlich oft tief liegenden Betriebsgrößenoptima, denjenigen Schleussner Barth. v. Wehrenalps[98] auf die Vorzüge der kleineren und „mittleren“ Industriebetriebe, sowie denjenigen von R. Aengenendt-Papesch[99], auf die der kleineren Einzelhandels„geschäfte“ allgemeinere Tragweite. Ihnen gesellten sich die Auskünfte über gute Wirkungsgrade mancher kleiner Einzelhandelsbetriebe E. Leihners[100], nebst den Fingerzeigen auf besondere Verhältnisse für das Handwerk bei.

Die jüngere einläßlichere Beschäftigung der Öffentlichkeit und Wirtschaftswissenschaft mit den kleineren Betrieben in der Bundesrepublik steht stark im Zeichen der Wünsche nach möglichster Erhaltung der zurückgewonnenen freiheitlichen Marktwirtschaft. Einen Ausfluß davon bildet die Schaffung eines Instituts für Mittelstandsforschung mit der Aufgabe, zu vermehrten sachlichen Abklärungen anzuregen, diese zu erleichtern und zwischen verwandten Studienvorhaben koordinierend zu wirken. Davon haben namentlich der soziologische Flügel und der finanzwissenschaftliche eine rege Aktivität entfaltet und bereits größere Reihen von Schriften hervorgebracht. Daneben konnten sich das Institut für Handelsforschung an der Universität Köln und die Forschungs-

---

[96] *Linhart*, H. (Hrsg.): Betriebsgröße und Unternehmungskonzentration, Bericht einer Nürnberger Hochschulwoche, Berlin 1959.

[97] *Lenel*, H. O.: Ursachen der Konzentration, 2. Aufl., Tübingen 1968.

[98] *Schleussner*, C. A. / *Wehrenalp*, B. von: Lebensfragen des Mittelbetriebes, Berlin 1937; *Schleussner*, C. A.: Der Mittelbetrieb, Bonn 1954.

[99] *Aengenendt-Papesch*, R.: Die Funktionen der Klein- und Mittelbetriebe in der wettbewerblichen Marktwirtschaft, Köln 1962.

[100] *Leihner*, E.: Die Lage der Kleinbetriebe des Einzelhandels in der Bundesrepublik Deutschland, in: Mitteilungen des Instituts für Handelsforschung an der Universität zu Köln, 24. Jg./1972, Nr. 11.

stelle für den Handel in Berlin sowie Studienzentren für einige Dienstleistungszweige — z. B. für das Hotel- und Fremdenverkehrsgewerbe — mit der Unterstützung des Bundes und einiger Länder weiter entfalten.

Vielleicht rührt es mit von der Aufspaltung der wissenschaftlichen Betreuung der kleineren Unternehmen einerseits in eine allgemeine, auf das „Mittelständische" ausgerichtete und eine vorwiegend betriebswirtschaftliche Zweckforschung für die einzelnen Wirtschaftszweige und -gruppen her, daß sich die Hochschulen selbst bis dahin nicht wieder stärker in die Ergründung einzuschalten bewogen fühlten. Das zeigte sich u. a. im Zuge der Verhandlungen des Vereins für Socialpolitik über die wirtschaftliche Konzentration, in denen das Handwerk, das, was wir den gewerblichen Handel nennen werden und die diesen innerlich verwandten Dienstleistungsbetriebe lediglich am Rande, in einem gleichsam ergänzenden Teil der Unterlagen, Berücksichtigung fanden[101]. So konnte der Glaube an die größere Ergiebigkeit der Großbetriebe und an den Hang zu deren Zusammenfassung in Diskussionsbeiträgen E. Salins in dem Bescheid gipfeln, es wäre nur noch eine Sache der volkswirtschaftlichen Einsicht und Unvoreingenommenheit, die Unausweichlichkeit der immer stärkeren Betriebs- und Unternehmungszusammenballung zu erkennen, noch einmal gebieterisch zum Ausdruck kommen.—

Größere Aufgeschlossenheit für das Sich-Behaupten vieler kleiner Betriebe legte zum mindesten eine Schule der österreichischen Volkswirtschaftslehre an den Tag. Dazu haben nach O. Spann besonders W. Heinrich und hierauf E. Hruschka mit ihren Ableitungen aus dem Gesetz der Verhältnismäßigkeit aller Wirtschaftsmittel beigetragen[102].

2. Stimmen des französischen Schrifttums

Die französische Lehre schloß sich der Annahme eines durch entscheidende Vorzüge der Massenproduktion herbeigeführten kräftigen Zuges zur Konzentration der Betriebe und zur Ausschaltung der kleineren davon zuerst nur mit einigem Zögern, später aber, angesichts der oft bescheidenen Leistung mancher kleinhandwerklicher und Kleinhandels-Zweige, doch mit wachsender Bestimmtheit an. Für die früheren Autoren dürfen wohl die Erwägungen eines Leroy-Beaulieu[103] als kennzeichnend gelten, der bereits vor dem Jahrhundertwechsel das Problem der

---

[101] *Arndt,* H.: (Hrsg.): Die Konzentration in der Wirtschaft, 1. Aufl. Berlin 1960, 3 Bde., etwa bei *Heinrich* W.: Betriebsgrößenbeobachtungen im österreichischen Gewerbe und deren Lebens- und Wettbewerbsfähigkeit, Bd. 1, S. 723 ff.

[102] *Heinrich,* W.: Probleme des Klein- und Mittelbetriebes, in: Forschungsberichte aus dem Handwerk, Bd. 6, Münster/Wf. 1962; *Hruschka,* E.: Betriebswirtschaftliche Hauptpunkte einer österreichischen Mittelstandspolitik und Mittelstandsforderung, Wien 1960 (im Mskr.).

[103] *Leroy-Beaulieu,* P.: Précis d'économie politique, Paris 1887, 9. Aufl., S. 93.

Groß- und Kleinbetriebe als ein solches auf beide verteilter Vorsprünge und Schwächen auffaßte. Später fühlte sich Ch. Gide[104] freilich zu strenger Kritik am französischen Kleinhandel herausgefordert, und wir finden ebenfalls bei E. James[105], dem wir fein herausgespürte Unterscheidungen der gewerblichen Betriebsformen verdanken, eine eher pessimistische Bewertung der Entwicklungsmöglichkeiten. Ähnliches trifft für eine Studie von F. Perroux[106] zu. Auf wirtschaftliche, aber nicht notwendig auf der Linie der tunlichsten Förderung des Volkswohlstandes und des sozialen Ausgleichs liegende Gründe für die starke Verbreitung und Vermehrung der Kleinbetriebe im französischen Einzelhandel machte J. Marchal[107] aufmerksam, wenn er andeutete, daß die letztere außer auf einem Drang zur Selbständigkeit und dem mangelnden Erfordernis größerer Fachkenntnisse seit dem zweiten Weltkrieg auch auf den Gelegenheiten zur Umgehung der Warenrationierung und der Verpflichtung zur vollen Versteuerung der Einkommen beruhen könnte. Die zahlreichen besonders dem Handwerk gewidmeten Untersuchungen blieben zumeist auf die Erörterung organisatorischer und rechtlicher Grundlagen des Schutzes und der Förderung der betreffenden Betriebsformen beschränkt. Die wieder positivere Einschätzung des Handwerks und Kleinhandels durch H. Lambrechts, nicht nur vom gesellschaftlichen, sondern auch vom wirtschaftlichen Blickwinkel her, stieß wahrscheinlich ihrer engen Verquickung mit mittelstandspolitischen Erwägungen und praktisch-politischen Zielsetzungen wegen in der Wissenschaft nach wie vor auf Vorbehalte[108].

Selbst die einläßliche Arbeit von E. Demondion[109] beschränkte sich im wesentlichen auf eine Beschreibung des gegenwärtigen Umfangs und wagte nur wenig, in das Spannungsfeld zwischen Industrie, großbetrieblichem Handel und Handwerk vorzudringen. Die Höherbewertung, welche dieses und der Kleinhandel während der Jahre 1940 - 45 erfuhren, erschien einstweilen nur als eine vorwiegend politisch und kriegswirtschaftlich bedingte Episode. Immerhin hat sie eine beachtliche Erforschung des ländlichen Handwerks[110] und breiter angelegte Untersuchungen der Rechtsgrundlagen, der Ausdehnung, Struktur und der Organisationsformen dieser Kleinbetriebe durch H. Mourier im Sinne der eng ab-

---

104 *Gide,* Ch.: Cours d'économie politique, 7e édition, Paris 1921, tome 1, S. 372/373.

105 *James,* E.: Les formes d'entreprises, in: Traité d'économie politique, publié sous la direction de Henri Truchy, tome III, Paris 1935, S. 52 ff.

106 *Perroux,* F.: L'artisanat dans le capitalisme moderne, Sammlung „Etudes Economiques", Paris 1938.

107 *Marchal,* J.: Cours d'économie politique, Paris 1950, Band I, S. 473 ff.

108 *Lambrechts,* H.: Die Konkurrenzfähigkeit des Handwerks, Düsseldorf 1910.

109 *Demondion,* E.: L'artisanat dans l'Etat moderne, 2. Aufl., Paris 1943.

110 *Gelly,* L.: L'artisanat rural, Paris 1944.

gesteckten französischen Legaldefinition[111] angeregt. Nebenher hebt sich A. Siegfried durch seinen Blick dafür von der vorherrschenden Meinung ab, daß es im Wettbewerb zwischen den Wirtschaftseinheiten verschiedener Größe und Form meistens um irgendwie voneinander abweichende Leistungen gehe[112].

Soweit wir es übersehen, bewirkten aber auch diese Hinweise noch keinen Wandel des Urteils der allgemeinen Wirtschaftstheorie, der zu einer aufmerksameren Bedachtnahme auf das Handwerk und die Kleinbetriebe der Warenvermittlung im Neu-Aufbau der französischen Nachkriegswirtschaft zu führen vermocht hätte. L. Buquet ist mit seinen Fingerzeigen auf die wirtschaftliche Bedeutung der „économie artisanale" im weiten Sinne des Wortes oder der „économie polyvalente" Einzelgänger geblieben[113].

Wohl aber meldeten sich bereits in den dreißiger Jahren im betriebssoziologischen Schrifttum Stimmen, wie diejenige H. Dubreuils und weiterer Autoren[114] zum Wort, die aus mancherlei Beobachtungen vor der weiteren Betriebs- und Unternehmungskonzentration zu warnen begannen. Indessen begnügte sich auch das jüngere Werk des erstgenannnten Sozialpsychologen mit dem Rückblick auf die früheren Vorzüge der handwerklichen Arbeitsweise und -organisation[115].

Im Jahre 1966 hat sich die Wirtschaftskommission der heranwachsenden Europäischen Wirtschaftsgemeinschaft einen Bericht erstatten lassen, der die Aussichten der kleineren Industriebetriebe im Rahmen des in Bildung begriffenen großen Marktes ableuchten sollte[116].

3. Ausblick auf die angelsächsische Lehre

Die angelsächsische Wirtschaftswissenschaft behandelte die Frage der Berechtigung und der Existenzmöglichkeiten des Handwerks (handicraft) und des Kleinhandels (small business in retail trade) auf Grund der durch die Industrialisierung völlig umgestalteten Verhältnisse in Großbritan-

111 *Mourier,* H.: S. 47.

112 *Siegfried,* A.: L'artisanat et ses possibilités d'avenir à l'âge de la machine, in: *Schweiz. Institut für gewerbliche Wirtschaft* (Hrsg.): Handwerk und Kleinhandel in der modernen Volkswirtschaft, St. Gallen 1947, S. 7 ff.; *ders.:* Qualitätsarbeit und Serienproduktion, in: *Schweiz. Gewerbeverband* (Hrsg.): Gewerbliches Jahrbuch 1949, Bern 1950, S. 51 ff.

113 *Buquet,* L.: Die Situation des Handwerks in der modernen Wirtschaft, in: *Utz,* A. F. (Hrsg.): Der Mittelstand in der Wirtschaftsordnung heute, Löwen 1959, S. 164 ff.

114 *Dubreuil,* H.: A chacun sa chance, Paris 1935, ferner: *Coutrot,* F.: L'humanisme économique, Paris 1936, besonders S. 39 ff.

115 *Dubreuil,* H.: Le travail et la civilisation, Paris 1953.

116 *Europäische Wirtschaftsgemeinschaft* (Hrsg.): Untersuchung über die Lage der industriellen Klein- und Mittelbetriebe in den EWG-Ländern, Brüssel 1966.

nien und den Vereinigten Staaten von Amerika über die längste Zeit zur Hauptsache nur als eine solche der Betriebsgröße; die Bedeutung der spezifischen Leistungen des Handwerks geriet stark ins Hintertreffen. Dementsprechend machte sich hier wieder die Neigung geltend, die Produktivität im wesentlichen nur mengenmäßig und im Vergleich zum Kostenaufwand zu messen. Die besondere Anerkennung der Vorteile der Massenerzeugung mußte die Folge sein. Erst unter der Notwendigkeit, die Theorie vermehrt den praktischen Tatsachen anzunähern und unter dem Gesichtswinkel der Veränderung der Marktkonstellationen, begann man mit der Zeit ebenfalls die gegebene ungleiche Qualität der angebotenen Güter in die Bewertungen einzubeziehen. Besondere Beachtung verdient der Versuch von J. Steindl[117], ein wissenschaftliches Urteil über die wirtschaftlichen Fragen der Betriebsgröße zu gewinnen. Dieser weist zunächst, an A. Marshall anknüpfend, seinerseits auf den Rückgang der Kleinbetriebe hin. Dennoch bestände in der Wirtschaft eine große Zahl solcher kleiner Einheiten weiter, die sich indessen gegenüber den größeren in mehrfacher Hinsicht, u. a. in der Finanzierung, im Nachteil befänden. Der Urheber der Studie führt die noch keineswegs vollzogene Verdrängung auf die Verzögerungen in der Kapitalbeschaffung für die Großunternehmen, die nur lückenhafte Wirksamkeit der Konkurrenz, auf ein Interesse der in der Preisbildung tonangebenden Großbetriebe, sich dem Vorwurf des Monopolismus entziehen zu können, und auf die Initiative vieler kleiner Geschäftsleute, gepaart mit einer besseren Anpassungsfähigkeit bei Konjunkturrückschlägen zurück. Vielfach liege auch einfach Duldung der Klein- durch die Großunternehmer vor, wobei die ersteren sogar noch das Gefühl der Unabhängigkeit behielten, obwohl sie tatsächlich von der Gunst der anderen abhängig seien.

Eine augenfällige Neubeurteilung haben die Erfahrungen der Jahre des zweiten Weltkrieges in den Vereinigten Staaten von Amerika ausgelöst. In diesen gewahrte man, daß ausgerechnet die unzähligen über das ganze Land verstreuten kleinen Betriebe den gewaltigen Rüstungs- und Versorgungsanstrengungen einen überaus wichtigen Rückhalt boten. Zugleich lernte man sie als Widerstandsfront gegen die Marktbeherrschungs- und Monopolisierungsbestrebungen mancher Großunternehmen schätzen. Deshalb legten sich Union und Gliedstaaten eine Small Business Administration zur methodischen Förderung der kleinen Unternehmen zu. Im Anschluß daran begann sich auch das wissenschaftliche Interesse zu regen. So hat A. D. H. Kaplan[118] zu einem systematischen Abriß der äußerlich irgendwie erfaßbaren Lebensgesetze dieser Einheiten ausgeholt. Den größeren Ausmaßen der nordamerikanischen

---

[117] *Steindl,* J.: Small and big business. Economic problems of the size of firms, Oxford 1945.

[118] *Kaplan,* A. D. H.: S. 54 ff.

Wirtschaft entsprechend, faßte er allerdings — wie übrigens auch die zuständige staatliche Behörde — den Bereich der kleinen Betriebe wesentlich weiter als in Europa üblich. Da sich die Ergründung Kaplans auf die Auswertung eines ausgedehnten Zahlenmaterials konzentriert, waren seine Hauptergebnisse bereits im vorausgehenden Überblick über die Entwicklung der Betriebsgrößenstrukturen vorwegzunehmen. — Einige Schlaglichter auf diese Zusammensetzung der nordamerikanischen Wirtschaft hat, von Europa aus, nicht zuletzt H. Gross[119] geworfen. Seine Studie will zeigen, daß die Union keineswegs ein Land des beherrschenden Big Business, sondern ein solches nach wie vor überwiegend zahlreicher Kleinbetriebe sei. Für die nicht mehr erlahmende Aufmerksamkeit von Öffentlichkeit und Wissenschaft für diese Welt zeugen außer den Aufklärungsschriften der „Small Business Administration" jüngere Werke, wie etwa das 1958 erschienene eines Arbeitskreises unter der Leitung von E. D. Hollander: The Future of Small Business[120], dessen Literaturverzeichnis[121] vollends eine ebenso nachhaltige als weitgestreute Behandlung der aufgeworfenen Fragen offenbart. Seine Hauptvoraussagen sollen zur Abrundung unserer eigenen Vorausschau der Zukunftsaussichten beitragen[122]. — Dem Beispiel der Vereinigten Staaten ist bald einmal Kanada mit der Errichtung einer „Small Business Administration" gefolgt, die ihrerseits wieder, vorläufig in etwas engerem Rahmen, wissenschaftliche Erörterungen über den zu betreuenden Gegenstand auslöste.

Merkwürdig spät hat sich ebenfalls die britische Nationalökonomie, erst in den jüngsten Jahren, ernsthafter um die Klein- und kleineren Mittelunternehmen und ihre Probleme zu kümmern begonnen. Wohl nicht ganz ohne Anstoß von der nordamerikanischen Neubesinnung her erging 1969 eine Einladung des Handelsministers an ein Committee of Inquiry on Small Firms, das im Spätherbst 1971 den nach dem Namen des Vorsitzenden benannten „Bolton-Bericht" erstattete. Dieser gibt sich zunächst seinerseits über die nach wie vor sehr zahlreich vorhandenen kleineren Einheiten Rechenschaft[123], um bald darauf hervorzuheben:

„One of the most important contributions of the small business to the community is in providing a wide range of choice and a high standard of personal service to the consumer[124]."

[119] *Gross*, H.: S. 21.

[120] *Hollander*, E. (Hrsg.): The Future of Small Business, New York 1967.

[121] Hier seien namentlich die folgenden Beiträge erwähnt: The Place of Small Business in Planned Industrial Districts, prepared by the University of Connecticut for SBA, August 1963; Small Business and Persistence Center for Venture Management Milwaukee, Wis. 1969, S. 144 ff.; Journal of Small Business Management, Vol. 11/1973; und *Philipps*, J. D.: The Relevance of Small Business, The Centenial Revue, Vol. V 11/1963, Nr. 1.

[122] Vgl. S. 274.

[123] *Bolton*, J. E. (Hrsg.): Small Firms, Report of the Committee of Inquiry on Small Firms, London 1971.

Nochmals meinen die Begutachter, mit starker Beteiligung von Fachleuten der Management-Schulung, das Wesentliche dieser Betriebe und Unternehmen ausschließlich in deren Ausmaßen erblicken zu sollen:

„The simple answer to the question why are some firms large and others small, is to be found in economies of scale.“

Aber sie fahren daraufhin fort:

„This means that the role of small firms is to carry out functions which they can perform more efficiently than larger firms . . .[125].“

Der Bericht spürt den möglichen Ursachen der Bodenverluste der kleinen Betriebe seit dem zweiten Weltkrieg nach, reiht viele Einzelfeststellungen über die Lage der betrachteten Einheiten in den verschiedenen Bereichen auf und mündet in Empfehlungen für eine wohlerwogene staatliche Förderung dieser Firmen aus. Seither ist, 1972, ein weiteres, in mancher Beziehung andere Auffassungen als der Bolton-Bericht vertretendes Buch von J. Boswell[126]: „The rise and decline of Small Firms“, erschienen. Der Autor zählt aber die Unternehmen mit bis zu 500 Beschäftigten zu diesen, woraus sich zum Teil andere Folgerungen als für enger begrenzte Bereiche ergeben können. Ebenso ist der Fächer der aufgeführten englischen Literatur weit gespannt.

III. Woher rührt die Lebensfähigkeit zahlreicher kleiner Betriebe und Unternehmungen?

1. Vorbemerkung zum für die Untersuchung vorgezeichneten Weg

Die nach wie vor großen Bestände der kleineren Betriebe und Unternehmen bilden mitsamt den vielen von ihnen beschäftigten Hilfskräften noch keine untrügliche Beweise durchgängig bewahrter Lebenskraft. Ebensowenig liefern sie sichere Maßstäbe für die Einschätzung ihrer heutigen Bedeutung. Dazu geben die verfügbaren Statistiken noch zu wenig Aufschlüsse und vollziehen sich auch zu starke Umschichtungen. Wohl aber steckt in den Zahlen, die für die westeuropäischen Industriegesellschaften ganz ähnliche Gefüge nach den Betriebs- und Unternehmungsgrößen verzeichnen, der Fingerzeig darauf, daß diese nicht auf Zufall beruhen können. Das trifft um so mehr zu, als wir ja starke Anreize zur Ausweitung der Produktionseinheiten und zu deren Zusammenfassung am Werke sehen. Welches sind die bestimmenden Gründe? Woraus ist, dicht neben dem Niedergang mancher Betriebe und ganzer Gewerbezweige, diese Selbstbehauptung und das Gedeihen vieler anderer zu erklären? Augenscheinlich sind mehrerlei Schubkräfte im Spiel.

---

[124] *Bolton*, J. E.: S. 26 ff.

[125] *Bolton*, J. E.: S. 28.

[126] *Boswell*, J.: The Rise and Decline of Small Firms, London 1972.

Um den Überblick über sie und auch das Gefühl für ihre Gewichte zu gewinnen, empfiehlt es sich, zwischen allgemein sozialen und spezifisch wirtschaftlichen (d. h. zwischen den nicht auf die unmittelbare Güterversorgung abzielenden und den auf diese ausgerichteten) sowie zwischen den im Irrationalen wurzelnden und den durch rationales Streben beherrschten zu unterscheiden. In der praktisch gegebenen Volkswirtschaft wirken sich noch andere Bedingungen und Verhalten der Menschen als die einzig durch echten Leistungswettbewerb erklärbaren und gesteuerten aus. Wir kommen nicht darum herum, diese der Reihe nach mit in Betracht zu ziehen und ihre Einflüsse abzuschätzen. Von der kritischen Sichtung darf man sich die Freilegung der wesentlichen Antriebe versprechen. Hernach wird die Unzulänglichkeit der herkömmlichen Vorstellungen vom Handwerk, vom Kleinhandel und auch von den kleineren Dienstleistungsbetrieben aufzuzeigen sein. Die Sachverhalte drängen uns dazu, eine aussagekräftigere Wesensbestimmung mit daran anschließender Neubeurteilung, vorab für die modernen Volkswirtschaften, zu suchen. Das Bemühen darum verlangt schrittweises Vorgehen.

Der Rückblick auf die bisherige Entwicklung konnte naturgemäß nur ein an die aus den früheren Zeiten überlieferten Anschauungen angelehnter, noch ohne die fällige, weniger am Oberflächlichen haften bleibende Deutung und entsprechend klarere Abgrenzungen, sein. Allerdings müssen wir vorerst für unsern Teil das Betriebs- und Unternehmungsgrößen-Merkmal, das wir in der Folge als für die umfassende Kennzeichnung unzureichend erkennen, als Ansatzpunkt für die Ergründung verwenden. Damit werden wir die Konzentrationsbewegung in den heutigen Wirtschaften mit zu beachten und die Stellung unseres Untersuchungsgegenstandes dazu zu beleuchten haben. Von diesen Ansatzpunkten aus hoffen wir aber mit der Ausrichtung auf das gesamtwirtschaftlich Ausschlaggebende: die für die Käufer und Auftraggeber zu erbringenden Leistungen und den Nutzen für die allgemeine Wohlfahrt, näher an das Grundlegende heranzukommen. Der vorausgeschickte Abriß der allmählichen Entfaltung des Handwerks sowie des sog. Kleinhandels und der kleinen Vermittler von Diensten über die Jahrhunderte hinweg entwirft für die gegenwartsbezogene Überprüfung immerhin einen wegleitenden Hintergrund. Ebenso bieten die jetzigen Betriebs- und Unternehmungsgrößen-Strukturen für das Herausschälen des Wesenskerns einiges an Fingerzeigen.

2. Die im Sinn der Betriebs- und Unternehmungsvergrößerung wirkenden Kräfte

Die Wirtschaftswissenschaften haben ihre Aufmerksamkeit durch viele Jahrzehnte vorwiegend den größeren Betrieben und Unternehmen zugewandt. Fürs erste schien es ja, als ob die vermeintlich im kapitalistischen Wirtschaftssystem unvermeidliche Niederkonkurrenzierung der kleineren durch die größeren Betriebe von vornherein für die größere Produktivität — den besseren Wirkungsgrad — der letzteren zeuge[127]. Zum zweiten waren von deren Seite am ehesten schlüssige Auskünfte über die Geschäftsergebnisse zu erhalten. Drittens mochte die mehrheitlich kürzere Lebensdauer der Privatunternehmen beschränkten Umfangs, m. a. W. der stärkere Wechsel in ihren Gesamtbeständen, den Eindruck erwecken, daß sie deren geringere Wettbewerbsfähigkeit widerspiegelten. In den Konzentrationsvorgängen in der Industrie, im Handel, Verkehr und bei den Kreditinstituten, vereinzelt schon vor, dann zwischen den beiden Weltkriegen und namentlich in den jüngsten Jahrzehnten, steckten vollends Anregungen, hauptsächlich den vermuteten Vorzügen der Großeinheiten nachzuspüren.

a) Der ursprüngliche Zug zur Ausweitung der Betriebe und Unternehmen

Die Neigung zur Ausweitung der Geschäftstätigkeit entspringt einer menschlichen Grundanlage. Selbst dort, wo die selbständig Wirtschaftenden noch dem „Nahrungsprinzip“[128] verhaftet bleiben, gehört es zum mindesten zur Natur der jüngeren Jahrgänge, sich entfalten zu wollen. Es gibt einen angestammten Ehrgeiz, sich in wachsender Verfügungsmacht bestätigen zu können. Besonders deutlich tritt er im kapitalistischen Erwerbs- und Gewinnstreben[129] zutage; macht er doch einen Hauptteil davon aus. Deshalb ist in freiheitlichen Marktwirtschaften so lange, als die Rahmenbedingungen, zumal die Konjunkturlagen, ihm Raum gewähren, von vornherein mit „Expansionsdrang“, in kleinen Verhältnissen wie in großen, zu rechnen. Im Zuge starken allgemeinen Wirtschaftswachstums konnte deshalb schon der Eindruck entstehen, daß der Aufbau großer, entwicklungsfreudiger Unternehmen bedeutungsvoller als die Vielzahl der vorhandenen kleinen, minder dynamischen sei.

---

[127] *Bücher*, K.: Niedergang des Handwerks; *Verein für Socialpolitik:* Handwerkerfrage, Protokoll über die Verhandlungen von 1897 zu Köln, Leipzig 1898; *Schulze-Gävernitz,* G. von. Wir erinnern weiter an: *Weyermann,* M. R.: Die ökonomische Eigenart der modernen gewerblichen Technik, Grundriß der Sozialökonomik, VI. Abteilung, 2. Auflage, Tübingen 1923, S. 148; ferner: *Schwiedland,* E.: Der Wettkampf der gewerblichen Betriebsformen, in: Grundriß der Sozialökonomik, VI. Abteilung, 2. Aufl., Tübingen 1923, S. 25.

[128] *Sombart,* W.: Der moderne Kapitalismus, 5. Aufl., München/Leipzig 1922, Bd. 1, S. 34, S. 48, 188 - 190 ff. und weiteres auch im Bde. II, S. 44 ff.

[129] *ders.:* Bd. I, S. 233 ff., Bd. II, S. 12 ff.

b) Eigenwachstum und Zusammenfassung von Betrieben und Unternehmen

Die Ausweitung von Betrieben und Unternehmen und die Konzentration fließen ineinander über. Wenn wir die letztere, wie es H. Arndt und G. Ollenburg[130] in einleuchtender Weise taten, im allgemeinsten Wortsinne als Zusammenballung ökonomischer Größen umschreiben, so schwinden die Unterschiede fast ganz dahin.

Unseres Erachtens empfiehlt es sich indessen, die Entfaltung aus sich selbst heraus, ausschließlich durch den Aufbau von Anfang an höchsteigener Einheiten und die Angliederung vordem unter anderer Leitung befindlicher auseinanderzuhalten. Die erstere kann in kleineren Schritten, „organischer", d. h. auf die jeweiligen Marktgegebenheiten hin angepaßter vor sich gehen. Dafür erschließt die zweite oft die Möglichkeit, zusätzliche Kundenbeziehungen, nicht erst neu anzuschaffende benötigte Investitionsgüter und vielleicht zuvor nicht verfügbare qualifizierte Hilfskräfte einzubringen.

In Anbetracht des umfangreichen Schrifttums über den Zug zur Betriebs- und Unternehmungsausweitung und zur Konzentration bedürfen wir für die Erforschung des Gewerbes nur eines bündigen Überblicks über die Beweggründe. Allerdings kommen wir nicht ohne den Versuch aus, sie für die hier besonders ins Auge gefaßten Wirtschaftsbereiche abzuwägen. Dabei ist sowohl die schon erfolgte Ausdehnung und Intensivierung der eigenen Geschäftstätigkeiten als die Vereinigung bisher selbständiger mitsamt der im Gange befindlichen zu beachten.

Wirtschaftspolitisch gewinnt noch eine Unterscheidung Bedeutung: obwohl an sich jede Zunahme oder Aufstockung (Kumulation) solcher Verfügungsmacht die Möglichkeiten für die Mitbewerber schmälert und die Marktformen verändert, wirft sie ernstere Probleme zumeist erst bei höheren Verdichtungsgraden und kämpferischer Haltung gegenüber den Dritten auf. Das ist dann der Fall, wenn sie die anderen Anbieter oder die Marktpartner von deren Seite unverschuldet in Nachteil versetzt, sowie dort, wo sie den Wettstreit um den Zuspruch der Käufer und Auftraggeber behindert und Minderversorgung der Wirtschaft bewirkt oder zu bewirken droht. Offenbar hängt viel vom Nebeneinander von Unternehmen verschiedener Ausmaße und der Art der Ausübung errungener Marktmacht durch die gewichtigen ab. Während breite Gemenge von kleinen, mittelgroßen und großen Einheiten in den einzelnen Produktions- (und Handels-)zweigen zumeist noch wenig Bedenken wekken, sondern mancherorts geradezu als günstigste Strukturbilder gelten, melden sich solche um so nachhaltiger zum Wort, wenn die „Großen" die

[130] *Arndt*, H. (Hrsg.) Begriff und Arten der Konzentration, in: *Arndt*, H. / *Ollenburg*, G. (Hrsg.): Die Konzentration in der Wirtschaft, Bd., 1. Aufl., Berlin 1960, S. 3 ff.

„Kleinen“ in die Enge drängen oder willkürlich, ohne bessere Leistungen zu erbringen, die Vorherrschaft in der Belieferung von Absatzbereichen, oder in der Beschaffung von Rohstoffen, Halb- und Fertigfabrikaten an sich reißen.

Wir zögern auch nicht, uns einer neuen Interpretation der „absoluten“ und „relativen“ Konzentration anzuschließen[131]. Die erstgenannte bringt die tatsächlichen Anteile der größeren Unternehmen am Gesamtangebot der gerade in Betracht gezogenen Güter oder an der Gesamtnachfrage nach solchen sowie die Einflüsse ihrer Geschäftspolitik auf das Marktgeschehen zum Ausdruck. Demgegenüber will die zweitgenannte die Abweichungen im Vorhandensein oder Entstehen großer gegenüber dem kennzeichnen, was nach bestimmten „Verteilungsfunktionen“ zu erwarten wäre. Bereits sind wir ja auf die Meinung gestoßen, daß die Zahl und Verbreitung der kleineren Unternehmen vielfach schon unter dem bleibe, was nach den „Gauss'schen“- oder „Lorenz“-Kurven noch da sein sollte[132].

Ferner verspricht es wesentliche Aufschlüsse, ob sich die Verteilung der Betriebe und Unternehmen unterschiedlichen Umfangs als eine lückenlose, von den kleinsten über größere unterbruchslos bis zu den größten reichende erweist oder ob einer Vielzahl von kleinen der einzelnen Wirtschaftszweige über weite unbelegte Zwischenräume nur einige wenige große, am Ende vielleicht nur ein einziger, gegenüber stehen.

Wer bereits die Abstimmung der Angebote zahlreicher, im übrigen ihre Unabhängigkeit wahren wollender Erzeuger und Händler, z. B. durch kartellistische Vereinbarungen, als eine Form der Konzentration einschätzt, muß darüber hinaus noch die Gefälle zwischen mehr oder weniger dauerhaften sowie festen und schwächeren sehen. Diese Auslegung zeigt vollends die Spannweite zwischen geringer und hochgradig zusammengefaßter starker Verfügungsmacht auf.

c) Voraussetzungen und Antriebe zur Ausweitung der Betriebe und Unternehmungen

Für alles Wirtschaften gilt, als Ausfluß des Postulats, es möglichst ergiebig und zweckdienlich zu gestalten, die Anweisung zur Verhältnis-

---

131 Zur früheren Deutung: Bd. I, 1. Aufl. S. 69 ff.

132 Dabei gibt es die „gleichmäßige“, die „fallende“ und die „steigende“ Verteilung. Die gleichmäßige würde den natürlichen Produktions- und Marktbedingungen entsprechen und ein ausgewogenes Nebeneinander von kleinen, mittleren und großen Einheiten verkörpern, was mathematisch ausgedrückt einer relativen Konzentration von O gleichkäme. Die fallende Verteilung äußert sich in einer geringeren Präsenz der größeren und großen Einheiten, die steigende in der starken Dotierung von Wirtschaftszweigen mit solchen. *Kellerer*, H.: Statistik im modernen Wirtschafts- und Sozialleben, Hamburg 1960, S. 55 f.; *Haseloff*, O. W. / *Hoffmann*, H. J.: Kleines Lehrbuch der Statistik, Berlin 1970, S. 73 ff.

mäßigkeit der dafür einzusetzenden Mittel[133]. Diese Regel enthält, wie für die „Faktorallokation“ im allgemeinen, d. h. wie für die Belegung der verschiedenen Zweige der Volkswirtschaft mit Arbeitskräften und deren Ausstattung mit Boden und Kapital, ebenfalls die Maßstäbe für deren Zusammensetzung aus kleinen, mittleren und großen Betrieben und Unternehmen. Damit kann es sehr wohl sein, daß zu deckender Bedarf oder jeweilige Produktionsbedingungen oder beide zusammen die Aktivität von Großeinheiten verlangen. Allerdings bleibt deren Aufbau an die Vorbedingung einer entsprechend weiten Nachfrage nach ihren Leistungen geknüpft, die zu genügender Ausnützung der bereitgestellten Kapazitäten verhilft. Ebenso müssen sich, als Grundlage, befähigte Unternehmer finden, welche die Großbetriebe und -unternehmen aufzuziehen und erfolgreich zu führen wissen. Dazu gesellen sich die Erfordernisse der Verfügbarkeit eines nach Umfang und Eignungen ausreichenden Arbeitsangebots, guter Standorte und der Erhältlichkeit bedeutender Kapitalien. Nicht zuletzt bleiben Heranwachsen und dauerhafte wirtschaftliche Potenz großer Unternehmen auf eine gesellschaftliche Umwelt mit ihnen günstiger Stimmung angewiesen. Bei mangelnder Aufnahmefähigkeit von Märkten verlieren alle Berechnungen ihren Sinn, mit der Kombination groß bemessener Produktionselemente und ausgreifenden geschäftlichen Vorhaben besondere Fabrikatqualitäten, oder Kostenminderungen und höhere Gewinne zu erzielen. Die schon von Ad. Smith[134] vermerkte und hernach von H. v. Thünen[135] methodisch untersuchte Gesetzmäßigkeit steckt für jede angezeigte „Expansion“ und „Konzentration“ feste Grenzen ab. Bevölkerungswachstum, Bevölkerungsansammlungen an einzelnen Orten und steigende Kaufkraft schaffen, zumal wenn es die Nachfrage an einförmige Angebote zu gewöhnen gelingt, den Raum für die Entfaltung von Großeinheiten. Dasselbe bewirken die Verkehrserleichterungen und, dank der Ausdehnung der Bezugs- und Absatzmöglichkeiten daraus, die Förderung der Austauschbeziehungen über die Landesgrenzen hinweg. Umgekehrt muß aus der Verarmung von Völkern und der Erschwerung der internationalen Arbeitsteilung eine Einengung des Betätigungsfeldes für Großeinheiten folgen. Ungewißheiten über die weitere wirtschaftliche Entwicklung werden, ob sie aus dieser selbst, aus staatlichen Eingriffen oder aus politischen Störungen erwachsen, unter im übrigen gleichen Umständen, deren weitere Expansion hemmen oder ganz verhindern. Immerhin können politische Umwälzungen gerade umgekehrt in Nötigungen zu deren Zusammenfassung umschlagen.

---

133 *Heinrich,* W.: Wirtschaftspolitik, 2. Aufl., Bd. 1, Berlin 1964, S. 135 ff.

134 *Smith,* A.: S. 19.

135 *Thünen,* H. v.: Der isolierte Staat in Beziehung auf Landwirtschaft und Nationalökonomie, Jena 1910, S. 12 ff.

Den Grundzusammenhang bildet aber doch die Bindung an günstige und genügend breite Verkaufschancen[136], weil ja die Betriebe nicht nur für die unmittelbare Gegenwart, sondern auf längere Zeit hinaus, um ihrer Produktivität willen, die beste Ausnützung ihrer Ausbringungsvermögen erreichen sollen. Tatsächlich ereignet es sich nicht selten, daß auf die Großumsätze von Jahren guter Konjunktur hin bemessene wohl in diesen gute Erträge abwerfen, mit dem Schwinden der Verkäufe und der Erlöse daraus aber ihren Vorsprung einbüßen und in die Gefahrenzone von Verlusten geraten. Namentlich schmälert es den Boden für das Entstehen großer Wirtschaftseinheiten ebenfalls, weil in der Regel von anderen Bedingtheiten überdeckt nur weniger sichtbar, wenn sich die Abnehmerwünsche fortschreitend differenzieren.

d) *Spezifisch wirtschaftliche und rationale Motive*

aa) Geographische Vorbedingungen

Sind die gesellschaftlichen und wirtschaftlichen Voraussetzungen für das Aufziehen großer Betriebe und Unternehmen sowie zur Konzentration gegeben, so können eine Reihe von Gründen dazu bewegen. Der Rückblick auf die früheren Entwicklungen fördert zunächst solche räumlich-geographischer Natur, freilich bereits mit organisatorischen Vorteilen oder eigentlichen Erfordernissen in dieser Richtung verknüpft, zutage. Ein klassisches Beispiel dafür bildet der Aufbau der spätmittelalterlichen und frühkapitalistischen Postanstalten. Wenn es ursprünglich selbst für die Nachrichtenübermittlung über längere Entfernungen „Kleinstbetriebe“, wie die vorerst höchst einfachen Kaufmanns- und Metzgerposten, gab, verlangte die Regelmäßigkeit, d. h. die Verfügbarkeit der Dienste zu bestimmten Tagen und Wochen, im Verein mit ihrer Beschleunigung und der Erübrigung bisheriger Umständlichkeiten, allmählich deren Zusammenfassung in Großunternehmen[137]. Dabei lag es nahe, die aufgebaute Organisation auch für die politische Machtentfaltung auszunützen und die weitere unternehmerische Expansion wieder an diese anzulehnen. Besonders enge Zusammenhänge mit staatlichen Zielsetzungen verraten die im 17. und 18. Jahrhundert ins Leben gerufenen „Übersee-Handelsgesellschaften“[138]. Andererseits zeichnen sich in deren Entfaltung bereits auch private Impulse ab, die heute noch, in den jetzigen Großunternehmen, eine entscheidende Rolle spielen. Zumeist waren starke Einzelpersönlichkeiten am Werk, die durch geistige Strömungen ihrer Zeit angeregt oder diese anbahnend, in solchen Vorhaben

---

[136] *Gutenberg,* E.: S. 319.

[137] *Kulischer,* J.: S. 376 ff. *Sombart,* W.: Der moderne Kapitalismus, 5. Aufl., München 1916, 2. Bd., S. 364 ff.

[138] *Kulischer,* J.: S. 299 ff.

besonders einträgliche Betätigungsgelegenheiten entdeckten und diese tatsächlich wahrzunehmen wußten.

bb) Vorzüge der Arbeitsteilung

Zweitens verhalf der geballte Einsatz vieler Arbeitskräfte in straffen Hierarchien zu den Vorzügen der verstärkten Arbeitsteilung[139]. Um diese zu fördern, bot der Merkantilismus noch politische Rückendekkung[140]; oft wurden auch ständische Vorrechte, etwa die des Patriziats, dazu ausgenützt. Die Aufgliederung der Verrichtungen und anschließende Zusammenfassung der Teilerzeugnisse in die Fertigfabrikate erlauben noch jetzt, die wichtigeren Obliegenheiten durch besonders qualifizierte Mitarbeiter betreuen zu lassen, um für die viel zahlreicheren einfacheren Verrichtungen mit bloß angelernten oder ungelernten billigeren auszukommen. Damit gelingt es oft, zu höheren Qualitätsstandards und schnelleren Arbeitsvollzügen zu gelangen. Die Hand des Spezialisten trägt höhere Genauigkeit und Zuverlässigkeit der zu erbringenden Leistungen, von der Abnehmerschaft entsprechend höher bewertet, ein. Nicht selten hat es schon mangelnde oder abgesunkene Fachtüchtigkeit von Kleinunternehmen verschuldet, daß große mit ihren Lieferungen zusätzlich Boden gewinnen konnten. Sowohl die Verbilligungen als die Qualitätsverbesserungen wurden in den verschiedensten Bereichen der Wirtschaft von der Stoffbearbeitung und -veredlung über den Handel bis zur Vermittlung von Diensten erzielt. Zweifellos rührt deren Konkurrenzdruck manchmal von Gefällen der persönlichen Geschicklichkeit und Hingabe für die Auftragserfüllung her, die sich in besseren oder weniger guten Kombinationen der jeweils verfügbaren Mittel äußern.

cc) Substitutionsgüterkonkurrenz

Der Produktionsverbilligung verwandt, vermochten die Großbetriebe die kleineren oft durch das Herausbringen von Substitutionsgütern und Ersatzqualitäten zu überflügeln. Sie wandten sich bewußt der Erzeugung derartiger Güter, für die breite Bedarfsdeckung immer noch genügenden Güte- und Haltbarkeitsgrades, zu, um an Material und Arbeit sparend, geringere Verkaufspreise berechnen zu können. So mußte und muß noch heute der einzeln angefertigte Maßanzug häufig der Konfektion, das handgearbeitete und abgewandelte Formen aufweisende Möbelstück der im Schnellverfahren gewonnenen Serienqualität weichen.

---

[139] Allerdings sind auch die Risiken der Doppelspurigkeit bzw. der Überschneidung der Verrichtungen mit den daraus resultierenden Schwerfälligkeiten aus der vorangetriebenen Arbeitsteilung nicht zu übersehen. Oft wächst es sich zu einer zusätzlichen Aufgabe der Betriebs- und Unternehmungsführung aus, gegen diese Folgen der Funktionsaufgliederung anzukämpfen.

[140] *Kulischer*, J.: S. 102 und 146 ff.

Die veränderten Lebensgewohnheiten wie die Abkehr von den schweren Kleidertrachten und Ausstattungsgegenständen zugunsten leichter, aber öfter gewechselter Gebrauchsstücke, der Einfluß der Mode auf die geäußerte Nachfrage begünstigten[141] bzw. begünstigen noch immer diese Entwicklung. So hat jede Vereinheitlichung des Konsum- und Lebensstils in einer Bevölkerung, die Einebnung des Geschmacks, der Anforderungen an die Versorgung schlechthin, eine nachhaltige Begünstigung der Großbetriebe gegenüber den kleinen zur Folge[142]. Dasselbe trifft für verminderte Umsicht und Sorgfalt, für „Gedankenlosigkeit“ im Einkauf zu.

dd) Technische Bedingtheiten

α) Allgemeines

Weniger einfache Verknüpfungen, als es auf den ersten Blick den Anschein macht, bestehen zwischen der Technik und den Neigungen zur Vergrößerung der Betriebe und Unternehmen bzw. zur Konzentration. Die abstrakten Erwägungen W. Waffenschmidts könnten sogar den Eindruck erwecken, daß er die völlige Unabhängigkeit des Umfangs der Wirtschaftseinheiten von der technologischen Entwicklung behaupten wolle[143]. Derartige Deutungen würden aber mit einer Fülle praktischer Erfahrungen in zu schroffen Widerstreit geraten. Offenkundig üben manche Errungenschaften doch bestimmende Einflüsse auf die Dimensionierung der Betriebe und Unternehmungen aus. Das trifft fürs erste dort zu, wo Großstücke „aus einem Guß“ zu erstellen sind. Bezeichnende Beispiele dafür bilden die Schienenwalzwerke, die Herstellung großer Antriebswellen und kompakter Stahlträger, der Großmaschinenbau: von Turbinen, Elektro-Generatoren, Hochseeschiffen. Als zweites verlangt oft auch das Zusammenfügen an sich in kleineren Ausmaßen erzeugbarer Teile zu Endfabrikaten den Einsatz großer Erarbeitungseinheiten: zu weiträumigen Energie-Übertragungsanlagen, weitgespannten Brückenbogen, der Bau langer Straßenzüge und großzügig bemessener Plätze, umfangreicher Gebäudekomplexe. Nicht minder braucht es keine langen Worte darüber, daß die Ausbeutung unter Tag ausgedehnter Rohstoffvorkommen, die Errichtung von Staudämmen im Gebirge für große Hoch-

---

[141] *Sombart,* W.: Das Wirtschaftsleben im Zeitalter des Hochkapitalismus, 2. Halbband, München/Leipzig 1927, S. 603 ff.

[142] „Insoweit ist es nicht primär die Massenproduktion, die das Handwerk erdrückt, sondern die Vermassung des Verbrauchs, die erst die Massenproduktion möglich macht. Und diese Vermassung des Verbrauchs ist in den einzelnen Ländern verschieden weit vorgeschritten, am weitesten wohl in Amerika. Sie geht Hand in Hand mit dem Schwinden traditioneller Lebensführung.“ *Röpke,* W.: Gesellschaftskrisis, S. 339.

[143] *Waffenschmidt,* W.: Technik und Konzentration, in: *Arndt,* H. (Hrsg.): Die Konzentration in der Wirtschaft, 1. Aufl., Berlin 1960, Bd. II, S. 789 ff.

druckspeicher-Kraftwerke, aber auch die moderne Stahlgewinnung nur Sache großer Unternehmen sein kann.

β) Spezialisierung und serienmäßige Fabrikation im besonderen

Ebenso stark wirkt sich der Zusammenhang aus, daß erst Großwerkstätten mit hochgezüchteten technischen Ausrüstungen die großserienmäßige Fertigung, mitsamt der Massenvermittlung von Waren und Diensten, gestatten. Diese Produktionsweise setzt allerdings die Spezialisierung im Sinne der Zusammenfassung des ganzen Erzeugungsvermögens auf eine beschränkte Zahl von Fabrikatemustern voraus. Damit muß die Einförmiggestaltung der hervorgebrachten Güter, ihre Standardisierung und Begrenzung der Angebote auf den Märkten auf die gangbarsten in Kauf genommen werden. Unverkennbar gibt es bedeutende Versorgungsbereiche, in denen gerade die Einförmigkeit, genauer ausgedrückt: die bis ins letzte gleiche Ausführung der Fabrikate, diesen besondere Zweckmäßigkeit verleiht. Sie verhilft u. a. zum „Austauschbau", der nicht mehr gebrauchsfähige Elemente innert kurzer Frist, ohne nennenswerte Störungen für deren Verwender, durch wieder voll funktionstüchtige zu ersetzen erlaubt. Der Hinweis auf die Lokomotivmotoren und Flugzeugtriebwerke genügt, um dessen Gewicht zu zeigen. Ferner lassen sich in der heutigen Architektur, etwa an größeren Gebäuden, durch gewählte Raster aus Einheits-Teilstücken reizvolle ästhetische Effekte erzielen.

Zugleich bereitet die Spezialisierung den Boden für die Mechanisierung und die Nutzbarmachung der leistungsfähigsten sachlichen Produktionsmittel. Ihre Ergiebigkeit schlägt sich in durchgreifend gesteigerter Wettbewerbsfähgikeit, sei es durch die Ermöglichung billigerer Angebote, sei es durch bessere Erzeugnisse, nieder. Dafür zeugen die moderne Veredelung und Konservierung von Lebens- und Genußmitteln, die Textilienverarbeitung und Kleiderkonfektion für den Massenkonsum, die heutige Hervorbringung von Farbstoffen und von Pharmazeutika, und mit am augenfälligsten ist der jetzige Automobilismus der Großserienfertigung zu verdanken. — Umfangreiche und bestausgerüstete Produktionsstätten erfordern allerdings stark gesteigerte Kapitalaufwände und entsprechend hohe Belastungen mit festen Kosten. Wie schon ausgedehntere Grundstücke und Gebäulichkeiten eher als kleinere zu deren Vollausnützung befähigen, trägt die Fabrikations-Mehrausbringung mit der Auslastung der Apparaturen entscheidende Kostenminderungen ein. Damit entsteht Spielraum für Preissenkungen oder das Auffangen allgemeiner Kostenauftriebe, mit denen die Einzelfertigung und die in kleineren Serien mit einfachem Gerät, rational betreut, nicht Schritt zu halten vermögen[144]. Da und dort, zumal dann, wenn die Marktlagen

[144] Je mehr es mit der anlagenintensiven Serienerzeugung hohe Stückzahlen

den Rückgriff auf die Deckungsbeitragsrechnung nahelegen, kommt es zu Verbilligungen, bei denen die Reparatur schadhaft werdender Fabrikate ihren Sinn verliert[145].

Die Fortbildung der modernen Technik von den oft noch abgewandelt verwendbaren kleineren Ausrüstungsaggregaten zu immer spezielleren und größeren drängt die anlageintensiven Betriebe bei ihrem Ausbau zu fortschreitend weiteren „Sprüngen nach vorn". Daraus erwächst nicht zuletzt die Neigung, die angestammten Produktionsprogramme durch den Mit-Einbezug von Teilfabrikationen derselben Art für andere Zwekke, die wiederum häufige Umstellungen zu vermeiden gestatten, zu ergänzen.

γ) Das Gebot des proportionalen Einsatzes der Produktionsmittel

Indessen verlangt die Abstützung auf groß bemessene technische Einrichtungen die Anpassung aller übrigen, weniger starren für die Erzeugung ebenfalls benötigten Betriebselemente[146]. Die Regel der „Verhältnismäßigkeit der Wirtschaftsmittel" prägt sich in diesem Bereich als Gebot der tunlichsten Proportionalität der im einzelnen zu kombinierenden persönlichen Kräfte und Sachgüter aus. Durch das Nachholen der komplementären Betriebsteile auf die Leistungsfähigkeit der nur in bedeutenden Dimensionen beschaff- und nutzbaren lassen sich wesentliche Verlustquellen verstopfen und Mehrerträge erzielen.

Diese Verknüpfung muß bei der Eingliederung großer Einrichtungen oder Maschinenaggregate dem Drange rufen, die zudienenden Hilfskräfte und Vorkehren durch Vermehrung oder Erweiterung ebenfalls zu verstärken. So erheischt der moderne Hochofen eine ganz anders bemessene Zufuhr der Rohmaterialien und Weiterverarbeitung des Eisens als das alte Rennfeuer, der Turnus-Backofen eine wesentlich breitere Organisation der Teigbereitung als der überlieferte Backofen, die Dampf- oder Gasturbine eine andere Anzahl und Größe der angeschlossenen Arbeitsmaschinen als die frühere kleine Wasserkraft, das neuzeit-

---

von Fabrikaten herauszubringen gelingt und diese über längere Zeitspannen ohne Fertigungsunterbrüche auszukommen erlauben, gelangen die Betriebe in den Genuß der Auflagendegression. Zudem ermöglichen die größeren Produktionsmengen, die Gemeinkosten der Verwaltung und des Vertriebs auf viel mehr Nutzleistungen als bei kleinen Erzeugungsvolumen umzulegen. *Schmalenbach,* E.: S. 75 ff., sowie *Schäfer,* E.: Losgröße und Kostengestaltung, in: Zeitschrift für Betriebswirtschaft, Bd. 8/1931, S. 839 ff., und *Gutenberg,* E.: S. 228 ff., 329 ff.

[145] Was aber im ganzen, wie wir noch sehen werden (S. 153), an der für viele Bereiche weiterhin großen wirtschaftlichen Bedeutung der Reparaturarbeiten wenig ändert.

[146] Das trat besonders deutlich beim Einsatz der Dampfmaschine zutage, die aus physikalischen Gründen als Antriebskraftquelle erst von beträchtlichen Mindestausmaßen ab mit befriedigendem Wirkungsgrad arbeitete. Heute trifft ähnliches für die Hochöfen und die Walzwerke zu.

liche Verfahren zur Teerfarbengewinnung viel umfangreichere Anlagen schlechthin als die seinerzeitige handwerkliche Extraktion von Krappfarbstoffen. Für ein kostengünstig arbeitendes Rohstahlwerk sollen die langfristigen Aufwendungen in den Vereinigten Staaten von Amerika bereits zu Beginn der 1950er Jahre mindestens 100 Mill. $ erreicht haben. — In diesen Sachlagen steckt der Zwang, ganze Bündel von Produktionsmitteln: die personellen und die sachlichen, mitsamt den Standorten, auf die bei guter Ausnützung ergiebigsten, aber nur in größeren Formaten erhältlichen abzustimmen. Unter Umständen wissen allerdings Unternehmungen dieser Nötigung mit der Vergebung von Teilfabrikationen an selbständige Betriebe auszuweichen. Häufig wird jedoch die unmittelbare Verknüpfung der aufeinanderfolgenden Erzeugungsstufen in den eigenen Werken — z. B. die Auswertung der Hochofenglut und -gase für die anschließenden Fertigungsvorgänge — als vorteilhafter erscheinen. Die enge Aneinanderschaltung der verschiedenen Bearbeitungen erlaubt weiter die bessere Ausnützung der Bereitschaftsdienste, Abfallstoffe und Nebenerzeugnisse sowie die zusammengefaßte Erfüllung der Verwaltungsobliegenheiten und die Ausschaltung von Preisrisiken. — Diese Bedingtheiten zeigen sich übrigens bereits auf den tiefen Größenstufen, etwa darin, daß die Ingebrauchnahme gewichtiger technischer Ausrüstungsstücke, der Einsatz von Kadern oder das Sich-Heranwagen an größere Arbeits- und Lieferungsaufträge auch Leiter bisher kleiner Betriebe zu deren Ausbau drängt. Neigungen zur „vertikalen Konzentration" zeigt auch der Handel, vorab im Geschäftsverkehr zwischen den „Engrossortimentern" und dem Einzelhandel. In erster Linie soll diese wieder die Angebote verbilligen, dazu aber noch zuverlässigere Verkaufs- oder Beschaffungsaussichten eröffnen. Nicht wenig an solcher Handelsausschaltung vollzieht sich auf dem Wege der „Spannen-Zusammenlegung".

Zur Motivation „bessere Auslastung vorhandener Kapazitäten" gehört nicht zuletzt die Angliederung von Zweigbetrieben bzw. die Einverleibung bisher selbständiger. Dabei spielt, zumal im Handel, oft die Erwartung mit, die Unsicherheiten und Schwierigkeiten der Neugründung von Zweigniederlassungen vermeiden zu können.

Indessen verhält es sich nicht so, daß diese Integration unbegrenzt und immer wieder zu höherer Produktivität und entsprechend gesteigerten Gewinnchancen führen würde. Vielmehr bestehen dafür mehr oder weniger eng gesteckte Schranken. Namentlich kann die Zusammenfassung verschiedenartiger und in ihren Ausmaßen stark voneinander abweichender Erzeugungs- und Vermittlungsdienste in einer Hand über kurz oder lang Mehrkosten verursachen, welche die anfänglichen Wirtschaftlichkeitsgewinne zu schmälern, aufzuwiegen, am Ende sogar in erhöhte Belastungen zu verkehren imstande sind. Es gibt also Gebote der optimalen Koppelung der eingesetzten Elemente, die wie für die sachlichen ebenfalls für die persönlichen Leistungsvermögen gelten. So spielt auch die Tüchtigkeit und Intensität der Leitung eine bestimmende Rolle. Immer wieder bestätigt es sich, daß, ebenso wie gewisse Unternehmer vielleicht erst mit der Betreuung größerer Aufgaben ihre Befriedigung finden, die günstigste Dimensionierung der Betriebe je nach dem Können der Führung bald höher, bald tiefer liegt[147].

Ein — allerdings zumeist bei lockereren Verknüpfungen bleibendes — Seitenstück zur vertikalen Konzentration bilden Gesamtlieferungs-Vereinbarungen zwischen den Halbfabrikateherstellern und den gruppierten Verarbeitern. Solche Koordination vermag die Ausweitung der Betriebe und Unternehmen abzubremsen, u. U. aber ebenfalls erst recht dazu anzuregen.

Wie berührt, hat sich das Urteil der Volkswirtschaftslehre in jüngerer Zeit um einiges in der Richtung verschoben, daß ihr die Anstöße von der technischen Entwicklung her vielerorts nicht mehr zu den gewichtigsten zu zählen scheinen. In den USA haben statistische Erhebungen zutage gefördert, daß sogar die bisher gerne als bezeichnendste Verkörperung des Hangs zum Großbetrieb betrachtete Schwerindustrie mit ihren Hochofenanlagen und Walzwerken nur wenige tatsächlich große Unternehmen, mit bedeutenden Marktanteilen zählt und sich deren Quote am Gesamtbestand der Beschäftigten auf eher bescheidener Höhe bewegt. Zum größten Umfang wären Betriebe der Veredlungsindustrie, wie der Personenautomobil- und der Schreibmaschinenfabrikation, je etwa 10 % oder noch mehr der amerikanischen Nachfrage deckend, gediehen. Zu einer zweiten Gruppe von Industrien, in denen die Betriebsoptima etwa 4 - 5 % der in den Staaten erzielbaren Umsätze erheischten, gehörten die Zementgewinnung, der Landmaschinen- und Traktorenbau, die Stahlwerke sowie die Kunstseidenerzeugung. Demgegenüber verzeichneten die kleineren Betriebe der Konserven-, Zigaretten-, Seifen- sowie der Schuhindustrie, der Müllerei, die Branntweinbrennerei, die Schlachthäuser und Metzgereien nur wenig über denjenigen der Großeinheiten liegende Fertigungskosten[148]. Da Untersuchungen ähnlicher Art in Westeuropa nicht viel andere Bilder entwerfen dürften, bergen die Zahlen sicherlich beachtliche Fingerzeige. Sie machen darauf aufmerksam, daß noch weitere Kräfte eine wesentliche, oft dominierende Rolle spielen müssen.

Dennoch ermahnen einige Fernwirkungen dazu, die Ansporne von der Technik her nicht zu unterschätzen. In dem — bedeutenden — Umfang,

---

[147] Kraftnaturen müssen mitunter an langen Hebeln, über große Produktionsmittelkombinationen verfügen können. Andererseits fehlen „kleine" Betriebsinhaber nicht, die sich mit sehr beschränkter Geschäftstätigkeit begnügen.

[148] *Gross*, H.: Small business, S. 36.

in dem erst Großanlagen Qualitätsgewinne oder Kostenverbilligungen verheißen, drängt sie nun einmal zur Spezialisierung und auf die großserienmäßige Fertigung hin.

δ) Der Forschungs- und Entwicklungsaufwand

Weitere kräftige Anstöße gehen von der öfteren Nötigung zu fortschreitend aufwendigerer Forschung aus. Bezeichnende Beispiele dafür bilden die Entwicklung neuer elektronischer Ausrüstungen und die von Markenartikeln der chemisch-pharmazeutischen Industrie. Je mehr die Forschung objektiviertes Wissen erschließen soll und umfangreichere Experimente bei ungewissen Erfolgschancen verlangt, verursacht sie finanzielle Belastungen, die es nur mit der Abwälzbarkeit auf große Produktmengen und der Mitfinanzierung durch bereits eingespielte Geschäfte zu „verdauen“ gelingt. Nach dem Befund von Untersuchungen zu Beginn der fünfziger Jahre, welche die Feststellungen H. O. Lenels allerdings als nicht über alle Zweifel erhaben erscheinen lassen, wären in den Vereinigten Staaten von Amerika gegen 1958 etwa 90 % des privaten Forschungsaufwands bei Firmen mit Belegschaften von 500 und mehr Beschäftigten entstanden[149]. Am meisten hätten sich die Großunternehmen der chemisch-pharmazeutischen Industrie und diejenigen des — in besonders rascher Entfaltung begriffenen — Baus elektronischer Geräte sowie neuer Waffensysteme durch finanzielle Einsätze von bis zu 10, ja zu 20 % der Bruttoaufwände hervorgetan. Die Belastungen rühren offenkundig vom geradezu stürmischen Anfall neuer Errungenschaften und von Zwangslagen für die Großunternehmen her, führend „mit dabei zu sein“.

εε) Wachsende Kostspieligkeit der Absatzerschließung

Spezialisierung und Erzeugung in Großserien ziehen ihrerseits außerordentlich gesteigerte Auslagen für die Absatzerschließung nach sich. Bekanntlich hat sich diese über die herkömmliche Werbung für die Angebote und den guten Ruf der Hersteller oder Vermittler der Güter hin-

---

[149] *Gross*, H.: Small business, S. 124, mit Vorbehalten dazu: *Lenel*, H. O.: S. 90 ff. Bei Lenel lesen wir u. a.: „Die 1955 dem Umsatz nach größten vier der von Scherer (Hearings) untersuchten amerikanischen Unternehmen vereinigten im gleichen Jahr 19,9 % der Umsätze, aber nur 9,7 % der Beschäftigten für Forschung und Entwicklung und nur 10,4 % der vier Jahre später erteilten Patente auf sich. Nur in der chemischen Industrie erhöhte sich die Forschungstätigkeit mit dem Umsatz, aber auch hier nicht eindeutig. Hohe Ausgaben werden überdies nur in wenigen Industriegruppen geleistet.“ Nach vom gleichen Autor zitierten Auskünften (S. 95) sollen die eigenen Forschungslaboratorien der Großfirmen auch nicht immer die günstigsten Vorbedingungen für schöpferisches Entdecken bieten. Nichtsdestoweniger scheint kürzlich doch der Druck der Forschungs- und Neukonstruktionserfordernisse den Hauptanstoß zu engeren Verbindungen und Zusammenschlüssen in der schweizerischen Maschinen- und Metallindustrie gebracht zu haben.

aus bis zur Motivforschung und von dieser bis zur Marktbearbeitung im Sinne der Neu-Weckung und Verfeinerung von bzw. der Versorgungsanliegen ausgeweitet. Den Ansatzpunkt dazu bildet die Erfahrung, daß genügend nachdrückliche und dabei psychologisch geschickte Werbung die Käuferverhalten sehr stark zugunsten der empfohlenen Erzeugnisse und Dienste zu beeinflussen vermag. Das mußte vor allem für die Serienfabrikate von Bedeutung werden, was schon W. Röpke im Blick auf die von der Nachfrage zu treffenden Wahlentscheide zur Bemerkung veranlaßte:

„Wir folgen nur allzu oft gedankenlos einer Modeströmung, die uns zum Massenprodukt fortreißt und finden erst allmählich zu der Einsicht zurück, daß es doch auch seine schweren Nachteile hat[150].“

H. Gross[151] macht eine eigentliche Mutation in den Unternehmeraufgaben auf viel stärker zu pflegende Absatzförderung hin geltend und führt diese vorab auf die moderne Technik zurück. Allerdings spielen zugleich demografische, sozialpsychologische und allgemeinwirtschaftliche Umweltbedingungen eine Rolle. Das jetzige Marketing gipfelt recht eigentlich im Bemühen, den richtigen Anschluß an die jeweils vorhandene oder noch anzuregende Nachfrage und deren Wandel zu finden. Das kann auch eine gezielte Beeinflussung der Nachfrage einschließen. — Wir überschreiten damit den Rahmen der innerbetrieblichen Bedingtheiten. Meistens sind nur die größeren Einheiten in der Lage, eigene Spezialisten für die Marktforschung, für die Werbung und Absatzorganisation zu beschäftigen. Das Großunternehmen verfügt am ehesten über die nötigen Kapitalien oder Kredite, um im voraus die bedeutenden Kosten für die Bekanntmachung eines Artikels oder die Weckung der Kauflust dafür aufbringen zu können. Nur bedeutende Unternehmen haben die Kraft, eigene Fabrik- oder Handelsmarken zu in breiteren Kreisen begehrten zu machen und ihre Marktposition auf diese Weise zu stärken. Die Budgets für die eindringliche Weckung und Wachhaltung der Aufmerksamkeit breiter Käuferkreise für bestimmte Erzeugnisse oder Leistungen und die Kosten des Unterhalts eines ganzen Netzes von Verkaufsagenten steigen in der Regel weit über die Möglichkeiten von Kleinbetrieben hinaus[152]. Umgekehrt erweisen sie sich von den erfor-

[150] *Röpke,* W.: Gesellschaftskrisis, S. 340.

[151] Gross meint dazu: „Die Technik bringt nicht nur die dynamische Veränderung und Weitung des Angebots. Sie erfordert ebenso die dynamische Weitung der Nachfrage und der Bedürfnisse. Hierin liegt die Doppelfunktion des Unternehmers unserer Zeit: Er hat nicht nur Güter, sondern auch Nachfrage zu produzieren.“ Vgl. *Gross,* H.: Small business, S. 21.

[152] Ein Aufwand von 500 000 Franken für die moderne, unter Verwertung der massenpsychologischen Kenntnisse durchgeführte geschäftliche Reklame hat nicht einen verhältnismäßig gleichen Effekt wie ein solcher von 5000 Franken, sondern seine Wirkung geht weit über die 100malige Vervielfachung des letzteren hinaus. Das ist um so mehr der Fall, als es hauptsächlich um die Auslösung vermehrter Kaufimpulse durch die Wiederholung bestimmter Informationseffekte im breiten Publikum geht.

derlichen Beträgen ab als vom Gesamtumsatz der Betriebe nur noch wenig abhängig, so daß dessen Steigerung — abermals eine Auswirkung des Gesetzes der Massenproduktion — zusätzlich verringerte Belastungen der Produkteinheiten verspricht. Höchst bezeichnend seien in den Vereinigten Staaten von Amerika von den größten Konzernen, welche den Bedarf des einheimischen Marktes im Durchschnitt zu 22,6 % dekken, einige in Branchen wie der Zigarettenfabrikation mit wesentlich kleineren fertigungswirtschaftlichen Betriebsgrößenoptima anzutreffen[153].

Parallel zur Betonung der Absatzerschließungsaufgabe rücken auf die früheren Eigentümer-Unternehmer die betont geschäftlich denkenden „Manager" nach[154], was nicht zuletzt zu glatterer Ablösung der Leiter in der Generationenfolge durch jüngere verhilft. Diese Objektivierung des Führungsstils fördert, soweit sich dieser, z. B. in der Markenartikelindustrie, als lohnender erweist, noch einmal den Trend zu den Großeinheiten.

ff) Besserer geschäftlicher Risikoausgleich

Nicht zu unterschätzende Anreize namentlich zur Betriebs- und Unternehmungskonzentration ergeben sich aus den Aussichten darauf, daß größere und zusammengefaßte Einheiten die geschäftlichen Risiken besser zu verteilen bzw. Mindererträge in den einen Bereichen durch höhere in den anderen aufzufangen in der Lage sind. So dient die in jüngster Zeit oft angestrebte „industrielle Produktdiversifikation" mit in erster Linie dem Zweck, den Anschluß an mehrere, voneinander verhältnismäßig unabhängige und darum verschiedenen Schwankungen unterliegende Märkte herzustellen, sich m. a. W. auf verschiedene Beteiligungen am Gesamtgüterangebot abzustützen. Die Vorteile des besseren Risikenausgleichs wissen namentlich auch die Massenfilialunternehmen des Einzelhandels zu nutzen. Sie vermögen nicht von vornherein abschätzbare Schwankungen des Kundenzuspruchs in den verschiedenen Regionen bzw. den verschiedenen Bevölkerungskreisen viel leichter als bei der Bedienung örtlich begrenzter aufzufangen. Das trifft besonders dort zu, wo es die Erwerber der Güter an kleinere Produktsortimente zu gewöhnen gelingt.

gg) Verstärkung der Marktanteile oder der Marktstellung

Schon war ferner die Regung mancher Unternehmungen, vorab derjenigen mit anlageintensiven Betrieben zu verzeichnen, sich gegen Ungewißheiten der Entwicklung der Absatzmöglichkeiten aus dem freien

---

153 *Gross,* H.: S. 37 und S. 178.

154 *Beckerath,* H. von: Der moderne Industrialismus, Jena 1930, S. 231 und 370.

Spiel der Marktkräfte abzuschirmen. Augenscheinlich entspringen nicht die geringsten Anreize zur „Expansion" dem Bestreben, die Begegnungen von Angebot und Nachfrage mit größeren Marktanteilen im Sinne der Eigen-„Interessen" beeinflussen zu können. Dabei mag es sich da und dort hauptsächlich um die Ausschaltung bereits eingetretener Verzerrungen der Marktkonstellationen handeln. Bekanntlich bleiben die Voraussetzungen dafür, eigentliche Monopolstellungen und uneingeschränkte Gelegenheiten zur eigenmächtigen Bestimmung der Preisansprüche aufzubauen, weniger häufig als gemeinhin vermutet. Dennoch genügt in der praktischen Wirtschaft oft schon mehr oder weniger großes Gewicht eines Anbieters, um immerhin die Bedingungen für seine Verkaufstätigkeit fühlbar zu verbessern. Noch mehr vermögen einige größere Unternehmen mit konjekturalem Verhalten[155], an den Fall der „dominierenden Wirtschaft"[156] heranrückend, die übrigen zur Anpassung ihrer Geschäftstaktik zu nötigen. Nicht zuletzt richten sich auch die Erfolgsaussichten für die mehr oder weniger ausdrückliche Vereinbarung der Angebote darnach, welche Anteile an der Gesamterzeugung der Branche die einzelnen Partner in die gemeinsame Front einzubringen in der Lage sind. Für solche Übereinkünfte gelingt es zwischen einigen größeren Unternehmen zumeist viel leichter als zwischen zahlreichen kleinen die nötige Entschlußfähigkeit zu gewinnen.

Das Gegenstück dazu bilden die Vorzüge der Großbetriebe in der Rohstoff-, Halbfabrikate- und Fertigwarenbeschaffung. Aus dem Gesetz der Massenfertigung und der Auflagendegression lassen sich Großbezüge, zumal solche einheitlicher Produkte und hinsichtlich der Liefertermine einige Bewegungsfreiheit gewährende zwar nicht durchwegs, aber oft zu erheblich niedrigeren Einstandspreisen als kleine und sich auf ganze Sortimente erstreckende machen. Davon fühlbare Kostenminderungen erwartend oder auch nur um durch augenblickliche Liquiditätsengpässe hindurchzukommen, finden sich vom Wunsch nach voller und gleichmäßiger Auslastung beseelte Erzeuger für homogene Großaufträge zu starken Preisermäßigungen bereit. Nicht von ungefähr hat die Wirtschaftspraxis namentlich für den Fertigwarenvertrieb an die großen Häuser des Einzelhandels ein kunstvolles System von unmittelbaren und mittelbaren, offenen und versteckten Preissenkungen, Mengen-, Sonder- — etwa in der Gestalt von Anreizboni —, Treuerabatten entwickelt[157]. Wieder kann es zunächst darum gehen, Beeinträchtigungen durch Marktübermachteffekte von seiten der Lieferanten aufzufangen.

155 Bd. II, S. 205 und die dort genannte Literatur.

156 *Perroux,* F.: Entwurf zu einer Theorie der dominierenden Wirtschaft, in der Zeitschrift für Nationalökonomie, Bd. XIII, Wien 1950, S. 1 und 242 ff.

157 *Schmidt,* D.: Zur Frage des Umsatzbonus, in: Schweiz. Zeitschrift für Volkswirtschaft und Statistik, 80. Jg./1944, Heft 1, S. 78, sowie *Jewkes,* J.: Prinzipien der industriellen Organisation, in: Neue Zürcher Zeitung, 86. Jg./1950, Nr. 2831 vom 23. Dezember.

Unter Umständen verhilft aber die Vergrößerung der Betriebe und Unternehmen und ihre Einordnung in Einkaufsringe auch dazu, die Bezüge von besonderen Preisvergünstigungen abhängig zu machen. Diese erreichen mitunter Ausmaße, die z. B. den Warenhäusern und Massenfilialunternehmen zu nicht viel höheren Preisen als die kleinen Betriebe für die Beschaffung bewilligen müssen, an die Letztkonsumenten zu verkaufen gestatten[158].

Offenkundig vermag also das Bestreben, die für die Korrektur der Marktbedingungen erforderliche Beteiligung an der einschlägigen Gesamtbedarfsdeckung zu erlangen, einen nachdrücklichen Drang zur Ausweitung der Unternehmen oder zu ihrer Zusammenfassung zu wecken. Im Umstand, daß Hochkonjunkturen den größeren Produktionsunternehmen im engen Wortsinne, d. h. denjenigen der Industrie und Konjunkturrückschläge den großen Handelshäusern die stärkeren Marktpositionen eintragen[159], stecken nochmals Ansporne zur Expansion und Konzentration. Der Ausbau pflegt sich nicht zuletzt für die Führungskräfte privat zu lohnen.

Im übrigen erweist es sich auch für diese Zusammenhänge bedeutungsvoll, daß die rationale Zielstrebigkeit der Unternehmer nicht nur der Erzielung größtmöglicher Geldgewinne zu gelten braucht. Sie kann sich noch auf manche weitere Ambitionen erstrecken[160]. Sowohl den geschäftlich-kaufmännischen als den außerwirtschaftlichen Motivationen unterlaufen auch Übersteigerungen der Kombinat-Ausmaße beträchtlich über das hinaus, was nach dem Modell des freien Marktgeschehens zu erwarten und gesamtwirtschaftlich am förderlichsten wäre. Böse Zungen wollen sogar von gelegentlicher Flucht nach vorn, in die Aufstockung von Betrieben und Unternehmen wissen, um über gerade sich auftürmende innere Schwierigkeiten hinwegzuspringen oder Schwächen der Leitung zu verdecken.

hh) Bessere Fremdfinanzierungsaussichten

Diese Bedingtheiten verbessern zudem die Finanzierungsmöglichkeiten. Im einschlägigen Abschnitt[161] werden wir darauf stoßen, daß die größeren Unternehmen durch eigene Aktien- und Obligationenemissionen aus der billigeren Quelle des offenen Kapitalmarktes zu schöpfen in die Lage kommen, wogegen die kleineren davon ausgeschlossen bleiben und

---

[158] *Ehrhardt,* K.: Preis- und Rabattpolitik, in: Management-Enzyklopädie, Band 4, München 1971, S. 1172 ff.

[159] *Angehrn,* O.: Nachfragemacht von Handelsunternehmen als Problem der Wettbewerbsgestaltung, in: Wirtschaft und Recht, 25. Jg./1973, Heft 4, S. 277 ff.

[160] Vgl. S. 80, 91, 93, 337 ff.

[161] Bd. III, 1. Halbbd., S. 44.

die Vermittlung der Banken in Anspruch nehmen müssen. Das fällt deswegen ins Gewicht, weil die Entwicklung des modernen Geschäftsbankensystems überall eine starke Bemessung der Leihgeldgewährung nach dem Angebot sachlicher Sicherheiten und den — offenkundigen — Gewinnaussichten zur Folge hatte. Im Zeichen des Hangs, vorab und hauptsächlich mit Sachwertgarantien abgesicherte Kredite zuzusprechen, verheißen die größeren Wirtschaftseinheiten mit ihren Ausrüstungen und ihrem geschäftlichen Ansehen meistens größere Gewähr. Bei regerem Wettbewerb unter den Instituten finden sich diese schon im Hinblick auf die zumeist längere Lebenserwartung der Bewerber um Leihgelder zu Abstrichen an der Risikoprämie bereit[162]. — Die Verdrängung mancher Privatbankiers mit näherem Einblick in das Können und die Charaktereigenschaften ihnen benachbarter Schuldner schmälerte für die Kleinbetriebe die Aussicht recht empfindlich, namhafte Fremdmittel in erster Linie auf persönliches Vertrauen hin zur Verfügung gestellt zu erhalten. Außerdem tragen die geschäftlichen Verbindungen mit größeren Fabrikations- oder Handelsunternehmen einen wesentlich lebhafteren Zahlungsverkehr ein, welcher die Banken im Hinblick auf die aus diesem erzielbaren Kommissionsgelder-Einnahmen für deren Kreditgesuche von vornherein zugänglicher macht. Endlich verteilen sich die — annähernd festen — Vermittlungsspesen für Großfirmen auf viel größere Vorschuß- und Darlehenssummen.

Diese Vorteile verschaffen den größeren Unternehmen da und dort ganz andere geschäftliche Gelegenheiten zur Ausnützung günstiger Marktbedingungen als den kleineren. Sie vermögen sich bei der Aussicht auf anziehende Beschaffungskosten rascher und nachhaltiger mit Rohstoffen, Halbfabrikaten und Fertigwaren als die kleineren einzudecken; nicht minder fallen ihnen ungleich ausgedehntere Möglichkeiten zu, sich auf den Absatzmärkten durch intensive Werbung, Verkaufsfinanzierung und beweglichere Preisgestaltung durchzusetzen. — Gerät andererseits ein Großunternehmen in finanzielle Bedrängnis, so pflegt außer der meistens engeren persönlichen Fühlung ihrer Leiter mit den zuständigen Bankfachleuten schon das Ausmaß der drohenden Verluste eine Neigung der Gläubiger wachzurufen, zu Schuldminderungen oder Erstreckung der Zahlungsfristen Hand zu bieten oder sich in die Führung mit einzuschalten.

---

[162] Während der kleinere Betrieb in seinem Dasein vielfach der Lebenskurve seines Inhabers folgt, vermag sich der größere häufig davon frei zu machen, womit er eine ausgeprägtere Beständigkeit erzielt. Diese ermöglicht ihrerseits wieder auf weitere Sicht zu treffende Anordnungen.

ii) Die Arbeitsmarktbedingungen

Weniger scheinen die großen Betriebe und Unternehmen „von Haus aus“ auf den Arbeitsmärkten im Vorteil zu sein, weil sie von der geballten Nachfrage nach Arbeitskräften bei örtlich und regional begrenztem Angebot lohnkostensteigernde Einflüsse zu gewärtigen haben. Nicht selten müssen sie ihrem Standort vorerst mit großen Aufwendungen für die Infrastrukturen: zumal die Schulen und Spitäler sowie durch Vorsorge für reichlichere Konsumgüterangebote größere Anziehungskraft verleihen, um genügend qualifizierte Kräfte gewinnen zu können. — Im Gefolge ihrer Nachfrage und der Einsätze für die Verbesserung der örtlichen Lebensbedingungen greift aber allmählich ein Umschwung von der Ungunst in eine Gunst der Umweltgrundlagen Platz. Allmählich wächst ein breiteres Arbeitsangebot heran, paßt sich auch die Ausbildung seiner Träger den besonderen Anforderungen an. — Endlich ist der Zuzug weiterer die Agglomerationsvorteile ausnützender Unternehmen die verfügbaren Hilfskräftereserven weiter zu verstärken imstande. Beispiele zeigen anschaulich, wie dieser Aufbau von Industrie-Orten und -Regionen eigens auf den Bedarf der größeren Werke und Häuser abgestimmte Fähigkeiten, von Neigungen dafür begleitet, erzeugen kann. Dabei brauchen sich die Lohnkostensteigerungen und weiter ausholenden Arbeiterschutz-Vorschriften, welche die lebhaftere Nachfrage nach Hilfskräften auslöst, für die größeren Betriebe mit mechanisierter, oft schon automatisierter Erzeugung nicht in so schweren Mehrbelastungen wie für die kleineren, immer wieder in hohem Grade auf unmittelbar persönliche Verrichtungen gewiesenen niederzuschlagen.

jj) Weitere Antriebe: Unsicherheiten der Rohstoff-, Halbfabrikate- und Fertigwarenbeschaffung

Schon eher um Ausflüsse von Unvollkommenheiten der praktisch gegebenen Marktwirtschaft als um sachliche Unausweichlichkeiten handelt es sich, wenn der Anstoß zu Betriebserweiterungen Unsicherheiten für die Unternehmer entspringt, Halb- und Hilfsfabrikate von den Zulieferern genau in den gewünschten Ausführungen zu erhalten. Im gegenseitigen Wettbewerb befindliche Hersteller sollten von Haus aus ihre Halbfabrikate ebenso sorgfältig wie Unterabteilungen der Weiterverarbeitungsbetriebe den jeweiligen Anforderungen anzupassen vermögen. Das hindert indessen nicht, daß mitunter gerade die zeitliche oder sachliche Unzuverlässigkeit von Zulieferanten Anstöße zur Angliederung zusätzlicher Fabrikationen und damit zur Ausweitung industrieller Werke schafft.

Ähnlich verhält es sich mit der scheinbar nicht ins Bild passenden verfeinerter Technik entspringenden Neigung[163] von Fertigfabrikateherstel-

[163] S. 164, 255.

lern, auch die Reparaturen ihrer Erzeugnisse an sich zu ziehen. Entweder, weil die Leistungen mancher Handwerker als nicht genügend sach- und fachgerecht erscheinen oder weil Zerlegung und Wiederzusammenbau der zu überholenden Stücke für jene untragbar kostspielige Einrichtungen erheischen würde, kommt der Großbetrieb heute sogar dazu, auf dieses Gebiet eines für ihn schwieriger zu deckenden Bedarfs auszugreifen.

e) *Außerwirtschaftliche und irrationale Beweggründe*

aa) Allgemeines

Die außerwirtschaftlichen und irrationalen Beweggründe seien wenigstens in aller Kürze mit beachtet, um die wirtschaftlichen Zusammenhänge als solche besser ins Licht rücken zu können.

Fürs erste haben wir es immer mit der „politischen Ökonomie“[164], d. h. mit den Ausflüssen bisher ausgewerteter Machtverhältnisse im gesellschaftlichen Zusammenleben zu tun. Ein Haupterbe davon bilden die ungleichen Lebenslagen für die verschiedenen Teile der Bevölkerung, marktwirtschaftlich besonders relevant die Ungleichheiten der Startlinien für den Wettbewerb. Bekanntlich machen sich immer wieder starke Strömungen anheischig, diese Ungerechtigkeiten zu beseitigen; es scheint aber, als ob daraus übergroße Risiken des bloßen Abtausches der bisherigen Behinderungen und Härten durch andere, oft noch um den Preis persönlicher Freiheiten, entstünden. Deshalb sucht die moderne Sozialpolitik die Gefälle der persönlichen Chancen wenigstens nach Möglichkeit einzuebnen.

bb) Auf seiten der Betriebsinhaber und Unternehmer

Eine zweite Hauptquelle des Drangs zum größeren Betrieb und Unternehmen liegt in den weniger vernunftbestimmten Verhalten der Menschen, damit ebenfalls der Wirtschaftenden und Unternehmer. Offenkundig war die Voraussetzung der klassisch liberalen Volkswirtschaftslehre einer „prästabilisierten Harmonie der Interessen“ unter Ausrichtung aller Erwerbstätigen auf die Erzielung der größtmöglichen Geldeinkünfte nicht realistisch. Einerseits deckt die moderne Motivationslehre ganze Bündel anderer Anstöße: von der Lust zur eigenen Initiative und Selbstbestätigung über Verantwortungsgefühle den Mitarbeitern gegenüber, bis zu Absicherungsbedürfnissen auf. Andererseits spielen die Unzulänglichkeiten der Menschen und ihres gesellschaftlichen Zusammenlebens: Kurzsichtigkeiten aller Art, Voreingenommenheiten, Aggressionstriebe oder andere Neigungen zur Rücksichtslosigkeit und na-

[164] *Oppenheimer,* F.: Theorie der reinen und der politischen Oekonomie, 4. Aufl., Berlin/Leipzig 1919.

mentlich auch lückenhafte Einblicke in die jeweiligen Marktlagen ihre Rolle[165]. Namentlich vermögen sozialer Geltungsdrang, kräftiger Ehrgeiz und Machtgelüste reines Wirtschaftlichkeitsstreben zu überdecken. Nicht von ungefähr haben sich die frühkapitalistischen Handelsgesellschaften und verlagsmäßig aufgezogenen Industrien keineswegs überall durch umsichtiges Geschäftsgebaren ausgezeichnet. Derlei Regungen sind noch heute mit am Werke und zeitigen nicht selten Großunternehmen, die ihr Heranwachsen weniger der sachlichen Vernunft und dem reinen Leistungswettbewerb als irgendwelchen Begünstigungen verdanken. Nach H. O. Lenel[166] soll es an Beispielen nicht mangeln, daß Unternehmer bei der Neugründung oder beim Ausbau von Betrieben durchaus nicht immer an die Möglichkeit in absehbarer Zeit platzgreifender Absatzschwierigkeiten gedacht hätten. Im gleichen Sinne stellt er zur Betriebs- und Unternehmenskonzentration fest:

„Man wird den Einfluß, den die Überschätzung der Kostendegression, die mangelnde Berücksichtigung der Absatzschwankungen, die — bei labilen oder unzureichend organisierten Märkten berechtigte — Furcht vor Spezialisierung und das Geltungsbedürfnis auf die Bestimmung der Betriebsgrößen ausgeübt haben, als sehr erheblich veranschlagen können[167].“

Dazu gesellen sich die Effekte persönlicher Rücksichtslosigkeit, des Handelns wider Treu und Glauben, des kurzsichtigen Geschäftsgebarens und anderer Regelwidrigkeiten. Nicht wenige Anstöße, durch größere Marktanteile stärkeren Einfluß auf das Marktgeschehen zu gewinnen oder sich mit Konkurrenten zur Abwehr geschäftlicher Übermacht Dritter oder ihrer Unbesonnenheit und Willkür zu verbünden, entstehen aus solchen Gegebenheiten[168]. Mit der steigenden Belastung der Unternehmen durch teurere technische Ausrüstungen steigt deren Empfindlichkeit auf scharfe Preiskämpfe und geschäftliche Rückschläge ganz erheblich.

Zu den irrationalen Anlässen zur Betriebs- und Unternehmungsführung ist nicht zuletzt die Erfahrung zu zählen, daß den Arbeitssuchenden häufig die Beschäftigung in größeren Wirtschaftseinheiten mit weit herum bekannten Firmennamen „interessanter“ als in kleineren, weniger im Mund der Leute, zu sein scheint. Tatsächlich kommt es häufig vor, daß die Großunternehmen, zum mindesten nach einer Anlaufzeit, Mitarbeiter

---

165 Bd. III, 2. Halbbd., S. 17 ff.

166 *Lenel*, H. O.: Ursachen der Konzentration unter besonderer Berücksichtigung der deutschen Verhältnisse, 1. Aufl., Tübingen 1962, S. 82, wogegen F. *Marbach* (Die Wirtschaftskonzentration, Düsseldorf 1964, S. 106) wieder die realen wirtschaftlichen Anstöße zur Betriebs- und Unternehmensvergrößerung betont.

167 *Lenel*, H. O.: S. 176 ff.; *Gutersohn*, A.: Das Phänomen der Marktübermacht, insbesondere auf der Anbieterseite, in: *Gutersohn*, A. / *Geisbüsch*, H. G.: Das Gegengewichtsprinzip in der Wirtschaftsordnung (II), Köln 1966, S. 24 ff.

168 *Maslow*, A. H.: Motivation and Personality, New York 1970 (1. Aufl. 1954).

leichter als die kleineren heranziehen, deren Bestände ergänzen oder erweitern können.

cc) Auf seiten der Nachfrage

An ähnlichen „Imperfektionen“ leidet das Gebaren der Abnehmer der Güter. Wir berührten bereits die steigende Beeinflußbarkeit des Bedarfs breiter Bevölkerungsschichten durch die geschäftliche Reklame. Je ausgedehnter aber die Gelegenheiten dazu, um so weniger ist vom einzelnen Anbieter ein auf der ganzen Linie gewissenhafter, lediglich das wohlverstandene Gesamtwohl suchender Gebrauch zu erwarten. Diesen Möglichkeiten verleihen die Lücken des Markteinblicks und -überblicks fortschreitend größere Tragweite. Mit dem Wachstum der modernen Wirtschaft, der Schaffung umfassender Märkte und den Errungenschaften der heutigen Technik büßen die meisten Käufer an ursprünglichem Urteilsvermögen über die Nützlichkeit der angebotenen Leistungen ein[169]; sie müssen sich mehr und mehr nach den Empfehlungen und Zusicherungen der Erzeuger und Produktevermittler richten. Um die Fülle der täglichen Eindrücke zu bewältigen, gewöhnte sich die moderne Wohlstandsgesellschaft an das Denken in — unvermeidlich schematisierten — Leitbildern. Nicht von ungefähr zielt die moderne Werbung, mitsamt der Pflege der „public relations“, vorab auf die Weckung guter „Images“ für sich und die Güterangebote ab. Das verschafft aber, zumal bei der Durchschlagskraft der Massenmedien der Information, den finanzkräftigeren Großunternehmen mit ihren Möglichkeiten, bedeutende Mittel dafür aufzuwenden, gewichtige Vorsprünge vor den kleineren. — Die Verkehrserleichterungen und die Geschäftsreklame sind an sich die Marktübersicht zu verbessern geeignet; sie lassen sich aber auch im Sinne ihrer Verschleierung mißbrauchen. Im Banne des modernen Geltungsstrebens, des Nachahmungstriebs, der Mode und der Appelle an Massenregungen werden die Anwärter auf die Güter immer mehr für die am intensivsten betriebene Propaganda zugänglich. Leihen nicht viele Verbraucher und sogar Erwerber von Produktionsgeräten der hauptsächlich von den Großen geübten suggestiven Beeinflussung williges Gehör? Meinten in den letzten Jahrzehnten nicht auch manche Publizisten, in den größeren Dimensionen von Betrieben und Unternehmen von vornherein Zeichen gesteigerter Tüchtigkeit der Leitung und ihrer Kader zu erblicken?

---

[169] Wir werden allerdings — auf S. 225 — das Infragestellen der Annahme, daß die Verbraucher die Güterqualitäten selbst zuverlässig einzuschätzen wüßten, seitens jüngerer Soziologen auch wieder als zu sehr verallgemeinerndes zu beurteilen haben.

f) Fördernde Einflußnahme der öffentlichen Hand

aa) Begünstigung durch interventionistische Maßnahmen

Den Impulsen aus dem Schosse der privaten Unternehmungen und von der Öffentlichkeit her treten nicht selten Bevorteilungen der größeren Betriebe und Unternehmen durch die öffentlichen Gebietskörperschaften zur Seite. Diese brauchen nicht einmal gewollte zu sein. Der Interventionismus des modernen Wohlfahrtsstaates birgt beträchtliche Risiken, daß die Eingriffe in das volkswirtschaftliche Geschehen nicht genau das, was an Zielen vorschwebt, bewirken und nicht zuletzt die Sekundärfolgen im einzelnen unangenehme Überraschungen bereiten. Dabei hat es die allgemeine wie die sektorale Wirtschaftspolitik sehr häufig nicht in der Hand, auftretende unerwünschte Ergebnisse durch baldige Berichtigung der getroffenen Maßnahmen mehr oder weniger umfassend wieder zu beheben. Die Einsicht, daß die freiheitlich geordnete Wirtschaft nicht einfach sich selbst überlassen werden darf, mußte deshalb eine Ergänzung durch wachen Sinn für die vorhandenen Gefahren unangemessener steuernder Vorkehren erfahren.

bb) Auswirkungen gestörter Währungsverhältnisse

So schaffen die gegenwärtigen Störungen in den internationalen Währungsrelationen, die ja viel mehr von ungleicher Wirtschafts- und Sozialpolitik in den verschiedenen Ländern als von einem freien Walten der Marktkräfte herrühren, über die außerordentlichen Kapitalverlagerungen wieder nicht zu unterschätzende Anreize zur Ausweitung der Unternehmungen und Konzentration. Noch mehr trifft das für die modernen wohlfahrtsstaatlichen Bemühungen um die Vollbeschäftigung aller Arbeitskräfte zu. Bereits im Ablauf mehr oder weniger ausgewogener Konjunkturzyklen pflegen, wenn sowohl der Aufschwung als die Depressionen — je mit ihren Anstößen — zur Konzentration anregen mögen, doch diejenigen der Phase der Ankurbelung der Geschäftstätigkeit die stärkeren zu sein. Vor allem weckt es aber Neigungen zur Vergrößerung der Betriebe und Unternehmen, bis zu deren Zusammenfassung, wenn für die Fortdauer günstiger Marktlagen auch unter Inkaufnahme von Beeinträchtigungen des volkswirtschaftlichen Gleichgewichts gesorgt werden will. Das zeigt sich am deutlichsten beim In-Gang-Kommen fortschreitend rascherer Erhöhungen des Preisniveaus. Nachhaltiger Preisauftrieb muß für die geschäftlichen Draufgänger, die gerade über die nötigen Barmittel oder Bankbeziehungen verfügen und auf den hochgehenden Wogen der Inflation zu reiten wissen, eine übermächtige Versuchung nähren, so viele Sachwerte wie möglich, vorzugsweise in der Gestalt dauerhafter Produktivgüter, in immer weiter ausgreifenden Gesamtunternehmen unterzubringen. Die praktischen Erfahrungen lehren, daß die staatliche Politik damit die „Rationalität“ des privatwirtschaftlichen Handels in eine Richtung ablenken kann, die alles andere als das Gemeinwohl fördert. Ähnlich wirken sich Vollbeschäftigungspolitik um jeden Preis und damit über Jahre hin in Kauf genommene Inflation noch nach einer zweiten Seite hin aus. Zu einem guten Teil konsumnah, m. a. W. als Endglied der Güterhervorbringung tätig, setzen sich vorab die kleineren Betriebe der Gefahr der Kumulation der Kostensteigerungen und damit Verdachten aus, die eigentlichen Preistreiber zu sein. Daraus entsteht leicht der Eindruck, daß diese Einheiten — nicht mehr zeitgemäß — volkswirtschaftlichen Ballast verkörperten und es die Großbetriebe für die Massenherstellung noch mehr zu fördern gelte. Überdies neigt die öffentliche Hand in solchen Fällen dazu, mit ihrer Preisüberwachung hauptsächlich die Bewegungsfreiheit der kleineren Betriebe einzuschränken und damit die Betätigung in solchen für Nachwuchskräfte zu einer wenig anziehenden zu machen.

cc) Auswirkungen behördlicher Materialbewirtschaftung und regionalwirtschaftlicher Bestrebungen

In den Jahren des Rohstoff- und Warenmangels haben schon Bevorzugungen der Industrie vor dem Handwerk und der größeren Einheiten des Handels vor den kleineren durch die behördlichen Zuteilungen die Ausbreitung der ersteren begünstigt. Sodann war man bei der Niederlegung der bisherigen Schranken gegen den grenzüberschreitenden Handel und Verkehr über geraume Zeit zum Aufbau großer Märkte bereit, die dadurch ausgelösten zusätzlichen Antriebe zur Betriebs- und Unternehmensexpansion bzw. zu deren Zusammenfassung positiv zu werten. Tatsächlich sind manche Unternehmen diesem Anruf gefolgt. Häufig bezweckten die in die Wege geleiteten Verbindungen und Zusammenfassungen allerdings auch, mit abgestimmten Geschäftsstrategien, insbesondere durch abgesprochene Fabrikationsprogramme, einer zu scharfen Konkurrenzierung auszuweichen.

Begünstigungen erfahren Großunternehmen und Konzentration manchmal schon durch die regionalwirtschaftlichen Bemühungen um die Ansiedlung von Industrien. Weil man in der schweren Wirtschaftskrise der dreißiger Jahre nur von der Heranziehung größerer Werke zusätzliche Arbeitsgelegenheiten erwartete, fanden sich Städte und die kleineren Gebietskörperschaften zu finanziellen Zuwendungen, Bodenabtretungen zu Sonderbedingungen und Steuererleichterungen für solche bereit, während kaum jemand daran dachte, die Zuwanderung tüchtiger handwerklicher oder anderer gewerblicher Unternehmer mit ähnlichen Anreizen zu fördern. Noch augenfälliger bestätigte sich vielfach die Regel, daß Staaten, Regionalverwaltungen und übrige Gemeinwesen ansässigen Großunternehmen, die in finanzielle Bedrängnis gerieten, um der Arbeitsgelegenheiten willen kaum je ihre stützende Hilfe verweigerten. Zeichnen sich Gefährdungen solcher Großeinheiten ab, so fühlt sich die Allgemeinheit bald einmal verpflichtet, von den zuständigen Behörden, mit Einschluß der gesamtstaatlichen, geeigneten und nicht zu knapp bemessenen Beistand anzubegehren. Zugunsten der gewerblichen ist das bis dahin höchstens auf schwere die gesamte Wirtschaft treffende Kriseneinbrüche hin, etwa mit Entschuldungsaktionen für besonders heimgesuchte Gruppen davon, oder für einzelne Landesgegenden, geschehen.

dd) Einflüsse bisheriger protektionistischer Außenhandels- und Verkehrspolitik

Auch die über Jahrzehnte auf den Schutz einheimischer Unternehmen abzielende Außenhandels- und Verkehrspolitik blieb meistenorts eine vorab durch Rücksichtnahme auf die größeren bestimmte. Wie leicht derartige Interventionen Neigungen zu Zusammenschlüssen zu wecken vermögen, verraten Erfahrungen mit den mengenmäßigen Einfuhrbeschränkungen, indem sie die Versuchung der gerade finanzkräftigeren weckt, durch den Aufkauf der kleineren auch die diesen zustehenden Kontingente zu erwerben[170]. Derzeit entdeckt man, daß große Einkaufszentren, Verbrauchermärkte außerhalb der großen Bevölkerungsagglomerationen, aber in deren Nachbarschaft, leicht ungemein gesteigerten Gemeingebrauch der öffentlichen Straßenzüge nach sich ziehen. Dieser läuft bald einmal auf die Abwälzung durch sie verursachter volkswirtschaftlicher Kosten auf die Allgemeinheit hinaus. Überdies sind sie mit ihren Bauten die Städteplanung zu durchkreuzen imstande, ohne daß es mit vorsorglichen Beschränkungen oder Entschädigungsansprüchen auf wieder ausgeglichene Wettbewerbsgrundlagen für die verschiedenen Betriebe und Unternehmen zurückzukommen gelänge.

ee) Die Beargwöhnung der Kartellvereinbarungen

Nicht zu unterschätzende Problematik wirft sodann die grundsätzliche Beargwöhnung oder eigentliche Unterdrückung der Kartellvereinbarungen zwischen den Unternehmen verschiedenen Formats zum mindesten so lange auf, als die staatliche Bekämpfung der privatwirtschaftlichen Monopole noch wenig Mittel und Wege findet, die geschäftliche Strategie marktmächtiger Großunternehmen im Schach zu halten. Entgegen den von H. O. Lenel dazu angemeldeten Vorbehalten[171] lehrt der Einblick in

---

[170] Bis vor kurzem erklärte sich eine Konzentrationstendenz im schweizerischen Baugewerbe aus ähnlichen Gründen: der Absicht von Großfirmen, durch die Einverleibung bisher selbständiger kleinerer in den Genuß der diesen zugebilligten Anzahl ausländischer Arbeiter zu gelangen.

[171] *Lenel,* H. O.: S. 230.

das Gewerbe, daß jedenfalls in diesem — mindestens zu Zeiten — die Kartelle dadurch, daß sie die Gefahren willkürlicher Preiskämpfe unter den Konkurrenten mildern, sehr wohl zur Stärkung des Willens zur Selbständigkeit beizutragen fähig sind.

ff) Begünstigende Effekte der sozialpolitischen Regelungen

Begünstigungen der Großunternehmen und ihrer Zusammenschlüsse kann des weitern der sozialpolitische Interventionismus des modernen Wohlfahrtsstaates verschulden. Vorherrschend müssen sich ja dessen lenkende Eingriffe auf Aufzeichnungen stützen, welche die einzelnen Betriebe und Unternehmen zu beschaffen haben. Daraus ergeben sich zusätzliche administrative Auflagen, welche die großen Wirtschaftseinheiten mit ihrem ohnehin benötigten Kaderstab viel leichter als die unter dem „Gebot des Verwaltungsminimums"[172] stehenden kleinen zu erfüllen vermögen. Noch mehr wirkt es sich zugunsten der Großbetriebe und zu Lasten der kleineren aus, daß die Sozialreform der öffentlichen Gewalt ihrer Natur nach auf möglichst einheitliche Ordnungen bzw. Vorkehren abzielt und diese gerne vorzugsweise nach den Erfordernissen in den ersteren bemißt. Damit droht den übrigen immer wieder, mit unangemessenen Auflagen belastet zu werden[173].

gg) Begünstigungseffekte durch nicht wettbewerbsneutrale Besteuerung

Dazu gesellen sich, immer wieder einmal nachdrückliche Beschwerden auslösend, die nicht wettbewerbsneutralen Effekte der Besteuerung. Ein Schulbeispiel dafür lieferte bis vor kurzem die Vielphasen-Umsatzsteuer, die jede Handänderung und damit jede Weitergabe von Erzeugnissen von einer Produktions- oder Vermittlungsstufe an die nächste mit einem Anspruch des Fiskus bedachte; sie erlaubte den vertikal integrierten Unternehmen, diese Kürzungen ihrer Mittel zu vermeiden und schob ihnen damit beträchtliche Wettbewerbsvorteile zu. — Endlich scheint in dieser unvollkommenen Welt nicht der geringste Anlaß zur Unternehmungsexpansion und -konzentration in der häufig geringeren Durchschaubarkeit der großen und vielfältig zusammengesetzten Gebilde für Dritte zu bestehen. Damit fällt als weitere Motivation in Betracht, der Einkommens- oder Gewinnbesteuerung nach der tatsächlichen wirtschaftlichen Leistungsfähigkeit ausweichen zu können. Im übrigen erscheinen auch im Verhältnis der Großunternehmen zu ihren Geschäftssitz-Gemeinden oder zu größeren öffentlichen Gebietskörperschaften

---

[172] *Füllemann,* K.: Die Buchhaltung im Handwerksbetrieb, Zürich 1952, S. 78.

[173] *Müller,* H.: Die wirtschaftlichen Auswirkungen der gesetzlichen Sozialabgaben auf die lohnintensiven Mittel- und Kleinbetriebe, in: *Arndt,* H. (Hrsg.): Die Konzentration in der Wirtschaft, 1. Aufl., Bd. 2, Berlin 1960, S. 1425 ff.

eine Art Marktübermachteffekte nicht ausgeschlossen, die den letzteren verwehren, die betreffenden Einheiten nach denselben Maßstäben wie die kleineren zu besteuern.

hh) Eine Ergänzung

Für diejenigen, welche ebenfalls die Genossenschaften, die zwischen mehreren Produktionsstufen vereinbarten Gesamtlieferungsverträge und die Kartelle als Formen der Konzentration betrachten, wären noch die diesen zugrundeliegenden Anstöße zu nennen. Es erschien uns jedoch sinngemäßer, deren Abklärung und Bewertung auf das Für und Wider um die Verbände der Gewerbetreibenden und die oft an sie angelehnten Anstrengungen der gemeinschaftlichen Selbsthilfe zu verweisen[174]. Wohl aber will beachtet sein, daß sich im praktischen Wirtschaftsleben häufig mehrere Anläße zur Ausweitung, Steigerung und Zusammenfassung von Geschäftstätigkeiten überlagern und einander verstärken. Einerseits fände u. a. auch persönlicher unternehmerischer Entfaltungsdrang keinen festen Boden, wenn keine Marktchancen dazu ermuntern würden. Andererseits mangelt es — wie angedeutet — nicht an fatalen Möglichkeiten, daß robuster Eigennutz und Fehleinschätzungen der Sachlagen volkswirtschaftlich bedenkliche Verschiebungen in den Betriebs- und Unternehmungsgrößenstrukturen auf die Großeinheiten hin zeitigen.

ii) Zusammenfassende Einschätzung

So sollte kaum mehr strittig sein, daß vielerlei Kräfte: technischen, wirtschaftlichen und persönlichen Ursprungs, die Ausweitung von Betrieben und Unternehmen nahelegen und zu Zusammenfassungen solcher einladen. In einer Reihe von Zweigen der Produktion im engen Wortsinne, wie der Vermittlung von Waren und Diensten, kann ein Großteil der Leistungen überhaupt nur von Großeinheiten erbracht werden. Manchmal bedeutet die Konzentration nicht nur Verschiebungen im Wettbewerb innerhalb ein und derselben Anbieterschaft, sondern sie bewirkt auch Wandlungen in der wirtschaftlichen Umwelt, die ihrerseits die Ausdehnung von Betrieben und Unternehmen fördern. Unter anderem wurden die modernen Formen des Massenvertriebs von Waren erst mit der industriellen Erzeugung in größerem Rahmen und mit dem Aufbau des modernen Verkehrs möglich. Bezeichnende Anstöße kamen ferner von der Entwicklung des modernen Bankwesens her.

Damit läßt sich wohl Feststellungen, wie denjenigen von F. Marbach[175], ohne Hemmungen zustimmen:

---

[174] Bd. II, S. 101 und 132; Bd. III, 2. Halbbd., S. 148 ff.

[175] *Marbach,* F.: Die Wirtschaftskonzentration, Düsseldorf 1964, S. 106. Dagegen hat es sich seit dem Erscheinen der Auseinandersetzung des genannten Autors mit der „Antikonzentrationsideologie speziell H. O. Lenels" bestätigt,

„Über die so bedeutsame Tatsache, daß für die Herstellung bestimmter, namentlich nur in hoher und höchster Kapitalintensität herzustellender Produkte nur die Großunternehmung geeignet ist, darf kein Schleier gezogen werden. Wenn es kleinen und kleineren, noch mittelständischen Strukturen in manchen Fällen gelingt, den Wettbewerb auch mit Großunternehmen zu bestehen, so geschieht es bei vorausgesetzt spezieller Fachtüchtigkeit, aber auch mittels Herstellung von Produkten für besondere Verwendungszwecke. Man denke etwa an den Apparatebau."

3. Die zugunsten der Klein- und Mittelbetriebe wirkenden Kräfte

a) Vorbedingungen der sachgerechten Beurteilung

Die bisher häufig oberflächlichen Urteile über die kleineren Betriebe und Unternehmen mögen u. a. durch wenig überzeugende Leistungen nicht weniger Inhaber und Leiter und spärliche erlangbare Auskünfte über ihre Geschäfte verschuldet sein. Zudem lassen sich viele Kommentatoren noch durch den Rückblick auf die lange bisherige Entwicklung bei gleichzeitiger Neigung bestimmen, die gegebenen Wirtschaftsstrukturen als die natürliche Folge unverzerrt spielender freier Marktkräfte anzusehen. Daher ein namentlich bei den heutigen Soziologen verbreiteter Glaube an einen schon vor einiger Zeit durchgebrochenen Zug zu einer Art „monolithischer Industriegesellschaft"[176], welche, die Einzelnen mitsamt ihren Gruppierungen zur Angleichung an rationalisierte Verhaltensnormen drängend, für selbständigen Erwerb im kleinen je länger desto weniger Raum gewähre.

Diese Deutungen fordern schon deshalb, weil sie auf fragwürdigen Maßstäben beruhen, zur Überprüfung heraus. So scheiden die herkömmlichen Meinungen die Kleinbetriebe vorab nach der Zahl der beschäftigten Personen aus. In diesem Rahmen kann der Vorschlag etwas für sich

---

was von vornherein zu vermuten war: daß der damit angesprochene Verfasser die Zweckmäßigkeit der großen Wirtschaftseinheiten für bestimmte Bedarfsdeckungsaufgaben gar nicht in Zweifel ziehen wollte. Er hat sich lediglich herausgenommen, nicht jede Betriebsvergrößerung und Konzentration von vornherein als der wirtschaftlichen Weisheit letzter Schluß einzuschätzen und Möglichkeiten, Gefahren von Fehlentwicklungen aufzuzeigen.

[176] *Behrendt,* R. F.: Das Individuum im technischen Zeitalter, Zürich 1973, S. 63 ff.; *Freyer,* H.: Gedanken zur Industriegesellschaft, Mainz 1970, S. 131 ff.; Theorie des gegenwärtigen Zeitalters, Stuttgart 1955, S. 77 und 223 ff.; *Fröhlich,* D.: Berufswandel als Indikator der Modernisierung, in: *Albrecht,* G. / *Daheim,* H. / *Sack,* F. (Hrsg.), Soziologie, R. König zum 65. Geburtstag, Opladen 1973, S. 213 ff.; *Robinson,* J.: Die Gesellschaft als Wirtschaftsgesellschaft, München 1972 (im englischen Original: Freedom and Necessity, London 1970); *Packard,* V.: Die ruhelose Gesellschaft, Düsseldorf 1973 (im englischen Original: A nation of strangers 1972); *Köllmann,* W.: Der Prozeß der Verstädterung in Deutschland in der Hochindustrialisierungsperiode, in: *Braun,* R. / *Fischer,* W. / *Grophrem,* H. / *Volksmann:* Gesellschaft in der industriellen Revolution, Köln 1973, S. 243 ff.

haben[177], die personell am schwächsten besetzten Einheiten, die das „untere“ Drittel aller in den betreffenden Produktionszweigen oder überhaupt Erwerbstätigen auf sich vereinen, der Klasse der kleinen zuzuweisen und zum Block der kleinen und mittleren jene immer noch begrenzten Umfangs zu rechnen, welche die untere Hälfte der Pyramide der Arbeitgeber und -nehmer beanspruchen. Als Großunternehmen bleiben damit jene, welche die obere Hälfte der Gesamtbestände der irgendwie Werktätigen auf sich ziehen. Indessen bringt die Beschäftigtenzahl das Gewicht der Betriebe und Unternehmen offenbar nur noch soweit einigermaßen zum Ausdruck, als sich Ausdehnung und Tragweite ihrer Geschäfte am meisten darnach richtet. Mit der fortschreitenden Mechanisierung der Erzeugung verliert sie an Aussagewert. Andererseits bleibt das Abstellen auf den Umfang der Kapitalinvestitionen oder gar auf die verfügbaren Pferdestärken oft noch unzulänglicher.

Die Verbesserung des Rechnungswesens in den Betrieben erlaubt, die Marktanteile unmittelbarer am „output“, d. h. beispielsweise am erzielten Umsatz zu messen. Dabei kann man für die Zuordnung in die Klasse der Klein- und Mittelbetriebe oder -Unternehmen wieder die Regel des ersten Drittels und der ersten Hälfte anwenden. Indessen leidet die Umsatzgröße als Maßstab immer noch an der Schwäche, den Umfang der in sie eingegangenen Vorleistungen, m. a. W. die Kosten der zu beschaffenden Rohstoffe, Halbfabrikate und Waren, nicht zu berücksichtigen und deshalb für die verschiedenen Wirtschaftszweige und Betriebsformen recht verschiedenes zu bedeuten. Die aufschlußreichste Aufgliederung würde diejenige nach der Wertschöpfung der einzelnen Einheiten bieten; doch stieß diese bis vor kurzem auf die Schranke, für die nötigen Erhebungen in breiten Wirtschaftsbereichen zu viele administrative Umtriebe zu verlangen. Vielleicht, daß jetzt die Einführung der Mehrwertsteuer trotz der Nötigung, den gegen zusätzliche administrative Mehrbelastungen empfindlichen Betrieben vereinfachte Veranlagungsverfahren zuzugestehen, allmählich gleichwohl zur Einteilung der Betriebs- und Unternehmungsgrößen nach diesen Angaben verhilft.

Eine andere Deutung knüpfte bisher, mangels genauerer Erfaßbarkeit der Beiträge an den Volkswohlstand, an organisatorische Merkmale an. Sie betrachtete jene Einheiten als kleinere, deren Inhaber und Leiter noch an alles, was in ihnen geschieht, mit Einschluß der eigentlichen Erbringung der Nutzleistungen für die Kunden, unmittelbar Hand anlegen können, sich m. a. W. noch nicht auf die Führung zurückziehen müssen. Eine verwandte Schichtung in „Klein“ und „Groß“ (oder „größer“) stellt auf das noch nicht empfundene oder aber mit dem Wachstum Platz greifende Erfordernis der Einschaltung technischer und kaufmännischer Kaderkräfte ab. — So spricht eine These dem Handwerk besonders starke

[177] *Europäische Wirtschaftsgemeinschaft* (Hrsg.): S. 17 ff.

„personalistische Prägung“ zu[178]. Auf ähnlicher Linie bewegt sich, nur für einen viel ausgedehnteren Bereich angemeldet, die Berufung der französischen „petites et moyennes entreprises“, daß sie, viel mehr als die „Großen“ mit ihren Managern, noch das echte Patronat verkörperten[179]. — Obwohl es oft den Anschein macht, als ob dem so wäre, braucht wohlgemerkt dieser betont personalistische Einschlag durchaus nicht immer auch im Traditionalismus verharrende Betreuung zu heißen. Ebenfalls unter den Inhabern kleiner Betriebe gibt es manche rational handelnde und vorwärtsdrängende, während sich, als Gegenstück dazu, die Leitung der größeren nicht überall durch stärkere Umsicht und Dynamik auszeichnet. — Oft gehört zum Kleinbetrieb ein enger, mitunter sehr eng begrenzter Bedienungs- und Absatzbereich; dennoch finden sich fortschreitend zahlreichere, die auch für entfernte Käufer tätig sind. Ähnlich bestehen zwar Zusammenhänge zwischen den Betriebs- und Unternehmungsgrößen und den rechtlichen Formen ihrer Trägerschaft; doch kämen wir damit wieder nicht weit, diese zum Haupt-Erkennungsmerkmal erklären zu wollen.

So dürfte es sich für die künftigen volkswirtschaftlichen Strukturuntersuchungen empfehlen, wo vorerst nichts Besseres greifbar auf summarische Umsatzwerte abgestützt, auf die allmählich allgemeinere Erhältlichkeit von Daten über die Wertschöpfung abzuzielen. Im übrigen münden die folgenden Feststellungen in den Bescheid aus, daß die scharfen Ausscheidungen nach äußerlichen Maßstäben wirtschaftlich manchmal überhaupt nicht viel aussagen und es sich als fruchtbarer erweisen kann, die Bedeutung der Betriebe und Unternehmen neben dem mengenmäßigen Ausstoß, bzw. zu diesem hinzu, nach der Art der erbrachten Leistungen zu bewerten. Mit dem Zurate-Ziehen qualitativer Merkmale öffnet sich dem Blick nicht zuletzt, statt vermeintlich klarer Grenzlinien, ein unter Umständen ausgedehntes Feld von Zwischen- und Übergangsformen, die als solche gesehen werden wollen.

Dieses Abwägen setzt allerdings die Beachtung der Vorbedingungen für einwandfreie Vergleiche voraus. Namentlich lohnte es die Mühe nicht, mit allerlei Unzulänglichkeiten behaftete Unternehmen an tüchtig und kraftvoll geleiteten messen zu wollen. Ganz ähnlich bleibt es mehr als trügerisch, obwohl es häufig geschieht, die Leistungsfähigkeit kleinerer Betriebe in ländlicher Umwelt von begrenzter Aufnahmebereitschaft für ihre Erzeugnisse und Dienste unmittelbar mit derjenigen größerer in Agglomerationen einer kaufkräftigen Bevölkerung zu vergleichen. Parallelen halten das, was man von ihnen erwartet, erst dann,

---

[178] Vgl. weiter unten, S. 125.

[179] *Gingembre,* L.: L'avenir des petites et moyennes entreprises, in: *Europäische Wirtschaftsgemeinschaft* (Hrsg.): Vers une politique industrielle européenne, Brüssel 1970.

wenn die gegeneinander abzuwägenden Sachverhalte nur in der gerade ergründeten Richtung voneinander abweichen, in allen übrigen sich dagegen decken. — Die logische Notwendigkeit würde freilich, streng genommen, zu willkürlichen Hypothesen zwingen, vorab der, daß zahlreiche Unternehmen unter genau denselben Verhältnissen für die gleiche Bedarfsdeckung, lediglich von unterschiedlicher Produktivität, und zwar mit ihren Ausmaßen steigender, tätig wären. Diese Prämisse erfüllt jedoch die praktische Wirtschaft, wenn überhaupt, höchstens zu einem kleinen Teil. Dabei werden auch wir darauf stoßen, daß bestimmte Umstände die Wirkung von Grund-Zusammenhängen verändern oder gar völlig überdecken können. Es hat damit zu tun, wenn W. Eucken[180] die verbreitete Aussage, daß die größeren Betriebe und Unternehmen weniger beweglich als die kleineren blieben, als durchaus nicht überall zutreffend zurückwies und auch die im Auftrag der Europäischen Wirtschaftsgemeinschaft durchgeführte „Untersuchung über die Lage der industriellen Klein- und Mittelbetriebe in der EWG“ von 1966 einer deutschen Auskunft ihre Stimme lieh: „Es ist ein Irrtum, davon auszugehen, daß wegen der Größe des Produktionsapparates Änderungen des Marktes Großunternehmen härter treffen. Unsere Untersuchungen zeigen, daß vielmehr das Gegenteil der Fall ist ... Es sind also vielmehr die Klein- und Mittelbetriebe, die sich nicht an neue Bedingungen anpassen können, weil die starre Kombination dieser Faktoren (es sind die technischen Anlagen gemeint — der Verf.) sie daran hindert, ihre Programme zu ändern. Darüber hinaus sind sie auch dadurch in einer ungünstigen Lage, weil sie nicht in der Lage sind, die Schwankungen in der Nachfrage vorauszusehen und sie durch geeignete Mittel zu beeinflussen, während die Großunternehmen über die entsprechende Organisation verfügen, um in dieser Richtung wirken zu können“ (S. 60).

Wir möchten solche Möglichkeiten nicht etwa bestreiten, wenden aber gegen diese Feststellungen ein, daß viele Erfahrungen eben doch für das Gegenteil zeugen. Vor allem sei aber vermerkt, daß jede tiefere Ergründung komplexer Tatbestände — und um solche handelt es sich hier — die verschiedenen beteiligten Kräfte möglichst klar auseinanderhalten und für sich gewichten muß. Damit zeigt unser Untersuchungsobjekt, daß sich zwar die Behinderungen in der Anpassung an veränderte Marktbedingungen, welche größere Ausmaße und namentlich umfangreichere Anlagen den Unternehmen einzutragen drohen, durch initiative Führung und geschickte Vorkehren tatsächlich mildern, in einer Reihe von Bereichen sogar ganz beheben lassen. Zugleich steht aber fest, daß ebenso gut geleitete kleinere, zumal weniger mechanisierte, mit ihren

---

180 *Eucken*, W.: Technik, Konzentration und Ordnung der Wirtschaft, in Ordo, Jahrbuch für die Ordnung der Wirtschaft und Gesellschaft, Bd. 3, Fellbach/Württemberg 1950, S. 9 ff.

Leistungen auf unterschiedliche Bedürfnisse besser eingehen und deren rascherem Wechsel leichter folgen können.

Deshalb hat die volkswirtschaftliche Bewertung auf mehrere Kraftfelder abzustellen und sich dabei notfalls mit mehr oder weniger genauen Maßstäben, auf zum mindesten annähernd gleichen Grundlagen zu behelfen. Selbst in dieser Eingrenzung gilt es aber noch, nicht gegen die Regeln des Vergleichens zu verstoßen. So leuchtet ein, daß Unterschiede der marktwirtschaftlichen Ausrichtung der ins Auge gefaßten Betriebsinhaber und Unternehmer wie von Fall zu Fall andere Umweltbedingungen Mitberücksichtigung erheischen. Tatsächlich bilden diese Unumgänglichkeiten das Kernproblem aller Betriebs- und Unternehmungsvergleiche.

b) Der Fortbestand zahlreicher Klein- und Mittelbetriebe nicht zufällig

Worauf fußt das Fortbestehen und die Neu-Entfaltung so vieler Klein- und kleinerer Mittelbetriebe? Nachdem augenscheinlich starke Kräfte zur Ausweitung vieler Einheiten anregen, kann die nach wie vor breite Durchmischung der meisten Zweige der freiheitlichen modernen Volkswirtschaften mit solchen sehr verschiedenen Umfangs nicht auf bloßem Zufall beruhen. Vielmehr drängt es sich auf, die Ähnlichkeiten der Strukturen in Westeuropa und anderwärts, mitsamt den Aussichten für deren Weiterentwicklung, bestimmenden Gegenkräften zuzuschreiben. Welches sind sie? Wiederum haben wir, wie beim Aufzeigen der Ansporne zur Expansion der Geschäftstätigkeiten, sowohl irrationale als rationale Beweggründe und neben den wirtschaftlichen außerwirtschaftliche in Betracht zu ziehen.

Unsere Aufmerksamkeit muß hauptsächlich den rationalen und wirtschaftlichen gelten. Nachdem aber, wie bei den Tendenzen zur Vergrößerung und Zusammenfassung der Betriebe und Unternehmen, allgemein gesellschaftliche und irrationale Kräfte mitwirken, seien zunächst auch diese wieder kurz in Betracht gezogen. Auf diesem Wege gelingt es am ehesten, auf den Kern der Dinge: die Belange der Güterversorgung, vorzudringen.

c) Irrationale und allgemein gesellschaftliche Voraussetzungen und Motive

aa) Auf seiten des Angebots

Angesichts der Vielfalt und Nachdrücklichkeit der Anstöße zur Vergrößerung der Betriebe und Unternehmen und zu deren Konzentration erhebt sich die Frage, ob der starke Fortbestand kleiner und begrenzt mittelgroßer am Ende irrationalen und außerwirtschaftlichen Beweggründen zuzuschreiben sei. Ohne Zweifel üben solche mit ihre Einflüsse aus. Da und dort spielt schon die Lebensplanung von Einzelpersonen eine Rolle, sich nicht völlig für die tägliche Arbeit auszugeben. Nicht wenige möchten sich von dieser und den eigenen Geschäften nicht zu sehr mit Beschlag belegt fühlen[181].

Andererseits gibt es nach wie vor den Drang, sich selbständig zu machen, d. h. sich fortan nach eigenem Ermessen betätigen zu können. Umfragen fördern häufig zutage, daß dieser Wille zum unabhängigen Wirtschaften in eigener Verantwortung den Großteil der Inhaber und Betreuer kleinerer Betriebe stärker als etwa das Abzielen auf reichliche Einkünfte beseelt[182]. Das bleibt grundsätzlich eine erfreuliche Tatsache und bestätigt sich in der Praxis häufig als solche. Dabei fällt in Betracht, daß Aufbau und Leitung kleinerer „Geschäfte" weniger kaufmännische Gewandtheit und persönlichen Einsatz als diejenigen größerer verlangen. Das bedeutet auf dem Hintergrund der Streuung der Begabungen in der Bevölkerung, daß nur sie für die überwiegende Mehrheit derjenigen, die sich selbständig betätigen möchten, zugänglich bleiben. Bekanntlich wurden bisher nicht wenige Kleinbetriebe des Einzelhandels und der Dienstleistungszweige lediglich nebenberuflich geführt. Die Erscheinung, daß in Krisenzeiten manche Unselbständigerwerbende Zuflucht zu eigenen „Jobs" im Handwerk oder Handel nahmen, erklärt sich für ihren Teil hauptsächlich daraus, daß zum mindesten bis dahin die damit zu erfüllenden Anforderungen als bescheiden erschienen. Nebenher sehen manche in der Übernahme eigener Betriebe die Schwelle zum sozialen Aufstieg, oft mehr, als erhöhte Verantwortungen übernehmen zu wollen. In der Tat erklärt sich der verbreitete starke Wechsel der Betreuer kleinerer Betriebe, zumal in einigen Einzelhandelszweigen, nicht zuletzt aus der Beteiligung von wenig mit ihrem Beruf verbundenen, die

[181] Das Erwerbs- und Gewinnstreben hat nicht, oder noch nicht, jedermann in gleichem Grade erfaßt. Nicht nur in den wirtschaftlich unterentwickelten Ländern, sondern auch in fortgeschritteneren, aber mit auf das „savoir vivre" bedachter Bevölkerung, gibt es breite Kreise, die dem Begehren nach gehobenem Wohlstand eine geruhsame Betätigung, selbst wenn diese nur bescheidenere Unterhaltsmittel einträgt, bewußt oder unbewußt vorziehen. J. B. Jefferys und seine Mitarbeiter meinten in einer bemerkenswerten Studie über die Produktivität des Einzelhandels (*Jefferys*, J. B. / *Hausberger*, S. / *Lindblad*, G.: La productivité dans la distribution en Europe, Paris 1954, S. 66), daß es sich beim Wirtschaften mancher „kleiner" Kaufleute und Geschäftsfrauen nicht so sehr um ein streng zweckbedachtes, als um eine Art zu leben, etwa um Äußerungen zwischenmenschlicher Kontaktfreudigkeit handle. Nicht wenige Gewerbetreibende geben sich mit geringeren Einkünften als sie anderweitig, als Unselbständig Erwerbende, erzielen könnten, zufrieden. Schon mehr hat es mit Unzulänglichkeiten des Geschäftsgebarens zu tun, wenn sie aus ihrer ungenügenden Kenntnis der eigenen Gestehungskosten nicht auf deren volle Dekkung halten oder vorläufig noch von den Wertsteigerungen eigener Liegenschaften zehren.

[182] *Laub*, K.: Einstellung und Verhalten der Jugend gegenüber dem mittelständischen Gewerbe. Schlußbericht der Internationalen Gewerbeunion zu einer 1970/71 durchgeführten Umfrage in vierzehn Ländern, Genf 1972 (im Mskr. vervielfältigt), S. 20 ff.

sich nicht sonderlich um den Dienst am Kunden und rationelles Geschäftsgebaren bemühen.

bb) Auf seiten der Nachfrage

Das Gegenstück bilden die irrationalen und außerwirtschaftlichen Regungen der Auftraggeber und Käufer, der Verbraucher aller Art bis zur sparsamen Hausfrau. Gibt es doch viele, die namentlich bei der Versorgung mit Gütern des kurzperiodischen Bedarfs so lange, als keine stärkeren Anstöße die Überprüfung der Wirtschaftlichkeit ihres Verhaltens veranlassen, weitgehend bei den einmal gewählten Bezugsquellen bleiben. Sie wenden die Aufträge und Warenbezüge selbst dann „ihren“ Handwerksmeistern und Kaufleuten zu, wenn sie dafür — innert gewisser Grenzen — etwas höhere Entgelte als bei deren Konkurrenten bewilligen müssen.

Manchmal spielen doch noch persönliche Zuneigungen zum Kleinlieferanten, kameradschaftliche Regungen dem Nachbarn, dem Partei-, Vereins- oder sonstigen Gesinnungsgenossen gegenüber, oder Bereitschaften, bedrängte Geschäftsleute zu unterstützen, eine Rolle. Besonders leben Beweggründe dieser Art im Schosse noch nicht aufgesprengter dörflicher und kleinstädtischer Beziehungsgeflechte, zwischen der Einwohnerschaft und ihren angestammten Metzgern, Bäckern, Gastwirten, Lebensmittel- oder Bekleidungs- und Ausstattungseinzelhändlern fort. Ebenso üben Standesbewußtsein, als solche empfundene Klassengrenzen und sogar staatsbürgerliche Erwägungen, etwa die Rücksicht auf die Erhaltung eines genügend breiten „selbständigen Mittelstandes“, zwar eher überschätzte, aber immerhin noch fühlbare Einflüsse aus. Verwandt damit sind die Äußerungen sozialen Auszeichnungsstrebens, mitunter in der Form ungeschriebener Normen, nur die Dienste „repräsentativer Geschäfte“ in Anspruch zu nehmen.

Eine etwelche Begünstigung mochten die kleineren Betriebe und Unternehmen bisher durch Störungen der Güterversorgung von außen, Unzuverlässigkeiten der Verkehrsbedienung, die Zollschranken, Währungsrisiken und dgl. erfahren. Heute räumt aber die Schaffung großer Märkte über die Landesgrenzen hinweg mit diesen „Entfernungsschutz“-Überresten zusehends auf. Ebenso ändert die „Mobilisierung“ der modernen Menschen deren Konsum- und Einkaufsgewohnheiten. Die Abwanderung vom Dorf und aus den alten Kleinstädten in die größeren Bevölkerungsagglomerationen schlägt sich im Ausbrechen aus angestammten Bindungen, sogar familiären, nieder[183]. Selbst die in der weiteren Umgebung der meistaufgesuchten Plätze wohnhaften Pendler passen sich dem Stile, die erlangte persönliche Bewegungsfreiheit zu nutzen, an. Im Abtausch der früheren engen Fühlung mit den Verwandten

[183] *Behrendt*, R. F.: Dynamische Gesellschaft, Bern / Stuttgart 1963, S. 50 ff.

und Bekannten durch viel zahlreichere, aber fast in der Regel flüchtigere vollzieht sich ein Wandel, der die Chancen der kleinen Anbieter von den irrationalen und außerwirtschaftlichen Beweggründen her nicht erhöht, sondern die Regungen abschwächst, sich in erster Linie bei solchen einzudecken. Vielleicht verstehen sich einige davon ihrerseits auf die künstliche Beeinflussung von Nachfragenden. Bisweilen vermögen, vorab in den nachbarschaftlichen Beziehungen, auch mögliche Gegengeschäfte auf sie zurückzuführen. Indessen gehen ebenfalls diese Reservate je länger desto mehr verloren. Zudem wissen nachgerade größere Unternehmen noch mitspielende Impulse dieser Art nicht selten besser als die kleineren auszuwerten.

d) Stützung durch staatliche Maßnahmen oder durch gemeinschaftliche Selbsthilfe bewirkten Schutz

Nicht viel anders verhält es sich mit der denkbaren Sachlage, daß der starke Fortbestand kleiner Betriebe und Unternehmen auf staatlichen oder gemeinschaftlich ergriffenen Schutzvorkehren beruht. Bekanntlich fühlte sich die öffentliche Hand zuzeiten zur Abschirmung „mittelständischer Existenzen" gegen den Wettbewerb der „Großen" und von außen veranlaßt. Die wichtigsten Anwendungen bildeten die Erhebung hoher Zölle auf den Einfuhren, Bevorzugungen bei der Vergabe von Arbeits- und Lieferungsaufträgen und Verbote der Eröffnung oder Erweiterung von Betrieben der Massenvermittlung von Waren[184a].

Weil bereits auf den Selbstbehauptungswillen und die eigene Leistungsfähigkeit der Beteiligten abgestützt, nur noch bedingt als „exogene" im Sinne ihnen von Haus aus fremder Eingriffe in das Marktgeschehen einschätzbar, können sich ferner Gemeinschaftsanstrengungen als die kleinen Einheiten erhaltend auswirken. So waren bisher nicht wenige Fachverbände bemüht, ihre Mitglieder durch Gesamt-Bezugsübereinkünfte mit den Vorstufen der Produktion oder dem Großhandel sowie durch kartellistische Absprachen gegen nach ihrer Meinung willkürliche Unterbietungen abzuschirmen. Nebenher sollten, wenn sich Gelegenheit dazu bot, die Einkaufsvereinigungen ihren Genossen durch ausschließliche Bezugsrechte auf bestimmte Güter oder Sonderrabatte Sicherungen verschaffen[184b].

Mittlerweile hat aber die jüngere wirtschaftspolitische Entwicklung auch diese Abschrankungen und Behinderungen der Dritten weitgehend beseitigt. Schon bald nach dem zweiten Weltkrieg drängten sowohl Frei-

[184a] So der Bundesbeschluß (der Schweiz. Eidgenossenschaft) über das Verbot der Eröffnung und Erweiterung von Warenhäusern, Kaufhäusern, Einheitspreisgeschäften und Filialgeschäften vom 14. Oktober 1933.

[184b] Für die Schweiz *Gutersohn,* A. / *Weibel,* J.: Das Gewerbe in der schweizerischen Wirtschaftspolitik, Bern 1954, S. 70 und 160 ff., sowie *Wehrli,* B.: Aus der Geschichte des Schweizerischen Handels- und Industrievereins, Zürich 1970, S. 213 ff.

heitsstreben als wohlfahrtsstaatliche Zielsetzungen auf deren Aufhebung. Ebenso schien dort, wo die öffentlichen Verwaltungen bei der Zuweisung ihrer Arbeits- und Lieferungsaufträge zu Rücksichtnahmen auf einwandfrei kalkulierende Unternehmen der eigenen Region mitsamt ihren Belegschaften verpflichtet worden waren, eine Rückkehr zur Praxis von ehedem angezeigt, diese wieder den Anbietern mit den niedrigsten Entgeltansprüchen zuzuschlagen[185]. Schließlich gewann, um das freiheitliche Europa im weltpolitischen Spannungsfeld zwischen Westen und Osten zu stärken, der Wille zur Beseitigung der mengenmäßigen Einfuhrbeschränkungen und Schutzzölle, bis zur Gewährung der Freizügigkeit für die Unternehmen der Partnerländer, wie für deren Arbeitskräfte, die Oberhand. Zugleich wandten sich amerikanische Einflüsse und der Neoliberalismus gegen die Kartellabsprachen der Privatwirtschaft und ihre Versuche zur Schließung von Märkten. Es konnte sich ereignen, daß der Staat zwar in Bedrängnis geratenen Großunternehmen mit Finanzhilfen beisprang und in der Abbremsung der Konzentrationsbewegung nicht viel erreichte, mit allen übrigen Unternehmen aber auch die kleinen auf das Sich-Behaupten im freien Spiel der Marktkräfte verwies. Bereits haben wir von dem dadurch verstärkten Wandel in der Zusammensetzung der Branchenbestände erfahren.

e) Die marktwirtschaftlichen Grundlagen

aa) Allgemeines

So gelangen wir zum Ergebnis, daß die gesellschaftlichen Umweltbedingungen und irrationalen Regungen der Menschen zwar wohl in manchen Einzelfällen zum Fortbestehen kleinerer Betriebe und Unternehmen beitragen mögen, im Rahmen hochentwickelter Volkswirtschaften aber keine allgemeine Erklärung ihrer nach wie vor starken Verbreitung bieten. Deshalb müssen die bestimmenden Gründe im Bereich des Wirtschaftens, d. h. in eigenen Möglichkeiten liegen, den Käufern von Gütern und Auftraggebern zu mehr oder weniger bedeutenden Versorgungsvorteilen zu verhelfen. U. a. zeugt auch der festgestellte Wechsel innerhalb der Gesamtzahlen dieser Einheiten dafür, daß der Wettbewerb offenbar am Werke ist und es mit Wettbewerbsfähigkeit auf freien Märkten zu tun haben muß, wenn sich viele von ihnen durchaus zu behaupten wissen. Tatsächlich erklären befragte, zumal erfolgreichere „kleinere Geschäftsleute" weitgehend einmütig, daß sie sich nicht länger auf bloße Gewohnheiten oder ursprüngliche Zuneigungen der meisten Käufer oder Auftraggeber abstützen dürften, sondern immer mehr nur

[185] *Gutersohn*, A.: Zur Vergebung von Bauaufträgen durch die öffentliche Hand, in: *Vereinigung schweiz. Tiefbauunternehmer* (Hrsg.): Infrastruktur und Tiefbau, Zürich 1968; Band III, 2. Halbbd., S. 136 ff.

mit zweckdienlichen Arbeitsleistungen und Angeboten „voranzukommen sei“. Selbst überkonjunktur- und inflationsbedingte, das normale Bild des Marktgeschehens verfälschende Nachfrageüberhänge scheinen, den zu verzeichnenden, meistens stark gestreuten Betriebsergebnissen nach zu schließen, an der Wirklichkeitstreue dieser Aussage wenig zu ändern.

Bei näherem Zusehen zeichnen sich schon in der „Anhänglichkeit“ mancher Nachfragender, etwa von Bauherrschaften oder Bezügern industrieller Fabrikate an einmal gewählte Hersteller und Vermittler, ebenso wie von Hausfrauen an bestimmte Einzelhändler, ausgeprägt ökonomische Motivationen: nämlich Erfahrungen ab, damit, wenn nicht bei jeder Anschaffung, so doch in deren Gesamtheit und im Wandel der Verhältnisse „am besten zu fahren“.

bb) Die Kehrseiten der großen Betriebe und Unternehmen

Erste Fingerzeige auf diese Vorzüge stecken in den Kehrseiten des Hineinwachsens der Betriebe und Unternehmen in große Ausmaße. In der Regel bringt dieses ja stark erhöhte Anforderungen an deren Führung mit. Fortan bedarf es besonderer Tüchtigkeit und Anstrengungen, die für sie jeweils günstigsten Anlagen, die beste Zuordnung und Kombination der Mittel, die geeignetsten Standorte und lohnendsten Betätigungsfelder zu finden. Darum pflegt die Anwartschaft darauf, solche aufzuziehen oder noch auszubauen, selbst unter den initiativen und das Wagnis nicht scheuenden Köpfen nur einem beschränkten Kreise von solchen zugänglich zu sein. Wenn sich der Volkswohlstand nur mit Wirtschaftseinheiten dieser Dimensionierung gewinnen und mehren ließe, wäre nur wenig Platz für viele Selbständigerwerbende vorhanden, was heißen würde, daß wichtige Leistungsansporne verschüttet blieben. Sodann sehen sich Großbetriebe zumeist schon aus ihrer Statur heraus zur möglichst serienmäßigen Erzeugung, mit dem Einsatz von Großanlagen, gedrängt. Dabei ruft deren Nutzbarmachung ihrerseits wieder der Ausweitung der Geschäftstätigkeiten, verlangt sie große, nur in entwickelteren Volkswirtschaften ohne Mühe vollziehbare Kapitalfestlegungen. Mit der Nötigung, für die gute Auslastung der kostspieligen Investitionen zu sorgen, sind wir auch schon auf die meistens immer höheren finanziellen Ansprüche der Absatzerschließung und -förderung für die Erzeugnisse und Dienste gestoßen. Derlei Großanlagen bergen bedeutende Risiken, welche ihre Benützer in besonderem Grade vom Andauern guter Beschäftigungslagen abhängig machen und in Zeiten ungünstiger übermächtige Versuchungen zu übersteigertem Wettstreit um die Verkaufsmöglichkeiten, u. U. unter Zuhilfenahme fragwürdiger Mittel, wecken können.

Zur Abrundung des Bildes gehört, daß in den großen Betrieben und Unternehmen ebenfalls hohe Kosten der Verwaltung auflaufen und ihrerseits zum raschen Steigen neigen. Selbst die elektronische Datenverarbeitung gewährt zunächst nur schneller gewinnbare und vielfältigere Einsichten in das geschäftliche Geschehen, erübrigt dagegen wenig Aufwendungen und zieht mit dem Zwang zur Programmierung neue Starrheiten nach sich[186].

Mit dem erhöhten Risiko, in „Engpässe" zu geraten oder hohe Intensitätsschwellen für die technische Ausrüstung überschreiten zu müssen, geschieht es leicht, daß die Vorteile aus der besseren Ausnützung von Arbeit und Kapital dahinschwinden. Vor einiger Zeit war sogar von Erhebungen in der nordamerikanischen Industrie zu hören, wonach die großen Werke wenig oder überhaupt keine geringeren Fertigungskosten als die kleineren erzielten; es wären die übrigen sie begünstigenden Möglichkeiten, die ihnen Überlegenheiten eintrügen.

Für die marktwirtschaftlich gesteuerte Güterversorgung liegt die Hauptschwäche der zu hochgradig mechanisierter und automatisierter Produktion gedrängten Großunternehmen offenbar in ihrer vergleichsweise geringeren Beweglichkeit[187]. Sie erheischen längere und festere Vorausplanung des ganzen technischen und geschäftlichen Geschehens. Sosehr sie bei bester Ausnützung ihrer Kapazitäten höchste Wirkungsgrade zu erreichen fähig sind, hängt entscheidend viel davon ab, daß es die Leistungsfächer, die Arbeitsabläufe, die Verkaufspolitik usw. auf Grund frühzeitig erlangter Informationen aller Art bis ins einzelne im voraus festzulegen und hernach tatsächlich darnach zu handeln gelingt. Dabei fällt es schwerer, die gewählten Richtlinien und Anweisungen durchzusetzen. Sehr häufig darf die Führungsspitze über lange Dienstwege bis zur praktischen Fertigung deren sinngetreuen Vollzug genau nach ihren Intentionen nur von bis ins letzte vorbereiteten Befehlen, nicht mehr von der eigenen Motivation der damit Beschäftigten erwarten. Sosehr die Kunst der Organisation durch Ausgliederung der Funktionen und deren klare Zuordnung an die Mittätigen um deren besten Einsatz bemüht sein mag, tritt an den Platz der unmittelbar persönlichen Abklärung und moralisch verpflichtenden Absprache ein System von Anleitungen, Vorschriften, Einstufungen, Berichterstattungen, formellen Überwachungsmaßnahmen[188]. Damit ziehen erforderlich werdende Ver-

---

[186] *Nieschlag*, R.: Zum Problem der Betriebsgröße, in: Beiträge zur Wirtschaftsforschung, Festgabe für Walther Däbritz, Essen 1951, S. 311, und *o. Verf.*: Klein- und Mittelbetriebe in den Vereinigten Staaten, ein Beitrag zur Frage der Dezentralisierung der modernen Industrie, in: Vierteljahreshefte zur Wirtschaftsforschung, Jg. 1949, Heft 1, S. 52 - 64; *Zuberbühler*, H.: Elektronische Datenverarbeitung in der Industrie, Bern/Stuttgart 1972, S. 193 ff.; *Baer, R.*: Die Dialog-Datenverarbeitung, Bern/Stuttgart 1975, S. 133 f.; *Bearth, Th.*: Vorzüge und Schwächen von Mensch und Maschine, Unterlagen zum Seminar „Informationssysteme" des Management Zentrums, St. Gallen 1974.

[187] Wir erinnern uns: unter der modellmäßigen Voraussetzung „unter im übrigen denselben Umständen".

lagerungen der Leistungsprogramme meisten ganze Ketten von Änderungen an der Einzelanlage und -regelung der Arbeitsgänge nach sich. — Vielleicht haben kritische Beobachter wie C. N. Parkinson und L. J. Peter/ R. Hull[189] die Reibungsverluste und Gefahren der Großorganisation überbetont; unverkennbar schlagen sie aber leicht bis zum Wettbewerb der Unternehmen auf den Märkten durch. Nicht von ungefähr trachten manche schon seit Jahren, diese Schwächen durch die Abspaltung von Zweigbetrieben sowie das Abschieben von Teilfabrikationen an selbständige Unterlieferanten und Vermittler zu mildern. Die Tendenz dürfte die Hochkonjunkturzeiten überdauern und sich — als Gegenstück zur Konzentrationsbewegung — weiter verstärken.

Gewiß fehlen die Fälle nicht, in denen diese Regelmäßigkeiten durchbrochen oder völlig fragwürdig erscheinen. Der oben erwähnte Bericht über die Lage der Klein- und Mittelbetriebe in der EWG hatte zu seinen Auskünften guten Grund: „Die große Anzahl von Klein- und Mittelbetrieben innerhalb der gegenwärtigen Wirtschaftsstruktur ist ... noch kein ausreichender Beweis für unbestreitbare Vorteile ... Die Untersuchung nach Sektoren bestätigt die Ergebnisse, ... die Lage der Betriebe mit weniger als 25 - 50 oder auch 75 Beschäftigten ist oft kritisch ...“

Nach Hinweisen auf eine — nach seiner Auffassung erhebliche — Minderung des Gewichts der Beiträge der kleineren Betriebe an den modernen Volkswohlstand im Zuge des jüngeren Wachstums der Volkswirtschaften macht der Haupt-Berichterstatter immerhin auf deren mögliche Stärken aufmerksam: „Im Bereich der Verbrauchsgüter und Dienstleistungen sind die Klein- und Mittelbetriebe besser für die Befriedigung des örtlichen Bedarfs geeignet... Außerdem sind die Klein- und Mittel-

---

188 In einer — nicht veröffentlichten — Arbeitsunterlage über Partizipation im Mittelbetrieb beruft sich E. H. Sieber — in Anlehnung an E. Dale: Management, S. 636 ff. — auf folgende Vorzüge dieser Größenordung: „Entscheidungen lassen sich im Mittelbetrieb rascher als im Großbetrieb treffen, weil die Befehlskette ... wesentlich kürzer als im Großbetrieb ist. Im Mittelbetrieb können Entscheidungen auch deshalb rascher getroffen werden, weil für sie von weit weniger Leuten Informationen, Urteile usw. eingeholt werden müssen. Das Kontrollsystem im Mittelbetrieb erfordert gegenüber dem der Großunternehmen entsprechend der weit einfacheren Leitungsorganisation ebenfalls einen weit geringeren Zeitaufwand, wenngleich heute durch die Automation der Datenverarbeitung gerade dieser Nachteil im Großunternehmen trotz ... ... ständiger Verfeinerung und Systematisierung der Kontrolle bereits weitgehend kompensiert worden ist. Insgesamt ist die Führungsorganisation des Mittelbetriebes durch den geringeren Grad der Institutionalisierung sehr stark persönlich bezogen, beweglich, freilich aber auch in starkem Maße dem subjektiven Ermessen der ausschlaggebenden Persönlichkeiten der Leitung unterworfen, was keineswegs immer ein Vorteil zu sein braucht. Im Mittelbetrieb sind die Schwierigkeiten der Koordination der Führungsstellen zweifellos erheblich geringer als im Großbetrieb.“

189 *Parkinson*, C. N.: Parkinsons Gesetz, Düsseldorf/Stuttgart 1958. *Peter*, L. D. / *Hull*, R.: Das Peter-Prinzip oder die Hierarchie der Unfähigen, Hamburg 1970.

betriebe besonders gut den Wünschen bestimmter Kundenkreise oder besonderen Bedürfnissen angepaßt..." Dabei hat er immer noch industrielle Verhältnisse vor Augen. Doch wohl bezeichnend räumt er ein: „Bei einer auf handwerkliche Fertigung ausgerichteten Struktur mögen selbst kleinste Dimensionen angemessen sein."

Die Folge der relativ geringeren geschäftlichen Wendigkeit der großen Wirtschaftseinheiten ist die Nachdrücklichkeit des Zugs zur standardisierten Erzeugung, zum vorsichtigen Wechsel der Produktmuster, der Unvermeidlichkeit der Beschaffung und Weitergabe der Halb- und Fertigfabrikate, oft auch derjenigen für Produktionszwecke, über lange Wege und Entfernungen, nicht selten noch eine beträchtliche Fristen ausbedingende Lieferbereitschaft.

Über die ausschließlich wirtschaftlichen Belange in die gesellschaftlichen und sozialpolitischen hinausreichend, haftet den Großbetrieben weiter die Problematik an, die persönliche Fühlung zwischen der Arbeitgeberschaft und der überwiegenden Mehrheit der Mitarbeiter stark zu erschweren oder völlig zu verunmöglichen. Mit der Formalisierung der Verbindungen und den ausgedehnteren Dienstwegen müssen aber die Gefühle der Mitverantwortung der Bediensteten und der Wille zum gegenseitigen Verstehen oder zur Verständigung leiden. Fast unter der Hand verwandelt sich die ursprüngliche enge Arbeitsgemeinschaft in ein nur noch wenig auf persönliche Verhältnisse zueinander abgestütztes, streng geschichtetes Disziplinargefüge.

Zwar werden den Beschäftigten häufig höhere Lohneinkünfte, verkürzte Arbeitszeiten und stärker ausgebaute soziale Sicherheit zuteil. Dafür müssen sie die Aufsplitterung der ihnen zugedachten Arbeit in ständig zu wiederholende Teilverrichtungen und deren Beschleunigung hinnehmen, mit nur noch wenig Anregungen, sich um den Sinn der Erfüllung ihrer Obliegenheiten zu kümmern. Wenn die Fingerzeige auf die belastenden Bedingungen H. de Mans und H. Dubreuils[190] anfänglich und über Jahrzehnte dem ganzen durchgebrochenen „Kapitalismus" galten, erweist es sich augenscheinlich für Großunternehmen als besonders schwierig, wieder mehr Raum für die Rückgewinnung engerer persönlicher Fühlung und echter Arbeitsgemeinschaften zu schaffen. G. Briefs[191] schrieb die zeitweilige Schärfe der „sozialen Frage" in Deutschland der wenig bedachten Übertragung militärischer Führungs- und Organisationsstile auf den Industrialismus dieses Landes zu. Aber auch die amerikanische „human relations"-Kampagne und die gegenwärtige lebhafte Beschäftigung mit der Arbeitspsychologie scheinen bis dahin in der Praxis nicht ohne weiteres große Durchbrüche erzielt zu haben bzw. zu

---

[190] *de Man*, H.: Der Kampf um die Arbeitsfreude, Jena 1927, S. 150; *Dubreuil*, H.: Le travail et la civilisation, Paris 1953, S. 210 ff.

[191] *Briefs*, G.: Zwischen Kapitalismus und Syndikalismus, Bern 1952, S. 70.

erzielen. Jedenfalls nimmt es sich in der europäischen Sicht der Dinge eher seltsam aus, daß die in der neuen Welt verbreitete Jovialität in den Begegnungen der „Bosse“ mit ihren Mitarbeitern, dies allerdings in den kleineren wie in den großen Betrieben, aber in den letzteren besonders ausgeprägt, der rücksichtslosen Kündigung der Arbeitsverhältnisse auf erste Auftragsschwunde hin nicht im Wege steht. Unverkennbar gibt es Menschen, denen an Verbundenheit mit den Vorgesetzten nicht sehr gelegen ist und denen der Eindruck, Glied einer bedeutenden Organisation zu sein, mehr zusagt. Für alle in der hier erörterten Richtung anspruchsvolleren können aber die kleineren Wirtschaftseinheiten wesentlich befriedigendere Arbeitsbeziehungen bieten[192]. Mit der Ausweitung der Kreise der in den Werkstätten und Gesamtunternehmen Beschäftigten büßen ja auch diejenigen zwischen diesen an kameradschaftlichem Gehalt ein. Daher erweist sich das Arbeitsklima in den Großbetrieben meistens als ein weniger gutes[193]. Nicht zuletzt hört man immer wieder von kräfteverzehrenden Spannungen im Schoße der Führung. Gewiß treten solche auch in kleinen Familienbetrieben auf; doch pflegt die marktwirtschaftliche Verflechtung für deren Austrag viel engere Grenzen als für die großen Einheiten zu ziehen. Um zusammenzufassen, sieht K. Boulding[194] zwei Hauptgefahren der „Übergröße“: den Zusammenbruch der inneren Kommunikation, so daß die Spitze unzureichend informiert wird, und den mangelnden persönlichen Einsatz wegen unzureichenden Möglichkeiten des Aufstiegs.

cc) Verringertes technisches Handicap und kleinere betriebswirtschaftliche Gefälle

Mit diesen Schwierigkeiten bleiben die kleineren Einheiten in der Regel weniger belastet. Fürs erste zeitigten die jüngeren technischen Errungenschaften, zumal die Vollauswertung der Elektroenergie, eine durchgreifende Verringerung der Wirkungsgradgefälle von den Groß- zu den kleineren Maschinen. Der Elektromotor gewährt viel mehr Freiheit als die frühere unmittelbar ausgenützte Dampfkraft in der Wahl und Abmessung der eigentlichen Fertigungsgerätschaften. Zugleich erlaubte er die Abkehr vom öfters Unfälle verschuldenden Transmissionsriemen zum Einzelantrieb. Die zurückgewonnene Möglichkeit, mit begrenzt dimensionierten Produktionsausrüstungen auszukommen, ver-

---

[192] Bericht des Instituts für angewandte Sozialwissenschaft Bonn - Godesberg 1973: Qualität des Arbeitslebens. Soziale Kennziffern zu Arbeitszufriedenheit und Berufschancen, sowie *Pleitner*, H. J.: Arbeitszufriedenheit gewerblicher Unternehmer und Arbeiter, St. Gallen, in Vorbereitung.

[193] Kürzlich sind u. a. Hadermann, J. / Käppeli, J. / Koller, P. im Zuge ihrer Gemeinschaftsarbeit über die „Räumliche Mobilität, Theoretische Grundlagen und empirische Untersuchungen in der Planungsregion St. Gallen 1975 wieder auf das Phänomen der schlechteren Arbeitsmentalität in den größeren Betrieben gestoßen. Bd. II, S. 781.

[194] *Boulding*, K.: The Organizational Revolution, New York 1953, S. 49 ff.

wandelte das „Gesetz der Verhältnismäßigkeit der anzuwendenden Wirtschaftsmittel“ aus einem Appell zur Vergrößerung der Betriebe in einen solchen zum Maßhalten in dieser Richtung. Nun konnte es sich als erheblich leichter zu lösende Aufgabe erweisen, die verschiedenen zu kombinierenden Betriebselemente aufeinander abzustimmen und die beste Kapazitätsauslastung anzustreben. Während in Teilbereichen von Großanlagen auftretende Störungen nicht selten Stockungen der ganzen Erzeugungsprozesse verschulden, erlauben die kleineren Einheiten vielfach, solche Unterbrüche wendiger einzudämmen und einen Teil der Arbeiten davon freizuhalten.

Ebenso spricht für sich, daß in manchen jüngeren Veredlungsindustrien, wenn nicht auf dem Boden der Unternehmungen, so doch auf dem der Betriebe, wieder viele kleine und kleinere mittelgroße entstanden sind. In der nordamerikanischen Industrie sollen in einer Reihe von Zweigen die kleinen Firmen nicht minder leistungsfähig wie die großen sein. Nach einem Bericht eines „Temporary National Committee“ hätten die mittelgroßen Betriebe die geringsten Kosten[195]. Immerhin könnte diese Aussage, weil vielleicht den Unterschieden der hervorgebrachten Erzeugnisse immer noch zu wenig Rechnung tragend, eine zu allgemeinschematische geblieben sein. Für die einfachere und homogene Produktion dürfte es sich bestätigen, daß die großserienmäßige Fertigung eine besondere Leistungsfähigkeit zu erreichen vermag, die ihr in der „Preiskonkurrenz“[196] bedeutende Vorsprünge vor der in kleineren Auflagen verschaffen kann. Dafür bleibt die letztere vom Vorhandensein ausgedehnter Absatzmärkte und einer auf einförmige Angebote eingestellten Nachfrage weniger abhängig. Zudem ist stets zu beachten, daß sich die kleineren sowohl nach den persönlichen Anforderungen an die Leitung als mit Bezug auf die benötigten Kapitalsummen leichter als die erstgenannten ins Leben rufen lassen und damit mehr Platz für weitere gewähren. Das pflegt dort, wo sie dieselben Erzeugnisse und Dienste bieten, eine Streuung nach der Dichte der zu versorgenden Bevölkerung und ihrer Kaufkraft zu zeitigen. Denn von der Marktwirtschaft steht ja zu erwarten, daß Zusammenballungen an einzelnen Orten über den Umfang des dortigen Bedarfes hinaus verschärftem Wettbewerbsdruck rufen, während in unterbelegten Regionen und Siedlungen mehr als freies Feld und höhere Ertragsaussichten winken.

Natürlich gibt es ebenfalls für die kleineren Betriebe günstige und ungünstige Standorte und Abhängigkeiten davon. Das trifft sogar, der mehr oder weniger beschränkten Betätigungsradien wegen, für die Einzeleinordnung in die Städte und Dörfer, ihre Ansiedlung an ganz bestimmten Punkten zu. Schulbeispiele dafür liefern die engen Bindun-

---

[195] *Duesenberry*, J. S.: Small Business in the American Economy, Small Business Study des F. R. B., Part 1, Nr. 7, S. 5, zitiert bei Gross, H.: S. 39.

[196] Weiter unten, S. 104.

gen des Nahrungsmittelhandwerks und -einzelhandels an bestimmte Straßenabschnitte und „Geschäftslagen". Diese treten darin zutage, daß die Ansässigkeit an weniger guten Stellen das Erzielen von Erfolgen stark erschwert und das Verharren an nicht mehr so stark wie früher besuchten leicht die ganze Weiterexistenz gefährdet.

Daneben benötigen die kleineren Betriebe ebensowenig wie ausgedehnte Absatzmärkte das Vorhandensein einer homogenen, ein und dieselben Güter und Qualitäten begehrenden Nachfrage. Dieser Zusammenhang führt uns auf einen Vorzug hin, der sich als von grundlegender Bedeutung erweist. Es ist die größere Wendigkeit der kleineren Wirtschaftseinheiten, die zunächst betriebsorganisatorisch und betriebswirtschaftlich ins Gewicht fällt, aber in der Folge die betreffenden Betriebe auch zur leichteren und stärkeren Abwandlung der Nutzleistungen für deren Empfänger befähigt. Das muß sich für die allgemeine Güterversorgung auswirken und alle näheren Nachprüfungen leiten darauf hin, das Überleben und Gedeihen zahlreicher Kleinbetriebe und -unternehmen vorab in der Richtung dieser Bedingtheiten zu suchen.

dd) Der vollkommene Wettbewerb, seine „Aktionsparameter"

Wer die Möglichkeiten der Betriebe oder Unternehmen beim ausschließlichen Walten wirtschaftlicher Beweggründe in der freien Marktwirtschaft erkennen will, wird immer wieder vom Modell des „vollkommenen Wettbewerbs" auszugehen haben[197]. Zwar weiß die Lehre heute, daß sie sich damit eine wirklichkeitsfremde Hilfskonstruktion zurechtlegte. Doch gewährt diese den besten Zugang zum Verständnis des freien, lediglich vom Streben nach dem größtmöglichen Nutzen geleiteten Spiels der Marktkräfte[198]. Ihre Aussagekraft scheint uns groß genug, um sie auch für die spezifisch wirtschaftliche Deutung der Klein- und kleineren Mittelbetriebe auszuwerten. Sie eröffnet immerhin die Aussicht, auf den Kern der Dinge vorzudringen. Auf diese Ergründung hin müssen allerdings die vielfältigen weiteren das Marktgeschehen beeinflussenden Bedingungen und Impulse mit berücksichtigt werden. Wenn über die Betätigungsgelegenheiten der kleineren Einheiten ebenfalls, wie für die großen, die den Nachfragenden gebotenen Vorteile — die bessere Be-

[197] *Jöhr,* W. A.: Das Modell der vollkommenen Konkurrenz: in: *Schweiz. Gesellschaft für Statistik und Volkswirtschaft* (Hrsg.): Konkurrenz und Planwirtschaft, Bern 1946, S. 19 ff.; *Arndt,* H.: Mikroökonomische Theorie, Band 1: Marktgleichgewicht, Tübingen 1966; *Heuss,* E.: Das Problem der unvollkommenen Konkurrenz in der Wettbewerbswirtschaft, in: Ordo Jahrbuch für die Ordnung von Wirtschaft und Gesellschaft, Band VII, Düsseldorf/München 1955, S. 103 ff.

[198] Das wird zwar von bestimmten Schulen bestritten. Tatsache bleibt aber, dass bis jetzt keine andere Erklärungshilfe bessere und praktisch auswertbare Aufschlüsse als dieses Modell und die daran angelehnte Marktformenlehre vermitteln konnte.

darfsdeckung — entscheiden, so können sich diese auf drei Weisen auszeichnen:

1. durch den Qualitätswettbewerb, d. h. die Erbringung besserer Leistungen, als sie die großen zu bieten fähig sind,

2. den zweiten Hebelarm bildet die Preiskonkurrenz, m. a. W. die Fähigkeit, die begehrten Güter billiger als die Großbetriebe zu vermitteln,

3. der dritte besteht im Suggestionswettbewerb, d. h. in den Bemühungen, die Aufmerksamkeit der Kaufinteressenten suggestiv auf die eigenen Leistungsangebote hinzulenken, sie für diese „einzunehmen".

Der Qualitätswettbewerb gilt der Befriedigung der Versorgungsanliegen an sich, der zweitgenannte erstrebt die tunlichste Verbilligung der Güter.

Dabei erstreckt sich der erstere nicht nur auf die sachliche, technologische Beschaffenheit der Güter, sondern ebenfalls auf die Art und Weise ihrer Andienung und Zugänglichkeit. Darüber hinaus gewinnen aber die psychologischen Werte, welche die Güter verheißen und vermitteln, immer größeres Gewicht. Es wird noch zu zeigen sein, daß es objektive, mengenmäßig genau abwägbare Qualitäten und daneben zunehmend der Messung kaum zugängliche, höchstens skalierbare gibt. Die schwer abwägbaren des zweiten Bereichs bleiben betont subjektiv, auf die Person der Empfänger der Leistungen bezogen. „Was dem einen syn Uhl, ist dem andern syn Nachtigall!" Das ändert aber nichts an der — eigentlich selbstverständlich — grundlegenden Bedeutung der Güte der beschaffbaren knappen nützlichen Dinge der Außenwelt, und damit auch nicht an der Tragweite des Qualitätswettbewerbs.

In der Preiskonkurrenz geht es um das Überspielen der Mitbewerber durch geringere Entgeltansprüche an die Käufer. Das Bemühen, deren Zuspruch zu finden, wird mit der Eröffnung von Aussichten, mit geringeren Beschaffungsaufwänden auszukommen, vorgetragen. Diese Preiskonkurrenz läßt sich entweder durch Verzicht auf volle Kostendeckung, aus finanziellen Reserven, oder mit schärferer Kostenrechnung, auf die Dauer wohl nur mit rationellerer Produktion, vorab einer solchen zu niedrigeren Gestehungskosten, betreiben. Obwohl auch die beiden erstgenannten Formen keine Seltenheit bilden, muß sich die Preiskonkurrenz zum Hauptteil und immer wieder auf weniger aufwendige Produktion (oder Warenvermittlung) stützen können.

Was den Suggestionswettbewerb betrifft, spricht die Übung statt seiner meistens von der „Werbe"- oder „Reklamekonkurrenz". Indessen kann diese sowohl der Unterrichtung der früher oder später zum Erwerb der Dinge schreitenden Personen dienen, als lediglich deren mehr oder weniger unbewußte Lenkung bezwecken. In der ersten Anwendung sucht sie die Kunde entweder über die Gebrauchseignung der Erzeugnisse zu verbreiten oder deren Wohlfeilheit zu betonen. Damit geht es letztlich wieder um das Bemühen um den Zuspruch der Käufer durch die Betonung der Zweckdienlichkeit der Güter oder der niedrigeren Beschaffungskosten. Andere und zwar selbständige Ziele verfolgt die Suggestion, indem sie das nicht schärfer überprüfte Alltagserwägen und das Gefühlsleben anzusprechen und so etwas wie Anreize aus sich selbst heraus, die empfohlenen Dinge zu erwerben, auszulösen trachtet. Das führt uns dazu, nur in dieser eine eigene Aktion, neben der Qualitäts- und Preiskonkurrenz, zu erblicken.

Daneben mißt die Wirtschaftspraxis dem Einsatz der Finanzkraft im Wettstreit um den Absatz sowie der Auswertung gesellschaftlicher Beziehungen nichtwirtschaftlichen Ursprungs Eigenbedeutung bei. In der Tat darf man diese Hebelarme nicht unterschätzen. Allerdings finden sie im Idealbild der freiheitlichen Marktwirtschaft nur sehr begrenzt Platz, namentlich dann keinen, wenn die reichlichere kapitalmäßige Untermauerung oder die „Beziehungen" von völlig wirtschaftsfremden Bedingungen herrühren sollten. Das bedeutet indessen keine Minderung ihrer praktisch möglichen Wirksamkeit. Sie werden sich wieder im Bestreben, etwa durch Forschung und Produktentwicklung, bessere Leistungen zu bieten oder die Mitbewerber durch Preise unter den Gestehungskosten, vielleicht auch durch Solidaritätsappelle auszuschalten, sowie in gesteigerter Suggestivreklame äußern. Nicht von ungefähr pflegt dieser Wettbewerb als kämpferischer Angriff von begünstigten Ausgangslagen aus im Geschäftsverkehr am meisten Anstoß zu erregen. Die Ausnützung größerer finanzieller Stärke und gesellschaftlicher Verbindungen schlägt sich bald einmal in Wettbewerbsverzerrungen nieder, die in erster Linie die kleineren und in der Kapitalausstattung schwächeren Unternehmen behindern.

ee) Die Stärken der kleineren Betriebe und Unternehmen

α) Ihre größere Beweglichkeit für die Erbringung der Nutzleistungen

Nicht nur den beschränkenden Voraussetzungen für den Aufbau größerer und großer Betriebe oder Unternehmen viel weniger verhaftet, bleiben den kleineren — stets unter im übrigen gleichen Umständen — eine Reihe von Stärken eigen. Vor allem kommt ihnen die Nähe ihrer Führung zu allen fachlichen, organisatorischen und geschäftlichen Obliegenheiten zugute. Ihr begrenzter Umfang erlaubt es den Inhabern und Leitern, die zu befriedigenden Bedürfnisse unmittelbarer zu erkennen und die Versorgung der Käufer und Auftraggeber bedeutend mehr, als es den Großunternehmen ohne überhöhte Kosten oder überhaupt möglich ist, auf die jeweiligen Verhältnisse und Wünsche abzustimmen. Sie sind viel eher ihr eigenes Fachwissen, ihre Fertigkeiten, Willenskraft, Autorität und geschäftliche Umsicht dafür einzusetzen in der Lage. Sie geraten weniger in den Bann von Sachzwängen, sich auf die allgemeine Geschäftsleitung zurückzuziehen, sondern bewahren die Handlungsfreiheit, diese mit der unmittelbaren Vorbereitung der einschlägigen Arbeiten und der Beteiligung an deren eigentlicher Ausführung für den Auftraggeber und Käufer zu verbinden. Für sie besteht noch die Möglichkeit, die Gehilfen für ihre Art der Leistungserbringung zu gewinnen oder sie innerlich daran zu beteiligen.

Die moderne Betriebswirtschaftslehre[199] hält im Bestreben, das Management zu systematischem Vorgehen zu befähigen, die drei Funktionsbereiche des Vollzuges, der Versorgung und der Führung im engeren Wortsinn auseinander, wobei der letztgenannte die beiden ersteren operationell überlagere und durchdringe. Der Führungsbereich umfaßt in dieser Deutung die Bestimmung der Zwecke und Ziele, die Schaffung und Gestaltung der Institutionen als handlungsfähige Gebilde sowie die Festlegung, Anleitung, Beeinflussung und Überwachung der zur Zweckerfüllung notwendigen Prozesse. Dafür gebe es eine technologische, eine wirtschaftliche und eine soziale Gestaltungsebene. Auf die Lagebeurteilung hin sei die Hinwendung auf neue — innovatorische — Aufgaben oder das Verharren bei herkömmlich-repetitiven oder das Erfüllen beider nebeneinander denkbar.

Manche „Kleinunternehmer" mögen diese verschiedenen Seiten der Führung im weiteren Wortsinne bis dahin nur der Spur nach oder gar nicht gewahren und meinen, weniger als die „Großen" Anlaß zu haben, sie bewußt auseinanderzuhalten. Dennoch können sie sich dadurch, daß sie den zwar zusammengehörenden, aber geschichteten Obliegenheiten noch höchst persönlich zu genügen wissen, am meisten als „Patronat réel"[200] bestätigen.

Der Eigenunternehmer wird seine Betriebe häufig anders als der im Angestelltenverhältnis tätige Geschäftsleiter führen. Viele verfolgen ihre Ziele mit besonderem Einsatz und entsprechender Entschiedenheit. Eine nicht zu unterschätzende Seite des „Patronat réel" pflegt die starke Abstützung auf Eigenkapital und die Übernahme der vermögensrechtlichen Verantwortung für sein Tun und Lassen zu bilden. Wenn J. Schumpeter[201], aus der theoretischen Sicht der Dinge heraus wohl mit Grund, diese Haftung für durch die eigenen Geschäfte und deren Abwicklung verschuldete Verluste nicht mehr zum Kern des Unternehmerischen rechnete, wird doch noch aufzuzeigen sein, daß die unmittelbaren Risiken von Vermögenseinbußen, mit dem Gegenstück der persönlichen Gewinnchancen, nach wie vor kräftige Ansporne zur Entfal-

[199] *Ulrich*, H. / *Krieg*, W.: Das St. Galler Management-Modell, 3. Aufl., Bern 1974, S. 23 ff.

[200] Vgl. oben S. 90.

tung von Initiativen, zur Schärfung des Sinns für das in der Umwelt und in den Betrieben jeweilen Wesentliche sowie für die Durchsetzung der Vorhaben bergen. Vorbedingung dafür, daß diese als starke Hebelarme wirken, bleibt indessen, daß sich in der betreffenden leitenden Person fachliches Könnentum und kaufmännische Gewandtheit mit Umsicht und Tatkraft gemäß den Anforderungen ihres Betätigungsfeldes paaren.

Diese enge bzw. engere Verbindung mit allen Äußerungen des Geschehens in den Unternehmen und um sie herum verhilft deren Trägern zu einem Höchstmaß an fachlicher und geschäftlicher Beweglichkeit[202]. Was das heißt, tritt mit der Rechenschaftsablage über deren vielfältige Auswertungsmöglichkeiten zutage. Zunächst erlaubt sie eine größere örtliche Streuung der Betriebe und damit dort, wo es eine ebenfalls örtlich gestreute Nachfrage nach den Gütern zu befriedigen gilt, deren engere Fühlung mit den Erzeugern und Vermittlern oder doch den leichteren Zugang zu diesen. Diese örtliche Nachbarschaft spart nicht nur Transportkosten ein, sondern gewährt darüber hinaus Gelegenheiten zur rascheren Versorgung und zu vermehrter Einflußnahme auf die Art der Auftragserfüllung und Bedienung. Daneben macht es da und dort immer noch viel aus, daß die Kleinunternehmen dank ihrer einfacheren Strukturen zumeist rascher und weniger an bestimmte Stunden und Tage gebunden zu liefern imstande sind. Wie noch besonders zu beleuchten sein wird, fallen namentlich die Vorzüge des Handwerks und der gewerblichen Handels- und Dienstleistungsbetriebe in dieser Richtung ins Gewicht[203].

Die Hauptbedeutung kommt natürlich der größeren Bewegungsfreiheit für die Anpassung an bzw. den Zuschnitt der zu erbringenden Leistungen auf arteigene oder rasch wechselnde Versorgungsanliegen zu. Wohlgemerkt spannt sich der Bogen ihrer Auswertung von Einzelausführungen bestimmter Erzeugnisse oder der Einzelerbringung von Diensten bis zur serienmäßigen Fertigung und zur Auslieferung in größeren Auflagen. Während für die ersteren der Kleinbetrieb meistens als recht eigentlich vorbestimmt erscheint, bieten die modernen Volkswirtschaften auch für offenkundig industrielle Kleinbetriebe und solche für die einförmige Vermittlung von Waren und Diensten breiten Raum. Wenn einzelne Versorgungsobliegenheiten da oder dort an die großen Einheiten verlorengehen, so entstehen für die ersteren häufig noch ausgedehntere neue. — Den wohl nicht alltäglichen, aber nichtsdestoweniger bezeichnendsten Fall bildet die schwierige Herstellung technischer Sonderausrüstungen für außerordentliche Ansprüche, hinter denen häufig noch

[201] *Schumpeter*, J.: Theorie der wirtschaftlichen Entwicklung, Leipzig 1912, S. 121 ff.

[202] *Schuhmacher*, E. F.: Small is beautiful, London 1973, S. 57.

[203] Weiter unten, S. 136.

nicht gelöste Bedarfsprobleme der Auftraggeber stehen. Z. B. dürfte der erste Zusammenbau von Atomreaktoren, die Weltraumerschließung, die naturwissenschaftliche Forschung schlechthin und ebenso die Weiterentwicklung der Maschinenfabrikation, des Baus optischer Geräte, der chemisch-pharmazeutischen Industrie immer wieder die Beschaffbarkeit nur einmal oder in kleinster Anzahl zu erzeugender hochqualifizierter Apparaturen verlangen.

β) Befähigung zur Qualitätsproduktion und zum Neuheitenangebot

Wahrscheinlich durch den Ehrgeiz verschuldet, hauptsächlich mengenmäßig meßbaren, „exakten" Zusammenhängen nachzuspüren, hat die Wirtschaftswissenschaft der jüngsten Jahrzehnte dem Phänomen der verschiedenen Qualität der Güter nicht viel Augenmerk geschenkt. Erst die Feststellungen von J. Robinson über den „unvollkommenen Wettbewerb"[204] und daraufhin L. Abotts, leiteten für die Marktformenlehre Folgerungen aus der Einsicht ab, daß sich die Preiskonkurrenz im engen Wortsinn nur im Rahmen des Angebots gleichartiger Erzeugnisse und Dienste voll entfalten könne. Tatsächlich wölbt sich aber in der Wirtschaftspraxis von den besten zu den schlechtesten Erzeugnissen und Diensten oft ein weiter Bogen[205]. Ob es sich um Nahrungs- und Genuß-

---

[204] *Robinson*, J.: Theorie of Imperfect Competition, London 1948 und *Abbott*, L.: Qualität und Wettbewerb, München/Berlin 1958, sowie im Bde. II dieses Buches, S. 220 ff. angegebene weitere Literatur.

[205] u. a. *Hax*, K.: Die Entwicklungsmöglichkeiten kleiner und mittlerer Unternehmen: Betriebswirtschaftliche Grundlagen und Probleme, in: Internationales Gewerbearchiv, 12. Jg. 1962, Nr. 1, S. 10 ff., *Gross*, H.: S. 48. Allerdings meldete schon *O. Spann* mit seiner ganzheitlichen Preislehre entschiedene Vorbehalte in dieser Richtung an; sie blieben aber offenbar zu allgemein und zu sehr auf die Einbettung der Marktvorgänge in den jeweils gegebenen gesellschaftlichen und institutionellen Rahmen ausgerichtet, um zu vermehrter Beachtung des besonderen Problems der Qualitätsunterschiede zwischen den Gütern und ihrer Auswirkungen anzuregen. Ein Beispiel für die bisher ungenügende Würdigung der Qualitätsansprüche bildet der Bericht des Europäischen Produktivitätszentrums der Europäischen Organisation für wirtschaftliche Zusammenarbeit über die Probleme der Produktivitätssteigerung im Handel (Organisation Européenne de Coopération Economique — Agence Europénne de Productivité, Document EPA/EC/40, du 25 septembre 1953). Die Berichterstatter übersehen zwar nicht, daß die Produktivität des Handels sich nicht allein nach dem Grad der Schmälerung der Wiederverkaufsspanne, sondern auch nach der Güte der gebotenen Leistungen bzw. nach der Qualität der vermittelten Waren und dem Ausmaß der gebotenen Dienste bestimmt. Sie legen aber ihren Beurteilungen gleichwohl, wie die meisten bisherigen Autoren, „der Einfachheit halber" nur die Senkung der Kosten und Preise bei der Vermittlung der als einheitlich angenommenen Waren als Hauptmerkmal des wirtschaftlichen Fortschritts zugrunde. Die Qualitätsunterschiede und die Differenzierung der Verbraucherwünsche werden eher als Komplikation, denn als selbständige Vorbedingung in die Würdigung einbezogen. Diese Problemstellung leitet sie fast von selbst dazu, die Verbesserung der Handelsfunktionen in der Richtung ihrer Verbilligung als besonders wichtig und dringlich einzuschätzen und in

mittel — frische wie konservierte — oder um Herren- und Damenoberbekleidung oder Bauelemente wie Türen und Fenster, um Möbel, Wohnungs- und Küchenausstattungen, um Ausrüstungen des Sport- und Liebhaberbedarfs oder um Gerätschaften und Maschinen für Produktionszweige handle, birgt die freiheitliche Marktwirtschaft viele Einladungen und Anreize, Leistungen verschiedener Gebrauchseignung hervorzubringen. Bisweilen erheischen schon äußere Umstände, wie die Ausmaße der Räume in den Gebäuden, deren Abwandlung.

Die allgemein gesellschaftliche wie die technische Entwicklung bereiten fortschreitend mehr Boden für ein Nebeneinander von Massennachfrage und vielleicht viel weniger dichter und stärker gestreuter, nach nicht standardisierten Angeboten. Diese Ausfächerung der Güterversorgung von der großserienmäßigen Fertigung und Abgabe an die Käuferschaft bis zu den Spezialitäten und Einzelerzeugnissen tritt einem heute in den verschiedensten Bereichen entgegen. Das schafft Platz für die Regel:

„Die Kunst der Kleinen besteht darin, die wachsenden und vielfach neuen Chancen des kleinen Optimums zu erkennen und so mit den Wellen des großen Marktes und nicht gegen sie zu schwimmen[206]."

Die Stichworte „modische Konfektion" und „Geräte aller Art" lenken den Blick auf einen kennzeichnenden Ausdruck der größeren Wendigkeit der Kleinbetriebe und -unternehmen. Wir meinen die hervorragende Eignung mancher, zwar nicht auf allen Gebieten, wohl aber dort, wo die Bedürfnisse nach Auswertung bedarfslagennaher empirischer Erfahrung oder nach konstruktiver und formaler Besser- und Neugestaltung der Dinge rufen, mit bald Anklang findenden Neuerungen aufzuwarten und sich den Modewechseln anzupassen. — Der Vorsprung in der zweiterwähnten Richtung schwindet allerdings unter Umständen dahin, wenn es den „Großen" umgekehrt durch ihre Massenwerbung den Geschmack und die Mode zu steuern gelingt. In der Tat holen diese heute, im Rahmen zielbewußten Marketings, durch Publikumsbeeinflussung zur Prägung des Bedarfs aus und können sie sich damit sogar im Bereich des Modischen für ihre Großanlagen eine verhältnismäßig wenig unterbrochene Beschäftigung sichern. Parallel dazu laufen die kleineren, um Neukonstruktionen oder neue „designs" bemühten Fabrikanten trotz allem Patent- und Musterschutz Gefahr, daß Mitbewerber, und zwar ebenfalls die großen, die erarbeiteten Neuheiten bald einmal auch auf den Markt bringen und die Käuferschaft mit Preisunterbietungen an sich zu ziehen

---

der Vielfalt der geltend gemachten Bedürfnisse bald einmal ein Hindernis für die günstigste Versorgung zu erblicken. Es ist nur folgerichtig, wenn der Bericht u. a. in eine nachdrückliche Empfehlung, die Normalisierung und Standardisierung der Güter zu fördern, ausmündet und für die immer wieder aufbrechende Neigung zur Differenzierung der Erzeugnisse wenig Aufmerksamkeit aufbringt.

[206] *Gross*, H.: S. 49.

trachten. — In einer Reihe von Wirtschaftszweigen, etwa in der Bekleidungskonfektion, weiß man je länger desto mehr, daß der Fachhandel Nachlieferungen auf frühere Aufträge hin, die sich als zu klein bemessen erweisen, oder solche auch nur leicht veränderter Ausführung nur von kleineren Fabrikationsbetrieben erwarten darf. In den Großunternehmen geht die Tendenz dahin, sich immer ausgeprägter auf eine langfristig geplante Erzeugung auf Grund früher Vorausdispositionen des Handels einzustellen. Nicht von ungefähr richten sich diese zumeist auf die Nachfrage der jüngeren Käuferinnen aus und zögern sie, sich stärker auf die Befriedigung der „schwierigeren", weil viel nuancierteren Wünsche, z. B. der Frau „ohne Alter", näher einzulassen. So bleiben den Klein- und Mittelunternehmen in der Befriedigung der vielfältigeren und wandelbareren Nachfrage bedeutende Leistungsbereiche offen, welche ihnen die Großunternehmen nur mit Schwierigkeiten streitig zu machen vermögen.

γ) Auch die Kleinbetriebe leisten ihren Teil an die Forschung

Bereits war, entgegen einer landläufigen Meinung, hervorzuheben, daß durchaus nicht nur die großen Unternehmen um die angewandte Forschung bemüht, sondern nicht wenige Errungenschaften dem Suchen von Inhabern kleiner zu verdanken sind[207]. In jüngerer Zeit werden die Möglichkeiten betont, neue Produkte durch „Teamwork" in der Forschung herauszubringen oder schon bekannte weiter zu verbessern. Solches Teamwork bedarf aber seinerseits breiterer finanzieller Grundlagen, wie sie sich zumeist nur größere Unternehmen zu bereiten imstande sind. Indessen erweist sich auch die so organisierte Forschung, die in der Tat zu großen Wirtschaftseinheiten hindrängt, durchaus nicht immer als unfehlbar und so effizient, daß sie nicht mehr durch hervorragende Leistungen Einzelner überflügelt werden könnte[208]. Von einer durchgängigen Wünschbarkeit der Vergrößerung der Betriebe um der Gemeinschaftsforschung und -Konstruktion willen kann daher kaum die Rede sein[209]. Der Sachverhalt bestätigt sich noch ausgeprägter in der Erarbeitung von Modellen und Prototypen für die nachfolgende serienmä-

---

[207] *Bolton*, J. E.: S. 40.

[208] *Lenel*, H. O.: S. 88 ff.

[209] Zu ähnlichen Ergebnissen gelangten die Berichterstatter der Europäischen Wirtschaftsgemeinschaft (S. 71 der „Untersuchungen ...") von 1966: „Die Klein- und Mittelbetriebe wagen sich auch in den nötigen Fällen nur selten an eine Forschung heran ... Der Nachteil ... muß jedoch abgeschwächt werden: sie können sich zwar nicht die Finanzierung von Forschungsinstituten und Laboratorien leisten ... Doch schließt das nicht zwangsläufig eine geringere ‚schöpferische' Tätigkeit als im Großbetrieb ein.

Viele Erfindungen wurden von Einzelpersonen gemacht und es besteht kaum eine Beziehung zwischen dem Umfang der finanziellen Mittel und der Häufigkeit der Erfindungen. In vielen Fällen wird die ‚schöpferische' Tätigkeit der Klein- und Mittelbetriebe durch die Umstände angespornt."

ßige Produktion. Im Rahmen der Hervorbringung von Mustern handelt es sich, zu derjenigen der Endprodukte und der Bestandteile für diese hinzu, oft noch um die Lieferung maßgetreuer Hilfsmittel, wie etwa von Gußformen. Noch mehr hat aber die Auswertung von Lizenzen auf von Kleinunternehmern an die Hand gegebene „Prototypen“ durch die größeren und Großunternehmen um sich gegriffen. Schließlich beruhen nicht wenige Unteraufträge an die Kleinindustrie und das Handwerk auf hochgezüchtetem Einsatz für verbesserte oder neue Erzeugnisse. Es sind jene Beziehungen der Zusammenarbeit zwischen „Groß“ und „Klein“, die am ehesten zu dauerhaften, von engen Vertrauensverhältnissen getragenen, m. a. W. zwischen den Chefs der Großunternehmen oder ihrer Konstruktionsabteilungen und technisch oder ästhetisch schöpferischen Meistern gedeihen[210], die unabhängig bleiben wollen. Das schon 1957 für die nordamerikanische Industrie Aufgezeigte trifft wohl weitherum zu:

„Großfirmen können ihre Flanken bei Tausenden von ... Produkten nicht schützen. Sie müssen ihre Verfahrens- und Forschungstechnik auf wenige Gebiete beschränken. Der Kleinunternehmer kann aus dieser Schwäche Vorteile ziehen[211].“

Bis dahin versperren nur verzerrte in der Öffentlichkeit vorherrschende Leitbilder[212] die Sicht dafür. Man erhält Kenntnis von den Verdiensten von Hochschulinstituten und Großunternehmen um neue Einsichten und die Auswertung der Entdeckungen. Dagegen pflegt die Kunde von dem, was die „kleinen Pröbler“ und Konstrukteure in dieser Hinsicht leisten, nicht über engste Fachkreise hinauszudringen[213].

δ) Die Spezialitätenerzeugung

Die Autoren, die heute den kleineren Einheiten und ihnen gemäßen Diensten für die moderne Güterversorgung wieder mehr Beachtung schenken, weisen ihnen zumeist als mehr oder weniger gesichertes Reservat die „Spezialitäten“-Erzeugung zu. Doch sind sie bis jetzt noch nicht stark daran gegangen, das Wesen dieser Leistungen näher zu umschreiben. Augenscheinlich lassen sie sich in einem weiteren und in einem engeren Sinn verstehen, was einen entsprechend ausgedehnteren oder schmaleren Bereich der im Wettbewerb von den „Größeren“ wenig oder

[210] *Bolton*, J. E.: S. 31 ff.

[211] *Gross*, H.: S. 47.

[212] *Heinrich*, W.: Über Sinn und Unsinn von Leitbildern, in: Internationales Gewerbearchiv, 12. Jg. 1964, Heft 1, S. 1 ff.

[213] Über die tatsächliche Beteiligung der großen und der kleineren Unternehmen an den technischen Errungenschaften etwa *Lenel*, H. O.: S. 88 ff. Unter anderem sollen die aerodynamischen Formen, mit denen die nordamerikanische Automobilindustrie in den ersten fünfziger Jahren den Boden für einen weiteren Aufschwung der Verwendung eigener Personenwagen schuf, von norditalienischen selbständigen Carosseriespenglern stammen. Ebenso haben zur Modernisierung der Damenschuhwerk-Formen frei tätige Einzelbottiers aus der Toscana grundlegend beigetragen.

gar nicht streitig gemachter Produktionsaufgaben absteckt[214]. Wir neigen, um diesen „Lebensraum“ für die kleineren Einheiten deutlicher aufzuzeigen und abzugrenzen, dazu, ihm alle jene Güter für Konsum- und Produktionszwecke zuzurechnen, die einer beschränkten Nachfrage begegnen und darum nur in kleinen Auflagen und wohl auch nur von wenigen Betrieben hervorgebracht werden. Nach solchen Spezialitäten verlangt aber die moderne Volkswirtschaft je länger desto mehr. Dabei zeigt sie die größere Eignung mancher kleinerer Lieferanten, mit solchen zu dienen, auf. Einerseits gehören von den besonders gestalteten Fabrikaten, für die Erfüllung ganz bestimmter — profilierter — Ansprüche nur die dazu, welche nicht erst auf erteilte Aufträge oder in der Hoffnung auf solche hin, zum mindesten in Kleinserien erzeugt werden; andererseits erstreckt sich das Feld von den Gütern, die — immerhin von mehreren Kaufinteressenten gewünscht — besonderen Anforderungen genügen sollen, über eine Reihe von Zwischenstufen bis zu jenen, die lediglich geringfügig von den Standardausführungen abweichen, sich aber doch schon als für die großserienmäßige Fertigung ungeeignet erweisen.

ε) Möglichkeiten der kostengünstigeren Produktion

Zudem fehlt es den kleineren Unternehmen auch nicht an Chancen, billiger als die großen anzubieten. Einen ersten Ansatz dazu ergab das Zugänglichwerden von Apparaturen begrenzter Ausmaße durch die breite Anwendbarkeit des schon in kleinen Einheiten effizienten Elektromotors. Dazu gesellt sich die geringere Störungsanfälligkeit der häufig einfacheren technischen Ausrüstungen und Organisationsformen. Überdies können sich die „Kleinen“ auf bestimmte Großserienfertigungen spezialisieren, die ihnen den Gebrauch nur von ihnen gut ausnützbarer Einrichtungen gestatten. Nicht selten sind nämlich für Betriebe bedeutenden Umfangs keine nur begrenzt benötigte und daraufhin dimensionierte Aggregate beschaffbar und hält es für sie schwer, für große immer wieder ergänzende Beschäftigung von außen hereinzuholen. Schulbeispiele dafür bilden die Groß-Stanz- und teuren Werkzeugmaschinen der Metallverarbeitung, für die Kleinunternehmer oft leichter die zur Vollauslastung nötigen Bestellungen auf sich zu ziehen wissen. Endlich vermögen hauptsächlich die kleineren Unternehmen zusätzliche Kraft aus der familienwirtschaftlichen Untermauerung zu schöpfen[215]. Als von allgemeiner Tragweite erweisen sich die zahlreichen Fälle, in denen die kleinen Einheiten zwar mit höheren Erzeugungskosten rechnen

---

[214] Im weiten Wortsinne läßt sich heute jedes nicht standardisierte Produkt als Spezialität auffassen.

[215] Wir vergessen bei dieser Aussage nicht, daß den Kraftgewinnen aus der familienwirtschaftlichen Verankerung auch beträchtliche Gefahren gegenüberstehen; vgl. unten, S. 340.

müssen, Sonderbedingungen jedoch im einzelnen für den Leistungsempfänger den Sachverhalt in sein Gegenteil verkehren. Dazu gehören die Anlässe zur Ausgliederung von Fabrikationsphasen aus den größeren Betrieben auf kleine, um dem Zwang zu aufwendigen und gewagten Mehrinvestitionen auszuweichen. Diese Untervergebungen schlagen sich selbst dann, wenn dafür erheblich über den Aufwänden für die Eigenerzeugung liegende Entgelte zu bewilligen sind, sowohl für die darauf zurückgreifenden Häuser als für die Gesamtwirtschaft in Minderbelastungen und geringeren Beweglichkeitseinbußen nieder. Mehr hat es mit Schwächen der Geschäftsführung als mit Stärken der kleineren Unternehmen zu tun, wenn sie sich aus unzureichendem buchhalterischen Einblick mit niedrigeren Angebotspreisen behaupten zu sollen glauben.

Vor allem bleiben aber die kleineren Unternehmen häufig *verhältnismäßig* preisgünstig. Wir betreten damit das ausgedehnte Feld, in dem sie wohl für ihre Leistungen höhere Erlöse als die großen für die von ihnen erbrachten erzielen müssen, dabei aber bessere, für die gerade zu deckenden Bedarfe geeignetere als jene bieten. Durchaus nicht selten würden die zweitgenannten, wenn sie mit Erzeugnissen oder Diensten, wie sie die Kleinbetriebe an die Hand geben oder vermitteln, aufwarten wollten, noch höhere Entgeltansprüche zu stellen haben. Das trifft für die Bereiche der Stoffveredlung wie für den Handel und die Dienstleistungszweige zu. Es bestätigt sich überall dort, wo die höheren und von den Großanbietern nur mit Mühe oder nicht erreichbaren Qualitäten der Güter gesteigerter Wertschätzung begegnen. Die Zusammenhänge sind in einem anschließenden eigenen Unterabschnitt noch eingehender zu ergründen[216]. Zunächst soll lediglich einmal der Fingerzeig auf manche Verzerrung von Preisvergleichen durch das Verkennen der Unterschiedlichkeit der angedienten Güter und das oft lückenhafte Wissen der Käufer um deren Gebrauchsfähigkeit angebracht sein. Wenn gelegentlich künstliche Beeinflußungen das Urteil zu Ungunsten der Angebote der größeren Häuser erschweren und trüben mögen, so ereignet sich auch das andere, daß die Träger und Trägerinnen der Nachfrage hauptsächlich auf die verlangten Preise und weniger auf den wirklichen Nutzen achten, den ihnen die einen und anderen Leistungen eintragen.

So fehlt es nicht an Platz dafür, daß die kleineren Betriebe und Unternehmen — in vermeintlichem oder wirklichem Widerspruch zur weitherum als solche betrachteten Regel — Aufträge und Vermittlungsdienste weniger aufwendig als die größeren auszuführen fähig sind. Je nach den zu deckenden Bedarfslagen können im einen Fall die großen Einheiten mit starker Maschinenverwendung, im anderen und durchaus nicht selten aber auch kleineren, selbst solche mit nach wie vor vorherrschend persönlichem Arbeitseinsatz, die größere Wertschöpfung erzielen. H. Gross

[216] Siehe S. 245 ff.

hat den Auswirkungen des heutigen Marketings auf die Wettbewerbsstellung der „Kleinen“ gegenüber den „Großen“ nachgespürt. Es spricht viel für die Richtigkeit seiner These:

„Es bestehen offenbar zwei Tendenzen: Einmal fördert Marketing den Massenabsatz durch Herausbildung eigener Marken, die im ganzen Lande durch Werbung bekanntgemacht werden und damit die Tendenz zum mehrbetrieblichen Konzern verstärken. In diesen Fällen haben wir ein marktwirtschaftliches aus dem Marketing erwachsendes Optimum, das über das Betriebsoptimum hinausgeht ... Auf der anderen Seite wirkt Marketing differenzierend und marktschichtend. Es entsteht ein immer breiteres Sortiment, und es wächst der modische Einschlag. Die Differenzierung nach Gütern und Bedürfnissen drängt zur kleineren ... Unternehmung[217].“

ζ) Die kleineren Betriebe und Unternehmen in den wechselnden Konjunkturlagen und als Arbeitsbeschaffung in den wirtschaftlich wenig entwickelten Ländern

Mit den weltweiten Erfordernissen, eine fortschreitend stärkere Inflation zu bändigen und den jüngsten Konjunkturrückschlägen haben auch die Fragen, wie weit die Betriebe und Unternehmen verschiedener Ausmaße davon betroffen werden, an Gewicht zurückgewonnen. An diese schließt die Frage nach deren eigenen Auswirkungen auf die konjunkturellen und Wachstumsentwicklungen an. Dank der bereits ausgebauten Handwerks- und Binnenhandelsstatistik in der Bundesrepublik konnten es K. Assmann und K.-H. Schmidt kürzlich unternehmen, zwischen der „Stabilisierungshypothese“, wonach das Handwerk und im weiteren Sinne die Klein- und Mittelbetriebe auf Grund ihres größeren Anpassungsvermögens die Konjunkturen verstetigend beeinflußten und der entgegengesetzten „Krisenverstärkerhypothese“, wonach sie zur Verstärkung der Schwankungen beitrügen, nach der sachgerechten Mitte zu suchen.

Die Zahlen förderten, nach dem Urteil der beiden Autoren, eine bedeutende Konjunkturabhängigkeit gerade der gewichtigeren Handwerkszweige, und zwar eine eher noch stärkere als die der Industrie und des Einzelhandels zutage. Dabei sollen das für den gehobenen Konsumbedarf tätige Handwerk und die ähnlich liegenden Dienstleistungsbetriebe den Konjunkturwechseln schärfer als die auf die Befriedigung des Alltagsbedarfs — Assmann und Schmidt sprechen etwas mißverständlich von Massen-Konsumgüterbedarf — unterworfen sein. In den besonders stark konjunkturabhängigen Investitionsgüter-Handwerken erwiesen sich die Umsatzschwankungen eng mit den zeitlichen Veränderungen der Investitionen und der Umsätze in den Abnehmer-Industrien korreliert[218].

---

[217] *Gross,* H., S. 49 ff.

[218] *Assmann,* K. / *Schmidt,* K. H.: Die Konjunkturabhängigkeit der Klein- und Mittelbetriebe, Göttingen 1975.

Diese Globalauskünfte erfahren allerdings bereits Korrekturen und Differenzierungen durch Fingerzeige auf eine deutlich geringere Konjunkturabhängigkeit der kleineren Betriebe im Hoch- und Tiefbau. Im übrigen mangelt es nicht an jüngsten Erfahrungen in der Schweiz, die — jedenfalls im einzelnen — für eine beachtliche Beständigkeit über die depressiven Entwicklungen hinweg der gehobenen, betonter differenzierten Nachfrage zeugen. Vom Auftragsschwund für Investitionsgüter sehen sich hauptsächlich viele Zulieferer betroffen, während die handwerklichen und kleinindustriellen Fertigfabrikatehersteller häufig weniger Einbußen erleiden.

Die „kleineren" Einzelhändler scheinen Konjunkturrückschläge zunächst nicht minder, oft noch mehr, als die großen zu spüren zu bekommen. Doch besteht Anlaß zur Vermutung, daß dies auf längere Zeit hinaus nur für die mit ihren Leistungen im unteren Mittelmaß oder noch tiefer bleibenden Quartier- und „Fachgeschäfte" gelte, wogegen die für bessere Bedienung bekannten wieder aufzuholen wüßten. Ähnliches zeichnet sich im Bereich der Dienste erbringenden Zweige ab.

Was die Effekte der Verhaltensweisen der Inhaber und Leiter der kleineren Betriebe und Unternehmer anbelangt, haben wir darüber, am Beispiel der Gewerbetreibenden dargetan, bereits früher unsere Mutmaßungen angestellt[218a].

Nachdem es über viele Jahre einer nur vorübergehend abgeschwächten Hochkonjunktur mit zunehmendem Arbeitskräftemangel nicht mehr sehr von Belang, für die Sicherung von Arbeitsplätzen zu sorgen, zu sein schien, hat die „Rezession" der jüngsten Zeit diese Aufgabe unversehens wieder stark aktualisiert. In Perioden des Aufschwungs und des raschen Wachstums der Volkswirtschaften pflegen die Großbetriebe mit besonderer Vehemenz Arbeitskräfte anzusaugen und dafür kräftige Lohnsteigerungen in Kauf zu nehmen. Auf Rückschläge hin fühlen sie sich aber auch am stärksten und frühesten dazu gedrängt, größere Teile ihrer Belegschaft wieder abzustoßen oder Kurzarbeit, mit entsprechenden Einkünfteausfällen für die dazu Verhaltenen oder Unterstützungslasten für die Allgemeinheit, anzuordnen. Damit können die widerstandsfähigeren Kleinunternehmen auch in dieser Richtung an Bedeutung zurückgewinnen. — Im Übrigen lehren die wirtschaftlich noch schwachen Länder der dritten Welt einstweilen weiterhin, daß gerade die Arbeitsintensität der überwiegenden Großzahl der Kleinbetriebe, zumal der zu Mehrbeschäftigung verhelfenden neu eingepflanzten, zu deren selbständigem Vorzug werden kann. Gegenwärtig sieht es ganz darnach aus, als ob die Erfahrungen mit der bisherigen „Entwicklungshilfe" statt zur Ansiedlung größerer Industrieanlagen vor allem dazu mahne, den Völkerschaften in diesen Gebieten abwechslungsreiche ergiebige Betäti-

[218a] Vgl. Bd. II, S. 414 ff.

gungsmöglichkeiten in engerem überschaubarem Rahmen zu vermitteln[219].

η) Verhältnismäßig geringere Beanspruchung der Infrastrukturen und Naturgrundlagen

Gegenwärtig lernen Wirtschaftspraxis und Wissenschaft außer mit den im Schoße der Betriebe und Unternehmen entstehenden Aufwendungen — den „internal costs" — mit den außerhalb erwachsenden „external costs", den zumeist von der Allgemeinheit zu tragenden Belastungen zu rechnen[220]. Zwar verhält es sich nicht so, daß die Naturgrundlagen und der volkswirtschaftliche Unterbau — die Infrastrukturen — nur eine Überbeanspruchung durch die Großbetriebe erführen. Wohl aber zeitigen erst diese die bedenklichen Zusammenballungen des Schadstoffe- und Müllausstoßes, die nach den kostenträchtigen Sanierungsmaßnahmen der öffentlichen Hand verlangen. Wenn sich jetzt sogar Gefahren einer Erschöpfung der Vorkommen nicht regenerierbarer Rohstoffe abzeichnen, so gewinnt auch die häufig weniger gute Ausnützung durch die mechanisierte Produktion im großen an Gewicht. — Bis dahin hat das freie Walten der Marktkräfte diesen Belastungen noch wenig Rechnung getragen. Mit dem Andauern des „exponentiell" steigenden Rohstoffverbrauchs und der Umweltschädigung könnte es jedoch in absehbarer Frist geschehen, daß die Vergrößerung und Zusammendrängung der Betriebe auf einzelne Plätze und Landesgegenden aus gebieterischen Notwendigkeiten des Natur- und Landschaftsschutzes auf nicht weiter hinausrückbare Schranken stößt.

ϑ) Abschließende Feststellungen

Die aufgezeigten Sachverhalte münden in einige doch wohl bestimmende Feststellungen aus. Sie gewähren für die Vermutung, daß die Kleinbetriebe und -unternehmen in der modernen Wirtschaft in zusehends stärkere Bedrängnis zu geraten und zum Weichen vor den großen

[219] *Hussain*, A.: Die Bedeutung der Kleinbetriebe für die Entwicklungsländer, in: Internat. Gewerbearchiv 24. Jg./1976, Nr. 3, S. 151 ff.

Der Untersuchungsbericht über die Lage der industriellen Klein- und Mittelbetriebe in den EWG-Ländern von 1966 vermerkt auf S. 88: „Die Gründung von Klein- und Mittelbetrieben in den weniger entwickelten Regionen ermöglicht die Beschäftigung dort vorhandener Arbeitskräfte und erfordert geringeren Kapitaleinsatz als ein Großunternehmen. Die Entstehung einer arbeitsintensiven Produktion wird für das Gebiet zu einer wichtigen Einkommensquelle."

[220] *Kapp*, K. W.: Die Kosten der Privatwirtschaft, Zürich/Tübingen 1958. Über dessen Feststellungen hinausgehende Thesen vertritt jüngstens R. W. *Kao* in seinem Beitrag: Wirtschaftliche Rechtfertigung der Förderung von Klein- und Mittelbetrieben, in der obengenannten Nr. 3/1976 des Internationalen Gewerbearchiv, S. 166 ff.

verurteilt seien, nur noch beschränkten, auf einzelne Produktions-, Handels- und Dienstleistungszweige begrenzten Raum. Vielmehr wirken neben einigen sie begünstigenden irrationalen und außerwirtschaftlichen Impulsen, die übrigens oft durch entgegengerichtete, die Vergrößerung fördernde, überdeckt werden, mancherlei spezifisch wirtschaftliche Kräfte auf den breiten Fortbestand zahlreicher kleiner Einheiten hin. Bei allen vorhandenen Neigungen zur Ausdehnung der Betriebe und ihrer Zusammenfassung ist nicht zu übersehen, daß bedeutende Bedürfnisse, durch jüngere technische Errungenschaften verstärkt, nach wie vor nach Erzeugnissen und Diensten verlangen, welche kleinere Einheiten ebenso zweckdienlich wie die großen, vielfach besser und nicht selten auch billiger als jene anzubieten vermögen. Dabei helfen Regungen allgemeiner Natur, wie das noch nicht verschüttete Streben nach Selbständigkeit im Verein mit der Bereitschaft, sich diese besondere Anstrengungen kosten zu lassen, mehr oder minder nachhaltig nach.

So geben die statistischen Aufschlüsse sogar für die Vereinigten Staaten von Nordamerika den Blick dafür frei, daß nur begrenzte Bereiche ihrer hochindustrialisierten Wirtschaft, wie die Stahlwerke (Pittsburgh), die Automobil- und Traktorenindustrie (Ford, General Motors, Chrysler), die Stahlfedern- und Schreibmaschinenfabrikation sowie die Müllerei, die Brauerei, die Brennerei, die Herrenkonfektion, die Zigarettenfabrikation einem betonten Trend zum großen Betriebs- und Unternehmungszusammenschluß unterliegen[221]. Ausgedehntere Gebiete: Die Wirkerei, die Metzgerei, die Konservenfabrikation, Zweige der Kleider- und der Schuhherstellung sowie die Möbelfabrikation bleiben im Zeichen mittelgroßer und kleinerer Einheiten und eines bereits bedeutend schwächeren Konzentrationsdralls. In der Druckerei und Lithographie, der Bauteilefertigung, der Holzwarenerzeugung, der keramischen Branche, der Erzeugung von Modeschmuck und selbst im Drahtzug prägte sich in der Zeit von 1947 - 1954 eine Verringerung der Konzentration aus. Beachtung verdient ferner die starke Beteiligung der Kleinunternehmen an einigen jungen Produktionszweigen wie der Elektronik und der Kunststoffverarbeitung. — Für einige westeuropäische Länder hat M. Woitrin aus spärlichen Unterlagen Entwicklungslinien herauszuschälen versucht[222]. Die ihm zugänglichen Zahlen zeigten zwar für die westdeutsche Schuhindustrie eine erhebliche Verschiebung der Anteile an den Gesamtbeständen der Beschäftigten wie der erzielten Umsätze auf die Größenklassen mit 200 - 499 und mehr als 1 000 Beschäftigten auf Kosten der kleineren Unternehmen, jedoch bereits weniger markante in der Möbelherstellung auf die Größenstufe mit 50 - 99 und 100 - 199 Beschäftigten auf. Für Belgien glaubte Woitrin in der Schuhindustrie geringere,

---

[221] *Gross*, H.: S. 36; *Lenel*, H. O.: S. 87.

[222] *Woitrin*, M.: S. 15 ff.

dagegen in der Möbelfabrikation wieder stärkere Bodengewinne der größeren Betriebe und Unternehmen zu erkennen. Ebenso bahnte sich, freilich von bisher durchaus vorherrschend bescheidenen Ausmaßen aus, in der französischen Möbelerzeugung ein Vordringen größerer Betriebe an. Dagegen bleiben — stets nach Woitrin — die Dienstleistungszweige in allen in Betracht gezogenen Ländern in hohem Grade von kleineren Einheiten getragen. Eine Ausnahme von der Regel soll lediglich die Eingliederung bestimmter Arbeiten, z. B. die des Nachbohrens von Kalibern in Verbindung mit der Reparatur von Automobilmotoren am Fließband in ein sehr bedeutendes Industrieunternehmen, ausgemacht haben. Für die Schweiz errechnete R. Hasler, daß trotz einer Reihe von Unternehmungszusammenfassungen in der Maschinen- und in der chemischen Industrie von einer ausgesprochenen Zusammenballungstendenz nicht die Rede sein könne[223].

---

[223] *Hasler,* R.: Betriebsgröße und Betriebskonzentration in der schweizerischen Industrie, in: Schweiz. Zeitschrift für Volkswirtschaft und Statistik, 102. Jg. / 1966, Nr. 2, S. 121 ff.

B. Die volkswirtschaftlichen Wesenszüge des Handwerks

I. Die äußeren Erscheinungsformen

1. Das meistens beschränkte Ausmaß der handwerklichen Betriebe

Mit der Klarstellung der Möglichkeiten für die kleineren Betriebe und Unternehmen im marktwirtschaftlichen Wettbewerb gewinnen wir die Ansatzpunkte für das zeitgemäße Verständnis des Handwerks und — in der Folge — ebenfalls der übrigen Gewerbezweige. Sowohl die Handwerks- als die gewerblichen Handels- und Dienstleistungsbetriebe pflegen in der Tat stark vorwiegend kleinere und kleinste zu sein. Eine namentlich in den angelsächsischen Ländern verbreitete Schule geht — das Handwerk nur noch als Randerscheinung betrachtend — gar nicht mehr über die Unterscheidung zwischen „small"- und „bigger business" hinaus. Ebenso neigt die heutige Lehre vom „selbständigerwerbenden Mittelstand" dazu, das Hauptmerkmal ihres Betrachtungsgegenstandes im beschränkten Umfang der Betriebe und Unternehmen zu erblicken, m. a. W. dessen Angehörige mitsamt ihren Verhaltensweisen von dieser Begrenztheit her zu deuten.

Tatsächlich geht aus den statistischen Erhebungen ein starkes bestandesmäßiges Übergewicht der kleinen Einheiten in der Handwerkswirtschaft hervor. Wir hatten oben auf den bis auf den heutigen Tag übergroßen Anteil der Einmann-Betriebe und derjenigen mit 1 - 2 sowie mit 3 - 5 beschäftigten Personen hinzuweisen. Dieser Sachverhalt kommt nicht von ungefähr; häufig spielt die Verankerung im Familienverband eine namhafte Rolle. Die kleineren Familienbetriebe zeigen nicht nur die enge Verbindung von Heim und Werkstätte, sondern zudem gemeinschaftliche oder stark gemeinschaftlich beeinflußte Disposition, Planung und Arbeitsvollzüge der Blutsverwandten, bis dahin nicht selten noch die Vermengung von Geschäfts- und Konsumhaushalt.

Zudem stellt die Erweiterung dieser Betriebe oft relativ höhere Anforderungen als die der größeren. Deshalb sah die Gesetzgebung Belgiens in den Inhabern der Kleinbetriebe eine eigene Kategorie der „travailleurs non salariés", und es entbehrt auch nicht jeglicher Berechtigung, wenn Frankreich im Bestreben, den in kleinem Rahmen selbständig Berufstätigen etwelche Steuererleichterungen einzuräumen, zu einer eng gefaßten Legaldefinition des „artisanat" gelangte[1]. Doch bildete diese

Umschreibung seit ihrer Aufnahme immer wieder den Gegenstand lebhafter Aussetzungen, die Willkürlichkeiten der Abgrenzung, gerade der Verwendung des Merkmals der Betriebsgröße wegen, und schädliche Folgen daraus geltend machten.

Bei aller Verbreitung der Kleinbetriebe gibt es in der modernen Volkswirtschaft viele nicht mehr in die zahlenmäßige Kennzeichnung hineinpassende, aber mit den dazu gerechneten offenkundig auf das engste verwandte. Ungeachtet der versuchten quantitativen Deutung wachsen zunehmend mehr Einheiten über den als höchstzulässig festgelegten Umfang hinaus, ohne — im Fall Frankreichs — ihre handwerkliche Natur einzubüßen. Das gilt namentlich für manche Einheiten des Baugewerbes, des Maler-, Spenglerei- und Installateurhandwerks sowie für solche der Nahrungsmittelbereitung[2] und der Dienstleistungszweige.

Die Unmöglichkeit der Ausscheidung der Betriebe mit bis zu 5 Hilfskräften von denen mit 7, 8 und vielleicht sogar 12 und mehr Beschäftigten erweist sich über kurz oder lang in den meisten selbständig ausgeübten, ein bestimmtes Können erheischenden Produktionsrichtungen, die einerseits einer zeitlich stark schwankenden Nachfrage zu genügen, andererseits mannigfache und veränderliche Bedürfnisse zu befriedigen haben. In einigen gibt es unbezweifelbar handwerkliche Unternehmen mit über Monate 50 bis 200 Beschäftigten, die in ihrer Leistungsausrichtung wie in der inneren Organisation mit den kleineren Einheiten der Fachbereiche viel mehr als mit „Fabriken“ mit derselben Zahl von Arbeitern gemein haben. Andererseits mangelt es namentlich in den jüngeren Veredelungsindustrien nicht an augenscheinlich zu dieser zu rechnenden Kleinbetrieben mit nur wenigen Angestellten und Arbeitern. Zumal im Zuge der Ausbreitung der Unteraufträge auf die Zulieferung von Teilfabrikaten gewinnen solche an Boden, die, völlig mechanisiert, in betonter Serienfertigung für industrielle Fertigprodukthersteller erzeugen. Nicht selten erlaubt ihnen: von der Handelsmüllerei bis zur Decolletage im Rahmen der Uhrenfabrikation oder hochspezialisierten Ausrüsterei in der Textilwirtschaft eine hochgezüchtete Apparatur, mit sehr begrenzter personeller Dotierung auszukommen.

So besteht zwar das Handwerk weit überwiegend aus Kleinbetrieben, und werden wir noch sehen, daß das keineswegs auf bloßem Zufall beruht. Deshalb durften wir das Merkmal wenigstens als Arbeitsbehelf benützen, um an das Untersuchungsobjekt näher heranzugelangen. Die Nachprüfung fördert jedoch nicht nur Fragwürdigkeiten der zu wählen-

[1] In jüngerer Zeit sucht die französische Handwerkspolitik wenigstens schrittweise von der einschränkenden Deutung wegzukommen. Den Anfang damit machte der Code de l'artisanat vom 16. Juli 1952 (vgl. darüber in deutscher Sprache: Internationales Gewerbearchiv, 1. Jg. / 1952, Heft 2, S. 21).

[2] Bemerkenswerterweise wurde das Bäcker- und Metzgereigewerbe von der französischen Gesetzgebung auch in seinen kleinen Einheiten überhaupt nicht als „artisanat“ anerkannt, sondern dem Kleinhandel zugezählt.

den Größenmaßstäbe, sondern auch Überschneidungen in der Betriebsgrößen-Streuung zutage, welche die Ausscheidung von Handwerk und Industrie nach diesen Abstufungen zu einer unzureichenden machen. Sie stellen sich als nicht durchgängig gegebene und leicht einmal verzerrte Bilder liefernde heraus.

Das scheinbar so alltägliche, einfach zu deutende Handwerk zeigt noch weitere Gesichter. Nicht von ungefähr hat sich im deutschen Sprachgebrauch eine mehrfache Verwendung[3] des Ausdrucks eingebürgert. Eine zweite meint damit eine eigene Technik, eine dritte glaubt, auf die Art der Betriebsführung abstellen zu sollen, während eine vierte, wirtschafts- und sozialgeschichtlich ausgerichtete, in ihm ein in früherer Zeit vorherrschendes Betriebssystem sieht[4]. Andere vermischen vollends wirtschaftliche und allgemein gesellschaftliche Belange. Am meisten werden aber die Deutungen Beachtung verdienen, die an das Überleben und weitere Gedeihen solcher Betriebe eigener Prägung in den modernen, fortschreitend „industrialisierten“ Volkswirtschaften anknüpfen.

2. Weitgehende Werkerstellung von Hand

Die auf die Produktionstechnik ausgerichtete Auffassung erblickt im Handwerk die Gesamtheit jener Stoffbearbeitung, die auf dem bestimmenden Einsatz qualifizierter Handarbeit beruht. Hinter ihr steht das Bild der „weitgehenden Werkerstellung von Hand“. Damit verbindet sich noch jetzt ein Hinweis auf deren stark dem Herkömmlichen verhaftete und ganz von persönlichen Fertigkeiten getragene Hervorbringung. Sie wende vorwiegend überlieferte Verfahren an, die nur durch unmittelbare Anschauung und praktische Erprobung zu erlernen seien. Von der Zerlegung der Leistungen mache das Handwerk viel weniger als die Industrie Gebrauch. Zumeist wäre es ihm auch viel weniger möglich, sich auf versachlichtes, Büchern und sonstigen Schriften zu entnehmendes Wissen abzustützen. Diese Untermauerung würde erst für die Industrie charakteristisch. — Ein umfassenderer Sinn steckt im Ursprung der französischen Bezeichnung „artisanat“, der das praktische Könnertum, noch dem künstlerisch-schöpferischen benachbart, hervorhob. — Die Betonung der Arbeit von Hand mochte früher einmal zutreffend sein. Sie mußte allerdings zu jener Zeit noch wenig offene Fragen beantworten, weil ja die damalige Gesellschaft Maschinen entweder überhaupt nicht oder nur äußerst beschränkt nutzbar zu machen wußte. — Mitunter wurde die Handarbeit schon als Gegenstück zur im wesentlichen vom Kopf zu leistenden aufgefaßt. In Wirklichkeit verbietet jedoch ge-

[3] *Sombart,* W.: Gewerbewesen, Berlin 1929, Bd. I, S. 6; *Voigt,* F.: S. 24; *Rössle,* K.: Artikel „Handwerk“, in: *Nicklisch,* H. (Hrsg.): Handwörterbuch der Betriebswirtschaft, Stuttgart 1939, Bd. 2, S. 171 ff.

[4] *Sombart,* W.: Ebenda.

rade das Handwerk eine solche Betrachtungsweise, weil es mit zu seiner Natur gehört, vornehmlich auf qualifizierten Verrichtungen, d. h. solchen aufzubauen, die Zweckbedachtheit und gestaltendes Denkvermögen beanspruchen[5]. Kein geringerer als P. A. Renoir[6] hat „ein besonderes Interesse, eine gesteigerte Anspannung des Geistes" festgestellt.

„Haben Sie je zugesehen, wenn so ein Mann an der Arbeit ist? Wie er mit fühlenden Fingern prüft, mit den Augen, wie er probiert, unzufrieden, bis das Ding den möglichst hohen Grad der Richtigkeit erlangt hat? Haben Sie gesehen, wie ungern er auf diese Richtigkeit verzichtet, sich mit einem Ungefähr zufrieden gibt, selbst wenn dieses Ungefähr praktisch genügen würde? Ich habe solchen Vorgängen nie zugesehen, ohne den Eindruck zu empfinden, daß da eine Liebe zum Ding am Werke ist, zuweilen fast zärtlich, die — meist ganz unbewußt, aber um so lebendiger — über ein rein sachliches Verhalten weit hinausgeht, oder vielmehr: dies sachliche Verhalten erst bestimmt und daß in diesem Verhältnis des Menschen zu seinem Arbeitsobjekt die Grundlage aller Kultur zu suchen ist. Es ist, auch in der einfachsten Arbeit, ein geistiges Verhalten."

Ferner sei auf das „Grundgesetz des handwerklichen Schaffens" verwiesen, daß der besinnliche Schriftsteller H. Hiltbrunner formulierte[7].

Schon dort, wo die Erzeugnisse und Dienste reichliche Erfahrung im Umgang mit den Werkstoffen und den jeweilig geeignetesten Verrichtungsvollzügen verlangen, verpflichtet der Beruf zum nachhaltigen persönlichen Einsatz für eine zielbewußte, stetige und fachliches Können erheischende produktive Tätigkeit[8]. Im Handwerk vermochte sich Verantwortungsgefühl für gute Arbeit am frühesten und stärksten zu entwickeln und lebt es in diesem, bereits im unselbständigen Fabrikschreiner, -schlosser, -installateur, -werkzeugmacher, und im auf den eigenen Namen ausgeübten oft noch mehr, mit am ausgeprägtesten fort.

Der Bogen der „Handarbeit" reicht von derjenigen des Straßenkehrers bis zu den gekonnten Eingriffen des Chirurgen[9]. Tatsächlich umfaßt auch das handwerkliche Schaffen sowohl einfache als schwierigere, „repetitive" wie „innovatorische" Arbeiten. Die meisten pflegen sich im

---

[5] *Wernet*, W.: S. 15 ff.; *Piest*, H.: Das Handwerk in der technisierten Wirtschaft, in: Spiegel der Gewerke, Köln 1952, S. 9.

[6] *Renoir*, P. A.: Nur hochgespannte Geister handwerken recht, in: *Gatz*, K. (Hrsg.): S. 44; *Stresau*, H.: Über das Unwandelbare in der Menschenarbeit, in: *Gatz*, K. (Hrsg.): S. 29.

[7] *Hiltbrunner*, H.: Das Hauptgesetz des handwerklichen Wirkens, in: *Beuttner*, P. (Hrsg.): Kameraden der Arbeit, Weinfelden 1942, S. 61 f.

[8] *Riedel*, J.: Artikel „Beruf", in: Handwörterbuch der Betriebswirtschaft, Bd. 1, Stuttgart 1956, S. 637; *Dolder*, H.: Die schweizerische Berufsberatung, Diss. St. Gallen, Winterthur 1968, S. 1 ff. mit Literaturangaben; *Hesse*, H.: Berufe im Wandel, ein Beitrag zur Soziologie des Berufs, der Berufspolitik und des Berufsrechts, 2. Aufl., Stuttgart 1972.

[9] So gibt es ja für gute Ärzte, gestaltende Künstler usw. als Anerkennung die Redewendung, daß sie „ihr Handwerk verstünden".

Mittelfeld zwischen den wenig Wissen und Erwägen und den beides in höherem Grad erfordernden zu bewegen. Sicherlich gehört zum Handwerk die gehörig erlernte Leistungserbringung, die auf wohl angelegter beruflicher Ausbildung beruht. Die Kritik der jüngsten Jahre an der Lehre in den Betrieben und sogar am Beruf als solchem wird aller Voraussicht nach nichts daran ändern, daß es manche gerade anspruchsvollere Bedürfnisse weiterhin nur mit Kräften im Vollbesitz abwandlungsfähig auswertbarer Kenntnisse und Fertigkeiten, zu einem guten Teil auf dem Miterleben des praktischen Geschäftslebens beruhend, zu befriedigen gelingt[10].

Dennoch erschließt die Berufung darauf dem Volkswirtschafter noch keinen die Sachverhalte klärenden Bescheid. Sie bleibt die Frage nach dem Wesenskern auch dann schuldig, wenn man sich die benötigten Verrichtungstechniken näher vergegenwärtigt. Das Gegenstück zur augenscheinlich noch in größerem Umfang erforderlichen Handarbeit bildet der stärkere Gebrauch von Maschinen und anderer unmittelbar menschliche Bemühungen erübrigender technischer Ausrüstungen. Im Verweis auf die Handarbeit schwingt die Vorstellung einer schwachen Mechanisierung der Fertigung mit.

Die Maschinenarbeit äußert sich darin, daß die für die Gesamterzeugung bestimmenden Leistungen aufgrund von Mustern und Schablonen auf technische Hilfsmittel übertragen und die beschäftigten Personen auf die Zu- und Abschiebung von Rohstoffen und des Angefertigten sowie auf die Regelung und Sicherung des Laufs der Apparatur beschränkt werden. Nach vorgängiger Zerlegung der notwendigen Operationen fällt die Ausführung der für die mengenmäßige wie für die qualitative Ausbeute entscheidenden Teilfunktionen den sachlichen Vorrichtungen zu, womit es meistens eine starke Produktivitätssteigerung zu erzielen gelingt. Stammt die Maschine ursprünglich vom Werkzeug ab, das man schon als verlängerten Arm oder verfeinerten Finger des schaffenden Menschen charakterisierte, so entfernt sie sich im Zuge ihrer Vervollkommnung zusehends von diesem. Die Grenzen zwischen beiden bleiben allerdings unklar und fließend, weshalb eine scharfe Ausscheidung stets in gefährliche Nähe der Willkürlichkeit gerät. Je nach dem Produktionszweig verwandeln sich Handarbeit und Werkzeug früher und rascher oder später und langsamer in maschinelle Tätigkeit. Dessenungeachtet gehorchen beide ihrer Natur nach ganz verschiedenen Entwicklungsgesetzen, die in den Aussagen eines sorgfältigen Beobachters den folgenden beredten Ausdruck fanden:

„Während es das Ziel und also die Vollkommenheit des Werkzeugs ist, gleichsam aufzugehen, wie zu verschwinden in der Hand des Menschen, diese selbst zu werden, ... so ist es im völligen Gegensatz dazu Ziel und Vollkommenheit

[10] Vgl. Band III, 2. Halbbd., S. 90.

der reinen Maschine, in steigender Annäherung völliger Automat zu werden, unabhängig vom Menschen das Werk ohne die Hand des Menschen und also noch mehr ohne die Seele, ohne den Geist des Menschen, zu vollbringen[11]."

Tatsächlich war es bisher eine weit verbreitete Vorstellung, daß sich das Handwerk zur Hauptsache mit „Werkzeug" begnüge und Maschinen nur in bescheidenem Umfange benütze. In Wirklichkeit entfernt sich aber das heutige je länger desto mehr von diesem Bilde. In Tat und Wahrheit hat sich in ihm schon seit Jahrzehnten ebenfalls eine technische Umwälzung im Sinne des Einsatzes von „Maschinenkapital" Bahn gebrochen. Wo man hinblickt: ob auf das Bäckerei- oder Metzgereigewerbe, auf die Schreinerei, die mechanischen Werkstätten, die Drechslerei und Möbelschreinerei, bis zum Hoch- und Tiefbau und den zahlreichen Ausbauhandwerken, bedienen sich jetzt fast alle mehr oder weniger entwickelter technischer Gerätschaften, oft mit motorischem Antrieb[12]. Nur deswegen, wenn nicht ein Weiteres: eine Änderung der Unternehmungsziele daraus erwächst, verlieren sie noch nicht erheblich von ihrem angestammten Wesen. Wahrscheinlich hat H. Piest das Verständnis zurechtgerückt[13], indem er die enge Koppelung (Kumulation) von Erfindung, Planung und Konstruktion mit der praktischen Erbringung der Nutzleistungen für deren Erwerber betonte, während die Industrie eine immer strengere Ausgliederung dieser Obliegenheiten und deren Zuweisung an verschiedene, einander in der Regel kaum mehr persönlich kennende Bedienstete zeige.

Zudem bleibt die Maschinenverwendung im Handwerk weithin eine andere, viel weniger die ganzen Erzeugungsverfahren und sogar die Gestaltung der Produkte prägende als in jener. Einige Kommentatoren möchten sie immer noch als verlängerten Hebelarm der Handarbeit deuten. Zum mindesten drängen selbst dort, wo die Mechanisierung fortschreitet und auf größere Bereiche der Auftragserfüllung ausgreift, die zu befriedigenden Versorgungswünsche stets von neuem dazu, von ihr wechselnden Gebrauch zu machen. Daran ändert sogar die Mitauswertung der elektronischen Datenverarbeitung etwa für die Lohnabrechnungen und dgl. nichts. Es ist einfach, im Sinne der Anpassung an die heutigen wirtschaftlichen und gesellschaftlichen Grundbedingungen, eine steigende Mit-Zuhilfenahme der technischen Errungenschaften im Gange.

Im übrigen bildet, wirtschaftlich betrachtet, die Handarbeit keinen Selbstwert. Sie birgt lediglich Hinweise auf mögliche dahinterstehende Bestimmtheiten. Aus diesem Blickwinkel ist ja sofort die Frage nach dem

---

[11] *Häcker,* Th.: Vom Handwerkszeug und vom Automaten in der Maschine, in: *Gatz,* K.: S. 52.

[12] Weiter unten, S. 174.

[13] *Piest,* H.: S. 3.

„Warum" (warum denn Erfordernisse der Abstützung auf — irgendwie arteigene — Handarbeit?) aufzuwerfen. Die bloße Berufung auf diese liefert noch keinen Bescheid.

3. Personalistisches Wirtschaften

An das Verständnis des Handwerks als stark auf Handarbeit angewiesene Erzeugung knüpft die erweiterte Deutung W. Wernets als „personalistisches Wirtschaften" an[14]:

„Damit sind in genereller Sicht prinzipiell verschiedenartige Wirtschaftsweisen einander gegenübergestellt: die personelle, auf das Subjekt des Wirtschaftenden unmittelbar bezogene und die instrumentale — operative — die ihre Wesensbestimmung aus der technischen, kaufmännischen oder administrativen ‚Anlage' empfängt, und die den darauf oder darin tätigen Menschen als Objekt selbständig gegenübertritt."

Die Deutung schwenkt auf eine semantische Kennzeichnung ein, die mehrere, da und dort ganze Ketten von Tatbeständen mit ihren Gegenstücken aufreiht, um aus dem Grad ihrer Verwirklichung oder ihres Nichtvorhandenseins charakteristische Kurvenverläufe, „Gesamtprofile" der zu erklärenden Erscheinungen zu gewinnen.

Wer wollte bestreiten, daß das Zusammentreffen der drei Komponenten: Erfordernis gelernter Arbeit, selbstverantwortliche Betriebs- und Unternehmensführung und eigene Mitarbeit bei der Ausführung der Aufträge, oder doch bestimmende Einflußnahme auf diese, gleichsam den Modellfall des Handwerklichen ergibt? Ihm gegenüber befindet sich die Industrie stark im Bann der Maschinentechnik und unvermeidlicher Arbeitszerlegung. — Dennoch vermögen auch diese Auffassungen nicht zu befriedigen. Fürs erste drängen sich Zweifel an der Angemessenheit der Meinung auf, daß, damit ein handwerklicher Betrieb bestehe, dessen Kopf bei der Erbringung der Nutzleistungen immer dabei sein müsse. Ist er es dann nicht mehr, wenn sich sein Träger zutraut, für die Zuverlässigkeit der Arbeitsausführungen nach der Planung vom Kontor aus zu sorgen und die damit erzielbare Entlastung für die bessere Fühlung mit den Kunden und eine noch umsichtigere Geschäftstätigkeit auszunützen?

Sodann ist doch die bereits starke und fortschreitend noch weiter ausholende Zuhilfenahme von Maschinen und sie ergänzender technischer Ausrüstungen zu verzeichnen; die Handwerksmeister wirtschaften ihrerseits — nach den Formulierungen W. Wernets — bereits in hohem Grade „instrumental"; ohne von ihrer Grundausrichtung abzugehen, vielleicht sogar darauf bedacht, hervorragende Vertreter dieser Produktions-

---

[14] *Wernet,* W.: Personales und instrumentales Wirtschaften, in: Schmollers Jahrbuch für Gesetzgebung, Verwaltung und Volkswirtschaft, 76. Jg., Hefte 1, 2, 6, S. 1, 143, 641 ff.; 77. Jg., Heft 3, S. 271 ff.

weise zu bleiben. Endlich erschließt diese Deutung abermals keine Einblicke in das „Warum", d. h. in die Gründe, welche die geschilderte Produktionsmittel-Kombination nahelegen.

Ähnliche Schwächen haften dem Versuch von J. Marchal an, das Wesen des Handwerks in Frankreich durch eine Umschreibung einzufangen[15]. Dieser erachtete die häufige Verknüpfung der freien Erwerbstätigkeit im Gebiet der Stoffbearbeitung mit der Familiengemeinschaft als kennzeichnend und glaubte es in Verbindung mit den nachgenannten drei Merkmalen:

a) der streng persönlichen Leitung der Betriebe, wobei ebenfalls ein und dieselbe Person für die Beschaffung der Produktionsmittel sorge;

b) dem selbständigen Verkauf im marktwirtschaftlichen Beziehungsgeflecht, auf eigene Chancen und Risiken und

c) einer eigentümlichen Vermengung des Erwerbsstrebens mit der Berufs- und ursprünglichen Schaffensfreude

zu erkennen.

Abermals bleibt die Begriffsbildung zu sehr am Persönlichen der Anbieter der handwerklichen Arbeiten und am institutionellen Rahmen ihrer Betriebe hängen. Sie vermittelt wieder keine Einsichten in das „Wieso" dieser Erscheinungsformen.

4. Enge Verbindung von Kapital und Arbeit

Die neuere Entwicklung der Wirtschafts- und Gesellschaftstrukturen, zumal das Aufbrechen der „sozialen Frage" machte den Maßstab der erreichten und gewahrten engen Verbindung von „Kapital" und „Arbeit" zeitgemäß. Während in der Industrie, typisch kapitalistisch, eine fortschreitende Trennung des Eigentums an den Produktionsmitteln von den ausführend Beschäftigten, von deren Entfremdung von den Betriebsleitern und Unternehmern begleitet, Platz greife, wäre der Handwerksmeister meistens bestrebt, ohne Fremdmittel auszukommen.

Zugleich böte er den Mitarbeitern die dauernd enge Fühlung mit hunderterlei Möglichkeiten, ihn auf seine eigene Hingabe an die zu erbringenden Leistungen und seine Erwerbstätigkeit hin zu beobachten. Meistens entstammten beide auch nicht schärfer voneinander geschiedenen Bevölkerungsschichten.

Wir werden diese Hinweise bei der Erörterung der Eigentümlichkeiten des Arbeitsverhältnisses im Handwerk ein gutes Stück des Weges weit bestätigen können[16]. K. Bücher sah einen selbständigen Sozialwert darin und meinte, daß die noch vorhandene Nachbarschaft von Kapital

---

[15] *Marchal*, J.: S. 473 ff.

[16] Vgl. S. 350 ff.

und Arbeit ihre Parallele in einer solchen der Arbeits- und Besitzeinkommen finde:

„Und zwar ist es ein Besitz, der Arbeitsprodukt ist, und den die Arbeit sich unterworfen hat, nicht ein Besitz, der auf ausschließlicher Aneignung von Naturgaben beruht, wie der Grundbesitz, der in seiner starren Unbeweglichkeit sich die Arbeit unterworfen hatte. Während das Grundeigentum die Arbeit an sich gefesselt, sie verdinglicht hatte, ist jene neue Art von Eigentum die persönliche Ausstattung des Arbeitenden, die ihn frei macht[17]."

Noch einmal decken indessen die Aussagen je länger desto weniger die ganze Fülle der Erscheinungsformen. Mit dem Entstehen größerer handwerklicher Unternehmen, ja schon vorher, unter dem Einfluß der Klassenkampfstimmung der Jahrzehnte von der Wende vom 19. zum 20. Jahrhundert bis nach dem ersten Weltkrieg, ist es ebenfalls im Handwerk zu tiefgreifenden Entfremdungen der Betriebsinhaber und ihrer Gehilfen gekommen. Zeitweilig wurden in ihm heftigere kollektive Arbeitskämpfe, mit Streiks und Aussperrungen, als in der Industrie ausgetragen. — Zudem regte der zusehends an Boden gewinnende „kapitalistische" Wirtschaftsstil zum Nacheifern im Erwerbsstreben an. Vollends erschloß die wachsende Kapitalintensität der Betriebe mit dem stark wachsenden Finanzierungsbedarf ebenfalls das Handwerk, wo sich Gelegenheiten dazu boten, für Neigungen zur „Kapitalakkumulation". Die steigende Notwendigkeit der Fremdkapitalbeschaffung zur Selbst- und Eigenfinanzierung hinzu wirkte besonders in diesem Sinne. Wir geraten also selbst in dieser Beziehung in die Verständnisschwierigkeit, daß Vorzüge, die dem Handwerk von Haus aus augenscheinlich innewohnten, ihm in der „modernen Industriegesellschaft" leicht verloren gehen und es in ihr besonderer Einsätze bedarf, um das Zusammenspiel der Kräfte in den Betrieben erneut, oder erst recht, zu echter Arbeitsgemeinschaft emporzuheben. Noch mehr liegt der Einwand in der Luft, daß das Neben-, Unter- und Miteinander mitsamt gelegentlichem Gegeneinander der Inhaber und Leiter der Betriebe und ihrer Gehilfen wohl Licht auf nach wie vor wichtige soziale Gliederungen und Chancen zu ihrer Verbesserung werfe, doch seinerseits keine Antwort auf die Frage nach dem Wesen, der eigentlichen Substanz des Betrachtungsgegenstands erteile.

5. Erbe der mittelalterlichen Handwerkswirtschaft?

Die wirtschafts- und sozialgeschichtliche Deutung verdient insofern Beachtung, als im Abendland erst die Entfaltung des hochmittelalterlichen Handwerks eine von der Bodenbebauung gelöste größere Wertschöpfung in die Wege leitete und dadurch, über das erwähnte engmaschige Netz von Zünften mit ihren Ordnungen, den Boden für das Auf-

[17] *Bücher,* K.: Artikel „Gewerbe", in: Handwörterbuch der Staatswissenschaften, 2. Aufl., 4. Bd., S. 376.

blühen einer neuen Städtekultur bereitete. Ihm sind viele Bereicherungen der Güterversorgung zu verdanken. Dabei zählte man nicht nur die Erzeugung körperlicher Dinge, sondern ebenso die Dienste des Fuhrmanns, des sich über das Lohnwerk erhebenden Maßschneiders, der Wäscherin und die der Gastwirte dazu. Anfänglich milderte die klassische Stufenfolge für das Hineinwachsen in die volle Fachtüchtigkeit und den damit verbundenen sozialen Aufstieg auch die Standesschranken, freilich nur, bis später, aus verändertem Zeitgeist heraus, die Erschwerung und eigentliche Abriegelung des Emporkommens in das Gesellentum und von diesem in die selbständige Erwerbstätigkeit bereits schwere Spannungen zwischen den Meistern und der Gehilfenschaft verschuldete[18]. Es war lange Zeit noch jenes Handwerk, das auf das Kleinbleiben der Betriebe Gewicht legte und mit einfachstem Werkzeug auszukommen hatte.

Zur sachgerechten Würdigung des heutigen Handwerks genügt indessen der Rückblick auf das frühere noch einmal nicht. Natürlich kann man niemandem verwehren, die „gedrückten kleinen Gestalten“ des „Gevatter Schneidermeister“, oder des zum „Reihenschlachten“[19] verurteilten Fleischers oder den biederen Schmied oder Schlosser mit örtlich eng begrenztem Arbeitsfeld als für die Gesamterscheinung bezeichnend anzusprechen. Wer dazu neigt, darf sich aber über den Vorwurf nicht wundern, nicht mehr zeitgemäße Auffassungen zu vertreten und das, was er geltend machen möchte — nämlich das letztlich unausweichliche Verdrängtwerden dieser Produktionsart —, von vornherein in diese hineinzulegen! Der im ganzen knappe Wortschatz erlaubt es nicht, die gebräuchlichen Ausdrücke für tatsächlich veraltete, mehr oder weniger nur noch den Rand unseres Untersuchungsgegenstands säumende Ausprägungen auszugeben und sie hernach als angemessenste Benennungen für die typischen nicht mehr zur Verfügung zu haben[20].

Von der Vorstellung, daß es sich beim Handwerk zwar um „eigenständige Existenzen“, aber auf der ganzen Linie um Inhaber kleiner Unternehmen handle, war es nur ein kleiner Schritt zur weiteren, daß sich deren Leitung in Traditionalismus und Beharren auf den einmal erworbenen Fähigkeiten erschöpfe. In der Tat gibt es solche, die, zumal im vorgerückten Alter, nur noch wenig Neigung an den Tag legen, neue technische Errungenschaften und kaufmännische Übungen auch für sich auszuwerten. Einige dieser Fachleute huldigen wahrscheinlich immer noch der Regel des „standesgemäßen Lebensunterhalts“[21], vielleicht sogar

---

[18] *Kulischer,* J.: Bd. II, S. 144, und *Sombart,* W.: Bd. II, 2, S. 1083.

[19] *Kulischer,* J.: Bd. II., S. 143.

[20] *Böhm-Bawerk* v., E.: Kapital und Kapitalzins, 4. Aufl., Jena 1921, Bd. 1, S. 43 ff.

[21] *Sombart,* W.: Der moderne Kapitalismus, S. 191 ff.

nach dem Bilde, das seinerzeit J. W. v. Goethe von den Jenaer Handwerksmeistern entwarf, „sie hätten zumeist den vernünftigen Sinn, nicht mehr zu arbeiten, als sie allenfalls zu einem lustigen Leben brauchten“[22]. Solche Gesinnungen üben sicherlich noch Einflüsse auf das Geschäftsgebaren nicht weniger Betriebsinhaber aus und sind zum wirklichkeitsnahen Verständnis mit zu beachten. Indessen verliert die Gedankenverbindung mit vorherrschender Routinearbeit in engem Raum, oft genug von Fortschrittsfeindlichkeit begleitet, bereits mit dem Ungenügen des Merkmals der auf geringen Umfang beschränkten Wirtschaftseinheiten ein gutes Stück ihrer Grundlage[23].

Von einem Verhaftetbleiben des gesamten Handwerks in Überlieferungen aus früheren Zeiten kann im Schoße entwickelter Volkswirtschaften je länger desto weniger die Rede sein. Im heutigen Überblick spannt sich, bei seiner Ausdehnung und der in einigen Ländern noch wenig wählerischen Nachwuchsrekrutierung nicht verwunderlich, ein weiter Bogen von schwächeren und wenig mehr auf das Hinzulernen bedachten Elementen über die aufgeweckteren und regsameren bis zum vorwärtsdrängenden großzügig handelnden Unternehmer. — Wir haben zur Hypothese der völligen Bestimmtheit der „Superstrukturen“ des organisierten Zusammenlebens der Menschen durch die jeweiligen Produktionsbedingungen einige Vorbehalte anzumelden. Dennoch ist nicht zu verkennen, daß das Handwerk zur starken Prägung durch persönliche Verhaltensweisen hinzu nicht minder bestimmenden Belangen der Güterversorgung unterliegt. Dem — vorab durch die Industrie und die Massenvermittlung von Waren genährten — Anspruch auf „demokratisierten Wohlstand“ ausgesetzt, muß es sich ebenfalls, z. B. durch das Bemühen um Produktivitätssteigerung, darauf ausrichten. Damit wird ihm seinerseits das Vordringen zu schärferer Planung und Überwachung der Berufstätigkeiten und Geschäfte, mit Einschluß einer umsichtigeren Beteiligung am Marktgeschehen aufgetragen. Gediehen die Dinge da und dort nicht schon so weit, daß zum Handwerk zu rechnende Unternehmer ein Draufgängertum und spekulative Adern an den Tag legen, die Anstoß erregen?

Größere Berechtigung kommt, dem handwerklichen Schaffen zugedacht, einem anderen Sinn des Beiworts „Traditionalismus“ zu. Wir denken an das durch tausenderlei praktische Erfahrung erhärtete, vorhin bereits flüchtig berührte Erfordernis, daß die Aneignung der fachlichen

---

[22] J. W. v. Goethe zitiert bei: *Sombart*, W.: S. 191.

[23] *Sack*, F.: Integration und Anpassung des Handwerks in der industriellen Gesellschaft, dargestellt am Schreinerhandwerk in Deutschland, Köln/Opladen 1966, S. 240 ff.; *Schöber*, P.: Die Wirtschaftsmentalität der westdeutschen Handwerker, Köln/Opladen 1968, S. 159 ff.; mit Widerspruch dagegen: *Gutersohn*, A.: Das Handwerk in der modernen Marktwirtschaft, in: Internationales Gewerbearchiv, 19. Jg. / 1969, Heft 2 und 3, S. 65 und 129 ff.

Fähigkeiten nicht nur allgemeine Schulung, sondern sehr viel unmittelbar persönliche Unterweisung und Anleitung verlangt. An dieser Notwendigkeit dürfte sich in aller Zukunft im ganzen wenig ändern. Offensichtlich reicht aber der Fingerzeig darauf zur erschöpfenden Charakteristik des Handwerks wieder nicht aus.

6. Handwerk als eine Hauptgruppe des Mittelstandes

Seit langem versuchte man, das Handwerk als eine Hauptgruppe des Mittelstandes, und zwar des „selbständigerwerbenden" zu deuten. Das taten noch in jüngerer Zeit, nebst anderen Autoren, F. Marbach, L. Buquet, E. Wehrle, C. A. Andreae und als Schüler des deutschen Instituts für Mittelstandsforschung erst recht E. Gantzel[24]. Damit schneiden wir aber so vielschichtige Sachverhalte an, daß sich das Urteil darüber vollends erst nach ihrer besonderen Sichtung fällen läßt[25]. Doch drängt uns die Systematik unserer Darstellung wieder dazu, das Ergebnis vorerst ohne Begründung vorwegzunehmen. Der maßgebende Befund lautet, daß der Mittelstand oder genauer: die Mittelschichten der Bevölkerung zur Begriffswelt der Gesellschaftswissenschaft gehören. Wohl bestehen enge Verbindungen mit den wirtschaftlichen Belangen; sein Wesen wurzelt aber in umfassenderen Bezügen. Nicht von ungefähr mußten sich die meisten Untersuchungen darüber mit weit ausholenden Umschreibungen statt knapper Begriffsformulierungen begnügen. Wer — wie wir — zum Schluße gelangt, daß es die Wirtschaft, für diese Studie die grundsätzlich freiheitliche Marktwirtschaft sei, welche, wie für die Industrie, nicht minder für das Handwerk die tragende Grundlage bilde, kann sich von der Zugehörigkeit praktisch aller Meister zum Mittelstand mitsamt seinen etwaigen „konservativen Neigungen" wohl ergänzende Auskünfte, nicht aber die ausschlaggebenden Einsichten versprechen.

Noch viel mehr bleibt die Meinung am Rande, das Handwerk und mit ihm das gesamte Gewerbe würden durch die selbständige Erwerbstätigkeit hinreichend charakterisiert. Fürs erste forderte diese Annahme zum Einspruch heraus, daß sich doch daneben noch viele andere unabhängig und auf eigene Verantwortung Wirtschaftende fänden. Auch das „Patronat réel" umfaßt breitere Kreise. Es dürfte nach wie vor die stärkste Profilierung in den Eigentümer-Unternehmern der kleineren Mittelbetriebe der Industrie und des Handels zeigen. Im übrigen gibt es heute immer mehr Träger freier Berufe, und zwar nicht wenige, die bedeutende Vermögensrisiken nicht scheuen. Schließlich darf man wohl, ungeachtet des modernen staatlichen Agrarschutzes, einem Großteil der Bauern die Eigenschaft Selbständigerwerbender kaum aberkennen. Soweit aber diese

---

[24] *Ganzel,* E.: Wesen und Begriff der mittelständischen Unternehmung, Köln 1962.

[25] In einem folgenden Unterabschnitt, S. 278 ff.

Deutung, wie es die Lehre der „mittelständischen Prägung“ von Betrieben und Geschäftstätigkeiten tut, die Kraftquelle des eigenständigen Wirtschaftens ins Blickfeld rücken möchte, meldet sich selbst dagegen das Bedenken zum Wort, daß gerade im gegenwärtigen Gewerbe noch nicht alle formell, etwa im Berufs- oder Handelsregister verurkundete Selbständigkeit, nach ihren Leistungen gemessen, diese Bewertung tatsächlich verdient. Es gehören Regsamkeit und eigenes Sich-bewegenkönnen in den Marktbeziehungen dazu, was wieder heißt, daß wirklich freies Schaffen u. a. das Bedachtsein auf — im ganzen — günstige Angebote für die Nachfrage verlangt. — Etwas mehr sagt das Merkmal der eigenen Erwerbstätigkeit für unseren Untersuchungsgegenstand aus, wenn man ihm das der häufig noch vorhandenen Mitarbeit des Meisters bei der Ausführung der Aufträge und sonstigen Bedienung der Kunden mit bestimmendem Einfluß auf sie beigesellt. Diese unmittelbare Prägung der Erzeugung durch einen allgegenwärtigen Einsatz der Betriebsinhaber gibt es in der Industrie in der Regel nicht. Koppeln wir auf dieser Linie endlich die selbständige Erwerbstätigkeit mit einer starken Abstützung auf unmittelbar persönliche Verrichtungen — auf „Handarbeit“ —, so mündet die Verbindung noch einmal in die Auslegung W. Wernets des Handwerks als „personalistisches Wirtschaften“ aus.

7. Handwerk = Kundenproduktion?

Dafür knüpft die Auffassung, daß das Handwerk die „Kundenproduktion“: für irgendwie benachbarte und bekannte Nachfragende nach bestimmten Gütern verkörpere, tatsächlich an Grundfragen des Volkswirtschafters an[26]. Unverkennbar tritt darin ein oft markanter Unterschied zur Industrie zutage. Diese sieht sich zusehends mehr darauf gewiesen, ausgedehnte „anonyme“ Märkte, mit in manchen Zweigen nicht von vornherein in Fühlung mit ihr stehenden Abnehmern ihrer Fabrikate, zu beliefern. Demgegenüber herrscht für das Handwerk die Arbeit erst auf Bestellung hin für in engerem örtlichem oder regionalem Bereich ansäßige Käufer, mit viel mehr Möglichkeiten der Berücksichtigung persönlicher Verhältnisse, vor. Produktion auf Vorrat und dadurch verursachte Lagerhaltung können sich seine Angehörigen lediglich für beiläufige Kleinserienfertigung und begrenzte Bestandteilerzeugung gestatten. — Immerhin greifen in jüngerer Zeit handwerkliche Unternehmer, dank der Verkehrserleichterungen durch die Straßen-Motorfahrzeuge, in wachsendem Umfang auf Arbeiten für entferntere Auftraggeber aus. Daneben gibt es auch im Handwerk hervorragende Fachleute, die seit langem einen weitgestreuten Kreis von Bezügern ihrer Leistungen, vereinzelt aus aller Welt, zu beliefern haben.

---

[26] *Bücher*, K.: Die gewerblichen Betriebssysteme in ihrer geschichtlichen Entwicklung, in: Die Entstehung der Volkswirtschaft, 16. Aufl., Leipzig 1922, Bd. 1, S. 183 ff.

Umgekehrt wird uns der Fall großer Industrieunternehmen, vorab des Maschinen- und Großanlagenbaus mit im In- und Ausland gewonnenen Stammkunden noch beschäftigen, die sich zwar nicht unbesehen und um jeden Preis, aber doch mit Präferenz, zumal wenn sie besondere Ansprüche damit verbinden, bei diesen eindecken[27]. So spüren wir, daß es mit der „Kundenproduktion" als Merkmal des Handwerks etwas auf sich hat, sie aber dieses für sich allein auch nicht erschöpfend zu erklären vermag.

8. Zwei Beispiele praktischer Fehleinschätzungen

Wie leicht verschwommene Vorstellungen über das Handwerk schiefe Beurteilungen zeitigen können, zeigen u. a. Entscheide des obersten schweizerischen Gerichtshofes. In einem Entscheid machte das Schweizerische Bundesgericht die Handwerkseigenschaft davon abhängig, ob die Erzeugnisse als das persönliche Werk des Meisters anzusprechen seien, zu dem die mitbeschäftigten Gehilfen nur Nebenleistungen beizutragen, es aber niemals zu ersetzen vermöchten[28]. Augenscheinlich unterlief ihm damit eine Fehlauslegung der soeben betrachteten Deutung als „Kundenproduktion". Wer das Handwerk so eng eingrenzen will, treibt die Beschränkung noch weiter als die bis vor nicht allzu langer Zeit gültige französische Legaldefinition und sieht sich genötigt, den damit aufklaffenden breiten Zwischenraum bis zur Industrie mit einer besonderen Gruppe zu füllen, welche das Bundesgericht mit dem Namen „Gewerbe" bedachte und andere Stimmen[29] — u. E. ebenfalls nicht zweckmäßig — zum „Großhandwerk" erklärten. Damit kommt man zu Unterteilungen, zwischen denen es noch ungleich schwerer als zwischen polaren Hauptkategorien einigermaßen deutliche Grenzen zu ziehen gelingt.

Noch abwegiger war es, jene Betriebe als bereits nicht mehr zum Handwerk zu rechnend einzuschätzen, die ihre Erzeugnisse sowohl an die Letztverbraucher als an Wiederverkäufer absetzen[30]. In der tatsächlichen Wirtschaft betätigen sich viele selbständige Schreiner-, Drechsler-, Schlosser-, Mechanikermeister, Photografen usf. u. a. auch als Lieferanten des Handels, denen die Zugehörigkeit zum Handwerk niemand abstreiten dürfte. Ferner machen die Beispiele des ländlichen Bäckerei- und Metzgereigewerbes augenfällig, daß auch die Angliederung von Verkaufsfilialen in anderen Ortschaften zum Hauptbetrieb nicht ohne weite-

---

[27] Siehe weiter unten, S. 161.

[28] Bundesgerichtsentscheide 1. Teil: Staats- und Verwaltungsrecht, Lausanne 1949, S. 84, 13. Urteil vom 14. Februar bez. Unterstellung eines Betriebes unter das Fabrikgesetz; S. 391, 63. Urteil, über eine gleiche Streitfrage.

[29] So *Schnyder*, A.: Das Möbelgewerbe in der Schweiz, Bern 1950, S. 53.

[30] Bundesgerichtsentscheide, 1. Teil Staats- und Verwaltungsrecht, Lausanne 1948, S. 208, 41. Urteil betr. Unterstellung eines Konditoreibetriebes unter das Fabrikgesetz, vom 11. Juni.

res den Rahmen des Handwerklichen überschreitet. Ebensowenig wie sich dieses nur mit Konsumgütererzeugung befaßt, sondern an der Produktivgüterhervorbringung mitbeteiligt bleibt, können Anlage und Art des Vertriebs des Geschaffenen als untrügliches Merkmal dienen; die Abgabe über Wiederverkäufer wie über Zweigstellen wächst sich nur dann zu einem Anzeichen der inneren Wandlung der Betriebe aus, wenn sie zum Mittel oder Ausfluß gleichmäßiger Serienfertigung wird.

9. Zusammenfassung

Daraus erhellt, daß die Merkmale, an denen man bisher das Handwerk zu erkennen meinte, für manche seiner Formen als typisch erscheinen mögen, sich aber bei anderen nicht ausgeprägt finden oder ganz fehlen. Die empirische Nachprüfung stößt immer wieder auf Betriebe und Unternehmen ohne diese Züge, die aber offenkundig gleichwohl als handwerkliche zu verstehen sind. Alle Deutungen halten sich nur an äußere Einzelaspekte und können insoweit zu mehr Anschaulichkeit beitragen. Begriffe lassen sich jedoch nicht auf Befunde abstützen, die wohl häufig, aber keineswegs stets zutreffen. Zudem müssen sie ja, wenn es um wirtschaftliche Strukturen geht, auf die Frage: „Warum, und zwar nach wie vor in diesem Umfang Handwerk?" schlüssige Antwort erteilen. Das bedeutet Nötigung, den Wesenskern in tieferen Schichten, vielleicht, des allgemeineren Charakters wegen, unter Inkaufnahme einiger Abstraktion, zu suchen.

Unter dem Eindruck der Schwierigkeiten, ein einfaches Bild zu gewinnen, wollten sich französische Erhebungen vor einiger Zeit auf den Bescheid zurückziehen, daß das „artisanat" in seinen verschiedenen Formen überhaupt nur einer regional differenzierten Umschreibung zugänglich sei[31]. Andere um seine Ergründung bemühte Autoren verzichteten letztlich ganz darauf, ihr Vorhaben fortzuführen. Allein: darf man das? Das wäre doch wohl nur erlaubt, wenn die Sprache mit dem Wort „Handwerk" im ganzen wirklich nur eine frühere, heute bereits verschwundene Produktions- und Wirtschaftsweise im Auge hätte und damit heute keinen gegen die übrigen abgegrenzten Bereich der modernen Güterversorgung abdecken könnte. Nachdem aber das Handwerk weiter lebt und sich dieses von der übrigen stoffveredelnden Produktion unverwechselbar abhebt, muß es dieses auch richtig zu erfassen gelingen. Dabei ist einem in allen konkreten Ausprägungen erkennbaren, ihnen gemeinsamen Kerngehalt nachzuforschen.

---

[31] *Institut de Science Economique appliquée* (Hrsg.): Enquête sur l'artisanat, Paris 1946, p. 8 ff. Die starke Prägung von Handwerkszweigen durch die jeweiligen geografischen, gesellschaftlichen und wirtschaftlichen Umweltbedingungen ist wohlgemerkt nicht zu bestreiten. In der Schweiz zeichnet sie sich bereits auf kurze Distanzen, etwa in Unterschieden des Bäckereigewerbes im Kanton Zürich und in den Kantonen St. Gallen und Appenzell, ab.

II. Der Zugang zum Kerngehalt

Suchen wir also, die als äußerlich erkannten Merkmale vorerst einmal beiseiteschiebend, die ursprünglichen und bestimmenden Wesenszüge des Handwerks in den Griff zu bekommen. Diese müssen im volkswirtschaftlichen Geschehen zu finden sein. Wenn die Glieder der modernen Wohlstandsgesellschaften schon so viel Gewicht auf die Behebung des Mangels und fortschreitend reichlichere Versorgung mit Gütern der Außenwelt legen, wird das Fortbestehen sehr zahlreicher Betriebe offenkundig handwerklichen Charakters hauptsächlich aus ihren Beiträgen an diese zu erklären sein. — Allerdings machen gewisse Schulen geltend, daß es für komplexe sozialwissenschaftlich bedeutungsvolle Sachverhalte nur das Umschreiben durch die aufgereihte Aufzählung aller zu gewahrenden Eigentümlichkeiten geben könne[32]. U. E. unterläuft aber dabei ein Mißverständnis. Gewiß eignen sich Beschreibungen am meisten, Sachlagen und ihre etwaigen Zusammenhänge aufzuzeigen und zu veranschaulichen. Das gilt auch für die „semantischen Kennzeichnungen". Indessen leiden diese letzteren daran, daß sich die zu verwendenden Gegenüberstellungen mit den Untersuchungsgegenständen immer wieder verschieben und man überdies über deren Rangfolge und Gewicht leicht streiten kann. Namentlich bedarf aber derjenige, der Tatbestände erklären will, logisch geschlossener, einheitlicher Einsichten, eben des Durchstoßens auf einen Wesenskern. Eindeutige Begriffe müssen, gerade „um den Geist der Dinge" einzufangen, die „Erfahrungsobjekte"[33] vor-

[32] Vielleicht meinte schon J. W. Goethe etwas Ähnliches, wenn er seinen Mephisto sagen ließ: „Wer will was Lebendiges erkennen und beschreiben, sucht erst den Geist herauszutreiben."

[33] Die zu lösende Aufgabe verkörpert ein anschauliches Beispiel für die Notwendigkeit, zwischen dem „Erfahrungsobjekt", dem „Denkobjekt der Erfahrung" und dem „Erkenntnisobjekt" (vgl. A. *Amonn*, Objekt und Grundbegriff der Volkswohlstandslehre, Leipzig 1911, S. 16 ff.) zu unterscheiden und durch eine systematische Untersuchung vom ersteren zum letzteren vorzudringen. Ein Begriff darf, soll er eindeutig sein, sich nur auf ein einziges, entscheidendes Merkmal stützen; er muß, um seinen Zweck der Verständlichmachung eines einheitlichen Tatbestandes zu erfüllen, dies aus *einer* Wurzel, m. a. W. aus dessen innerem Wesen heraus tun können. Jede Mehrheit gleichwertiger Merkmale bewirkt Mehrdeutigkeit, was nichts anderes als noch nicht überwundene Unbestimmtheit des zu erfassenden Sachverhalts heißt. Allerdings führt dieses Erfordernis nur zu „reinen Begriffen", ähnlich den Idealtypen im Sinne von M. *Weber*, die oft dem Vorwurf der Weltfremdheit ausgesetzt bleiben. Dafür eignen sich diese Definitionen um so besser zu Gegenüberstellungen zu anders gearteten Formen, namentlich zur Unterscheidung gegensätzlicher Tatbestände. Unzweifelhaft herrschen in der Praxis der Wirtschaft die Mischformen, oft in bunter Vermengung ursprünglich einander widersprechender Charakterzüge, vor. Es stellt sich jedoch immer wieder als die fruchtbarste Erkenntnismethode heraus, vorerst mittels „reiner Typen" den Kern der Phänomene herauszuschälen und hierauf von diesen durch schrittweise Beigabe zusätzlicher Elemente „die Annäherung an die Wirklichkeit" zu vollziehen. Zudem schließt die Fundierung von Begriffen auf ein einziges entscheidendes Merkmal die Mitberücksichtigung anderer nicht völlig

erst von den Nebenmerkmalen und bloßen Folgeerscheinungen entlasten. Nach dem Erfassen des Kerns: des „Erkenntnisobjektes", hat dann allerdings zumeist, um die nötige Wirklichkeitsnähe zum praktischen Leben zu gewinnen, die Ergänzung des abstrakten Befundes durch typische Äußerungen des aufgedeckten Wesens und im Sinne seiner Einbettung in die jeweiligen Umweltbedingungen, anzuschließen.

Nach dem, was bisher darzulegen war, dürfen wir von den Betriebs- und Unternehmungsgrößen bzw. ihrer Begrenztheit, keine erschöpfenden Auskünfte erwarten. Wohl aber kann es uns weiterhelfen, das Vorherrschen der kleineren Einheiten im Handwerk gleichsam als Steigbügel zu benützen, um von ihm aus tiefer in die Zusammenhänge einzudringen. Der Ansatz bietet uns in der Tat immerhin die Wegleitungen:

a) daß die nach wie vor starke Verbreitung der kleineren Betriebe und Unternehmen in allen entfalteten freiheitlich geordneten Volkswirtschaften nicht auf Zufall oder künstlicher Hegung beruht. Augenscheinlich spiegeln sie auch nicht nur starre, im Zeitablauf wenig ändernde Gesamtstrukturen wider; vielmehr ist weitherum ein dauerndes Absinken und Verschwinden von Betrieben und ganzer Produktionsweisen mit dem Gegenstück des Entstehens neuer im Gange;

b) daß zu den Anstößen von der Technik, den demographischen und weiteren Gegebenheiten her bedeutend stärkere Verknüpfungen der kleineren Einheiten mit den Einzelschicksalen ihrer Leiter als bei den großen für einen stärkeren Wechsel in der Zusammensetzung der Gesamtbestände sorgen. Etwelche sie begünstigende Unzulänglichkeiten des freien Spiels der Marktkräfte werden durch solche, welche sie benachteiligen, mehr als aufgewogen;

c) daß das Überleben und die Entfaltung vieler kleinerer Betriebe und Unternehmen vorab auf wirtschaftlichen Belangen beruht. Tüchtigen Nachwuchskräften winken nach wie vor gedeihliche „selbständige Existenzen". Die Verschiebungen in den Einkaufsgewohnheiten lassen für die Zukunft noch ausgedehntere Chancen für sie erwarten[34].

Diese Aussagen treffen ebenfalls für das Handwerk zu. Als Erscheinungsform des Wirtschaftens unterliegt es für seinen Teil der Bedingung, nur so weit gute Aussichten für Erwerbstätigkeiten und deren Weiterentwicklung zu bieten, als es von beträchtlichen Käufer- und Auftraggeber-

---

aus. Häufig zeigt es sich, daß Eigentümlichkeiten des Betrachtungsgegenstandes bereits Ausflüsse seines Kerngehalts bilden und infolgedessen, zur Veranschaulichung, in die Umschreibung eingeschlossen werden können. Dennoch können reine Begriffe reichlich abstrakt ausfallen. Aus dem Vorausgesagten wird aber ersichtlich, daß dies nicht von vornherein auf eine mangelhafte Deutung zu schließen erlaubt, sondern umgekehrt der Eindruck nur aus der Vielgestalt der *praktisch* vorhandenen Formen entsteht.

[34] Vgl. unten, S. 246 f.

kreisen gewünschte Leistungen, von diesen entsprechend höher als die Fabrikate der Industrie bewertet, zu vermitteln in der Lage ist. Zwar mögen in abgeschiedenen Landesgegenden persönlich-nachbarschaftliche Rücksichten sachlich weniger besonders geschätzten Diensten des Handwerks vor der „Industriekonkurrenz" noch einigen Schutz gewähren. Bereits erfuhren wir aber, daß sich dieses allmählich seinerseits „verstädterte" oder in die größeren Ortschaften zog und sich damit einem verstärkten Wettbewerb aussetzte, nicht selten auch mit einer kritischeren Kundschaft zu tun bekam.

In diesem Sinne weist das Modell des vollkommenen Wettbewerbs, wie für alle übrigen Bereiche der Marktwirtschaft, ebenfalls den Weg, den entscheidenden Beweggründen zur immer noch starken Inanspruchnahme der Arbeiten und Lieferungen des Handwerks nachzuspüren. — Wo liegen seine Stärken? Offenbar kann die Befähigung, zu geringeren Kosten als die Industrie zu erzeugen und damit billiger anzubieten, nicht sein wichtigster „Aktionsparameter" sein. Wenn es dem Handwerk da und dort, wie schon zu vermerken war, einmal dasselbe wie die Industrie herstellend, wohlfeiler als diese zu liefern gelingt, so pflegt diese Möglichkeit nur in Sonderverhältnissen zu entstehen. Im allgemeinen bildet die Senkung der Erzeugungskosten nicht die wichtigste Quelle seiner Lebenskraft. Es bleibt daher für seine Betriebe meistens gefährlich, dasselbe wie die Industrie hervorzubringen und darauf verharren zu wollen.

Wenden wir uns darum, den vielschichtigen Qualitätswettbewerb zunächst überspringend, dem mit der Suggestion ausgetragenen zu. Gewiß gibt es einzelne — nicht allzu zahlreiche — handwerkliche Verkaufskünstler, die sich mit auf die Suggestionswerbung verstehen. Doch muß wohl eine geradezu erdrückende Überlegenheit der Industrie im Verein mit den großen Häusern des Einzelhandels in dieser Richtung als Regel gelten. — Für die Verzerrungen des Wettbewerbs durch ungleiche Finanzkraft und nicht wirtschaftlichen Verdiensten zu verdankende gesellschaftliche Beziehungen trifft erst recht zu, was schon für die kleineren Betriebe und Unternehmen auszusagen war. Es ereignet sich immer wieder, daß Handwerksmeister Aufträge nicht erhalten, weil sie im jeweiligen Augenblick weniger Eigen- oder Fremdkapital als andere zu künstlichen Verbilligungen ihrer Angebote oder sonstiger massiver geschäftlicher Aquisition einzuschießen in der Lage sind. Desgleichen sehen sie sich dann und wann durch „besser eingeführte" Mitbewerber überspielt.

Um so mehr muß der Qualitätswettbewerb irgendwie bestimmend sein. M. a. W. wird es um die Art von Leistungen gehen, nach denen eine rege Nachfrage fortbesteht. Dabei liegen die Dinge nicht so einfach, daß lediglich das Handwerk „Qualitätsarbeit", die Industrie dagegen weniger gute zu liefern vermöchte. Unzweifelhaft zu Recht hat ein Sachverständigenausschuß des Deutschen Werkbundes[35] schon vor Jahrzehnten hervorgehoben, daß in der jüngeren Zeit beide ausgezeichnete Erzeugnisse hervorbrächten, nicht selten aber auch noch mit fragwürdigen aufwarteten. Unbestreitbar beruhen moderner Wohlstand und technischer Fortschritt zu einem sehr großen Teil auf Fabrikaten, die im wesentlichen nur die Industrie an die Hand zu geben imstande ist. Ferner verkörpern manche davon: moderne Nahrungs- und Genußmittel, Textilien und Bekleidungsstücke, Wohnungseinrichtungen, Pharmazeutika, Geräte und Maschinen, technische Großanlagen eigentliche Spitzenleistungen. Der Markenartikel macht sich anheischig, für die Verläßlichkeit erreichter gehobener Qualitätsstufen zu bürgen. In bedeutendem Umfang stützen sich die heutige Technik und Wirtschaft auf bis ins letzte mustergetreue, völlig einheitliche Fertigung von Produktionsmitteln und Konsumgütern für den längerfristigen Gebrauch.

Dennoch bewahren offenbar gewisse Qualitäten dem Handwerk einen zwar nicht geschlossenen und unantastbaren, aber heute wie gestern ausgedehnten Versorgungsbereich.

1. Die Betätigungsfelder des Handwerks

Wozu bedarf es weiterhin der Dienste des Handwerks? Wenn es sich nicht um eine durchgängig höhere Qualität handeln kann, bleibt nur die eine Möglichkeit, daß es in bestimmten Richtungen besonders geeignete Leistungen zu bieten vermag. Sehen wir daraufhin näher zu, so zeichnen sich in der Tat solche Stärken ab. Gleichsam auf einen Brennpunkt zusammenlaufend, weisen nämlich alle aufgezeigten Erscheinungsformen: die geographische Streuung der Betriebe, die starke Verbreitung der kleinen, ihre häufig begrenzten Betätigungsradien und engeren Verbindungen zum Kundenkreis, die Entwicklung der Fertigungstechnik usw. auf eine Grundanlage für die Leistungserbringung: die bewahrte Fähigkeit zu für die Nachfrage leicht zugänglicher und verhältnismäßig — dem Industrieangebot gegenüber — viel freier gestaltbarer hin. Die Handwerker trachten für ihre Auftraggeber und Käufer in deren Nähe, so etwas wie vor ihrer Türe, zu Diensten zu sein. Mehrheitlich benötigen sie auch keine lange Vorbereitung der Erzeugung, was sich in deren rascherer Erlangbarkeit und beweglicherer Zeitpunktwahl für den Vollzug der Arbeiten niederschlägt.

Häufig noch gewichtiger, wirkt sich die Wendigkeit der im Handwerk nach wie vor in großer Zahl vorhandenen kleineren Betriebe nicht nur in deren Innerem, sondern noch stärker in der Abwandelbarkeit der Produkte aus. Dazu bedarf es nicht einmal einer besseren stofflichen Beschaffenheit als der industriellen; es genügt und erhöht deren Nützlich-

[35] *Pechmann,* G. F. von: Die Qualitätsarbeit, Frankfurt a. M. 1924, S. 29 und 101 ff.

keit, daß sie sich in Umfang, Form und übriger Anlage auf die gerade zu erfüllenden Begehren näher abstimmen lassen. Immerhin pflegt die Arbeit nach Maß in der Regel doch nach der Verwendung guter Rohstoffe und Halbfabrikate zu rufen[36]. Diese freiere Gestaltbarkeit der Güter muß überall dort von Bedeutung bleiben, wo noch, oder erst recht, von einander abweichende, unterschiedliche Bedürfnisse befriedigt werden wollen. Tatsächlich regen sich in der modernen Wohlstandsgesellschaft weiterhin viele solche[37]. Sowohl die handwerkliche Neufertigung mitsamt dem Einbau von Ausrüstungen in Gebäude aller Art und Produktionsstätten, als deren Erneuerung oder die Schadensbehebung daran und selbst die Verbindung dieser Funktionen mit händlerischer Warenvermittlung sollen zur optimalen Deckung irgendwie auseinandergehender, „heterogener" Versorgungsanliegen verhelfen. Obwohl scheinbar auf diese Seite des Qualitätswettbewerbs „beschränkt", fördert die nähere Prüfung zutage, daß dieser Effizienzvorsprung dem Handwerk ausgedehnte Aufgabenbereiche vorbehält.

Die besondere Eignung stellt sich als eine so ausgeprägte heraus und entspricht so sehr der volkswirtschaftlichen Blickrichtung, daß wir mit ihr den Wesenskern des Untersuchungsgegenstandes zu erfassen meinen. So weit man noch darüber hinaus umschauen mag, dürfte sich kaum eine andere Deutung finden, die noch näher an ihn heranführen und für die wirtschaftliche Beurteilung ergiebiger sein könnte. Damit schreiben wir die Lebenskraft des Handwerks einem bestimmten Vorzug für die Gesamtversorgung: seiner arteigenen Befähigung zur Differenzierung seiner Beiträge daran gemäß den Wünschen der Käufer und den jeweiligen äußeren Bedingungen, zu. Wo immer die Standardangebote zur Deckung bestimmter Bedarfe nicht genügen, bleibt das „von Fall zu Fall anders, zum mindesten etwas anders machen" in die Lücke zu treten berufen.

Die scheinbar leicht verständliche Aussage bedarf allerdings, um bereits unterlaufene Mißverständnisse zu beheben, noch einiger Klarstellungen. Zunächst mag verwirren, daß dem Handwerk eine besondere Eignung zur Abwandlung seiner Leistungen innewohnen und diese im Grunde das Gegenstück zur Spezialisierung sein soll, häufig aber auch von einer notwendigen „Spezialisierung" ebenfalls seiner Betriebe die Rede ist. Die vermeintliche Ungereimtheit weicht aber, sobald man gewahrt, daß die Sprache den zitierten Ausdruck in den beiden Zusammenhängen nicht in demselben Sinne gebraucht. Sodann gilt es zu beachten, daß dem Wort „Differenzierung" seinerseits verschiedene Bedeutung beigemessen werden kann. So hat die jüngere Soziologie etwas anderes als wir im Auge, wenn sie eine fortschreitende „Aufdifferenzierung des Begehrs nach Gütern" in der modernen Wohlstandsgesellschaft, nämlich

[36] *Pechmann*, G. F. von: S. 33 ff., 42.

[37] Siehe unten, S. 249 ff.

vorab dessen Ausdehnung auf noch mehr Gattungen von Gütern verzeichnet.

Ebenso meint die jüngere betriebswirtschaftliche Literatur, etwa zu den Themata „Marktwahl“ und „Marktsegmentierung“, unter „Produktdifferenzierung“ nicht dasselbe wie die von uns ins Blickfeld gerückte[38]. Jene bleibt eine viel gröbere und weniger weitgehende als die Abstimmung der zu erbringenden Leistungen auf Einzelumstände und Einzelbedürfnisse. Immerhin zeigt der Hinweis von E. Zahn[39]: „Kapitalkräftiger werden heißt wählerischer und anspruchsvoller werden. Der Weg von arm zu reicht ist der Weg vom Einfachen zum Differenzierten. Selbst im Bereich der Nahrung ist eine ungewöhnliche Raffinierung der Produkte eingetreten,“ daß aufmerksame Sozialwissenschafter die Neigung zu stärkerer Individualisierung der Versorgungsanliegen gleichsam in zweiter Linie für ihren Teil nicht übersehen. Selbst jüngere, endlich auch den Bedarfslagen gewidmete Untersuchungen von Wirtschaftswissenschaftern zeitigten mit der unsrigen nur sich überschneidende, aber nicht völlig deckende Deutungen. Zwar streift P. Meyer-Dohm[40] mit dem Fingerzeig darauf, daß die volkswirtschaftliche Entwicklung im Zeichen der immer stärkeren wertmäßigen und sachlichen Ausweitung der Nachfrage stehe, sich „aber die Aussichten der Verbraucher auf die Realisierung ihrer eigenen, ihnen im wörtlichen Sinn angemessenen Wünsche zunehmend verringerten“, mit dem Nachsatz das für uns wesentliche. Dennoch verbleibt er bei der Auffassung der „Hochdifferenziertheit des Bedarfs“ hauptsächlich als einer auf immer zahlreichere Güterarten gerichteten. Näher rückt G. Schmid-Rink[41], die „Produktdifferenzierung“ als Angebot bestimmter Erzeugnisse in mehreren Qualitäten auslegend, an unsere Sicht der Dinge heran. Doch scheint er im wesentlichen auch nur auf die industrielle Fertigung und damit auf die — arteigen industrielle — „Produktdiversifikation“ zu blicken. In der Tat äußert sich diese fürs erste darin, daß Fabrikationsbetriebe bestimmte Erzeugnisse in einigen Abwandlungen herausbringen. U. E. schließt nicht von ungefähr eine zweite Interpretation dieser Produktdiversifikation bereits auch das Ausgreifen von Industrieunternehmen auf verschiedene Produktionszweige ein. Wohlgemerkt pflegt es sich aber stets um eine vorgeplante Festlegung auf einige wenige, mehr oder minder voneinander abweichende Produktausführungen zu handeln.

---

[38] *Smith*, Wendell, R.: Product Differentiation and Market Segmentation as Alternative Marketing Strategies, in: Journal of Marketing, Vol. 21, Nr. 1/1956, zitiert bei: Westing J. Howard and Albaum Gerald: Modern Marketing Thought, New York and London 1964, S. 201 ff.

[39] *Zahn*, E.: Soziologie der Prosperität, S. 55.

[40] *Meyer-Dohm*, P.: Der private Haushalt im Prozeß der Bedarfsdifferenzierung in *Neumark*, F. (Hrsg.): Strukturwandlungen in einer wachsenden Wirtschaft, Berlin 1964, S. 67.

[41] *Schmid-Rink*, G.: Konsumdynamik, Göttingen 1967, S. 32.

Demgegenüber bleibt das Handwerk — stets unter im übrigen gleichen Umständen — zu einer fast beliebigen Abwandlung seiner Leistungen, über deren stoffliche Beschaffenheit hinaus im Zuschnitt auf die einzelnen Bedarfslagen und die jeweiligen Umweltbedingungen, fähig. Es ist — vorerst nur einmal zur ungefähren Veranschaulichung so benannt —: „Arbeit nach Maß". Darin tritt eine Eignung zutage, die dem Nichthandwerk abgeht oder nur sehr begrenzt verbleibt.

2. Die Ebenen der Leistungsdifferenzierung

Zur Verdeutlichung lassen sich mehrere Ebenen dieser Leistungsdifferenzierung, in zweifacher Ausgliederung, auseinanderhalten. Auf einer ersten Stufe reihen wir die Erfordernisse und Wünschbarkeiten auf, die nachgefragten Leistungen in der Nähe der Wohnsitze und Weiterverarbeitungsstätten, sowie zu am besten passenden Zeitpunkten in Anspruch nehmen zu können. Wem es als Volkswirtschafter vorrangig um die Bedarfsdeckung, d. h. die Beschaffbarkeit der Güter geht, wird die Nachbarschaft selbständiger Lieferanten weniger als bloße Frucht eines einstweilen noch vorhandenen „Entfernungsschutzes" vor stärkeren Mitbewerbern, denn als echten Vorzug bewerten. Die Nahbelieferung erspart fürs erste Transportkosten und längere Zeitaufwände, was sich beides in geringere Störungsanfälligkeiten überträgt. Vielleicht verbinden sich noch bessere Aussichten auf Gegengeschäfte damit, die manchmal, bei allen gegen sie angemeldeten Bedenken, ihrerseits nicht zu unterschätzende Vorteile bieten.

Bereits bis in die Leistungsdifferenzierung zweiter Stufe wirkt es sich aus, wenn die Nachbarschaft der Abnehmer stärkere Gefühle der Verantwortung für die gebotenen Arbeiten nährt und — ein bekanntlich namentlich in der Bauwirtschaft gewichtiger Vorzug — den Auftraggebern sonst nicht vorhandene Gelegenheiten zur Einflußnahme auf deren tatsächliche Ausführung gewährt. Ähnliches trifft für ungefähr im Gleichgewicht befindliche Volkswirtschaften für die raschere Arbeits- und Auslieferungsbereitschaft des Handwerks und seine geringere Bindung an beschränkte Wochentage und Tagesstunden zu. Was wollten z. B. manche Haushalte und das gepflegte Gastgewerbe ohne die leichte Erlangbarkeit der Warenandienung tüchtiger Bäcker- und Metzgermeister, was breite Zweige der Landwirtschaft ohne zu den Randstunden der Werktage heranziehbare Landhandwerker anfangen? Dank des geringeren Zwangs für das Handwerk, die Aufeinanderfolge der Auftragserledigung auf längere Sicht im voraus festzulegen, bleibt dieses zumeist die anfallenden Versorgungsanliegen leichter als die Industrie nach ihrer Dringlichkeit in seine Gesamtplanung einzuordnen imstande. Nicht minder zeugt das heutige Bedauern über die erschwerte Erlangbarkeit der handwerklichen Reparaturen und den Verlust wohnsitznaher Schneider,

Schuhmacher, Schlosser und Tapezierer für die Breite der bisher durch diese gedeckten Versorgungsanliegen.

Den zweiten Hauptanwendungsfall der handwerklichen Leistungsdifferenzierung macht die Maßarbeit im engeren Wortsinne aus. Allerdings stammt die Bezeichnung aus einem Produktionsgebiet, in dem das Handwerk am meisten Boden an die Industrie: die Bekleidungs- und „Maß“-Konfektion verlor. Wir werden aber selbst auf diesem Feld auf weiterhin tätige Maßateliers stoßen[42], welche das Fortbestehen einer Nachfrage nach handwerklich angefertigten Anzügen bestätigen. — Heute wie gestern gibt es indes ganz allgemein weite Bereiche eines starken Bedarfs nach auf besondere Anliegen zugeschnittener, auf die Umstände und Wünsche genauer abgestimmter Bedienung. Auch die Behebung der meisten an den technischen Ausrüstungen auftretenden Schäden erheischt viel „know how“ und Maßarbeit. Erst recht umschließt die Ausführung von Bauaufträgen, sowohl des Bauhauptgewerbes als der an die Ausbauberufe zu erteilenden, sehr viele von Fall zu Fall andere Arbeiten oder wenigstens in der einen oder anderen Richtung von den Standards abweichender Abmessungen. Dasselbe Bild bieten die „fertigende“ Drechslerei, die Modellschreinerei, die meisten graphischen Berufe und nicht zuletzt die „guten Sachen“ des Nahrungs- und Genußmittelhandwerks. Das nämliche gilt für die modernen Service-Berufe zur Anpassung der Industriefabrikate auf die jeweiligen Verwendungszwecke und deren Betreuung. Diese andauernd in breitem Umfang erforderliche Leistungserbringung beruht auf der individualisierenden Anpassung an persönliche und sachliche Bedürfnisse auf der Grundlage des Wissens und Könnens, diesen am zweckmäßigsten gerecht zu werden.

Zu einer noch höheren Stufe steigt die handwerkliche Leistungsdifferenzierung mit der schöpferischen Eigengestaltung auf. Auf dieser Ebene dient sie nicht mehr nur dazu, bereits feststehende und als solche bald einmal erkennbare und meßbare Bedürfnisse bestmöglich zu befriedigen sowie die Arbeiten zweckmäßig daraufhin zu organisieren. Vielmehr handelt es sich jetzt um das „Noch-besser-Machen“, darum, den Kunden dem ersten Anschein nach mehr, als sie im Augenblick selbst wünschen, zu geben, in Wirklichkeit aber erst zur vollen Erfüllung gehegter, betont persönlicher — sogar „geheimer“ — Wünsche zu verhelfen. Fast durchwegs werden es höhergespannte, von entsprechenden Nutzenerwartungen getragene sein. Zugleich kommt es, zumal in der Gegenwart, mit ihren verwickelten und einander rasch ablösenden technischen Errungenschaften, immer häufiger vor, daß von vornherein gar keine Klarheit über das tatsächlich Benötigte und die angemessensten Arten seines Erwerbs besteht. Das häufige Schwinden des Urteilsvermögens über die zu beschaffenden Güter wie der fortschreitend stärkere psychologische

---

[42] Siehe S. 148.

Einschlag in den zu befriedigenden Bedürfnissen und Wünschen werfen für die Nachfragenden echte Versorgungsprobleme auf. — Ebenso wie die Verbraucher können Unternehmer, die sich mit besseren Produktionsausrüstungen ausstatten möchten, in solche Unsicherheiten geraten. Im Baufach gelingt es auch erfahrenen Architekten kaum mehr, über alle neuen Baustoffe und Konstruktionsmöglichkeiten Bescheid zu wissen. Wohl aber gehört es zum tüchtigen Handwerksmeister, mit diesen — durch Information und Erfahrung erworbenen — Kenntnissen und Fertigkeiten an die Hand zu gehen. Da nicht nur „Kleider" — wie sich das Sprichwort ausdrückt — sondern noch andere Dinge der Außenwelt „Leute machen", kann die schöpferische Gestaltung bis zur Förderung der persönlichen Entfaltung der Empfänger der Leistungen gedeihen. In der bewußten oder vorerst noch unbewußten Erwartung, durch die Anschaffungen auch innerlich wachsen zu können, steckt häufig von vornherein ein Verlangen nach dem Individuellen, dem Höchsteigenen angemessenen. Damit sind schöpferische Handwerker in besonderem Sinne wertvermehrend tätig zu werden imstande.

3. Die entscheidende Ausrichtung

Wo immer wir die Betätigungsfelder der verschiedenen Handwerkszweige daraufhin untersuchen, zeichnet sich, wenn keine willkürlichen Einflüsse das Spiel der Marktkräfte verzerren, eine mehr oder minder bewußte Ausrichtung der Betriebsinhaber auf die Erbringung differenzierter Leistungen ab. Diese Differenzierung kann eine betontere oder flachere sein. Die reinste Ausprägung bildet die Einzelausführung, um profilierten Sonderanforderungen zu genügen, zumal die, welche bereits in den Vorstufen der Erzeugung nach Einzelfertigung verlangt. Von dieser dehnt sich das Feld der Anpassung an die jeweiligen Bedürfnisse über die einfachere und erst in den Endphasen der Produktion nötige Abwandlung bis zu den von der großserienmäßigen Ausbringung nur noch wenig abweichenden Arbeiten. Das Baugewerbe zeigt, wie oft schon Ungleichheiten des Baugrundes, der topographischen Bedingungen usw. zur Leistungsvariation drängen[43]. Andererseits verträgt sich in einer Reihe von Handwerkszweigen das Ausgreifen auf die Kleinserie immer noch mit deren Wesen[44]. Die idealtypische Form des Handwerklichen wird aber das Eingehen auf individualisierte Ansprüche bleiben.

So erschließt die Suche nach einem durchgängig anzutreffenden und tatsächlich bezeichnenden Merkmal dem Volkswirtschafter das Bild einer im großen ganzen natürlichen Aufteilung der Stoffveredelungsaufgaben auf das Handwerk und die ihm gegenüberstehende Industrie. Die Ausscheidung erweist sich m. a. W. nicht als eine zufällige, sondern Gesetz-

[43] Vgl. unten, S. 181 ff.

[44] Vgl. unten, S. 174.

mäßigkeiten gehorchende. Bei allem Zug zur industrialisierten Gütergewinnung ist auch auf hohen Entwicklungsstufen, soweit es vielfältige Versorgungsanliegen zu erfüllen gilt, ohne die Dienste des Handwerks nicht auszukommen. Die Grenzen zwischen den beiden Leistungsbereichen mögen sich mit der Zeit verschieben und gelegentlich eigentliche Einbrüche in sie erfolgen. Solche können sich aber nach beiden Seiten hin ereignen, u. a. zugunsten des Handwerks bereits dadurch verursacht, daß kleine Abweichungen von den Standards eine lohnende Großserienfabrikation verwehren[45]. Die Zurechenbarkeit der Betriebe zum einen oder anderen Flügel der Produktion muß sich wohl nach den vorschwebenden Zielsetzungen, d. h. nach der schwergewichtigen Ausrichtung ihrer Leitung richten. Wir zählen alle jene zum Handwerk, die sich — bewußt oder unbewußt — hauptsächlich der Erbringung differenzierter Leistungen widmen, was fürs erste besagt, daß eine Begrenzung des Ausdrucks auf die Ausführung fortwährend stark wechselnder Einzelaufträge — eigentlich selbstverständlich — wirklichkeitsfremd und willkürlich wäre. U. E. bleibt die schwerpunktmäßige Ausrichtung der Geschäftstätigkeit auf die eine oder andere Hervorbringungsart selbst dann maßgebend, wenn der konkrete Bestellungseingang und Verkauf über kürzere Zeitabschnitte hin die Beschäftigung zur mehr serienmäßigen Erzeugung verlagern. Nichtsdestoweniger behält es seinen Sinn, jene Meister und Betriebsinhaber als die Musterfälle einzuschätzen, die ihre Fähigkeiten und Kräfte recht gerne an schwierigeren, profilierte Eigenanforderungen stellenden Aufträgen messen.

Allerdings scheint — von den überlieferten Vorstellungen über die Betriebsformen aus gesehen — nicht das Handwerk allein für die Erbringung differenzierter Arbeiten und eigentliche Einzelausführungen tätig zu sein. Bedeutende Wirtschaftsbereiche kennen Lieferungen nach Maß und eigentliche Sonder-Werkerstellungen durch bis dahin übereinstimmend als „industriell" eingeschätzte Betriebe und Unternehmen[46]. Immerhin verbleiben zwischen diesen und den handwerklichen beträchtliche Unterschiede, weshalb sich erwägen ließe, ob die letzteren als „besonders differenzierte" oder „individualisierte" noch prägnanter als solche zu charakterisieren wären. Vermutlich würde aber dadurch allzusehr der Eindruck erweckt, als ob dem Handwerk zur Hauptsache besonders stark persönlich geprägte Bedarfe zu decken obliege. Weil das ein Mißverständnis wäre, wagen wir die Erklärung mit „mehr oder weniger abgewandelten Leistungen" nur mit Einschränkungen durch Hinweise auf

---

[45] So hören wir schon davon, daß bereits die Wünsche von Bauherren, gewisse Raumausstattungen wohl nach den Entwürfen für die Serienfabrikation, aber in anderen als für die industrielle Erarbeitung geeignetesten Holzarten eingerichtet zu erhalten, die ursprünglich mit den Lieferungsaufträgen bedachten Industriefirmen zu deren Abtretung an das Handwerk bewogen hätten.

[46] Weiter unten, S. 161.

deren Bestimmtheit durch die Individualität der jeweils Werktätigen zu ergänzen. Wohl tragen wieder manche dieser Dienste deutlich den Stempel der Ansprüche der Auftraggeber oder der Kunstfertigkeit der sie bietenden Meister, oder beides zusammen. Diese bilden den Kernbereich des handwerklichen Schaffens, in welchem dieses die größten Vorzüge vor den Industriefabrikaten bieten kann. Nicht von ungefähr findet sich im Schweizerischen Zivilgesetzbuch bis zum heutigen Tag ein Artikel über den „Werkvertrag", der den Erwerber der einschlägigen Lieferungen und Arbeiten deren Erbringung unmittelbar durch die damit betrauten Unternehmer zu erwarten und zu verlangen berechtigt. — Dicht daneben fallen dem Handwerk jedoch manche Bestellungen von Arbeiten zu, die lediglich die sachliche Anpassung nach den Regeln des landläufig Fachgerechten, ohne nennenswertes Eigengestalten, erheischen. Schließlich ist für nicht wenige weitere mit routinemäßigen Verrichtungen auszukommen.

Dabei mangelt es nicht an Unternehmen einzelner Industriezweige, wie bereits vermerkt namentlich solchen des Maschinen-, Geräte- und technischen Großanlagenbaus, die für ihren Teil mit auf die jeweiligen Erfordernisse und Wünsche näher zugeschnittenen Ausführungen Anwärter auf diese dauerhaft für sich zu gewinnen vermögen. Für die übrigen Industriezweige, die Nahrungs- und Genußmittelherstellung, die Bekleidungskonfektion, die chemisch-pharmazeutischen, die Uhrenfabrikation, die Leder- und Papier- oder Kunststoffgewinnung und -verarbeitung bildet indessen die Nötigung zur großserienmäßigen Produktion sehr ausgeprägt die Regel.

Sobald man sich durch die Verflachungen des Handwerklichen im Gesamtspektrum der hervorzubringenden Güter nicht von der Suche nach dem letztlich Wesentlichen ablenken läßt, zeichnet sich unverkennbar ab, daß das Handwerk auf ausgedehnten Betätigungsfeldern seine Arbeiten am meisten nach den gerade zu befriedigenden Bedürfnissen abzuwandeln fähig und damit zu Diensten zu sein berufen bleibt. Der Einzel-Großmaschinen- und Großanlagenbau erweist sich, von nahe besehen, nur als eine Abweichung von einem sonst die Industrie beherrschenden Grundzug, die, weil durch Sonderverhältnisse bedingt, dessen bindenden Charakter bestätigt. —

Diese Unterscheidung zwischen der stärker differenzierten Erzeugung und der möglichst gleichartigen serienmäßigen verhilft zu viel mehr Aufschlüssen, als das die bisherigen Verständnisse des Handwerks und der Industrie aufgrund von Merkmalgemengen aus Betriebsgrößen, Geschäftsstilen, Verbindungen mit den Märkten usw. je an die Hand zu geben vermochten.

4. Die volkswirtschaftlich unumgängliche Grundlage dafür: vielfältige Nachfrage

a) Allgemeines

Die Erbringung differenzierter, oft individualisierter Leistungen durch das Handwerk wird in der großen Mehrzahl der Fälle eine aufwendigere als — im Rahmen genügender Absatzmöglichkeiten — die industrielle Serienfertigung sein. Damit wäre es Verzicht auf die größte Ergiebigkeit der Arbeit und volkswirtschaftliche Verschwendung, die handwerkliche Erzeugung noch für Bedarfslagen einsetzen zu wollen, welche die industrielle Erzeugung billiger, vielleicht auch besser zu betreuen vermag. Das heißt nichts anderes, als daß die modernen Volkswirtschaften dem Handwerk, lediglich unter dem Gesichtswinkel der Güterversorgung beurteilt, nur noch soweit Platz belassen, als es vielfältige und rasch wechselnde Bedürfnisse zu befriedigen gilt. Die bestimmende Grundlage seines Fortbestehens und der Weiterentwicklung ist also in den verzweigten und unterschiedlichen Versorgungsanliegen zu suchen. — Dabei spielen in der heutigen Wohlstandsgesellschaft und von den technischen Möglichkeiten her nachhaltige Gegenbeeinflussungen mit: daß Bedarfslagen eines Tages technischen Fortschritten rufen und diese für ihren Teil manchmal der großserienmäßigen Erzeugung den Weg bereiten. Auch zeigen sich, bei allem Bekenntnis zur Konsumfreiheit, nicht wenige Anbieter, denen es neue oder Substitutionsprodukte herzustellen gelingt, sehr darum bemüht, das Begehren breiter Bevölkerungskreise auf diese zu lenken. Deshalb ist die Differenziertheit der Arbeiten des Handwerks stets auf dem Hintergrund der Nachfrage darnach, diese allerdings auch wieder in enger Verbindung mit dem tatsächlichen Angebot an solchen, zu sehen. Zwar trifft es für die betrachteten Bereiche wie für die meisten anderen zu, daß sich Nachfrage und Angebot kaum je genau decken, sondern es dem Markt stets von neuem für die Anpassung der beiden aufeinander zu sorgen zufällt, wozu er einige Zeit benötigt. Doch hat das Handwerk von Haus aus den Vorzug für sich, seine Dienste unmittelbar auf die jeweiligen Beschaffungswünsche ausrichten und nach diesen anlegen zu können.

Im Zusammenhang mit den nach wie vor großen Beständen kleiner und kleinerer Mittelbetriebe war auf statistische Befunde in der Bundesrepublik Deutschland hinzuweisen, die Anteile des Handwerks am volkswirtschaftlichen Gesamtumsatz von 12 - 17 % ermittelten. Bereits dazu stellten wir aber fest, daß die erzielten Auftrags- und Verkaufssummen, der ungleichen Produktionstiefe der handwerklichen und industriellen Betriebe wegen, deren Gewicht für die Gewinnung des Bruttosozialproduktes nur verzerrt zum Ausdruck brächten. Genauere Aufschlüsse vermöchte erst die Wertschöpfung zu liefern, deren durchgängige Erfassung indessen auf große Schwierigkeiten stoße. —

Selbst mit Auskünften darüber würde jedoch nicht genügend sichtbar, daß manche industrielle Erzeugung auf handwerklicher Vorarbeit aufbaut und ohne diese auf dem heutigen Entwicklungsstand gar nicht möglich wäre. Zudem will ja auch die Belastung der Infrastrukturen und der Naturgrundlagen berücksichtigt sein.

Einige Beispiele aus dem praktischen Leben mögen den tatsächlichen Umfang der ausgefächerten und gestreuten Nachfrage nach den vielerlei Gütern gerade in der gegenwärtigen vermeintlichen „Industriegesellschaft" deutlicher erkenn- und überblickbar machen.

b) Im Bereich des kurzperiodischen Bedarfs

Sehen wir zunächst den kurzperiodischen Bedarf, d. h. denjenigen nach Lebens- und Genußmitteln, auf die Beteiligung des Handwerks an dessen Deckung hin an. Wie vermerkt, leben viele seiner Angehörigen jetzt noch davon, daß ausgedehnte Verbraucherkreise eine nahe und zu günstigen Zeiten verfügbare Bezugsquelle benötigen und dafür um einiges höhere Entgelte, als sie die zentralisierten Massenvermittler berechnen, bewilligen. Gerade in jüngster Zeit zeichnet sich ab, daß die Unterschätzung dieser Vorteile Versorgungslücken aufreißen kann. Das beste Erzeugnis und dessen billigste Hervorbringung nützen wenig, wenn sie nicht in der Reichweite der Nachfragenden liegen. Das nämliche trifft für jene zu, die vielleicht zu anderen Tagen oder Stunden, aber zu dem Zeitpunkt, zu dem sie erhältlich sein sollten, nicht erlangbar sind. Da die Entwicklung der modernen Volkswirtschaften nicht nur im Zeichen einer immer stärkeren Verkehrserschließung, sondern ebensosehr in dem der fortschreitenden Anspannung der Verbraucherwünsche steht, hat es nichts Unnatürliches an sich, daß immer wieder eine große Zahl kleinerer Betriebe davon leben können, in der engeren Nachbarschaft örtlich gestreuter Bedürfnisse, oder zu anderen Zeitpunkten als die übrigen, in Berggemeinden vielleicht schon frühmorgens und bis in den späten Abend hinein, zu Diensten zu sein. Nicht selten bleibt diese Dezentralisation wichtig genug, um Handwerkern eine Existenz zu bewahren, die sachlich nicht bessere, vielleicht sogar um einiges weniger gute Arbeit als die Industrie bieten. Häufig steigert sich in diesen Verhältnissen die Vielfalt der zu erbringenden Verrichtungen bis zur Notwendigkeit, mehrere verwandte Berufe nebeneinander auszuüben. Trotz da und dort sachlich nicht besonders qualifizierter Dienste haben sie ihre Verdrängung durch die Großkonkurrenz nur bei weiterer „Verstädterung" der Verbraucher zu befürchten.

Neben den schwächeren Anbietern gibt es jedoch in jüngster Zeit, sowohl der Regsamkeit tüchtiger Kräfte als dem Druck der erhöhten Erwartungen der Kunden und des Wettbewerbs der Industrie zu verdanken, zunehmend mehr leistungsfähigere Betriebe. Allmählich wachsen die Bestände an solchen, deren Leiter den Bestellern und Kauflustigen als Könner an die Hand gehen und ihnen, sie persönlich beratend, zur jeweils zweckmäßigsten Anschaffung zu verhelfen wissen. — Wohl waren es vielerorts die Massenfilialunternehmen, die den minder verderblich gemachten Nahrungs- und Genußmitteln und den Fertiggerichten den Weg bahnten. Dafür haben sich die tüchtigeren Fachleute des Nahrungsmittelhandwerks ihre Verdienste um die Pflege und Verfeinerung der Tafelfreuden erworben und sie tun es heute noch. Als Beispiele dafür, daß differenzierte Qualitätsleistungen manchmal bereits entsprechend differenzierte Einsätze auf den Vorstufen der betreffenden Produktion erfordern, soll u. a. das Angebot hervorragenden „Bankfleisches“ die sorgfältige Vorauswahl erstklassigen Schlachtviehs verlangen. Da der Anfall an solchem kaum je ein völlig gleichmäßiger zu sein scheint, gewinnt die strenge fachkundige Auslese um so größere Bedeutung. Dazu muß man Bescheid darüber wissen, wie sich durch das Vorbereiten der Fleischstücke — das „Tranchieren“ — und im Bäckereihandwerk durch das Herausbringen besonders schmackhafter Hausbrote und Feingebäcke den Konsumenten am besten dienen läßt. Die tägliche sprachliche Übung faßt das, was ein guter Fachmann dieser Handwerkszweige bieten soll, gerne im verwaschenen Ausdruck „Service“ zusammen. Tatsächlich steckt jedoch viel dahinter. Mit dem Steigen der Lebensansprüche und der Unübersehbarkeit der erlangbaren Güter, nicht zuletzt auf dem Hintergrund erhöhter Gefahren der suggestiven Massenbeeinflussung, wächst der Käuferberatung ganz anderer Sinn und viel größeres Gewicht als bis anhin zu. Wer einmal Geschmack daran gewonnen hat, ursprünglichen Zwangsbedarf nach Nahrung und Tranksame auf die Stufe höheren Wahlbedarfs zu heben, gibt sich erfahrungsgemäß nicht länger mit einförmiger Massenverpflegung zufrieden. Offenkundig geht es um die Erfüllung differenzierter, oft individualisierter Versorgungsanliegen. Da die Mahlzeiten und der Getränkegenuß zu einem erheblichen Teil Äußerungen des Zusammenlebens in der Familie und der Pflege der gesellschaftlichen Beziehungen geblieben sind, gehen von ihnen kräftige Ansporne zur persönlichen Prägung der Wünsche aus. Deshalb weiß die anspruchsvollere städtische Verbraucherschaft besonders „gepflegte“ Läden des Lebensmittelhandwerks an den Hauptgeschäftsstraßen sehr zu schätzen.

Zur Deckung des kurzfristigen Bedarfs zählt ebenfalls die Gästebewirtung und Beherbergung. Diese sind für ihren Teil ganze Fächer von Bedürfnissen: von den schlichtesten, bereits mit einförmiger Bedienung zu befriedigenden bis zu den Verlangen nach gepflegtesten Genüssen und persönlich abgestimmter Umhegung zu betreuen berufen. Wieder lösen vielfältige Motivationen zur breiten Nachfrage nach schlichter Standardbedienung hinzu auch Wünsche nach gehobenen, profilierten Leistungen aus.

Allerdings litt das Gastgewerbe in den wirtschaftlich stärker entwickelten Ländern bis vor kurzem an einer zunehmenden Verknappung der qualifizierten Hilfskräfte. Wir wagen aber vorauszusagen, daß zwar die bereits im Gange befindliche Spezialisierung in „Hotel garnis" und Restaurants im Verein mit der Ausbreitung der Massenverpflegung weiter anhalten wird, sich daneben jedoch manche „gepflegte" Häuser mit — allerdings verteuerter, dafür erst recht sorgfältig — differenzierter Betreuung ihrer Gäste erfolgreich behaupten werden.

c) Im Bereich des mittelperiodischen Bedarfs

Im Rahmen des mittelfristigen Bedarfs wartet sogar das von der Konfektion stark zurückgedrängte Schneidergewerbe mit Entwicklungen auf, die nicht zu den landläufigen Leitbildern passen. In demselben Zug, in dem das einfache ländliche und das nicht über mittelmäßige Arbeit hinauswachsende städtische fortschreitend Boden an die industrielle Serienfertigung verloren, konnten für ausgezeichnete Leistungen bekannte „Maßateliers" ihre Stellung, nicht selten in der Nähe der zentralen Geschäftslagen der größeren Bevölkerungsagglomerationen, noch festigen. Das ist ihnen gelungen, obgleich sie der Lohnkostensteigerung wegen beträchtlich höhere Entgelte als die Industrie, mitsamt dem daran anschließenden Handel, verlangen müssen. Ihnen fällt buchstäblich „à la taille de l'homme" zu arbeiten, der eigene Zuschnitt nach den unterschiedlichen Körpermaßen, wie für das ansprechende Aussehen, zu. Das Gebot der Differenzierung beherrscht bereits die Stoffauswahl, verlangt daraufhin die Einzelanfertigung des Anzuges, beherrscht die Anprobe und endgültige Aufmachung, und wieder sind es diese Anforderungen, die den Leistungen das „Handwerkliche" verleihen. Offenbar fehlt es nicht an Anwärtern, die mit ihren Wünschen an stoffliche Beschaffenheit und Maßgerechtigkeit solche nach gediegenem Stil und gewinnender Gesamterscheinung verbinden. Nicht von ungefähr bereitet es der Konfektion und dem Damengarderobe-Einzelhandel große Schwierigkeiten, den Toilettenwünschen der Frau im Alter über 30 Jahre gerecht zu werden. Beide sehen sich nämlich zur Beschränkung ihrer Auswahl auf die gängigsten Größen und Muster gedrängt, während die Kundinnen nicht nur der körperlichen, sondern auch der ästhetischen und gesellschaftlich gerade gültigen Linie wegen auf persönlich abgestimmte Bekleidung halten. Diese läßt sich bis zur schöpferischen Betonung der Person der Trägerin durch jene „haute couture" steigern, die noch nicht in den Bann der Serienfabrikation und der Nötigung, hauptsächlich Modelle für diese zu entwerfen, geriet.

Ähnliche Strukturen zeigt der heutige Wohnungseinrichtungs- und Ausstattungsbedarf. Wieder hat sich zwar die Nachfrage nach Möbeln und Möbelgruppen stark den Angeboten der Industrie und des von dieser belieferten Fachhandels, sowie durch die „Massendistributoren" vermittelt, zugewandt. Die Einzelanschaffung beim Schreinermeister belegt nur noch kleinere Marktanteile[47]. Mit der Beseitigung der bisherigen Handelsschranken zum Aufbau größerer Absatzbereiche eröffnet sich für die Kauflustigen auch die Aussicht, zwischen viel mehr Erzeugnissen als bisher wählen zu können. Es sei nicht mißachtet, daß bereits diese Ausweitung der Beschaffungsmöglichkeiten manche Erwerber zur freien Zusammenstellung von Stücken verschiedener Herkunft für ihre Gesamtausstattung befähigen kann. Wir werden demnächst[48] ja selbst auf die Aufgabe des „gewerblichen", vorab des Facheinzelhandels und der „Spezialgeschäfte" hinzuweisen haben, durch geeignete Vermittlung serienmäßig fabrizierter Güter diese in solche zur Befriedigung differenzierter Bedürfnisse zu verwandeln. — Indessen lehren die alljährlichen Möbelmessen, daß sich die industriellen Lieferanten um der breiten Verkaufschancen willen durchaus vorherrschend der Hervorbringung einander ähnlicher Möbel und Sortimente widmen müssen. Damit pflegen sich einerseits dicht beschickte, andererseits nach wie vor dürftig bediente Versorgungsbereiche zu ergeben. So bleiben die Gelegenheiten von der Industrie her, das Heim oder Studio nach eigenem Belieben einzurichten, für Käufer, die ein engeres Verhältnis dazu suchen, im ganzen recht begrenzte. Ebenso hat schon die frühere Empfehlung, „Kombimöbel" zu individuellen Arrangements zusammenzufassen, manche Enttäuschung bereitet. Dabei fordert jetzt oft schon die äußere Einförmigkeit neuer Wohnsiedlungen und Hochhäuser zum Bemühen um die Wahrung persönlicher Reservate heraus. Jedenfalls weisen jüngere Befunde der empirischen Soziologie darauf hin, daß viele Menschen der heutigen Wohlstandsgesellschaft das Heim zu einem Hort ihres Ich machen möchten und mit dessen Gestaltung am meisten „Träume" verfolgen. Selbst der im herkömmlichen Sinn fortschrittsgläubige R. F. Behrendt[49] hob einen „modernen Hang zu Individuation" hervor.

Vielleicht noch bezeichnender lesen wir bei E. Zahn[50]:

„In dieser Freizeit, die man nun dem Konsum ebenso zuordnet wie andererseits die Arbeit der Produktion, sollen die Güter des neuen Wohlstandes in angemessene Lebensweisen eingepaßt werden. Die Ansprüche an die Güter steigen, führen zu ästhetischer Verfeinerung, gesellschaftlicher Sublimierung ..."

Diese Beweggründe schlagen sich fast durchwegs in Differenzierung der Versorgungsanliegen nieder. Selbst die Ansätze, von den einzu-

---

[47] *Pleitner,* H. J.: Bedarf und Bedarfsstrukturwandel am Beispiel der Gütergruppe Möbel unter dem besonderen Gesichtspunkt differenzierten und homogenisierten Bedarfs, Berlin/München/St. Gallen 1972.

[48] Vgl. unten, S. 192 ff.

[49] *Behrendt,* R. F.: S. 47 und 62.

[50] *Zahn,* E.: S. 18 und 24.

bauenden industriell erzeugten Kochherden, Kühlschränken, Waschmaschinen usw. her zur Standardisierung der Küche vorzudringen, stoßen da und dort auf Schranken. — Für die Ausfächerung der Nachfrage nach den Gebrauchsgütern des Wohnbedarfs zeugen nicht zuletzt Verschiebungen im Kreis der handwerklichen Anbieter. Während der schlichte Möbelschreiner mit den Jahren oft ins Hintertreffen geriet, konnte sich derjenige, der seine Fachtüchtigkeit mit gutem Formschaffen und sicherem Gefühl für die Verlangen nach dem behaglichen Zuhause zu vereinen wußte, als Wohngestalter und Innenarchitekt recht gedeihlich entfalten[51]. Für das Schaffen der Tapezierer und Dekorateure blieb es im großen und ganzen dabei, daß es im wesentlichen als handwerkliches zu erbringen ist. Allerdings machen jetzt große Zweckbauten: für Schul- und Verwaltungsgebäude usw. auch von Einheitsgarnituren Gebrauch oder trachten sie das schmückende Beiwerk schlechthin zu erübrigen. Indessen kehren zur Stunde sogar manche von ihnen zur Verkleidung sonst kahler Räume mit Textilien zurück; ein Beispiel dafür bildet eine Vorliebe der modernen Architektur, größere Räume nicht mehr mit Zwischenwänden, sondern mit Vorhängen aufzugliedern. Obwohl an sich einheitliche Dekorationen denkbar wären, wendet sich oft innere Auflehnung des abendländischen Farbensinns dagegen. Wie für die Ausstattung der Zimmer mit Möbeln greifen die Ausschmückungswünsche vielfach von Maßarbeit-Leistungen bis in das schöpferische Gestalten, nicht selten das künstlerische aus.

Blicken wir weiter auf den Bedarf von aus Metall oder aus Kunststoff gefertigten Waren. Dieser Gebrauchsgüter hat sich offenkundig die Industrialisierung in besonderem Maße bemächtigt. Das heute benützte Kochgerät stammt durchwegs aus Großauflagen; die Holzbottiche wurden durch die Blecheimer und Kunststoffsäcke, manche früher einzeln geschmiedete Gegenstände durch gußeiserne verdrängt oder durch Bedarfsverlagerungen überhaupt überflüßig.

Kein geringerer als J. Ruskin[52] hat sich schon früh über die Verflachung der Ansprüche an das Hausgeschirr als Ausfluß der Industrialisierung aufgehalten. Seine Einwände rücken selbst dann, wenn sie auf heute kaum mehr als problematisch empfundene Gebrauchsgewohnheiten zielen, die kulturellen Bezüge der Art unserer materiellen Lebensführung ins Licht:

„Unser modernes Glas an sich ist außerordentlich klar, seine Form aufs Haar exakt, sein Schliff regelrecht. Wir sind stolz darauf. Wir sollten uns dessen schämen. Das alte venezianische Glas war trüb, seine Formen durchaus nicht

---

[51] Im Zusammenhang sei beachtet, daß die „moderne Sachlichkeit“ nur langsam und begrenzt ihre Anhängerschaft gewann und gerade die zahlungsfähigeren Schichten oft zum Rückgriff auf die klassisch-historischen Stilformen neigen.

[52] *Ruskin*, J.: Vom Handanlegen in der Arbeit, in: *Gatz*, K.: S. 38.

regelrecht, sein Schliff plump, wenn es überhaupt geschliffen war. Und die alten Venezianer rühmten sich dessen mit Recht. Dies unterscheidet z. B. den englischen Arbeiter vom venezianischen: der erste denkt nur an die schablonenhafte Wiedergabe seiner Vorlage, an die haarscharfe Herstellung der Kurven und Kanten und wird zur Maschine, die Kurven dreht und Kanten schleift, indes es dem alten Venezianer gar nicht auf den Schliff seiner Kanten ankam. Er ersann vielmehr ein neues Muster für jedes Glas, das er schuf, und er gestaltete jeden Griff und jedes Mundstück verschiedenartig und phantasievoll. Und wiewohl gewisse venezianische, von ungeschickten phantasielosen Arbeitern hergestellte Gläser plump und unschön sind, so sind die Formen anderer so schön, daß sie unbezahlbar sind, und man sieht dasselbe Muster nicht zweimal. Feiner Schliff und Formmannigfaltigkeit gehen nicht zusammen. Der Arbeiter kann sich nicht gleichzeitig um den Schliff der Kanten kümmern und dabei Muster erfinden. Man entschließe sich, ob man für sein Geld schöne Formen oder tadellosen Schliff haben will, ob man aus dem Arbeiter einen Menschen oder einen Schleifstein machen will ..."

d) Im Bereich des langfristig aperiodischen Bedarfs

Das stark konkurrenzierte Schlossereihandwerk und die mechanischen Werkstätten sahen sich ebenfalls zur Serienerzeugung oder doch zur Mechanisierung, etwa mit Autogen-Schweißanlagen, hingelenkt. Dennoch fördert die nähere Prüfung zutage, daß auch sie immer noch abzuwandelnde Arbeiten auszuführen haben. Allerdings verlor die Kunstschlosserei stark an Boden, aber mit dem Effekt, daß heute manche von ihr erfüllte Austattungswünsche unbefriedigt bleiben. Dafür sehen sich die betreffenden Handwerkszweige zunehmend zur Zulieferung arteigener Teilstücke an die industrielle Produktivgütererzeugung in der Gestalt besonders bemessener Tragbalken oder Stützen, von Stahlrohrleitungen, Drahtgeflechten, zur Zulieferung gestanzter oder gedrehter Halbfabrikate, zum Schneiden von Gewinden in kleinerer Zahl, zum Mit-Versehen der Industrie mit Spezialwerkzeug, herangezogen.

Im übrigen berührten wir bereits die nach wie vor starke Nachfrage nach differenzierten Leistungen des engeren Baugewerbes und der dieses ergänzenden Ausbaugewerbe. Wir werden deren Natur in einem Exkurs noch etwas eingehender zu ergründen haben. Hier sei nur einmal die doppelte Bedingtheit der Art der erteilten Bauaufträge

— einerseits durch die natürlichen Vorbedingungen: die Bodenbeschaffenheit, die Lage der Bauplätze im Gelände, den Anschluß an den öffentlichen Verkehr, die Witterungseinflüsse,
— andererseits durch die Zweckbestimmtheit der auszuführenden Bauarbeiten und die besonderen Wünsche der Bauherrschaften

hervorgehoben.

Allen Normierungsbestrebungen zum Trotz hat es sich vielerlei Erfordernissen anzupassen. Nicht von ungefähr fühlen sich manche Bauunternehmer, nicht nur in Landgemeinden ansäßige, immer wieder dazu gedrängt, einen breiten Fächer gewünschter Arbeiten, sowohl kleinerer oder einfacherer, als größerer oder schwierigerer, zu bieten. Selbst dort, wo starker Wettbewerbsdruck zur Spezialisierung, z. B. auf Großüberbauungen oder Straßenbau nötigt, ist meistens ohne Einzelplanung und -arbeitsvorbereitung nicht auszukommen. Auf die besonderen Ansprüche an viele Werk- und öffentliche Gebäude haben wir schon hingewiesen.

Während die Zimmerei, ursprünglich vielleicht eines der bezeichnendsten Handwerke, jetzt für eine Reihe von Arbeiten tatsächlich zur Industrialisierung neigt, obliegt dem Ausbaugewerbe wie der Platten- und Bodenlegerei, der Bauschreinerei, Spenglerei, der sanitären und Elektro-Installation, dem Maler- und Gipsereigewerbe, der Dachdeckerei weiterhin und stark überwiegend, häufig voneinander abweichenden Erfordernissen zu genügen. Allerdings bahnt sich für die Montageberufe, an die Lieferung fertiger Armaturenblöcke und eine für diese immerhin nutzbar zu machende Schematisierung der Anlagen anknüpfend, eine etwelche Industrialisierung an. Nebenher läuft die Flachmalerei bei den Sichtbeton- und Stahlbauten das Risiko, sich fast über Nacht durch die bereits bei ihrer serienmäßigen Herstellung farbbespritzten Wandplatten ausgeschaltet zu sehen. — Demgegenüber wachsen den übrigen Berufen. u. a. aus der zunehmenden Komplexität der Bedürfnisse heraus, zusätzlich zu lösende konstruktive Probleme und Beratungsaufgaben zu. Erneut bestätigt es sich, daß es hauptsächlich die differenzierten Versorgungsanliegen sind, die nach umfassendem fachlichen Können größerer Kreise von Meistern und Mitarbeitern rufen und dadurch den weiteren Fortschritt fördern.

Oberflächlich betrachtet, mag die stärkere Maschinenverwendung und die sie begleitende erweiterte Arbeitsteilung den Eindruck erwecken, als ob es weniger mehr als früher auf den Einsatz umfassend ausgebildeter Arbeitskräfte ankomme. In Tat und Wahrheit bleiben aber selbst größere Betriebe des modernen Metall- und Stahlbaus solche vorwiegend handwerklicher Natur, weil sie als bestimmende wirtschaftliche Grundlage immer wieder wechselnden Ausrüstungserfordernissen zu genügen haben.

Darüber hinaus nährt sogar die Entwicklung der Großserien- und eigentlichen Massenfertigung ebenfalls in der Produktionsgütererzeugung fortschreitend Bedarf nach sachlich differenzierten Leistungen. So sind von den zahlreichen handwerklichen mechanischen Werkstätten manche für die Erarbeitung von Sonderaggregaten und von Mustern („Prototypen") für die Fabrikation in bedeutenden Auflagen tätig. Der Spezialisierung der Industriebetriebe folgt ja zunehmende Starrheit im Sinne der Festlegung auf die einmal gewählten Produktionsprogramme auf dem Fuße. Während sie früher die gerade erhältlichen Rohstoffe und Halbfabrikate verwendeten und die anschließende Verarbeitung darnach gestalteten, müssen sie diese heute häufig auf die Qualitätsanforderungen an die Fertigerzeugnisse ausrichten und entsprechende Ansprüche bereits an die von außen zu beschaffenden Materialien und Teilstücke stellen. Das kann so lange, als der Bedarf darnach größere Betriebe zu beschäftigen erlaubt, die industrielle Spezialisierung verstärken, wird jedoch dort, wo es daran gebricht, kleineren Lieferanten mit beweglichem und differenziertem Angebot immer wieder neue Leistungsbereiche öffnen. So bleiben tüchtige Handwerksmeister eine Hervorbringung weitherum, aber sehr gestreut begehrter Spezialgeräte aufzubauen imstande. Desgleichen entsteht Platz für „kleinere“ Halbfabrikate-Erzeuger und erklärt sich die nicht rückläufige, sondern um sich greifende Heranziehung selbständiger Handwerker zur Bedienung der Industrie mit hernach oft nur noch zusammenzufügenden Elementen und Sondergeräten. Ein gedrängter Überblick über die Anlässe zur Betrauung kleiner Wirtschaftseinheiten, nicht zuletzt handwerklicher, mit solchen Unteraufträgen muß noch folgen[53].

Bekanntermaßen bleibt die Behebung von Schäden an den Gebrauchsgütern größtenteils Aufgabe des Handwerks. Zwar erlaubt der technische Fortschritt da und dort, die meistens kostspieligen Reparaturen durch häufigere Neu-Eindeckungen abzulösen. Umgekehrt zeitigt jedoch der Einsatz hochgezüchteter technischer Ausrüstungen vielerorts noch dringendere Bedürfnisse nach der fachkundigen und unverzüglichen Ausschaltung von Störungen. Damit verbindet sich das Gebot des sorgfältigeren, nicht selten verselbständigten Unterhalts der Einrichtungen. Jüngstens verleiht der Zwang, vom Raubbau an den Naturgrundlagen abzukommen und den Müllanfall zu meistern, den Ausbesserungsdiensten mitsamt der Erneuerung der Anlagen, um sie noch besser ausnützbar zu machen, noch mehr Gewicht.

Einige Volkswirtschafter meinten in der stärkeren Beschäftigung des Handwerks mit Reparatur- und Erneuerungsarbeiten ein „Absinken in die Flickschusterei“ zu erblicken. In der Tat bewegen sich etliche davon auf bescheidener Anforderungsstufe, welche den Einsatz bloß angelernter Kräfte dafür erlaubt. Zudem zeigt u. a. das Beispiel der Schuhreparatur, daß es auch Möglichkeiten ihrer maschinellen und nicht mehr lohnintensiven Ausführung gibt. Zugleich verlangen aber, wie das nähere Zusehen darüber belehrt, gerade die Schadensbehebung und die Erneuerung, etwa diejenigen von Bauwerken, oft besonders großes berufliches Können und hohen persönlichen Einsatz. Vielfach handelt es sich um ausgesprochenste Maßarbeit, in deren Rahmen zuerst nicht von vornherein offenkundige Ursachen des Versagens der Maschinen und Geräte-Aggregate erkannt werden wollen und daraufhin sofort die zweckdienlichsten Eingriffe zur Wiederherstellung ihrer Funktionstüchtigkeit folgen sollen[54].

---

[53] Weiter unten, S. 267, 272 ff.

[54] *Siegfried*, A.: La production de qualité et de série, in: Gewerbliches Jahrbuch, Bern 1949, S. 36 ff. Siegfried hat die vermeintlich banalen Zusammen-

Natürlich verleiht die fortschreitend engere Verzahnung der aufgegliederten Stufen der Produktion, bis zur schlanken Weiterverarbeitung der gerade angelieferten Teilfabrikate unter Erübrigung von Zwischenlagern, dem Begehren nach ebenso schneller als sicherer Behebung von Funktionsstörungen Nachdruck. Zusammen mit der Nähe und zeitlichen Anpassungsfähigkeit der Dienste hängt immer mehr von der Abstimmung der Hilfe an die jeweiligen Sachlagen ab. Nicht von ungefähr lösten die Verknappung und die sie mitunter begleitenden Zuverlässigkeitseinbußen der Unterhalts- und Ausbesserungsarbeiten der jüngeren Jahre in die Öffentlichkeit getragene Beschwerden aus[55]. Die auf die technischen Ausrüstungen angewiesenen Produzenten geraten in Schwierigkeiten und laufen Gefahren eines massiv gesteigerten Wertverschleißes. Einmal mehr zeichnet sich ab, daß die Anteile an den Gesamtumsätzen der Volkswirtschaft oder ihrer Wertschöpfung die Bedeutung des Handwerks nur fragmentarisch widerspiegeln. Wenn dieses nicht zur Verfügung stünde, wären viel schwerfälligere und kostspieligere Ersatzangebote neu aufzuziehen, und nicht wenige industrielle Fertigungsverfahren könnten sich als überhaupt nicht mehr anwendbar erweisen.

e) Bisherige Hinweise; in unserer Sicht zentrale Bedeutung der Befähigung zur Erbringung differenzierter Leistungen

Es ist nicht unser Verdienst, als erste auf die Chancen aufmerksam zu machen, die sich für die kleineren Wirtschaftseinheiten aus dem Bestehen einer lebhaften Nachfrage nach differenzierten Gütern aller Art

---

hänge am Fall des Automobilisten veranschaulicht, dessen Wagen auf offener Strecke stehen bleibt. Er müsse als erstes den finden, der sein Fahrzeug abschleppe. In der Garage angelangt, gelte es rasch eine Diagnose des Versagens zu erhalten, worauf „man“ dann die ebenso baldige als wohlgezielte Ausbesserungsleistung zu erwarten pflege.

Wenn einige Fabrikanten zur Plombierung der Getriebe von ihnen gelieferter Maschinen schritten, um sich gegen reparierende Eingriffe ländlicher Handwerker abzuschirmen, zeugt der Vorgang nicht gegen die Bedeutung des Handwerks als Hauptträger der Ausbesserungsarbeiten. Vielmehr verrät er lediglich, daß es bisweilen unzulängliches Herumhantieren an diesen Maschinenteilen abzuwehren galt, was umgekehrt wieder die öftere Unumgänglichkeit einer höheren fachlichen Qualifikation der Betreuer dieser Arbeiten aufzeigt.

Ein Beispiel dafür, wie scheinbar einfache Wiederherstellungen bedeutendes gestalterisches Können verlangen, zeigt der beigefügte, dem unmittelbaren Leben entnommene Entwurf. Er beruht auf enger Vertrautheit mit dem zu verwendenden Naturstein, feinem Einfühlungsvermögen in die Restaurationsaufgabe und war ohne jegliche Zuhilfenahme von Schablonen zu erstellen.

[55] *Eick,* J.: Ewig Ärger mit Reparaturen, in: Frankfurter Allgemeine Zeitung, Wirtschaftsblatt, 13. April 1963, Nr. 87, S. 5; *o. Verf.:* Kein gutes Haar an den Handwerkern, in: Handelsblatt, 21./22. August 1970, S. 28; *Benkhoff,* W.: Immer nur Ärger mit den Handwerkern, in: Handelsblatt, Dezember 1970, Nr. 237, S. 3.

Abbildung I

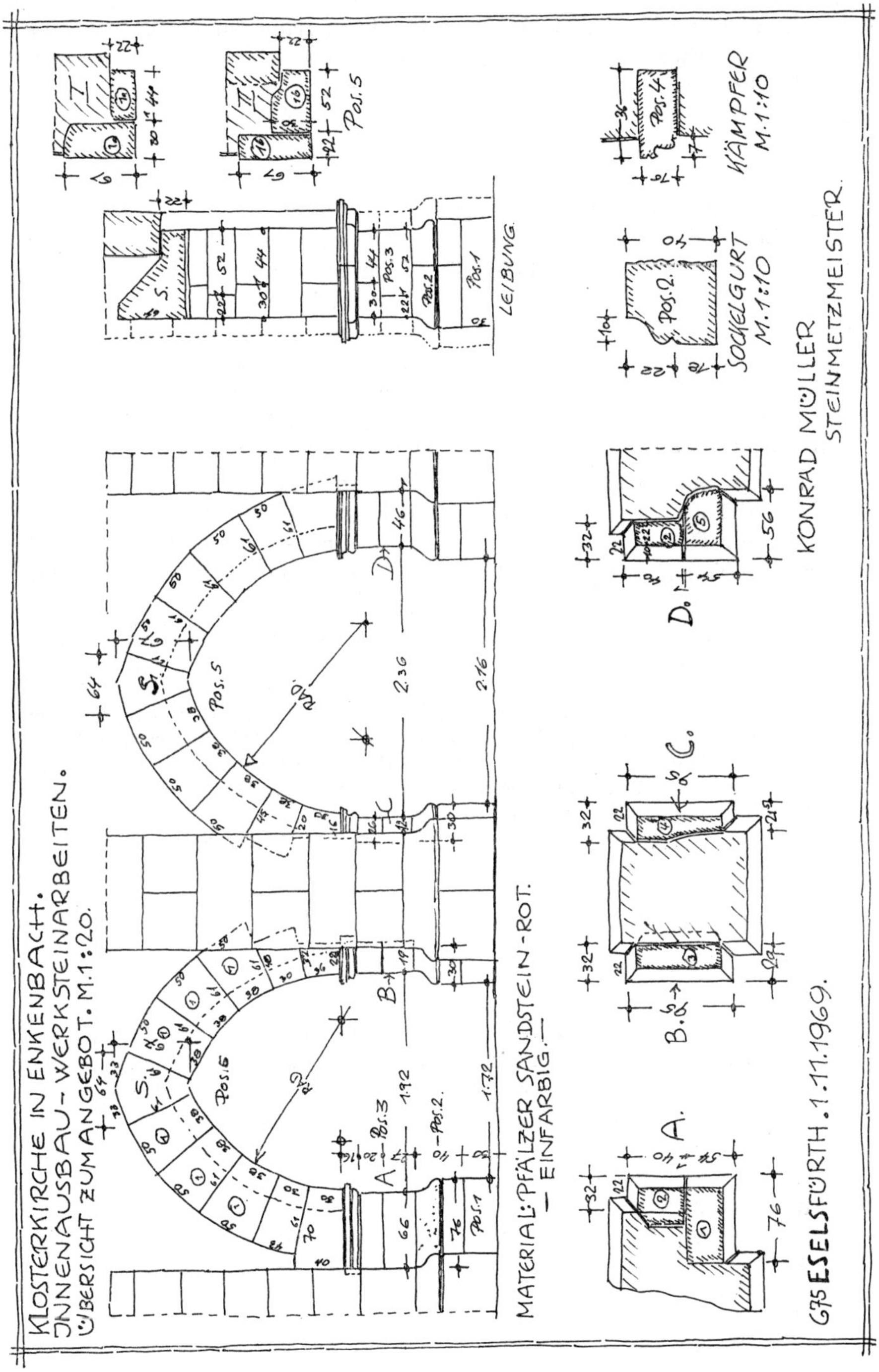
KLOSTERKIRCHE IN ENKENBACH.
INNENAUSBAU - WERKSTEINARBEITEN.
ÜBERSICHT ZUM ANGEBOT. M.1:20.
MATERIAL: PFÄLZER SANDSTEIN - ROT.
— EINFARBIG. —
LEIBUNG
SOCKELGURT
M.1:10
KÄMPFER
M.1:10
675 ESELSFÜRTH. 1.11.1969.
KONRAD MÜLLER
STEINMETZMEISTER

in der modernen Industriegesellschaft wie in früheren Zeiten ergeben. Schon K. Bücher[56] hob eine „betont individuelle Note“ des Lohnwerks hervor, die allerdings mit dem Übergang zum „Preiswerk“ eine erste Abschwächung erfahren hätte. Hernach berührte zum mindesten die Erklärung J. Wernickes[57] des Fortbestehens vieler kleiner Einzelhandelsbetriebe diese Zusammenhänge. — Namentlich hat aber W. Sombart[58] sein groß angelegtes Gemälde der kapitalistischen Wirtschaft mit Hinweisen auf besondere Befähigungen des Handwerks versehen, differenzierte Leistungen zu erbringen, freilich ohne ihm darob mehr als nur noch bescheidene Zunkunftsaussichten einzuräumen. Immerhin drückte er die Erwartung aus, daß dem Handwerk die „individualisierte Arbeit“, bei der eine Anpassung an den einzelnen Fall erwünscht erscheine, die „lokalisierte Arbeit“, d. h. jene, die an einem ganz bestimmten Orte auszuführen sei oder bei der ein Absatzgebiet von begrenztem Umfange wie ein natürlicher Schutz für den Kleinbetrieb wirke sowie die Reparaturarbeit als „Reservate“ verbleiben könnten. Ferner erkannte A. Weber[59] die größere Befähigung des Handwerks, im Vergleich zur Industrie, zur Deckung vielfältigen Bedarfs. Ebenso wollte F. Marbach[60] in seiner „Theorie des Mittelstandes“ diese Eignung nicht unterschätzt wissen:

„Der Kauf von Standardprodukten wird den kaufkräftigen Konsumentenschichten rasch langweilig, sei es, weil sie sich nicht gleich wie „alle andern“ ausstatten möchten, sei es, weil sie das Serienprodukt künstlerisch nicht zu befriedigen mag. Typisch hierfür ist z. B. das Möbelgeschäft, wo nach einer für den handwerklichen Möbelschreiner und Kleinunternehmer fast hoffnungslosen Zeit eine ganz andere, namentlich antike Formen und das Individuelle schätzende Nachfrage-Epoche angebrochen ist. Des weiteren ist zu beachten, daß die Typisierung der Großfabrikation zwangsläufig dazu drängt, Spezialarbeiten der kleinen Unternehmung, ja sogar Handwerkern zu reservieren.“

Desgleichen legte F. Voigt[61] in seinem Artikel „Handwerk“ dar, daß, während der Industrie hauptsächlich die Serien- und Massenfabrikation zufalle, das Handwerk besonders mit den Arbeiten, die eine persönliche Note tragen müßten, durchzuhalten vermöge.

Damit wurden in der Tat schon die Kernzonen einer besonderen Produktionsweise als handwerkliche hervorgehoben. Alle diese Bewertungen unterscheiden sich jedoch von der unsrigen dadurch, daß praktisch sämtliche Autoren diese Differenzierung der Bedürfnisse — bei W.

---

[56] *Bücher,* K.: Die Entstehung der Volkswirtschaft, S. 376.

[57] *Wernicke,* J.: S. 139.

[58] *Sombart,* W.: Das Wirtschaftsleben im Zeitalter des Hochkapitalismus, München 1927, 2. Halbbd., S. 961.

[59] *Weber,* A.: S. 310.

[60] *Marbach,* F.: Theorie des Mittelstandes, S. 89.

[61] *Voigt,* F.: S. 32.

Röpke vielleicht am deutlichsten — als eine wohl wünschenswerte, aber im ganzen nicht mehr gewichtige, eher mit Liebhabereien zusammenhängende Erscheinung aufzufassen neigten[62]. — In der Folge ist der Zusammenhang auch den Berichterstattern über die Lage der industriellen Klein- und Mittelbetriebe in der EWG von 1966 nicht entgangen: „Im Bereich der Verbrauchsgüter und Dienstleistungen sind die Klein- und Mittelbetriebe besser für die Befriedigung des örtlichen Bedarfs geeignet ... Außerdem sind die Klein- und Mittelbetriebe besonders gut den Wünschen bestimmter Kundenkreise oder besonderen Bedürfnissen angepaßt, die das Großunternehmen nicht auf wirtschaftliche Weise befriedigen kann[63]."

Doch hielt sich der Tenor der Gesamtbeurteilung — für den Bereich der industriellen Produktion noch verständlich — gleichwohl an die als hauptsächlichste eingeschätzte Konzeption der „Economies of scale", was wieder von einer durchgängig funktionalen Betrachtungsweise ablenkte. Eine bewußte Abkehr davon kündigte sich in einem zweiten, diesmal vom Wirtschafts- und Sozialausschuß der Europäischen Gemeinschaft im Jahre 1975 erstatteten Bericht über die Lage der Klein- und Mittelbetriebe in ihrem Gebiet, jetzt in allgemeinerer Sicht der Dinge, mit den Worten an: „Es hat sich gezeigt, daß die großindustrielle Massenproduktion wesentliche Bedarfsbereiche nicht oder nur in begrenztem Rahmen, bzw. nicht optimal abdecken kann und daß deshalb dem produzierenden Klein- und Mittelbetrieb neben den industriellen Großunternehmen beachtliche strukturbedingte Marktchancen bleiben[64]."

Wir glauben nun aber darüber hinaus eine starke Bestimmtheit des wirtschaftlichen Geschehens in Europa und in einigen überseeischen Ländern durch Ansprüche auf die Erfüllung differenzierter Versorgungsanliegen zu verzeichnen. Nach unseren Feststellungen wirkt sich diese weiterhin lebendige Nachfrage nachhaltig und recht eigentlich gestaltend auf die entwickelten Volkswirschaften aus.

III. Der Begriff des Handwerks

1. Sein Kerngehalt

Aus der fälligen — einmal folgerichtig volkswirtschaftlichen — Sicht der Dinge kommen wir somit dazu, die fortgesetzte Abwandlung der zu erbringenden Leistungen zur Deckung irgendwie stärker differenzierten

---

62 *Röpke*, W.: Gesellschaftskrisis, S. 339 ff.

63 Vgl. oben, S. 110.

64 Zur Hauptsache aus der Feder von *Kolbenschlag*, H., Brüssel - Luxemburg, S. 16.

Bedarfs und die Ausrichtung darauf als den Kerngehalt des Handwerklichen anzusprechen. Dabei wissen wir jetzt, daß sich diese Differenzierung der Arbeiten durchaus nicht nur in Einzelausführungen von betont persönlichem Zuschnitt zu äußern braucht, sondern oft schon kleine Abweichungen der zu befriedigenden Bedürfnisse von den „normalen", standardgemäßen genügen, um zum Rückgriff auf die Dienste des Handwerks zu veranlassen. Häufig leiten, um nochmals daran zu erinnern, bereits zeitlich und örtlich gestreute Bedarfsäußerungen, zu den sachlich und formal vielfältigen hinzu, auf diese Angebote zurück. Sein Schaffen umfaßt mehrere Ebenen der Leistungsdifferenzierung und alle Grade solcher: von den einfachsten, gegenüber dem Fabrikat der Industrie nur wenig abgewandelten, bis zur schöpferischen Eigengestaltung für hohe Ansprüche. Damit führt uns der Gesichtspunkt der Konkurrenzierung durch die fortschreitend ausgedehntere Serienfertigung auf die Spur. Wir stoßen auf ein Merkmal, das sich tatsächlich in allen Erscheinungsformen: quer durch alle dafür in Betracht fallenden Produktionszweige, wie über die Betriebsgrößen und Geschäftsstile hinweg, findet. Freilich bleibt es eine „idealtypische", modellmäßige Wesensbestimmung. Das praktische Leben mit seinen Einwirkungen von außerwirtschaftlichen Bereichen her kann einige Verschiebungen daran bewirken. Uns muß jedoch an der spezifisch wirtschaftlichen Ergründung gelegen sein. In dieser Richtung ist es offenbar nur die Natur der Arbeiten, die das Handwerk an die Gesamtgüterversorgung der Völker beiträgt, welche schlüssige Antworten auf die Fragen nach seiner eigentlichen Substanz erteilt.

Allerdings tut, ohne die Eindeutigkeit des zu gewinnenden Begriffs zu gefährden, doch noch eine Ergänzung not. Obwohl durch die Eingliederung in die zum mindesten grundsätzlich freiheitliche Marktwirtschaft vorweggenommen, gehört das Element des selbständigen Erwerbs mit dazu. Das Handeln in eigenen Betrieben und Unternehmen nach dem eigenen Ermessen und ganz auf die Verantwortung der Inhaber mag sich das eine Mal durch seine Kraft auszeichnen, das andere Mal an Schwächen leiden; im Modell steckt jedoch mit darin, daß sich die dazu berufenen Personen den technischen Umweltbedingungen anzupassen und im Geflecht der Marktbeziehungen zum Zuge zu kommen haben. — Die behauptete höhere Effizienz der freien Berufstätigkeit ist nicht unbestritten. Gegenüber jenen Gewerbetreibenden, die zwar auf ihre Unabhängigkeit pochen, aber zugleich auf keine Bequemlichkeit und Sicherheit, welche der moderne Arbeiterschutz den Unselbständigerwerbenden bietet, verzichten wollen, scheinen auch einige Zweifel nicht unberechtigt. Andererseits lehren die Wandlungen im Stil der Führung der größeren Unternehmen, daß die heutigen Volkswirtschaften zur Weiterentfaltung und Hebung des Wohlstandes immer wieder vorwärtsdrängender Köpfe bedürfen, die noch als eigener Herr und Meister am Werk sein können. Dem Handwerk wächst daraus, daß es Platz für eine Großzahl von freien

Erwerbstätigen beläßt, die sich fast täglich im Wettbewerb behaupten müssen, erhöhte gesamtwirtschaftliche und allgemein gesellschaftliche Bedeutung zu.

In dieser Eingrenzung des Handwerksbegriffs läuft keinerlei Minderbewertung der Mitarbeiter der Meister mit. Eine solche wäre völlig abwegig. Wo immer Befähigungen und Fertigkeiten zu gehobener Einschätzung der betreffenden Arbeitskräfte verhelfen, wird diese auch den gelernten handwerklichen zuteil. Wie die Leiter der industriellen Betriebe bereits ihre „Fabrikhandwerker“, etwa die Werkzeugmacher, ganz anders als die bloß angelernten oder mit bloßen Routineverrichtungen beschäftigten Leute einzustufen pflegen, wächst den voll ausgebildeten im Handwerk Berufstätigen mit ihrer Bewährung gehobene Geltung zu. In den jüngsten Jahrzehnten erhöht sie die Verknappung des Angebots an solchen um ein weiteres.

Diese Einsichten führen uns dazu, das *Handwerk als die Art der wirtschaftlich selbständig betriebenen Stoffbearbeitung zu umschreiben, die, auf die Erbringung stärker oder schwächer abzuwandelnder Leistungen ausgerichtet, vorzugsweise der Erfüllung differenzierter, häufig individualisierter Versorgungsanliegen dient.* Dabei setzen diese Leistungen ein vorab durch persönliche Vermittlung zu erwerbendes fachliches Können voraus.

Die Formel mag auf den ersten Blick als eine allzu knappe und bündige erscheinen, um die Mannigfaltigkeit der praktischen Ausprägungen einzufangen. Indessen bestätigen alle Nachprüfungen nicht nur das durchgängige Vorhandensein der als Kernelemente angesprochenen Merkmale, sondern ebenfalls die Möglichkeit, mit diesen zur Erklärung der Einzeltatbestände vorzudringen. Der Begriff umschließt den „kleinen Landhandwerker“ wie den über größere Unternehmen gebietenden in der Stadt, denjenigen, der sich noch als zur Erfüllung aller ihm zugewiesenen Aufträge bestimmt erachtet, wie den auf Auslese und Spezialisierung seiner Tätigkeit bedachten. Desgleichen finden in ihm sowohl noch traditionsgebundene Meister als dynamische und gewinnstrebige Geschäftsleute Platz. Ebenso stört es nicht länger, daß sich die Betriebe selbst innerhalb der einzelnen Handwerkszweige nach ihrer technischen Ausrüstung und der Qualifikationsstruktur der Belegschaften stark unterscheiden.

Mit dem Herausschälen des Kerngehalts lassen sich die verschiedenen Ausformungen unschwer als dessen Ausflüsse unter den jeweiligen persönlichen und gesellschaftlichen, wirtschaftlichen und technischen Bedingungen verstehen. Endlich zeichnet sich ab, daß das Handwerk keine besondere „Wirtschaftsgruppe“, sondern eine bestimmte Produktionsweise und „Betriebsart“ verkörpert, was allerdings nicht ausschließt, daß gleichgerichtete wirtschafts- und sozialpolitische Anliegen der Betriebsinhaber eigene soziale Gruppierungen entstehen lassen. Namentlich bleibt es aber dabei, daß die Güternachfrage in vielen Richtungen sowohl nach Erzeugnissen und Diensten des Handwerks als nach Industriefabrikaten verlangt.

In unserem Begriff fehlen jegliche Bezüge auf die Größe der in Betracht fallenden Wirtschaftseinheiten. Neben den kleineren und kleinsten können sich m. a. W. auch größere, mitunter sogar große handwerklichen Gepräges finden. Wenn es deren weniger gibt, wird allerdings noch zu zeigen sein, daß das nicht von ungefähr kommt, sondern innerbetriebliche Zusammenhänge mit dahin wirken. Den Ausmaßen der Betriebe und Unternehmungen wächst aber damit nur die Bedeutung eines Sekundärmerkmales zu. Ebenso birgt die neue Wesensbestimmung keinen Fingerzeig auf geringe Dimensionen der zu erbringenden Leistungen. Zwar bilden diejenigen begrenzten Formats die Regel; dennoch erstellen nicht wenige handwerkliche Unternehmen oft auch große Werke, was freilich deren Umfang und Organisation stark mit zu beinflussen pflegt.

2. Das Wesen der Industrie

Das funktionelle Verständnis des Handwerks, das sich an dessen arteigene Beiträge an den Volkswohlstand hält, ruft nach einer Erklärung auf derselben Ebene auch des Gegenstücks: der Industrie. Diese muß, wieder der zu erreichenden Eindeutigkeit wegen, abermals eine idealtypische sein. Die herrschende Lehre glaubte sie als spezialisierte und fortschreitend mechanisierte Erzeugung für anonyme Märkte, im Unterschied zur örtlich begrenzten „Kundenproduktion" des Handwerks, sowie als kapitalistisches Erwerbsstreben über größere Produktionsanlagen verfügender Unternehmen zu erfassen. Damit reihte sie mehrere wirtschaftliche und technische Merkmale ungegliedert aneinander. Allein schon diese Koppelung verrät Fragwürdigkeiten. Dabei sei der Aussagewert der aufgezählten Elemente gar nicht rundweg bestritten; wohl aber drängt sich der Einwand auf, ob industrielle Betriebe erst beim Vorliegen aller Bestandteile oder schon bei demjenigen einiger davon als gegeben anerkannt werden könnten. Dazu gesellt sich der weitere, was daraus für das Ermessen der volkswirtschaftlichen Bedeutung der Industrie zu gewinnen sei. Erneut entsteht Grund zur Vermutung, daß diese Eigenschaften nicht die ursprünglichen, sondern lediglich abgeleitete verkörpern dürften.

Stellen wir, wie für das Handwerk, auf die arteigenen Leistungen ab, so entscheidet doch wohl, daß sie dem Gebot der Erzeugung in größeren Serien, bis hin zur Massenfertigung, unterliegt. Besonders zur Deckung des Konsumbedarfs soll sie, wenn es nicht gerade um Spitzenqualitäten geht, zu tragbaren Preisen eine breite Nachfrage befriedigen. Vielleicht wäre im Schoße der modernen Volkswirtschaften von einer eigentlichen Nötigung zu betonter Serienfabrikation, allerdings zum Teil bereits als Folge der durch sie geweckten Begehren nach noch reichlicher erhältlichen Gütern aller Art, zu sprechen.

3. Vermeintliche Unvereinbarkeiten

Wo gehören aber bei dieser Deutung die schon erwähnten, vorab europäischen Betriebe des Großmaschinen- und Schiffsbaus hin, die sich geradezu den Ruf bester Fabrikanten von Turbinen, Elektrogeneratoren, Dieselmotoren, Schiffsrümpfen nach Maß zu erwerben wußten? Während diejenigen fast aller übrigen Produktionszweige zur Großserienfertigung neigen, stellen diese dauernd und in beachtlichem Umfang auf unterschiedliche Ansprüche zugeschnittene Ausrüstungen her. Sollten diese unserer funktionalen Wesensbestimmung des Handwerks am Ende doch noch den Boden entziehen? — Wir meinen, daß der Widerspruch leicht und zwanglos auflösbar sei. In den ins Auge gefaßten Fällen pflegen schon die Ausmaße der Enderzeugnisse zum weitgehenden Gebrauch groß dimensionierter technischer Ausrüstungen wie Walzstraßen, Sonder-Drehbänke, schwerer Fräs-, Bohr- und Stanzmaschinen, sehr tragfähiger Kran- und geräumiger Montageplatz-Anlagen, großer Prüfstände usw. zu nötigen. Ferner können auch in diesen Bereichen die Anstöße zum Aufziehen von Großunternehmen und zur „Expansion“ von der Kostspieligkeit der Forschung und der Absatzerschließung her mitwirken. Diese Bedingtheiten drängen in der Tat zumeist zu von den handwerklichen abweichenden, in mehrfacher Hinsicht „industrieartigen“ Geschäftsstilen, Betriebsorganisationen und Marketingformen hin. Häufig trägt aber ferner dazu bei, daß sich die betreffenden Unternehmen und Betriebe, und zwar als eigentlichen Beschäftigungsrückhalt, zwecks Auslastung ihrer Kapazitäten auf eine ausgedehnte serienmäßige Teilfabrikate-Herstellung zum eigenen Bedarf hinzu für den Verkauf an Dritte stützen. Überdies bleiben sie darauf bedacht, zur Erfüllung schwierigerer Großaufträge hinzu immer auch „kurante Lieferungen“ nicht oder nur wenig abzuwandelnder Erzeugnisse ausführen zu können. Das wird stärkere Hinneigung zur Industrie bedeuten.

Andererseits läuft aber beim Großfabrikate-Bau fast durchwegs noch viel unumgängliche Handarbeit — z. B. für das Zusammenschweißen von Teilstücken — mit; mit dem Schwergewicht der Unternehmen auf dem Zusammensetzen von auswärts bezogener zu Gesamtgebilden verstärkt sich dieser Zug nochmals. Dadurch entstehen unverkennbare Ähnlichkeiten mit auf das Bewältigen von Großaufträgen ausgerichteten Bauunternehmen, die sich für ihren Teil kaum je auf solche zu beschränken in der Lage sind, sondern noch eines breiten Fundaments anderer, auch wechselnder Arbeitsaufträge bedürfen. Das leitet augenscheinlich auf das handwerksmäßige zurück. Entledigt man sich am Ende noch der Voreingenommenheit, daß es sich bei den Kleinbetrieben nur um durch Schwächen ihrer Betreuer in der Entfaltung behinderte, mit im ganzen wenig Maschinenverwendung und geringerem kaufmännischem Geschick handle, so büßt die von uns geltend gemachte Nachbarschaft etwa der Großmaschinenfabrikation dazu alle Absonderlichkeit ein.

In etwa ein Gegenstück zu dieser Großstückproduktion durch große Betriebe und Unternehmen bietet das Nachrücken des Handwerks in von der Industrie aufgegebene Bereiche der Herstellung in Kleinserien, u. a. von Möbeln und gewisser Geräte. Beim Vorherrschen der großserienmäßigen Hervorbringung dieser Fabrikate wird man die Ausweitung des Tätigkeitsfeldes solange als immer noch ein handwerkliches einzuschätzen haben, als darob der engere Zuschnitt der Arbeiten und Dienste auf irgendwie besonders geartete Wünsche nicht verloren geht. Zur Industrialisierung kommt es dagegen dann, wenn fortan ganze Abnehmerschichten für die Bestimmung sachlich eingegrenzter Fabrikationsprogramme maßgebend werden und die veränderte Ausrichtung stärker zur Hinwendung zur Fertigung in größeren Auflagen einlädt.

4. Funktionale Standorte — Betriebs- und Unternehmungszielsetzungen

Damit bestätigt sich eine die modernen Volkswirtschaften durchziehende Polarität, entsteht m. a. W. die Möglichkeit, die Fülle der vorhandenen Betriebsgestalten in ein System mit zwei reinen Ausprägungen von Produktionsweisen als Brennpunkten und einem Band von Zwischen- und Mischformen zwischen beiden einzuordnen. Aus dem Verständnis der Industrie und des Handwerks als Erbringer arteigener Leistungen erhellt, daß sie, zwar in gewissen Bereichen auch miteinander im Wettbewerb, sich vorab ergänzen und weiterhin, die eine wie das andere, zum Rüstzeug des entwickelten Wirtschaftens gehören. Augenscheinlich braucht das Handwerk kein bloßes Anhängsel der modernen Industriegesellschaft zu bilden. Ebenso ist es nur natürlich, daß das praktische Leben einen meistens ausgedehnten Fächer von Zwischenformen zwischen den einander gegenübergestellten Idealtypen des Handwerks und der Industrie zeigt. Diese lassen sich in eine Stufenfolge zunächst betont und mit der Entfernung vom Modell zunehmend weniger handwerklicher oder, von der Gegenseite betrachtet, zunehmend geringerer industrieller Prägung aufreihen. Die Gefälle dieser „Intensitätskurven" werden je nach den Produktionszweigen und den Umweltbedingungen unterschiedlich sein. Meistens kommt es, je nach deren Neigungsgraden bald im Mittelfeld, bald mehr in der Nähe des einen oder anderen Endglieds der Kette zu deren Überschneidung, was heißt, daß ursprünglich handwerkliche Betriebe sich steigend industriell betätigen

Abbildung II: Schema der Anwendungsgrade des handwerklichen und des industriellen Prinzips

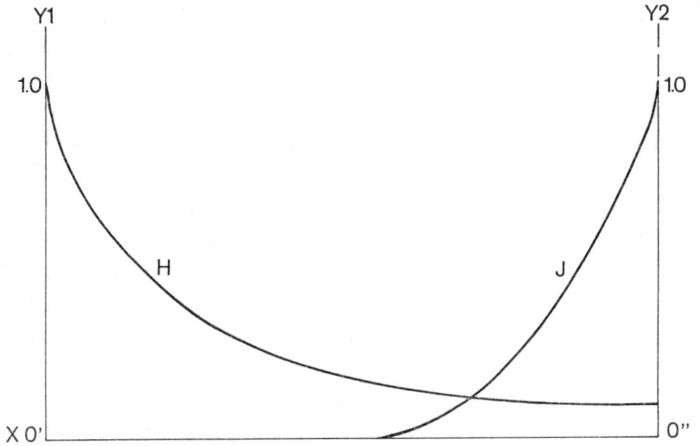

Y 1 = Grad der Verwirklichung des handwerklichen Prinzips
X = Zahl der Betriebe
Y 2 = Grad der Anwendung des industriellen Prinzips
H + J = Funktion der tatsächlichen Anwendung der beiden Prinzipien

oder, dann und wann, auch industrielle mit ihrer Erzeugungsweise einen handwerklichen Einschlag verraten. Als Übergangsformen erscheinen jene, die sich im Zuge der Entwicklung z. B. von handwerklichen in industrielle verwandeln.

Das Beispiel einer betriebswirtschaftlichen Anwendung mag das im einzelnen dartun. Die moderne Lehre schätzt wohlerwogene Betriebs- und Unternehmungszielsetzungen als einen Haupthebel zur Verbesserung der geschäftlichen Chancen ein. Diese Mahnung gilt je länger desto nachdrücklicher für die Führung kleinerer Einheiten wie für die größerer. Vielleicht finden Handwerksmeister bald einmal heraus, daß sie, um dem Wettbewerbsdruck der Serienfertigung auszuweichen, „etwas andederes als jene zu machen" haben. Aber die jeweils günstigsten „funktionalen Standorte" werden sie für ihre Betriebe nur mit genauerer Rechenschaftsablage über das, was auf der Linie der Industrialisierung und der ihres eigenen Erzeugens liegt, gezielter zu finden wissen. Die Häufigkeit und Verbreitung der Zwischenformen bedeutet also keine Widerlegung der versuchten neuen Begriffsbestimmung. Vielmehr erschließen erst die Modelle der Haupttypen, als Pfeiler eines auf sie abgestützten Bogens, den Zugang zur richtigen Bewertung der Zwischenglieder. Entsprechend vermag die Geschäftspraxis den ihr gemäßen fortan zu verfolgenden Kurs auf Grund der einander gegenüberliegenden Fixpunkte eher als mit bloßem Sich-Herantasten anhand ungefährer Alltagserfahrungen zu bestimmen. Damit besteht Raum dafür, daß rührige Träger des Mechaniker-, Installations-, Schreinerei- oder engeren Baugewerbes neben den anspruchsvolleren noch einfache Arbeiten und, vielleicht zuerst nur zur Überbrückung von Beschäftigungslücken, Unteraufträge auf Teilfabrikate-Serien für die Industrie übernehmen. Als Gegenstück dazu bieten industrielle Gießereien zur Herstellung von Stück zu Stück anders bemessener Zylinder- oder Maschinengehäuse, Kesselschmieden zum variierten Bau größerer Behälter im Lohn Hand[64]. Die chemische Industrie bemüht sich um vorerst nur in kleinen Mengen absetzbare pharmazeutische Spezialitäten, Kleiderfabriken greifen in die Maßschneiderei ein oder suchen mit verfeinerter „Maßkonfektion" den Anschein höchst anpassungsfähiger Leistungen zu erwecken. Einzelne Großunternehmen der Schuhindustrie mit ausgedehntem Verkaufsnetz lassen sich für beschränkte Auflagen auserlesener Artikel, etwa für „exklusive" Modeschuhe, nach wie vor teure qualifizierte Handarbeit kosten. Ferner ist die Angliederung eigener Reparaturwerkstätten in einigen Branchen zur verbreiteten Erscheinung geworden.

Bei diesen Überleitungen und fließenden oder verwischten Abgrenzungen kann es da und dort schwer fallen, die einzelnen Betriebe und Unternehmen dem einen oder anderen Flügel der Volkswirtschaften zuzuzählen. Das mag in Ländern mit auf Zwangsmitgliedschaft beruhender Kammerorganisation einige Zuteilungsschwierigkeiten verschulden. Nachdem wir es indessen nicht mit verschiedenen Wirtschaftszweigen, sondern lediglich mit dem Nebeneinander zweier Betriebsformen zu tun haben, bleibt es nur natürlich, daß die Übergänge von der einen zur anderen in kleinen Abstufungen fast die Regel bilden. — Doch verhält es sich — wohlgemerkt — auch nicht so, daß die Wirtschaftspraxis Platz für beliebige Kombinationen oder Vermengungen gewähren würde. Namentlich stellen sich die meisten nur auf das Geratewohl hin versuchten als fragwürdig heraus[65]. Augenscheinlich kommt es ganz auf die jeweiligen Markt- und Beschäftigungslagen, die Strukturen der Nachfrage in der Richtung auf die Güterqualitäten hin, das Walten oder Fehlen einer regeren Konkurrenz sowie auf die Fähigkeiten der einzelnen Unternehmer an, ob die Verbindungen erhöhte Erträge und geringere Risiken verheißen oder umgekehrt Gefährdungen eintragen. Die Lehren daraus zeugen einmal mehr dafür, daß es die eine wie die andere Erzeugungs-

---

[64] Die Beispiele zeigen noch einmal, daß diese Fabrikationen unseren Wesensbestimmungen nur scheinbar widersprechen.

[65] Es geschieht immer wieder, daß Handwerksfirmen durch unsicheres oder sonstwie wenig gezieltes Hin- und Herpendeln in der Art und dem Anforderungs-Niveau der übernommenen Aufträge das Gewinnen besonderer Stärken für ganz bestimmte, im Wettbewerb entsprechend auswertbare, und die Chance, sich dafür das „Image" zu erwerben, verpassen.

weise, die industrielle und die handwerkliche, wohl dosiert und jede an ihrem Ort einzusetzen gilt.

Unsere funktionale Wesensbestimmung mit ihren unscharfen Abgrenzungen mag das Mißvergnügen jener Wissenschafter wecken, welche das wirtschaftliche Geschehen vollumfänglich in ziffernmäßigen Angaben einzufangen trachten. Es sei zugegeben, daß sie sich wenig für statistische Ausscheidungen eignet. Allein die Schwierigkeiten, gewichtige Erscheinungen in Zahlen zu fassen, dürfen u. E. nicht zur Vorliebnahme mit wenig aussagekräftigen Merkmalen verleiten. Selbst dort, wo die Wirtschaftsstatistik ihr Recht verlangt, wird man sich immer des begrenzten Erklärungsgehaltes der zu Rate zu ziehenden Behelfsgrößen eingedenk bleiben müssen.

IV. Die bisherigen Vorstellungen vom Handwerk aus der Sicht der funktionalen Wesensbestimmung

Aus dieser volkswirtschaftlichen Sicht des Handwerks ist ein Rückblick auf die bisherigen Kennzeichnungsversuche immerhin den neu gewonnenen Begriff um einiges zu verdeutlichen geeignet. Diese bleiben zwar die Antwort auf die Frage nach dem Wesenskern schuldig, lassen sich aber jetzt als Ausflüsse der inneren Natur, als „Sekundärmerkmale" verstehen. Damit können sie, gleichsam übereinander gelegt, zur Veranschaulichung und zur Verifikation der gewonnenen Befunde dienen.

Über die nach wie vor starke Abstützung des Handwerks auf „Handarbeit" oder, wie wir es jetzt genauer wissen: die persönliche Erbringung der Nutzleistungen, sind nach den vorausgehenden Ausführungen nur wenige ergänzende anzufügen. Das unmittelbar persönliche Schaffen bewahrt vor der vorherrschenden, meistens die ganze Erzeugungsweise bestimmenden Verwendung von Maschinen und anderer umfangreicherer technischer Ausrüstungen den Vorzug der viel größeren Abwandlungs- und Anpassungsfähigkeit. Die gelernte Arbeit, die zwar auch Maschinen zu Hilfe nimmt, diese jedoch nur als wirksameres Werkzeug gebraucht, vermag sich viel mehr auf unterschiedliche jeweils zu befriedigende Bedürfnisse auszurichten. Die Industrie muß in der Regel hochspezialisierte, lediglich für einige wenige Fertigungen geeignete starre Gerätschaften einsetzen, für die es nur entweder gleichmäßiges Produzieren oder ungenügende Auswertbarkeit gibt. Handwerker, die ihre Betriebe in ähnlicher Weise mechanisieren, machen bald einmal die Erfahrung, daß ihr „Maschinenkapital" ebenfalls nach tunlichst ununterbrochener Beschäftigung verlangt, während oft kleinere und unregelmäßig erteilte Aufträge anfallen. Zudem zeigt es sich, daß es zumeist nicht alle Fertigungsabläufe auf die technischen Apparaturen zu verlagern gelingt. Was liegt darum näher, als die nach wie vor prägende persönliche Betätigung mit weniger Maschinenverwendung aus der Häufigkeit der zu erfüllenden Einzel-Versorgungsanliegen und ihrem Wechsel zu erklären? Die eher zögernde Nutzbarmachung größerer technischer Ausrüstungen verrät also keineswegs immer mangelnde Regsamkeit und Fortschrittlichkeit, sondern kann Ausdruck wohlerwogenen Wirtschaftens sein. Nicht minder bleibt vielerorts die Anlehnung an überlieferte Fertigungsverfahren angemessen: für die Erbringung andauernd abzuwandelnder Leistungen pflegen sich bewährte Arbeitsverfahren, die mit der Mehrzahl der Obliegenheiten einfacher zurecht zu kommen gestatten, gegenüber den spezialisierten mechanisierten als die praktikableren zu erweisen.

Die Verankerung im vorwiegend persönlichen Schaffen zieht die besonderen Gebote für die Nachwuchsauslese und berufliche Ausbildung sowie betriebswirtschaftliche Eigentümlichkeiten nach sich. Wer den Auftraggebern und Käufern jeden Tag mit auf ihre Verhältnisse zugeschnittenen Empfehlungen und Arbeitsausführungen an die Hand zu gehen hat, darf sich in der Regel nicht mit — vielleicht gründlichsten — Spezialkenntnissen und -fähigkeiten begnügen; er muß aus der Vertrautheit mit ausgedehnteren Aufgabenbereichen und reifer unmittelbarer Erfahrung zu Diensten sein können. Dabei soll diese Verpflichtung auf die Vielseitigkeit nicht etwa die Verbesserung der Leistungen behindern. Tatsächlich bedarf aber das Handwerk einer Vorbereitung seiner Angehörigen auf ihre praktische Bewährung hin, in der sich Fachkenntnisse mit Fertigkeiten verbinden müssen, die es durch Übung gleichsam in Fleisch und Blut einzupflanzen gilt[66].

Die betriebswirtschaftlichen Eigentümlichkeiten werden in einem Abschnitt im Bande II dieses Buches aufgezeigt[67].

Ebcnso wissen wir bereits über die Bedingtheiten des Umfangs der Betriebe durch das Wesen des Handwerks Bescheid[68]. Je vielfältigere, auf verschiedene Anforderungen abgestimmte Dienste zu bieten sind, desto mehr muß sich deren Leitung selbst daran beteiligen oder doch ihren Einfluß auf sie nehmen. Häufig hängt ihr Nutzwert für die Auftraggeber entscheidend davon ab, daß die Gehilfen auf der ganzen Linie nach den Anweisungen ihres Meisters und Chefs arbeiten. Daraus folgt das Bestreben, alle wesentlichen Verrichtungen unter der persönlichen Führung des verantwortlichen „Patrons" zu halten. Das erlaubt keine langen Informations- und Anweisungswege. Deshalb wird gezügelter, maßvoller Ausbau der Betriebe manchmal rationeller als rasche und fortgesetzte „Expansion" sein. Wenn die jüngere Lehre diese Begren-

---

[66] Siehe unten, S. 322 ff.

[67] Bd. II, S. 15 ff.

[68] Siehe S. 103 ff.

zungen von den zu versehenden Funktionen her für die höheren Größenstufen erkennt, so heben wir hervor, daß vielleicht die stärksten für viele kleine Einheiten bestehen.

Die von einzelnen Autoren vorgeschlagene Unterscheidung eines „Klein-“ und „Großhandwerks“ macht nur auf das eine aufmerksam, daß tüchtige Kräfte auch in diesen Bereichen größere Betriebe und Unternehmen, nicht selten industrielle im Umfang sogar übertreffende, aufzubauen imstande sein können. Doch bedarf es dazu besonders starker Naturen, die, sofern sie nicht auf die Serienfertigung ausweichen, fortan stark erhöhten Anforderungen zu genügen haben. Tatsächlich finden sich in der praktischen Wirtschaft manche auf beste Leistungen bedachte Fachleute, die trotz vorhandener Gunst der geschäftlichen Aussichten, auf die Wahrung der engen Fühlung mit jedem Mitarbeiter haltend, deren Kreis nicht über 4 - 6, oder 8 - 12 ausdehnen wollen[69]. Das verdient um so mehr Beachtung, als es zumeist auch nicht an solchen fehlt, die vom Drang, verlockende Gelegenheiten auszuschöpfen beseelt, zur Aufstockung ihrer Werkstätten und zu deren Mechanisierung schreiten — und über kurz oder lang unter den Druck der gesteigerten festen Kosten und den Zwang, in größeren Auflagen zu erzeugen, geraten. Offenbar zieht die Ausrichtung auf die Erbringung variierter Leistungen für Betriebserweiterungen und -zusammenfassungen engere Schranken, welche, dieselben Fähigkeiten der Leitung vorausgesetzt, nur um den Preis von Einbußen an fachlicher Bewegungsfreiheit, zumal für das Erzeugen und für Dienste nach Maß, überspringbar sind.

Daraus erhellt, daß es beim „Handwerklichen“ nicht in erster Linie um Betriebs- und Unternehmungsgrößen, sondern um bestimmte, arteigene Beiträge an die Gesamtgüterversorgung geht[70]. Die zu beobach-

---

[69] *Grieshaber,* H.: Plauderei eines Handwerkers (in: Schaffhauser Schreibmappe, 16. Jg. / 1948). In diesem Aufsatz äußert sich der in der Folge von der Universität Zürich seiner Verdienste um die Entwicklung besonders guter Instrumente für Augenoperationen mit dem Dr. med. honoris causa ausgezeichnete Schaffhauser „Messerschmied“ u. a. kennzeichnend abfällig über die Einladung einer Fabrikationsfirma, billigere Instrumente serienmäßig herzustellen.

[70] W. Wernet gelangte aus seinen Einblicken in das deutsche Handwerk zum gleichen Ergebnis: „Weder die Zahl dieser Menschen, noch die Sachausstattung des Betriebes sind entscheidend, daher spielt das quantitative Moment der Betriebsgröße für den Handwerkscharakter einer gewerblichen Arbeitsstätte grundsätzlich keine Rolle. Ausschlaggebend ist vielmehr der Grad der beruflichen Leistung — sei es in Verbindung mit technischen Hilfsmitteln (Sachkräften) oder ohne sie. Der Wirtschaftserfolg hängt ursächlich von der Vollkommenheit der Berufsleistung ab; alle übrigen Faktoren sind subsidiärer Natur.“ Vgl. *Wernet,* W.: Strukturbild und Strukturwandel der modernen Handwerkswirtschaft, in: Deutsches Handwerksblatt, 2. Jg. / 1950, Heft 12, S. 181.

Doch wohl bemerkenswert ist jüngst eine „Analyse und Prognose der Unternehmensgrößenstruktur“ in Westdeutschland der Prognos AG, Basel, selbst

tende Vorliebe für persönliche Unternehmungsformen läuft in der gleichen Richtung. Sofern die eigenen Mittel aus der Familie, vielleicht noch durch Lieferanten- und Wechselkredite ergänzt, zur Finanzierung der Geschäftsvorhaben genügen, pflegt durchwegs der Zug zur nicht mit Dritten zu teilenden Betriebsführung vorzuherrschen. Dem auf seine Kenntnisse und Fähigkeiten vertrauenden selbständigen Meister gewährt die Einzelunternehmung die Chance, ganz nach seinem Gutfinden

---

von einer volkswirtschaftlichen Auswertung der Gesamtbestände an Betrieben und Unternehmen her dazu gelangt, Zusammenhänge zwischen deren Ausmaßen und der Art der zu deckenden Nachfrage hervorzuheben. Sie bildet, nur vereinzelt zwischen Industrie und Handwerk unterscheidend, Gruppen von Wirtschaftszweigen, und zwar: eine erste hauptsächlich für die Massenversorgung tätige (Eisen- und Stahlerzeugung, Bergbau, Nicht-Eisen-Metall-Erzeugung, Fahrzeugbau usw.) mit einem starken Übergewicht der Betriebe mit über 500 beschäftigten Personen; eine zweite Gruppe will die Wirtschaftszweige „mit starker Spezialiserungs- und Individualisierungstendenz" zusammenfassen, in denen die kleineren und mittleren Einheiten vorherrschen, wobei sich noch eine Untergruppe mit immerhin noch zwischen 15 - 35, vereinzelt bis 40 % Anteil, der größeren Betriebe und eine andere: die Holzverarbeitung, Spielwaren- und Schmuckindustrie, Lederverarbeitung, die Herstellung und Reparatur von Schuhen, die Ledererzeugung, die Bekleidungsgewerbe mit einer Beteiligung der größeren Betriebe mit über 500 Beschäftigten an der Gesamtzahl der erfaßten Arbeitskräfte von nur noch 6,8 - 13,3 % auseinanderhalten ließen. Zur Untergliederung führt der Bericht aus: „Die Absatzmärkte dieser Branchen sind durch eine Angebotsvielfalt gekennzeichnet, die der Nachfragedifferenzierung bei Spezial- bzw. Individualbedürfnissen mit jeweils relativ engem Marktvolumen entspricht. Dabei hängt in der ersten Untergruppe der hohe Anteil der kleineren und mittleren Betriebe viel mehr mit der Spezialisierung der Produktion zusammen, während die Branchen der zweiten Untergruppe in erster Linie Güter mit Individualcharakter anbieten."

An diese Auskünfte schließt der Satz an: „Obwohl in diesen Bereichen kleine und mittlere Betriebe vorherrschen, liegt die Kapitalintensität oftmals relativ hoch."

Zu einer dritten Gruppe zählt das Gutachten Wirtschaftszweige wie die chemische Industrie, die Zellstoff-, Papier- und Pappe-Erzeugung, den Maschinenbau, die sich durch ein enges Nebeneinander von Produzenten für den Massen-, Spezial- und Individualbedarf mit Groß-, Mittel- und Kleinbetrieben kennzeichneten. Zu weiteren Aussagen wie der folgenden: „Weitaus ausgeprägter als im produzierenden Gewerbe ist der Grad der Individualisierung der Nachfrage im Bereich der Dienstleistungen" gilt es zur Vermeidung von Mißverständnissen zu berücksichtigen, daß der Bericht den Ausdruck „Gewerbe" noch in einem anderen, viel ausgreifenderen, die Industriebetriebe mit umfassenden als dem von uns vorgeschlagenen Sinne gebraucht. Wohl aber nähern sich die folgenden Aussagen: „Eine ausgeprägte Individualbedarfsorientierung finden wir in der Handelsvermittlung und im Hotel- und Gaststättengewerbe, wo der persönliche Kontakt bzw. die Kundenorientierung zunehmend an Bedeutung gewonnen hat. Gleiches gilt etwa für das Ausbau- und Bauhilfsgewerbe und das Verkehrs- und Nachrichtenwesen." Abermals um Verwirrung zu vermeiden, sei von uns beigefügt, daß das Gutachten die Ausdrücke „Individualbedarf" und „individuelle Bedarfsorientierung" nach unserem Dafürhalten um einiges zu bündig, zu wenig spezifiziert verwendet. Es meint damit oft die mehr oder weniger weitgehende Differenzierung der Erzeugnisse und Dienste, während man ihre „Individualisierung" auf die von Fall zu Fall anders, nach besonderen Bedingungen anzulegenden beschränken sollte.

wirtschaften zu können. Bei größerem Kapitalbedarf auf längere Dauer sucht er vielleicht stille Teilhaber zu gewinnen, während die Kollektivgesellschaft nur zwischen Brüdern bzw. Geschwistern und engen Freunden eine etwelche Verbreitung erlangt. Fordern die Geschäftsziele zu Betriebs- und Unternehmungserweiterungen heraus oder bergen sie größere Wagnisse, so empfiehlt sich die Gesellschaft mit beschränkter Haftung und dort, wo es das nationale Handelsrecht ebenfalls kleineren Unternehmen erlaubt, die Aktiengesellschaft. Am Ende bereitet die letztere noch für die leichtere Ablösung der Generationen in der Führung den Boden. Es verdient aber Beachtung, daß die Aktiengesellschaft im Handwerk, wo man sie für dieses überhaupt zugänglich machte, in aller Regel den Pfad der „personenbezogenen" und nicht den der „offenen Publikumsgesellschaft" wählte. Stets von neuem schlägt der Trend zur möglichst individuellen Geschäftstätigkeit durch. In dieser Richtung ließe sich das Handwerk fast noch mehr als in produktionstechnischer als „personalistisches Wirtschaften", als Gegenstück des „instrumentalen", einschätzen. Wir werden diesen betont individuellen freien Erwerb noch etwas näher zu würdigen haben[71]. — Doch gilt natürlich der Einwand auch gegen diese Deutung, daß über das Handwerk hinaus noch ganz andere Bereiche: Betriebe und Unternehmen, nicht wenige große der „Industrie" und der Waren- oder Dienstevermittlung inbegriffen, als Ausdruck höchstpersönlicher Talente und Initiativen zu betrachten sind. Der Hinweis hilft wohl den Untersuchungsgegenstand noch besser herauszuheben, erschließt aber keine zusätzliche Wesensauskünfte.

Nahe berührt die „Kundenproduktion" das Angebot betont differenzierter Leistungen. Dennoch ist es nicht dasselbe, da sowohl die Erzeugung auf Bestellung hin wie die auf Vorrat, aber für mehr oder weniger bekannte Abnehmer, Einheitswaren oder -diensten, oder aber unterschiedlichen gelten kann. Doch erleichtert natürlich der nähere Einblick in das, was die Nachfragenden benötigen oder wünschen, die Abstim-

Im Rahmen der Abschätzung der Zukunftsaussichten findet sich im zitierten Gutachten ein aufschlußreicher Hinweis auf das Handwerk: „Eine gewisse Sonderstellung nimmt bei dieser Entwicklung das Handwerk ein: Der Handwerksbereich, aufgrund seiner primär-regionalen und individual-bedarfsorientierten Funktionen und aufgrund des institutionellen Rahmens ... traditionell kleinstrukturiert, zeigt gegenüber den Strukturveränderungen des produzierenden Gewerbes zum Teil unterschiedliche Entwicklungen: Die Zahl der Handwerksunternehmen(-betriebe) hat sich zwischen 1963 und 1968 stärker vermindert als diejenige des produzierenden Gewerbes insgesamt ... Die Zahl der Beschäftigten hingegen stieg stärker (um 4,3 % zwischen 1963 und 1968) als im produzierenden Gewerbe (—2,7 % zwischen 1962 und 1967). Die durchschnittliche Unternehmensgröße im Handwerk ist weitaus am stärksten angestiegen."

[71] *Byström*, B. O. / *Lindström*, Ch.: Beziehungen zwischen Ausbildungsstand der Führungskräfte und betrieblicher Leistungsfähigkeit, in: Internationales Gewerbearchiv, 23. Jg./1975, Heft 2, S. 97 ff.; ferner: *Byström*, B. O.: Företagsmal och företagarmotiv, in: *Ramström*, D. (Hrsg.): Mindre företag — problem och willkor, Stockholm 1971.

mung der produktiven Bemühungen darauf. Damit lassen sich u. a. Einzelaufträge am sinngemäßesten ausführen. Persönliche Fühlung der Anwärter auf die Güter mit deren Erbringern und Vermittlern bietet die größten Chancen für die Erfüllung höchstpersönlicher Ansprüche.

Zusammenhänge bestehen ferner damit, daß im Handwerk die „Nahrungsidee“: die Erwerbstätigkeit zur Erzielung „gerechter Preise“ und Ermöglichung eines „standesgemäßen Lebensunterhalts“ noch am stärksten verankert scheint[72]. Bis auf den heutigen Tag vermögen sich Betriebsinhaber zu behaupten, die ihr ganzes Augenmerk, auf die geschäftlichen Obliegenheiten weniger achtend, herkommensgemäß den fachlichen Erfordernissen schenken[73]. Das rührt indessen wieder von der Art der zu erbringenden Leistungen nebst vielleicht noch begrenzten Betriebsgrößen her. Besonders dort, wo die Meister vielfältiges Fachwissen und -können erheischende Aufträge auszuführen erhalten, meinen sie bald einmal, vorab dafür, diese an den Tag zu legen, da zu sein. Im übrigen hegen sie einfach die Erwartung, daß jedem Einsatz dieser Art das ihm angemessene „gerechte“ Entgelt gebühre. Ähnliche Einstellungen bestehen, genau genommen, noch in anderen Gesellschaftskreisen, nicht zuletzt bei manchen qualifizierten Berufsarbeitern fort. — Erst auf die jüngeren marktwirtschaftlichen Erfahrungen und vermehrte kaufmännische Schulung hin steigt die Zahl der Handwerker, die fortan gewinnstrebig ebenfalls geschäftliche Gewandtheit hinzugewinnen.

Ähnliche können weitere, letztlich wieder in der Natur der zu bietenden Arbeiten wurzelnde Ausprägungen über geraume Zeit als für die Betriebsform durchaus charakteristisch erscheinen, sich jedoch mit dem Wandel der Umweltbedingungen recht wesentlich ändern. So schließt, wie der Ausblick auf die Zugehörigkeit der meisten selbständig tätigen Fachleute zum Mittelstand noch zeigen soll[74], ihr entschiedener Hang zum eigenen Geschäft Gemeinschaftsbestrebungen nicht aus. Die Neigungen zum Eingehen von Gemeinschaften mit den Berufsgenossen reichen ja in die Ursprünge des städtischen Handwerks zurück. Dazu gedrängt, fortschreitend bessere Gebrauchsgegenstände zu erzeugen, mußte sich dieses bald einmal zum Zusammenschluß in Zünften bewogen fühlen. Allerdings kann der Drang zur Vereinigung im Wechsel der Zeiten ein unterschiedlich starker sein. Indessen verlangt die Ertüchtigung, vorab über die Lehre und die Fortbildung, immer wieder nach vereinten Anstrengungen. Wenn nicht alle praktischen Erfahrungen täuschen, wird deren richtige Pflege auch in Zukunft sorgfältig angelegte Verbandsarbeit erheischen. — Mit diesen Anliegen paaren sich meistens Schutzbe-

[72] Über die methodische Fragwürdigkeit der Gegenüberstellung von „Nahrungs-“ und „Erwerbsprinzip“ siehe etwa *Eucken*, W.: Die Grundlagen der Nationalökonomie, Bad Godesberg 1947, S. 325 ff.

[73] *Schöber*, P.: S. 102 ff.

[74] Vgl. unten, S. 303 ff.

dürfnisse. „Der bloß auf sich selbst gestellte einzelne Mensch erschrickt früher oder später über seine Hilflosigkeit, Einsamkeit und Schwäche[75].“ So verfolgten schon die mittelalterlichen Berufsstände, um der Sicherheit ihrer Meister willen, das Ziel, die ungefähre wirtschaftliche und soziale Gleichheit aller zu wahren und dem Sich-Emporschwingen besonders rühriger und geschickter über die anderen zuvorzukommen. In der jüngeren Zeit handelt es sich hauptsächlich darum, Gefährdungen durch hemmungslose Preiskämpfe zu vermeiden und Übermachteffekte von seiten der Lieferanten, großer Mitbewerber sowie der Abnehmer durch die Schaffung von Gegenmacht aufzufangen. Wir haben die Unumgänglichkeit der Beteiligung an gewerblichen Verbänden und anderen Selbsthilfegemeinschaften, mitsamt ihrer Problematik, an anderer Stelle[76] einläßlich zu ergründen versucht. Mindestens in Perioden länger dauernder Depression sind sogar den Kartellvereinbarungen „organsierter“ Handwerker zweifelsfrei auch schon gesamtwirtschaftlich und sozial bedeutungsvolle Funktionen zu erfüllen zugefallen.

Was das Merkmal der „engen Verbindung von Kapital und Arbeit“ anbelangt, besteht vollends eine Verknüpfung mit den vorherrschend beschränkten Betriebs- und Unternehmungsgrößen. Ob man darunter die gewahrte persönliche Fühlung und häufig noch enge Zusammenarbeit der selbstverantwortlich Tätigen mit ihren Hilfskräften oder aber die Entwicklung der einzelnen Unternehmen auf Grund der eigenen finanziellen Kraft ihrer Inhaber, unter Umständen unter ergänzender Heranziehung von Geldmitteln aus der Verwandtschaft verstehe: Stets eröffnen die beschränkten Geschäftsumfänge die meisten Möglichkeiten dazu. Nur in diesem Rahmen ist ohne eine stärkere Ausscheidung und Trennung der Verrichtungen auszukommen, nur hier sieht sich der Unternehmer noch nicht zum Rückzug auf die dispositiven Entschlüsse und die höheren Verwaltungsfunktionen, noch nicht zur Einschaltung von Zwischenorganen zwischen ihm und der ausführenden Arbeit gedrängt. Die Arbeiter und Angestellten vermögen ihrerseits nur in kleineren Einheiten den Überblick über die Produktionsleistungen, über die Wechselfälle des Geschäfts zu wahren und sich über die Anstrengungen und Risiken ihrer „Dienstherren“ Rechenschaft abzulegen. Ebenso reichen meistens die verfügbaren Geldmittel nur für den Aufbau kleinerer Betriebe aus; oft kann gerade der Wille, finanzielle Verpflichtungen und Bindungen an nicht nahestehende Gläubiger zu vermeiden, zum vorsichtigen Maßhalten in der Ausgestaltung der Unternehmen und zum Verbleiben bei der handwerksmäßigen Arbeit bestimmen. Das Vorherrschen der persönlichen Unternehmungsformen liefert nur eine Bestätigung dieser

---

[75] *Wiese*, L. von: System der Allgemeinen Soziologie als Lehre von den sozialen Prozessen und den sozialen Gebilden der Menschen (Beziehungslehre), 2. Aufl., München/Leipzig 1933, S. 511.

[76] Bd. II, S. 110 ff., Bd. III, 2. Halbbd., S. 126 und 185.

Abhängigkeit. Ähnlich verhält es sich mit der Berufung auf die selbständige Erwerbstätigkeit und auf die familienwirtschaftliche Untermauerung der Unternehmen. So sehr die Erstgenannte zum Bilde gehört und die Familienbetriebe im Handwerk und ebenfalls in dem, was wir gewerblichen Handel und verwandte Diensterbringung nennen werden, verbreitet bleiben, erweisen sich beide noch einmal durch andere Elemente, vorab durch Hemmungen gegen die fortschreitende Geschäfte-Ausweitung bestimmt. Selbst dort, wo Familien größere Betriebe tragen, pflegen die Arteigenheiten der vorherrschend zu bietenden Leistungen in diesem Sinne durchzuschlagen.

V. Wandlungen im Handwerk

Von der bisher verbreiteten Vorstellung des Handwerks als Sammelbegriff hauptsächlich auf Handarbeit beruhender und traditionalistisch geführter Kleinbetriebe her konnte es naheliegen, eine geringe Beweglichkeit dieser Betriebe und deren Widerstreben gegen tiefergreifende Veränderungen ihrer Struktur anzunehmen. Jedenfalls hinkten sie in der Mechanisierung weit hinter den technischen Möglichkeiten nach, und noch mehr ließen die ihnen vorstehenden Meister die Anpassung an den modernen Wirtschaftsstil bzw. den Durchbruch zu echtem Unternehmertum vermissen. Das letztere glaubten jüngere sozialempirische Repräsentativerhebungen für das westdeutsche Schreinereigewerbe sogar statistisch nachweisen zu können[77]. Irgendwie schwebte weitherum das Leitbild eines in kleinen Verhältnissen noch stark am „Nahrungsprinzip" hängenden, wenig zu rationalisierter Betätigung neigenden Kreises Selbständig-Wirtschaftender vor.

Gewiß wäre es unrealistisch, das Vorhandensein solcher Schichten kurzerhand bestreiten zu wollen. Dennoch entspricht die Meinung je länger desto weniger den Tatsachen. In Wirklichkeit sind seit langem starke Verschiebungen im Arbeitsfeld und der Art des Produzierens im Gange. Zugleich gewinnt, von den Umwelteinflüssen geweckt, eine veränderte, bisweilen schon übersteigerte Geschäftstüchtigkeit an den Tag legende Wirtschaftsgesinnung an Boden.

1. Verlagerung in die größeren Bevölkerungsagglomerationen und in den Arbeitsgebieten

Ein erstes Anzeichen davon bildet die ins Blickfeld gerückte heutige Ansäßigkeit des Hauptteils des Handwerks in den Städten und größeren Industrieorten oder in deren Umgebung. Neue Ermittlungen in der heutigen Bundesrepublik dürften gegenüber den Befunden von 1939 für das damalige Deutsche Reich eine noch stärkere Präsenz im städtischen und vorstädtischen Wirtschaftsleben zutage fördern. Dasselbe könnte

[77] *Sack*, F.: S. 25 ff., *Schöber*, P.: S. 90 ff.

man von Versuchen zu ähnlichen Erhebungen in Frankreich, Belgien, den Niederlanden und der Schweiz erwarten. Wenn für Handwerksmeister ein Hang zum „Lob des Herkommens“ denkbar blieb, die nach den Voraussagen der Volkswirtschafter von 1897 zum Zurückweichen in vorläufig wenig verkehrserschlossene Gebiete verurteilt wären, gerieten diejenigen in den größeren Bevölkerungsagglomerationen über kurz oder lang in den Sog der heranwachsenden, für die moderne Technik eingenommenen Wohlstandsgesellschaft. So fiel der angestammten Bäkkerei zu, steigenden Ansprüchen an die Schmackhaftigkeit und Bekömmlichkeit der Gebäcke, der Metzgerei an die Güte und Frische der vermittelten Fleischstücke und Wurstwaren gerecht zu werden. Zugleich stiegen die Anforderungen des innerbetrieblichen Gesundheits- und sonstigen Arbeitsschutzes. Allmählich sahen sich zahlreichere Handwerkszweige dem Wettbewerb der Industrie und der daran anschließenden Großvermittler ihrer Fabrikate ausgesetzt. Nicht wenige mußten allerdings in der Folge das Feld räumen.

Dem Schuhmacher war beschieden, auf die Reparatur und die Anfertigung von Spezialschuhwerk, zumal von orthopädischem, zurückzuweichen. Die Herren- und Damenschneiderei vermochte sich nur mit bester Maßarbeit in der Neuanfertigung zu behaupten; im übrigen kam es zum Rückzug auf die Ausbesserung und Reinigung. Augenfällig mußten die Spenglerei, Schlosserei, Schreinerei ihre Betätigungsfelder verlagern. Die erstgenannte hatte sich ursprünglich, als „Flaschnerei“, der Herstellung von Haushaltgeräten aus Blech, wie z. B. Küchengeschirr, gewidmet. Die Entfaltung der Blechwarenfabrikation drängte sie zunehmend auf die Bauspenglerei ab, was ihr um die Jahrhundertwende, dem damaligen Baustil gemäß, die Hausornamentik mit zu betreuen erlaubte[78]. Wieder von einem Weichen der Nachfrage darnach bedroht, wußte sie am frühesten auf die Gas- und Wasserinstallation überzugreifen. Die Schlosserei hat sich mittlerweile in vier getrennte Linien: die Einzelherstellung von Schlössern, Gittern usw., den Metallbau (die Hervor- und Anbringung von Außenwandverkleidungen, Türen und Fenstern), den Stahlbau (von Stahlträgern und Groß-Eisenkonstruktionen) und die Halbfabrikateerzeugung für industrielle Weiterverarbeitung aufgespalten. Die Wandlungen im Hoch- und Tiefbau sollen uns nächstens noch etwas eingehender beschäftigen. Der Huf- und Wagenschmied geriet in die

[78] Einen Überblick über die tiefgreifenden Wandlungen in wichtigen Zweigen des metallverarbeitenden Handwerks bieten die aufeinanderfolgenden Beiträge von *Gessler*, E. A.: Zur Geschichte des Spenglerhandwerks in der Schweiz, S. 3 ff.; *Walser*, H.: Die Entwicklung vom Spenglergewerbe zum sanitären Installationsgewerbe, in: Festschrift 50 Jahre Schweiz. Spenglermeister- und Installateur-Verband (Hrsg) 1891/1941, Zürich 1941, S. 42 ff.; *Schellenberg*, H.: Entstehung und Entwicklung des schweizerischen sanitären Installationsgewerbes, S. 58 ff., in: *Schweiz. Spenglermeister- und Installateur-Verband* (Hrsg.): 50 Jahre Schweizerischer Spenglermeister- und Installateur-Verband, Zürich 1941.

Zwangslage, den Schwund des Pferdebeschlags und der Bereifung des früher gebräuchlichen Fuhrparks durch die Mitbeteiligung am Vertrieb von Landmaschinen und die Reparatur von solchen aufzufangen.

Die jüngere Entwicklung zeitigte das Bestreben, das Leistungssortiment durch Einzelhandel mit zugekauften Fabrikaten der einschlägigen Produktionszweige zu erweitern und zu ergänzen. Das Bäckergewerbe holte auf Fremdbackwaren, „Reformnahrung" und Confiserie, das Metzgereigewerbe auf Fleisch-, Wurst- und Konservenspezialitäten, die Spenglerei auf die Angliederung von Haushaltsartikelgeschäften, der Elektroinstallateur auf die von Verkaufsläden für Licht- und Elektromaterial aller Art aus; die Möbelschreinerei fügte eigene Möbelausstellungen an und verbindet sich heute mit der Innenarchitektur.

Parallel dazu arbeitet das holz- und metall-, in jüngerer Zeit ebenfalls das kunststoffverarbeitende Handwerk noch mehr als bisher für die Produktionsgütererzeugung. Zwar war das Baugewerbe seit jeher in hohem Maße daran beteiligt, indem es ja nicht nur private Einzelwohnhäuser, sondern auch Mietwohnungsgebäude, technische Anlagen für die verschiedensten Zwecke, Verwaltungsblocks und dgl. zu errichten hatte.

Die jüngste Entfaltung der Volkswirtschaften schafft nach dem Rückzug mancher Industrieunternehmen auf die großserienmäßige Fertigung Platz für die kleinserienweise Herstellung von End- und Teilfabrikaten. Nebenher bahnte sich die stärkere Heranziehung des Handwerks für die Betreuung „industrieller Unterakkorde" an. In einer Reihe von Zweigen spielte sich, zuerst zur Überbrückung beschäftigungsschwacher Jahreszeiten, daraufhin fortschreitend dauerhafter und stetiger, die Bewältigung großserienmäßiger Zwischenfertigungen für den anschließenden Einbau in größere Fertigfabrikate-Serien, an der Seite der spezifisch handwerklichen, ein.

2. Veränderte Arbeitsweisen

Nicht minder änderten die Arbeitsweisen. Nicht selten entsteht der Anschein einer Versachlichung des Schaffens, ja sogar einer Abwendung von der Ausrichtung darauf, vorab Einzelbedarf zu decken. Wenn W. Wernet für das westdeutsche Handwerk schon vor Jahrzehnten auf den immer stärkeren Gebrauch von Maschinen und anderer technischer Ausrüstungen mit dem dadurch bewirkten, oft einschneidenden Wandel der Arbeitsabläufe aufmerksam machte[79], so haben sich diese seither in allen stärker industrialisierten Volkswirtschaften durchgesetzt und fortschreitend verdichtet. Die heutige Bäckerei bedient sich der Teigbereitungsmaschine mit motorischem Antrieb und des Elektro-Backofens, die Metzgerei, zumeist von der Abspaltung der Schlächterei begleitet, u. a. der

[79] *Wernet*, W.: Personales und instrumentales Wirtschaften, S. 16 ff.

„Blitzmaschine" und hochgezüchteter Kühlanlagen. Allmählich griff, vorab um Kosten zu sparen und die Arbeit zu erleichtern, die Schreinerei zur Kreis- und Bandsäge, später zur Bohr-, Hobel-, Kehl-, sowie zur Schleifmaschine, zum Abricht- und Dicktenhobelgerät. Dabei zeigte es sich, daß damit auch Qualitätsverbesserungen zu erzielen waren. Die Spenglerei nahm für ihren Teil Bohrmaschinen, größere Blechscheren, Drehbänke, Gewindeschneidgeräte, kombinierte Abbieg- und Rundmaschinen und zum Lötgerät hinzu Schweißanlagen in Gebrauch. Der eindrücklichste Wandel griff im Hoch- und Tiefbau Platz[80].

Die Umstrukturierungen konnten dort, wo sie an der Abstützung, wenn nicht einfach auf „Hand-", so doch unmittelbar persönlicher Arbeit nicht allzuviel änderten, eine Zeitlang noch als bloße Verlängerung der Hebelarme der Meister und ihrer Gesellen erscheinen, im Unterschied zur Industrie, welche die von der Planung, Leitung und Verwaltung getrennten ausführenden Verrichtungen in dem Umfang, in dem die Technik dazu befähige, auf deren Apparaturen und die Naturkräfte abzuschieben trachte. Dennoch verfehlte auch sie nicht, einen Hang zur Bevorzugung der einfacheren Neuanfertigung und „flüssigeren" Standardleistungen zu wecken. Im Bäckereigewerbe hat der Konkurrenzdruck der Großverteiler häufig zur Ausgliederung der Hausbroterzeugung auf gemeinschaftlich betriebene „Brotfabriken" geführt. Im Zuge dieser Verschiebungen konnte sich einiges an ursprünglichem handwerklichem Gepräge verlieren.

Im Ganzen wird aber zu zeigen sein, daß die stärkere Verwendung von Maschinen und anderer technischer Ausrüstungen, mitsamt den dadurch ausgelösten Änderungen des Geschäftsstils, noch nicht „Industrialisierung" bedeutet, sondern den tatsächlichen Verhältnissen angemessener als Anpassung des Handwerks an die neuen Möglichkeiten und wirtschaftlichen Bedingungen zu bewerten ist. Selbst die Nutzbarmachung der elektronischen Datenverarbeitung für die rationellere Betriebsverwaltung zieht noch keinen grundlegenden Wechsel nach sich. Allerdings wagen wir nicht zu behaupten, daß diese Modernisierung überall streng rational, zumal auch auf längere Sicht hin wohlerwogen und zweckdienlich erfolge.

Die Einschränkung schmälert indessen die Gültigkeit der Aussage nicht, daß viele Handwerksmeister die Mechanisierung mit auszuwerten trachten. Für sie ist die moderne Technik, wenn es vordem eine Scheu davor gab, zu einer Selbstverständlichkeit geworden[81].

---

[80] Siehe S. 181 ff.

[81] *Heuss*, Th.: Den Sinn für die beste Leistung nicht untergehen lassen, in: Deutsches Handwerksblatt, 2. Jg./1950, Heft 11, 2. Umschlagseite (mit weiteren nach wie vor grundlegenden Hinweisen des sachkundigen damaligen Bundespräsidenten der jungen Bundesrepublik Deutschland.

Häufig haben Verkürzungen der Verarbeitungstiefe, bis zur Spezialisierung auf schmale Schichten, Platz gegriffen. Die Metzgerei entledigte sich des Schlachtens, die Schlosser und Spengler begannen, statt Eisenwinkel, Platten, Dachkänel und Ablaufrohre selbst herzustellen, sie von Fabriken zu beschaffen; die Schreinerei schob die Lagerung des auszutrocknenden Holzes auf die Sägerei und den Sortimentsgroßhandel ab, um sich nicht selten auf das Erzeugen von Türen, Fenstern und Halbfabrikaten für die Möbelfabrikation zu beschränken. — Verschiebungen der Nachfrage trugen das ihre zur Eingrenzung der Betätigungsfelder bei: Zum Beispiel gesellte sich seit der Zeit des zweiten Weltkriegs dem Bau von Möbeln mit Verschnörkelungen und Verzierungen der in schlichten Formen bei. Dieser erforderte größere Sorgfalt in der Auswahl der Hölzer und in der Flächenbehandlung, erleichterte aber das Arbeiten nach einigen wenigen Modellen. In der gleichen Richtung läuft die Ausklammerung der Bauelementefertigung aus der eigentlichen Errichtung der Bauten.

Augenscheinlich handelt es sich bei der Anpassung viel weniger um ein regelloses Durcheinander zum Teil gegenläufiger Vorgänge als um letztlich ziemlich eindeutig vorbestimmte. Wohl wirft die aufstrebende Industrie das Handwerk aus zahlreichen bisherigen Betätigungsfeldern heraus; dafür fallen dessen tüchtigen Kräften unaufhörlich neue Aufgaben zu. Im Grunde setzt sich nur eine bereits Jahrhunderte alte Bewegung in beschleunigtem Schrittmaß fort, daß zweckbedachtere Wirtschaftssubjekte über die Mühseligkeiten der anfänglichen Einzelherstellung der Güter hinauszukommen suchen, jedoch nicht alle Bedarfslagen die mechanisierte Serienerzeugung gestatten, sondern immer wieder nicht wenige nach Einzelleistungen, häufig in Verbindung mit höheren Qualitätsansprüchen und von gehobener Wertschätzung dafür begleitet, verlangen.

3. Wandlungen im Kreis der Beschäftigten

In Verbindung damit vollziehen sich tiefgreifende Änderungen der Arbeitsorganisation. Gehörte es früher zum Bild des Handwerks, hauptsächlich mit umfassend gelernten Gehilfen zu arbeiten, so muß es heute auch von der Arbeitsteilung Gebrauch machen. Die einfacheren Verrichtungen sucht es lediglich angelernten Kräften zuzuweisen. So soll die Quote der voll ausgebildeten Spengler und Sanitärmonteure im schweizerischen Spenglerei- und Installationsgewerbe bereits auf unter 50 % aller Beschäftigten gesunken sein. Aus der Bundesrepublik vernehmen wir von Versuchen im gleichen Handwerkszweig, durch die Aufgliederung der zu erbringenden Arbeiten in Teil-Handreichungen den Boden für die Verwendung nur noch angelernter „Spezialisten“ zu bereiten[82].

[82] Persönliche Auskünfte von Dr. K. Laub, Leiter des Instituts für Handwerkswirtschaft im Deutschen Handwerksinstitut, München.

4. Wandel in den finanziellen Strukturen

Ähnliche Bilder starker Verschiebungen bietet die Finanzierung der handwerklichen Betriebe und Unternehmen. Bestand früher oft Abneigung gegen die Verwendung von Fremdkapital, so nötigen heute die kostspieligen Investitionen immer nachdrücklicher dazu. Wir zeigen im Band III[83], in welch raschem Schrittmaß sich in den jüngsten Jahrzehnten der Kapitalbedarf für die Investitionen in Gebäude und technische Ausrüstungen erhöhte. Steigende Finanzierungsbedürfnisse ergeben sich zudem aus den außerordentlich angewachsenen Lohn- und Sozialkostenbelastungen sowie aus der Verteuerung der Rohstoffe und Halbfabrikate. — Unter dem Druck dieser Sachzwänge ist zwar noch mehr als bisher auf die Eigen- und, soweit unbedenklich, die Beteiligungsfinanzierung zu halten, zugleich aber ohne beträchtliche Bankkredite nicht mehr auszukommen. Eine verbreitete Aushilfe bedeutet der seinerseits noch stärker beanspruchte Lieferantenkredit. Da das moderne Bankensystem längerfristige Darlehen von Haus aus nur gegen die Übereignung von Sachgüter-Sicherheiten zu gewähren neigt, stieß die Beschaffung mittelfristiger Fremdgelder über geraume Zeit und stößt sie häufig heute noch auf einige Schwierigkeiten bzw. eng gesteckte Schranken. Mittlerweile vermögen die ins Leben gerufenen Bürgschaftsgenossenschaften und die allmählich genauere Rechenschaftsablage über die Geschäftstätigkeiten die Voraussetzungen für die Erhältlichkeit mittelfristig bewilligter Leihgelder fühlbar zu verbessern. Da und dort bemüht sich der Staat, die verbleibenden Versorgungslücken mit Sonderkreditaktionen zu schließen[84]. Die Mitverwendung fremder Mittel verlangt natürlich eine umsichtigere Finanzierungsplanung zur Vermeidung von Illiquiditäten und Überbelastungen durch die Zins- und Abzahlungsverpflichtungen bei gleichzeitiger Wahrung einer genügenden Eigenrendite.

5. Tendenz zur Betriebserweiterung

Obwohl die begrenzte Betriebsgröße ein äußerliches und nicht immer zutreffendes Merkmal des Handwerks bildet, verdient die Zahl der in den einzelnen Einheiten beschäftigten Personen als gebräuchlichster Maßstab dafür doch einige Beachtung. Wir hatten den starken Bremseffekt der Eigenart der zu erbringenden Arbeiten auf die Ausweitung der Handwerksbetriebe hervorzuheben, weshalb deren überwiegende Mehrzahl „nur" Belegschaften von 2 - 5 und, schon viel weniger häufig, von 11 - 20 beschäftigten Personen zeigen.

Gleichwohl lassen die jüngeren Betriebs- und Arbeitsstättenzählungen einen Trend zur „Expansion" entweder im umrissenen Rahmen oder,

---

[83] Bd. III, 1. Halbbd., S. 94 ff.

[84] Ebenda, S. 43 ff.

wie etwa im Bau- und im Malereigewerbe, auch darüber hinaus erkennen. In der Schweiz ist von 1939 - 1965 der Bestand an Einheiten mit nur einer beschäftigten Person von 96 094 auf 77 219 zurückgefallen und die nächste Erhebung dürfte diese Entwicklung bestätigen. Ferner hat der Anteil der Betriebe mit 2 - 3 beschäftigten Personen an der Gesamtzahl im Bereich von „Industrie und Handwerk" von 29,3 % auf 27,6 %, im Baugewerbe von 26,4 % auf 24,4 % abgenommen.

Aus der Fülle der Einzelnachweise mögen einige wenige sprechen. Im Metzgereigewerbe betrug 1965 die durchschnittliche Beschäftigtenzahl je Betrieb 5,4 gegenüber früher 4,5 Personen. Im Bäckerei- und Konditoreigewerbe hat sich der Bestand an Betrieben seit 1939 um 24 %, derjenige der darin tätigen Personen um 11 % verringert. Die Maßschneiderei erfuhr im letzten Vierteljahrhundert eine Rückbildung von 16 000 auf ganze 5 500 Beschäftigte; im Schuhmachereigewerbe sank die Zahl der Betriebe auf 2/5 des Bestandes von vor 10 Jahren. Ebenso büßte die Möbel- und Bauschreinerei an solchen ein. Dafür wuchs der Beschäftigtenkreis um 2/3, was eine durchschnittliche Dotierung der Bauschreinereien mit 7, bei freilich nach wie vor nur 4 Arbeitskräften für die Möbelschreinerei, ergab. Das Spengler- sowie das Sanitär- und Elektroinstallationsgewerbe wurden durch die allgemeine Entwicklung hochgetragen. In den erstgenannten stellte sich, namentlich im letzten Jahrzehnt von 1955 - 1965, eine Zunahme der Betriebe um 2/3, bei gleichzeitiger Verdoppelung der durchschnittlichen Beschäftigtenzahl, ein; im Elektroinstallationsfach hat sich der Personalbestand von 1939 - 1965 von etwas mehr als 8 000 auf 28 000, jetzt mit einem Belegschaftsdurchschnitt je Betrieb von 12,4 Personen, vergrößert. Eine außerordentlich starke Entfaltung war dem Hoch- und Tiefbau beschieden. Während die Zahl der Betriebe von 1939 bis 1955 von 4 900 auf 6 000 und bis 1965 auf 7 000, d. h. um rund 42 % anstieg, ist die Beschäftigtenzahl um das Dreifache gewachsen. Damit kam es zu einer Ausweitung der Betriebe von durchschnittlich 13,9 auf nicht weniger als 32,8 Beschäftigte. Im Jahre 1965 waren von 100 Beschäftigten bereits 42 in Betrieben mit einer Belegschaft von mindestens 100 Personen und 27 in Betrieben mit einer solchen von mehr als 200 Personen tätig[85].

---

[85] Über die Entwicklung des Handwerks der jüngsten Jahre in der Bundesrepublik stellte Th. Beckermann fest: „Während die Anzahl der Betriebe von 1956 - 1971 um mehr als 1/5 sank, haben die Beschäftigtenzahlen von 3,6 Mill. auf 4,2 Mill., d. h. rund 1/6 und die erzielten Umsätze von 53 Mill. DM auf über 220 Mill., preisbereinigt um 130 % zugenommen. Die durchschnittliche Beschäftigtenzahl je Betrieb erhöhte sich von 5 auf 7, der Umsatz je Betrieb bewegte sich — in Preisen von 1962 ausgedrückt — 1956 um 88 000 DM, 1971 um 268 000 DM. Dabei fanden sich starkes Wachstum von Handwerkszweigen (z. B. des Zentralheizungsbaus, des Carosseriebaus) und Schrumpfungsvorgänge (im Nahrungsmittelhandwerk, in der Herrenkleider- und Schuhmacherei) dicht nebeneinander.

6. Änderungen im Führungsstil

Der statistischen Messung besonders wenig bleiben die Wandlungen im Führungsstil zugänglich. Zweifellos ist aber mit sehr nachhaltigen zu rechnen. Der frühere gewerbliche Betriebsinhaber war nicht nur Eigentümer seines Betriebes, sondern neigte zumeist noch konservativer geschäftlicher Haltung zu. Ein bedeutender Teil der früheren Handwerksmeister hatte zwar mit mehr oder weniger Erfolg eine längere Wanderschaft absolviert und sich beträchtliche Fachkenntnisse angeeignet; dagegen zeigten sie für die kaufmännische Seite ihrer Betriebe wenig Interesse. Sie nahmen es daher auch mit der rechnerisch exakten Überwachung der Betriebsvorgänge nicht allzu genau.

In dieser Hinsicht hat sich in den jüngsten Jahren vieles geändert. Bildeten früher die dynamischen Unternehmer im Handwerk eher eine Ausnahmeerscheinung, welche die Regel des vorherrschenden Traditionalismus bestätigte, so sind sie jetzt in zunehmender Vermehrung begriffen. Sie richten sich bewußter nach den jeweiligen Marktgegebenheiten aus und stellen in der Meinung, Anspruch auf kostendeckende Erlöse zu haben, nicht mehr nur auf allgemeine Kalkulationsschemata ab. Häufig geht mit dieser „Kommerzialisierung“ eine Lockerung bisher enger familienwirtschaftlicher Verhaftungen einher, vorab durch die schärfere

---

An der Umsatzsteigerung von 1967 - 1971 sind zu rund 57 % die Preiserhöhungen und zu 43 % der mengenmäßige Zuwachs beteiligt.

Die konjunkturelle Entwicklung wurde in manchen Bereichen durch strukturelle Veränderungen überlagert. Der technische Fortschritt, aber auch wachsender Wettbewerb und Nachfragewandlungen verursachten Anpassungsvorgänge, die sich teils in der Spezialisierung auf bestimmte Produktionen, teils aber umgekehrt in der Erweiterung des Leistungsangebots äußern. Unter den Spezialisierungsvorgängen sind die serienmäßige Herstellung von Zulieferteilen in den metall- und holzverarbeitenden Betrieben, die Herstellung von Instituts- und Laboratoriumseinrichtungen oder von Aluminium- und Kunststoffenstern im Schlosser- und Tischlerhandwerk sowie die Ausrichtung der Betriebsleistungen auf die Klima-, Schwimmbad- oder Saunatechnik im Zentralheizungs- und Lüftungsbauerhandwerk zu nennen. Betriebe der erzeugenden Mechanik verlegen sich auf die Hydraulik und Pneumatik, Feinmechaniker auf medizin-technische Artikel oder auf Aggregate und Teile für die Meß- und Regeltechnik, die Rundfunk-, Fernseh- oder für die fotografische Technik. Kältemechaniker spezialisieren sich auf die Aufbereitung von Abwässern mittels der Tieftemperaturtechnik, auf die Gewinnung von Helium, Wasserstoff u. a. Gasen oder auf die Erdgasverflüssigung.

Funktionserweiterungen sollen allerdings meistens durch Nachfragerückgänge im angestammten Arbeitsfeld ausgelöst worden sein. „Maschinenbauer und Werkzeugmacher haben in bemerkenswertem Umfang“ zu den übrigen hinzu hochwertige Präzisionsmaschinen gekauft, z. B. Funkenerosionsmaschinen (in Beträgen von 70 000 - 80 000 DM) oder Flächenschleifmaschinen; ebenso soll die Investitionstätigkeit der Bäcker und Fleischer eine über geraume Zeit lebhafte gewesen sein.“

Über diese und weitere Auskünfte *Beckermann*, Th.: Das Handwerk in der Bundesrepublik Deutschland, in: Internationales Gewerbearchiv, 20. Jg./1972, Heft 4, S. 210 ff.

Scheidung der abzuwickelnden Geschäfte und des Privathaushalts, sowie durch strengere Auslese der Nachwuchskräfte, unter Umständen durch Heranholung familienfremder.

Allerdings gibt es über den tatsächlichen Umfang und die Tiefe dieses Wandels einstweilen noch einige Meinungsverschiedenheiten. Einige Befragungsbefunde, daß die handwerkliche Einstimmung in den Stil der sozialen Marktwirtschaft der Nachkriegszeit noch bedenklich wenig weit gediehen sei, lassen sich bei allen gegen sie anzumeldenden Vorbehalten nicht einfach in den Wind schlagen[86].

Wahrscheinlich wird indessen, bei der nach wie vor breiten Ausdehnung des Handwerks und der in einigen Ländern wenig wählerischen Nachwuchsrekrutierung, den wirklichen Verhältnissen nur Sinn für die Unvermeidlichkeit eines weiten Spektrums möglicher Gesinnungen und ihres nur allmählichen Wandels einigermaßen gerecht. Immerhin bewegt der moderne Wirtschaftsstil zunehmend mehr Betriebsinhaber zu Angleichungen. Nicht zu unterschätzende Anstöße dazu gehen von den Anforderungen des Fiskus an die Buchführung aus. Allerdings hatte dies zur Folge, daß manche Rechenschaftsablagen im wesentlichen nur auf Steuerbilanzen und für die Steuerveranlagung zurechtgelegte Gewinn- und Verlustrechnungen abzielen. Einstweilen ist erst ein beschränkter Kreis selbständiger Meister — vielleicht empfinden auch nicht die fachlich stärksten das größte Bedürfnis darnach — auf echte Betriebsabrechnungen und die genaue Ergründung der eigenen Lage und Aussichten bedacht. Im ganzen mangelt es aber heute nicht mehr an eigentlichen Unternehmernaturen mit klaren Zielsetzungen und dynamischem geschäftlichem Verhalten.

Als Anzeichen der strafferen Führung läßt sich auch die Zunahme der durch Filialen und Zweigstellen ergänzten Handwerksbetriebe einschätzen. So wies die schweizerische Betriebszählung von 1965 für die Schlosserei, den Metall- und Behälterbau auf insgesamt 100 Hauptbetriebe je 56 Filial- und Zweigbetriebe aus. Der Hoch- und Tiefbau zählte

---

[86] Der von den theoretischen Modellen her leicht zu Schema-Urteilen verleitete Volkswirtschafter wird lernen müssen, den Impulsen von der Wirtschafts- und Sozialgesinnung her wieder mehr als in letzter Zeit Beachtung zu schenken. Die Volkswirtschaften fußen nun einmal auf einem gesellschaftlichen Unterbau mit eigenen Motivationen, die es über empirische Forschung mit zu ermitteln gilt. In solchen Erhebungen können nicht zuletzt Ansatzpunkte zur Handwerksförderung stecken. — Um so mehr dürfen es aber nur äußerst gewissenhaft angelegte und ausgewertete sein, die sich von suggestiver Beeinflussung der befragten Personen und voreiligen Schlüssen freizuhalten wissen. Für solche Untersuchungen darf es keine Vorweg-Stellungnahme zugunsten eines bestimmten Wirtschaftsstils oder gar eine wegleitende Doktrin geben, daß jede gesellschaftliche Entwicklungsperiode von allen Kreisen, bis zu den letzten Individuen, eine entsprechende „Sozialisierung", will sagen weitestgehende Anpassung und Unterordnung verlange.

620 Hauptbetriebe, 190 Filialen und 18 Zweigbetriebe, die Zimmerei und der Chaletbau 264 Haupt- und 49 Zweigbetriebe.

Am deutlichsten würde die Entwicklung der Umsätze und der Wertschöpfung, und zwar nicht nur in den Gesamtwerten, sondern ebenfalls je Beschäftigte, sowie die erzielten Erträge die Strukturwandlungen sichtbar machen. Leider gab es in der Schweiz erst eine einmalige Umsatzerhebung, deren Ergebnisse der Öffentlichkeit vorenthalten blieben und die dem Handwerk mangels einer Legaldefinition auch nicht zuverlässig zuteilbar gewesen wären. Wesentlich besser liegen die Dinge für die westdeutsche Bundesrepublik, deren amtliches statistisches Jahrbuch für das Jahr 1962 einen gesamten vom Handwerk bewältigten Umsatz von 97 Milliarden DM mit einer Beteiligung der Bau- und Ausbauhandwerke von 27,2 Milliarden und für das Jahr 1973 nicht preisbereinigt einen gesamthandwerklichen Umsatz von 221 Milliarden DM mit einem Anteil der Bau- und Ausbauhandwerke von 64,3 Milliarden ausweist[87]. Der Produktionsindex des Baugewerbes wäre von 1963 bis 1973 von 100 auf 142,5 angestiegen. Nach Th. Beckermann hat im Zeitraum von 1955 bis 1971 das in dieser Hinsicht führende Schlossereihandwerk den — preisbereinigten — Nettoproduktionswert je beschäftigte Person um rund 161 %, die Tischlerei um 153 %, das Gewerbe der Kraftfahrzeugmechaniker das Betreffnis um 150 % zu heben vermocht. Ihnen schlossen sich, bereits im Mittelfeld von 130 %, das Hoch- und Tiefbaugewerbe und die Elektroinstallateure an, während die Friseure und andere Dienstleistungszweige zurückblieben[88].

Was die erzielten Erträge anbelangt, entziehen sich diese einstweilen einer umfassenden statistischen Registrierung. Zudem pflegen sie nicht nur von Betrieb zu Betrieb recht unterschiedlich zu sein, sondern auch im Ablauf der Jahre stark zu schwanken. Während die einen Betriebe, namentlich nach Vornahme der kalkulatorischen Korrekturen, Verluste oder nur kleine Erlösüberschüsse zeigen, wissen andere bedeutende Gewinne herauszuwirtschaften. Im Zuge der jüngeren Entwicklung haben sich diese Unterschiede wahrscheinlich weiter verstärkt.

VI. Der Fall des Baugewerbes

Anschaulich zeigt das Baugewerbe, daß das Handwerk und die Industrie als verschiedene Produktionsweisen und nicht als Wirtschaftsbereiche zu verstehen bzw. auseinanderzuhalten sind. Ursprünglich war es zwar zur Gänze Handwerk, und zwar solches, das weitgehend auf unmit-

---

[87] Statistisches Jahrbuch für die Bundesrepublik Deutschland 1967, Wiesbaden 1967, S. 262 und 1974, S. 256.

[88] *Beckermann*, Th.: Produktivitätsmessung im Gewerbe, dargestellt am Beispiel des Handwerks, in: Internationales Gewerbearchiv, 22. Jg./1974, S. 17.

telbar persönlicher Arbeit „von Hand", nur einfaches Werkzeug gebrauchend, fußte. Seither haben aber die technischen Errungenschaften, die Verknappung der Arbeitskräfte bei gleichzeitiger Hebung der Ansprüche an die Bauten zu starker Mechanisierung hingedrängt, der sich die zunehmende Verwendung vorfabrizierter kleinerer und größerer Bauelemente beigesellte. Die Betriebe mußten sich auf weiter ausholende Vorbereitung und Zerlegung der zu erbringenden Arbeiten und vermehrte Abstimmung der personellen Leistungsvermögen auf die nur in bestimmten Mindestgrößen verfügbaren sachlichen Produktionsausrüstungen hin umgliedern. Die höheren festen Kostenbelastungen erzwingen je länger desto mehr methodische Vorsorge für die gute Auslastung der Kapazitäten und dynamischen Geschäftsstil. Bedeutet nun die stärkere Nutzbarmachung von Maschinenkapital und die Ablösung der früheren Erstellungsweise durch den nachgerade bisher wichtige Stoffe erübrigenden Skelettbau mit serienmäßig vorgefertigten Tragbalken, Wandplatten, Türen, Fenstern bereits — wie manche meinen — fortschreitende Industrialisierung? Einige Entwicklungen, wie der Trend zu größeren Betrieben und Unternehmen, die Einschaltung von Taktarbeit, bis zur häufigen Beschäftigungssicherung durch frühzeitigen Liegenschaftenerwerb, können den Eindruck einer solchen erwecken. So gewährt der Überlandstraßenbau in Geländen mit wenig wechselnder Bodenbeschaffenheit und sonstigen einfachen Bedingungen in der Tat für laufendes einheitliches Erstellen der Fahrbahnen Platz. Ebenso schließt die Errichtung von Staudämmen für Hochdruck-Elektrizitätswerke viele schablonisierbare Verrichtungen ein. Im Bereich des Hochbaus sind in einer Reihe von Ländern, an die Großstädte angelehnt, einförmig angelegte ausgedehnte Wohnsiedlungen entstanden.

Sehen wir die Gegebenheiten jedoch von unseren Merkmalen und Maßstäben aus näher an, so zeichnen sich wieder Grenzen der Industrialisierungsmöglichkeiten ab. Oft mangeln schon die natürlichen Voraussetzungen dafür, indem z. B. unterschiedliche Böden sogar dem Straßenbau außerhalb der Bevölkerungsagglomerationen abgewandelte Verfahren abverlangen. Dasselbe trifft für Bodenverbesserungen, Kanalisationen, die Korrektur von Wasserläufen zu. Wem wären heute, namentlich in den Städten, die Tiefbaugruben für die — ohne Verkehrs- und Betriebsunterbrechungen durchzuführende — Verstärkung der Infrastrukturen, die Schaffung unterirdischer Parkierungsräume, die Erweiterung der Bahnhöfe usw. nicht allzu bekannt! Da vermag aller Maschineneinsatz und -lärm nicht darüber hinwegzutäuschen, daß unausweichliche volkswirtschaftliche und gesellschaftliche Notwendigkeiten mit am ausgeprägtesten Maßarbeit erheischen. Sogar im Rahmen der Erstellung der großen Speicherwerke für die Verwandlung von Wasserkraft in elektrische Energie will deren Anlage eine bis in viele Einzelheiten immer wieder neu geplante sein.

Noch augenfälliger bleibt der Hochbau differenzierten Anliegen der Auftraggeber ausgesetzt. Wohl trachtet man heute mancherorts, namentlich in den größeren Städten und ihren Außenvierteln, umfangreiche Einheitsüberbauungen mit breit ausladenden oder in die Höhe strebenden Wohnblocks für Hunderte von Familien oder alleinstehende Personen zu verwirklichen. Dort, wo es überhaupt erst einmal einer obdachlosen oder in Behelfsbaracken hausenden Bevölkerung ein Zuhause zu verschaffen gilt, wird dieses Bestreben, mit der Serienfertigung billiger und rascher, als es beim abgewandelten Bauen möglich wäre, zum dringend benötigten erweiterten Angebot zu kommen, durchaus am Platze sein. Ferner ist denkbar, daß das herkömmliche variierte Bauen da und dort an den tatsächlichen Bedarfsstrukturen vorbei zu sehr auf kostspieligere Leistungen und zu großen Wohnkomfort hält. In diesen Rahmen kann einförmiges mechanisiertes Bauen, wie vermerkt, einheitliche Bodenbeschaffenheiten und Planungsgelegenheiten vorausgesetzt, zu wesentlich größerer Zweckmäßigkeit verhelfen. — Dennoch erscheint es uns noch keineswegs ausgemacht, ob sich die industriell errichteten monumentalen Verwaltungs- und Wohnbauten, etwa in Berlin-Ost und anderen wieder erstandenen deutschen Städten, auf die Dauer tatsächlich als die wirtschaftlich günstigeren und der Gesellschaft förderlicheren erweisen werden. Jedenfalls geben sich in Westeuropa mitunter selbst die Anwärter auf Einheiten des sozialen Wohnungsbaus nicht mehr mit schematischen Einheitsausführungen zufrieden. Vollends lassen sich aber die Ansprüche auf gepflegtere Eigenheime zumeist nur mit einzeln auf diese abzustimmenden Architekturen befriedigen. Die angespannteren Anforderungen bilden die Meilensteine auf dem Weg zur weiteren Verfeinerung der Wohnkultur.

Aber auch über die Zweckbauten wölbt sich ein Bogen zunehmend vielfältiger Bedarfslagen. Die meisten modernen industriellen Produktionsstätten kommen heute nicht mehr mit Schema-Gebäudekörpern aus. Für die bauliche Unterbringung verwickelterer Erzeugungsvorgänge sowie für Schul- und nicht wenige Verwaltungsgebäude verdichten sich die Begehren nach differenzierter Ausführung vollends. Letztlich erweist es sich nur auf den ersten, noch oberflächlichen Blick hin befremdlich, daß Repräsentations- und moderne Spitalgebäude, deren Ausstattung hernach über Jahrzehnte den Geboten der medizinischen und klinischen Effizienz gerecht werden sollen, meistens erheblich teurer als anfänglich veranschlagt zu stehen kommen. Schließlich bleiben unzählige kleine und örtlich gestreute Aufträge zu erfüllen, deren geringer Umfang die mechanische Serienfertigung von vornherein verwehrt. Im Bedarf nach Reparatur- und Erneuerungsarbeiten ballt sich die Wirkung der örtlichen Begrenzung mit den sachlichen Notwendigkeiten und nicht seltenen Ausgestaltungswünschen der Bauherren zusammen.

Kürzlich meinte H. Gross in einer Umstrukturierung der verschiedenen Leistungen für Hochbauten durch eine deutsche Großfirma den Durchbruch zu entschiedener Industrialisierung mit bedeutenden Kosteneinsparungen bei gleichzeitig gewahrter Abwandlungsfähigkeit der Wohnungsangebote zu erkennen. U. E. sind ihm aber dabei, bei aller Verdienstlichkeit der geschilderten Versuche, optische Täuschungen unterlaufen[89]. So übertrieben es wäre, die Erzeugnisse der Bauwirtschaft im engeren Wortsinn auf der ganzen Linie als „Unikate" anzusprechen, beherrscht doch ein Entweder-Oder das Feld. Standardisiertes Bauen hat unvermeidlich verengte Spielräume für unterschiedliche Lösungen, zumal für den Zuschnitt auf Einzelanliegen, zur Folge. Es bleibt beim Zwang zur Wahl, entweder, um der größtmöglichen Verbilligung willen, auf vereinfachtes und damit die Serienfertigung einsetzendes Bauen abzuzielen oder aber, viel Arbeit nach Maß nicht scheuend, den Einzelverhältnissen und -wünschen angepaßten Bauten den Vorzug zu geben. Tatsächlich bietet die Wirtschaftspraxis das Bild, daß sich Bauunternehmer durch besonders gepflegte Leistungen einen Namen schaffen, während die übrigen mit ihrer Hinneigung zu einfacheren Aufträgen stark über den Preiswettbewerb zum Zuge kommen müssen. Damit kann nicht zuletzt das Urteil im „Für" und „Wider" um die „traditionellen" oder „modernen" Bauweisen schwanken. Es stellt sich heraus, daß diese Unterscheidung durchaus nicht immer mit der Entscheidung zugunsten der handwerklichen oder industriellen Fertigung zusammenfällt.

So ist wohl ein Zug zur Industrialisierung des Bauens am Werke und damit zu rechnen, daß er noch mehr an Boden gewinnt. Dieser Zug äußert sich hauptsächlich und in erster Linie in der Hinwendung zur schematisierten Serienfertigung. Als Ausfluß davon pflegen sich allerdings die betreffenden Unternehmen über kurz oder lang zu veränderter Organisation ihrer Betriebe und Betreuung ihrer Geschäfte gedrängt zu sehen. Dennoch dürften die Mischformen sowohl handwerklicher als industrieller Betätigung, vielleicht sogar mit von Jahr zu Jahr wechselnden Schwerpunkten, die meistverbreiteten bleiben. Das Heranwachsen größerer Unternehmen zeugt für sich allein noch nicht für die Industrialisierung, weil hervorragende Führungskräfte, die ihnen entgegenstehenden Schwierigkeiten meisternd, auch bei handwerklich-gewerblicher Ausrichtung bedeutende Kapazitäten zusammenzufügen wissen. Als immer wie-

[89] *Gross*, H.: Durch industrielles Bauen Großangriff auf Kosten. Maßarbeit durch Massenfertigung, in: Handelsblatt, 25. Jg./1970, Nr. 4, Das genannte Unternehmen sei — gestützt auf EDV-gesteuerte Durchflußlogistik, Netzplantechnik und marktbezogenes Problemlösungsdenken — zu einer völlig neuen Konzeption industrieller Maßarbeit auf der Grundlage von Bauteilen in Massenfertigung vorgedrungen. — Für solche Bauten besteht sicher ein Bedarf, Doch wird es sich dabei in der Regel noch nicht um die Erbringung von Leistungen wahrhaft persönlichen Zuschnitts, sondern nur um ein Eingehen auf allgemeinere von den Normen abweichende Wünsche handeln können.

der bestimmend erweist sich die Betriebszielsetzung: ob sie nach wie vor mehr der Erfüllung differenzierter Aufträge, bis zu betont individuellen hin gilt oder sich mehr der einförmigeren serienmäßigen Produktion zuwendet. Dabei drücken immer noch die differenzierten Versorgungs- und Ausstattungsanliegen dem Baugewerbe den Stempel auf. Auf dem Hintergrund bisheriger Vorstellungen mag es für „größere Bauunternehmer“ angemessen erscheinen, sich fortan als „Industrielle“ zu fühlen. U. E. zeigen sie sich aber dabei zuwenig bewußt, daß ihr arteigenes Arbeitsfeld manche besonders schwierige Aufgaben mit Einschluß derjenigen, sich auf besonders beweglichen Märkten zurechtzufinden, stellt.

C. Die gewerblichen Handels- und Dienstleistungsbetriebe

I. Die Handelsbetriebe

1. Zum Wesen des Handels

Halten wir nach der Bestimmung des Wesens des Handwerks nach anderen, stark mit Klein- und Mittelbetrieben besetzten Wirtschaftszweigen Ausschau, so fällt der Handel in die Augen. Auch in diesem läßt sich in allen Ländern mit grundsätzlich freiheitlicher Marktwirtschaft und hier trotz besonders häufigem Eigentumswechsel, eine ausgesprochene „Zählebigkeit" der kleinen und mittelgroßen Einheiten erkennen. Die über viele Jahrzehnte andauernde Ausbreitung der Handelsbetriebe war vorab eine solche „mittelständischer". Ebenso sind, wenn jetzt ein starkes Abbröckeln der großen Bestände Platz gegriffen hat, diese am meisten davon erfaßt. Dabei ist aber nicht zu übersehen, daß sich manche Einheiten dieser Ausrichtung in der Hand tüchtiger Kaufleute, etwas weniger häufig sogar solche kleinen Umfangs, weiterhin erfolgreich zu behaupten vermögen. Sie wissen dem Wettbewerbsdruck der „Großen" irgendwie die Stirne zu bieten. Um die Erscheinung erklären zu können, bedarf es aber der vorgängigen Klarstellung des Wesens des Handels im allgemeinen und des Einzelhandels im besonderen. Obwohl sich in den letzten Jahrzehnten im Schrifttum eine Annäherung der Auffassungen darüber abzeichnet, fühlen wir uns auf der Linie der Bildung funktionaler Begriffe zu einer eigenen Formulierung hingedrängt. Die Umschreibung des Handels als „Gesamtheit der interpersonalen Güterübertragungen von Gütern zum Zweck ihrer Weitergabe vom Erzeuger zum Letztverbraucher, unter gegenseitiger Abstimmung von Angebot und Nachfrage", sagt noch nicht alles aus. Sosehr er der „Warenverteilung" dienen mag, erschöpft er sich keineswegs darin. Offenkundig ist ihm heute nicht nur die Absatzförderung in einem als „monolithischem Block" gesehenen „Industriesystem" zugedacht; vielmehr baut die ganze moderne Arbeitsteilung im Rahmen freiheitlicher Wirtschaftsordnungen auf der Allgegenwart des Handels auf. Wohl läßt es sich versuchen und geschieht es tatsächlich immer wieder, ihn durch „geschlossene Warenwege"[1] bzw. vertikale Betriebs- und Unterneh-

[1] *Hirsch,* J.: Organisation und Formen des Handels und der staatlichen Handelspolitik, in: Grundriß der Sozialökonomie, Bd. V, 1. Teil: 1.2 Handel, Tübingen 1918, S. 39 ff.

mungskonzentration als selbständigen Leistungsträger auszuschalten oder völlig überflüssig zu machen. Indessen lehren die Erfahrungen, daß diese Vorgehen durchaus nicht unfehlbar zu erhöhter Produktivität der Arbeit und besserer Güterversorgung verhelfen. Sie bleiben namentlich dann fragwürdig, wenn die verschiedenen Stufen des Handels die ihnen zufallenden Aufgaben, gemäß den Voraussetzungen des Modells des vollkommenen Wettbewerbs, sachgerecht und genügend regsam erfüllen. Offenkundig hängt damit deren Beurteilung im Blickfeld des Volkswirtschafters wieder von der *Art* ab, wie sie ihre Dienste erbringen.

Wir ziehen fürs erste die Folgerung, daß der Wesenskern des Handels „in der marktmäßigen Vermittlung von Gütern" liegt. Dabei bedarf der Ausdruck „Vermittlung" vielleicht noch einiger Verdeutlichung. Vermittlung heißt einerseits, für die Käuferschaft, Zugänglichmachung der Güter. Selbst in Zeiten reichlichen Angebots hängt für die Weiterverarbeiter wie für die Letztverbraucher viel davon ab, ob sie die benötigten Halbfabrikate und fertigen Produktiv- oder Konsumgüter zur richtigen Zeit und am gewünschten Ort, in der zweckgerechten Beschaffenheit und Menge zu den günstigsten Preisen übereignet erhalten. Zugleich erweitert der Handel für die Erzeuger die Möglichkeiten, diese zu verkaufen bzw. gegen andere auszutauschen, in außerordentlichem Grade. Die Fälle sind nicht selten, in denen er Fabrikanten sogar dazu befähigt, ihre ganze Aufmerksamkeit den Fertigungserfordernissen zuzuwenden und „spezielle Exporteure"[2] geradezu in die Rolle von Wegbereitern für neue Leistungen oder neuer Industrien hineinwachsen. Wo sich Märkte finden, gibt es Handelsgeschäfte, wobei neben der zweiseitigen Vermittlung: dem Einkauf für den Weiterverkauf, auch die einseitige: die Veräußerung der eigenen Erzeugung und die Anschaffung fremder für die eigene Verarbeitung oder für den Konsum beachtet werden will.

Dieser Handel gliedert sich in den — häufig mehrstufigen — Groß- und in den Einzelhandel. Davon umschließt der letztere alle Gütervermittlung an die Letztverbraucher, während sich der erstere irgendwo zwischen der unmittelbaren Erzeugung und diesem betätigt. Immer sollen beide auf den tunlichsten Marktausgleich, die Abstimmung sowohl des Angebots auf die Nachfrage als der Nachfrage auf das Angebot hinwirken. Damit zeichnet sich ab, daß die nach wie vor vorhandene Schichtung in Klein-, Mittel- und Großbetriebe erneut, natürlich noch durch andere Faktoren wie die unterschiedliche Tüchtigkeit der Inhaber und Leiter der Betriebe mitbestimmt, die Strukturen der zu deckenden Bedarfslagen widerspiegeln muß. Woher könnte sonst der Fortbestand so zahlreicher kleinerer Einheiten, wohlgemerkt unter andauernder Auflösung und Neugründung von solchen, entgegen den bisherigen wirtschaftswis-

---

[2] *Hirsch*, J.: Ebenda, S. 149.

senschaftlichen Erwartungen, rühren? Die Kontraste zwischen den Voraussagen und der tatsächlichen Entwicklung fordern dazu heraus, diesen Gründen ähnlich wie der Lebenskraft des Handwerks von heute nachzuspüren.

Diesen Einsichten stehen noch einmal bisher vorherrschende verzerrte Anschauungen im Wege. Wie es schon die erst langsam aus der Übung kommende Benennung „Kleinhandel" verrät, stellen diese in erster Linie wieder auf die Begrenztheit des Umfangs der Betriebe ab; diese Beengtheiten wären es, die ihm den Stempel aufdrückten. Nun lassen sich wohl die Einzelhandelsunternehmen nach der Zahl der beschäftigten Personen oder den erzielten Umsatzwerten in Größenklassen einreihen und geht daraus einiges, freilich mehr über die vorhandenen Gesellschaftsstrukturen, als spezifisch Wirtschaftliches, an Auskünften hervor. Dagegen geben sie keine Antwort auf die Fragen nach der Natur ihrer Angebote oder nach ihren Beiträgen an den Volkswohlstand. Allerdings finden sich im Warenvermittlungsgeschäft mehr als anderwärts bloße „zugewanderte Elemente", die ohne Ausbildung und Begabungen von Belang schlecht und recht die zum Leben nötigen Tagesverdienste oder Zusatzeinkommen zu erzielen suchen. Wir zitierten schon die Äußerung von J. Jefferys und seiner Mitverfasser, wonach sich manche kleine Verkaufsstätten mehr als eine Art der Daseinsgestaltung, denn als ein bewußtes Wirtschaften erwiesen. Dicht daneben bestehen aber viele tüchtig und mit Eifer geführte kleinere Betriebe fort, bei denen weder geringe Tüchtigkeit noch schwächerer persönlicher Einsatz die Ursache ihres begrenzten Umfangs bilden können.

Ebensowenig trifft das Merkmal das traditionalistischen Geschäftsgebarens durchgängig zu. Abermals mischen sich Betriebsinhaber, die bei routinehafter Betätigung verharren, bunt mit anderen, die ihre Funktionen methodisch rationell erfüllen wollen. — Der Sprachgebrauch meint besonders diese Unternehmen mit dem Beiwort „mittelständisch" zu kennzeichnen. Wir würden uns in Weitschweifigkeiten verlieren, abermals bis in die Einzelheiten aufzuzeigen, daß die Wortverbindung, nicht anders als für das Handwerk, auch für den Handel viel mehr an Aufschlüssen zu versprechen scheint, als sie tatsächlich liefert. Der angekündigte Seitenblick darauf dürfte unseren Vorbescheid bestätigen, daß wohl die Mehrzahl der selbständigen Einzelhändler zum Mittelstand zu rechnen sind, die Betonung dieser Zugehörigkeit jedoch das Überleben und die Entfaltung vieler kleiner Einheiten: von den Gemischtwarenhandlungen über die Fachgeschäfte bis zu den „Spezialgeschäften", nicht zu erklären vermag.

Im Einzelhandel ist die große Mehrzahl der kleineren seßhaften Betriebe vielleicht am augenfälligsten für lokal eng begrenzte, ihnen benachbarte Verbraucher tätig. Sie gewinnen auch hauptsächlich solche zu

Dauerkunden. Die Begrenzung tritt namentlich bei der Deckung des kurzperiodischen Bedarfs: nach Lebens- und Genußmitteln sowie anderen Verschleißgütern, so stark in Erscheinung, daß es den Eindruck erwecken mag, als ob ihnen die Warenhäuser, Massenfilialunternehmen und der Versandhandel nur noch in den kleinen örtlichen Bedienungsbereichen marktwirtschaftliche Berechtigung und Lebensraum beließen.

Indessen war zu zeigen, daß auch im Einzelhandel der entwickelten Volkswirtschaften manche kleinere Einheiten fortbestehen und gedeihen, die für ihren Teil für ausgedehnte Käuferkreise tätig sind und tatsächlich dafür zum Zuge kommen. Sie sehen sich zwar, wie die „modernen Betriebsformen", stärker als diejenigen mit Lokalabsatz auf die Mitbedienung von Passanten, von „Laufkunden" angewiesen; zumeist vermögen sie jedoch gerade unter den entfernteren ansässigen Kauflustigen wieder manche Stammkunden zu gewinnen, die bei ihren Gängen und Fahrten in die Stadt oder die städtischen Geschäftszentren vorab sie besuchen.

Über die Eignung des „selbständigen Erwerbs", der „vorherrschenden Selbstfinanzierung" der Betriebe oder ihre „Prägung durch die jeweiligen Umweltbedingungen", das bestimmende Merkmal abzugeben, müssen wir nicht mehr viele Worte verlieren. Es gilt dasselbe, was bereits bei der Überprüfung der bisherigen Deutungen des Handwerks zu sagen war. Für den Handel fand die Vermutung, daß die „mittelständischen Existenzen", von den „Großen" an die Wand gedrückt, noch mehr als die Handwerker dem Niedergang und der Nötigung, das Feld zu räumen, geweiht wären, in den Klagen vieler über eine fortschreitende Unterhöhlung ihrer Möglichkeiten am meisten Nahrung. Indessen gibt es unter den selbständigen Einzelhändlern offenkundig solche sehr verschiedener Befähigung und Einsatzbereitschaft. Im Nebeneinander finden sich solche, die auf Grund arteigen guter Bedienung ihrer Kunden weiterhin gedeihen und andere, die tatsächlich nicht mehr mitzukommen vermögen. Wieder wirken sich hinter den persönlichen Gegebenheiten sachlich-marktwirtschaftliche aus, die zwar manche Risiken, aber ebenfalls Chancen bergen.

So prägt sich, in etwelcher — freilich nicht vollständiger — Parallele zur bekannten Unterscheidung zwischen dem speziellen Mengen-Verteilungsgrossisten und dem Engrossortimenter erneut eine Mehrspurigkeit der Weitergabe der Waren an die Letztverbraucher: einerseits mehr aufgesplittert und abgewandelt, andererseits mehr zusammengefaßt und mit engeren Angeboten, aus. Dabei herrschen im erstgenannten nach wie vor breiten Flügel die kleineren Betriebe und Unternehmen vor, während sich im zweitgenannten zahlreiche größere und große entwickelten. Für uns wesentlich, gestalten sich die Wettbewerbsverhältnisse zwischen ihnen ganz ähnlich wie im Beziehungsfeld Handwerk - Industrie. Doch bieten die Ausmaße der Betriebe hüben und drüben wohl Fingerzeige auf den Kern der Erscheinungsformen hin, aber noch einmal nicht mehr. Dieser muß tiefer liegen.

2. Die Stärken und Schwächen der größeren und kleineren Handelsbetriebe bzw. -unternehmen

a) Die Vor- und Nachteile der größeren und großen Handelshäuser

Die allgemeinen Aussagen über die Vorzüge und Schwächen der größeren und kleineren Betriebe und Unternehmen treffen auch für den Handel zu. In diesem setzen größere Einheiten erst recht ausgedehnte Absatzmärkte voraus, und zwar solche, die sich mit breiten Warenkreisen, aber engeren Sortimenten bedienen lassen.

Die bedeutungsvollste Stärke wächst den größeren Unternehmen zumeist aus den Möglichkeiten des Einkaufs in großen Mengen zu. Um in den Genuß tunlichst niedriger Einstandspreise zu gelangen, halten sie auf den Bezug gleichförmiger Ware und vielleicht noch darauf, zusätzliche Preiszugeständnisse für in beschäftigungsschwächeren Jahreszeiten ausführbare Aufträge auszunützen. In derselben Richtung läuft der Verzicht auf Nachbezüge und die Auswertung von Gelegenheitsabschlüssen, die, zwar nur für „Angebote so lange Vorrat“, erst recht die Preisgünstigkeit für die Verbraucher hervorzuheben gestatten. Da die Beschaffungspreise den Hauptposten der Sonderkosten aus den einzelnen Vermittlungsgeschäften und der Gesamtaufwendungen ausmachen, eröffnet sich damit für bewegliche und wagemutige Unternehmerinitiative ein breites Feld.

Zudem erlaubt die verstärkte Arbeitsteilung, den tüchtigen Kräften die Führungsobliegenheiten zuzuweisen und für die einfachen Dienste ungelerntes oder nur angelerntes Personal einzusetzen. Obwohl weniger als im Bereich der Stoffbearbeitung, gehen auch hier von der Belastung mit Anlage- und den übrigen Gemeinkosten, nach den Regeln der Auflagendegression, Anstöße zur Ausdehnung und Steigerung der Geschäftstätigkeit aus. Sowohl die Anlageinvestitionen als diejenigen für die Werbung und die allgemeinen Verwaltungsspesen drängen ihrerseits zur Vollausschöpfung der Kapazitäten. Wie in der Sachgüterherstellung bilden abermals die Spezialisierung und Schematisierung der zu erbringenden Leistungen einen entscheidenden Hebel dazu, die sich im Handel in der Verengung der Warenauswahl und Vermittlung nur der marktgängigsten Artikel niederschlagen. Die bewußte Beschränkung auf die Bedienung bestimmter Käuferkreise erlaubt, mit kleineren Warenlagern als die Großzahl der kleineren Betriebe auszukommen und dank stark beschleunigten Kapitalumschlags verhältnismäßig weniger Finanzmittel in Anspruch nehmen zu müssen.

Den auf niedrigeren Einstandspreisen beruhenden Vorsprung suchen die großen Einzelhandelsbetriebe oft noch durch die Senkung ihrer Einzel-Erlösansprüche zu verstärken. Eine Zwischenstufe verkörpern jene Verbilligungen, die in der Erwartung gewährt werden, den Ausgleich in noch lebhafteren Verkäufen, nicht zuletzt im Mehrverkauf anderer, höhere Erträge abwerfender Artikel zu erzielen. Nicht selten gestattet den größeren Unternehmen die leichtere Erhältlichkeit von Krediten eine freiere Preisgestaltung schlechthin. Gleichgültig, ob sie die Aufmerksamkeit der Öffentlichkeit mit dauernden Preissenkungen oder häufigen Ankündigungen befristeter auf sich zu lenken trachten, regen die Fixkostenbelastungen und die in den Warenlagern steckenden Risiken besonders dazu an, Bindungen an die Einzelkalkulation zu sprengen und durch Umsatzsteigerung an geschäftlicher Wendigkeit hinzuzugewinnen. Den Massenfilialunternehmen ist der Vorteil eigen, die Erfahrungen der an verschiedenen Orten tätigen Zweigläden mit der Käuferschaft für vertiefte Einblicke in die Enwicklungstendenzen der Nachfrage auszuwerten, den Wetteifer unter deren Leitern anzufachen und die personelle Belegung bei regional ungleichen Schwankungen des Kundenzuspruchs verlagern zu können. Nicht selten soll die Ausschaltung von Zwischenstufen des Handels der Zusammenfassung der „Spannen" oder einer noch elastischeren Anpassung an wechselnde Verhältnisse dienen. Endlich schließt die Strategie der Sortimentsbegrenzung nicht aus, zeitweilig oder auf längere Sicht auf lohnend erscheinende Spezialangebote auszugreifen.

Dennoch ziehen die erzielbaren Erlöse ebenfalls in diesem Bereich, wie für die tragbaren Kosten, für die Ausdehnung und Intensivierung der Geschäftstätigkeit ihre Grenzen. Jede Überschreitung der jeweiligen optimalen Betriebsmittelkombinationen, z. B. der Schritt zu stark erweiterten, dafür zum mindesten vorläufig zu großen Anlagen, schlägt sich in gesteigerten Aufwänden nieder. Im übrigen müssen diese Unternehmen für ihre Läden auf zentrale Geschäftslagen, entweder schon vorhandene oder erst zu schaffende halten. Damit bleiben ihnen für weite Kundenkreise die Vorteile der Wohnsitznähe und, mit ihren großen Belegschaften, meistenorts auch der beweglicheren Ladenöffnungs-Tageszeiten verwehrt. Mit zunehmender Verkehrsdichte schlägt sich ferner der zusammengeballte Zustrom der Käuferschaft über kurz oder lang in Überbelastungen der Hauptstraßenzüge und -plätze nieder. Namentlich vermögen aber die großen Handelshäuser, fast immer mehr zur Massenvermittlung von Waren als zu differenzierter Andienung hingeleitet, nicht auf breiteren Fronten tiefer gestaffelte Güterauswahlen und aufmerksame Einzelbetreuung der Kunden zu bieten. Konkrete Anstrengungen bestimmter Unternehmen zugunsten reichhaltiger Angebote, vielleicht sogar besonders vielfältiger, die diese Aussage zu widerlegen scheinen, erweisen sich wieder als Ausnahmen, welche die Regel bestätigen. Wir kommen demnächst auf diese Fälle hervorragender Leistungsdifferenzierung zurück[3].

b) *Die Vorteile der kleineren Handelsbetriebe*

aa) Leichtere Zugänglichkeit ihrer Dienste

Auf Grund unserer bisherigen Befunde empfiehlt sich eine etwas veränderte Reihenfolge der Gesichtspunkte. In der Tat denkt man bei der Beurteilung der kleineren Handelsbetriebe, noch mehr als bei der der handwerklichen, in erster Linie an den Vorzug, ihren Kunden eine nahe Versorgungsquelle zu bieten. Namentlich die noch in einer Familiengemeinschaft verankerten bleiben für viele Verbraucher und gewisse Weiterverarbeiter die begehrten Güter leichter als von anderen erhältlich zu vermitteln imstande. Sosehr die fortschreitend stärkere Zuhilfenahme der Straßenmotorfahrzeuge einen Trend zur Bevorzugung städtischer Verkaufsläden und derjenigen in den zentralen Geschäftslagen der Ortschaften sowie in den Shopping Centers zwischen den Städten zeitigte, lehren die jüngsten Entwicklungen, daß es zur günstigsten und für jedermann gesicherten Versorgung noch mehr als billigster, aber auf einige Hauptstandorte zusammengefaßter Massenandienung der Waren immer wieder breit gestreuter, den Verbrauchern naher kleinerer Bezugsquellen bedarf[4]. Das trifft namentlich für die kurzperiodische Nachfrage zu. Obwohl seit Jahren manche „Dorf"- und städtische „Quartiergeschäfte": Gemischtwarenhandlungen und fachhändlerische, ausscheiden, legen heute eine Reihe von Anzeichen zu erwarten nahe, daß sich gut betreute fortan durchaus zu behaupten und neu zu entfalten vermögen. Jüngstens gewahrt man die Bedeutung dieser „Kleinhändler" nicht zuletzt für das aktive Zusammenleben in den Ortschaften, m. a. W. für das Vermeiden ihres Abgleitens in bloße Schlafsiedlungen, und in den noch ländlichen Verhältnissen. Für die Volks- und Betriebswirtschafter, die im Fortbestand mancher geografisch und topografisch stärker gestreuter Kleinbetriebe lediglich noch Effekte eines nachwirkenden Entfernungsschutzes gegen den Sog der Großeinheiten zu erblicken meinten, ist trotz der gegenwärtig häufigen Geschäftsaufgaben eine Besinnung darüber fällig, daß damit arteigene Leistungen geboten werden: die örtliche Aufgliederung vielen Kauflustigen handgreifliche Beschaffungserleichterungen einträgt[5].

---

[3] Vgl. S. 204.

[4] Gar nicht selten reicht schon die Wohnsitz- oder Verwendungsortnähe der Verkaufsläden zur Deckung des kurzfristigen Bedarfs für die Fristung begrenzter Händlerexistenzen aus. Sie müssen sich nicht einmal durch sachliche Leistungsdifferenzierung auszeichnen können.

[5] Auch gegenüber Neigungen des jüngeren handelstechnischen Schrifttums, nur noch Betrieben mit Ladenflächen von 200 und mehr m^2 Überlebens- und Erfolgsaussichten zuzubilligen, glauben wir die Abhängigkeit der jeweils gün-

Ein ähnliches Anpassungsvermögen auf vielfältige Verbraucherwünsche wohnt den kleineren Einheiten von Haus aus hinsichtlich der Tagesstunden der Bedienungsbereitschaft inne. Soweit die öffentlichen Vorschriften lediglich den allgemeinen Ordnungs- und gesundheitspolizeilichen Erfordernissen gelten, müssen sie weniger als große auf scharf begrenzte, dafür um so stärker ausgewertete Arbeitszeiten bzw. auf starre, schematische Reglementierung der Ladenöffnungsstunden halten. Ihnen sollte einiges an Möglichkeiten verbleiben, diese Öffnungszeiten über Sondervereinbarungen unter ihresgleichen genauer, als es die obrigkeitlichen Anweisungen gestatten, auf die regionale und nach Bedürfnisarten unterschiedliche Zweckmäßigkeit der Tagesabschnitte für die Käuferschaft abzustimmen. Ungeachtet anders lautender Äußerungen aus Inhaberkreisen meinen wir nicht zuletzt, dem Familienbetrieb auch in dieser Hinsicht größere Geschmeidigkeit zuschreiben zu dürfen. Ebenso sollte er noch mehr als andere von gleitenden Arbeitszeiten Gebrauch machen und lediglich für Teilzeitarbeit freie Kräfte aus der Nachbarschaft heranziehen können.

Offenkundig bedeutet bereits die nahe und zeitlich am besten zusagende Beschaffbarkeit der Waren wieder Differenzierung der zu erbringenden und erbrachten Leistungen. Ihre Haupttypen verkörpern der so oft als überholt abgeschätzte „Laden um die Ecke", das vorstädtische und das ländliche Fachgeschäft.

Unter der Voraussetzung gleich tüchtiger Leitung scheinen sich die kleineren Betriebe auch nicht weniger als die großen mit den Schwankungen des Kundenzuspruchs im Ablauf der Monate und Wochen zurechtzufinden. Allerdings stecken in den begrenzteren Verkaufsflächen und der kleineren personellen Dotierung zumeist geringere Kapazitätsreserven[6]. Trotzdem schaffen die engere Zusammenarbeit und geringere Nötigung zu starren Aufgabenzuteilungen in der Regel Platz dafür, dem Wechsel zwischen starkem und schwachem Kundenzuspruch ebenso anpassungsfähig zu folgen, wie es den großen Häusern gelingen muß. Wohl aber mag schwache Führung von Betrieben diese Möglichkeit leicht in ihr Gegenteil verkehren.

---

stigsten Ausmaße, oft wesentlich bescheidenerer, von der Größe und Besiedlungsdichte der Versorgungsgebiete, von den Einkaufsgewohnheiten der Bevölkerung: der Vorliebe für die Selbstbedienung oder aber für den Bedienungskauf, von den zu vermittelnden Warensortimenten und erzielbaren Handelsspannen sowie von der personellen Dotierung der Betriebe: der haupt- oder lediglich nebenberuflichen Betätigung, den geringeren oder höheren Einkünfte-Erwartungen, hervorheben zu sollen. Dagegen wird freilich die Dimensionierung der Betriebe je länger desto weniger nur eine von den Vorgängern einfach übernommene oder zufällige bleiben können.

[6] So geben die Verknappung der Hilfskräfte und deren Verteuerung den — meistens kleineren — Fachhandelsbetrieben für das Durchhalten gewisser Nebendienste wie der Domizillieferung erheblich schwierigere Probleme als den Großunternehmen zu lösen auf.

bb) Ihre Stellung im Preis- und Suggestionswettbewerb[7]

Wir berühren damit die Kostengestaltung in den kleineren Einzelhandelsbetrieben. Nach dem vorstehenden könnte man vermuten, daß der Personalaufwand im Verhältnis zu den erzielten Umsätzen und zur Wertschöpfung nicht über demjenigen in den größeren Häusern der Massenvermittlung von Waren zu liegen brauche. Das wäre aber ein voreiliger Schluß und die vorhandenen betriebswirtschaftlichen Statistiken zeigen auf dieser Position die größten Mehraufwandsquoten gegenüber den Warenhäusern, Einheitspreisgeschäften usw. auf. Diese erweisen sich aber, bei guter Führung, als weniger durch schwierigere Arbeitszuteilungen, wie durch die höheren Anforderungen an die Hilfskräfte, die deren bessere Bezahlung notwendig machen, und durch die häufig viel längeren, im Fachhandel und Spezialgeschäft zu bietenden Verkaufsgespräche bedingt.

Dafür steht der Erwartung, daß die gewerblichen Handelsbetriebe mit ihren häufigen Beengtheiten in den Ladenflächen und dem langsameren Warenumschlag mit höheren Raumkosten rechnen müßten, der Befund gegenüber, daß sich diese Belastungen nur wenig über denjenigen der Massenvermittler zu bewegen pflegen. Im ganzen bleibt es indessen dabei, daß sie sich im Preiswettbewerb um dieselben Waren- und Dienstangebote gegenüber den Massenvermittlern behindert sehen.

Ebenso vermögen sie in der Suggestionswerbung in der Regel nicht mitzukommen. Wie dargetan, gewinnt die unpersönliche Reklame erst mit höheren finanziellen Einsätzen ihre Nachdrücklichkeit und Wirksamkeit[8]. Die Schwellwerte pflegen so hoch zu liegen, daß die kleineren Einheiten sie kaum je, oder nur mit Gemeinschaftsanstrengungen — mit den diesen eigenen Problemen —, zu verkraften imstande sind. Im ganzen war aber schon auf die oft recht starke Beeinflußbarkeit der Nachfrage durch die bedeutende Kosten nicht scheuende Intensivpropaganda hinzuweisen. Wer konnte es beim Besuch fremder Städte nicht schon an sich selbst beobachten, daß er bei Einkäufen zur Deckung des laufenden Bedarfs im Zweifel, solange er sich über die verschiedenen Ladengeschäfte noch nicht auskannte, vielleicht ohne große Erwartungen, aber zum mindesten auf die Verläßlichkeit ihrer Zweckqualitätsangebote zählend, eher zum Besuch größerer als kleiner Häuser neigte?

---

[7] *o. Verf.:* Kosten, Spannen und Gewinn der Lebensmittel-Discounthäuser und des Lebensmittelhandels im Jahre 1965, in: Der Markenartikel, 28. Jg./1967, Heft 1, S. 8 ff., *Institut für Handelsforschung an der Universität Köln* (Hrsg.): Bericht über die Ergebnisse des Betriebsvergleichs des Einzelhandels im Jahre ... (alljährliche Berichte in den Mitteilungen des Instituts, z. B. vom November 1970 [Jg. 22, Nr. 11] für das Jahr 1968). *Schweizerisches Institut für gewerbliche Wirtschaft* (Hrsg.): Achter Betriebsvergleich im schweizerischen Textileinzelhandel, Erhebungsjahr 1974, St. Gallen 1974, S. 12.

[8] Bd. III, 2. Halbbd., S. 178.

Indessen reichen die nahen und zeitlich günstigen Einkaufsgelegenheiten zur Sicherung eines regen Käuferzuspruchs allein nicht aus. Häufig muß sich sachlich beweglichere Bedienungsbereitschaft dazugesellen. Dazu tut persönliche Kontaktfähigkeit und -freude und dadurch größere Befähigung, die wirklichen Bedürfnisse der Kunden und Kundinnen zu erkennen und zu erfühlen, not. Wenn Gemischtwarenhandlungen und Fachhandelsbetriebe ihrerseits an Anziehungskraft zurückgewinnen, so geschieht es häufig erst aufgrund aufmerksamerer von diesen gebotener Beratung und Betreuung.

cc) Auf Bedürfnisse sachlich näher abgestimmte Dienste

Damit rücken wieder die Hebelarme des Qualitätswettbewerbs im engeren Wortsinne[9] ins Blickfeld. Naturgemäß geht es dabei abermals in erster Linie um die stoffliche Beschaffenheit der vermittelten Güter. So wird der Fachhändler vorwiegend solche zur Befriedigung höherer Ansprüche führen. Wie bei den Arbeiten und Erzeugnissen des Handwerks kommt es aber für die gehobene Versorgung nicht nur auf die stoffliche Güte der Produkte, sondern oft ebensosehr auf deren Abgestimmtheit auf die Einzelbedürfnisse, m. a. W. darauf an, daß sie den Kauflustigen besonders zusagen. Allerdings pflegen die Nachfragenden bei vielen Einkäufen, zumal solchen von Lebensmitteln, aber auch von Bekleidungs- und Wohnungsausstattungsgütern, nicht von vornherein nach ganz bestimmten zu verlangen, sondern auf die Möglichkeit zu halten, im Rahmen gebotener Auswahlen die sie am meisten ansprechenden aussuchen zu können. Ebenso werden manche Produkte nicht einzeln, sondern mit anderen zusammen und kombiniert erworben. Darin liegt die Hauptbedeutung der Sortimentsgestaltung: den Kunden, im Verein mit von diesen geschätzten „Nebendiensten", zu höheren Nutzengewinnen zu verhelfen. Abermals geht es um das Erbringen von Leistungen „nach Maß", oft wieder von solchen schöpferischer Natur. Von denjenigen des Handwerks weichen sie nur insofern ab, als die Fachhändler und Spezialgeschäfte die zu vermittelnden Güter nicht mehr wie jenes von Grund auf gestalten, sondern ihre Befähigung, differenziertere Anliegen zu erfüllen, meistens gleichsam auf Serienfabrikate aufgepfropft zu beweisen haben.

α) Warenkreis und Sortiment

In diesen Zusammenhängen gewinnt der Unterschied zwischen dem Sortiment im engen Wortsinne und dem weiteren, als Warenkreis verstandenen Gewicht. Es zeigt sich nämlich, daß die Fachhändler mehr auf

---

9 *Zopp*, H.: Differenzierungsgründe der Leistung bei gleichgearteten Einzelhandelsbetrieben, Köln/Opladen 1965.

das erstere: auf tiefer gestaffelte Angebote nach Packungsgrößen, Herkünften (Fabrikanten), Nähr- oder anderen Gebrauchswerten, bedacht sein müssen ,während die Massenverteiler der Vermittlung vieler Warengattungen zuneigen. Die reichlichere Auswahl soll die Kauflustigen mit profilierteren Wünschen in die Lage versetzen, nicht zu bündigen Entscheiden zugunsten einer von vielleicht 2 - 3 Spielarten gedrängt, zwischen einer größeren Zahl von solchen abwägend das für sie geeignete zu finden. Dabei bestimmen im Zuge der Verlagerung der Versorgungsanliegen vom Zwangs- zum Wahlbedarf, als Folge des wachsenden Wohlstands, immer mehr psychologische Regungen die „Käuferpräferenzen". Das heißt, daß der gepflegte Fachhandel und das Spezialgeschäft mit ihrer Warenandienung über den physischen Bedarf hinaus in besonderem Grade auch psychisch bestimmte Wünsche zu befriedigen, bzw. zu erfüllen berufen sind. Zum guten Teil dadurch bedingt, fördern empirische Nachprüfungen häufig starke Unterschiedlichkeiten dieser Sortimente von Fachhandels- zu Fachhandelsbetrieb zutage. Viele Betreuer solcher wissen ihre Befähigung auszuwerten, sich auf die persönlich geprägten Wünsche der Kauflustigen auszurichten und damit treue Stammkunden zu gewinnen. In fast allen Zweigen ist bekannt, daß das Angebot von „Spezialitäten" erhöhte Erfolgsaussichten erschließt und die Abnehmerschaft für persönlich abgestimmte Bedarfsdeckung wesentlich höhere Preise als für landläufig-standardisierte Artikel bewilligt. Die Hausfrauen gewinnen oft ein sehr bestimmtes Urteil, welche Metzgermeister und Bäcker, und ebenso welche Lebensmittel- oder Textil-„Geschäfte" sie am besten bedienen. Nicht zuletzt läßt sich die Übernahme der Gewähr für die Güte der übermittelten Erzeugnisse zum Gegenstand der Leistungsdifferenzierung machen. Die Wertschätzung, die manche Markenartikel genießen, liefert den Maßstab für das Gewicht, das den Qualitätsunterschieden der Dienste in allen Zweigen des Einzelhandels zukommen kann.

Es waren diese Möglichkeiten und tatsächlich an den Tag gelegten Befähigungen, die auch kritische Begutachter wie J. B. Jefferys[10] und D. Knee zu den anerkennenden Feststellungen bewogen:

„Der dritte Typ des Einzelhändlers mittlerer Größe mit mindestens einem oder gewöhnlich mehreren Angestellten bildet das Rückgrat des Einzelhandels

---

[10] *Jefferys,* J. B.: Europas Einzelhandel (aus dem Englischen übersetzt), Frankfurt a. M. 1965, S. 77 f.; ferner: Über das Erfordernis, zwischen der zur Befriedigung differenzierter Kundenwünsche gebotenen Tiefe des Sortiments und der Notwendigkeit, einen möglichst raschen Warenumschlag zu erreichen, den jeweilig angemessenen Ausgleich zu finden, berichtete anschaulich aus der Praxis und für die Praxis J. *Zihlmann,* Lagerbereinigung im Detailhandel, Schriftenreihe der Schweizerischen Fachschule für den Detailhandel Nr. 1, Zürich 1950, S. 54 f.

Vgl. *Bürgi,* E.: Das Warensortiment im Detailhandel, mit besonderer Berücksichtigung des Lebensmitteldetailhandels, Bern 1949, S. 51 ff.

in so verschiedenen Ländern wie Spanien und Griechenland einerseits und Großbritannien und Schweden andererseits. Die Eigentümer dieser Betriebe sind überwiegend in ihrem Beruf ausgebildet... In den Städten bilden diese Einzelhändler die wichtigste Gruppe der spezialisierten Einzelhandelsbetriebe... Diese unabhängigen Einzelhändler haben viele Vorteile. Sie wissen gewöhnlich sehr viel besser über ihre Kunden und ihre Wünsche Bescheid als die Geschäftsführer der großen Einzelhandelsbetriebe. Wenn sie Angestellte beschäftigen, sind sie in der günstigen Lage, jederzeit zu übersehen, ob das Personal voll ausgelastet ist. Vor allem... die spezialisierten Einzelhändler, die ihre Einkäufe selbst durchführen, kennen ihre Lagervorräte und die Methode, wie sie ihre Waren den Kunden verkaufen können, viel genauer als das Verkaufspersonal der großen Einzelhandelsgeschäfte. Sie haben außerdem den Vorteil, die Geschäftsführung flexibler gestalten zu können..."

In jüngerer Zeit fehlt es nicht an Anläufen von Warenhäusern und Massenfilialunternehmen des Einzelhandels, sogar mitsamt auf das Discountgeschäft ausgerichteter, sich in das Angebot von Spitzenprodukten mit einzuschalten. Doch lehrt alle Erfahrung, daß sie das nur für eine eng begrenzte Zahl von solchen tun können und mit dem Wecken von Begehren nach vielfältigerer Belieferung bald einmal in Schwierigkeiten geraten[11]. Ihr Stammgeschäft bleiben die marktgängigen, „kuranten" Artikel, mit denen sich hohe Umschlaggeschwindigkeiten und große Verkaufsmengen erzielen lassen. Vielleicht, daß „Spezialitäten" noch, über die Verlagerung des Leitbildes der ganzen Unternehmen in der Öffentlichkeit, zur Steigerung des Kundenzuspruchs beitragen. In der Regel wird aber die Grenze bald erreicht, von deren Überschreitung an scharfe Marginalrechnungen Überbelastungen der betreffenden Betriebe durch die hochwertigen und differenzierten Angebote anzuzeigen beginnen. — Demgegenüber wissen sich tüchtige Fachhändler und Inhaber von Spezialgeschäften für die Dotierung ihrer Sortimente und die aufmerksame Betreuung der Kunden viel mehr Bewegungsfreiheit zu bewahren. Wie es die Linie, hauptsächlich Waren für gehobene Ansprüche in erfreuliche Einkaufserlebnisse verheißender Auswahl und mit persönlicher Bedienung zugänglich machen zu wollen, nur sehr beschränkt mit der anderen: vorab über ausgedehnte Massenangebote die breite Bevölkerung wohlfeil zu versorgen, zu verbinden gelingt, gewährt die praktische Wirtschaft auch wenig Platz dafür, sowohl mit tiefen Sortimenten als mit umfassenden Warenkreisen aufzuwarten. Wer qualitativ Hervorragendes bieten will, sieht sich zur Konzentration seiner Einsätze auf begrenzte Warenkreise hingedrängt. Umgekehrt erlaubt das Ausgreifen auf ausgedehnte in der Regel nicht, den Kauflustigen zugleich vielfältigere Wahlmöglichkeiten einzuräumen und für alle Artikel mit fachkundigem Personal zur Verfügung zu stehen.

---

[11] Es gibt Beispiele dafür, daß der Ehrgeiz, Warenhäuser in Zusammenfassungen reich assortierter Fachgeschäfte unter einem Dach zu verwandeln. diese nicht zu größeren Geschäftserfolgen, sondern in die Nähe negativer Rechnungsabschlüsse führte.

β) Zwei Grundformen von Einzelhandelsbetrieben

Tatsächlich gibt es deutlich zwei Grundformen von Einzelhandelsbetrieben: einerseits die auf die Erfüllung differenzierter Wünsche hin angelegten, anderseits diejenigen der vereinfachten und einförmigeren, dafür billigeren Andienung der Waren.

Ihre Wesensunterschiede zeichnen sich bereits äußerlich ab. Die einen spielen die durch ihre Großbezüge ermöglichten tieferen oder augenfällig gesenkten Verkaufspreise oder ihre zentralen Standorte und die Gelegenheiten zum Einkaufen unter einem Dach, in für den Großteil der Bevölkerung sehr anziehend gestalteten, nicht selten palastähnlichen Ladengebäulichkeiten, aus. Dazu gesellt sich die intensive Massenwerbung. Die jüngere Geschäftsstrategie brachte die Hinwendung zu den betont aktuellen Angeboten, mit der planmäßigen Ausrichtung auf ausgewählte, im Konfektions- und Ausstattungsgegenständehandel mit Vorliebe jüngere Käuferschichten. Mit aufmerksamer Marktbeobachtung trachtet die letztere auch darnach, stets auf der Höhe des jeweils Modischen zu sein. Zugleich bleiben aber diese Häuser andauernd auf die Sortimentsbeschränkung bedacht; mit keiner Scheu davor, von der modischen Entwicklung oder sonstwie „überholte" Artikel bald einmal auszuscheiden. Sogar für die nordamerikanischen Warenhäuser hat Filene[12] die Begrenzung der Auswahl für die Käuferschaft innerhalb der Warengattungen auf eine Hauptgruppe und je eine tiefere und eine höhere Preisgruppe empfohlen.

Demgegenüber glauben z. B. die mittel- und westeuropäischen Lebens- und Genußmitteleinzelhändler, wohlgemerkt auch die Umsatzgeschwindigkeit ihrer Waren überwachende, je Art 4 - 10 Sorten zur Weitergabe an die Verbraucher bereithalten zu müssen; im Feinkostgeschäft steigt die Zahl auf 10 - 20. Vom gehobenen Konfektions- oder Schuhwarenhandel erwartet die Kundschaft, durch das Zusammenwirken unterschiedlicher physischer Bedingungen, vorab der menschlichen Körpermaße und -formen, der Modeströmungen und persönlicher Vorliebe her-

---

[12] *Filene*, E. A.: Vers l'organisation rationelle du commerce de détail, Paris 1939, S. 88 f. Immerhin scheinen die Dinge in den Städten der Vereinigten Staaten von Amerika anders als in Europa zu liegen. In diesen haben sich die größeren Betriebe, zumal die „Department stores", zu den Hauptträgern der Qualitätsangebote aufgeschwungen. Das pflegt sich, freilich meistens nicht auf der ganzen Linie, in der Einräumung bedeutender Auswahlmöglichkeiten für die Kauflustigen zu äußern. — Die abweichende Entwicklung dürfte aus der bisher viel stärkeren Zusammensetzung der Inhaberschaft der kleinen Betriebe aus bloßen Gelegenheitshändlern — Ausübenden eines „Jobs" — als aus berufsverwurzelten tüchtigen Kaufleuten und dem Heranwachsen einer zahlungskräftigen breit gestreuten und dafür motivierten Käuferschaft zu erklären sein. Nicht von ungefähr trachten in den amerikanischen Städten viel mehr die „Kleinhändler", von beschränkten Sonderangeboten abgesehen, als die „besseren" Department stores darnach, sich durch Discountpreise hervorzutun.

beigeführt, noch viel mehr; zudem möchten sie oft, im Anschluß an frühere Anschaffungen, später noch Ergänzungskäufe machen können. In seiner Studie über den europäischen Einzelhandel skizzierte B. Jefferys[13] den Unterschied zwischen den beiden Grundtypen, frei, aber sinngemäß ins Deutsche übertragen wie folgt:

„Der eine — den wir den zum Massenabsatz tendierenden Vermittler nennen — empfange die Käufer und Käuferinnen mit den Worten: ‚Wir freuen uns über ihren Besuch. Sie sehen, was wir für Sie zur Verfügung haben; hoffentlich paßt es Ihnen'. Der Typus des Fachhändlers rede die Kauflustigen etwas anders an: ‚Wir freuen uns über Ihren Besuch; was wünschen Sie, wir hoffen, es Ihnen beschaffen zu können'."

γ) Beratung und Nebendienste

Die Gegenüberstellung birgt auch den Fingerzeig, daß jede Sortimentsgestaltung nach dem ihr angemessenen Bedienungsstil verlangt. Während Einheitspreisgeschäfte und Discounthändler ihr — meistens wenig vorgebildetes — Personal zur Beflissenheit, nicht durch längere Verkaufsgespräche abgelenkt, vor allem zu verkaufen, ermahnen und manche weitere Häuser mit überwiegender Entlöhnung des Personals „an der Front" nach den erzielten Umsätzen ähnliche Absichten verfolgen[14], dürfen sich die Fachhändler und Spezialgeschäfte der — nicht selten zeitraubenden — Kunden- und Kundinnenberatung nicht entschlagen. Wir stießen schon auf die wachsenden Schwierigkeiten für die Träger der Nachfrage, sich in der Fülle der heutigen Angebote noch zurechtzufinden und eigene Urteile darüber zu bilden. Deshalb hält die jüngere Handelslehre „problemlose" und „problembehaftete" Waren auseinander, was vielleicht genauer als problemlose und problemaufgebende Bedürfnisse zu verstehen ist. Zu den erstgenannten gehören jene, deren Deckung kein längeres Besinnen und Erwägen erheischt, zu den zweiten die, in deren Rahmen es vorgängiger Klärungen bedarf.

Offenkundig bleibt es bei vielen Beratungserfordernissen, in erster Linie natürlich über die beste sachliche Verwendbarkeit der Güter. Das trifft bereits für die Deckung mancher kurzperiodischer Bedarfe zu. In-

---

[13] *Jefferys,* J. / *Hausberger,* S. / *Lindblad,* G.: S. 75.

[14] Nicht wenigen Anwärtern auf Wohnungseinrichtungen widerfährt, daß die Besichtigung großer Möbelschauen für die Wahl angemessener Stücke oder Möbelgruppen nicht ohne weiteres klüger macht. Damit beeinflußt es die Gesamtversorgung sehr wesentlich, ob z. B. Braut- und junge Ehepaare dem Drängen sie begleitender, stark auf Provisionsansprüche hin tätiger Verkäufer, sogleich zu kaufen, nachgeben oder aber, ob ihnen daraufhin erst recht noch auf ihre Verhältnisse und Aussichten hin abgestimmte Beratung zuteil wird.

In einigen „Industrieländern" hat der Fachhandel mit Möbeln und verwandten Ausstattungsstücken, bei aller Konkurrenzierung durch die Warenhäuser, den Diskonthandel und durch ihre Erzeugnisse selbst an die Letztverbraucher vertreibende Fabriken eine bemerkenswert starke Marktstellung errungen.

dessen sind, wenn gewiegte Lebens- und Genußmittel-Einzelhändler dafür empfängliche Käufer und Käuferinnen zu größeren Tafelfreuden hinzuleiten vermögen, psychologische Anliegen mit im Spiele. Im „feineren Herren- und Damenkonfektionsgeschäft" geht es, wie für die gehobene Maßschneiderei, nicht nur um das größen- und formgerechte Einkleiden der Personen, sondern darüber hinaus um das „Mit-Kleidern-Leute-Machen". Dabei scheint die Aufgabe mit deren höherem Alter zu wachsen. Oft soll den Besuch dieser Läden eine ganz andere Einstellung, z. B. ausgedehntere Anproben erwartende, als denjenigen der Warenhäuser und Verkaufsstätten von Massenfilialunternehmen leiten. Vollends wirkt bei vielen Erwerbern von Wohnungsausstattungen, teureren optischen Gerätschaften oder Musikinstrumenten die Voraussicht mit, Wesentliches für den fortan auf längere Zeit hin zu führenden Lebensstil festzulegen. Wieder größeres Gewicht gewinnen die physischen Erfordernisse, im Produktionsmittelbereich im Verein mit konkurrenzwirtschaftlichen, bei der Vermittlung technischer Ausrüstungen. Damit kann sich die Wünschbarkeit verbinden, den Kunden auch mit reichlicher Erfahrung bei der Versorgung mit besseren Verbrauchsmaterialien — z. B. Photofilmen — an die Hand zu gehen.

Ganz allgemein kommt es für die Erfüllung höherer Ansprüche der Erwerber je länger desto mehr auf die anpassungsfähige Einführung in die nützlichste Verwendung der angebotenen Erzeugnisse und die Gewährung von Wahlmöglichkeiten an[15]. Von dieser Beratung ist es zumeist zum gewissenhaften Gewinnen der Kaufinteressenten für von diesen anfänglich vielleicht nicht gebührend beachtete aber für sie angemessenste und zweckdienliche Anschaffungen nur noch ein kleiner Schritt. Im Gegensatz zu den mehr oder weniger leichtfertigen Verleitungen bestätigt sich die verhältnisgerechte Unterweisung als eine Form der schöpferischen Leistungsdifferenzierung. — Nicht von ungefähr verlangt diese geschultes und in seiner Haltung einwandfreies Personal, das sich auch durch übersteigerte Erwartungen und Umständlichkeiten der Käuferschaft nicht anfechten läßt. Es war eine optische Täuschung, von der Zuhilfenahme der Selbstbedienung den Verlust der persönlichen Fühlung mit den Kunden zu befürchten und deren Unvereinbarkeit mit dem Fachgeschäft zu vermuten. Indessen scheint die — meistens nur teilweise — Hinwendung zu ihr, doch wohl bezeichnend, zwar Personal einzusparen gestattet, aber zugleich den Bedarf an qualifizierteren, zur Beantwortung schwierigerer Käuferfragen fähigen Kräften verstärkt zu haben. Zusehends vermochten endlich Fachhandel und Spe-

[15] In einem „offenen Brief an Detaillisten", abgedruckt in: Der Organisator, Zürich, Nr. 381, vom Dezember 1950, heißt es: „Es gibt kaum eine andere Branche, in der ein Mann so auf die Beratung durch den Verkäufer angewiesen ist, wie beim Lebensmittelgeschäft."

zialgeschäfte in der ansprechenderen Gestaltung ihrer Läden aufzuholen. Dabei zeigte es sich wieder, daß für deren Modernisierung nicht die gleichen Gesetzmäßigkeiten wie für die Massenvermittler gelten. Mit der besseren Überblickbarkeit der Angebote mußten sich für diese mehr Platz und Bewegungsfreiheit für die Besucher und eine ruhige Einkaufsatmosphäre paaren.

Der Beratung gesellt sich die Übernahme der Gewähr für die Gebrauchstauglichkeit der erworbenen Güter bei. Immer unter der Voraussetzung „sonst gleicher Umstände" vermag der Fachhandel von Haus aus Beanstandungen der vermittelten Erzeugnisse großzügiger als die übrige „Warendistribution"[16] zu beheben. Im Zusammenhang steht, die Verwandtschaft der vom Fachhandel und Spezialgeschäft zu erbringenden Dienste mit denen des heutigen Handwerks bestätigend, die Verpflichtung darauf, stets zur raschen und sicheren Ausschaltung von Schäden an den Gebrauchs-, Ausstattungs- und Produktivgütern da zu sein. Nicht selten erweisen sich gerade die hochgezüchteten Geräte auf Verwendungsfehler und störende Außeneinflüsse besonders empfindlich. Deshalb gibt oft die Aussicht für die Beschaffung über den Fachhandel den Ausschlag, über kurz oder lang nötige prompte Reparaturarbeit herbeirufen zu können. Die mancherorts noch für diese verrechneten — bescheidenen — Entgeltansprüche verraten, daß die Inhaber der betreffenden Betriebe um diese Stärke wissen.

Hinsichtlich der Standortbedingungen muß zwischen den Dorf- und Quartierhandelsbetrieben, in der Gestalt der Gemischtwarenhandlungen und der noch wenig als solche ausgeprägten „Fachhandelsgeschäfte", und den profilierten Fachhandels- und Spezialbetrieben unterschieden werden[17]. Die ersteren bleiben auf die leichte Erreichbarkeit über kurze und einfach zurückzulegende Entfernungen für die Verbraucherschaft abgestützt. Gerade in jüngster Zeit erkennen zunehmend breitere Kreise, daß die Bezugsmöglichkeiten mittels leichter Botengänge vorab für die Waren des kurzperiodischen Bedarfs eine ganz wesentliche Stütze der befriedigenden Güterversorgung ausmachen. Diese Kundennähe gewinnt noch dadurch an Gewicht, daß die kleineren Ortschaften- und Quartierbetriebe häufig keine Hauslieferung mehr zu bieten imstande sind.

Demgegenüber zeichnen sich für die profilierten und größeren Fachhandels- und Spezialgeschäfte, für die Befriedigung höherer Ansprü-

---

[16] Das bedeutet nichts anderes, als daß, auf dem Hintergrund der funktionalen Wesensbestimmung des Gewerbes, nicht nur der Tertiärbedarf, sondern je nach dem erreichten Wohlstand und seiner Verteilung, die Gesamtheit der erforderlichen oder gewünschten Güterversorgung Möglichkeiten der differenzierten Bedürfnisbefriedigung umschließt.

[17] *Behrens*, K. Ch.: Der Standort der Handelsbetriebe, Köln / Opladen 1965.

che, nicht allzu sehr von denjenigen der Warenhäuser und Großfilialbetriebe abweichende Standortbedingungen ab. Nachdem sie ihrerseits von der Deckung einer Nachfrage aus ausgedehnten Einzugsgebieten leben, müssen auch sie sich in den Stadtkernen, bzw. in den Kernbereichen der Städte, an den begangensten Straßen und Plätzen behaupten oder neu ansiedeln, oder sogar den Anschluß an Shopping Centers am Rande der Bevölkerungsagglomerationen suchen. Für diese Betriebe wird weiterhin ein zuverlässiger Hauslieferdienst, zumeist in Verbindung mit sorgfältiger Beratung und promptem Reparaturservice hinzugehören.

Früher gehörte ebenfalls die Hinnahme von Zahlungsverzügen für die gekauften Waren zu den Eigentümlichkeiten aller kleineren Betriebe. Mittlerweile habe aber „high pressure selling" und die jüngeren Errungenschaften auf dem Gebiet der Bezugs- und Abrechnungstechnik die Großunternehmen dazu bewogen und befähigt, darüber hinauszugehen und einen bei aller Ausdehnung auf breite Abnehmerkreise elastischen Konsumkredit aufzubauen. Immerhin können dynamische Fachhändler und hinter ihnen die „Einrichtungsgrossisten" in der Bewilligung von Zahlungserleichterungen weiterhin noch größere Anpassungsfähigkeiten an den Tag legen[18].

Andere als rein wirtschaftliche Belange mischen sich bei, wenn Quartier- und Dorfbetriebe sowie fachhändlerische im Weichbild der Städte zu Stätten der Begegnung und des Tages-Neuigkeitenaustausches unter den Nachbarn und Gesinnungsgenossen werden. Manchmal erwarten diese noch Beistand in allgemeinen Anliegen. Gewiß richteten die modernen Warenhäuser und Filialketten in ihren Ladengebäuden Restaurationsbetriebe ein, um die Begegnungen unter den Kunden ebenfalls zu fördern. Häufig scheinen aber die Käufer- und Käuferinnenschaft die weniger vorgeplanten Zusammentreffen im unmittelbaren Zug des Erwerbs von Waren als anregender und in der Abfolge der täglichen Obliegenheiten leichter unterbringbar zu empfinden.

---

[18] U E. sehr bezeichnend berichtet Th. P. *Gasser:* Das Shopping Center in Amerika, Einkaufscentren in Europa, Bern 1960, S. 108 ff., über einen Meinungsstreit der amerikanischen Fachleute zur Frage, ob wenige große oder viele kleine Läden, und ob vorab Kettenläden oder unabhängige Einzelgeschäfte in den Centren zusammenzufassen seien. Eine Reihe prominenter Fachleute trete für die Eingliederung selbständiger Einzelhändler ein. Diese brächten größere Beweglichkeit in bezug auf Preis und Qualität der Ware mit, während die Kettenläden einer starren Geschäftspolitik unterworfen seien. Ferner wäre den unabhängigen Läden eigen: durch jahrelanges Bestehen in der betreffenden Stadt bereits etablierter Ruf, starke Anziehungskraft und Grundstock einer loyalen Kundschaft, genau auf den Markt abgestimmtes Sortiment, während Kettenläden mehr standardisierte Sortimente führen müßten, größere Vielfalt und Individualität im Center, besserer Kundenservice als Kettengeschäfte; auch Spezialwünsche der Kunden könnten berücksichtigt werden usw.

Zusammenfassend stellen wir zwischen den verschiedenen Handelsbetrieben wieder ungleiche Leistungserbringung mit bedeutenden Eignungsgefällen für deren Empfänger fest. Und wieder ist es die Polarisation der Modelle der Einzel- oder doch weitgehend differenzierten Bedienung der Kauflustigen und der — zumeist billigeren — Massenvermittlung der Waren, die zu wesentlichen Aufschlüssen verhilft. Dementsprechend setzen wir den „gewerblichen Einzelhandel“ *als die auf die Befriedigung irgendwie stärker differenzierter Bedürfnisse ausgerichtete, in hohem Grade noch von unmittelbar persönlichen Diensten getragene selbständige Warenvermittlung* gegen die letztere ab. Den Ansprüchen, welche die erstgenannten erfüllen sollen, hat zum mindesten vordergründig eine Einsenderin in einer populären Zeitschrift für bessere Geschäftsführung bei der Beanstandung der Dienste eines Metzgermeisters mit den Worten Ausdruck verliehen:

„Nur wenn sich der Kunde als Einzelfall behandelt sieht, nur wenn er den Glauben hat, daß der Verkaufende wirklich an seinen Wünschen interessiert ist und ihn daher nach bestem Wissen und Gewissen berät, entsteht jenes Vertrauensverhältnis, das die Basis einer gesunden geschäftlichen Beziehung ist[19].“

c) *Fällige Neudeutung des Begriffs „Fachgeschäft“*

Die aufgezeigten Sachverhalte legen zu fragen nahe, ob nicht auch eine Anpassung des Fachhandelsbegriffs an die heutigen wirtschaftlichen Gegebenheiten fällig sei. Die bisherige Übung versteht darunter die Gesamtheit der „Branchengeschäfte“, als der nach der stofflichen oder herkunftsmäßigen Verwandtschaft der Waren spezialisierten Betriebe. Nun bewegt sich aber die jüngere Entwicklung, von den Anstößen der Warenhäuser und sich ausbreitenden Großfilialunternehmen her zusehends ausgeprägter in der Richtung, die Warenangebote nach den Bedürfnisgattungen und Versorgungsanliegen zu gruppieren[20]. Damit verliert die überlieferte Auffassung der „Branche“ an Boden. Das zieht die damit verknüpfte Geltung des Fachgeschäfts in Mitleidenschaft. Dabei bleibt aber diese Benennung in ihrer Gegenüberstellung zu den übrigen Betriebsformen bezeichnend genug, um deren Weiterverwendung in einem zeitgemäßeren Wortsinn zu empfehlen.

Nach der Meinung einiger Autoren, daß der heutige Handel vorab den Absatz für immer leistungsfähigere Industrien und die um der höheren

[19] Aus: „Der Organisator“, Zürich, Nr. 367, 1951, S. 901: Wünsche einer Frau an das Ladengeschäft. — Um noch einmal die Studie des Wirtschafts- und Sozialausschusses der Europäischen Gemeinschaft über die Lage der Klein- und Mittelbetriebe zu zitieren (S. 17): „Gerade die Erfahrungen in Ländern mit starken Konzentrationserscheinungen im Handel zeigen, daß kleinere Einzelhandelbetriebe erforderlich sind für eine auf den differenzierten Bedarf sowie auf die den Einkaufs- und Konsumgewohnheiten entsprechend abgestellte Versorgung.“

[20] *Gross*, H.: Der Handel geht neue Wege, Düsseldorf 1958, S. 78.

Produktivität willen spezialisierte Landwirtschaft zu erschließen hätte, ließe sich zunächst denken, den Titel denjenigen Kräften zu verleihen, die sich auf diese Aufgabe, den Warenumschlag zu fördern und zu steigern, am besten verstünden. Eine solche Verschiebung hätte indessen einen völligen Bedeutungswandel des Begriffs bis zu einer Interpretation zur Folge, bei der am Ende der Gelegenheitsauktionator und der „billige Jakob" auf den Jahrmärkten als die typischesten Fachhändler erschienen. Sehr wahrscheinlich weisen indes andere Gesichtspunkte aufkunftsreichere Wege, vorab die Bedachtnahme darauf, daß die Förderung des „Fachlichen" in aller Regel die Mehrung der Kenntnisse und Fertigkeiten auf begrenzten Anwendungsgebieten verlangt. Seit jeher soll ja diese Konzentration der Arbeitseinsätze zu verbesserter bzw. weiter verbesserter Bedarfsdeckung verhelfen. Das spricht dafür, die Benennung als Fachhandel auf alle Gütervermittlung auszudehnen, die für bestimmte Sachbereiche besondere sachliche Befähigungen und entsprechende Fachkenntnisse, jetzt im weiteren Sinne verstanden, verlangt. Diese Deutung umschließt außer dem „Branchengeschäft" auch den seine Angebote auf Bedürfnisgruppen ausrichtenden Einzelhandel. Zugleich lädt sie dazu ein, zwischen Fachhandel niederer und höherer Stufe, je nach dem Einsatz bescheidener oder größerer beruflicher Tüchtigkeit, zur Erfüllung einfacherer oder höher gespannter Abnehmerwünsche, zu unterscheiden.

Offenkundig hat das erneut mit der Erbringung mehr oder weniger differenzierter Leistungen zu tun. Den bezeichnendsten Ausdruck findet der so verstandene Fachhandel in den selbständigen Kaufleuten, die vorab auf mannigfaltige, oft persönlich geprägte Bedürfnisse abgestimmte Dienste zu bieten suchen. Dem „Spezialgeschäft" fällt zu, diese Ausrichtung noch betonter zu pflegen. — Abermals füllen Zwischenformen einen weiten, von den schlichtesten, bereits im einen oder anderen der Massenvermittlung zuneigenden Fachgeschäften bis zu denjenigen, die gehobenen und individuellsten Ansprüchen gerecht werden wollen, hinaufreichenden Raum. Mit der vorgeschlagenen neuen Deutung bleibt vereinbar, daß sich auch Warenhäuser um fachhändlerischen Einschlag bemühen oder Abteilungen solcher Art zulegen. Schon war aber zu vermerken, daß sie damit über kurz oder lang auf Schranken stoßen; ihre Sonderabteilungen erweisen sich wohl die „Images" der betreffenden Unternehmen günstig zu beeinflussen, dagegen nicht deren Natur zu ändern imstande. Einmal mehr zeigt die Wirklichkeit das nur auf verzerrte herkömmliche Vermutungen hin überraschende Bild, daß der tüchtig betreute gewerbliche Handel in seinem arteigenen Leistungsbereich meistens auch gegenüber den Preisen, welche ihm nachziehende Massenvermittler bei normaler Kalkulation berechnen müssen, zu bestehen vermag. Ebenso sollte übrigens die Erfahrung, daß die Warenhäuser, Einheitspreisgeschäfte und Discounter die Versorgungsaufgaben in den schwach besiedelten Gebieten weitgehend dem „Kleinkrämer“ überlassen, zur Vorsicht vor schematischen, auf die unterschiedlichen Marktbedingungen keine oder wenig Rücksicht nehmenden Preisvergleichen mahnen.

Wo gehören die in jüngerer Zeit zahlreich in Erscheinung tretenden, freilich einem starken Wechsel und Wandel unterliegenden „Boutiquen“ hin? Ihr kennzeichnender Wesenszug liegt im Bestreben, bei an sich begrenzten Sortimenten und entsprechend eher schmalen Auswahlmöglichkeiten anspruchsvolleren Verbrauchern und namentlich Verbraucherinnen Besonderes, zumal hochmodisches, bis hin zu „Ausgefallenem,“ zu bieten. Eine Abart davon will mit sonst kaum erhältlichen Spezialerzeugnissen dem Mutterschafts-, Liebhaberei-, Sportbedarf und dgl. dienen. Damit treiben sie zwar die Differenziertheit ihrer Leistungen noch über die der Spezialgeschäfte hinaus, beschränken sie diese aber auf die gerade beschafften Einzelstücke oder Kleinserien-Fabrikate ohne große Neigung, ebenfalls Abwandlungen davon zu vermitteln. Noch stärker als die Massendistributoren suchen sie vorzugsweise mit im jeweiligen Zeitpunkt meistgefragten „aparten“ Neuheiten aufzuwarten. Dabei gibt es zum Fach- und Spezialgeschäft, wie zum Kleinwarenhaus und zur Diskonthandelsfiliale, allerlei Übergänge.

II. Die Dienstleistungszweige

1. Die „profanen“ Dienstleistungen

Wir haben von der besonders kräftigen Entwicklung der Dienstleistungszweige gehört. In diesen finden sich wieder große Bestände von Klein- und Mittelbetrieben. Allerdings waren diese an der jüngeren Ausweitung vielleicht weniger als die großen beteiligt. Tatsächlich beherrschen in manchen Bereichen die Großunternehmen das Feld, sticht doch z. B. das Transportwesen mit den Eisenbahnen, der Linienschiffahrt, den Luftverkehrsgesellschaften sowie den Bus-, Telefon-, Telegrafen-Fernsehverwaltungen gerade durch den Umfang ihrer Einrichtungen hervor. Oft drängt die Technik, die zur Schaffung schneller, bequemer und zuverlässiger Verbindungen für einen bedeutenden Verkehrsanfall nötig wird, sogar zur Monopolorganisation. Auch im Bank-, Versicherungs- und Treuhandwesen vermochte sich der Zug zum Großbetrieb durchzusetzen. Ferner fühlten sich mit der Zeit nicht wenige ursprünglich gewerblich ausgerichtete Betriebsinhaber zur Umstellung auf die Massenvermittlung bewogen.

Dennoch steckt es im Wesen der Dienstleistungen, immer wieder auch Bedürfnisse befriedigen zu müssen, die der Vergrößerung der Wirtschaftseinheiten mehr oder weniger enge Grenzen ziehen. Viele durchaus lebensfähige Ateliers der Schönheits- und Gesundheitspflege bleiben klein. Wenn in städtischen Zentren „größere“ — meistens zu erheblich höheren Preisen — persönlichste Bedienung, sei es solche nach Maß oder schöpferisch gestaltende, versprechen, will mit beachtet sein, daß diese bereits eine fachlich wie kaufmännisch überdurchschnittliche Führung erheischen und ihrerseits nicht über Ausmaße hinauswachsen, die dem „Patron“ die bestimmende Anleitung und Überwachung seiner Gehilfen bewahren. — Ferner war schon darauf hinzuweisen, was im Worte „Gastlichkeit“ für die Gaststätten und Hotels liegt. Durch die da und dort noch vorkommenden Schwächen und Mißbildungen wahrscheinlich im Ansehen zu sehr belastet, bilden die ersteren beliebte Treffpunkte für Begegnungen, Aussprachen aller Art und nicht wenigen Besuchern so etwas wie ein zweites Heim. „Renommierte“ Häuser tun sich durch besonders gute Küche und erlesenen Keller hervor, während andere nur schematisierte Verköstigung bieten können. Im Hotelfach verlangt ein ganzes System zu erbringender Dienste: von der Werbung über die Zimmerzuteilung und -reservation, die Ausstattung der Räume, die Aufnahme der Gäste, die Verpflegung und Tranksame, die Art der Andienung der Mahlzeiten, die Hausatmosphäre, bis zur Besorgung von Sonderaufträgen, Entscheidungen darüber, ob die Umhegung der einzelnen Besucher, mit ihren Neigungen und Empfindlichkeiten, wegleitend sein oder Zuflucht zu mehr oder minder gleicher Behandlung genommen werden soll. Bekanntlich unterscheidet die Übung nach der „Güte“ oder genauer: nach dem Comfort der Hotels mehrere Ränge mit Untergruppen. Dabei kann zunächst etwas verwirren, daß sich zumeist gerade die größeren Häuser um die Einreihung in die obersten Stufen bemühen. Das ungereimte weicht aber, sobald man sich die zum Teil anderen gesellschaftlichen und wirtschaftlichen Funktionen vergegenwärtigt, welche diese, vorab die Saisonhotellerie, zu erfüllen haben[21]. Deshalb bleiben unmittelbare Vergleiche der kleineren Hotels mit diesen trügerisch. Dennoch entrinnen die großen Betriebe für ihren Teil dem Zusammenhang nicht, daß ihnen die Individualisierung der Gästebetreuung — unter sonst denselben Umständen — schwerer als den kleineren fällt und sie dafür, zur Deckung des gewichtigeren Investitionsaufwandes hinzu, höhere Erlöse je Logiertag und -nacht erzielen müssen. Nicht von ungefähr führte ein Kenner des schweizerischen Fremdenverkehrs, W. Hunziker, die Gastlichkeit auf die Aufmerksamkeit für die Anliegen der einzelnen Gäste in Verpflegung und Beherbergung zurück:

> „Gastlichkeit ... heißt vor allem auch Pflege der höchst persönlichen Sphäre; sie setzt das Eingehen auf individuelle Neigungen und Wünsche voraus. Ihr Charakteristikum bildet die Einzelbehandlung, die Individualisierung[22].“

---

[21] Bd. II., S. 45/46.

[22] *Hunziker,* W.: Vademecum der Gastlichkeit, in: Zeitschrift für Fremdenverkehr, 1952, Heft 2, S. 58 ff.

Tatsächlich gibt es Großhotels, die beides: den weitestgehenden Komfort und möglichst persönliche Umhegung der Gäste zu bieten trachten. Indessen macht es heute für nicht wenige, in einer Reihe von Ländern, ein Hauptproblem aus, daß ihnen die Personalrekrutierungsschwierigkeiten bei den längeren Anordnungs- und Überwachungswegen ihrer Arbeitsorganisation eine deutlich schwindende Anpassungsbereitschaft der — häufig schwächeren — Hilfskräfte gegenüber vielfältigen Kundenwünschen einzutragen drohen. Der „Geist des Hauses" erweist sich als nicht durch repräsentative Räume oder moderne Architektur ersetzbar. In dieser Beziehung vermögen tüchtig geleitete kleinere Betriebe, bei gewahrter engerer Fühlung der Inhaber mit den Angestellten und namentlich bei einträchtiger Zusammenarbeit im Familienverbande, den abwandlungsfähigen hohen Bedienungsstandard leichter zu behaupten. Häufig können daher Besucher, die weniger auf gesellschaftliche Begegnung und Auszeichung als auf Entspannung und Aufgehobenheit halten, in mittleren und kleineren Häusern eher in den Genuß dieser Werte kommen.

Ebenso weiß sich das — vorwiegend aus kleineren Einheiten zusammengesetzte — private Transportgewerbe nicht nur dank zu mäßiger Belastung mit den Straßenkosten oder der Unterbietung gemeinwirtschaftlich konzipierter Bahntarife wegen erfolgreich zu behaupten. Für viele gehört es, über die Von-Haus-zu-Haus-Beförderung hinaus, zur Grundlage ihrer Geschäfte, auf Sonderwünsche der Verfrachter einzutreten und sich solchen gegenüber weniger als Beamte großer Anstalten auf „betriebliche Schwierigkeiten" berufen zu können.

In die Bereiche des Konsums zurückkehrend, fällt unser Auge auf Reiseunternehmen, die sich in jüngerer Zeit um die Erschließung von Besichtigungen und Ferienvergnügen „nach Maß", d. h. abseits der „großen Heerstraßen des Massentourismus" bemühen.

Schließlich mag noch ein Beispiel aus dem Unterhaltungsgewerbe die Bedeutung des Unterschieds zwischen differenzierter Befriedigung vielfältiger Wünsche und der zusammengefaßten Unterhaltung breiter Kreise zeigen. Offenkundig wohnt dem Kinotheater von Haus aus ein starker Zug zur Massenschau inne. In der Regel muß es ja für die einzelnen Filme mit hohen Gestehungskosten rechnen, die es durch entsprechend starken Theaterbesuch wieder hereinzubringen gilt. Dieser Zug hat sich mit den Monumentalspielen und dem Kult der „Wildwest"- und Kriminalreißer nachhaltig durchgesetzt. Mit der Zeit vermochte aber diese Ausrichtung auf den Geschmack des breiten Zuschauerpublikums Bestrebungen auszulösen, anspruchsvollere Spiel-, Dokumentar- und Schulfilme zu ermöglichen, die nur begrenzte Kreise für sich gewinnen, dem einzelnen aber viel mehr als die anderen bieten sollen. Wohl bleiben diese Bemühungen, wie die Kleintheater, immer noch auf ansehnliche

Zahlen der Vorstellungsbesucher angewiesen; sie zielen aber, wenigstens im Rahmen des Möglichen, doch schon auf die Vermittlung individueller Erlebnisse ab.

Möglicherweise wird die Differenzierung der Leistungen gelegentlich zu weit, d. h. über das volkswirtschaftlich förderliche Maß hinaus getrieben. Der Qualitätswettbewerb birgt für die Erzeuger und Vermittler von Waren, mitunter ebenfalls für die Erbringer von Diensten Versuchungen, ihre Angebote unnatürlich stark zu variieren, m. a. W. zu viele Produkte mit zu geringen Qualitäts- und Leistungsunterschieden zur Wahl zu stellen. Wohl gibt die freie Marktwirtschaft gegen diesen Vorbehalt die Berufung auf die freie Konsumwahl an die Hand, von der Erwartung begleitet, daß diese von sich aus für die Abstimmung der Versorgung auf die jeweilige tatsächliche Nachfrage hinzuwirken vermöge. Indessen reicht ja die Urteilsfähigkeit der Kauflustigen der Fülle der heutigen Angebote gegenüber für ihre zweckdienlichste Eindeckung da und dort nicht aus. Damit können — freilich nur in begrenztem Rahmen — volkswirtschaftlich und sozial nicht gerechtfertigte Differenzierungen der Leistungen mit unterlaufen.

Doch trifft das höchstwahrscheinlich mehr für die Einflußbereiche der modernen Massenwerbung als für das Handwerk und die ähnlich gelagerten Handels- und Bedienungsbetriebe zu. Obwohl es auch vorkommt, daß einzelne Selbständigerwerbende zu wenig auf die tatsächlichen Bedarfslagen ausgerichtet arbeiten, „an diesen vorbei werken", läßt die tiefere Verankerung der Nachfrage nach solchen Leistungen in persönlichen Verhältnissen weniger Künstlichkeiten als im weiten Feld der anonymeren Absatzbeziehungen für Güter der Großserienfertigung zu. Die vom Gewerbetreibenden verlangte Differenzierung seiner Erzeugung und seiner Dienste schließt von vornherein das Erfordernis einer näheren Abstimmung auf konkrete Versorgungsanliegen ein.

2. Die „gehobenen" Dienstleistungen

Es wäre verwunderlich, wenn es nicht ähnliche Unterschiede der Leistungen, wie in den mehr oder weniger „profanen" Bedienungszweigen, auch in der selbständigen Ausübung künstlerischer und „akademischer" Berufe geben würde. Im Grad der Ausprägung vielleicht etwas verschoben, fördert das nähere Zusehen sie in der Tat ebenfalls in diesen Bereichen zutage. Dabei zeugt es doch wohl für den Wert der Differenzierung, bis zur Einzelleistung hin, daß sich das Selbstgefühl der Kunstbeflissenen wie der Angehörigen der „freien Berufe", außer auf die allgemeinen Schwierigkeiten der von ihnen zu lösenden Aufgaben, stark darauf gründet, vielfältigen Erfordernissen gerecht zu werden. Das eine Mal ist es die Ursprünglichkeit des Entwurfs und der Gestaltung, das andere Mal die notwendige vorgängige Diagnose oder sonstige scharfe Erfassung der Eigentümlichkeit der zu meisternden Probleme mit der darauf folgenden angepaßten Hilfeleistung, welche den Trägern dieser Funktionen die höheren gesellschaftlichen Ränge verleiht. Hinter der Bedachtheit darauf von Kranken, in den Genuß reicher ärztlicher Erfahrung zu kommen, steht meistens die Erwartung, eine auf ihr Leiden abgestimmte Heilbehandlung zu erfahren. Bloße Nachahmung und schematisierte Betreuung zeitigen über kurz oder lang Vertrauensschwund und Widerwillen.

In der Kunstgeschichte beeinträchtigt die Nachrede das Bild einiger — im übrigen als größte anerkannter — Maler, mit ihren Schülern so etwas wie eine „Serienfabrikation" betrieben zu haben. Unter den Ingenieuren, Architekten, Rechtsanwälten, Geschäftstreuhändern sowie den Zahnärzten scheinen sich welche zu finden, die, nicht selten mit größeren Bürobetrieben oder Praxen, vorzugsweise „flüssigen", weniger schwierigen Aufträgen und Fällen, m. a. W. der serienmäßigen Bearbeitung zuneigen. Ihnen stehen die Fachgenossen mit dem Ehrgeiz gegenüber, anspruchsvolle Aufgaben zu meistern und immer wieder individuell zu gestalten oder zu helfen. Die gegen die „Umsatzmacher" angemeldeten Vorbehalte gewinnen durch die Befürchtung allgemeine Tragweite, daß die Begehren nach vorgeplanten Diensten, etwa zur Rationalisierung des Bauens oder — von seiten der Sozialversicherung — auf die Begrenzung der Entgeltsansprüche der Ärzte hin, Schwächungen des Willens zur angemessenen Erfüllung der beruflichen Verpflichtungen zeitigen könnten. Diese Polaritäten scheinen allerdings, nach herrschenden Standesvorstellungen und Leitbildern, solche auf wesentlich anderer Ebene als die vorher aufgezeigten und deshalb keine Rückschlüsse auf diese erlaubende zu sein. Die Anhänger dieser Meinung berufen sich auf die größeren von den „akademischen" oder künstlerischen Berufen verlangten schöpferischen Begabungen oder die viel längere und schärfere geistige Anspannung erheischende, kostspieligere Ausbildung. Bei folgerichtiger und umfassender, über das Wirtschaften in die allgemein-gesellschaftlichen Bereiche ausgreifender Betrachtung ist aber u. E. dafür nur soweit Platz, als sich die Träger dieser Berufe durch das tatsächliche Erfüllen besonders hoher Ansprüche, oft mit gesteigerten Verantwortlichkeiten verbunden, bei nicht künstlich verknapptem Leistungsangebot, auszeichnen.

Mittlerweile birgt jedoch die jüngere Entwicklung Tendenzen, die Scheidelinie zwischen der „oberen" Stufe der gehobenen Dienste und der „unteren" der profanen mehr oder weniger zu verwischen. Fürs erste hat die Führung selbständiger Handwerks-, Handels- und Dienstleistungsbetriebe seit Jahrzehnten — wie demnächst noch zu zeigen sein wird — stark steigenden Anforderungen zu genügen, meistens dadurch bedingt, daß die Besteller und Käufer und mit ihnen die Öffentlichkeit mehr als früher erwarten. Zugleich scheint in den wachsenden bereits entfalteten westlichen Volkswirtschaften das Angebot gewerblicher Dienste mit der Ausdehnung und Intensivierung des Bedarfs darnach oft nicht mehr Schritt zu halten. Zum zweiten steigen wohl auch die von den freien Berufen zu erfüllenden Ansprüche. Nebenher sehen sie sich indessen, nicht zuletzt größerer physischer Belastungen z. B. mancher Ärzte wegen, mit zur Betonung der Erwerbsanliegen gedrängt[23]. Bei diesen Sachlagen bestehen zwischen den Gefällen in der Art der hier und dort zu erbringenden Dienste vielleicht nähere Verwandtschaften als zumeist angenommen.

[23] Vgl. Die verstaatlichte Medizin in England, in: Neue Zürcher Zeitung, Nr. 85 und 91 vom 14. Januar 1953.

D. Der Sammelbegriff „Gewerbe“ und das Gesamtbild der Entwicklungsaussichten der „gewerblichen“ Betriebsformen

I. Die Bezeichnung „Gewerbe“

Durch die Ergründung des Handwerks und der kleineren Betriebe im Handel mitsamt den diensteerbringenden Zweigen wird es möglich, sich von äußerlichen Merkmalen zu lösen und die Würdigung über vermeintliche Selbstverständlichkeiten hinaus auf eine Ebene zu heben, die nicht zuletzt zu plastischeren Einblicken in die Vielschichtigkeit der modernen gesellschaftlichen Bedarfsdeckung verhilft. Wir schälen die Ausrichtung auf differenzierte Einzelleistungen als dem Handwerk, dem Kleinhandel und den kleineren Bedienungsbetrieben gemeinsamen Rückhalt, d. h. innere Verwandtschaft heraus, die sie markant von anderen Formen unterscheidet.

Nicht zuletzt können die Neigungen zur Betriebsverbindung zwischen dem Handwerk, dem Einzelhandel und der Erbringung differenzierter Dienstleistungen als Anzeichen einer inneren Verwandtschaft gelten. Sowohl in weniger dicht besiedelten Gebieten und kleineren Ortschaften als einem modernen Zug zu umfassenderen Arbeits-, Waren- und Diensteangeboten in den größeren Bevölkerungsagglomerationen gemäß wird oft der Weg der Koppelung solcher Tätigkeiten in einem Unternehmen beschritten.

In den meisten Ländern hat der „Handwerkshandel“, wie er in der Verbindung von Spenglereibetrieb, Sanitär- und Elektroinstallation mit angegliederten Verkaufsläden für Haushaltungsgeräte, des Mechanikergewerbes mit solchen für Fahrzeugbestandteile, des Coiffeurberufs mit dem Verkauf von Parfumerien und Rasierapparaten, im Verkauf von Fabrikware in Konditoreien in Erscheinung tritt, eine sehr starke Verbreitung erlangt. Es bedeutet in einer Zeit, in der die fortschreitenden Verkehrserleichterungen die Bindung an lokale Abnehmerkreise zu durchbrechen gestatten, keine Selbstverständlichkeit, daß sich diese Handwerker gewöhnlich viel weniger leicht zur Ausweitung ihrer handwerklichen Tätigkeitskreise oder zur Fortbildung ihrer Betriebe in kleinindustrielle als zur Hinzunahme in das Fach einschlägiger Handelsumsätze entschlossen. Nebenher erfolgte auch die Angliederung kleinerer Handelsbetriebe für die Vermittlung anderer Waren. So wies die eidgenössische Betriebszählung 1939 für die Schweiz auffällig viele Verknüpfungen von Bäckereibetrieben mit „Spezereihandel“, von Metzgereien mit Gastwirtschaftsbetrieben, von Fuhrhaltereien mit Kohlenhandel aus[1].

Aus der aufgezeigten Wesensverwandtschaft heraus muß es dem Handwerk und dem differenzierenden Fachhandel an einer gleich oder ähnlich ausgefächerten Gestaltung der Bedarfsverhältnisse beim kaufenden Publikum liegen. Für beide werden die Möglichkeiten ihres weiteren Gedeihens stark vom Fortbestehen einer vielfältigen, mit uniformiertem Angebot nicht zu befriedigenden Nachfrage abhängen. Wir müssen es auf spätere Abschnitte dieses Buches verweisen, diese Eigentümlichkeiten noch weiter herauszuschälen und wirtschaftspolitisch auszuwerten.

Das Ergebnis legt es nahe, die auf diese Weise zu kennzeichnenden Produktionsarten in einem Sammelbegriff zusammenzufassen, der als Ausdruck der geschilderten spezifischen Beiträge an die Marktversorgung und allgemeine Wohlfahrt gelten kann. Bisher war dafür, meistens ungefähren Einschätzungen entspringend — bald annähernd für denselben Bereich, bald weiter ausholend — die Benennung „mittelständische Wirtschaft“ üblich. Wie noch zu erörtern[2], erscheint diese jedoch für die wissenschaftliche Erklärung der wirtschaftlichen Gegebenheiten wenig tauglich. U. E. würde eine neue, geschlossenere: „Gewerbe“, dem Sachverhalt besser entsprechen.

Allerdings bleibt dieses Wort ein nicht minder als „mittelständisch“ dem alltäglichen Sprachgebrauch entlehntes, und es knüpfen — unter Mitbeteiligung der Wissenschaft — wieder vielfältige Deutungen daran an. Hätte man die Begriffe streng nach der sprachlichen Herkunft zu prägen, so müßte die Ableitung des „Gewerbes“ von „erwerben“ maßgebend sein. In der Tat ist noch oft davon im Sinne der irgendwie auf die Erzielung von Einkünften bedachten Tätigkeit die Rede. Mit dieser Verwendung hängt die handels- und verwaltungsrechtliche zusammen, welche die Bezeichnung für die länger dauernden Tätigkeiten mit Gewinnabsicht und erst recht für die berufsmäßigen in Anspruch nimmt. So kennen die Gesetze verschiedener Länder „Fabrikations-“, „Ausstattungs-“, „Reparatur-“ und „Handelsgewerbe“ sowie „freie“, „konzessionierte“ und „gebundene Gewerbe“. In der Regel fällt dabei auf die zweiterwähnte Ausgliederung, weil für die Gewährung oder die Beschrän-

---

[1] Vgl. die Unternehmungen der Schweiz 1939, Band 5 der Eidgenössischen Betriebszählung, 24. August 1939, S. 20 ff.

Die Gewerbebetriebe in der Schweiz 1939, Band 4 der Eidgenössischen Betriebszählung, 24. August 1939, S. 141 ff.

Nach *Zelle*, A. (S. 35), betrieb im Jahre 1950 in Westdeutschland fast jeder dritte Handwerker auch Einzelhandel.

Finsterwalder, R.: Die Einzelhandelstätigkeit im Handwerk unter besonderer Berücksichtigung der Verhältnisse in Bayern, München 1951.

[2] Vgl. weiter unten, S. 305.

kung wirtschaftlicher Freiheitsrechte bestimmend, besonderes Gewicht. Unter anderem kleidet die schweizerische Bundesverfassung die Zusicherung der grundsätzlichen Freiheit für den Bürger, nach Belieben Betriebe eröffnen und Geschäfte machen zu können, in die Formel:

Art. 31, Abs. 1: „Die Handels- und Gewerbefreiheit ist im ganzen Umfange der Eidgenossenschaft gewährleistet, soweit sie nicht durch die Bundesverfassung und die auf ihr beruhende Gesetzgebung eingeschränkt ist.“

Dieser Auslegung stellt sich diejenige gegenüber, welche das „Gewerbe“ als einen Ausschnitt, einen Teil der Gesamtwirtschaft verstehen will, und sie vermochte sich ihrerseits in zwei Versionen einzuleben. Die erstere, in Norddeutschland und in der deutschen Volkswirtschaftslehre vorherrschende, setzte den Ausdruck zur Zusammenfassung der stoffbearbeitenden Erzeugung im Unterschied zur Stoffgewinnung, der Warenvermittlung usw., d. h. als Sammelnamen für Handwerk und Industrie ein. Es ist der Wortinhalt, dessen sich z. B. K. Bücher, W. Sombart, R. Weyermann, K. Wiedenfeld, v. Beckerath und andere bedienen. Parallel dazu hat sich, wahrscheinlich wieder stärker durch die Rechtssprache beeinflußt, in Süddeutschland, der Schweiz und Österreich, eine Übung eingelebt, welche mit der Bezeichnung das Handwerk und die handwerksähnlichen Betriebsformen umreißt. Beide Deutungen besitzen ihre Berechtigung: die erstere verrät ein Streben nach Mitberücksichtigung technischer Gesichtspunkte, und in der Tat gibt es auch für den Volkswirtschafter Anlässe — etwa die Bedürfnisse der Kriegs- oder der sonstwie entwickelten Planwirtschaft — alle stoffveredelnde Produktion als ein Ganzes zu behandeln. Anderseits förderte aber die wachsende Einwirkung des Staats und der Verbände auf die wirtschaftlichen und sozialen Beziehungen in den meisten Ländern manche ähnliche oder sogar gleiche Bedürfnisse des Handwerks, des „Kleinhandels“ und der von Kleinbetrieben getragenen Dienstleistungszweige zutage. Wie z. B. in Belgien und der Schweiz fand diese Nachbarschaft in organisatorischen Zusammenschlüssen ihren Niederschlag.

K. Bücher meinte, in der Eingrenzung der Bezeichnung „Gewerbe“ auf das Handwerk, die Kleinbetriebe im Handel und die benachbarten Produktionszweige eine wenig glückliche, weil durch ihre Benützung in der Tagespolitik verflachte Benennung zu erblicken[3]. Legen wir aber an die verschiedenen Möglichkeiten den Maßstab der Erfordernisse der wissenschaftlichen Begriffsbildung, namentlich der dabei zu beachtenden Wortökonomie[4] an, so führt uns dies zum Schlusse, daß wahrscheinlich die juristische Umschreibung und im Rahmen der wirtschaftlichen Betrachtung doch die auf eine besondere Art von Betrieben ausgerichtete die besten Dienste leisten. Zur näheren Charakteristik der Verknüpfung der In-

[3] *Bücher*, K.: Art. „Gewerbe“.

[4] *Böhm-Bawerk*, E. von: S. 40.

dustrie und des Handwerks scheinen zusätzliche Sammelnamen nicht nötig; die Bezeichnung „Stoffveredlung“ sagt über die Gemeinsamkeit ihrer Grundaufgabe genügend aus und eine Verdoppelung durch „Gewerbe“ könnte sogar neue Verwirrung stiften. Am meisten bedarf man wohl der rechtlichen Bestimmung, um die Stellung des einzelnen, der sich seinen Lebensunterhalt durch selbständige Betätigung verdienen will, in der Gesellschaft und vorab dem Staate gegenüber hinreichend genau zu umreißen. Daneben erhebt indessen die Lehre von der Wirtschaft Anspruch auf das Wort, weil es an Gesichtspunkten nicht mangelt, welche die Betonung durch eine besondere Benennung empfehlen. Nicht von ungefähr hat sich denn auch der wirtschaftliche Sprachgebrauch des Wortes schon lange bemächtigt.

Unseres Erachtens besitzt nun die aufgedeckte Wesensverwandtschaft von Handwerk, „Kleinhandel“ und kleineren Dienstleistungsbetrieben ein solches Gewicht, daß die an eine bereits bestehende sprachliche Übung angelehnte Bezeichnung dieses Zusammenhangs die ausgiebigsten Auskünfte verheißt. Gegenüber den angemeldeten Bedenken wegen etwa zu gewärtigender Unklarheiten des so gewählten Begriffs bleibt es eine Angelegenheit der wissenschaftlichen Disziplin, für dessen Eindeutigkeit und Abschrankung von bloß äußerlich beigemischten Merkmalen zu sorgen. Allerdings mahnt bei der vorgeschlagenen Verwendung des Ausdrucks „Gewerbe“ der Umstand zu etwelcher Vorsicht, daß die französische, italienische und englische Sprache keinen entsprechenden, das Gleiche besagenden Sammelnamen kennen. Sie verwenden zumeist die Formel „petites et moyennes entreprises“, „piccole e medie imprese“, „small business“ und stützen sich damit auf die von uns als unzulänglich eingeschätzten Betriebs- und Unternehmungsgrößen ab. Die Übersetzung „arts et métiers“ des schweizerischen Amtsstils bildet ein Schulbeispiel einer sich mit dem französischen Sprachgebrauch nicht deckenden Ausdrucksweise. Eher neigt der letztere dazu, das „Handwerksmäßige“ als allgemeines Kennzeichen auf andere Gebiete der Wirtschaft zu übertragen und sogar das Vorkommen eines „Commerce d'essence artisanale“[5] anzuerkennen. Immerhin hat E. James im Rahmen seiner Lehre von den Unternehmungsformen[6] die Wortverbindung „services individuels“ geprägt und in jüngerer Zeit L. Buquet ausgreifender die Bezeichnung „économie polyvalente“ vorgeschlagen. Wenn es vordem fraglich erschien, ob diese letztere — selbst für den wissenschaftlichen Gebrauch — etwelche Aussichten sich einzubürgern hätte, sieht es neuestens darnach aus, als ob die systematischere Mitbeachtung des ganzen arteigenen Produktions-, Warenvermittlungs- und Dienstleistungenbereichs doch zur Aufnahme der vielleicht etwas abstrakt anmutenden Betitelung führen

[5] *Siegfried*, A.: La production de qualité et de série; sowie: *Marchal*, J.: S. 473 ff., und die dort angegebene französische Literatur.

[6] *James*, E.: S. 58.

könnte. Damit wären im Gehalt gegenüber dem, was uns das „Gewerbe" zu sein scheint, nur wenig Verschiebungen hinzunehmen.

Zur Vermeidung nicht unbedingt erforderlicher Erweiterungen der Liste der fachlichen Bezeichnungen ziehen wir jedoch einstweilen die Anlehnung an die vorhandene Übung vor. Die Hauptsache bleibt die Aufdeckung der funktionalen Eigenart des Handwerks, sehr vieler Betriebe des Handels und der dienstanbietenden Zweige sowie der Gemeinsamkeit wichtiger wirtschaftlicher Wesenszüge; die endgültige Benennung dürfte eine bloße Angelegenheit der sprachlichen Konvention sein.

Das Gewerbe steuert also eine eigene Art von Gütern zur Versorgung bei und bewahrt sich insofern für die Volkswirtschaften eine besondere Bedeutung; es kann idealtypisch als Gegenstück zur vereinheitlichten Serienerzeugung und zur Massenvermittlung von Waren und Diensten gelten. Seine nach wie vor starke Verbreitung verrät, daß sich auch hochentwickelte Industrieländer nicht nur auf eine alles beherrschende Massenfabrikation stützen, sondern immer noch den Einzelleistungen ein weites Feld einräumen. Mögen häufige Erfahrungen die Annahme nahelegen, daß die Massenfertigung zu erhöhter Ergiebigkeit verhelfe und allein günstige Zukunftschancen besitze, während die handwerkliche und die Vermittlungsarbeit des Kleinhandels nur noch die Überlieferung und heute überholte Methoden verkörperten; unsere Untersuchung ergibt ein anderes Bild: Die weitere Entwicklung braucht danach ebensowenig zu einer fortschreitenden Ablösung des „gewerblichen Schaffens" durch „industrielle Systeme" zu führen, als sich eine Rückgängigmachung der technischen Errungenschaften und Rückkehr zu veralteten Erzeugungsverfahren denken läßt. Vielmehr bestehen für beide große Möglichkeiten. Statt der vermeintlichen Ablösung des einen durch das andere lautet die Aufgabe weiterhin, die bestmögliche Ausrichtung des Angebots auf die Nachfrage nach homogenen oder aber differenzierten Gütern, vielleicht auch die Anpassung der letzteren an die Möglichkeiten für das erstere anzustreben.

Ebenso ist aus unserer Deutung des „Gewerbes" abzuleiten, daß es kaum je scharf zwischen ausschließlich handwerklichen bzw. „gewerblichen" Produktionszweigen und „rein industriellen", ganz auf die Serienleistung abgestützten, zu trennen gelingt[7]. In Tat und Wahrheit kön-

---

[7] *Fröhler,* L.: Die Rechtssprechung des Bundesverwaltungsgerichts zur Abgrenzung von Handwerk und Industrie, in „Gewerbearchiv", Berlin 1965, Nr. 7 und 8.

Aberle, H. J.: Zur Abgrenzung von Handwerk und Industrie im Maschinenbaugewerbe, in „Gewerbearchiv", Nr. 7 und 8, 1970.

Riechmann, V.: Zur Abgrenzung von Handwerk und Industrie unter besonderer Berücksichtigung der Rechtsprechung des Bundesverwaltungsgerichts, in: „Gewerbearchiv", Bonn, Heft Nr. 3, 1972, S. 57 ff.

Söllner, A.: Abgrenzung von Handwerk und Industrie, Gießen 1973.

nen die meisten, im Rahmen der Stoffbearbeitung z. B. der Hoch- und Tiefbau, die Schreinerei, die Schlosserei, die Fahrzeugherstellung, die Bäckerei und die Metzgerei, im Einzelhandel die Vermittlung von Lebensmitteln oder Textilien, in den Dienstleistungsberufen das Transportwesen, die Wäscherei, die Gästebeherbergung entweder individualisierend-persönlich oder aber uniformierend-spezialisierend-industriell betrieben werden. Nicht selten wechseln Betriebe von der einen Richtung in die andere hinüber, indem sich etwa Schreinermeister mehr und mehr der Kistenfabrikation oder derjenigen von Standardmöbeln zu widmen beginnen, der Ausbau von Bäckereien über die Einrichtung von Turnusöfen vor sich geht und Kleinbetriebe des Einzelhandels allmählich zu größeren, mit beschränktem Sortiment und stärkerem Bestreben nach Gewinnung eines breiten Marktes heranwachsen. Fast stets sehen sich dabei ihre Inhaber über kurz oder lang zu deren neuer Organisation gedrängt. Mit am ausgeprägtesten zeigen sich im Gastwirtschaftsgewerbe die Unterschiede; obgleich die Übergänge fließend und die Mischformen sehr häufig sind, umfängt die Gäste in Restaurations- und Verpflegungsbetrieben wie in den Hotels eine völlig andere „Atmosphäre“, je nachdem, ob diese bewußt auf die Erfüllung der individuellen Wünsche ihrer Kunden halten oder mit weniger aufwendiger, dafür uniformerer und weniger persönlicher Bedienung auszukommen suchen.

Der Bereich, den das Handwerk, der ihm verwandte Einzelhandel und viele Dienstleistungensbetriebe gegenüber der Industrie und der Großvermittlung von Waren und Diensten zu behaupten vermögen, bestimmt sich vorab nach der Differenziertheit der Bedürfnisse bzw. nach der entsprechenden Gliederung der Nachfrage. Sie können im Zug der wirtschaftlichen Entwicklung je nach den Umständen fortschreitend an Boden verlieren, andererseits aber, soweit sich in der Verbraucherschaft der Sinn für die individualisierte Lebensgestaltung wachhalten und fördern läßt, auch wieder an Wirkungsfeld zurückgewinnen.

II. Notwendige Retouchen am theoretischen Modell

Wir haben damit die volkswirtschaftlichen Modelle des Handwerks sowie der gewerblich ausgerichteten Handels- und Dienstleistungsbetriebe entworfen. Daran sind nun allerdings, um zu einem realistischen Gesamtbild zu gelangen, einige Berichtigungen vorzunehmen. Da es sich im wesentlichen um die Mitberücksichtigung der Unzulänglichkeiten (Imperfektionen), wie der Marktwirtschaft schlechthin, auch der in dieser tätigen Gewerbetreibenden handeln muß, werden es fast durchwegs Abstriche an deren Bewertung als Träger arteigener Leistungen sein. Möglicherweise haben wir bereits den Eindruck erweckt, nicht nur Idealtypen herauszustellen, sondern zugleich schönfärberisch zu sein. In der Welt der unmittelbaren Erfahrungen zeichneten sich — lauten die Einwendungen — manche Handwerker und selbständige Kaufleute viel weniger, als es unsere These behaupte, durch qualifizierte Dienste bzw. deren Differenziertheit aus. Vielmehr ließen diese oft zu wünschen übrig, das eine Mal in dem Sinne, daß die gelieferten Arbeiten und Waren mangelhaft blieben und baldigen Reparaturen oder Ersatzanschaffungen riefen, das andere Mal in dem, daß Unzuverlässigkeiten arge Störungen in der Deckung mehrschichtiger Versorgungsanliegen verschuldeten. Ferner suchten sich namentlich Handwerker, welche Aufträge durch niedrigere Preisansprüche hereinzuholen trachteten, hernach mit der überteuerten Verrechnung sogenannter Regiearbeiten schadlos zu halten. Noch weiter holt der Einwand aus, der Großteil der heute zugänglich gemachten Güter und ihre Verbesserung sei überhaupt nicht den Gewerbetreibenden, sondern mehr ihrer „Großkonkurrenz": der Industrie und der daran anschließenden Massenvermittlung von Waren und Diensten zu verdanken.

Zur Kritik bestehen berechtigte Anlässe[8]. Indessen gilt es wieder, der Voraussetzungen für einwandfreie Vergleiche eingedenk zu bleiben. Erneut müßten sich die Einschätzungen auf Vergleiche von Betrieben unter gleich tüchtiger Leitung in beiden Flügeln der Wirtschaft stützen können. Offenkundig fällt aber in der Praxis schwer, diese Bedingung zu erfüllen, weil es die Ausflüsse der Arteigenheit der Betriebsform von den größeren oder geringeren Fähigkeiten der Führung kaum je fein säuberlich zu trennen gelingt. Zudem dürfte die Verteilung der Führungsqualitäten nicht die gleiche sein. Tatsächlich gibt es auch im Handwerk hervorragende, d. h. solche, die hochgespannte Erwartungen erfüllen und wenig Beschwerden verursachen. Daneben bot es aber bisher für schwächere Elemente mehr Platz als die leitenden Stellungen in der Industrie, für Leute, die sich nicht über mittelmäßige Fachkunde und Einsatzbereitschaft für die einzelnen Aufgaben erheben, geschweige denn, daß sie größere Wirtschaftseinheiten aufzubauen und zu betreuen imstande wären.

Augenscheinlich spielt in den vorhandenen Leistungsgefällen ein nicht zu unterschätzender allgemein-gesellschaftlicher, vorerst von der Soziologie noch näher zu ergründender Unterbau oder Einschlag mit. Das trifft am meisten für die Länder mit völlig ungehinderter Möglichkeit der Eröffnung eigener Betriebe zu, ferner für jene Anwärter auf „freien" Erwerb, die von diesen in Zeiten von Arbeitslosigkeit eine letzte Zuflucht erhoffen. Anderseits geschieht es aber auch leicht, daß länger andauernde Hoch- und Überkonjunkturen Verlockungen zu weniger aufmerksamer Abstimmung der Leistungen auf die jeweils zu befriedigen-

[8] *Ihle*, H. A.: Handwerksbetriebe im Urteil ihrer Kunden, Göttingen 1963, *Zentralverband des Deutschen Handwerks* (Hrsg.): Handwerk und Handwerker im Meinungsbild der Öffentlichkeit, Heidelberg 1970.

den Bedürfnisse wecken. Im ganzen braucht es eine ebenso gepflegte Berufsausbildung und -ertüchtigung als persönliche Aufgeschlossenheit und Leistungswillen, damit das Handwerk die aufgezeigten Vorzüge gegenüber der Industrie und der Massenvermittlung von Waren oder Diensten an den Tag zu legen vermag. Tatsächlich spricht viel dafür, daß die unterlaufenden Unzulänglichkeiten der gebotenen Arbeiten weit überwiegend nicht dem Handwerk an sich, sondern, zur Wahrung der sachgerechten Proportionen, menschlichen Schwächen seiner Träger anzulasten sind. — Dasselbe trifft zumeist noch mehr für die „Imperfektionen“ des gewerblichen Handels und der verwandte Dienste erbringenden Betriebe zu[9].

Dabei ist freilich die Erfahrung mit zu beachten, daß Ärgernisse ob unzureichenden Leistungen mehr als die erfreuliche Bedienung an die Öffentlichkeit gelangen und damit bald einmal das Ansehen ganzer Berufsstände schädigen können. Endlich hat natürlich das Steigen des Anforderungenpegels bei gleichzeitiger Lockerung der persönlichen Verbindungen zur Käuferschaft leicht die Folge, daß früher geschätzte Arbeiten bei den heutigen Erwartungen als nicht mehr ausreichend empfunden werden oder allein schon zu geringe Bedachtnahme auf die Gewinnung größerer geschäftlicher Gewandtheit bedeutende Kundschaftsverluste verschuldet.

Die Befähigungsgrade und deren Streuung der gewerblichen Betriebsinhaber und Unternehmer mitsamt ihren Mitarbeitern hängen in erster Linie von deren gesellschaftlicher Herkunft, Schulung und beruflichen Ausbildung ab. Wir zeigen später[10], daß sie für ihren Teil überwiegend dem Handwerkerstand und der Händlerschaft, sowie der Arbeiterbevölkerung und lediglich in geringem Umfang den Angestellten- und Beamtenkreisen entstammen. Es wäre leichtfertig, diesen Gesellschaftsschichten von vornherein geringere geistige Begabungen und weniger Drang nach besserer Bildung nach den klassischen Idealen nachsagen zu wollen. Immer wieder gehen aus ihnen hervorragend tüchtige und auch im umfassenden Sinn verantwortungsbewußte Persönlichkeiten hervor, die oft Aufgeschlossenheit mit praktischen Talenten verbindend,

---

[9] So mag für nicht wenige Einzelhändler die Versuchung bestanden haben und für einzelne noch heute fortbestehen, sich nach außen auf die Vielfalt der Kundenwünsche zu berufen, um ein wenig geplantes Waren- und Dienstesortiment, nach den Beeinflussungen der Reisevertreter der Fabrikanten und sonstiger Lieferanten, zu rechtfertigen. Damit wurde schon oft die ungenügende Anpassung der Angebote an die tatsächlichen Nachfragestrukturen bemäntelt. Andererseits bleibt aber wieder die Frage offen, ob die ungenügende Befähigung und der geringe Einsatz für diese Anpassung am Ende doch von der Stellung der betreffenden Einzelhändler und ihrer Einschätzung auf ihren Märkten oder aber von verzerrten, in der Öffentlichkeit verbreiteten Leitbildern herrühren. Wir glauben auch die zweite Möglichkeit ernst nehmen zu müssen.

[10] S. 319 ff.

innert einiger Jahrzehnte bedeutende gewerbliche Unternehmen aufzubauen wissen. Dennoch hat die gemischte Rekrutierung des Nachwuchses die Kehrseite, ebenfalls schwächere Anwärter auf den selbständigen Erwerb und solche mit weniger Einsatzbereitschaft mitzuziehen. — In jüngster Zeit drohen noch nicht ausgewogene bildungspolitische Ansätze, durch die Ablenkung der aufgeweckteren jungen Leute auf vermeintlich „gehobene" Tätigkeiten, das Könnertum der Meister und ihrer Gesellen im ganzen noch weiter abzusenken. Da auf die Erbringung bester Leistungen bedachte Betriebsinhaber wie hochqualifizierte Arbeitskräfte nicht beliebig auf wesentlich andere Arbeitsgebiete verpflanzbar sind, erweisen sich die Berufswahlentschlüsse mitsamt denjenigen über freies Schaffen auf eigene Initiative oder im Dienste Dritter als weittragende Wegscheide. Um so größere Bedeutung kommt der — mittelbaren und unmittelbaren — Aufklärung der Nachwuchskräfte durch Schule, Öffentlichkeit und Berufsberatung zu. Daß es im Sinne der fachlichen und geschäftlichen Ertüchtigung sich wohl vorzusehen und noch manches zu fördern gilt, verraten neben den Beschwerden über unzulängliche gelieferte Arbeiten nicht zuletzt die Schwierigkeiten, die gesamte Handwerkerschaft für die höhere Weiterbildung nach der Lehre und die nötige Einstimmung auf die modernen Erfordernisse zu gewinnen[11]. Immerhin dürfen diese Vorbehalte zum Mittelmaß der an den Tag gelegten Befähigungen nicht vergessen lassen, daß es unter den Beweggründen, die das rationale Erwerbsstreben begleiten und oft abschwächen, doch noch Ansporne zu besonders guten Leistungen gibt. Vielleicht vermag sich im Handwerk innere Berufung, das Erlebnis des eigenen Gestaltens, doch mit am stärksten qualitätssteigernd, die Stufenleiter der möglichen Güte der Arbeiten nach oben ausweitend, auszuwirken[12]. Noch mehr als das Handwerk bleibt der gewerbliche Einzelhandel mit der Problematik oft begrenzter Fachtüchtigkeit der Betriebsinhaber und der übrigen in ihm beschäftigten Personen behaftet. Augenscheinlich spielte bis vor wenigen Jahren, allen Klagen über drückende Konkurrenzierung durch die Warenhäuser und Massenfilialunternehmen zum Trotz, eine verbreitete Meinung mit, daß der Einzelhandel vielfach noch auskömmliche Existenzen gewähre, ohne allzu große Anstrengungen zu erheischen. Fingerzeige darauf birgt u. a. die häufige nebenberufliche Betreuung von Kleinbetrieben durch die Frauen anderwärts ihrem Haupterwerb

---

[11] Während in einigen Ländern der große Befähigungsausweis oder die bevorzugte Erteilung von Aufträgen an die diplomierten Meister für die bessere Vorbereitung der Anwärter auf die handwerkliche Meisterschaft sorgt, bleiben die Bestände der Absolventen der höheren Fachprüfungen in den anderen bis auf den heutigen Tag meistens bescheiden. Vgl. Bd. III, 2. Halbbd., S. 104 ff.

[12] Vgl. unten.

Über die besonderen Ansporne sakraler Arbeitsaufträge zu hervorragenden Einzelleistungen, u. a. *Gardi*, R.: Unter afrikanischen Handwerkern, Bern 1969, S. 9.

nachgehender Ehegatten. Wir haben schon die Hinweise, für die Zeit vor der letzten Jahrhundertwende, von J. Hirsch auf die Auswechslung früherer Voll-Kaufleute in verschiedenen Handelszweigen durch überhaupt nicht oder nur wenig ausgebildete „Kleinhändler und -händlerinnen“ vermerkt[13].

J. B. Jefferys und D. Knee[14] verdeutlichen diese Schwächen und erklären sie bereits ein Stück weit durch die Aufgliederung der Gesamtbestände des „selbständigen Einzelhandels“ in drei verschiedene Herkunfts- und Qualifikationsschichten:

„Die erste Art des unabhängigen Einzelhändlers spielt in den verschiedenen Wirtschaftssystemen eine unterschiedliche Rolle. In einem überwiegend landwirtschaftlichen Gemeinwesen, in dem sich der Handel mit Konsumgütern noch in der Entwicklung befindet, spielen der Hausierer, das ambulante Gewerbe oder der Kaufmann, der von Messe zu Messe zieht, eine nicht unerhebliche Rolle... In Ländern mit mehr Stadtbevölkerung und Industrie nehmen der sehr kleine Einzelhändler, das ambulante Gewerbe oder Verkaufsstandeigentümer eine etwas andere Stellung ein. Außer als Warenverteiler in ländlichen Gebieten wirkt er als Kanal für die Verteilung von Agrarprodukten in Stadtgebieten...

Schließlich übt der kleine Einzelhändler in den hochentwickelten Industrieländern wie z. B. Großbritannien und Belgien eine nur mehr bescheidene Nebenrolle aus... In Belgien berichteten z. B. über 100 000 Einzelhändler ohne Angestellten bei der statistischen Erhebung im Jahre 1947, daß der Einzelhandel für sie nur eine Zweitbeschäftigung wäre und weitere 25 000 dieser Geschäftsleute sahen zwar den Einzelhandel als Hauptbeschäftigung an, hatten aber noch eine Zusatzbeschäftigung.

Der zweite Typ des beschriebenen kleinen Einzelhändlers spielt in allen Ländern fast die gleiche Rolle. Meist hat ein solcher... keine Lehrzeit in einem besondern Einzelhandelszweig durchgemacht, sondern hat sich den Einzelhandel als Mittel zum Geldverdienen auserwählt, ist hineingeschlittert oder hat ein kleines Geschäft geerbt. Solche Einzelhändler findet man gewöhnlich in den Geschäftszweigen, in denen kein Spezialwissen notwendig ist...

Vorab auf diesen Typ bezogen, meinten die genannten Autoren schon im ersten Teil ihres Buches:

„Der Einzelhandel ist für viele Menschen kein vorsätzliches Ziel, Geld zu verdienen: er ist für sie eine Lebensaufgabe und eine Form der Selbstverkörperung[15].“

Wohl aber werden die selbständigen Kaufleute einer dritten Gruppe oder Schicht als vollwertige, auf absehbare Zeit immer noch als Hauptträger des freien Einzelhandels anerkannt. Dabei ist auch zu beachten, daß mehr als anderwärts außer der Erziehung und Schulung Naturta-

---

[13] Vgl. oben, S. 11.

[14] *Jefferys*, J. B.: Der europäische Handel, S. 77.

[15] ebenda. Die Aussage läuft darauf hinaus, daß solche einzelhändlerische Betätigung vielfach weniger mehr ein Wirtschaften als eine Art zu leben verkörpere.

lente der Kontaktfreudigkeit und des Einfühlungsvermögens in die Anliegen der Kunden Bedeutendes zur Wertschöpfung beitragen können. Jedenfalls sind diese Kaufleute ihrerseits fortschreitend steigenden Ansprüchen zu genügen aufgerufen. Nachprüfungen dürften nicht wenige der gegenwärtig zahlreichen Stillegungen kleinerer Betriebe als letztlich durch ungenügende Anpassung an die Käuferwünsche und übrigen gesellschaftlichen Umweltbedingungen verschuldete erweisen. Wenn sachliche Gegebenheiten den kleineren Gemischtwarenhandlungen und Fachgeschäften das volle Mithalten im Preis- bzw. Preisunterbietungswettbewerb der Massenvermittler von Waren verwehren, müssen sie sich durch engere Anschmiegung an das örtliche und zeitliche Auftreten des Bedarfs oder durch enger auf die jeweiligen Käuferwünsche zugeschnittene Bedienung bewähren können. Damit entwickelt sich der Einzelhandel erst richtig zu einem Beruf, der für seinen Teil zunehmend gründlichere Schulung und praktische Ausbildung verlangt. Um so besser, wenn dessen Betreuer und Betreuerinnen noch ursprüngliche Hinneigung zu den zu erfüllenden Funktionen mitbringen.

In den Dienstleistungszweigen findet sich noch einmal das dichte Nebeneinander hervorragender, mittlerer und geringerer Tüchtigkeit ihrer Betriebsinhaber. Wer wüßte nicht über die gegenwärtigen Unterschiede in der Promptheit und Verläßlichkeit der Reparaturarbeiten des Bauhandwerks und der Ausbauberufe, der Schlosserei, der mechanischen Werkstätten, des Bekleidungsgewerbes usw. Bescheid! Dasselbe Bild recht ungleicher Auftragsausführung je nach der fachlichen und charakterlichen Qualifikation der dazu herangezogenen Betriebsinhaber bieten das Straßentransport-, das Reiseagentur-, das Reinigungsgewerbe und die vielfältigen Arten der Schönheits- und Gesundheitspflege. — Vielleicht am ausgeprägtesten zeigen sich die im Gastwirtschafts- und Hotelgewerbe, mit der besonders großen Spannweite von den bloßen „Gelegenheitswirten" zu den Restaurateuren und Hoteliers aus Passion, die ihren Ehrgeiz in die denkbar beste, zumal aufmerksamste Bedienung ihrer Besucher setzen. Die Abweichungen vom Idealtyp des Fach- und Geschäftsmannes brauchen sich dabei, wohlgemerkt, nicht nur in allgemeinen Trends zu schematisierter Bedienung, sondern können sich auch in steileren Gefällen zwischen dem, was die betreffenden Subjekte versprechen oder zu versprechen vorgeben und den tatsächlichen Leistungen äußern.

In der Regel bleibt das Mittelfeld der zwischen den geringen und hohen Qualifikationen liegenden Kräfte das ausgedehnteste, immerhin seit Jahren mit deutlichen Verschiebungen auf eine stärkere Dotierung mit tüchtiger-dynamischen hin. Deshalb darf sich die Beurteilung nicht mit Fingerzeigen auf oft eher enttäuschende Beiträge des Handwerks und der gewerblichen Handels- und Dienstleistungsbetriebe an die Gesamt-Güterversorgung begnügen. Vielleicht legt aber sogar das bisherige

Überleben mancher schwacher Anbieter Zeugnis für Ausmaß und Nachhaltigkeit der in ihrem Betätigungsfeld zu befriedigenden Bedürfnisse ab. Wenn nur noch wenig Nachfrage nach ihren Diensten bestünde, müßten sie, durch die Billig-Anbieter niederkonkurrenziert, mehr als es tatsächlich geschieht, fortschreitend an Boden verlieren.

Nichtsdestoweniger drängt sich die Frage nach den tieferen Gründen der nach wie vor anzutreffenden fachlichen oder geschäftlichen Unzulänglichkeiten auf. Sollen wir diese, stärker als in der Industrie und in den Großunternehmen des Handels und der Dienstleistungen verbreitet, als natürliche Folge der wirtschaftlichen Gesetzmäßigkeiten, etwa im Sinne des Ricardoschen Theorems des Ausgleichs der Gewinnrate oder der Grenzerträge aller Wirtschaftseinheiten einschätzen? Wenn es sich darum oder um sonstwie unvermeidliche Entwicklungen handeln würde, käme allerdings unsere neue Wesensbestimmung des Handwerks und Gewerbes doch noch ins Wanken. Denn aus einem unverzerrten Spiel der Marktkräfte abzuleitendes „natürliches“ Ausfallen persönlicher Tüchtigkeiten zur Erbringung guter, von der Käuferschaft als solche verlangter Leistungen müßte die Wirtschaftlichkeit der „Faktorallokation“ in diesen an sich in Frage stellen.

Tatsächlich bleibt jedoch die persönliche Beschickung der betrachteten Betriebsformen durch allerlei Allzumenschliches und damit durch die „Imperfektionen“ der gesellschaftlichen Beziehungen mit beeinflußt. Diese bewirken beträchtliche Abweichungen von den modellgemäßen Betriebsstrukturen, in unserem Fall die Ablenkung von Unternehmern und guten Mitarbeitern von den Wirtschaftszweigen und Produktionsweisen, die nach den jeweiligen Bedarfslagen und Produktionsmöglichkeiten als die optimalen einzuschätzen wären. Vielfach gebricht es am streng rationalen und auf größte Nutzengewinne abzielenden Gebaren sowohl der Erzeuger als der Verbraucher, noch mehr am genaueren Einblick in die angebotenen Güter und die Strukturen der Nachfrage darnach. Ebenso läßt bei einigen Gewerbetreibenden immer noch das Gefühl für die von ihnen in der modernen Wirtschaft zu versehenden Funktionen und die damit verbundenen Entfaltungs- und persönlichen Aufstiegschancen zu wünschen übrig.

Weiterhin lagert über der modernen Wohlstandsgesellschaft ein Bann von Geltungsstreben, der im Zuge der Industrialisierung mancher Produktionsrichtungen den gewerblich verbleibenden Betrieben geringeres Ansehen eintrug. Daß dem so ist, lehren nicht zuletzt einige Verschiebungen im Gefolge des jüngsten Umschwungs von der Überkonjunktur zu einer Rezession[16]. Gewiß mögen am weniger günstigen „Image“ und der daraus resultierenden geringeren Anziehungskraft vieler Handwerks-,

---

16 S. 341.

Handels- und Dienstleistungsbetriebe während der Zeit der Überbeschäftigung deren Inhaber und Mitarbeiter mitschuldig sein. Augenscheinlich waren aber auch Fehleinschätzungen am Werke.

Dieser Zusammenhang führt auf die Problematik der sachgerechten oder aber irgendwie verfälschten Zuleitung des Faktors Arbeit auf die verschiedenen Wirtschaftszweige und Betriebsformen zurück. Wir wagen zu behaupten, daß diese Verzerrungen der Kräftedotierung keine Seltenheit bilden und erhebliche Minderungen des Bruttosozialprodukts, nebst Einbußen an „Lebensqualität", verschulden. Diese Gegebenheiten der Praxis machen den Hauptansatzpunkt, wie für die Wirtschaftspolitik im allgemeinen, ebenfalls für die Gewerbepolitik, zumal die Gewerbeförderung, aus. Ihre Bemühungen werden stets den beiden wichtigsten Zielen gelten müssen: einerseits die Betriebsinhaber und ihre Mitarbeiter für die Befriedigung der sich regenden Bedürfnisse gemäß deren jeweiliger Gliederung und Rangordnung zu gewinnen und zu befähigen, anderseits für die Milderung und Behebung der künstlichen Wettbewerbsverschiebungen, welche die Gewerbetreibenden in ihrer Aktivität behindern, zu sorgen.

Einzelne Stimmen glaubten der neuen Deutung allzu „statischen Charakter" zur Last legen zu sollen. Die Erbringung differenzierter Leistungen verleite immer wieder zu vorherrschend technischer Ausrichtung und über kurz oder lang zu schaler Selbstzufriedenheit. Tatsächlich wissen wir, daß es die beiden Talente: tüchtiger Fachmann und zugleich umsichtig-beweglicher Kaufmann zu sein, oft nur schwer in einer Person zu vereinen gelingt. Demgegenüber können wir nicht genug betonen, daß die von den Gewerbetreibenden erwarteten Differenzierungen ihrer Dienste im wirtschaftlichen Sinne und nicht nur im technischen zu verstehen sind. Das bedeutet, daß es nicht nur um sachliche Spitzenangebote, sondern um Beiträge auf breiten Fronten zur unter den jeweiligen Bedingungen günstigsten Güterversorgung schlechthin, zwecks Erreichung größter Wohlstandsgewinne, geht. Darin sind alle Entwicklungsmöglichkeiten und auch die Anrufe an die Betriebsinhaber, diese zu nutzen, enthalten. Allein schon der Bewußtmachung der besonderen Befähigungen des Handwerks und der gewerblich ausgerichteten Kaufleute wohnt starke Dynamik inne.

E. Die Qualität der gewerblichen Leistungen

I. Wesen und Bedeutung der Qualität der Güter

Offenbar kommt der Qualität der Leistungen der gewerblichen Betriebe für ihre in der modernen Volkswirtschaft zu erfüllenden Funktionen und damit für ihre Lebensfähigkeit hervorragende Bedeutung zu. Wir gelangten zum Ergebnis, daß sich das Schicksal des Handwerks, des gewerblichen Handels und der verwandten Dienstleistungseinheiten großenteils im Bereich der Qualitätskonkurrenz entscheidet. Vielleicht hat bisher nicht immer genügende Beachtung der Ungleichheiten der Angebote der Volkswirtschaftslehre manchen tieferen Einblick in die Strukturen der Produktion verwehrt[1]. Allerdings begegnet man in der Praxis manchen Handwerkern und Kaufleuten, die sich wohl auf die Qualität ihres Schaffens bzw. ihrer Warenvermittlung berufen, sie aber im Wettstreit um den Zuspruch der Kunden nicht besonders pflegen und deswegen über kurz oder lang Gefahren der Ausschaltung durch die Industrie und die Massenvermittlung laufen. Gleichzeitig neigt aber eine andere Meinung auch dazu, nicht wenigen von ihnen traditionalistisches Verharren auf überhöhten Qualitäten zum Vorwurf zu machen, die der breiteren Nachfrage wenig nützten, und der hohen dafür verlangten Entgelte wegen gegenüber den „Gebrauchsqualitäten" aus der Serienfertigung als Fehlleistungen zu bewerten seien[2].

Obendrein halten heutige Soziologen dafür, daß, wie sich die Wünsche der Kauflustigen nach Stand und Strukturen der jeweiligen Güterangebote richteten, namentlich die Konsumenten nur flache Vorstellungen darüber mitbrächten, was für Erzeugnisse und Dienste sie benötigten oder beanspruchen möchten. Die geschäftlichen Erfahrungen, etwa im Zuge des modernen Marketings, sollen diese Aussagen oft bestätigen. Fürs erste falle es den Nachfragenden im Gefolge der gehäuften technischen Errungenschaften und der Fülle der zugänglich gemachten Waren immer schwerer, einigermaßen zuverlässige Urteile über deren Gebrauchseignung zu gewinnen. Oft schafft sogar die tatsächliche Verwendung der Fabrikate über längere Zeit und bereits in fachlich physiologischer Hinsicht keine Gewißheit über sie. Daher stellen einzelne Autoren

---

[1] *Abbott*, L.: S. 21 ff.

[2] *Küng*, E.: Der obligatorische Fähigkeitsausweis, in: National-Zeitung, 1952, Nr. 351, Beilage „Wirtschaft und Finanz", sowie: *ders.*, Wettbewerb und Wettbewerbspolitik, Zürich 1962, S. 215.

wie G. Wiswede die Möglichkeit für die Nachfragenden, die Qualitäten zu erkennen und richtig zu bewerten, schlechthin in Frage:

„Dadurch, daß wir die Güter niemals in ihrer objektiven Beschaffenheit wahrnehmen und vorstellen, sondern lediglich durch ein Filter hindurch, das uns ein durch Wertungen und Erfahrungen verzerrtes Bild der Realität bietet, haben wir es in der Wirklichkeit der Markt- und Konsumentscheidung nie mit den Gütern als solchen, sondern stets nur mit unserer Beziehung zu ihnen und mit unseren Vorstellungen über sie zu tun, die sich meist in stereotyper Form vollziehen[3].“

Schon vorher nimmt er eine Folgerung dieser Feststellungen vorweg:

„Die Formgestalter und Produktschöpfer unserer Tage haben ... nicht so sehr die Aufgabe, objektiv neue und andersartige oder ‚bessere‘ Waren auf den Markt zu bringen — was auch in jedem Bereich des industriellen Güterangebotes immer schwieriger wird — sondern gleiche Waren für den gleichen Verwendungszweck so zu gestalten, daß er vom Verbraucher subjektiv-erlebnismäßig als andersartig und neuartig empfunden wird. Es genügt also eine Korrektur der Verbrauchervorstellung, und es bleibt mehr oder weniger belanglos für das Verhalten, ob und inwieweit das betreffende Gut objektiv dabei gewonnen hat[4].“

Wenn das bereits für die sachliche Funktionsgerechtigkeit der Güter zutreffen würde, müßte es natürlich erst recht für die psychologisch wesentlichen Eigenschaften gelten. Denn die darauf bezüglichen Wünsche entziehen sich ja zumeist genauer Messung. Diese Schwierigkeiten der eigenen Urteilsbildung für die Konsumenten erklären auch erst den Erfolg der Markenware. Er beruht darauf, daß diese den Käufern als bequemen Ersatz eine Qualitätsgewähr verheißt. Jedenfalls sehen sich die Käufer der von der Werbung empfohlenen Dinge auf die Aufklärung und die Anleitungen der Hervorbringer und Vermittler der Produkte gewiesen. Der Zusammenhang zeigt einmal mehr die Bedeutung der fachkundigen und den Verhältnissen der einzelnen Güter angepaßten Beratung durch Gewerbetreibende.

Dennoch wünscht sowohl in manchen Konsumbereichen als für die Produktionsmittelbeschaffung auch immer wieder eine Nachfrage befriedigt zu werden, die sich darüber auskennt, was sie benötigt und damit genaue Ansprüche an die zu erwerbenden Dinge stellt. Die Erwartungen mögen gerade dort, wo es um höchstpersönliche Anliegen geht, oft noch nicht bis ins letzte artikulierte, sondern überhaupt erst in der Konfrontation mit den Lieferanten und Vermittlern ganz ausprägbare sein. Damit kann das kritische Abwägen zwischen den eigenen Einschätzungen und den Empfehlungen zuverlässiger Fachleute größte Nutzenzuwachse erschließen. Wir kommen damit erst recht wieder auf die zumin-

[3] *Wiswede*, G.: Soziologie des Verbraucherverhaltens, Stuttgart 1972, S. 60.

[4] *Ders.*: S. 56 f.; ferner auch *Marbach*, F.: Über Wirtschaftspsychologie und konjunkturelle Effekte, erzeugt durch irrationales Verhalten von Letztkonsumenten, in: *Schweiz. Gesellschaft für Konjunkturforschung* (Hrsg.): Kultur und Wirtschaft, Festschrift für E. Böhler, Zürich 1965, S. 291.

dest in den meisten westeuropäischen Ländern offenkundige Vielfalt mancher Versorgungsanliegen zurück.

Diese Sachlagen drängen dazu, das Phänomen der unterschiedlichen Qualitäten näher ins Auge zu fassen und damit Zusammenhänge zu ergründen, die über das Wirtschaftliche weit hinaus in die Welt der kulturellen Werte reichen. Von nahe besehen, erweist sich die Qualität der Güter als eine vielfältige Eigenschaft. So oft das kaufende Publikum, zumal die Verbraucherschaft, sie auf einen gemeinsamen Nenner zu bringen sucht und die Zahlungswilligkeit für die jeweils begehrten Güter darnach bemißt, so wenig deckt die Bezeichnung einfache Tatbestände. Um sie zu bestimmen, ist davon auszugehen, daß die körperlichen Erzeugnisse wie die immateriellen Dienste nur durch ihre Eignung, zur Deckung als solche empfundener Bedürfnisse verwendet werden zu können, zu mehr oder weniger Nutzengewinnen zu verhelfen, wirtschaftliche Bedeutung erlangen. Die Qualität muß also — zunächst einmal ganz allgemein ausgedrückt — Gebrauchseignung sein, wobei es nahe liegt, bei besserer Eignung von „höherer Qualität" und bei geringer von „niedriger" zu sprechen. Damit richtet sich die Einschätzung nach den jeweiligen Verwendungszwecken, und wir gewinnen eine gewichtige Schlußfolgerung: daß es, wirtschaftlich betrachtet, letztlich keine Qualität an sich, den Gütern gleichsam immanente, sondern immer nur eine im Hinblick auf konkrete Bedürfnisse der Menschen und ihre Wünsche gibt. Qualität kann deshalb letztlich keine absolute, sondern stets nur relative, auf die jeweiligen Versorgungsanliegen bezogene Größe sein[5]. Schon diese Aussage mag für manche Wirtschaftspraktiker und erst recht für den Fachtechniker seltsam erscheinen: Kennen wir doch ebenfalls jene Handwerksmeister, die große Fähigkeiten und besonderen Ehrgeiz für das Erbringen „bester Leistungen" einsetzen. Daneben finden sich Einzelhändler, die nur „hervorragend gute Waren" vermitteln möchten. Indessen widerfährt es beiden leicht, daß sie Kaufinteressenten an Mitbewerber verlieren, die weniger mit höchstmöglicher sachlicher Güte ihrer Angebote als mit geringeren Preisansprüchen zum Zuge zu kommen trachten.

II. Die Vielfalt der Gebrauchseignungen

Die Gebrauchseignung der Güter stellt sich fast durchwegs als eine solche nach mehreren bzw. manchen Seiten hin und vielschichtige heraus. Weit überwiegend dienen diese nämlich nicht nur einem innerlich geschlossenen Zwecke, etwa dem Schutze vor den Unbilden der Witterung, dem physiologischen Nahrungsbedarf oder der rationellen Erzeu-

[5] Daraus erhellt, daß sich die Qualität der Güter in der Regel nicht genau messen, sondern nur skalieren (m. a. W. einstufen, also höher oder tiefer als eine andere einschätzen) läßt, womit sie sich meistens genauen quantitativen Gewichtungen entzieht.

gung anderer Güter, sondern sie erfüllen noch einige andere. Bei der Deckung des Bekleidungsbedarfs geht es zwar unzweifelhaft in erster Linie um den Schutz des menschlichen Körpers vor den Klima-Einflüssen. Dieser Notwendigkeit läßt sich mehr oder weniger Genüge tun. Darüber hinaus bildet aber die Bekleidung ein Hauptmittel zur Wahrung und Hebung der persönlichen Geltung: „Kleider machen Leute". Nach den Auskünften der Soziologen soll bereits bei den „Primitiven" in der Art, wie sie sich anziehen, ebenso viel ursprünglicher Hang, sich zu schmücken und auszuzeichnen als die Abschirmung gegen Kälte und Nässe zu Gevatter stehen. Erst diese Bedingtheit machen das Phänomen der Mode und der „haute couture" erklärlich[6]. Zugleich erhellt, daß sich hinter dem Geltungstreben wieder vielfältige Regungen: vom Sinn für Schönheit und Harmonie über den Machthunger bis zur Erotik verbergen. — Für zahlreiche Güter steckt in der Aussage keine Übertreibung, daß sie unendlich vielen Bedürfnissen gerecht werden sollen[7]. So dienen die meisten Konsumgüter in der Hand ein und derselben Person einer Reihe von Vorhaben: Nahrungs- und Genußmittel über die Verpflegung hinaus dem Vergnügen am Essen und Trinken und der Geselligkeit; den Möbelstücken „Stühle" und „Schränke" ist nicht nur die Rolle der mehr oder weniger bequemen Sitz- bzw. Aufbewahrungsmöglichkeit, sondern nicht minder die Funktion von „Statussymbolen" zugedacht. Dasselbe trifft für die Personenautomobile, die Sportgerätschaften usw. zu. Ebenso fallen für manche Produktionsmittel mehrere Verwendungszwecke in Betracht.

An die physischen Bedürfnisse knüpfen zusehends häufiger psychische an, um die ersteren, im Zeichen der Verlagerung der Gewichte vom „Zwangs-" zum „Wahlbedarf", recht eigentlich zu überlagern. Im Rahmen seiner Verbrauchsforschung hat W. Vershofen[8] eine Aufgliederung der mit allen wirtschaftlichen Bemühungen angestrebten Erträge oder Gesamtkomplexe „Nutzen" in ihre Bestandteile unternommen. Wahrscheinlich wäre jedoch der heutige Gebrauch seiner Subunterscheidung in „Grundnutzen" und „Zusatznutzen" nicht nach seinem Sinn, weil er mit dem zweiten wohl kaum je den Anschein erwecken wollte, daß es sich bei diesem lediglich um einen ergänzenden handle. — In Anlehnung an das von Vershofen entworfene Schema glauben wir die Vielschichtigkeit der Qualitätsansprüche, naturgemäß wieder auf die mit der Gebrauchseignung erzielbaren Nutzen zurückgeführt, mit der nachstehenden erweiterten Unterteilung noch deutlicher machen zu können:

---

[6] *Koenig*, R. / *Schuppisser*, P. W. (Hrsg.): Die Mode in der menschlichen Gesellschaft, Zürich 1958;

Kybalóvà, L. / *Herbenovà*, O. / *Lamarovà*, M.: Das große Bilderlexikon der Mode, Prag 1966, u. a. S. 519 (deutsch von Wachtel, J.).

[7] *Lisowsky*, A.: Qualität und Betrieb, Stuttgart 1928, S. 50 ff.

[8] *Vershofen*, W.: Art.. „Qualität", in: Handbuch der Verbrauchsforschung, Berlin 1940, 1. Bd., S. 71.

Abbildung III

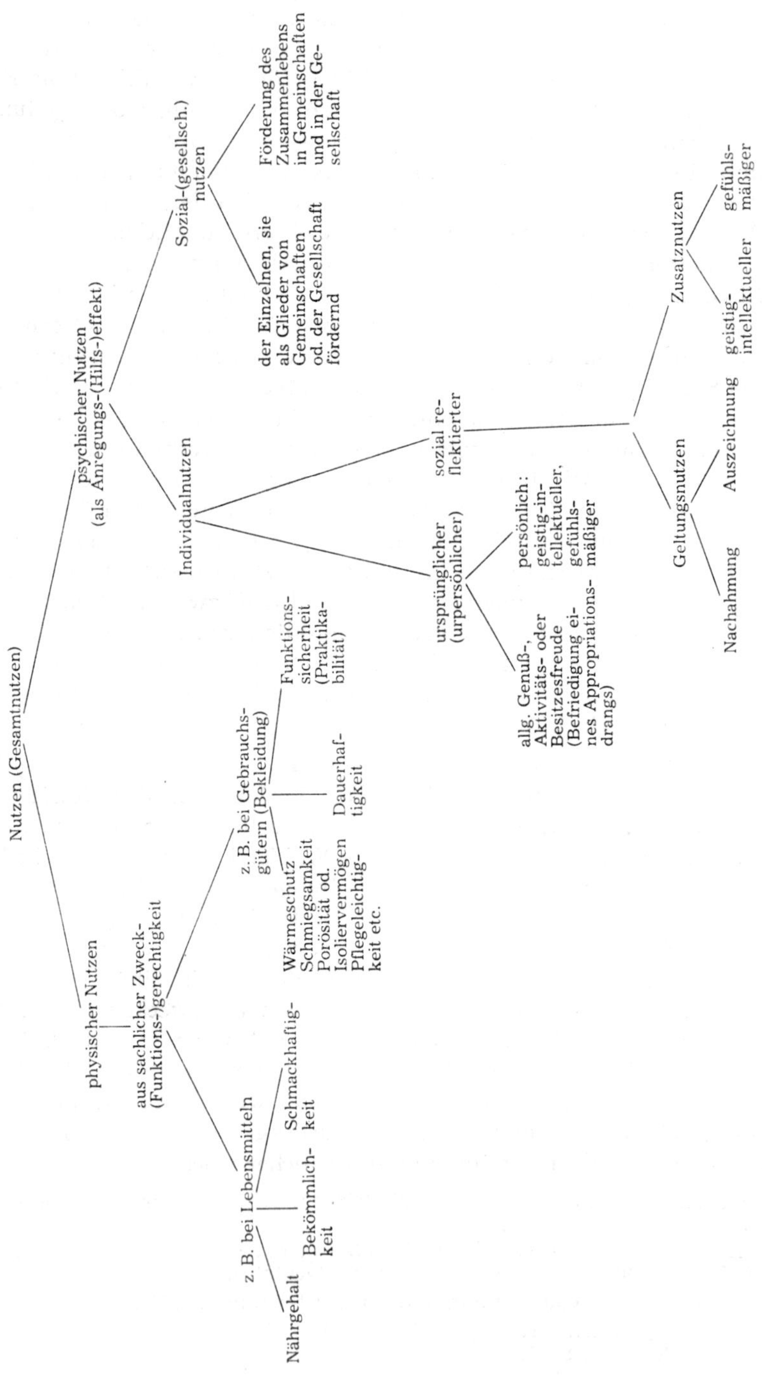

Nach dieser Aufgliederung ist alles, was die Menschen zur Erhaltung von Leben, Gesundheit und Arbeitskraft für ihre Körper benötigen, dem physiologischen Bereich und alles übrige, ein zunehmend ausgedehnteres Feld von Versorgungsanliegen, dem psychologischen Bereich zuzurechnen. Die Fachkenner der einzelnen einschlägigen Gebiete dürften selbst unsere Stufenfolge noch als zu bündige einschätzen. So bleibt z. B. für das Möbelstück „Stuhl“ offenkundig, daß dieser eine mehr oder weniger bequeme, und mehr oder weniger dauerhafte Sitzgelegenheit bilden kann. Wortführer der Werkbundbewegung haben die technische Beschaffenheit der Wohnungseinrichtungsgegenstände in die drei Merkmale:

1. Eigenschaften des verwendeten Materials,
2. die Machart, d. h. die Art der Verbindung der verschiedenen Materialstücke zum Gesamtgebilde und
3. die Farb- und Formgebung

zerlegt[9].

Blicken wir zunächst auf die verwendeten Rohstoffe, so heißt es zu beachten, daß oft verschiedene zur Verfügung stehen und es eine Wahl zwischen ihnen zu treffen gilt. Dabei lädt das Streben nach Verbilligung der Produkte viel stärker als gemeinhin vermutet dazu ein, auf nicht als unausweichlich nötig erachtete bessere technische Beschaffenheiten zu verzichten und Marktvorsprünge durch die Heranziehung der gerade noch ausreichenden zu erringen. Dieses Bestreben kann bis zur Unterschreitung der Mindesterfordernisse führen. Die Anwärter auf die Fabrikate vermuten nicht selten zu Unrecht, daß die verwendeten Materialien für die vorbestimmten Zwecke genügend fest, elastisch, weich, farbbeständig, wasserundurchlässig und dauerhaft seien. Die öffentlichen Materialprüfungsanstalten wissen namentlich für Perioden der Herausbringung neuer Erzeugnisse oder durch Depressionen verschärften Wettbewerbs von häufigen Verstößen gegen das Gebot der genügenden Materialqualität zu berichten[10]. Industrieverbände mußten schon über straffe Vereinbarungen für die Festlegung unumgänglicher Mindestnor-

---

[9] *Pechmann*, G. von: S. 32.

[10] Vgl. *Engeler*, A.: Gewerbe und Material, in: Gewerbliches Jahrbuch 1948, Bern 1949, S. 166 ff. und S. 170 ff. und über praktische Fälle beanstandeter Qualität: *Schwendimann*, J.: Die Macht der Solidarität, Festschrift zur 50-Jahr-Feier des Detaillistenverbandes des Kantons Luzern, Rabattsparverein und Geschäftswehr 1903 - 1953, Luzern 1953, S. 62 ff.,

o. Verf.: Réponse à la Coopérative, La „pure laine“ des Epis d'Or, La Suisse, Nr. 78, 19. März 1949, ferner:

o. Verf.: Die Migros-Metzgerei im Rampenlicht, in: Schweizerische Metzgerzeitung vom 9. Juli 1953 und

o. Verf.: „Offene Anfragen“ sowohl der Firma Niedermann AG, als der Genossenschaft „Migros“, im Inseratenteil der Neuen Zürcher Zeitung 1953, Nrn. 1544, 1580, 1636, 1646, 1717.

men sorgen. Nicht von ungefähr hat der Begriff der „Materialechtheit“ mit der Zeit starken Widerhall gefunden. Es bildet ein Verdienst der erwähnten Werkbundbewegung in den verschiedenen Ländern, die Abklärung der damit charakterisierten Bedingungen gefördert zu haben. Sie vertritt das Postulat der Wahrhaftigkeit, das nur jener Werkstoff erfülle, dessen Eignung das halte, was er dem Aussehen nach verspreche, während irreführender Anschein und falsche Gebrauchsanleitung jeglichen, und wäre er noch so edel, zu einem unechten stemple. Wir gewahren darin außer den Bezügen auf die sachlich objektiven Beschaffenheiten bereits auch solche auf die individuellen Bedarfslagen.

Nicht anders liegen die Dinge mit der „Machart“. Abermals pflegen dafür mehrere Möglichkeiten zu bestehen, mit der Folge, daß die jeweils in Betracht fallenden Erzeugnisse verschiedene Festigkeit, Bieg- und Schmiegsamkeit, Wärme-Speichervermögen, Formbeständigkeit, mehr oder weniger gefälliges Aussehen usw. erlangen. Warum kann sich von den vollkommenen, denkbar sorgfältigsten und kunstgerechtesten Ausführungen bis zur möglichst billigen, aber dafür sparsamsten ein längerer Bogen spannen? Wir brauchen nur die Beispiele der gestanzten oder aber rahmengenähten Schuhe bereits im Rahmen der industriellen Erzeugung und der handwerklichen Sonderanfertigung von Sportschuhen, der unterschiedlichen Arbeitsverfahren der Konfektionsindustrie für die serienmäßig fabrizierten Bekleidungen und des freischaffenden Schneiders für die Gestaltung hervorragend sitzender Maßanzüge, des Zusammenbaus von Schubladen für Schränke lediglich durch Vernagelung der Teilstücke oder aber durch sorgfältiges „Verzinken“, die Verwendung dünnerer oder dickerer Fourniere zu nennen, um die Gefälle in dieser Hinsicht aufzuzeigen. Noch tiefere Einblicke in die Einzelheiten erschließen G. v. Pechmann und R. Riemerschmid mit ihren Beobachtungen[11]. Bald wird ferner noch auf die Unterschiede zwischen der Maschinenarbeit und der „Handarbeit“ hinzuweisen sein. Jedes Material und jede Machart leiten, schon technisch bedingt, auf die ihnen angemessensten Formgebungen hin. Dabei sind es natürlich noch einmal die Gebrauchszwecke, welche diese Sachzwänge prägen. Die Zusammenhänge

[11] „Qualitätsarbeit kann nur schaffen, wer dem Material, das er verarbeitet, mit Achtung, ja mit Liebe gegenübertritt.“ ... „Darum muß jeder einzelne dahin kommen, daß er Ehrfurcht vor dem Material empfinden kann, daß es ihm sündhaft erscheint, den Stoff zu quälen, statt sich ihm zu fügen. Die Werkstoffe übertreffen an erzieherischen Gaben die besten Lehrer. Sie sind immer da, sind unermüdlich und leiten mit gleichmäßiger Geduld die Hand beim Herausholen der Form und der Formen: es ist die Natur selber, die aus dem Werkstoff heraus mitlehrend wirkt. Daß das Lindenholz andere plastische Formen herzugeben willig ist als der Muschelkalk, auch andere als das Eichenholz, das vermag niemand so überzeugend mitzuteilen, wie das Lindenholz und der Muschelkalk und das Eichenholz.“

Vgl. *Pechmann*, G. von: S. 32, wobei die in das zweite Anführungszeichen gesetzten Stellen von Richard Riemerschmid („Künstlerische Erziehungsfragen“) stammen.

treten am augenfälligsten in den Ansprüchen zutage, die der Taylorismus an scheinbar einfache Handwerkzeuge, wie die Schaufel, das Beil, den Hammer, den Schraubenzieher, Bohrer usw., stellte. Bei den größeren und komplizierteren Kraft- und Arbeitsmaschinen wirken sie sich natürlich noch weitergehend aus. Es braucht nur auf die Umwälzungen hingewiesen zu werden, welche Gewichtsersparnisse und Stromlinienform am Fahrzeugbau zeitigten. Nicht zuletzt sollen die Bekleidung, aber auch die Wohnungsausstattungen, Kücheneinrichtungen, die Büroausrüstungen usw. „praktisch" sein, d. h. einen einfachen und bequemen Gebrauch erlauben.

III. Sachliche (objektive) Beschaffenheit — Mindestqualitäten

Immerhin kann den Gütern so weit, als die Nachfrage darnach entweder ursprünglich oder entsprechend gelenkt in einförmiger Gestalt auftritt, technisch und sogar wirtschaftlich so etwas wie eine objektive Gebrauchseignung zugesprochen werden. Es müssen ihnen bestimmte Mindesteigenschaften innewohnen, damit sie zur Stillung der primitivsten Regungen des Hungers und Durstes, als Mittel des unumgänglichsten Schutzes vor den Klima-Unbilden oder als solche gerade noch gelingender Ausführung von Produktionsvorhaben taugen. So hat jeder Brotlaib hinsichtlich des Nährwerts, des Geschmacks, der Bekömmlichkeit einer Reihe von Mindestbedingungen zu genügen, die höchstens in Zeiten schärfsten Mangels eine etwelche Unterschreitung ertragen. Dasselbe trifft für die Bekleidung, die Einrichtungsgegenstände, die Werkzeuge und Maschinen zu, die man unumgänglich benötigt, ohne ihnen eine besondere Wertschätzung entgegenzubringen.

Immer wieder finden sich zahlreiche Auftraggeber und Käufer, die mit den Mindest- und den Standardqualitäten zurechtkommen und dafür nicht höhere Entgelte als schlechthin unvermeidlich auslegen möchten. Die Anschaffungen gehorchen dem Gossen'schen Gesetz des Ausgleichs der Grenznutzen, nach welchem sich die wenig kaufkräftigen Anwärter auf die Güter mit einfachen Zweckqualitäten zufriedengeben müssen, die wohl den Mindestanforderungen gerecht werden, aber um bescheidener Gestehungskosten willen möglichst einförmige bleiben. Armut äußert sich, zur knappen Versorgung hinzu, in der Nötigung, mit Dingen vorlieb zu nehmen, die wenigstens die Augenblicksbedürfnisse und die der nächsten Zukunft decken. Das Elend des Land- und Industriearbeiterproletariats des Frühkapitalismus äußerte sich vor allem darin, zur spärlichsten Nahrung, Bekleidung und Behausung mit entsprechend hoher Erkrankungsanfälligkeit verurteilt zu sein. Ebenso haben wirtschaftlich unterentwickelte und kriegsheimgesuchte Länder mit darbender Bevölkerung vorerst alle Anstrengungen auf die Breitenversorgung mit schlichten „Gebrauchsqualitäten" zu richten.

Daneben möchten manche Nachfragende auch im Zeichen reichlicherer Angebote, aus ihren Bewertungen heraus, für bestimmte Güter nicht mehr als unausweichlich aufwenden. Diese scheinen ihnen für die verfolgten Ziele auszureichen; ferner bewegt sie vielleicht der Umstand dazu, daß sie noch viele andere begehren. Tatsächlich geht es bei der Ernährung zunächst einmal darum, Hunger und Durst zu stillen, die erforderlichen Eiweißstoffe und Kohlehydrate, soundsoviel Kalorien und Vitamine aufzunehmen. Die Bekleidung soll mindestens den Körper vor Härten der natürlichen Umwelt schützen und das gesellschaftliche Zusammenleben erleichtern. Desgleichen lassen sich Werkzeuge, technische Ausrüstungen und Häuser zwecks wohlfeiler Beschaffbarkeit in einer Art hervorbringen und erstellen, die nur gerade den bescheidensten Anforderungen genügt. — Diese sachlichen Mindestqualitäten vermögen aber steigende Ansprüche bald einmal nicht mehr zu befriedigen. Sie bieten keine Grundlagen für feinere Verköstigung oder bessere Bekleidung und lassen zumeist keine längere Gebrauchsdauer zu. Wer hätte des weiteren heute nicht schon von der fortschreitenden Verkleinerung der Wohnräume in den neuen Serienhauskolonien, ihrer oft unzureichenden Abdichtung gegen Geräusche und den Wechsel von Kälte und Wärme gehört? Ebenso häufige Klagen erheben sich über bald auftretende Schäden an den Gebäuden, die kostspielige nachträgliche Ausbesserungen, nicht selten die ursprünglichen Einsparungen zunichte machend, verlangen. Mancherlei Erfahrungen mit billigem Werkzeug und Gerät belehren ihrerseits über damit verbundene Risiken störender Unzulänglichkeiten.

IV. Höhere Eignungserfordernisse

1. Im Bereich des „Grundnutzens“

Deshalb strebt die moderne Wohlstandsgesellschaft auf fortschreitend ausgedehnteren Fronten die Versorgung mit Gütern besserer Gebrauchseignung an. Das trifft schon für die Bereiche des Grundnutzens zu. Es geschieht nicht von ungefähr, wenn sich mit der Ernährung Wünsche nach mehr Gaumenfreuden und Wohlbehagen verknüpfen. Dabei können diese Wünsche je nach den Vorlieben und sonstigen Einstellungen von Person zu Person recht unterschiedliche werden. Ähnlich umschließt bereits die Bedachtnahme auf die Gesundheit eine weite Spanne von bescheidenen zu höhergespannten Bekleidungsanliegen. Natürlich gilt das erst recht für die Tragbarkeit der Stücke und auf ihre längere Verwendbarkeit hin. U. a. achtet der Sportbeflissene, je bewanderter in seiner Lieblingsbeschäftigung desto mehr, auf die sachliche Gebrauchseignung seiner Ausstattungen.

Für seinen Teil zielt der Produzent darauf ab, sich mit Anlagen zu versehen und Rohstoffe und Halbfabrikate angeliefert zu erhalten, die ihm die Erzeugung guter Fabrikate, und zwar eine rationelle, verheißen. Erneut zeigt das Beispiel des Werkzeugs, daß Messer, Beile, Sägeblätter, Scheren, Schraubenzieher aus gutem Stahl ein ergiebigeres, oft viel effizienteres Arbeiten als diejenigen minderer Qualitäten erlauben. Wenn es für die einem raschen technischen Veralten ausgesetzten und besonders hoch gezüchtete Apparaturen nur noch begrenzt gilt, bleibt für die übrigen die längere Gebrauchstüchtigkeit besserer Qualitäten immer noch von großer Bedeutung.

Den höhergespannten Erwartungen an die Gebrauchseignung der Güter gesellt sich bald einmal deren Differenzierung bei. Zwar gibt es gewichtige Bedarfsbereiche: etwa die nach Bau-Gerätschaften, Eisenbahnmaterial, Straßen-Motorfahrzeugen, Spinnmaschinen, Webstühlen, Motoren und Generatoren sowie nach Halbfabrikaten, wie Nägeln, Schrauben, Nieten, Betoneisen usw., in denen die stoffliche und konstruktive Vervollkommnung gebieterisch nach Beschränkung auf Standardmodelle ruft. Dicht daneben erheischen jedoch manche Grundbedürfnisse bereits eine unterschiedlichen Bedingungen angepaßte Betreuung. So sind wir oben auf die Notwendigkeit abgewandelter Bau-Ausführungen der ungleichen Bodenverhältnisse sowie der geografischen, topografischen und verkehrsmäßigen wegen gestoßen[12]. Demnach kann schon die Realisierung von Grundnutzen zur Differenzierung der zu erbringenden Leistungen drängen.

2. Im Bereich des „Zusatznutzens"

Weit mehr regen sich aber höhere Qualitätsansprüche, jedenfalls im Bereich des Konsumgüterbedarfs, auf die Erzielung von Zusatznutzen hin. Aus unserem Schema[13] ist unschwer herauszulesen, daß diese in der damit ins Blickfeld gerückten Richtung um vieles über die geringsten ansteigen können. Zu den sachbezogenen Anliegen wirken sich nun auch mancherlei psychologische aus. Zugleich wechseln wir aus den Feldern des Zwangsbedarfs[14] in die Äußerungen des Wahlbedarfs hinüber, in denen gesellschaftliche Einflüsse hervorragende Rollen spielen. Das zeigt sich fürs erste darin, daß die Bevölkerung unserer abendländischen Städte anderes an Speisen und Tranksame und noch mehr an Ausstattungsgütern als die ländliche und landwirtschaftlich tätige zu sich zu nehmen bzw. zu erwerben pflegt. Ferner fördert die statistische Auswer-

---

[12] Siehe oben, S. 182.

[13] Siehe oben, S. 228.

[14] *Herrmann*, F. B. von: Staatswissenschaftliche Untersuchungen, München 1870, S. 80 ff.

Brentano, L.: Versuche einer Theorie der Bedürfnisse, in: Konkrete Grundlagen der Volkswirtschaft, Leipzig 1924, S. 103 ff.

Vershofen, W. (Hrsg.): Handbuch der Verbrauchsforschung, Köln 1959.

Dichter, E.: Strategie im Reiche der Wünsche, Düsseldorf 1961.

tung der Familienbuchhaltungsrechnungen in der Schweiz[15] wie anderwärts ausgeprägte Unterschiede in der Verwendung der Einkünfte für die Verköstigung, die Bekleidung und das Wohnen sowie für die Fortbildung, den Geselligkeitsaufwand, die Vergnügen und die Erholung je nach deren Höhe, den Berufszugehörigkeiten, über die Anzahlen der zusammenlebenden Personen hinaus, zutage. Offenkundig schlagen die psychologischen Beweggründe, mit den Impulsen von der Erziehung und Schulung her und denjenigen aus den täglichen Begegnungen, den durch Presse und Fernsehen herangetragenen Nachrichten, bis zum jeweiligen Zeitgeist und Stilempfinden durch. Wir brauchen nicht so weit wie heutige Kulturphilosophen[16] und Soziologen auszuholen, die im Wandel der Künste und der Architektur das Spiegelbild der gerade herrschenden — oder nebeneinander gehegten — Weltanschauungen und ihrer Entwicklungstendenzen erblicken wollen, um die starke Bestimmtheit der Bedarfsstrukturen, zumal ihrer Zusammensetzung nach der Höhe der Ansprüche an die nachgefragten Leistungen, zu gewahren.

Dabei ist es eben nicht so, daß — zu welchem Mißverständnis die Unterscheidung zwischen Grundnutzen und Zusatznutzen in Verbindung mit Grenznutzen-Überlegungen zu verleiten droht — die Anspannung der Ansprüche an die Güter eine gegenüber den minimalen nachrangige wäre. Vielmehr pfropft sie sich diesen gleichsam auf, was u. a. bereits gewisse Erscheinungen der „sekundären Armut“ verraten: daß sich Verbraucher in der Deckung des Alltagsbedarfs aus freiem Willen Beschränkungen unterwerfen, um Kaufkraft für besonders begehrte Dinge zu erübrigen. Kennen nicht ohnehin die meisten Interessenten für solche die Erwägung, daß der rasche Erwerb wohlfeiler Stücke leicht den späteren besserer Modelle verwehre? So vermögen größere materielle Lebensansprüche ursprünglichen Zwangsbedarf in Wahlbedarf zu verwandeln. Allerdings hat die jüngere Lockerung der Ortsgebundenheit für viele Glieder der modernen Wohlstandsgesellschaft eine starke Hinwendung zu flüchtig eingenommenen Schnellmahlzeiten, ohne nähere Aufmerksamkeit für sie, sowie für Einheits-Fertiggerichte bewirkt. Davon erweisen sich nicht wenige immerhin als bessere Eßgewohnheit denn die früher übliche von zuhause zur Arbeitsstätte mitgebrachte Zehrung aus dem Töpfchen. Noch mehr gebührt indessen dem wachsenden Geschmack an Tafelfreuden und — in einigen Ländern — der weiteren Verfeinerung der Küche Beachtung. Für die Bekleidung stützt sich allerdings die Mode von heute vorwiegend auf leichtere, „nicht mehr für die Ewigkeit erzeugte und verarbeitete“ Materialien und höchstens noch

---

[15] Haushaltrechnungen des Bundesamtes für Industrie, Gewerbe und Arbeit, Bern.

[16] U. a. *Sedlmayr*, H.: Verlust der Mitte, 7. Aufl., Salzburg 1955, S. 7, 122 ff. und 161 ff., der allerdings den Ausbruch einer kulturellen Revolution gigantischer Ausmaße bereits ins 18. Jahrhundert datiert.

für Spitzenprodukte auf teuerste ab. Um so mehr sucht sie im Schnitt der Garderobe höhere offene und geheime Wünsche zu erfüllen. Im Gefolge des tiefen kulturellen Umbruchs am Ende des 19. Jahrhunderts ist beim Übergang auf das laufende der Jugendstil entstanden, der über die Kunst und die Bauwerke hinaus das ganze Zuhause des modernen Menschen neu zu gestalten trachtete. Im Zusammenhang damit fühlte sich die Werkbundbewegung berufen, auf die Säuberung der reichlicheren Güterangebote von vielerlei falschem Schein und Tand zu drängen.

„Protest gegen die verlogenen Nachahmungen vergangener Stilformen und Gestaltung aus dem eigenen Zeitcharakter heraus; Protest gegen das Vortäuschen eines edleren Materials durch ein billiges; lieber echt und schlicht als unecht und prunkend sein; Protest gegen die Nachahmung von Handwerksformen in Maschinentechnik[17]."

Mit den Jahren neigte die Mehrzahl dieser Reformer, unter dem Eindruck der wachsenden Virulenz der „sozialen Frage", noch angelegentlicher der Förderung des „guten Industrieproduktes" zu. Davon, daß die Industrie für ihren Teil auf die Echtheit ihrer Fabrikate zu verpflichten sei und von der Erwartung ausgehend, daß diese über das Gesetz der Massenfertigung entscheidend zur sowohl gediegeneren als billigeren Versorgung der breiten Bevölkerung beitragen könne, wurden die Hoffnungen fortan auf sie gesetzt. Auch die Aktion „die gute Form" der Jahre seit den Weltkriegen wollte vorab streng zweckgerechten Serienerzeugnissen den Weg bahnen. Die Käuferschaft dafür zu gewinnen, stellte sich freilich als ziemlich schwierig heraus[18]. Trotz der Versicherung aus Nordamerika, daß „sich Häßlichkeit schlecht verkaufe"[19] empfanden ausgedehnte Kreise vor der „neuen Sachlichkeit" nicht geringe Hemmungen.

Diese entsprangen unverkennbar dem Mitspielen anderer Motive für den Erwerb der Dinge als den Verlangen nach deren äußerster Funktionsgerechtigkeit. Waren irrationale Regungen beteiligt, so wollten bei den Anschaffungen dauerhafter Güter namentlich auch der Schönheits-

---

[17] *Meissner*, E.: Qualität und Form in Wirtschaft und Leben, München 1950, S. 18.

Sombart, W.: Das Wirtschaftsleben im Zeitalter des Hochkapitalismus, 2. Halbbd., S. 597.

Daß Anspruchsniveau und Einkommenshöhe oder Klassenzugehörigkeit der Käufer nicht miteinander korrelieren müssen, wurde auch von Massenvermittlern von Waren bemerkt:

Mahler, E. H.: Die Arbeit am Sortiment — eine Grundlage der Handelsproduktivität, in: „Produktivitätssteigerung im Handel", Bd. 1, der Schriftenreihe der Forschungsstelle für den Handel an der Hochschule St. Gallen, Bern 1960, S. 42 ff.

[18] Mit der Zeit ist es den Sinn für die einfachen, die Zweckbedachtheit betonenden „modernen" Formen doch in breitere Kreise zu tragen gelungen. Inzwischen haben sich ihm aber bereits wieder andere, neuerdings verspieltere Vorlieben zur Seite gestellt.

[19] *Loewy*, R.: Häßlichkeit verkauft sich schlecht, Düsseldorf 1953.

sinn und Erfordernisse eigenen Zuschnitts oder Vorlieben bzw. für solchen auf ihre Rechnung kommen. Höhere Qualitätsansprüche haben im Rahmen des psychologisch bestimmten Bedarfs besonders häufig eine stark persönliche Seite. Unsere vorgängigen Darlegungen und einige später noch anzuschließende[20] zeigen, daß sich die unmittelbar im gesellschaftlichen Zusammenleben wurzelnden Begehren nach besseren Erzeugnissen und Diensten mancherorts noch mit gestaffelten Qualitätsklassen befriedigen lassen. Wer dagegen aus sich selbst heraus damit mehr gewinnen, sich irgendwie daran weiter entfalten möchte, wird in der Regel zu profiliert persönlichen Wünschen neigen. Vor dem *Entweder:* alle Eindeckungsmöglichkeiten gegen begrenzte Opfer für die einzelnen Stücke auszuschöpfen *oder aber:* ganz bestimmten teureren „nach Maß" oder noch feiner den Bedarfslagen angepaßten vor den übrigen den Vorzug zu geben, fällt die Wahl auf die zweite Linie. Nicht von ungefähr braucht es jedoch zumeist mehr als größere Kaufkraft, um den Wahlbedarf zu einem wählerischen zu machen.

3. Im Bereich des Produktivgüterbedarfs

Im allgemeinen ist man unter dem Eindruck der „Industrialisierung" der stärker entwickelten Volkswirtschaften gewohnt, die Erzeugung der Produktivgüter hauptsächlich im Lichte der mit ihr zu ermöglichenden Großserienfertigung zu sehen. Das legt leicht die Vermutung nahe, daß diese, übrigens auch durch ihre überwiegend technische Natur bedingt, ihrerseits im wesentlichen „industriell", serienmäßig hergestellt werden müßten. Tatsächlich verhält es sich häufig auch so, indem die Zweckbestimmungen manche Normung und Standardisierung der einzusetzenden Betriebselemente und ihrer Bestandteile verlangen. Dazu gesellt sich die Nötigung, mit den Erzeugnissen auf den einschlägigen Märkten wettbewerbsfähig zu sein und sie deshalb nicht mit vermeidbaren Mehrkosten zu belasten.

Nichtsdestoweniger gibt es manche Fälle, in denen die Besteller von Produktionsanlagen oder -gerät, gewisser Naturbedingungen wegen, oder weil sie ihrerseits besondere Lieferungs- oder Arbeitsaufträge auszuführen haben, daraufhin bemessene Mittel verlangen müssen. Namentlich dort, wo damit stärker abzuwandelnde Leistungen zu erbringen sind, werden oft Apparaturen eigenen Zuschnitts benötigt. Nicht selten erheischt schon nicht völlige Gleichmäßigkeit der zu verarbeitenden Rohstoffe und Halbfabrikate diese auffangende variierbare Produktionsprozesse. — Darüber hinaus weiß die praktische Fabrikation mitsamt der Vermittlung von Waren und Diensten über die Anfälligkeit zu Funktionsstörungen gerade der hochgezüchteten technischen Standardeinrich-

---

[20] S. 239.

tungen und die Zwänge Bescheid, auf die Möglichkeit der raschen und elastischen Behebung solcher bedacht zu bleiben. Im Übrigen schaffen diese Erzeugungsanlagen einen großenteils nur mit differenzierungsfähigen Diensten zu deckenden Erneuerungsbedarf.

Diese Abweichungen von der Einheitsherstellung verursachen zwar fast durchwegs höhere Aufwendungen. Doch hängt oft das ganze Ausbringungsvermögen der Betriebe von deren Inkaufnahme ab und eröffnen erst sie die Aussichten auf beständige lohnende Beschäftigung. Deshalb zeigen die Erwerber der im Blickfeld stehenden Produktivgüter in der Regel die entsprechende Zahlungsbereitschaft dafür.

4. Zur Qualität der Industriefabrikate

Wenn unsere Deutung des Handwerks und der Industrie deren Wesenskern erfaßt, muß sich das mit in erster Linie in den Qualitäten der von beiden erbrachten Leistungen niederschlagen. Es werden mehr oder weniger unterschiedliche sein.

Schon sind wir uns darüber klar, daß sich die Güte der Industrieerzeugnisse über die ganze Spannweite des Möglichen erstreckt. Immer noch mangelt es nicht an solchen geringer und bloß vorgetäuschter Gebrauchseignung. Den vorherrschenden Hauptbestand machen aber die wohlerwogenen Zweckqualitäten aus[21], und von diesen reicht der Bogen bis zu Spitzenleistungen, wie sie das Handwerk nie zu bieten vermöchte. Ebenso hatten wir uns über die häufigen Vorzüge der völligen Einheitlichkeit der Serienfabrikate, für viele Verwendungen, Rechenschaft abzulegen. Es sei nur noch einmal an die Produktivitätsgewinne aus dem Austauschbau und die ästhetischen aus der Anwendung eines einzigen Rasters oder nur weniger erinnert. Zudem bilden auch in der Industrie nicht die „Ein-Produkt-Betriebe“ oder diejenigen, welche Fabrikate nur einer Beschaffenheit liefern, die Regel. Vielmehr pflegen die meisten, vorab die der Veredelung, mehrere Güterarten und mindestens die für sie wesentlichsten in mehreren Qualitäten herauszubringen. Schon seit jeher, aber heute erst recht, macht es eine Hauptobliegenheit des Marketings der einschlägigen Unternehmen aus, jene Produktionsprogramme und -sortimente zu gewahren und festzulegen, die bei den jeweiligen Nachfragestrukturen und Wettbewerbsbedingungen die größten Erfolgsaussichten eröffnen.

Dabei führen aber die Marktkräfte die Industrien dazu, ihre Erzeugung auf die Zweckdienlichkeit für breite Abnehmerkreise hin anzulegen. Die Gebrauchseignung soll eine solche für eine ausgedehnte Käufer-

---

[21] *Engeler*, A.: Wandlungen des Qualitätsbegriffs bei technischen Erzeugnissen in neuerer Zeit, in: *Hochschule St. Gallen* (Hrsg.): Zukunftsaufgaben in Wirtschaft und Gesellschaft, Zürich/St. Gallen 1963, S. 391 ff.

schaft, m. a. W. eine allgemeinere sein[22]. Die Betriebe bleiben auf die Serien-, zumeist die großserienmäßige Fertigung verwiesen, weil ihnen Kosteneinsparungen zur Stärke in der Preiskonkurrenz verhelfen müssen. Der Zusammenhang stellt sich als ein straffer und unausweichlicher heraus: daß die Erschließung weiter Absatzmärkte die Ausrichtung der Angebote auf eine Großzahl von Nachfragenden und deren Kaufkraft verlangt. Genau genommen haben namentlich die für den Konsumbedarf tätigen Industrien die Qualität ihrer mehr oder weniger einheitlichen Erzeugung darnach zu bemessen, was die zu genügend breiten Verkaufsmengen noch mit erforderlichen Grenzschichten der Anwärter darauf dafür zu zahlen willig und fähig sind. Mögen sich Forschung und Produktentwicklung um die Ausschöpfung der technischen Errungenschaften, die technische Vollkommenheit, die äußerste Genauigkeit der Abmessungen und beste Nutzeffekte bemühen; sie werden sich doch zu tunlichster Einförmigkeit auf den Standards, die auf breiter Front erzielbare gute Erlöse verheißen, gedrängt sehen. Das schließt nicht aus, daß Industrieunternehmen in gewissen Richtungen am ehesten neue Erzeugnisse, z. B. Heilpräparate, zu entwickeln oder für die leichtere Brauchbarkeit der von ihnen gelieferten Geräte zu sorgen vermögen. Mitunter wissen sie sich sogar mit großzügiger Rücknahme gebrauchter früherer Ausrüstungsstücke gegen neueste auszuzeichnen. Gleichwohl kommen sie oft, um vorhandene Preislimiten nicht zu überschreiten, nicht um erhebliche Abstriche an den technisch an sich zugänglichen besten Ausführungen, d. h. Verzichte auf das Bestmögliche zugunsten der leichteren allgemeinen Verkäuflichkeit, herum. Schon H. de Man[23] stieß aus soziologischer Sicht darauf. Vielleicht hat er den Zug zur Vorliebnahme mit Qualitäten lediglich innert gewisser Grenzen um einiges zu stark betont bzw. zu sehr als einen allgemeinen vermutet. Namentlich in der Produktivgüterindustrie ist oft nur das Beste gerade gut genug. Zusehends häufiger wartet heute ebenfalls die Konsumgüterfabrikation mti Spitzenprodukten auf. Dennoch gibt es den Trend zur Unterordnung des Strebens nach guter Gebrauchseignung unter die Absatzerschließungs-Belange. Dafür zeugen der Durchschnittsgeschmack der in „Fabriken“ hergestellten Brotlaibe und Fleischwaren, die „Zweckqualitäten“ eines Großteils der Kleiderkonfektion und Wohnungsausstattungen, nicht zuletzt die Hinwendung zur leichteren und weniger dauerhaften Wagenkonstruktion des Automobilbaus. In manchen Einzelfällen erweisen sich die Möglichkeiten für Industriebetriebe, von den eingebürgerten Ausführungen abweichende neue Produktgestaltungen in ihre Serienfertigung zu übernehmen, als aus fabrikatorischen Gründen oder ungenügend breiter oder unsicherer Absatzchancen wegen geradezu überraschend eng begrenzt.

---

[22] *Sombart*, W.: Wirtschaftsleben, Bd. 2, S. 627.

[23] *Man* de, H.: Vermassung und Kulturverfall, Bern 1951, S. 46.

Augenscheinlich hat V. Packard[24], obwohl zunächst heftig angefochten, mit seinen Vorwürfen, daß zahlreiche Industrien eine „geplante Obsoleszenz“ ihrer Produkte verfolgten, nicht völlig danebengeschossen. Die mehr oder weniger fatale Bedingtheit verwehrt natürlich nicht, daß steigender Wohlstand oder die vermehrte Gewöhnung anspruchsvoller Bevölkerungsschichten an den Verbrauch und Gebrauch von Serienware Sachzwänge zu deren Verbesserung schafft. Diese Möglichkeit überschneidet sich jedoch mit der anderen, daß die Träger der Massenproduktion mit ihrer Geschäftsreklame die Nachfrage zugunsten ihrer Einförmiger-Gestaltung zu beeinflussen suchen. Selbst die marktwirtschaftliche Konkurrenz schließt nicht aus, daß stärkere Anbieter oder Anbietergruppen die Leistungssortimente mit Werbung und betonter Verbilligung der Standardware erheblich einzuengen und Verflachungen der Käuferwünsche zu bewirken vermögen. Zwar veranlaßt die wirtschaftliche und gesellschaftliche Entwicklung viele dazu, mehrere Produktmuster zu liefern: zur „Produktdiversifikation“. Dabei unterliegen sie aber stets der Nötigung, sich mit einer begrenzten Auswahl von Typen zu begnügen. Für das Ausgreifen der Unternehmen auf die Produktdiversifikation im weiteren Wortsinne trifft das noch augenfälliger zu.

Diese Nötigung zur Konzentration der Angebote auf eine beschränkte Auswahl von Modellen schlägt sich unvermeidlich in geringem Spielraum für die Anpassung an von der Norm abweichende äußere Verhältnisse und die Erfüllung persönlich-individueller Wünsche nieder. Eine durch wechselnde Umstände oder vielfältige Versorgungsanliegen geprägte Nachfrage können die industriellen Fabrikanten nur noch ein kleines Stück des Weges weit oder gar nicht mehr befriedigen. Der Wettbewerb mit niedrigeren Preisen spornt die Erzeuger und Vermittler der Fabrikate erst recht dazu an, sich fortschreitend mehr auf deren Standardisierung zu verlegen, m. a. W. ihre Angebote ungeachtet mannigfaltiger Ansprüche noch einförmiger und starrer zu gestalten. An sie schließen nicht minder große Zwischenbereiche der alltäglichen Ernährung und Bekleidung sowie des Produktionsbedarfs an, in denen zwar, solange bessere nicht zur Verfügung stehen, ebenfalls noch mit einfacheren normierten Gütern auszukommen ist, zunehmend aber Begehren nach besseren erwachen. Es scheint uns bezeichnend zu sein, wie sich auch die industrielle Fertigung allmählich um ein „trading up“, d. h. höhere Fabrikatqualitäten, bemüht.

5. Die Qualität der handwerklichen Arbeiten

Demgegenüber bewahrt das Handwerk viel größere Anpassungsfähigkeit. Aus der Überlieferung lebt zwar noch die Vorstellung der „währ-

[24] *Packard,* V.: Die große Verschwendung (The waste makers), Düsseldorf 1961.

schaften Arbeit" und des hohen Anforderungen genügenden Meisterstücks, aus der Entwicklungsgeschichte des Handels diejenige des bodenständig-zuverlässigen, für die vermittelten Waren gutstehenden Kaufmanns fort. Verantwortungsbewußtes, vom Willen zum Gut- und Noch-Besser-Machen getragenes Schaffen und Erfüllen der Käuferwünsche begegnet auch weiterhin hoher Wertschätzung[25]. Dabei können es sich die Handwerksmeister gestatten, ihre Arbeit nach den jeweiligen Umständen abgewandelt anzulegen und nach den persönlichen Wünschen der Auftraggeber und sonstigen Kunden bis an die Grenzen des fachlich Machbaren zu gestalten. Besonders bei solchen auf vorgängige Bestellung hin, ob sie durch ursprüngliche Anliegen der Erwerber oder erst durch fachmännische Empfehlung geprägte seien, bleiben sie diese viel mehr als die Serienerzeugung auf die gerade angemeldeten Wünsche abzustimmen fähig. Damit bestehen für diese Meister die größten Chancen, mit Fachwissen, Handfertigkeit und wachem Sinn für die Bedarfslagen den subjektiven Anforderungen an die Qualität der zu erbringenden Werke und Dienste gerecht zu werden. — Der Zuschnitt der Leistungen darauf zeigt erst recht, was in der praktischen Wirtschaft an Qualitätsunterschieden alles möglich ist. Er verdeutlicht zugleich, wie leicht ungenügende Bedachtnahme auf die sie betreffenden Notwendigkeiten und Wünsche Fehleinsätze der Mittel verschulden kann.

Auf die Gebrauchseignung der nachgefragten Güter wirkt sich deren handwerkliche Differenzierung im wesentlichen:

1. durch deren freiere und damit auf die jeweilige Zweckbestimmung am besten anpaßbare Gestaltung. Dieses höhere Anpassungsvermögen besteht auch für die Art der Andienung der Arbeiten.
2. durch die Möglichkeit, die Leistungen nach den jeweils gegebenen Vorbedingungen für die Auftraggeber und Käufer und genauer nach deren Bedürfnissen zu bemessen,
3. durch die besondere Art des Einbaus von Teilstücken in Gesamterzeugnisse und ihrer Vorbereitung für diesen Einbau,
4. durch das in der Regel auf längere Gebrauchstauglichkeit der Erzeugnisse hin angelegte Werkschaffen,
5. die Bereitschaft zur fortgesetzten Wartung der im Gebrauch befindlichen Ausrüstungen und raschen Behebung von Funktionsstörungen,
6. die leichte und rasche Erlangbarkeit der Lieferungen und Dienste und
7. durch die örtliche Nähe der Betreuer der an die Hand gegebenen Produkte und die damit verbundene zusätzliche Gewähr für die Güte der Leistungen

[25] *Pleitner,* H. J.: S. 125 ff., 151 ff.

aus. Diese verschiedenen Seiten der Leistungen können letztlich nichts anderes als die Spiegelbilder der jeweiligen Differenziertheit der anhängig gemachten Bedürfnisse sein. Dabei umschließt die „besondere Gestaltung der Erzeugnisse und Dienste" auch die Entscheide über die stoffliche Beschaffenheit, den Nährgehalt der Produkte, ihre Bekömmlichkeit und Schmackhaftigkeit und allgemeiner: die materielle Eignung für die einzelnen Verwendungszwecke, im Nahrungs- und Genußmittelbereich ihre Frische, für die Gebrauchsgüter die Festigkeit oder Schmiegsamkeit der verarbeiteten Stoffe, die mehr oder weniger gute Machart usw. Ferner pflegt das Aussehen der Dinge hervorragende Bedeutung zu erlangen. In den unter 6. und 7. aufgezählten Eigenschaften finden wir wieder das, was wir als Differenzierung der Leistungen ersten Grades bezeichnen.

Wir haben oben auf die nach wie vor starke Verbreitung der mehr oder weniger voneinander abweichenden Versorgungsanliegen hingewiesen[26]. Es geht daraus hervor, daß die Bevorzugung entweder der reichlicheren Eindeckung mit vielerlei Gütern, oder aber mit weniger zahlreichen, dafür mancher von höherer Qualität, ebenfalls im Sinne ihres näheren Zuschnitts auf die jeweiligen Wünsche, oder auch nur in dem ihrer Variation, ganze Zivilisationen und Kulturen zu prägen vermag. Vielleicht beginnen gegenwärtig Aussprüche, wie die eines Lewis Mumford[27] wieder weniger als in den letzten Jahrzehnten des besonderen Glaubens an die großserienmäßige und eigentliche Massenfertigung als überholt anzumuten.

„Daher ist der einzige sittliche Prüfstein für das wirtschaftliche Leben einer Gemeinschaft nicht, ob unendlich viel hergestellt wird, sondern ob der Wert der geschaffenen Dinge Aussicht auf Erfolg hat. Eine Gemeinschaft mit einer niedrigen Erzeugungsquote und einem hohen Schaffensniveau wird auf die Dauer materiell reicher sein als eine moderne Stadt, in der man die Industriegewinne in vergänglichen, unfruchtbaren Ausgaben verzettelt. Ausschlaggebend ist das Verhältnis von Produktion zum Schaffen von Werten[28]."

Wo sich in hochentwickelten Volkswirtschaften viele Beschaffungswünsche parallel zur für die Einförmigkeit gewonnenen Massennachfrage mit der Hebung der Qualitätsansprüche fortschreitend differenzieren, müssen viele einzelne ihre Selbständigkeit auch in der Fachtüchtigkeit und im Verantwortungsgefühl für die erbrachten Arbeiten beweisen. Für ihr Betätigungsfeld eingenommene Handwerker verspüren Lust, sich an schwierigeren Aufgaben zu messen. Verlangen aber Aufträge den ganzen Einsatz der persönlichen Fähigkeiten, so pflegt bereits die Selbstachtung der damit betrauten Meister auch die Verwendung der jeweils

---

[26] S. 232.

[27] *Mumford, Lewis:* Handwerken — eine Forderung der Menschenwürde, in: *Gatz,* K.: S. 39.

[28] *Mumford,* L.: S. 42.

bestgeeigneten Rohstoffe und Halbfabrikate nahezulegen. Das bereitet den Boden für eine besondere Wertschöpfung, die sich nicht nur auf die Erzeugnisse, sondern darüber hinaus auf die Förderung besonderer produktiver Befähigungen erstreckt. Endlich bestehen für die Inhaber kleinerer Betriebe fast durchwegs und über geraume Zeit nicht die gleichen Möglichkeiten wie für die Großunternehmen oder Fabrikanten besteingeführter Markenartikel, sich auf gefestigtes geschäftliches Ansehen abzustützen. Sie haben viel rascher als jene Beanstandungen ihrer Dienste und den Verlust von Kunden zu gewärtigen. Jede einzelne Arbeit oder Dienstleistung muß ihre Tüchtigkeit und Zuverlässigkeit bestätigen.

Oben war ferner schon zu vermerken[29], daß die Reparatur- und Erneuerungsarbeiten entgegen einer verbreiteten Meinung zu einem guten Teil hohen Anforderungen zu genügen haben. Für diese muß sich die Qualität in der Wiederherstellung der vollen Gebrauchstüchtigkeit der Geräte, technischen Mittel, der Ausrüstungen und baulichen Anlagen sowie der Übernahme der vollen Gewähr dafür äußern. Dabei verlangen die Schäden und Umweltbedingungen immer wieder andere Dispositionen. In der Regel erheischt die sichere und rasche Behebung der Störungen und Mängel deren rasches Erkennen und die genaue Anpassung der Handreichungen und Eingriffe an die Verhältnisse der einzelnen Fälle, m. a. W. mehr als einfache fachliche Anwendungen. So hat A. Siegfried etwa den Automechaniker mit folgender Betrachtung zu Ehren gezogen:

„Attention, le réparateur a besoin d'une technique, non pas spécialisée, mais générale, c'est-à-dire artisanale. Ford en a fait la remarque dans ses livres. La meilleure éducation technique, d'après lui, c'est la réparation. Je n'en veux pour preuve que le tempérament des mécaniciens de nos garages. Que de génie mécanique ne perdrait-on pas en les perdant! Ces médecins de machines doivent savoir faire un diagnostic, c'est-à-dire raisonner. Leur pratique est artisanale: elle durera[30]."

Denselben Ansprüchen hat das Baugewerbe gerecht zu werden. Wieder bestätigt es sich, daß das Wiederinstandsetzen von Gebäuden, Wohnraum, Produktionsanlagen mit am meisten Individualisierung der Leistungen und damit Bestätigungen höheren fachlichen Könnertums verlangt.

6. Die besondere Qualität der Dienste der gewerblichen Handels- und Dienstleistungsbetriebe

Ähnliche Facetten zeigen die Angebote der gewerblichen Handels- und Dienstleistungsbetriebe. Wieder bildet es bereits ein Element der Güterqualität, wenn einfache Beschaffungsmöglichkeiten aus der Nähe und auf den täglichen Lebensrhythmus der Verbraucher genauer zuge-

[29] Vgl. S. 153.

[30] *Siegfried*, A.: S. 19 ff.

schnitten geboten werden. Was nützen Lieferbereitschaften zu tieferen Preisen und selbst Waren höherer Qualität, wenn Bedarfslagen ungesäumte Bezüge ohne längere Botengänge verlangen, diese aber zur Stunde nicht verfügbar bleiben? Eine Schlüsselstellung im Bereich der Güterqualitäten kommt natürlich der Aufgabe des Fach- und Spezialgeschäfts zu, auf vielfältige Versorgungsanliegen näher abgestimmte Waren zu vermitteln. Darin unterscheiden sich diese Betriebe mehr oder minder ausgeprägt von den Warenhäusern und den meisten Läden der Massenfilialunternehmen, von denen wir schon erfuhren, daß sie ihre Sortimente nicht tief staffeln dürfen. Die letztgenannten haben immer wieder vor allem große Umsätze und raschen Wertumschlag durch die Bedienung ausgedehnter Bevölkerungskreise anzustreben. Da ihnen dazu nur die niedrigeren Preisklassen, m. a. W. die „Zweckqualitäten" verhelfen, muß es für den Fachhandel und die Spezialgeschäfte ratsam erscheinen, sich mehr den höheren Qualitäten zu widmen. Wiewohl die diesen zufallende Leistungsdifferenzierung da und dort, zumal auf dem Lande, die einfache und weniger zahlungsfähige Nachfrage mit zu betreuen gebietet, werden schwergewichtig vorab Waren zur Erfüllung höher gespannter und zugleich vielfältiger Wünsche zu führen sein. Nicht zuletzt dürften vorhandene Neigungen zur bevorzugten Vermittlung von Markenartikel-Spezialitäten damit zusammenhängen. Aus der Ausrichtung auf vielfältige Versorgungsanliegen ergibt sich weiter das Erfordernis, größere Auswahlen an Waren, genauer ausgedrückt: tiefer gestaffelte Sortimente zu bieten. Bei all den Problemen, welche die Wahlmöglichkeiten den Kauflustigen eintragen, verhelfen ihnen diese zu größerer Bewegungsfreiheit, nach für sie besser passender Eindeckung zu suchen und auf die Berücksichtigung persönlicher Wünsche zu halten.

In engstem Zusammenhang damit ist auch die Beratung der Kunden zu sehen. Sie verdient nur soweit ihren Namen, als sie über die Vorzüge und etwaigen Mindereignungen der angebotenen Güter zuverlässig aufklärend auf die richtige Auswertung der verschiedenen Qualitäten hinwirken will. Mit den wachsenden Schwierigkeiten für die Nachfragenden, sich in der Fülle der erhältlichen Dinge zurecht zu finden und überhaupt ihre eigenen Bedürfnisse genauer zu erkennen, verhilft erst die fachkundige Unterweisung zur günstigsten Versorgung. — Wir hören die Stimmen, die dieser mit Vorbehalten begegnen und sie verdächtigen, letztlich wieder nur Werbeeffekte zu bezwecken. Tatsächlich bleibt auch das alltägliche Geschäftsleben ebensowenig vor derlei Versuchungen gefeit, als es nicht an schwachen Trägern von Handels- und Dienstleistungsbetrieben mangelt. Indessen sollte man vom unverzerrten Walten der freien Marktwirtschaft erwarten können, daß sie nicht Fehlentwicklungen fördert, sondern die Käuferberatung im wesentlichen doch ihre wichtigen Dienste sachgerecht leisten läßt.

7. Die Preiswürdigkeit der Leistungen des Gewerbes

In den marktwirtschaftlichen Beziehungen kommt der Preiswürdigkeit der Erzeugnisse und Dienste ausschlaggebende Bedeutung zu. Dieser Begriff und seine Maßstäbe überlagern sich denjenigen der Qualität. Die letzteren haben lediglich mit der Gebrauchseignung der Güter für sich allein zu tun. Die Preiswürdigkeit wägt diese gegen die für die jeweilige Bedürfnisbefriedigung in Kauf zu nehmenden Aufwendungen ab. Erst aus der Unvermeidlichkeit von Opfern für den Erwerb der benötigten Dinge erwächst ja der Zwang zur Befolgung des „ökonomischen Prinzips“ und damit zur näheren Abstimmung der Anschaffungen auf die tatsächlichen Erfordernisse und Möglichkeiten. So bleibt es durchaus denkbar, daß Güter bescheidener sachlicher Tauglichkeit, die aber für die in Betracht fallende Verwendung noch ausreicht, zu niedrigeren Einstandskosten als andere erhältlich, sehr preiswürdige werden können, während solche hervorragender sachlicher und psychologischer Qualität, wenn diese die zu erfüllenden Ansprüche überragt und deshalb nicht erforderlich erscheint, sich bei hohen dafür auszulegenden Entgelten als wenig preiswürdig erweisen. Aus Vorlieben für bessere Güter läßt sich also auch zu teuer kaufen. — Deshalb verlangt das haushälterische Wirtschaften von den Anwärtern auf Güter, vorerst ihre Versorgungsanliegen nach Umfang und Anspruchsniveau richtig einzustufen und im Fächer der verschiedenen Angebote die zweckmäßigste Auslese zu treffen. In zweiter Linie sollen sie dann, aufgrund dieser Vorwahl, die jeweilig auf kürzere oder längere Sicht billigsten Bezugsgelegenheiten suchen.

„Die Preiswilligkeiten“, in der Sprache der Theorie die „Nachfragepreise“, bestimmen sich für die Konsumgüter nach dem von ihnen erhofften Nutzen, für die Produktionsgüter nach den Gewinnerwartungen der Investoren, sowie nach der Konkurrenz unter den Lieferanten. Das kann das eine Mal große Bereitschaft, für die besseren Apparaturen mehr zu zahlen, das andere Mal nur eine geringe Bandbreite dafür bedeuten. Wir versuchen diese Abhängigkeiten durch ein individual- und ein gesamtwirtschaftliches Diagramm zu veranschaulichen. Das eine will die Spannen zwischen der Bewertung der Güter gehobener und Einzelbedürfnissen besonders Rechnung tragender Qualität und derjenigen einfachen Gebrauchsstandards, das zweite typische Nachfragefunktionen für verschiedene Qualitätsstufen einer Produktart: von zwei industriellen und einer Herstellung „nach Maß“ dartun.

Die „Preiswürdigkeit“ lehrt vollends, daß die differenzierten Leistungen des Handwerks, des gewerblichen Einzelhandels und der verwandten Dienstleistungsbetriebe, um vorteilhaft zu sein, den Erwerbern mindestens um die zusätzlichen Werteinsätze, welche die meisten höheren Preise für sie erheischen, höher eingeschätzte Nutzengewinne als die In-

Abbildung IV: Modell der Abhängigkeit der Nachfragepreise von subjektiven Qualitäts-Einschätzungen

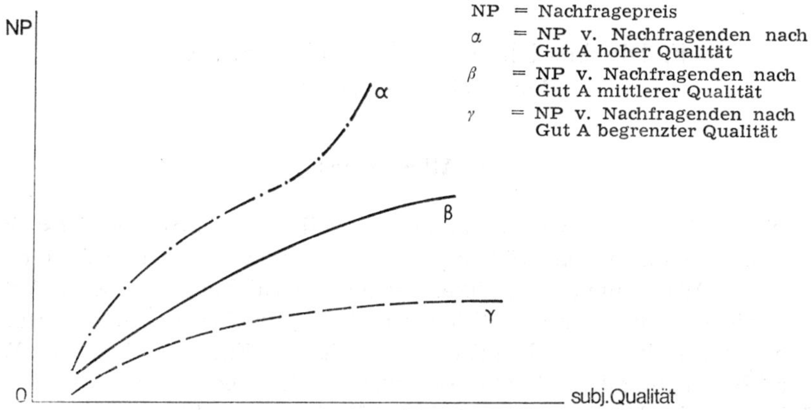

Abbildung V: Schema typischer Gesamtnachfrage-Funktionen für ein und dasselbe Gut A verschiedener Qualität

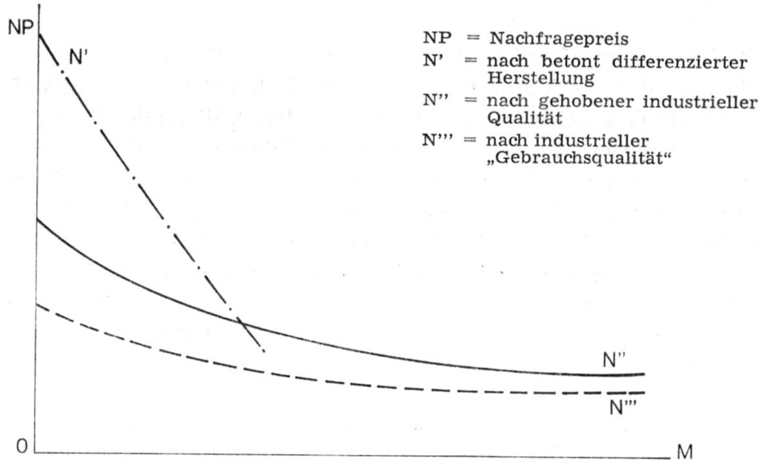

dustriefabrikate und die Massenvermittlung von Waren und Diensten eintragen müssen. Wir stoßen immer wieder auf diesen Zusammenhang, daß die handwerklichen Arbeiten und die Dienste des gewerblich ausgerichteten Handels oder der verwandten Dienstleistungsbetriebe nach volkswirtschaftlichen Beurteilungsmaßstäben ihre Berechtigung und ihren Sinn nur so weit bewahren, als sie ihren Abnehmern zu größerem Wohlbefinden oder den Produzenten zu entsprechenden Wettbewerbsvorsprüngen verhelfen.

F. Die Aussichten auf die Weiterentwicklung der Nachfragestrukturen

I. Allgemeines

Die zur Zeit gerne zu Rate gezogenen volkswirtschaftlichen Prospektivstudien stützen sich größtenteils auf statistische Ausweise über das bisherige Wachstum der Bevölkerung, die Verschiebungen in deren Aufbau, die Zunahme der Investitionen und der für Konsumzwecke ausgegebenen Kaufkraft. Sie bedienen sich meist der Extrapolation, m. a. W. der Übertragung der erfolgten Bedarfsveränderungen auf die künftigen Jahre, sowie der Regressionsrechnung[33]. Auf diese Weise suchte man vereinzelt auch schon, die Zukunftsaussichten für das Handwerk und die gewerblichen Handels- und Dienstleistungsbetriebe abzuschätzen[34]. Natürlich waren dafür nur die vorhandenen Zahlen, und zwar vorwiegend allgemeinere, auswertbar.

Mit dem neuen Verständnis der betrachteten Betriebsformen stellt sich heraus, daß die Veranschlagung ihrer Zukunft noch die Miterfassung anderer Gegebenheiten und Größen verlangt. Wenn der Kerngehalt des „Gewerblichen" in der besonderen Befähigung von Betrieben und ihrer Betreuer zur Erbringung differenzierter, häufig individualisierter Leistungen, mit Einschluß ihrer tatsächlichen Ausrichtung darauf, steckt, wird für diese auf den freien Märkten nur so weit Lebensraum fortbestehen, als es immer wieder entsprechend differenzierte Versorgungsanliegen, bis hin zu höchstpersönlichen, zu befriedigen gilt. Nur so weit dürfte ihnen weiterhin Teilhabe an der gesamtwirtschaftlichen Expansion beschieden sein.

---

[33] Mit der multiplen linearen Regression sucht man eine Variable (gesuchte Größe) durch eine optimale (bestmögliche) Kombination anderer (unabhängiger) Variablen vorauszusagen.

Allerbeck, K.: Datenverarbeitung in der empirischen Sozialforschung, Stuttgart 1972, S. 113 ff.;

Kriz, J.: Statistik in den Sozialwissenschaften, Reinbek bei Hamburg 1973, S. 212 ff.;

[34] *Beckermann*, Th. / *Schlaghecken* A.: Einzelhandel und Handwerk 1965 und 1975, Berlin 1968;

Schweiz. Gewerbeverband (Hrsg.): Das Gewerbe auf dem Weg ins Jahr 1990, in: Gewerbliche Rundschau, 18. Jg./1973, Heft 3/4, S. 134 ff.;

Chini, L. W.: Ansätze von sektoralen Prospektivstudien im Bereich des Marketing, in: Internationales Gewerbearchiv, 22. Jg./1974, Heft 4, S. 221 ff.

In wohlstandsstrebigen und auf das Rationalprinzip verpflichteten Volkswirtschaften liefe es auf Fehlleitungen der produktiven Kräfte und Bruttosozialprodukt-Minderungen hinaus, kostspielige arbeitsintensive Dienste ebenfalls dort einzusetzen, wo die industrielle Fertigung und Massenvermittlung von Gütern qualitativ dasselbe zu geringeren Kosten zu bieten vermögen. Offenkundig hängen also die Zukunftsmöglichkeiten für die Gewerbetreibenden in hohem Grade von der Weiterentwicklung der Bedürfnisse der Glieder der Wohlstandsgesellschaft ab.

II. Starke Hinwendung der Nachfrage auf die Angebote der Industrie und der Massenvermittler von Gütern

In der Tat wohnen wir einer immer ausgedehnteren Industrialisierung der Gütererzeugung und ihrer Zuleitung an die Verbraucher bei[35]. Im Bereich der Nahrungsmittelversorgung waren es in den letzten Jahrzehnten die Brot- und Fleischfabriken, mit der daran anknüpfenden Distribution der Waren über Filialläden-Ketten, welche die Mehrnachfrage deckten. Damit verschoben sich die Marktanteile. In den einschlägigen Handwerkszweigen und im Lebensmitteleinzelhandel ereignet es sich zusehends öfter, daß die Nachkommen der Inhaber kleinerer Betriebe nicht mehr in die Fußstapfen ihrer Eltern treten und sich auch keine anderen Nachfolger finden. Für die Deckung des Herren- und Knabenkleiderbedarfs erscheinen zur Zeit die Konfektion und „Maßkonfektion" bereits mit 90 %, für diejenige der Wünsche nach Damengarderobe zu mindestens 70 % beteiligt zu sein. Den Beitrag an die zu befriedigende Nachfrage nach Möbeln und verwandten Wohnungseinrichtungsgegenständen meinte ein Begutachter in den letzten Jahren der Industrie und des Handels auf 60 %, denjenigen der Einzelanfertigungen und Kleinserien des Handwerks auf 40 % veranschlagen zu sollen[36]. Nach jüngsten Erhebungen zu schließen, könnte sich aber das Verhältnis mittlerweile sogar auf 85 und 15 %, mit für bestimmte Möbelausstattungen noch stärkeren Gefällen, verschoben haben.

In ausgedehnten Bereichen sieht es so aus, als ob die technische, organisatorische und allgemein-gesellschaftliche Entwicklung ganz auf fortschreitend stärkere Massenversorgung hinwirke und damit die Berechtigung der Fortrechnung der bisherigen Zahlenreihen über die Belieferung der Märkte durch die verschiedenen Betriebsformen bestätige.

---

[35] *Beckerath*, H. von: Großindustrie und Gesellschaftsordnung, Tübingen/Zürich 1954, S. 229 f.

[36] *Toggweiler*, Th.: Möbelindustrie und Möbelhandwerk in der Schweiz, Produktionsbedingungen und Absatzbedingungen, Stäfa 1968, S. 25.

Außer Zweifel ist die Demokratisierung des Wohlstandes in Europa und Japan, wie zuvor schon in Nordamerika, überwiegend der Auswertung des „industriellen Prinzips" zu verdanken. Dieses liefert keineswegs nur Güter geringerer Qualität, sondern heute meistens recht gute, nicht selten Spitzenerzeugnisse. Parallel dazu bemühen sich Warenhäuser und Massenfilialunternehmen des Handels um das „trading up": die allmähliche Anhebung ihrer Angebote, sowohl der Waren und Sortimente als sogar des „Service", mitunter, etwa großstädtische Häuser, so sehr, daß sie damit nicht wenige Fachgeschäfte überflügeln.

Unter dem Eindruck der Produktivitäts-(„Effizienz-")gewinne der modernen Industrie und Massenvermittlung von Waren hat sich die Meinung Bahn gebrochen, daß es hauptsächlich diese weiter zu entwickeln gelte. Autoren wie G. Karona, P. Drucker[37], in Europa R. Nieschlag[38], H. Gross[39], J.-J. Servan-Schreiber[40] vertreten mehr oder weniger nachdrücklich diese These. Das färbt bis in die Alltags-Sozial- und Wirtschaftspolitik ab, etwa in neuen Tendenzen, die Beeinflussung der volkswirtschaftlichen Strukturen statt wie bisher als Vorsorge gegen übereilten Wandel zunehmend im Sinne der Begünstigung von Umschichtungen: der „Wachstumsindustrien" und der „dynamischen", jeweils besonders lohnenden Unternehmen aufzufassen. Daher jüngere Ansätze im Schrifttum, die Betriebs- und Unternehmungskonzentration wohlwollender als bis dahin zu beurteilen[41]. Daher der Ruf, daß zur Eindämmung der besonders starken Verteuerung des Bauens auch dieses entschiedener zu industrialisieren sei. — Die rasche Aufeinanderfolge der technischen Neuerungen, die Mode, das „high pressure selling" mit starker Heranziehung der Massenmedien dazu, die Freizügigkeit der Angehörigen der Wohlstandsgesellschaft müssen das Begehren immer breiterer Kreise nach allen möglichen Dingen dieser Welt wecken. Kommen zahlreiche Güter anfänglich nur für zahlungskräftige Käufer bestimmt auf den Markt, so sorgt die schärfere Konkurrenz unter den Fabrikanten und im Handel, auf der Grundlage der großserienmäßigen Fertigung,

---

[37] *Katona,* G.: Der Massenkonsum, Düsseldorf 1965, S. 75 und *Drucker,* P.: Die Zukunft bewältigen, Düsseldorf 1969, S. 83 ff.

[38] *Nieschlag,* R.: Binnenhandel und Binnenhandelspolitik, 1. Aufl., Berlin 1959, S. 137 und 149 ff. In der zweiten Auflage des zitierten Buches (S. 98 ff.) schwenkt der Verfasser allerdings auf ein etwas differenzierteres Urteil ein, das die nach wie vor zeitgerechte Bedeutung der Dienste tüchtiger gewerblicher Einzelhändler anerkennt und ihnen auch Zukunftsaussichten zubilligt.

[39] *Gross,* H.: Der Handel geht neue Wege, Düsseldorf 1957, S. 78, 330 ff. und, vielleicht doch auch noch mit einiger Einseitigkeit, in „Small business", S. 158 ff.

[40] *Schreiber Servan:* Le défi americain, Paris 1967, S. 175 ff.

[41] *Marbach,* F.: Die Wirtschaftskonzentration, Bern 1964.

beschleunigt dafür, daß sie ebenfalls für die weniger kaufkräftigen Schichten zugänglich werden[42].

Diese dürfen sich aber die einzelnen Anschaffungen nur begrenzte Aufwendungen kosten lassen. Die Einladungen zu größerer Preisbewußtheit, die erleichterten Preisvergleiche und nicht zuletzt Erschütterungen des Vertrauens in bisher besonders empfohlene Markenartikel durch kritische Warentestbefunde fördern diese Haltung. Kürzlich meinten sogar Designer-Kreise auf die erweiterten Möglichkeiten, die persönliche Ausstattung mit der Kombination von Serienfabrikaten verschiedener Herkünfte zu variieren, verweisen zu sollen[43].

Schließlich weckt es zum mindesten den Anschein, als ob die Erzeugung in höheren Auflagen ihrerseits zu bedeutender Differenzierung der Nutzleistungen fähig sei. U. a. macht sich jetzt sogar die nordamerikanische Automobilindustrie anheischig, „individuelle Wünsche" an ihre Wagen ohne beträchtliche Mehrpreise erfüllen zu wollen. Vielerorts sieht es nach fortschreitender Verringerung der Qualitätsgefälle selbst auf der Linie der Abstimmung der Angebote auf die zu erfüllenden Versorgungswünsche aus. Mitunter gibt es schon Umkehrungen der sachlichen Qualitätsunterschiede und dies in einer Gegenwart, in der die Gewerbetreibenden mit der erwähnten stärkeren Verteuerung ihrer Dienste zu rechnen haben.

III. Fortbestehen und zu erwartende weitere Aktivierung der differenzierten Versorgungsanliegen

Was bleibt bei diesen Sachlagen an vielfältigen künftigen Bedürfnissen, von den einfacher zu befriedigenden und wenig von den Standards abweichenden bis zu den betont individuellen, die nach wie vor handwerkliche bzw. gewerbliche Leistungen verlangen werden? Ausgerechnet ein „empirischer Soziologe": E. Sack[44] meinte, diese Fragestellung, offensichtlich auf unsere Thesen gemünzt, kurzerhand als „pseudowissenschaftlich" verwerfen zu sollen:

„Es kann also keine Rede davon sein, daß ein quasi Bedarfsreservoir an individuellen oder differenzierten Leistungen der Garant klein- und mittelbetrieblicher Handwerker sei. Die besonderen Verhältnisse in der Bauindustrie sind ebenfalls eher als ein zeitlich begrenztes Phänomen zu betrachten, wenn man sich die Neuentwicklungen auf dem Bausektor betrachtet, die in zunehmendem Maße zu standardisierten Produktionsweisen drängen."

---

[42] *Eick,* J.: Das Jahrhundert des kleinen Mannes, Düsseldorf 1961, S. 14 und S. 147 ff.

[43] *Billeter,* S.: Erzeugen Massenprodukte die Vermassung des Menschen?, in: Tagesanzeiger für Stadt und Kanton Zürich, 20. 6. 1969.

[44] *Sack,* E.: S. 129 ff.

Die Begründung dieses „Befundes“ bleibt indessen dürftig: E. Sack beruft sich auf einen stärkeren Rückgang der Möbeltischlereibetriebe der letzten Jahre, im Gegensatz zu den Bautischlereien. Ebenso liege die durchschnittliche Betriebsgröße bei den Möbeltischlereien fast um das Doppelte über dem durchschnittlichen Größenniveau der Bautischlereien. Zudem hätte sich gerade im Tischlerhandwerk eine weitgehende Spezialisierung auf besondere Erzeugnisse durchgesetzt:

„Schon der ... Bericht über das Tischlergewerbe in Berlin hebt aus der Entwicklung im vorigen Jahrhundert den überaus starken Trend zur Spezialisierung hervor, wonach praktisch jedes Möbelstück zum Objekt der ausschließlichen Fabrikation einer Werkstatt gemacht werde. Auch der Geschäftsbericht des Verbandes des deutschen Tischlerhandwerks spricht von einem häufigen ‚Übergang zur Serienfabrikation‘ und nennt als Folge davon ausdrücklich ein Zurückgehen der Einzelfertigung[45].“

Augenscheinlich wird uns schematische Gleichsetzung der Leistungsdifferenzierung mit Einzelfertigung unterschoben und so getan, als ob jegliche Spezialisierung und serienmäßige Erzeugung bereits Industrialisierung bedeute. So einfach liegen aber nun einmal die Dinge, unserem Leser jetzt vertraut, nicht. Für das Baugewerbe haben wir das wesentliche bereits oben aufgezeigt[46]. Unserem Kritiker sind gleich mehrere oberflächliche Verallgemeinerungen unterlaufen. Seine Argumentation verrät nicht zuletzt die Gefahren, die in der Einengung der Blickfelder auf die quantifizierend ausweisbaren Größen lauern.

IV. Mitbestimmende Naturgrundlagen

Denken wir für unsere Vorausschau zunächst an die naturbedingten Erfordernisse, die wohl immer wieder eine Nachfrage nach abgewandelten Arbeiten des Handwerks und entsprechenden Diensten des übrigen Gewerbes nähren werden. Fürs erste dürfte es trotz des Hangs zur Verstädterung der modernen Wohlstandsgesellschaft bei der Streubesiedlung fast aller Länder und über alle Verbesserungen der Verkehrstechnik hinweg bei Vorzügen der Nähe leistungs- und lieferbereiter Produzenten und Vermittler für manche Güterbeschaffung bleiben. Bekanntlich steht der Zuwanderung bisher auf dem Lande ansässiger Bevölkerung in die Städte und größeren Industrieorte in jüngerer Zeit ein Wiederabfluß eines Teils davon in die Vororte und Außengemeinden sowie eine fortschreitend lebhaftere Pendlerbewegung zwischen den Wohn- und Arbeitsorten gegenüber. Je länger desto mehr stößt der Zustrom in die Städte und deren Geschäftszentren auf das Ungenügen überbelasteter Straßenzüge und Plätze. Ebenso gelingt es die für die Einkäufe günstigsten Tagesstunden, durch die Wohnlagen, die Berufstätigkeiten, die so-

[45] ebenda.

[46] S. 181.

ziale Stellung im Betrieb und die gesellschaftliche Umwelt bedingt, kaum je auszunivellieren. Auf ihre Nachwirkungen hin noch zuwenig gewürdigt, ist kein Ende der Dienstbotenverknappung für die Privathaushalte und keine Entlastung vorab der Mütter von der Betreuung ihrer Kinder — etwa beim Bewältigen ihrer Schulaufgaben — abzusehen. So lernt selbst die städtische Bevölkerung mit der Zeit wieder schätzen, Versorgungslücken bei benachbarten Einzelhändlern schließen zu können. Zwar hält die gegenwärtige Raumplanung darauf, die aus den größeren Agglomerationen abwandernden Familien nicht länger beliebig in der Landschaft, sondern im mehr oder weniger geschlossenen Wohnzonen siedeln zu lassen. Damit vermögen die Warenhäuser und Filialläden von Großunternehmen diesen ein Stück des Weges weit nachzufolgen. Dennoch zeigen die Erfahrungen, daß die Zweigbetriebe in den „sekundären“ und „tertiären“ Angebotsansammlungen nicht mehr dieselben Warensortimente wie in den „primären“ führen können. Ferner wollen, schon erkennbar, auch die Zugewanderten den „Laden um die Ecke“ auf die Dauer nicht missen. Die modernen Betriebsformen des Einzelhandels vermögen sogar den „Tante-Emma-Laden“[47] nicht zu ersetzen, was allerdings nicht heißen will, daß Platz für die bisherige Vielzahl solcher bleiben werde. Ebenso beginnt gegenwärtig die Landbevölkerung, zumal die der Bergtäler zu gewahren, was die in ihren Dörfern noch ansässigen Gewerbebetriebe für sie bedeuten. Am Ende lernen selbst die Pendler ihre Einkäufe und Aufträge auf die Bezugsquellen ihres Wohnsitzes und die auswärtigen überlegter zu verteilen.

Zur Ordnung der Ladenöffnungszeiten geht die Vermutung kaum fehl, daß das Auseinanderfallen der Wohn- und Arbeitsorte noch stärker als bisher nach deren elastischer Anpassung an die Unterschiedlichkeiten der Bedürfnisse der Einwohner größerer und kleinerer Ortschaften verlangen werde. Mit einiger Sicherheit dürften sich für die Betriebe in den Außengemeinden, in Verbindung mit erhöhter sonstiger Leistungsfähigkeit, Tagesstunden empfehlen, die von den günstigsten für den Besuch der Zentrumsfachgeschäfte, Warenhäuser und Großfilial-Läden abweichen.

Sodann schafft keine technische und wirtschaftliche Weiterentwicklung die Bindungen an Bodeneigenheiten, Klimaeinflüsse, Qualitätsgefälle in den Ernten usf. aus der Welt. Das hat seinerseits zur Folge, daß, selbst wenn einheitliche Leistungen zu erbringen wären oder sich verstärkt auf solche abzielen ließe, deren Angebot häufig doch ein handwerkliches bleiben muß. Das gleiche trifft für die Anschlüsse an den öffentlichen Verkehr, bald in dieser, bald in jener Richtung, zu.

---

[47] *Demartini*, G. / *Palme*, G.: S'Gwölb sperrt zu, die Stadt verarmt, in: „Die Presse“, Wien, vom 29./30. Juni 1974.

Die Nötigung, die Arbeitsvollzüge zwecks Anpassung an die jeweiligen Verhältnisse immer wieder anders anzulegen, mahnt unausweichlich zur Bedachtnahme auf gewahrte Abwandlungsmöglichkeiten. Nicht von ungefähr hat sich die Industrialisierung des Bauens bis dahin nur in Ländern und Landstrichen mit einförmigen Wohn- und einfachen topografischen Bedingungen durchzusetzen vermocht. Auch in anderen Produktionszweigen verwehren nicht selten uneinheitliche Naturgrundlagen und qualitativ schwankende Rohstoffe die entschiedene Hinwendung zur standardisierten großserienmäßigen Fertigung. Das trifft z. B. in der Herausbringung feiner Fleischwaren, der Pflege von Qualitätsweinen, der Herstellung feiner Käsesorten zutage. Ähnliches gilt für die Kürschnerei, die Möbelherstellung aus bestimmten Holzarten, die Fabrikation optischer Geräte für höchste Ansprüche.

Bekanntlich kann man der Gesundheit förderlich oder weniger zuträglich speisen und trinken. U. a. ist heute das Metzgereigewerbe auf strenge Vorsorge für die Keimfreiheit — z. B. Salmonellenfreiheit — der vermittelten Waren verpflichtet. Die moderne Ernährungsphysiologie möchte gegenüber manchen Lebens- und Genußmitteln noch größere Behutsamkeit empfehlen. Das macht zusätzliche Differenzierung der Nachfrage darnach wahrscheinlich, zugleich aber auch, daß tüchtige und gewissenhafte Fachleute den gesteigerten Ansprüchen am besten Genüge zu leisten vermögen.

Als zweite ebenso breite als tiefe Schicht besonderer Anpassungserfordernisse wird es bei den Abweichungen der menschlichen Körpermaße und -formen und ebenso der Raumabmessungen in den Wohnungen von den „Standards" bleiben. Während die Bekleidungskonfektion auf die gängigsten Größen und Modelle halten muß[48] und sich nur begrenzt individuelle Zuschnitte erlauben darf, werden morgen wie heute Einzelpersonen der unterschiedlichsten Gestalt, hochgewachsener wie gedrungener, mit schmalen oder ausladenden Schultern usw. leben. Schon daraus erklärt sich die Wertschätzung mancher Frauen für die günstigenfalls noch für sie arbeitende „eigene" Schneiderin.

In vorerst beschränktem Umfang erwacht heute, nach der fast völligen Verdrängung der Handweberei, sogar wieder eine regere Nachfrage nach besonders gemusterten, nicht völlig regelmäßigen Woll-, Baumwoll- und Seidenstoffen kreativ betreuter gehobener Genres. Bereits gibt es Textilhäuser, die mit „exklusiven", nur beschränkt erhältlichen Webwaren gute Geschäfte machen und die Berufung auf „handycraft work" ist wieder zu einer Auszeichnung aufzusteigen im Begriffe[49].

---

[48] *o. Verf.:* Der vernachlässigte Markt der Älteren, in: Textil-Revue, 53. Jg./1974, Nr. 30, S. 1640 ff.

[49] Im Zeitalter der weitgehenden Auswertung der mechanischen und automatisierten Technik fast unwahrscheinlich anmutend, finden sich sogar im

Sowohl im Bereich des Bekleidungsbedarfs als in demjenigen nach Wohnausstattungen können die persönlichen Umstände und Umweltbedingungen das, was die Einzelnen an Zusatz- oder komplementärem Nutzen zum Grundnutzen hinzu erstreben, die Güternachfrage zunehmend stärker mitbestimmen.

V. Von der Sache her zweckbestimmt differenzierte Nachfrage

Namentlich werden die verschiedenen Güter-Verwendungszwecke immer wieder eine kräftige Nachfrage nach Maßarbeit wecken. Noch mit zum Bekleidungsbereich gehörend, wächst der Bedarf nach orthopädischem Schuhwerk und anderen Hilfsmitteln zum Auffangen körperlicher Schwächen. Nachdem die Sattlerei, die Drechslerei, die Reiseartikel- und Lederwarenherstellung als Handwerkszweige, zum Teil durch Bedarfsverschiebungen, zum Teil durch fortschreitende Industrialisierung, über viele Jahrzehnte an Boden verloren, scheinen ihnen heute der zunehmend beliebtere Reitsport sowie Sonderwünsche an die persönliche Ferienausrüstung und dgl. neue Entfaltungsmöglichkeiten zu erschließen. — In der gleichen Richtung wartet das Bauen mit instruktiven Beispielen auf. Verhält es sich nicht häufig so, daß wir vorhandene Gebäude nicht einfach abtragen und durch neue ersetzen dürfen, sondern aus Wirtschaftlichkeits- wie aus anderen Gründen teure „Regiearbeit" für deren Erneuerung in Kauf nehmen müssen? Ebenso erheischen die neuen Bauvorhaben schon technisch oft den Rückgriff auf handwerkliche Arbeiten. So vermag sich sogar die handwerkliche Fenster- und Türenfabrikation neben der großserienmäßigen zu behaupten. Besonders dürfte natürlich, wie für das einzeln gestaltete gepflegte Einfamilienhaus, für die meisten öffentlichen Gebäude, allen voran die Repräsentativ- und Spitalbauten, kaum je viel anderes als starke Abstützung auf qualifizierte Handwerksarbeit in Frage kommen.

Ähnliches steht, beim zu gewärtigenden weiteren Auseinanderklaffen der Arbeits- und der Kapitalkostenbelastungen, für manche neu zu erstellende Werkgebäude und andere Produktionsanlagen in Aussicht. Wir berühren damit noch einmal das starke Mit-Tätig-Sein des Baugewerbes für die Produktivgütererzeugung. — Heute kündigen jüngere Entwicklungen eine Wiedereinschaltung weiterer Handwerkszweige in diese Fertigungsaufgaben an. So sehr die moderne Technik zur Massenproduktion

---

Textilfach Fälle, in denen überhaupt nur das Handwerk gewisse Erzeugnisse hervorzubringen vermag. Was M. Watanabe in seinem Japan-Buch (*Watanabe*, M.: Japan, Zürich 1960, S. 46) darlegt, trifft wohl noch für andere Zweige zu: „Von den 20 000 Seidenwebern Kyotos arbeitet etwa die Hälfte mit Selbstvertrieb. Gewoben wird mit großen Handwebstühlen. Das komplizierte Verfahren der Kyoto-Webekunst kann nicht mit automatischen Maschinen durchgeführt werden. Nur die Kyoto-Weber können jene kunstvollen Obi, den breiten Kimonogürtel, die oft mehrere hunderttausend Yen kosten, herstellen."

neigt und es bei deren Vorteilen bei oberflächlicher Betrachtung als Ungereimtheit erscheinen mag, tritt fortschreitend deutlicher zutage, daß gerade die mechanisierte und automatisierte Massenfertigung unmittelbar und mittelbar wieder stärkeren Bedarf nach differenzierten Beiträgen an sie erzeugt. Bereits vernahmen wir von der Betrauung von Handwerksfirmen durch Industrieunternehmen mit der Lieferung hochgezüchteter Spezialgeräte und Maschinen. Solche Bedürfnisse werden sich überall geltend machen, wo die zweitgenannten ihre Zukunft nicht länger nur in streng standardisierten Einheitsausführungen ihrer Fabrikate sehen. Nicht minder bleiben die selbständige Werkzeugmacherei, die Modellschreinerei und die Anfertigung nicht laufend benötigter Teilstücke oft eigentliche Schlüsselpositionen für eine anschließende industrielle Erzeugung. Erfahrungen lehren, daß wohleingespielte, aber im übrigen unabhängige Handwerksmeister solche Arbeiten nicht selten besser als die eigenen Werkabteilungen besorgen.

Zum mindesten brauchen Handwerker, deren Heranziehung auf dauerhaft kostengünstigerer Arbeit oder auf schöpferisch konstruktiver Mithilfe beruht, für morgen und übermorgen keine Beeinträchtigung ihrer Beschäftigungschancen zu befürchten. — Im ganzen wohnen wir zwei bemerkenswert gegenläufigen Bewegungen bei: daß sich einerseits im Uhren-, Fotogeräte-, Rundspruch- und Fernsehgerätegeschäft, unter dem Konkurrenzdruck der Massenfilialunternehmen und des Discounthandels, die Abgabe der Erzeugnisse ohne Nebendienste einbürgern konnte. Andererseits treiben die damit verbundenen Unsicherheiten die anspruchsvolleren Käufer und ebenso die Anpassungserfordernisse der komplizierteren technischen Ausrüstungen deren Benützer, sowohl die Konsumenten als die Weiterverwender der Industrie, auf den Beistand des Handwerks und Fachhandels zurück[50].

Als weiterer Aufgabenbereich hauptsächlich des Handwerks warten der Unterhalt der Bauten und technischen Ausrüstungen sowie der Reparaturbedarf nur darauf, inskünftig eine noch aufmerksamere Betreuung zu erfahren. So aufwendig der „Service" an den Motorfahrzeugen und namentlich die Schadensbehebung an diesen erscheinen, erweist sich die Zuhilfenahme der Dienste der Garagisten und Automobilmechaniker in kürzeren oder längeren Zeitabständen zumeist als unausweichlich. Ähnlich müssen morgen wie heute, wenn die technischen Einrichtungen in den Gebäuden ihre Dienste versagen, der Sanitär-, Heizungs- und Elektroinstallateur, der Spengler, Mechaniker, Schlosser, Dachdecker, auf Verwitterungen und Wasserausbrüche hin auch der Maurer und Flachmaler, rasch zur Beseitigung der Mängel zur Hand sein. — Allerdings bemühte man sich schon darum, die Ausbesserungen zu verein-

[50] Vgl. S. 199.

fachen und durch Ersatzteileinbau ganz zu erübrigen. Wie aber bereits die Rückverlagerung der Reparaturen von Uhren, Geräten aller Art und Maschinen vom Handwerk und Fachhandel auf die industriellen Erzeuger oder von diesen eigens dafür aufgezogene Werkstätten den Kunden nicht immer bessere Bedienung einträgt, scheint die jüngere technische Entwicklung das neckische Spiel zu treiben, für am einen Ort in der Tat nicht mehr benötigte Störungsbehebung eine andere, neue nötig zu machen. Vielleicht, daß es mit der Baurationalisierung eines Tages sogar die Wasser-, Gas- und Elektroinstallation durch einfachen Austausch großserienmäßig fabrizierter Bestandteile teilweise abzulösen gelingt. Selbst daraufhin dürfte aber um das Entweder - Oder zwischen der handwerklichen Wartung der Anlagen und der Verkürzung ihrer Gebrauchstüchtigkeit nicht herumzukommen sein. Heute verleihen Gebote der Abkehr von der „Verschleißwirtschaft" den Unterhalt- und Reparaturleistungen noch mehr Gewicht[51].

VI. Die psychologisch bestimmten Versorgungswünsche

1. Die Hauptarten des Wahlbedarfs

Bereits war auf das wachsende Gewicht, zusehends öfter bereits das Übergewicht, des Wahlbedarfs aufmerksam zu machen. Innerhalb dieses Wahlbedarfs wächst dem psychologisch bestimmten immer größere Bedeutung zu. Erst die Verlagerung von den körperlichen Zwängen auf die geistigen und gefühlsmäßigen Beweggründe verleiht u. a. auch der J. Fourastiéschen Aufwanderung der Nachfrage von den Gütern des „primären" und „sekundären" Sektors der Volkswirtschaften auf diejenigen des „tertiären" die ihr heute beigemessene Bedeutung. Beide: die wohlüberlegten Zielsetzungen wie die emotionalen Regungen bieten weiten Raum für die Selbstbestätigung des Persönlichen. Wie vorhin verzeichnet[52], können in diesen am meisten Ansprüche auf Leistungen nach eigenen Wünschen und eigenem Geschmack entstehen. Allerdings belehrt die moderne Psychologie über das häufige Beherrschtsein der Menschen durch „unterschwellige" Impulse. Eine Linie der Motivforschung meint geradezu, daß diese zwar hauptsächlich nach den Wegleitungen des Verstandes zu handeln glaubten, in Tat und Wahrheit jedoch in hohem Grade anderen, unterbewußten Eingebungen gehorchten[53]. Obwohl dies wieder größere Beeinflußbarkeit von seiten Dritter her heißt, öffnen sich weite Bereiche von Möglichkeiten, höchstpersönliche Nutzengewinne anzustreben und diesen vor den dafür in Kauf zu nehmenden Aufwendungen den Vorrang einzuräumen.

---

[51] Vgl. S. 275.

[52] Vgl. *Fourastié,* J.: Die große Hoffnung des 20. Jahrhunderts, 2. Aufl. Köln 1968.

[53] *Dichter,* E.: Handbuch der Kaufmotive, Düsseldorf 1964.

Zum mindesten in freiheitlich regierten Ländern sollen Erziehung, Schulung und Fortbildung vorab die Entfaltung der Individualitäten fördern. Dazu paßt, daß die gebildeten Glieder der modernen Wohlstandsgesellschaft häufig mehr Sinn für gepflegte Lebensführung und Ausstattung als lediglich mit wohldotierten Portefeuilles bedachte verraten. Nicht von ungefähr tun wir uns gegenwärtig mit der Suche nach einem neuen Lebensstil so schwer. Nachdem die Verheerungen des Zweiten Weltkriegs der „modernen Sachlichkeit" gerufen hatten, kehrten seither, mehrspurig, wieder Vorlieben für weniger „nüchterne Formen": von den klassisch-traditionellen bis zu den neo-romantischen und „nostalgischen", zurück. Allerdings wissen Industrie und Massenvermittler von Waren diese Schwenkungen, sofern es ihnen genügend breite Bevölkerungskreise darauf hinzulenken gelingt, mit auszuwerten. Die Begehren, sowohl zweckdienlichste als ansprechend schöne Gebrauchsgüter an die Hand gegeben zu erhalten, bergen aber vielerlei Ansätze dazu, auf deren Eigengestaltung zu dringen[54]. Das muß bei allen Beeinflussungen durch die moderne Massenwerbung zugunsten der Angebote der großserienmäßigen Fertigung noch profiliertere Einzelwünsche nach sich ziehen.

Wesentliche Einflüsse auf die Gestaltung der Nachfrage üben ferner die Lebensverhältnisse, mit Einschluß der sozialen Stellung und den Arbeitsbedingungen ihrer Träger, aus. Von den engen Gesichtskreisen der Bedrängten aus mußten sich auch die Bedarfsregungen der früheren „Proletarier" auf viel tieferer Ebene als die der gehobeneren Kreise und einiger „Kapitalisten" bewegen. Noch heute unterscheiden sich die des gelernten Berufsarbeiters von denen des Un- und Angelernten, wobei der erstere häufig — zumal im Bereich seiner Fachkenntnisse — schon betonte Ansprüche stellt. Sodann gehen jetzt von der stark erweiterten Freizeit kräftige Ansporne zur persönlicheren Daseinsgestaltung aus.

Ähnliches trifft für die längere Lebensdauer der Angehörigen der Wohlstandsgesellschaft, m. a. W. den steigenden Anteil der bejahrten Personen zu. Nach allerdings noch nicht durchwegs erhärteten Beobachtungen scheinen die jungen Menschen in ihren Beschaffungswünschen viel weiter als die meisten älteren auszuholen, womit sie, vorerst noch weniger hohe Einkünfte erzielend, in den bereits berührten Bann der Nötigung geraten, sich die einzelnen begehrten Dinge nicht zu viel kosten zu lassen. Demgegenüber beschert die „Lebenskurve"[55] dem vorgerückten Alter oft schwindende Belastungen, was dann, wenn eine Verengung des Kreises der Bedürfnisse hinzutritt, für deren Befriedigung höhere Erwartungen zu hegen erlaubt. Einen Begleitumstand bildet das stärkere

---

[54] *Müller,* J.: Eigenständiger Möbelbau durch das Handwerk, in: Internationales Gewerbearchiv, 23. Jg./1975, Heft 1, S. 45 ff.

[55] *Laur,* E. / *Howald,* O.: Landwirtschaftliche Betriebslehre für bäuerliche Verhältnisse, 15. Aufl., Aarau 1960, S. 105.

Angewiesensein auf persönliche Bedienung. — Nicht zu unterschätzende Einflüsse übt schließlich in Zeiten länger dauernder Inflation die Flucht in die Sachwerte aus. Wer sich mit wertbeständigen Gütern gegen Vermögenseinbußen abzuschirmen sucht, wendet seine Aufmerksamkeit zunehmend solchen höherer Qualität und individuell gestalteten zu. Im übrigen verschafft sich doch so etwas wie Auflehnung gegen die Behandlung als „Normalverbraucher“ Luft. Seit Jahren hört man von einem trotz der reichlicheren Güterversorgung, oder am Ende gerade ihretwegen, um sich greifenden „großen Unbehagen[56]. In ihm wie in den Kampfansagen der Jugendlichen an das „Establishment“ brechen Enttäuschungen und Ängste über das, was der Wohlstand bescherte und die dafür in Kauf zu nehmenden Opfer durch: Nötigungen zur Betriebsamkeit, Verluste an tieferen zwischenmenschlichen Beziehungen. Vielleicht wäre es zu gewagt, in dem von Zweigen der Konsumgüterindustrie gemeldeten Zögern der Käufer oder im durch weniger günstige Konjunkturaussichten beeinflußten Abflauen der Nachfrage nach einer Reihe von Konsumgütern bereits Vorboten von Wandlungen des Lebensstils zu vermuten[57]. Dennoch stellen die heutigen Sehnsüchte nach „höherer Lebensqualität“ mit einiger Gewißheit auch noch stärkere individuelle Bestimmtheiten der Versorgungsanliegen in Aussicht.

Mit der Profilierung der Nachfrage durch das Persönliche lassen sich im Rahmen des Wahlbedarfs Kenner-, Liebhaber- und Geltungsaufwandbedarf, der letztgenannte mit dem Seitenflügel des Snobbedarfs, auseinanderhalten. Die Unterscheidung erschließt den Einblick in bezeichnend unterschiedliche Ansprüche an die Güter. Die Kenner wissen über das, was sie benötigen oder wünschen, sowie über die verschiedenen Qualitäten der begehrten Konsum- oder Produktivgüter genaueren Bescheid. Sie finden sich in der Konsumgüternachfrage wie in derjenigen nach Produktionsmitteln. Wie die sachliche Vertrautheit mit den Nahrungs- und Genußmitteln, den Arten, sich zweckmäßig zu kleiden, den Ausstattungsgütern, über das körperliche Wohl hinaus zu größerem Lebensgenuß verhilft, hängt in der Produktion vielfach der ganze geschäft-

[56] *Heer*, F.: Unzufriedenheit trotz Wohlstand, in: Jahrbuch der Absatz- und Verbrauchsforschung, 7. Jg./1961, Heft 1, S. 278;
Schelsky, H.: Die skeptische Generation, Düsseldorf 1968;
Katona, G.: S. 75;
Packard, V.: Die ruhelose Gesellschaft, Düsseldorf/Wien 1973.

[57] *Skowronnek*, K.: Der Käufer von morgen, in: *Vershofen*, W. / *Meyer*, P. W. / *Moser*, H. / *Ott*, W.: Der Mensch im Markt, eine Festschrift zum 60. Geburtstag von Georg Bergler, Berlin 1960.
„Die neuen Märkte in der Zukunft werden jedenfalls zwangsläufig zu einer Umschichtung von Gewohnheiten in der Kontaktpflege zum Käufer führen. Wir werden wahrscheinlich einen neuen ‚Humanismus in der Wirtschaft‘ erleben, bei dem der Handel und das Gewerbe durch ihre naturgegebene individuelle Käufernähe eben in ihrer Marketing-Funktion wahrscheinlich neue Aufgaben übernehmen werden.“

liche Erfolg von der fachkundigen Wahl und Kombination der einzusetzenden Ausrüstungen ab. Damit bleibt Beratungsbedürftigkeit der Käufer und Auftraggeber, nachdem die technische und gesellschaftliche Entwicklung, mit der Fülle der Güterangebote, den Überblick darüber fortschreitend erschwert, durchaus vereinbar: weil die Kenner, höhere Ansprüche stellend, über die Mehrung und Vertiefung der Einsichten in die Gebrauchseignung der Erzeugnisse höchstmögliche Nutzengewinne erzielen möchten.

Die Reihe der Beispiele kann mit den Hausfrauen mit sicherem Urteil sowohl über ihre Bedarfslagen als über die Gebäck-, Fleisch- und Gemüsequalitäten und darüber, was sich daraus machen läßt, beginnen. Sie führt über die aus eigenem Urteil sich zweckgerecht kleidenden Verbraucher und Verbraucherinnen bis zu den Betriebsleitern hin, die über die erforderlichen neuen Ausrüstungen, sowie die geeignetsten zu verwendenden Halbfabrikate oder zu vermittelnden Waren technisch und wirtschaftlich auf dem Laufenden bleiben wollen. Wenn auch Kennerschaft oft mit Standardqualitäten zurecht zu kommen erlaubt, so sieht sie sich für anspruchsvollere Erzeugungen mit am meisten auf höhere, vielfach sogar auf Leistungen „nach Maß“ erwiesen. Für die Zukunft ist nun damit zu rechnen, daß weiter steigende Anforderungen an diese und verstärkter Qualitätswettbewerb zusätzliche Aufdifferenzierung der Versorgungsanliegen zeitigen werden. Im Bereich der Produktion drängen nicht zuletzt die bekannten betriebswirtschaftlichen Zusammenhänge dazu[58]. In dieser Kenner-Nachfrage finden sich zahlreiche wenig preiselastische Elemente.

Was den Liebhaberbedarf betrifft, macht es sein Hauptmerkmal aus, mit seinen Vorlieben allgemeinere Erlebnisinhalte zu verknüpfen und deshalb die Bereitschaft, allenfalls hohe Preise auszulegen, mitzubringen. Sein Interesse gilt von vorneherein besonders geprägten, nicht alltäglichen Dingen. Vom steigenden Wohlstand und den Sehnsüchten nach „höherer Lebensqualität“ ist mit einiger Sicherheit eine noch größere Ausbreitung und Intensivierung dieser Nachfrage zu erwarten. Das Ergebnis kann kaum etwas anderes als eine noch kräftigere Profilierung dieser Einzelanliegen sein.

Um einiges anders äußern sich Geltungsaufwand- und Snobbedarf. Neben den individualitätsbestimmten Motivationen wirken gesellschaftliche Kräfte an der Bedarfsgestaltung der Verbraucher mit. Genau genommen stellen sich bereits manche dem ersten Anschein nach im Persönlichen wurzelnde Wünsche als durch die Umwelt geprägte heraus. Schon Erziehung und Schulung der Jugendlichen sollen ja nicht nur deren Eigenart formen, sondern — wie es die heutigen Soziologen zu nennen

---

[58] Vgl. S. 70.

pflegen — sie zugleich „sozialisieren“, m. a. W. an die mehr oder weniger freiwillige Einordnung in das Zusammenleben der Menschen gewöhnen. Offenkundig gibt es besonders stark durch die gesellschaftliche Umwelt beeinflußte Konsum-, bisweilen auch Produzentenverhalten. Nicht von ungefähr hat die moderne Gesellschaftswissenschaft ein ganzes Vokabularium: „Sozialer Geltungsaufwand“, „durch bekundeten Wohlstand untermauertes Sozialprestige“, „soziales Rollenspiel“, „Statussymbole“ zur Erklärung verbreiteter gesellschaftlicher Phänomene entwickelt. In der Tat hatte die Mobilisierung des modernen Menschen im Verein mit seiner Verstädterung, von starker Auflockerung der angestammten Gemeinschaftsbande begleitet, den Effekt, dem äußerlichen Güteraufwand ein früher nicht gekanntes Gewicht zu verleihen[59]. Wohl nicht unzutreffend wurde dieser mit seinem Hang, teurere Gebrauchs- und Ausstattungsstücke vor allem einmal zur Mehrung und Festigung des Ansehens in der Öffentlichkeit anzuschaffen, schon als Preis der — allerdings vermeintlich — klassenlosen Gesellschaft bezeichnet[60].

In der Aufwandkonkurrenz wirken zwei, lediglich formal betrachtet einander zuwiderlaufende Regungen: von der einen Seite ein Angleichungs- und Nachahmungsstreben der breiten Schichten der Bevölkerung[61], von der anderen das Bemühen weniger zahlreicher Personen

---

[59] Vorläufig hält die gegenwärtige abendländische Zivilisation noch stark auf die Wahrung und Mehrung des Wohlstands. Weil in der hocharbeitsteiligen Gesellschaft die Verdienste der einzelnen und ihrer Gruppierungen um das Wohl des Ganzen nicht mehr sofort in die Augen springen, hat die Öffentlichkeit immer mehr auf Ersatzmerkmale der Tüchtigkeit: auf die als angemessen vermuteten Leistungsentgelte bzw. die daraus erzielten Einkünfte, und weil sich auch diese oft dem näheren Einblick entziehen, auf die äußerliche Aufwendigkeit der Lebensführung abzustellen begonnen. Siehe weiter: *Veblen*, Th.: The Theory of the Leisure Class. An Economic Study in the evolution of Institutions. London 1899 (deutsch: Theorie der feinen Leute, Köln 1958), sowie *Riesmann*, D.: Wohlstand wofür? Frankfurt a. M. 1966, S. 16 ff., S. 26.

[60] ebenda.

[61] *Scherhorn*, G.: Soziologie des Konsums, in: *Koenig*, R. (Hrsg.), Handbuch der empirischen Sozialforschung, II. Band, Stuttgart, S. 849 f. Dieser Autor geht den Quellen des Angleichungsstrebens noch näher nach: „Egalisierend wirkt Konsum, wenn alle Mitglieder einer Gruppe das gleiche Konsumniveau haben und die gleichen Konsumstandards befolgen: Die Mitglieder dieser Gruppe können auf der gleichen Ebene miteinander verkehren, haben den gleichen Gesprächsstoff, brauchen sich nicht zu genieren, weil sie etwas nicht besitzen, was die anderen haben, und laufen nicht Gefahr, für hochmütig gehalten zu werden, weil sie einen Aufwand treiben, den die anderen sich nicht leisten können.“

Anschließend stellt er fest: „Differenzierung durch Konsumverhalten ist in Gruppen gleichen Konsumniveaus nur innerhalb bestimmter Grenzen zugelassen; außerhalb dieses Freizügigkeitsspielraums tendiert die Gruppe zu einer Konformität des Konsumverhaltens, die von leichten, geduldeten Differenzierungsversuchen einzelner in Bewegung gehalten wird. Sobald solche mit einer geringen Erhöhung des Ansehens belohnt werden, nimmt sich die allgemeine

und Gruppierungen, sich von den übrigen abzuheben. Die breite Bevölkerung eifert überall, wo sie nicht in Armut und Dumpfheit versinkt, bewußt oder unbewußt Vorbildern, in ihren Augen Verkörperungen des Gehobenen und Besseren nach. Zwar regte sich dieser Nachahmungsdrang bereits in früheren Jahrhunderten, soweit ihm nicht ständische oder obrigkeitliche Sittengebote entgegenstanden. Doch löste der Aufschwung zur modernen Wohlstandsgesellschaft eine durchschlagende Ausweitung und Betonung dieses Hanges aus, sich durch die Übernahme des Gehabens „oberer Kreise" als Anwärter auf die Hochschätzung als diesen zugehörig anzumelden. Darauf beruhen u. a. die Phänomene der Mode und die Erfahrung, daß anfänglich als „exklusive", in kleineren Mengen für die zahlungskräftigere Nachfrage herausgebrachte Produkte allmählich, heute nicht selten recht rasch, weiten Anklang finden und damit eine billigere Großserienerzeugung erlauben. Wenn eine Grundlage der Modeströmungen im Hang zum Wechsel von Ausstattungsstücken zu suchen ist und einer ihrer Hauptantriebe in der Spannung für den tausendfach mit der Gesellschaft verknüpften Menschen zwischen dem Drang, sich zu schmücken und auszuzeichnen und den Geboten der Schicklichkeit steckt[62], so trägt doch erst das Nachahmungsstreben vorab der städtischen und vorstädtischen Volkskreise jenen Zwang ein, der eigentliche Unumgänglichkeiten der Anpassung schafft[63]. Auch rühren die Tendenzen, den Bereich der modischen Gestaltung der Dinge auszudehnen, nicht zuletzt von diesem her.

Umgekehrt zielt das Auszeichnungsstreben auf die Abkehr vom „Gewöhnlichen", d. h. auf gehobene oder zumindest andere Verbrauchsstile und Ausstattungen als den landläufigen ab. War es einmal das Vorrecht des Adels und Patriziats, schmackhafter zu speisen, bessere Kleider zu tragen und schöner als das „gemeine Volk" wohnen zu dürfen, so macht es wieder die Erscheinung der gegenwärtigen Mode deutlich, daß alle derzeit Phantasiebegabten und Keck-Individuellen die Möglichkeit, sich

---

Egalisierungstendenz ihrer unfehlbar an, um die entstandene Differenz binnen kurzem wieder auszuglätten."

Wiswede, G. (S. 62) definiert die Verbrauchsnorm geradezu aus dem Zwang zur Anpassung heraus: „Verbrauchsnormen enthalten spezielle Aussagen darüber, welche Konsumausgaben in welcher Form gemacht werden sollten und welche Kaufhandlungen im Rahmen der jeweiligen sozio-kulturellen Umwelt ‚erwartet' werden dürfen."

„Wir haben uns hier vornehmlich ... mit psychischen Gleichgewichten zu befassen, die durch soziale Lernprozesse bedingt sind; unter Umständen sind diese so stark ‚Natur' geworden, daß Abweichungen davon als widernatürlich, ja gar als widerwärtig empfunden ... werden können ... In welcher Umgebung wir uns wohl fühlen, mit welchen Dingen wir uns umgeben, welchen Grad der Sauberkeit wir schätzen — all dies ist Sache eines normativen Gleichgewichts. So entwickelt jede Kultur ihren eigenen Wohnstil."

[62] *Koenig*, R. / *Schuppisser*, P. W. (Hrsg.): S. 109 ff.

[63] *Riesmann*, O.: Wohlstand wofür?, Frankfurt a. M. 1966, S. 18 ff.

durch das Äußere hervorzutun, haben. In diesem Auszeichnungsstreben laufen ebenfalls Neigungen mit, sich vorab durch den Umfang des demonstrativen Aufwandes als von höherem gesellschaftlichem Rang auszugeben oder wenigstens als Einzelpersönlichkeit zu bestätigen. Noch häufiger wendet sich jedoch dieser Ehrgeiz angespannteren Ansprüchen und betonter persönlich geprägten zu.

Beim Snobbedarf kommt, vollends auf das Sich-Abheben hin angelegt, eine Aufgipfelung des äußeren Lebensaufwandes, mehr oder weniger offenkundig über die persönlichen Verhältnisse der ihm huldigenden hinaus, dazu.

Diese arteigenen Versorgungswünsche unterliegen natürlich dem Einfluß der jeweiligen Konjunkturlage und -stimmung, mitsamt ihrem Wechsel. Reichlichere persönliche Einkünfte und Aussichten darauf pflegen den gesamten Wahlbedarf zu verstärken; dagegen werden Rückschläge über kurz oder lang zu Abstrichen daran nötigen. In Zeiten fortschreitender Inflation kann sich ihm in allen drei Erscheinungsformen der erwähnte zusätzliche Wahlbedarf: die Flucht in die Sachwerte, überlagern.

Im Rahmen des Abschätzbaren stellt die gesellschaftliche Weiterentwicklung keine Abschwächung, sondern mit einiger Sicherheit noch kräftigere Impulse in Aussicht, durch die Art des Umgangs mit den Gütern der Außenwelt entweder auf die Anerkennung als Glied gehobener Bevölkerungskreise oder als Eigenständigkeit zu halten. Dabei bleibt aber offen, ob sich auch das Auszeichnungsstreben vorab in Wünschen, in den Genuß aller möglichen Erzeugnisse und Dienste zu gelangen, oder in der Eingrenzung des Kreises der begehrten Güter, mit dafür höheren Qualitätsansprüchen, äußern wird. Wahrscheinlich geschieht beides: nur daß sich über die Proportionen kaum etwas Näheres voraussagen läßt. Diese dürften sich nicht nur nach den gesellschaftlichen Strukturen und der Verbreitung mehr oder weniger unterschiedlicher Versorgungsanliegen, sondern ebenfalls nach den Leistungsniveaus der Gewerbezweige und -betriebe richten.

Wie die Volkswirtschafts- und Betriebswirtschaftslehre hat sich bisher die empirische Sozialforschung um das, was wir hier ins Blickfeld rücken, merkwürdig wenig gekümmert. Das dürfte an der schwierigeren Erfaßbarkeit der Qualität der Güter und ihrer Unterschiede als bloßer Mengenwerte liegen. Die Sozialforscher wissen nur etwa das eine auszusagen, daß sich die Anforderungen an die Güter, in erster Linie von der Kaufkraft der Nachfragenden abhängig, nach den jeweiligen Angeboten zu richten pflegten und deren Differenzierung in der Regel eine oberflächlich-äußerliche bleibe[64]. Die offenkundige Unzulänglichkeit dieser Be-

[64] Vgl. oben S. 259.

funde wird wahrscheinlich durch eine allzu einfache Gleichsetzung von Wohlstandsgesellschaft und Industriegesellschaft verschuldet. — Einzelne Volks- und Betriebswirtschafter drangen immerhin schon etwas tiefer vor. So führt Meyer-Dohm u. a. aus:

„Andererseits entwickelt sich aufgrund der Dynamik des Lebensstandards ein neuer Konsumstil, der durch die ... Haltung des modernen Konsumenten begünstigt wird. Der Haushalt zeigt sich heute weniger objektverhaftet und weit gestaltungsfreudiger als früher — Erscheinungen, die durch das Einkommens- und Freizeitwachstum begünstigt worden sind.“

Und weiter:

„Auf diese Weise lassen sich viele Beispiele konstruieren, die soziale Normen und andere Notwendigkeiten berücksichtigen, zugleich aber auch die Möglichkeiten individueller Gestaltungsfreiheit aufweisen. Besonders im Privatbereich ist eine Entwicklung der individuellen Eigenart leichter möglich als in den der Öffentlichkeit einsichtigen Gebieten der Lebensführung.“

Noch mehr zieht W. Müller die Möglichkeit stärker persönlich bestimmter Konsumverhalten in Betracht:

„Wir stellen fest, daß sich der Konsument immer mehr von den traditionellen Leitbildern löst und die Grenzen seiner Wünsche und Begehren immer weiter hinausschiebt.“ (Was natürlich sowohl in quantitativer als in qualitativer Richtung verstanden werden kann — der Verfasser.)[65]

Demgegenüber scheint bezeichnend, wie der zitierte Scherhorn zwar über die Tatsache differenzierter und anspruchsvollerer Verlangen nach Gütern seinerseits nicht hinwegsehen kann, sein Hauptaugenmerk aber den Verleitungen zu deren Verflachung schenkt:

„Je differenzierter aber der Bedarf und je reichhaltiger, vielfältiger das Angebot, desto höhere Anforderungen stellt der Kauf an die Aktivität und an die rationalen Fähigkeiten des Käufers; je mehr dieser die Mühe des Suchens und Wählens, des Urteilens und Vergleichens scheut, je weniger er bereit oder in der Lage ist, sich die zur Beurteilung der konkurrierenden Produktvarianten erforderlichen Kenntnisse zu erwerben, je bereitwilliger er Augenblicksimpulsen der Bequemlichkeit, der Nachgiebigkeit gegenüber einem drängenden Verkäufer o. ä. vor dem gewiß selten vollkommenen, aber immerhin näherungsweise erfüllbaren Ziel der optimalen Bedürfnisbefriedigung den Vorrang gibt, kurz: je passiver er sich beim Kauf verhält, desto geringer wird der Ertrag seines Verhaltens ...[66].“

Dazu wenden wir nun ein, daß es in den Wohlstandsgesellschaften ganz offenkundig noch kräftigere Impulse zur stärkeren Differenzierung der Nutzenerwartungen gibt. Sie mögen sich zuerst in kleineren Kreisen der Bevölkerung regen, pflegen sich aber über kurz oder lang auf breitere fortzupflanzen, um schließlich auf ausgedehntere auszugreifen. Das sollen wieder einige Beispiele aus den verschiedenen Bedarfsbereichen dartun.

---

[65] *Meyer-Dohm*, P.: Sozialökonomische Aspekte der Konsumfreiheit, Freiburg i. Br. 1965, S. 186 und 184.

Müller, W., in: Strukturwandlungen der schweizerischen Wirtschaft und Gesellschaft, Festschrift für F. Marbach, Bern 1962, S. 300.

[66] *Scherhorn*, G.: S. 854.

2. Aus dem Bereich des kurzperiodischen Bedarfs

Von den körperlichen Bedingtheiten schlagen etwa die Ansprüche des Gaumens zu den psychologischen Motivationen die Brücke. Mit der Entwicklung der Wünsche für die persönliche Lebensführung werden sich morgen und übermorgen erst recht Glieder der Wohlstandsgesellschaft nicht nur bekömmlich verköstigen wollen, sondern zugleich das Schmackhafte, die Tafelfreuden suchen. Schon von der Wiege her bringen die Menschen bestimmte Vorlieben für Speisen und Abneigungen gegen andere mit. Mag die gegenwärtige Zivilisation manche Verbraucher im Alltag an einfache und schematisierte Zwischenverpflegungen gewöhnen, und mögen Verknappungen des Küchen- und Bedienungspersonals im Gastwirtschafts- und Beherbergungsgewerbe da und dort Leistungsabbau verschulden. Das ändert aber nichts an dem jeder Einzelperson innewohnenden Grundverlangen, in den Genuß besserer und gewählter Mahlzeiten zu kommen. Bekanntlich läßt sich über die „Geschmäcker" nicht streiten. Vielmehr können besondere Ansprüche geradezu zum Zeichen von Individualitäten werden. Deshalb steht mit aller Sicherheit in Aussicht, daß sich immer wieder Feinschmecker finden werden, die ihr Dasein mit hochdifferenzierten Gerichten bereichern möchten. Nicht zuletzt dürfte die Bekanntschaft mit den Feinheiten der Küche anderer Länder und Völker, zu denen die heutige Freizügigkeit des Reiseverkehrs verhilft, die Vielfalt der Wünsche in dieser Richtung abermals vergrößern. Was bereits als ein Ausdruck der Kultiviertheit gilt, dürfte es fortan noch mehr als bisher sein. — Wie eng sich die erstrebten Gaumenfreuden mit der Erfüllung psychischer Wünsche verbinden, tritt in ihrer Auswertung für die Gastfreundschaft, über den Familienzusammenhalt hinaus, und für die Förderung der Geselligkeit schlechthin, zutage. Nicht von ungefähr bildet es eine eigentliche Grundlage des Hotelgewerbes, verlockende Tafeln in den Dienst der gesellschaftlichen Begegnungen zu stellen. Das kann für bedeutende Kreise kaum je anders werden. — Dazu eine doch wohl naheliegende Frage: Was wohl vom derzeitigen Motorfahrzeugverkehr auf der Straße zu privaten Konsumzwecken, mitsamt den Ferienreisen im eigenen Wagen bliebe, wenn ihnen nicht der Drang zum Fahren nach persönlichem Belieben und zum größeren Vergnügen zugrunde läge? Nicht anders verhält es sich mit der Gesundheits- und Schönheitspflege: In dieser läuft mit der fortschreitenden Ausweitung und Intensivierung der Nachfrage eine ausgeprägte Aufdifferenzierung der Wünsche nach ihren Mitteln und Hilfen einher.

3. Aus dem Bereich des mittelperiodischen Bedarfs

Nicht minder verheißt die Demokratisierung des Wohlstandes mit der Weckung zusätzlichen mittelfristig-periodischen Bedarfs dessen Hineinwachsen in noch größere Varietät. Mit der Verlagerung der Versorgungsanliegen von den Gütern des Zwangs- zu denjenigen des Wahlbedarfs vervielfachen sich auch die Substitutionsmöglichkeiten, indem z. B. einer Ergänzung oder Erneuerung der Bekleidung Fernseh- oder Musikwiedergabegeräte, oder ausgedehntere Ferienreisen vorgezogen werden können. Wenn die heutige Gesellschaft, ungeachtet der Berichte über eine schleppende Expansion der Textilwirtschaft, zur fortschreitenden Spezialisierung der Bekleidung auf deren verschiedenste Verwendungszwecke hin tendiert, so weist dies seinerseits in der Richtung noch größerer Abwandlung. Bereits soll ein neuer Reiseverkehr von Frauen im Entstehen begriffen sein, die, von der Konfektion in ihrer Heimat nicht befriedigend bedient, an ausländischen Plätzen qualifizierte Schneiderinnen-Ateliers aufsuchen, die ihnen besser gerecht zu werden wissen. Die Chancen für gewiegte Fachleute sowohl des Handwerks als des Handels für Damen- und Herrenbekleidung, Mutterschaftsbedarf, Kinderausstattung, Wäsche dürften eher wachsen als sinken. Sehr treffend schreibt E. Zahn[67] der jüngeren Entwicklung zu:

„Daß den Gütern, die uns die Wirtschaft liefert, persönliche und gesellschaftliche Funktionen zukommen, daß sie unser Milieu, unsere Daseinsausrüstung bilden, daß sie zu Attributen unserer Persönlichkeit werden können, dies tritt in einer nie geahnten Weise in der Marktwirtschaft zutage."

Damit muß es sich fortan noch eindeutiger bestätigen:

„Die Ansprüche an die Güter steigen, führen zu ästhetischer Verfeinerung ..."

In tiefgreifender Bewegung befindet sich bereits der Möbel- und übrige Wohnungsausstattungsbedarf. So sehr die jüngere Entwicklung, u. a. durch die zunehmend stärkere Verwendung von Kunststoffen bedingt, und besonders für Büroeinrichtungen, das mengenmäßige Übergewicht auf die Serienfabrikate verschoben hat, gibt es mancherlei Behaglichkeitswünsche und Repräsentationsambitionen, die sogar zunehmend nach darauf abgestimmtem Mobiliar verlangen.

„Dieses Bedürfnis ist heute ein sehr persönliches Verlangen nach individueller Heimgestaltung geworden, kann also immer weniger als das Bedürfnis nach einem ‚Dach über dem Kopf' aufgefaßt werden[68]."

Zudem lösen Warenfülle und Drang zur Eile des modernen Menschen Neigungen zu umfassenden Bedarfsregungen, m. a. W. dazu aus, gewöhnlich, wenn nicht gerade Sammlereifer mitspielt, nicht mehr nur Einzelstücke, sondern gleich ganze Wohnraumgestaltung erwerben zu wollen. Wir stießen auf die Unterscheidung zwischen problemlosen und problembehafteten Versorgungsanliegen. In aller Regel geben jedoch, wenn sich Probleme stellen, wieder die differenzierten Versorgungsanliegen schwie-

---

[67] *Zahn*, E.: S. 24 und schon S. 19.

[68] *Zahn*, E.: S. 48.

riger zu treffende Wahlentscheide auf. Das zeigt sich in den gehobenen Wünschen um das eigene Heim mit am deutlichsten. Was hätte der heutige große Aufwand reich ausgestatteter Zeitschriften von der Art von „Domus“, „Arts et Métiers“, „Décoration“, „Schöner wohnen“ usw. für einen Sinn, wenn er nicht einem Verlangen nach besserem eigenem Urteilsvermögen der Leser über Zweckgerechtigkeit, Schönheit, Angemessenheit der Einrichtung dienen wollte[69]?

Desgleichen ist den Museen für Wohnkultur und vielen Kursveranstaltungen, etwa über Stilkunde, wenn sie die Persönlichkeitsbildung fördern sollen, nicht zuletzt die Schärfung des Urteilsvermögens über Güte und Zweckmäßigkeit der zu erwerbenden Ausstattungen und damit eine bessere Befähigung zum Artikulieren profilierter Einzelwünsche zugedacht.

Allerdings hat man es bei den heute beanspruchten Küchen- sowie den begehrten Stereo-, Rundspruch- und Fernsehgeräten, Waschautomaten, Foto- und Filmausrüstungen, bis zum Personenwagen, nahezu durchwegs mit Industriefabrikaten zu tun. Auch deren Preisgünstigkeit und ihr Gebrauch erheischen indessen zumeist gewissenhafte Beratung, den Ein-

---

[69] So stellt ein Fachmann des schweizerischen handwerklichen Möbelbaus zur heutigen Lage in der Schweiz fest:

„Wer die Entwicklung auf dem Möbelgebiet beobachtet, wird feststellen, daß das konventionelle Angebot der Industrie, bedingt durch den Zwang zur Großserie und damit zur Marktkonformität, sich immer weniger deckt mit dem Bedürfnis jener anspruchsvolleren und bewußteren Käufer, sich auf eine persönliche Art einzurichten. Der Grad der ästhetischen Kompetenz bei dieser Schicht mag verschieden sein wie auch ihr Geschmack, dessen Spektrum vom Funktional-Sachlichen über das „Skandinavische“ bis zu traditionellen Formen reicht. Gemeinsam ist für sie die Abkehr vom Modetrend zur Konfektion, das Suchen nach etwas, das man vielleicht mit dem Begriff „das Natürlich-Humane, das Echte“ umschreiben kann.

Der Anteil dieser Gruppe wächst, und auch die Bereitschaft, den Gegenwert für das Gesuchte anzulegen. Die Möbelwerkstätten, die solchen Anforderungen genügen können, sehen sich einer steigenden Nachfrage gegenüber.

Für einen schreinerischen Möbelbau bieten sich heute und in unserem Lande einzigartige Chancen, von denen wir nur einige nennen:

— die deutliche Neigung vieler Zeitgenossen zum Ursprünglichen und Natürlichen sowohl beim Werkstoff wie bei der konstruktiven Gestaltung;
— die Vielfalt der einheimischen Holzarten, die alpinen Wuchsgebiete, die z. B. den Nadelhölzern jene Strukturen verleihen, die sie für den Möbelbau geeignet machen;
— die noch vorhandene berufliche Qualifikation, die engen Beziehungen zwischen Forstleuten, Sägern und Schreinern, die kleingewerbliche Struktur bei gutem technischem Stand, das zunehmende Interesse für solches Handwerken, auch beim Nachwuchs.

Wir sollten Wege suchen, diese günstigen Konstellationen zu nutzen und damit zugleich eine kulturelle, beruflich-menschliche und soziale Aufgabe zu erfüllen. Das ist möglich, wenn es gelingt, in den Bereichen Gestalten, Handwerken und Verkaufen Kräfte zu mobilisieren und zum Zusammenwirken zu bringen.“

Müller, J.: Eigenständiger Möbelbau durch das Handwerk, in Internationales Gewerbearchiv 1975, Nr. 1, S. 45 ff.

bau und die Wartung durch fachkundige Handwerker und Kaufleute. — Soweit wir immer das Vorgelände des künftigen Konsumgüterbedarfs ableuchten, fällt der Blick fast stets auf das Nebeneinander einer — häufig überwiegenden — Nachfrage nach für breiteste Kreise zugänglichen Industrieerzeugnissen und einer ebenfalls noch regen nach differenzierten gewerblicher Betriebe. Mögen im einzelnen technische und organisatorische Errungenschaften fortan ohne den Beistand der letzteren auszukommen erlauben, erweist sich dieser in anderen Bereichen als immer wieder erforderlich.

Vom sowohl für den kurzfristig als für den mittelfristig periodischen Bedarf tätigen Einzelhandel erwartet die moderne Kundschaft, vorab die städtische Bevölkerung, angenehme, sie in ihrem Fortschrittsglauben bestärkende Überraschungen und das Erschließen von Entdeckerfreuden. Damit können Schaufenster und Warenauslagen erst recht variierte Wünsche wecken.

4. Aus dem Bereich des längerfristig-aperiodischen Bedarfs

Ziehen wir endlich den langfristig aperiodischen Bedarf nach Gebrauchsgütern in Betracht, so zeichnet sich noch einmal ein lebhafter nach abzuwandelnden, im wesentlichen vom Handwerk zu vermittelnden Leistungen ab. Wieder gibt es zwar nicht ganz einfache, aber unverkennbare Entwicklungslinien. Das gilt besonders für das Bauen mit Einschluß der Ausbaugewerbe. Unter dem Druck der außerordentlichen Verteuerung der einschlägigen Arbeiten der jüngeren Jahre befehlen allerdings manche Sachzwänge deren möglichste „Technisierung". Dieser mögen auch die Spenglerei, die Sanitär- und Elektroinstallation, die Schlosserei, die Malerei und Gipserei, mitunter Gefahren der völligen Ausschaltung laufend, nicht ausweichen können. Wie dargelegt, bedeutet jedoch Technisierung der Erzeugung nicht auch schon Industrialisierung. Sie weckt zwar nicht zu unterschätzende Ansporne zu dieser, d. h. zum Überdruß wiederholt: zur großserienmäßigen Fertigung. Nichtsdestoweniger werden weiterhin allein schon die Naturgrundlagen fortgesetzt neu zu planende und anders auszuführende Werke erheischen. Noch mehr läßt sich damit rechnen, daß morgen manche Anwärter auf Eigenheime, zumal solche aus gehobenen Bevölkerungskreisen, noch mehr als bisher auf Gebäude eigener Gestaltung halten werden. Bei aller Förderungswürdigkeit von Großüberbauungen, welche das Wohnen wenigstens so weit als noch machbar verbilligen sollen, gehört es zur Natur der höheren Ansprüche, immer wieder andere Ausführungen zu erheischen. Jüngstens melden sogar Soziologen, Städteplaner und Architekten zunehmend Bedenken gegen einförmige oder doch nach wenigen Mustern erstellte Einheitsüberbauungen und Hochhaus-Kolonien, u. a. ihrer einebnenden Effekte auf die Bewohner wegen, an. — Ebenso ist doch für den Investitionsbedarf der öffentlichen Hand und für die Errichtung privater Produktionsstätten eher noch eine Intensivierung der Differenzierungserfordernisse zu erwarten. Schon dadurch bedingt, daß die überbauten Kulturlandschaften je länger desto weniger auf bisher wenig belegten Böden von Grund auf neu aufzuführende Bauwerke gestatten, müssen Bundes- und Zentralstaaten, Länder und Gemeinden bei der Erweiterung der Infrastrukturen immer mehr auf schon bestehende Anlagen sowie auf alle möglichen Belange von dritter Seite Bedacht nehmen. Auch für zusätzlich zu errichtende Schulen und Rathäuser scheinen Einheitsbauten kaum mehr zu genügen.

Endlich gibt es heute eine stark, oft betont handwerkliche Herstellung bis in die Einzelheiten originalgetreuer Maschinen-(Lokomotiv-, Automobil-, Flugzeug-, Schiffs-)modelle, sowie eine Einzelanfertigung von Musikinstrumenten, Schmuckstücken für hohe Ansprüche und anderer Liebhabereiobjekte bis zu künstlerisch gestalteten Puppen.

5. Im Bereich der Produktionsgüterbeschaffung

Was die moderne Produktionsgütererzeugung betrifft, steht diese nicht minder im Zeichen der fortschreitenden Verfeinerung. Bekanntlich hat sich das volkswirtschaftliche Gewicht von den Grundstoff- auf die Veredlungsindustrien, nicht selten schon auf eine Art „tertiäre": die Hervorbringung hochgezüchteter Spezialfabrikate, verlagert. Häufig setzen diese, da die Standardausführungen nicht genügen, wieder Sonderanfertigungen voraus. Zudem steigen mit den Anforderungen an die Endprodukte ebenfalls diejenigen an die Zulieferungen, und zwar oft im Sinne ihres Zuschnitts auf die jeweiligen Einzelverwendungen. Allerdings holen zur Stunde die Kapitalkosten gegenüber der Steigerung der Arbeitskosten auf. Indessen geht für die Dauer die Vermutung kaum fehl, daß die Wiederkehr guter Konjunkturen die Schere zwischen den beiden Kostenbelastungen offenhalten und damit das Interesse für Anlagen nach Maß, die teure Beschäftigte einzusparen erlauben, weiter verstärken werde.

Gewiß stecken in der modernen Wohlstandsgesellschaft wie in der Technik nachdrückliche Anstöße, auf die möglichste Ausnützung des Gesetzes der Massenproduktion abzuzielen. Nachdem diese aber oft auf natürliche oder psychologische Schranken stößt, bewahrt auch die Herstellung in Kleinserien und eigentlicher Einzelstücke ihre Bedeutung. Das berührt natürlich ebenfalls die Untervergebungen. Für solche, die nur zur Vermeidung momentaner Überbelastungen der eigenen Kapazitäten industrieller Unternehmen erfolgen, hat man wahrscheinlich zu befürchten, daß sie auf Konjunkturabschwächungen und einfach auf die Länge hin einschneidende Kürzungen erfahren oder ganz ausfallen dürften. Vielleicht, daß mit schwindenden Absatzmöglichkeiten für die Auftraggeberfirmen da und dort sogar bisherige Kostenvorteile von Unterakkordanten verlorengehen. Dagegen verspricht der Zwang zum rationellen Wirtschaften weiterhin für jene Platz, die dauernd kostengünstiger liefern können. Namentlich bleibt es jedoch bei der Aussicht, daß die um ihrer konstruktiven Beiträge an die Gesamterzeugung willen herangezogenen Handwerksmeister um ihre Mitinanspruchnahme weiterhin nicht zu bangen brauchen.

Es liegt auf der Hand, daß der Fortbestand differenzierten Bedarfs und dessen wahrscheinliche weitere Intensivierung, zumal des anspruchsvolleren, auch der Beratung der Auftraggeber und Käufer ungeschmälerte volkswirtschaftliche und soziale Bedeutung bewahrt. Gewiß gewinnen diese mit der breiteren Einbürgerung vieler Fabrikate, durch den Meinungsaustausch unter ihresgleichen und Aufklärungsaktionen darin gefördert, allmählich an eigenem Urteilsvermögen. Dennoch bleibt es dabei, daß die Wünsche nach besonders abgestimmten Leistungen immer wieder erfahrene fachkundige Beihilfen erheischen. Diese Beratung werden für ausgedehnte Bereiche weiterhin vertrauenswürdige Handwerksmeister, Fachhändler und Träger gewerblicher Dienstleistungsbetriebe am besten zu bieten in der Lage sein.

VII. In die Zukunft weisende geschäftliche Erfahrungen und Entwicklungen im Gewerbe

Die aus den Motivationen des Bedarfs zu gewinnenden Aufschlüsse seien noch an konkreten geschäftlichen Erfahrungen und an dem, was am Gesamtkörper des Gewerbes derzeit geschieht, näher überprüft. Nach wie vor nimmt, je länger desto weniger lediglich zur Sicherung der Notdurft, die Lebens- und Genußmittelversorgung einen Großteil: nämlich 35 bis 50 % der unmittelbar oder mittelbar von den Privathaushalten für Konsumzwecke ausgegebenen Kaufkraft in Beschlag. Nun gerieten allerdings gerade die für sie beschäftigten Handwerks- und Einzelhandelsbetriebe unter den Druck einer besonders starken Konkurrenz der Massenvermittler von Waren, vorab der Großläden der Massenfilialunternehmen. Diese vermochten sich in den jüngeren Jahrzehnten sehr nachdrücklich mit einzuschalten, wobei es zugleich zu scharfen Schmälerungen der erzielbaren Handelsspannen kam. Das Weichen zahlreicher bisher in diesem Bereich mittätiger Gewerbetreibender hat bis zum heutigen Tag ein Schrumpfen der Bestände des Bäckerei- und Metzgereigewerbes und namentlich des Lebensmitteleinzelhandels zur Folge.

Indessen stellte sich diesen Bodenverlusten, die ohnehin nicht nur von eigentlicher Verdrängung herrühren dürften, eine erfolgreiche Behauptung des Handwerks und Handels, zur Hauptsache in den Händen gewiegter Inhaber und Leiter, gerade auch in den Städten und Vorstädten, zur Seite. Nicht wenige davon scheuten die nächste Nähe der Warenhäuser und Massenfilialläden in den Geschäftszentren nicht und vermochten an diesen Standorten am meisten zu erstarken. Zudem war ja schon das Werben der Initianten großer Shoppingzentren an den Rändern der großen Bevölkerungsagglomerationen und „auf der grünen Wiese" um die Mitbeteiligung tüchtig geführter Fachhandelsbetriebe zu vermerken. Für deren Zukunft braucht man sich kaum zu sorgen. — Unter anderem sei der Anklang erwähnt, den die moderne Menuberatung, etwa der schweizerischen Metzgerschaft, und deren Anläufe finden, ihre qualifizierten Gehilfen über Kochkurse zum noch besseren Erfühlen der Wünsche der Kundschaft zu befähigen. Zugleich scheinen sich bei nicht wenigen Besuchern und Besucherinnen der Warenhäuser und Supermarkets Anwandlungen des Überdrusses ob allzu uniformer Angebote und, in seltsamem Kontrast zu deren Anziehung auf breite Käuferkreise, über die Nötigung zu zeigen, im Gedränge kaufen zu müssen. Nachdem die handelswissenschaftliche Publizistik eine Zeitlang den unausweichlichen Niedergang des amerikanischen „independent shop" ankündete, soll dieser in neuerer Zeit, nach unverdächtigen Zeugen[70], von gewiegten Kräften betreut, an Boden zurückgewinnen. Jedenfalls nehmen die gut geleiteten „Fach-" und „Spezialgeschäfte" für besonders gepflegte Bekleidung, Galanteriewaren, Wohnungsausstattungen, Geschirr und Glaswaren, Eisenwaren, Sportausrüstungen, im Buchhandel, regelmäßig mit großen Auswahlen, in den meisten europäischen Ländern nach wie vor eine führende, den Städten oft überhaupt erst ihren urbanen Charakter verleihende Stellung ein. Neuestens scheint ihr Erfolg in städtischen Geschäftszentren, die es autofrei zu machen gelingt, sogar so groß zu sein, daß er starke Verteuerungen ihrer Standorte verschuldet, die ihren Fortbestand von dieser Seite her erschweren könnten. Den vornehmlich mit modischen Spezialitäten aufwartenden Boutiquen, die vorzugsweise in den Städten den Fach- und Spezialgeschäften zur Seite traten, könnten für ihren Teil zwar nicht durchwegs, aber den geschickt betreuten gute Zukunftschancen winken.

Allerdings werden manche gewerbliche Einzelhändler, um nicht das Odium des „teuren Krämers" auf sich zu ziehen, wohl oder übel immer wieder der Abstützung auf Einkaufsgenossenschaften oder freiwillige Ketten und deren „Kernsortimente" bedürfen. Die entscheidende Wettbewerbsfähigkeit den „Großen" gegenüber müssen sie aber, sofern nicht schon die Nähe der Bezugsquelle für die Kunden den nötigen Lebensraum bewahrt, mit höchsteigenen, auf die Käuferwünsche näher abgestimmten

[70] *Dichter*, E.: Motivation im Dienste des Kunden, Vortrag vom 14. Dezember 1965 an der Tagung des MMM-Instituts der NCR-Registrierkassen AG, Zürich (im Mskr.).

Leistungen beweisen. Als Fingerzeig auf die Möglichkeiten in dieser Richtung kann der Hang der Massenvermittler von Waren zum „trading up" gelten. Augenscheinlich erkennen diese ihrerseits, daß sie nicht nur die Linie der Billigangebote verfolgen dürfen, sondern, — obgleich zu steigenden Kosten — Zugeständnisse an in ihrer schärferen Ausprägung differenzierte Versorgungsanliegen zu machen haben[71]. So hob der Verkaufsdirektor eines schweizerischen Warenhauses, P. Kaufmann, aus seinen Erfahrungen unter anderem folgendes hervor:

„Dieses Angebot wird mehr und mehr zweipolig. Auf der einen Seite zentriert es sich um die romantischen Variationen. Auf der andern um die Basisartikel. Um den einen Pol gruppiert sich das ‚Er-leben' — um den andern aber das ‚Leben' ... Künftig werden wir unterscheiden zwischen den Technokraten der Basisartikel und den ‚Magiern der romantischen Variationen'[72]."

„Die Technokraten sehen die Welt als ein Problem der Kybernetik. Was denkbar ist, ist organisierbar. Gefördert wird diese Mutation durch den Computer ... Die Magier der romantischen Variationen sind im Gegensatz zu den vorgenannten Könnern des Wiederholbaren die Könner des Einmaligen, des Individuellen und des einzigartig Originellen ... Vor allem vermögen diese Magier konkrete Erlebnisinhalte händlerisch auszustatten[73]."

Der wieder unverdächtige Zeuge dachte bei seinen Aussagen hauptsächlich an die Kunden des „großen" Einzelhandels. An ihnen scheint uns nur der Ausdruck „romantische Variationen" an die Wortverbindung „differenzierte, oft persönlich geprägte Versorgungsbegehren" abgetauscht werden zu müssen, um den ganzen Umfang der zweiten Entwicklungsrichtung der Güternachfrage sichtbar zu machen. Wir fügen dazu lediglich bei: Wenn die Polarisierung der Nachfrage sogar in den Verkaufsbeziehungen von Warenhäusern mit ihren Kunden zutage tritt, so wird diese in denjenigen zwischen tüchtigen Gewerbetreibenden und den Abnehmern ihrer Leistungen noch viel profilierter vorhanden und weiter im Gange sein. — Für den Dienstleistungssektor erachten wir die Aussichten auf die künftigen Strukturen der vom Gastgewerbe zu befriedigenden Bedürfnisse als charakteristisch. Bei allen vorhandenen Trends zur Massenverpflegung und Schmälerung des Gästebeherbergungs-Leistungsfächers scheinen weiterhin gut geführte, auf aufmerksamste Bedienung der Besucher bedachte Häuser ihre Anziehung auf anspruchs-

---

[71] *Nieschlag,* R.: S. 126 ff. Die Massenvermittler folgen diesem Hang, obwohl er für sie einige Gefahren birgt, auf einmal in den Bann angespannter Anforderungen der Käuferschaft an die Sortimente und die Bedienung schlechthin zu geraten.

Pasdermadjan, H.: Das Warenhaus, Köln/Opladen 1954, S. 49 ff., 132.

Gabler, W.: Volkswirtschaftliche Probleme der Warenhäuser in den Vereinigten Staaten von Amerika, Zürich 1933, S. 35, 107 ff.

[72] *Kaufmann,* P.: Der Schlüssel zum Verbraucher, Wien 1969, S. 457.

[73] *ders.,* S. 459.

volle Kreise trotz Verteuerung ihrer Angebote nicht zu verlieren[74]. Ähnliches trifft für andere Zweige zu: wenn vor wenigen Jahrzehnten noch von notleidendem Coiffeurgewerbe die Rede war, so haben seither gewiegte Inhaber städtischer „Salons“ die steigende Wertschätzung für gutes persönliches Aussehen und Wohlbefinden zu beachtlichem geschäftlichem Aufschwung auszunützen verstanden. Bereits macht es der derzeitige Aufwand für die Körper-, Gesundheits- und Schönheitspflege offenkundig, daß dieser höchstwahrscheinlich je länger desto mehr auf differenzierte Dienste, unter Inkaufnahme höherer Aufwendungen dafür, halten wird. Diesen Erwartungen folgen — nur vorläufig noch in einigem Abstand — die Wünsche nach den Hilfen der Manicure, Pedicure und der Massage-Ateliers. Parallel dazu dürfte die fortschreitend dringlichere Nachfrage nach Pharmazeutika, trotz der Hinwendung zur Markenware, oder gerade durch das vielfältige Angebot solcher mitbedingt, die Marktstellung des Apothekers und Drogisten für morgen und übermorgen eher festigen als schwächen. Zwar mag die Anspannung der Qualitätsansprüche der Kauflustigen im einzelnen einmal nur den sachlich-chemischen, physikalischen, biologischen Eigenschaften der Güter gelten; doch zeugt manches für einen noch stärkeren Zug, von den Vermittlern immer mehr Bedachtnahme auf höchstpersönliche Anliegen zu erwarten. Desgleichen dürften manchen Straßentransport-Unternehmern die Verfrachter und Empfänger von Gütern, die sie mit anpassungswilligen Diensten für sie gewannen, weiterhin zugetan bleiben.

Rücken wir den langfristig-aperiodischen Bedarf einerseits nach Konsumgütern, andererseits nach Produktionsausrüstungen ins Blickfeld. Den Bau-Haupt- und Ausbaugewerben mögen im jüngsten Jahrzehnt, im Sog von Überhängen einer oft ungestümen Nachfrage, Überentwicklungen unterlaufen und sie heute zu einer „Gesundschrumpfung“ verurteilt sein. Dennoch bleibt offenkundig, daß sie auch fortan mit zur Schlüsselerzeugung der modernen Volkswirtschaften gehören werden. Dabei geben trotz der Wünschbarkeit der Industrialisierung mancher Werkausführungen tausenderlei Erfahrungen zu erkennen, daß sich diese nicht beliebig vorantreiben läßt, sondern äußere Bedingungen und zweckbestimmte Begehren der Bauherrschaften nach wie vor handwerklich abgewandelte Arbeiten verlangen. In der Mehrzahl der mittel- und westeuropäischenen Länder sollen, mit allem Einsatz eines größeren

[74] Allerdings scheinen die heutigen größeren Städte für das frühere „Wiener Café“, in dem sich geruhsam verweilen und eine Vielzahl von Tageszeitungen und Zeitschriften lesen ließ, nicht mehr viel Platz zu belassen; am Ende könnte — in den Ländern romanischer Kultur — auf die Dauer sogar manchen überlieferten „Bistros“ die Nötigung zur Aufgabe drohen. Ein modernes Gegenstück dazu bildet u. a. in einer Zeit, in der von Dienstboten entblößte Familien der Hausfrau wenigstens einmal wöchentlich die Mahlzeitenzubereitung ersparen möchten, die steigende Attraktion für eine hervorragende Küche bekannter Landgasthöfe.

Maschinenparks, die zu erstellenden Objekte auch künftig wechselnden Erfordernissen Genüge leisten. Wie der Wunsch nach besonders gestalteten Wohnhäusern und der Bedarf der öffentlichen Hand nach von Fall zu Fall andern Bauten, wird auch die Bedachtnahme der Unternehmer nicht erlahmen, auf ihre Produktion zugeschnittene Anlagen zu erhalten.

Um einiges weniger können wir zur Zeit noch mit Belegen über zukunftsträchtige handwerkliche Fertigungen für andere als unmittelbare Bauzwecke aus einer Fülle von Beispielen schöpfen. Das hängt aber wahrscheinlich mehr an den Schwierigkeiten ihrer tatsächlichen Erfassung als an weniger häufigen Vorkommen. Bei der Vielfalt der Arbeiten, dem starken Wechsel der Aufträge und der bis dahin zumeist nicht sonderlichen Berichterstattungsfreudigkeit der Betriebsinhaber hält es einstweilen schwer, zuverlässige Einblicke über die in diese Richtung erbrachten Leistungen zu erlangen. Immerhin war schon von einer bedeutenden Gerätefabrikation und der Erstellung kleinerer und größerer Spezialausrüstungen sowie einer zunehmenden Beteiligung am Fahrzeugbau zu vernehmen. In der Schweiz sollen — nach uns zugegangenen persönlichen Auskünften — die handwerklichen mechanischen Werkstätten bereits recht stark für in- und ausländische Erwerber bis zur Verwendungsreife durchgestalteter technischer Ausrüstungen arbeiten. Für die Bundesrepublik Deutschland verdanken wir Th. Beckermann ein Gesamtbild der Einschaltung des Handwerks in die Produktivgüterfertigung, nebst der baugewerblichen. Zu den Unteraufträgen der Industrie hinzu führt er seinerseits zahlreiche Fälle der selbständigen Produktion für den direkten Verkauf an. Hier sein Befund:

„Der häufige Typenwechsel überträgt sich auf die Produktionssphäre: der Bedarf an Investitionsgütern wird immer differenzierter. Seit Jahren ist die Nachfrage nach individuellen Produktionsmitteln so stark, daß sie kaum gedeckt werden kann. Auf diesen Bedarf eingestellte Betriebe entfalten sich nicht selten in wenigen Jahren zu leistungsfähigen Mittel- und Großbetrieben, ob es sich um die Herstellung von Spezialmaschinen und -werkzeugen, von Geräten für die Kino-, die Rundfunk- und Fernsehtechnik oder um Entwicklungsarbeiten handelt. Entweder handelt es sich um Sonderanfertigungen nach individuellen Wünschen oder um Abwandlungen sonst serienmäßig produzierter Maschinen, Motoren und Mechanismen nach Konstruktion, Form und Werkstoff. Nicht selten treten leistungsfähige handwerkliche Betriebe als ‚Vertragsfirmen‘ großer Industriewerke auf. Ihre Erträge steigern sich mit den eigenen geistigen Beiträgen und mit der Präzision der Arbeit[75].“

In einer ergänzenden Abhandlung nennt unser Gewährsmann die vom Handwerk am häufigsten gelieferten Halbfabrikate — entweder unter Verwendung eigener Rohstoffe oder als ‚Lohnarbeit‘ —:

„Ventile, Stanzteile aller Art, Drehteile für Werkzeuge und Maschinen, Armaturen, Düsen, Schrauben, Bolzen, Karosserieteile, das Galvanisieren

[75] *Beckermann*, Th.: Das Handwerk in der modernen Wettbewerbswirtschaft, in: Internationales Gewerbearchiv, 14. Jg./1966, Heft 1, S. 1 ff.

und Schleifen, das Polieren von Kraftfahrzeug- und Maschinenteilen usw. Dazu gesellt sich eine lange Liste selbstentwickelter Produkte und von Erzeugungen für den freien Verkauf an die verschiedensten Abnehmer[76]."

Der Effekt der Konjunkturschwankungen auf die Untervergebungen scheint unsere Voraussagen[77] zu bestätigen. Allerdings sahen sich in der Bundesrepublik die damit beschäftigten Handwerksbetriebe von den Rezessionen der jüngeren Jahre wesentlich härter als die Industrie betroffen. Ferner mußten sie oft weniger gute Abschlüsse für die Erbringung der Arbeiten hinnehmen. Dennoch sprechen Äußerungen aus der die Aufträge erteilenden Industrie dafür, daß sich bei wieder belebter, vielleicht dann ausgeglichener expandierender Volkswirtschaft ebenfalls die Arbeitsteilung zwischen Industrie und Handwerk und deren Zusammenarbeit konsolidieren dürfte[78]. Dieser könnte nicht zuletzt die wieder

[76] *Beckermann,* Th.: Partnerschaft zwischen Industrie und Handwerk, in: Internationales Gewerbearchiv, 17. Jg. / 1969, Heft 3, S. 167 ff.

[77] S. 267.

[78] Wohl durch die Bindung an verfügbare Globalzahlen bedingt, bleibt der erwähnte Prognos-Bericht in den Voraussagen über die Weiterentwicklung der Strukturen der Güternachfrage eher dürftig. Immerhin finden sich welche, weniger im zusammenfassenden Ausblick als im Rahmen der Kennzeichnung der bis dahin entstandenen Ausrichtungen der Angebote und der Nachfrage. Es sind namentlich die folgenden:

„Der Aufbau der großserienmäßigen Produktion und die damit verbundenen Umstrukturierungsprozesse sind in Deutschland in mehreren Bereichen abgeschlossen.

Der auf vielen Märkten zu beobachtende Übergang von Verkäufer- zu Käufermärkten spricht dafür, daß Marktsättigungen erreicht sind und zusätzliches Wachstum nur über Spezialisierung bzw. Individualisierung zu erreichen ist. Dabei wird das steigende Wohlstandsniveau — nachdem die Motorisierung und die Ausstattung der Haushalte mit langlebigen Konsumgütern nahezu abgeschlossen ist — einen zunehmenden Bedarf an individualisierten Leistungen entstehen lassen (zunehmende Differenzierung). Zugleich ist bei steigendem Ausbildungsstand mit zunehmend kritischer werdendem Käuferverhalten zu rechnen, das diese Tendenz unterstützt...

Soweit die technologischen Entwicklungen bisher schon Voraussetzungen für die Spezialisierung des Angebotes waren, wird bei abnehmender Rate des technischen Fortschritts ... auch das Ausmaß der Spezialisierungen im Verhältnis zur Vergangenheitsentwicklung abnehmen."

„Die erwähnten Gründe führen dazu, daß der Faktor Individualisierung gegenüber der bisherigen Entwicklung im verarbeitenden Gewerbe (nach wie vor im weiten Wortsinne verstanden) in mehreren Bereichen — der Eisen- und Nichteisen-Metall-Erzeugung, Gießerei und Stahlverformung, Leder-, Textil- und Bekleidungsgewerbe, Elektrotechnik, Holz- und Papiergewerbe, Nahrungs- und Genußmittelgewerbe — gewinnen wird." (S. 156 ff.)

Noch einmal sei darauf aufmerksam gemacht, daß die zitierte Studie Aussagen für die ganze westdeutsche Wirtschaft, also auch für die Nachfrage nach Industriefabrikaten machen will. Man braucht sich aber nur den — meistens stark mit Zwischenformen dotierten — Fächer von den reinen Ausprägungen des handwerklichen zu der industriellen Produktionsweise zu vergegenwärtigen, um zu erkennen, daß die Schlußfolgerungen der Berichterstatter für den gewerblichen Bereich, so wie wir ihn deuten, den unsrigen recht nahe kommen. U. E. bezeichnend können sie aber ihre Urteile in dieser Hinsicht

bessere Arbeitsmoral nicht weniger Gehilfen auf das Weichen der Überbeschäftigung hin zugutekommen.

Endlich bestätigt die Empfindlichkeit der gegenwärtigen Wohlstandsgesellschaft auf unzulängliche oder erst mit Verzug verfügbare Wartungs-, Erneuerungs- und Reparaturdienste das Fortbestehen einer lebhaften Nachfrage darnach. Die Bedarfsgebiete können sich im Zuge des technischen Wandels und desjenigen in den Verbrauchsgewohnheiten verschieben: trotzdem werfen allein schon die vielerlei Service-Erfordernisse für die fortschreitend verwickelteren Installationen an den Gebäuden aller Art bis zu denjenigen für die Kraftfahrzeuge, elektronischen Geräte usw., Schlaglichter auf eher noch zunehmende Betreuungsnotwendigkeiten.

Wir schließen diese Beurteilung der Zukunftsaussichten an den derzeitigen Erfahrungen und Entwicklungen im Gewerbe mit einer bündigen Gesamtbewertung von E. O. Hollander für die Vereinigten Staaten von Amerika ab[79]:

"The number of firms in manufacturing is expected to increase, even though slowly, after a decade of ups and downs. ... The increase in number of firms will be accompanied by an increase in the average size. This is neither an anomaly nor an inauspicious omen for the future of small manufacturing. It represents, on the one hand, the expansion of established manufacturing firms of all sizes in an expanding economy, through growth or acquisition, and on the other hand, the proliferation of new and small firms in many manufacturing sectors hospitable to them. ...

In retail trade the rate of increase in the number of firms is expected to be only about two-thirds as rapid in the next decade as in the one just past. This reflects the relative decline of some sectors and the further encroachment of chains on small business in some other sectors. Retailing will continue to provide about two fifths of all opportunities for small business firms.

The outlook in brief is for 'small business as usual: moderately good'. ...

The sectoral composition of small business will change slowly as entre-

---

nicht mehr aus statistischen Unterlagen schöpfen, sondern müssen sie diese ihrerseits aus qualifizierenden Einschätzungen der jetzigen Sachverhalte und ihrer mutmaßlichen Fortbildung abzuleiten suchen.

Allerdings glaubt die mit in Betracht gezogene Prognose ein sich verringerndes Gewicht der „absatzmarktorientierten Faktoren“ und ein dafür wachsendes der restlichen: der Qualität der Unternehmer, der Personalrekrutierung, der Beschaffung und Finanzierung, vorauszusehen. Sie meint das von der veränderten Struktur des realen Wachstums des Bruttosozialprodukts im Zeitraum von 1970 bis 1985 — ausgerechnet! — infolge zunehmender Produktions- und Bedarfsdifferenzierung erwarten zu sollen (S. 213 ff.). Das wären Effekte, welche die Zukunftschancen für das Handwerk und die gewerblichen Handels- und Dienstleistungsbetriebe letztlich wieder schmälern könnten. Bei durchgängig marktwirtschaftlicher Würdigung und den gegebenen einsatzfähigen Kräftepotentialen sollte sich indessen damit rechnen lassen, daß diese „übrigen Faktoren“ dem bestimmenden Einfluß der Nachfragestrukturen unterliegen und deshalb zum mindesten auf die Länge die unmittelbaren Impulse von dieser Seite her weder zu durchkreuzen noch aufzufangen vermöchten.

[79] *Hollander*, E. D. u. a. (Hrsg.): S. 198 f.

preneurs respond to the shifts in demand resulting from the growth of the economy and the advance of technology....

One of the determining factors in the outlook for small business is the effectiveness of government in maintaining an environment conducive to the mobility and profitability of small business."

VIII. Veränderte jüngste Aussichten?

Da sich dem Begehr nach den Gütern zur Erfüllung differenzierter Ansprüche, damit es wirtschaftswirksam werde, die zu ihrem Erwerb nötige Kaufkraft beigesellen muß, können sich jüngstens doch noch Vorbehalte gegen unsere Voraussagen erheben. In der Tat sind in den letzten Jahren die gesellschaftlichen und mit ihnen die technischen und wirtschaftlichen Grundlagen in eine Bewegung geraten, die für die Zukunft eine Abbremsung, wenn nicht völlige Unterbrechung des bisherigen Wachstums der entwickelteren abendländischen und fernöstlichen Volkswirtschaften in Aussicht stellt. Je länger desto mehr fordern bedrohliche Kehrseiten dieser Entfaltung zu deren Zügelung heraus. — Fürs erste ist bekanntlich die Zwangslage entstanden, bedeutende Versäumnisse im Ausbau der Infrastrukturen nachzuholen. Davon muß man eine empfindliche Kürzung der persönlichen Einkünfte durch erhöhte Steuerverpflichtungen gewärtigen. Diesen Belastungen der Privathaushalte überlagern sich die weiteren aus den je länger desto dringlicheren Aufgaben, der Zerstörung der natürlichen Umwelt Einhalt zu gebieten. Zum Überfluß scheint ein „Weltmodell“[80] über die Entwicklung der Lebensmöglichkeiten für die Menschheit schlechthin beim jetzigen Andauern der Bevölkerungsexplosion in Asien und Afrika und des Rohstoffverzehrs mit dem entsprechenden Abfallausstoß der fortgeschrittenen Volkswirtschaften ein baldiges Aufprallen auf eherne Schranken anzukünden. Wenn dieses Modell fatale Unausweichlichkeiten aufzeigen sollte, so wäre mit einer demnächst platzgreifenden zusätzlichen Preisrevolution, diesmal im Sinne der raschen Verteuerung der nicht regenerierbaren Rohstoffe und wohl noch anderer, wieder auf Kosten der privaten Güterversorgung, zu rechnen. Der damit verursachte, zum mindesten verhältnismäßige Nachfrageschwund müßte auch die Vorlieben für Leistungen nach Maß und sonstwie betont differenzierte in Mitleidenschaft ziehen. Solche Einbrüche dürften namentlich jene Versorgungsanliegen treffen, die im gesellschaftlichen Geltungsaufwand: vom schlichten bis zum großzügigen und zum Snob-Bedarf, wurzeln. Ferner könnte sich einiges an Liebhaberbedarf, weil letztlich auf den Erwerb wertbeständiger Dinge abzielend, als einkommenselastisch herausstellen[81]. — Um so mehr berechtigen

[80] *Meadows*, D. / *Meadows*, D. / *Zahn*, E. / *Milling*, P.: Die Grenzen des Wachstums, Bericht des Club of Rome, Reinbek bei Hamburg 1973; *Nussbaum*, H. von (Hrsg.): Die Zukunft des Wachstums, Düsseldorf 1973.

[81] Über die Preis- und Einkommenselastizität bzw. -unelastizität der Nachfrage nach qualifizierten gewerblichen Leistungen vgl. Bd. II, S. 241 ff.

aber unsere Untersuchungsbefunde zur Erwartung, daß der echte Liebhaberei- und besonders der differenzierte Kennerbedarf viel weniger Einbußen erleiden dürften. Definitionsgemäß beruht dieser ja auf Nutzengewinnerwartungen, welche die Bewertung der dafür auszulegenden Geldsummen überwiegen. Damit bleibt es zwar wahrscheinlich, daß auf schwächere weitere Zunahmen der für den Privatkonsum oder die privaten Produktionsvorhaben verfügbaren Kaufkraft hin bisherige Erwerber von Gütern besonderer Qualität auf Serienfabrikate der Industrie und des Massenangebotes ausweichen oder als Käufer ganz ausscheiden. Insoweit mag sich die Abhängigkeit dieser Nachfrage von den Einkünften, wie vordem in der Richtung ihrer Ausdehnung, ebenfalls in der ihres Schwundes, bestätigen. Dicht daneben läßt jedoch die Unumgänglichkeit bestimmter Arbeiten des Handwerks und der gehobenen Dienste des übrigen Gewerbes bzw. die Nachfrage jener, die deren Vorzüge schätzen lernten, deren starkes Fortbestehen erwarten. Die darauf angewiesenen oder sonstwie dafür gewonnenen werden, für ihren Teil zu Ausgabeneinschränkungen gedrängt, eher auf andere Anschaffungen und Genüsse als auf diese Leistungen verzichten. Dieser Bedarf mag in Jahren der gesamtwirtschaftlichen Beengtheit seinerseits weniger als in guten wachsen, wird sich aber auf die Dauer, namentlich dann, wenn Handwerk, gewerblicher Handel und verwandte Dienstleistungsbetriebe ihren Kunden echte Problemlösungen zu bieten wissen, ebenso stark wie der andere weiter entwickeln.

In jüngster Zeit empfehlen, in der Sicht auf das drohende Heranrücken der Grenzen des auf dem Planeten Erde Möglichen, selbst Volkswirtschafter, wie G. Myrdal und J. Tinbergen[82], die Hinwendung zur „qualitativen Expansion", begleitet von zunehmend nachdrücklicheren Rufen nach Bemühungen um mehr „Lebensqualität". Beide Zielsetzungen lassen sich recht unterschiedlich deuten. Doch spricht vieles dafür, daß sie, im Verein mit der Öffnung für wieder engere zwischenmenschliche Beziehungen und der Vorsorge für besser gewahrte persönliche Freiheit, auch dem Wunsche gelten, wieder mehr Freude an den Gütern dieser Welt zurückzugewinnen. Erweist es sich bei diesen Gegebenheiten als eine zu gewagte Spekulation, den arteigenen Leistungen tüchtiger Gewerbetreibender, obwohl sie in der Regel größere Arbeitsaufwände und Gestehungskosten als die der Industrie verlangen, nicht sinkende, sondern steigende Wertschätzung vorauszusagen?

Im ganzen entwerfen wir damit das Bild, daß die künftigen Bedarfsstrukturen wohl immer wieder einen breiten Strom von Nachfrage nach den Fabrikaten der Industrie und den Massenangeboten von Waren,

---

[82] *Myrdal,* G.: Ökonomie der verbesserten Umwelt-Strategien wider die Selbstmordgesellschaft, in: *Nussbaum,* H. von (Hrsg.): S. 18 ff.; *Tinbergen,* J.: Entwicklungspolitik und Umweltschutz, in: *Nussbaum,* H. von (Hrsg.): S. 81 f.

zugleich aber kräftig durchpulste Adern des Begehrs nach differenzierten Leistungen, von den nur wenig von den Standards abweichenden bis zu den profiliert individuellen zeigen werden. Natürlich können sich im Nebeneinander die Mischungsverhältnisse von Bereich zu Bereich anders gestalten und mit den Jahren wechseln. Unsere Untersuchung fördert jedoch zutage, daß, wenn dem Gewerbe inskünftig Einbußen drohen sollten, diese viel weniger aus den Entwicklungen der Bedarfe, als aus gesellschaftlicher Unterschätzung seiner Dienste und dadurch verschuldeten Unzulänglichkeiten der personellen Dotierung erwachsen dürften. Allerdings bleibt die Beteiligung des Handwerks, der gewerblichen Betriebe des Handels und der Dienstleistungszweige an der Gesamtversorgung der modernen Gesellschaft einer genauen Vorausberechnung und Vorausplanung kaum zugänglich. In der Wirtschaftspraxis kommt es aber auch nur darauf an, daß weiterhin größere Anzahlen gut geleiteter Betriebe und Unternehmen in vorwiegend breiterem polypolistischem Wettbewerb mitzuhalten und den volkswirtschaftlich optimalen Zuspruch der Käufer und übrigen Träger des Begehrs nach deren Leistungen zu finden vermögen.

Wohl sind wir damit sehr wenig genaue Richtwerte für die zu erwartende Weiterentwicklung anzubieten in der Lage. Indessen scheint uns die qualifizierende Ergründung der bestimmenden gegenwärtigen wirtschaftlichen und gesellschaftlichen Verhältnisse, mit besonderem Augenmerk für die Motivationen der derzeitigen Nachfrage nach Gütern, am meisten und zuverlässigste Ansatzpunkte und Maßstäbe für die Beurteilung der Zukunftsaussichten im allgemeinen wie im einzelnen an die Hand zu geben.

G. Ein Exkurs: Zum Verhältnis Mittelstand : Gewerbe

I. Zum Wesen des Mittelstandes

1. Grundsätzliches

Stehen Handwerk und kleinbetrieblicher Einzelhandel im Blickfeld, so rückt zumeist auch die Bezeichnung „Mittelstand" in Griffnähe. Besonders zeigen die Inhaber kleinerer Handelsbetriebe die Neigung, sie für sich in Anspruch zu nehmen oder zum mindesten als Beiwort zu verwenden. Neben Wirtschaftspraxis und Politik macht ebenfalls die Volkswirtschaftslehre davon Gebrauch. — Kann dieser Mittelstand für unsere Untersuchungen, vielleicht sogar den Gewerbebegriff übertreffend, neue Gesichtspunkte und zusätzliche bzw. bessere Aufschlüsse zutage fördern?

Halten wir uns zunächst an die sprachliche Bedeutung der im Ausdruck zusammengefaßten Elemente. Der Benennung „Stand" ist wirtschaftswissenschaftlich und soziologisch ein ziemlich scharf umrissener Sinn zugedacht. Sie will eine Gruppierung von Gliedern einer Gesellschaft oder eines Volkes nach dem Merkmal ihrer arteigenen Leistungen für das Ganze, oder spezieller, nach der Berufszugehörigkeit hervorheben. Am klarsten tritt dies in den Unterscheidungen des mittelalterlichen Gesellschaftsaufbaus in „Wehrstand", „Lehrstand" und „Nährstand" zutage. M. Scheler gab zu bedenken:

> „Stand ist etwas Stehendes, etwas, worin der Mensch sich genügt, worin er sich „gestellt" findet; Stand ist aber auch wahre Beheimatung im Staat, Beheimatung im Bewußtsein fester, abgegrenzter, sicherer und von keinem antastbarer Rechtsbefugnisse[1]."

Er verwies damit auf die Verbindung mit den bestimmenden Auffassungen und Ordnungen der Zunftzeit. Damit prägt sich die andere Natur als diejenige der „Klasse" aus, die W. Sombart als „durch gemeinsame Interessen an einem Wirtschaftssystem äußerlich zusammengehaltenen, in ein Gemeinwesen mechanisch (d. h. nicht „organisch") eingefügten, individualistischen Großverband" umschrieb. Ad. Weber meinte dazu:

> „Mit dem Worte ‚Klasse' verbinden wir regelmäßig die Vorstellung einer unorganischen Stellung, des Interessengegensatzes, des sozialen Kampfes[2]."

---

[1] Zitiert bei *Weber*, A.: Allgemeine Volkswirtschaftslehre, 5. Aufl., Bd. I, München/Leipzig 1933, S. 128.

[2] *Weber*, A.: Ebenda.

Vgl. ferner: *Spann*, O.: Klasse und Stand, in: Handwörterbuch der Staatswissenschaften, 4. Aufl., Bd. 5, S. 696. Dieser Autor bringt den Unterschied auf

Bekanntlich hat der Sozialismus die Klassenschichtung besonders betont und ihr entscheidendes Gewicht beigemessen. Die Verschiebung kann als Ausfluß des modernen Zugs zur Abschüttelung überlieferter Bande und der Ausscheidung der Bevölkerungskreise nach den Ansprüchen an das Leben, an die Arbeitsbedingungen und die Güterversorgung, m. a. W. der durch die jüngere Entwicklung herbeigeführten Umschichtungen gelten. Dennoch hat der überlieferte Begriff „Stand" auch seinen Aussagewert nicht verloren. Es gibt noch heute Standesbewußtsein; über den staatspolitisch — demokratisch/föderativen — Bereich hinaus regt sich in der Wirtschaft immer wieder das Bedürfnis nach Standesorganisation. Einzelne Länder glaubten zeitweilig sogar, die Neuordnung ihrer Volkswirtschaft auf solche Gliederungen abstützen zu sollen. So bleibt das Wort, selbst in seinem ursprünglichen allgemeineren Sinn, nicht nur ein Werkzeug der universalistischen Gesellschaftslehre, sondern es besitzt nach wie vor praktisch gestaltende Bedeutung. Die Verbundenheit in einer Leistungs- oder Berufsgemeinschaft wirkt dabei allerdings weit über das Wirtschaftliche hinaus und schlägt sich in den sozialen, kulturellen und politischen Beziehungen nieder. Diese Eigentümlichkeit macht deutlich, daß sich der „Stand" wirtschaftlich nicht genügend ergründen läßt, sondern erst als Erklärungsinstrument der Gesellschaftslehre die gewünschten Auskünfte erschließt.

Über den zweiten Teil der Bezeichnung „Mittelstand" ist ähnliches festzustellen. „Mittel" heißt: zwischen zwei gegensätzlichen Größen. Es bildet den Übergang von „unten" nach „oben" und von „links" nach „rechts". Wenn dieses Feld ein solches von größerer Ausdehnung bleibt, so widerlegt es die Annahme, daß es auf die Dauer nur scharf gegeneinander abgesetzte, einander gegenüberstehende Ausformungen geben könne. Die marxistische Aufspaltung in „Proletarier-" und „Kapitalistenklasse" mußte von sich aus in die Erwartung des ständigen und unversöhnlichen Kampfes zwischen ihnen ausmünden. Denn wenn nur zwei hauptsächliche Gruppierungen der zusammenlebenden Menschen denkbar sind, so braucht es nur Entwicklung und Anstöße vom persönlichen Eigennutz und Machttrieb her, um die beiden in Widerstreit geraten zu lassen.

Mit der Bestätigung des Vorhandenseins von Zwischenbereichen verliert zwar das Herausstellen polarer Denkmodelle an sich nichts von seinem Sinn. In der vielfältigen tatsächlichen Gesellschaft gibt es aber

---

Grund seiner „universalistischen" Gesellschafts- und Wirtschaftslehre in etwas anderen Worten zum Ausdruck, indem er als „Stand" die „handelnde Gruppe" in „ihrem Organcharakter, d. h. als Glied des Gesamthandelns und des Gesamtgeistigen, aus dem das Handeln abgeleitet ist", bezeichnet, während als Klasse die handelnde Gruppe für sich, isoliert gesehen, verstanden werden soll. Im Begriffsinhalt weichen aber u. E. die zitierten Auffassungen nur wenig voneinander ab.

noch andere als auf die Zweiteilung hinwirkende Kräfte! Weitherum bliebe es allzu oberflächlich, den Mittelstand einfach als Mischung des „Proletarischen“ und „Kapitalistischen“ erklären zu wollen. Bald zeigt sich einmal, daß ihm mehr gestaltende Sachlagen und Motive als das Entweder der Möglichkeit der Ausbeutung der Mitmenschen, und das Oder der Gefahr, solche Ausbeutung zu erleiden, innewohnen. Wahrscheinlich sind es überhaupt erst diese, die von einem Mittelstand als arteigene Schicht zu sprechen gestatten. Mit diesem — offenbar keinem fortschreitenden Aufgerieben-Werden unterworfenen — bricht die Fatalität der nach K. Marx unausweichlichen Trennung der Gesamtbevölkerung in eine kleine Gruppe der wirtschaftlich Starken und die breite Masse der zur Abhängigkeit verurteilten Schwachen gleich in zwei Richtungen auf. Wie soeben vermerkt, bröckelt diese Schicht nicht zusehends ab. Zum zweiten beruht sie auf anderen, zum mindesten in bedeutendem Umfang anderen als den zur Aufspaltung in zwei Klassen führenden Gegebenheiten und Antrieben.

2. Ältere Lehrmeinungen

Allerdings bereitet die genauere Wesensbestimmung des Mittelstandes nicht geringe Schwierigkeiten. Zur Mittelgruppe gehört letztlich alles, was der Einordnung in die beiden äußeren Lager widerstrebt. Das macht sie vielleicht zu einem Sammelbecken Angehöriger, die sich ihrerseits auch nicht unter den gleichen Bedingungen befinden und sich noch recht unterschiedlich verhalten können. Zudem verkörpert sie, wie schon von Wernicke[3] hervorgehoben, „nichts unabänderlich und für alle Zeiten Feststehendes; vielmehr ist die Stände-, Klassen- und Berufsbildung in fortwährendem Flusse und unterliegt fortwährenden Veränderungen und Verschiebungen“. Wahrscheinlich der Unklarheiten und nicht selten tagespolitisch beeinflußten Meinungen darüber wegen hat sich die Großzahl der Wirtschafts- und Sozialwissenschafter seiner über Jahrzehnte hinweg nur mit Vorbehalten angenommen.

W. Sombart erachtete den Begriff als kaum auswertbar[4]. Wenn ihm F. Marbach[5] größere Beachtung schenkte, so glaubte dieser die Schuld an der bisher geringen Beachtung und Würdigung zur Hauptsache dem Mittelstand selbst zuschieben zu sollen, der, statt sich auf seine Grundlagen zu besinnen, im wesentlichen nur gegen das Neue anzukämpfen und übersteigerte Begehren an den Staat und die übrigen Gesellschaftskreise zu verfechten neige. Er konnte zur Untermauerung dieser These auf die

---

[3] *Wernicke,* J.: S. 90.

[4] *Sombart,* W.: Die Deutsche Volkswirtschaft im 19. Jahrhundert und im Anfang des 20. Jahrhunderts, 7. Aufl., Berlin 1927, S. 440 ff. und: Der moderne Kapitalismus, Bd. II, 2. Halbbd., S. 1094.

[5] *Marbach,* F.: Mittelstand, S. 48 ff.

Schilderung des bereits genannten Wernicke über die Linien seiner Politik in Deutschland zurückgreifen. Noch in den Jahren 1912 und 1913 sei einer der vier Programmpunkte des Reichsdeutschen Mittelstands-Verbandes, der mit der Industrie und der Landwirtschaft gemeinsame Sache machen wollte, die „Bekämpfung der Sozialdemokratie und sozialistischer Irrlehren“ gewesen. Zugleich habe aber diese Mittelstandsbewegung im Grunde auf einer unerbittlichen Feindschaft gegen das „Kapital“ gefußt.

„Man war sich vielfach darüber noch nicht klar, oder man scheute sich wenigstens, es offen auszusprechen, und schlug zwar zunächst nur auf gewisse Erscheinungen des Kapitalismus, wie die Syndikate, Ringe, die Börse, die Banken, die Warenhäuser, die Konsumvereine, meinte aber im Grunde des Herzens das (Groß-)Kapital überhaupt, das sich für sie hauptsächlich in diesen Formen manifestierte ... ‚Das Großkapital‘ war so eine Art mystischer Popanz geworden, auf dessen Schultern man die Schuld für alle möglichen herrschenden Mißstände auf bequeme Weise abwälzen konnte, wobei man aber in der Regel vergaß, daß es in früheren Zeiten, wo der Kapitalismus noch nicht zu einer solchen Herrschaft gelangt war, in vielen Beziehungen noch weit schlimmer stand[6].“

Die übrigen Länder zeigen keine stark abweichenden Bilder. Was rechnete das ältere Schrifttum zu diesem Mittelstand?

Nachdem G. Schmoller[7] zu seiner Zeit alle diejenigen dazuzählen wollte, die ein eigenes Geschäft oder eine sichere Anstellung, ein Grundeigentum bzw. ein Einkommen oder ein Vermögen bis zu einem gewissen Umfange besäßen und Suchsland das Merkmal der „Einnahmen mittleren Umfanges“ mit der wirtschaftlichen Unabhängigkeit der Erwerbstätigen verknüpft hatte, schätzte es in Frankreich E. Martin-St. Léon[8] als am zweckdienlichsten ein, sich auf eine Aufzählung der nach seiner Überzeugung dazu gehörenden gesellschaftlichen Klassen zu beschränken. Dabei verdichtete sich die Meinung, daß hauptsächlich die „kleineren“ Selbständigerwerbenden: die Handwerksmeister und Inhaber kleinerer, vielleicht noch mittelgroßer Handels- und Dienstleistungsbetriebe dazu zu rechnen seien. Ebenso wurden ihm meistens die Bauern, sowohl die Inhaber eigener Heimwesen als die Pächter solcher von einigem Umfang zugewiesen. Für deren Zuteilung schienen ihr Herkommen, die persönliche Eigenständigkeit und die nicht zu kleinen, aber auch nicht großen Einkünfte zu sprechen.

3. Allmählich starke Ausweitung des Zugehörigkeitsbereichs

Später begann man, im Sinne einer Anpassung an den Wandel der Gesellschaftsstrukturen, auch die Träger der freien und wissenschaft-

[6] *Wernicke*, J.: S. 206 ff.

[7] *Schmoller*, G.: Was verstehen wir unter Mittelstand?, Göttingen 1897, S. 31.

[8] *Martin-St.-Léon*, E.: L'organisation corporative des classes moyennes, in: Réforme sociale, Paris 1911, S. 288.

lichen Berufe als mittelständische einzuschätzen. Soweit blieb es immer noch bei der Betonung der selbstverantwortlichen Betätigung, die immer wieder gemeinsame Grundhaltungen und mehr oder weniger ähnliche politische Einstellungen zeitige. Die erste Wendung brachte der Miteinbezug der bürgerlichen Rentner, von denen offenkundig war, daß sie ihrerseits Teile „mittlerer" Bevölkerungsschichten bildeten, aber nicht mehr so, wie die jüngeren im Erwerbsleben stehenden Jahrgänge auf das laufende Erschließen befriedigender Einkünfte zu halten hatten. Um so stärker wurde der Sinnwandel, als seit dem Beginn des 20. Jahrhunderts von Frankreich und England aus, vorerst noch gegen einiges Widerstreben in den Niederlanden, Belgien, Italien und in der Schweiz, die Vorstellung an Boden gewann, daß sich mit den immer zahlreicheren höheren Angestellten und Beamten: den Betriebsingenieuren, dem gehobenen kaufmännischen und Verwaltungspersonal, ein neuer bedeutender Mittelstand zu entwickeln im Begriffe sei[9]. Tatsächlich ist eine Bevölkerungsschicht herangewachsen, die sich weder der Kapitalisten- noch der Proletarierklasse zuweisen ließ, und zwar in einem Schrittmaß, die ihr das Hauptgewicht der starken Vermehrung des entsprechend umfangreicheren Mittelstandes der jüngeren Zeit verleihen sollte. Schließlich hat es heute, im Zuge der Höherbewertung der qualifizierten Berufsarbeiter nichts Gezwungenes mehr an sich, manchen davon ebenfalls ein starkes Heranwachsen an den Mittelstand zuzuerkennen.

In der Tat gehört vom Ausdruck „mittel" her alles dazu, was offenbar nicht zur Unter- oder Oberklasse gehört. Damit gibt es natürlich keine Grundlage mehr, das Mittelständische mit Unternehmertum in enge Verbindung zu bringen. In dieser Beziehung bleibt lediglich noch das eine, mit dem Beiwort eine bestimmte Art von Unternehmern von den übrigen abzuheben. Für den Rest kann aber die Zusammenfassung so breiter Bevölkerungskreise die Frage aufwerfen, ob sie die Bezeichnung nicht zu einem nur noch wenig sagenden Sammelnamen für sehr verschiedene, durchaus nicht überall dieselben Belange vertretende Elemente mache. Selbständiger und unselbständiger Erwerb sind nun einmal nicht dasselbe. So laufen die Bedürfnisse und Wünsche der Handwerker und selbständigen Kaufleute mit denen der Gehilfen gar nicht immer parallel. Häufig verfolgen sie bildungs- und sozialpolitisch sowie steuer- und finanzpolitisch nur schwer miteinander zu vereinbarende Ziele. Spielt in der wirtschaftspolitischen Willensbildung auch noch die zuzeiten gern gebrauchte oberflächliche Gegenüberstellung von „Produzenten und Konsumenteninteresse"[10] mit, so entstehen leicht eigentliche

[9] *Böttger*, E.: Vom alten und neuen Mittelstand, Berlin 1901; *Potthoff*, O. D.: zitiert bei *Wernicke*, J.: S. 97; *Lederer*, E. / *Marschak*, J.: Der neue Mittelstand, in: Grundriß der Sozialökonomik, IX. Abteilung, 1. Teil, Tübingen 1926, S. 121 ff.

[10] Wir schätzen die Unterscheidung in „Produzenteninteresse" und „Kon-

Spannungen zwischen den verschiedenen Lagern, welche die mittelständischen Grundanliegen zum mindesten zeitweilig zu überdecken vermögen. Glaubte R. Hilferding ehedem eine Tendenz zur Abflachung der Gegensätze zwischen Adel, „Großbourgeoisie", Kleinbürgertum, Gewerbe, Bauern- und Beamtentum, d. h. deren Annäherung auf ähnliche Ambitionen zu erkennen[11], so haben seither andere Autoren die Gültigkeit dieser Aussage höchstens für Perioden rascher wirtschaftlicher und gesellschaftlicher Entfaltung dargetan. In Perioden beengter wirtschaftlicher Möglichkeiten greife in der Regel wieder eine stärkere Trennung Platz. Allerdings sei „nicht damit zu rechnen, daß diese Spannungen zu einem völligen Zerfall des bürgerlichen Lagers führen; denn die einzelnen Gruppen werden durch die Furcht vor der Arbeiterschaft heute mehr denn je in eine negative Interessensolidarität hineingetrieben"[12].

So bietet sich im gesamten das Bild eines ausgedehnten Zwischenbereichs, dessen Teile wohl, durch gewisse Gemeinsamkeiten bedingt, zu sammen ein Ganzes bilden, aber im einzelnen oft stark voneinander abweichende Verhaltensweisen an den Tag legen. — Worin liegen aber die Gemeinsamkeiten? Morisseaux[13] betonte neben dem Gesichtspunkt des Wohlstandes einen bestimmten gehobenen Grad der Gesinnung, der Herkunft und Bildung. J. Wernicke gelangte in seinem Werke zur Umschreibung:

„In der Regel gehören zum Mittelstande Personen mit einer über die gewöhnliche, durch die Volksschulen vermittelte, hinausgehenden Bildung, die

---

sumenteninteresse", in gewissem Sinne eine Abwandlung der Marxschen dialektischen Gegenüberstellung zweier im Widerstreit liegender Klassen, als eine oberflächliche Vereinfachung ein, weil sie das Konsumenteninteresse ohne weiteres mit dem Ziel der Volkswirtschaft der bestmöglichen Güterversorgung gleichsetzt. Gewiß äußert sich die Hebung des Wohlstands in erster Linie in der Besserstellung der Verbraucher, und ebenso wäre es abwegig, etwa das verschiedene Betroffenwerden je der Unternehmer und der mit Sachkapital Ausgestatteten und der gegen feste Entgelte beschäftigten Arbeitskräfte durch Preissteigerungen mißachten zu wollen. Trotzdem erweist sich die Gleichsetzung als eine unwissenschaftliche, weil die beste Marktversorgung und Bedarfsdeckung nur eine solche mit auf die Nachfrage abgestimmtem Angebot, und zwar einem dauerhaft daraufhin angelegten, sein kann. Diese Bedingungen erheischen nicht nur die bestmögliche Anpassung und Ausnützung der produktiven Kräfte, sondern ebenfalls deren Pflege und die Vermeidung wirtschaftlichen oder sozialen Raubbaus. Den wirklich zuverlässigen Prüfstein für die Berechtigung wirtschaftlicher Ansprüche hat die Volkswirtschaftslehre seit ihren Anfängen in der Gegenüberstellung von Allgemeinwohl und Sonderinteressen an die Hand gegeben.

Vgl. *Amonn*, A.: Produzent und Konsument, in: Gewerbliches Jahrbuch, Bern 1944, S. 28.

11 *Hilferding*, R.: Das Finanzkapital. Eine Studie über die jüngste Entwicklung des Kapitalismus, Wien 1910, S. 429 ff.

12 *Meusel*, A.: Art. „Bürgertum", in: Handwörterbuch der Soziologie, Stuttgart 1931, S. 97.

13 *Morisseaux*: Législation du Travail, Bruxelles 1908, Bd. I, S. 293.

in ihrem Berufe nicht rein körperliche oder mechanische Arbeit, sondern mehr oder weniger auch geistige Arbeiten leisten und die physische oder mechanische Arbeit anordnen, leiten oder beaufsichtigen, ein mittleres Einkommen haben und vielfach auch ein mittleres Kapital besitzen. Im großen und ganzen umfaßt so der Mittelstand das mehr oder weniger gebildete Bürgertum, einschließlich der Beamten und freien Berufe, im Gegensatz zu den reichen Schichten der Bevölkerung mit hohem Einkommen auf der einen, und zu den besitzlosen Arbeitern oder nur mechanische Dienste verrichtenden Klassen auf der andern Seite[14]."

Ihr Urheber betrachtete demnach die Maßstäbe der Verfügungsgewalt über Kapital und Einkommen seinerseits als unzureichend und wollte die Bildung sowie die berufliche und soziale Position mit berücksichtigt wissen. Er gewann jedoch damit eine Charakteristik, von der er selbst verspürte, daß sie wieder eine erläuternde Nennung der dazu zu zählenden gesellschaftlichen Kreise erfordern würde. Ferner betonte er sogleich die bis zur Zerspaltenheit gehende Uneinheitlichkeit der Gesamtgruppierung, welche durch die andauernde Berufsdifferenzierung noch eine weitere Steigerung erfahre, und die je länger desto stärkere Verschwommenheit der Grenzen gegen die übrigen Bevölkerungsschichten. Ein eifriger Verfechter des Werts des Mittelstands, O. Leimgruber, mündete mit seiner Würdigung der bisher vertretenen Auffassungen über dessen Wesen und der ihm zuzurechnenden Volksteile in die folgende Definition aus: Der Mittelstand umfasse

„jene Klasse, deren Angehörige nicht zu den oberen, reichen Kreisen zählen, aber auch nicht auf den unteren Sprossen der sozialen Leiter stehen, sondern infolge ihrer finanziellen Verhältnisse oder ihrer Intelligenz und Bildung, ihrer beruflichen Stellung oder wirtschaftlichen Betätigung einen gewissen Einfluß im öffentlichen Leben ausüben oder über eine relative Selbständigkeit in der Gesellschaft bzw. einen mäßigen Wohlstand verfügen, jedoch in der Regel auch bei Vorhandensein von einigem Vermögen nur durch geistige oder körperliche Arbeit sich ihre Existenz dauernd sichern können[15]."

Krankte bereits die Umschreibung Wernickes an Unbestimmtheiten wie: „eine über die gewöhnliche, durch die Volksschule vermittelte hinausgehende Bildung", oder: „mehr oder weniger auch geistige Arbeit", so schwellen diese in der Fassung von Leimgruber auf einen Umfang an, der das ganze Ziel der erstrebten bündigen Kennzeichnung in Frage stellt. Sie kann eher als eine Veranschaulichung anhand allgemeiner Gesichtspunkte, und mit Fingerzeigen auf den Einfluß des Maßes, denn als eine Wesensbestimmung gelten.

Der Sachverhalt schien demnach noch nicht ausreichend scharf erhellt und war bei seinem Gewicht für Wirtschaft, Kultur und Politik geeignet, zu weiteren Anläufen der Deutung anzuregen. Der Anreiz löste in der

---

[14] *Wernicke*, J.: S. 94.

[15] *Leimgruber*, O.: Christliche Wirtschaftsordnung und Mittelstand, Luzern 1923, S. 12.

Tat einige zusätzliche, für die Ergründung förderliche Arbeiten aus. Mit dem Rüstzeug sorgfältiger Erhebungen wandte sich E. Grünberg mit aller Entschiedenheit gegen die Meinung, als ob es in den industrialisierten, vom Kapitalismus durchdrungenen Ländern immer noch eine Handwerkswirtschaft nach den früheren traditionsgebundenen Vorbildern gebe. Er kam zum Schlusse:

„Die Zahl der augenblicklich von der ‚Handwerkswirtschaft' lebenden Personen ist zwar absolut und in ihrem Anteil an der Gesamtbevölkerung bzw. der Gesamtzahl der Erwerbstätigen nicht so bedeutungslos, wie etwa ihr Umsatz und ihre Kapitalbildung. Indessen erhält dieser Faktor erst im Zusammenhang seine wahre Bedeutung: durch den Lebensstandard, den die ‚Handwerkswirtschaft' ihren Angehörigen ermöglicht. Der selbständige Handwerker erzielt aus seiner gewerblichen Tätigkeit im allgemeinen eine vollkommen proletarische Existenz, die sich von der des offiziellen ‚Proletariers' nur durch ihre ‚Selbständigkeit' unterscheidet. Doch kann auf dieser tiefen Stufe der Lebenshaltung die ‚Selbständigkeit' keinen realen Sinn mehr haben und gegen Existenzen, die materiell auf der gleichen Stufe stehen, kaum eine Unterscheidung begründen. Wichtig ist in diesem Zusammenhang die dem ‚Handwerk' mangelnde Aufstiegsmöglichkeit[16]."

So sehr wir die Betonung der inneren Wandlung des Handwerks, seiner Emanzipation von den zünftigen Überlieferungen als an der Zeit und geboten erachten, liefert Grünberg zugleich ein Beispiel dafür, wie von unzulänglichen Denkschemata beherrschte Begriffe selbst scharfsinnige Autoren fehlzuleiten vermögen. Denn heute ist wohl offenkundig, daß das Gewicht von Wirtschaftszweigen und Betriebsformen für die Gesamtwirtschaft sich nicht in erster Linie nach den von ihnen gebotenen Verdienstmöglichkeiten und denjenigen des Lebensaufwandes für die einzelnen Personen und Familien, sondern nach ihren Leistungen für die Marktversorgung richtet. Das Mißgeschick ereignet sich noch einmal bei der Beurteilung des Mittelstands: Weiß Grünberg einerseits neben der Trennung von der „Großbourgeoisie" dessen mangelnde Geschlossenheit mit besonderer Nachdrücklichkeit darzutun, so erliegt er andererseits dem suggestiven Bann von Marxens Zweiklassentheorie so sehr, daß er im „neuen Mittelstand" — hierin durch die seitherige Entwicklung, nicht zuletzt die jüngsten Erschütterungen der vom Zweiten Weltkrieg heimgesuchten Völker überholt — geradezu einen zwingenden Beweis für die „immanente zweipolige Zersetzung der kapitalistischen Gesellschaft" zu erblicken glaubt.

Ein Jahrzehnt später trägt F. Marbach seine Theorie des Mittelstands vor[17]. Er stößt sich zunächst am Vorhaben Suchslands, die Benennung auf die wirtschaftlich unabhängigen Personen zu beschränken. Gegenüber den Bedenken ob der inneren Uneinheitlichkeit der ins Auge gefaßten Gesamtgruppierung unterstreicht er das wirkliche Vorhanden-

[16] *Grünberg*, E.: S. 101 f., 129 und 173.

[17] *Marbach*, F.: Mittelstand, S. 137.

sein starker einigender Bande, um sich hierauf mit den Einwendungen Wernickes gegen den Kapitalmaßstab und mit den Merkmalen des Bildungs- und Leistungsgrades auseinanderzusetzen. Nach seiner Überzeugung haben die mittelständischen Kreise bei aller Verschiedenheit des Berufs, der finanziellen Lage usw. sehr kräftige, bisher nur nicht genügend aufgezeigte gemeinsame Interessen. In Verbindung damit bekämpft er die Auffassung, wonach zwischen dem mittelständischen und kapitalistischen Gesellschaftssektor eine wenn auch etwas fließende Grenzlinie nicht zu finden sei. Marbach nimmt die Gelegenheit dieser Erörterung wahr, um eine Lanze für die vermehrte Anerkennung der Mehrwerttheorie zu brechen und entgegen der Ansicht, daß ein Graben am ehesten zur Arbeiter-, weniger zur Kapitalistenklasse hin bestünde, umgekehrt die Abgrenzung zur letzteren zu betonen. Er greift auf das Äquivalenzprinzip von Thomas von Acquin als sittliche Forderung für den Tauschverkehr zurück, um auf dem damit gewonnenen Boden dem von K. Marx zu einem Angelpunkt seiner Lehre gemachten Unterschied zwischen der Benützung von „Kapital" zur Unterstützung der eigenen persönlichen Arbeit und seiner bewußten Verwendung zur „laufenden akkumulativen" Erzielung von Mehrwert, durch die Beschäftigung besitzloser Lohnarbeiter, zu größerer Prägnanz zu verhelfen. Er gelangt auf diesem Wege zur folgenden Wesensbestimmung:

„Im Rahmen der gegebenen, Privateigentum auch an Produktionsmitteln anerkennenden Gesellschaftsverfassungen gehören zum Mittelstand, bei je nach geschichtlichen Umständen, Standort und gesellschaftlicher Usance fließenden Grenzen, diejenigen arbeitenden oder auf ein auf Arbeit begründetes Leben zurückblickenden Bevölkerungsschichten, welche

1. in den obern Grenzstufen über ein Gesamteinkommen verfügen, das nicht groß genug ist, um eine luxuriöse Lebenshaltung ohne Verminderung der Vermögenssubstanz bzw. der Kreditfähigkeit zu erlauben;
2. im Falle der Erzielung eines proletarischen oder annähernd proletarischen Einkommens doch einer bürgerlichen Lebenshaltung zuneigen und dem drohenden Schicksalshaftigwerden ihres proletarierähnlichen Daseins zu entrinnen versuchen;
3. den Grundsatz der substantiellen Unantastbarkeit des Eigentums soweit vertreten, als dieses Privateigentum als Arbeitseigentum zu werten ist;
4. in allen ihren verschiedenen Spielarten einen besonderen Lebensstil wirklich oder in den unteren Grenzfällen zumindest dem Scheine nach wahren;
5. einer Lebensauffassung huldigen, die bewußt oder unbewußt auf christlichen Traditionen ruht und daher die Lehre von der Notwendigkeit des Klassenkampfes zur Förderung der sozialen Entwicklung nicht anerkennt[18]."

Wir müssen uns mit einigen zusammengedrängten Bemerkungen begnügen[19]. Fürs erste zeugt die Länge der Definition nicht für ihre logische

---

[18] *Marbach*, F.: S. 137.

[19] Bei der Würdigung des Definitionsversuchs von F. Marbach ist dem Um-

Geschlossenheit. Was eindeutig erkennbar ist, sollte kurz und bündig zum Ausdruck gebracht werden können. Sodann baut sie ihrerseits zum Teil auf ungewissen Größen auf. Was heißt: „Luxuriöse Lebenshaltung“ bzw. „Verhinderung daran“, was „besonderer Lebensstil“? Vor allem wirft aber die Ausscheidung eines „Arbeitseigentums“ aus dem Privateigentum als offensichtlich grundlegend gedachtes Element, statt zu einigermaßen zweifelsfreien Aussagen zu befähigen, erst recht wieder Fragen auf, die sich nicht als bereits im postulierten Sinne beantwortet behandeln lassen. Eine Bereicherung erfährt das Bild vielleicht durch die Berücksichtigung der maßgebenden Lebensanschauung, und zwar einer das Dogma des unvermeidlichen Klassenkampfes ablehnenden; daneben findet man aber ebenfalls die Lebenshaltung und den Lebensstil mit aufgezählt: Würde eine klare Umschreibung nicht vielmehr eine Entscheidung zwischen diesen Merkmalen, entweder für das eine oder andere, erheischen?

Auch mit der Aussage E. Tuchtfelds[20], daß es zwischen wirtschaftlichen, psychologischen, sozialen und praktischen „Aspekten“ des Mittelstandes

---

stand Rechnung zu tragen, daß dieser, offenbar im Bestreben nach Verdeutlichung, sich aus einer negativen Abgrenzung und einer positiven Umschreibung zusammensetzt. Auch war es ein pikantes Unterfangen, eine Verwandtschaft bestimmter Grundauffassungen der Scholastik mit solchen des marxistischen Sozialismus herauszuschälen.

Zweifellos gibt es nach wie vor mittelständische Selbständigerwerbende, die nach dem „gerechten Preise“ verlangen. Auch die W. Sombartsche Unterscheidung von „Nahrungsidee“ und „dynamischem Gewinnstreben“ wurde ja nicht aus der Luft gegriffen. Doch bleibt die Frage offen, wie weit sich diese Einstellungen bzw. ihre Differenzierung mit der Klassen- oder ständischen Schichtung decken. Selbst wenn die Meinung im Mittelstand noch verbreitet wäre, daß das ehrliche Tauschgeschäft die Gegeneinander-Hingabe von Dingen gleichen „inneren Werts“ erheische, liefe man Gefahr allzu grober Verallgemeinerungen, darin sein eigentliches Kennzeichen zu erblicken. Im übrigen braucht die Erwartung, von den Kunden den erbrachten Leistungen ebenbürtige Entgelte zu erhalten, nicht notwendig klassische Quellen zu haben. Für vorwiegend wechselnde Versorgungsanliegen betreuende selbständige Fachleute können bereits betriebswirtschaftliche Zusammenhänge solche Auffassungen nähren. In ähnlichem Sinne kann die schwache Marktposition mancher Handwerksmeister — den Begehren noch in schwacher Lage befindlicher Arbeiter nach dem „gerechten Lohn“ vergleichbar — wirken.

Andererseits hat aber das kapitalistische Gewinnstreben unverkennbar von den „oberen“ Schichten der Bevölkerung auf die mittleren übergegriffen. Zu einem prägenden Wirtschaftsstil aufgerückt, mußte es manche Inhaber und Leiter kleinerer Einheiten mit beeinflussen, allerdings meistens mit der Besonderheit, daß ihm stärkere Hemmungen vom Herkommen, der engeren Einbettung in die gesellschaftliche Umwelt und von der Begrenztheit der finanziellen Möglichkeiten her entgegenstehen. Im ganzen schließt das indessen, wie schon flüchtig gestreift, nicht aus, daß einzelne gewerbliche Unternehmer für ihren Teil unbekümmertes Draufgängertum und Spekulationslust an den Tag legen.

[20] *Tuchtfeldt*, E.: Gewerbefreiheit als wirtschaftliches-politisches Problem, Berlin 1955.

zu unterscheiden gelte, war nicht viel zu gewinnen. Gewiß gibt es verschiedene Ebenen der „Interaktion“: der Ausstrahlung des Mittelständischen auf Wirtschaft, Gesellschaft, die geistigen Einstellungen und die Praxis, sowie deren mitgestaltende Rückwirkung auf den Mittelstand. Das trifft aber auch für andere gesellschaftliche Gliederungen zu. Zurückzubehalten bleibt lediglich, daß die Klasse, diese ganz im Sinne des „ökonomischen Determinismus“ tatsächlich weitgehend aus wirtschaftlichen Anstößen entstanden, immer wieder zur besonderen Ausrichtung auf diese neigt. Nichtsdestoweniger müssen Klasse und Stand vorab als Schichtung der Gesellschaft verstanden werden.

Angesichts dieser Schwierigkeiten der Deutung war es nicht verwunderlich, daß die von Maude und Lewis auf die innere Ergründung überhaupt verzichtete, und, sich an die sprachliche Übung anlehnend, mit der Nennung der gewöhnlich zum Mittelstand gezählten Bevölkerungsteile begnügte[21]. Selbst das geschah freilich noch unter Vorbehalten. Die Verfasser machten gleich eingangs auf die Unmöglichkeit der Abgrenzung gegen die übrigen Klassen nach Berufen und Produktionszweigen aufmerksam. Die einen ihrer Träger könnten dazu gehören, andere nicht. Ferner setzten sie die Zuverlässigkeit des Merkmals der gemeinsamen konkreten wirtschaftlichen Interessen in Zweifel und erachteten sie den Gesichtspunkt als unzureichend, daß sich jemand als Glied des Mittelstandes fühle oder ihn seine Umwelt als solches empfinde. Eher fiele dieses Kennzeichen in Verbindung mit dem Bestreben nicht nur der Einzelpersonen, sondern der ganzen Familien in Betracht, sich im Zuge der Verschiebungen in der Klassenschichtung auf einer Stufe festzuklammern oder zu verbessern. So gelangte die Analyse dazu, nicht eine, sondern mehrere Mittelklassen zu unterscheiden, wobei sie allerdings doch wieder dazu neigte, die Ausgliederung vornehmlich nach den Maßstäben des Selbständigkeitsgrades des Erwerbs, kombiniert mit der Einkommenshöhe, durchzuführen[22].

---

[21] *Lewis*, R. / *Maude*, A.: The English Middle Classes, London 1949, S. 13 ff. und S. 104 ff.

[22] „So unsauber die wahlweise Verwendung verschiedener Gesichtspunkte erscheinen mag, ist mit einem Erkennungszeichen nicht auszukommen. Bei der Entscheidung über die Zuteilung einer Person zu einer bestimmten Klasse hat man eine lange Reihe von Elementen wie die Höhe der Einkünfte, die Beschäftigungsart, die Ausdrucksform, den Lebens- und Wohnaufwand, die geistige Haltung, den Gebrauch der Mußezeit und die Vergnügen, die Bekleidung, Schulung, den Grad der Kultiviertheit und die Beziehungen zu andern Personen in Rechnung zu stellen. Selbst in diesem Rahmen heißt es, um sicher zu gehen, einen Blick auf die Familie, einschließlich der Generationenfolge der Eltern und der Kinder, zu werfen. Andererseits darf das Fehlen eines einzigen Merkmals nicht dazu führen, den Betreffenden bereits aus der Gemeinschaft auszuschließen.“

Vgl. *Lewis*, R. / *Maude*, A.: S. 15 (vom Verf. aus dem Original übersetzt).

Daneben verdienen die Anläufe im Schoße des Internationalen Mittelstandsinstituts Beachtung, unter Miteinbezug der freie Berufe ausübenden Personen und ihrer Familien, der Rentner und der höheren Angestellten zu einer befriedigenden Deutung vorzudringen. Sie haben ihren Niederschlag im Entwurf eines damit beauftragten Ausschusses und erläuternden Darlegungen von M. Tisserand[23] gefunden. Der letztere bot zunächst einen Überblick über die Meinungsäußerungen französischer und belgischer Volkswirtschafter im Verein mit Soziologen. Er unterbreitete auf diese hin Vorschläge, die, mit der nötigen wissenschaftlichen Folgerichtigkeit weiter verarbeitet, tatsächlich Ansätze zu einer ausreichenden Abklärung bieten konnten. Tisserand knüpfte vorerst, um einen Rahmen für die Veranschaulichung der volkswirtschaftlichen Aufgabe des betrachteten Standes zu gewinnen, an die Unterscheidung C. Clarks[24] einer „tertiären Produktion" von einer „primären" und „sekundären" an. Er zeigte damit allerdings, wie leicht diese Staffelung zu mit der Wirklichkeit kaum mehr zu vereinbarenden, übertriebenen Interpretationen und zu Mißverständnissen verleiten kann. Sie verhilft im hier erörterten Zusammenhang nicht zu viel größeren Einsichten als der, daß das „Gewerbe" in der Entwicklung des gehobenen Wahlbedarfs unter gewissen Voraussetzungen eine starke Stütze finde.

Wohl aber enthält die versuchte neue Definition Elemente, die sich als wegleitend herausstellen dürften. Sie lautet in der Übersetzung in die deutsche Sprache[25]:

„Die Mittelklasse wird durch jene Teile der Bevölkerung gebildet, die den Grundsatz des Privateigentums anerkennen und sich des Werts und der Rechte des Individuums innerhalb der Gemeinschaften bewußt bleiben, deren Angehörige in der Regel auf eigene Verantwortung eine mehr oder weniger selbständige Berufstätigkeit ausüben, um damit sich selbst und ihren Familien schickliche Lebensbedingungen und dem Lande das zur Wahrung des moralischen und kulturellen Erbes unentbehrliche soziale und wirtschaftliche Gleichgewicht zu gewährleisten."

Die vorgeschlagene Fassung leidet immer noch, von ihren Urhebern selbst zugegeben, an Ungenauigkeiten und Schwerfälligkeiten. Als neues wichtiges Merkmal tritt das Gesinnungsmäßige hervor. Einzelne Autoren wollten sogar schon im bloßen Gefühl der Zugehörigkeit zum Mittelstand das Bestimmende erblicken. Das wäre an sich ein einheitlicher und meistens genügend ausgeprägter Charakterzug[26]; aber er bleibt für seinen Teil die Antwort auf die Frage nach der Stellung der „Mittelständler":

[23] *Tisserand,* M.: La Notion de la Classe Moyenne, in: Revue Internationale des Classes Moyennes, Bruxelles 1952, Nr. 1 - 2, S. 29 ff.

[24] *Clark,* C.: The Conditions of Economic Progress, 3. Aufl., London 1957.

[25] Vom Verf. übersetzt aus: *Tisserand,* M.: S. 36.

[26] Er mag sich u. E. sogar in bestimmten typischen Bildungsgraden und kulturellen Standards äußern, die sich im Sinne G. *Moscas* (Die herrschende Klasse, Bern 1950, S. 96) von denjenigen der übrigen Schichten unterscheiden.

der ihrer allfälligen Dienste für die Gesamtgesellschaft, schuldig. Die Redaktoren des Internationalen Mittelstandsinstituts suchten diese Schwäche dadurch zu überwinden, daß sie das Bekenntnis der ins Blickfeld gerückten Kreise zum Privateigentum und die Bereitschaft zur Übernahme erhöhter Verantwortlichkeit hervorhoben. Diese Einstellung meinten sie in großen Bevölkerungsschichten: von der Bauernsame über die Gewerbetreibenden und die höheren Kader und Beamten in den privaten und öffentlichen Unternehmen bis zu den freien Berufen zu verzeichnen. Es ginge weniger um den tatsächlichen Besitz von Geld und Sachkapital, als um die innere Bejahung der privaten Befugnis, darüber zu verfügen. Daran knüpft aber nur wieder eine neue Frage nach der Art der notwendigen Rangordnung der verschiedenen Gesichtspunkte an: ob mehr die Verfügungsmacht des einzelnen über die Verwendung des Großteils des vorhandenen Kapitalfonds oder sein schlichtes Sparen oder der Einsatz der sachlichen Hilfsmittel oder die schöpferische, zum mindesten planende Arbeit als charakteristisch gelten solle.

4. Das jüngere Schrifttum

Zweifellos nicht zufällig sind an einem jüngeren Mittelstandskongreß von 1958 eine Reihe von Referenten wieder auf die Natur und den Umfang ihres Betrachtungsgegenstandes zurückgekommen. Dabei lag es für den Sozialethiker A. F. Utz wohl nahe, die bisher entwickelten Thesen in die folgenden abzuwandeln:

„Seinen sozialen Rang erhielt der unternehmerische Mittelstand nicht eigentlich wegen seiner unternehmerischen Leistung, sondern vielmehr seiner soziologischen Kräfte willen, weil er nämlich in der Gesellschaft die große Schicht darstellte, die ihrer sozialen Sicherheit, ihres kulturellen Hochstandes, ihrer sozialethischen Stabilität und ihres politischen Konservativismus wegen den Gemeinwesen eine im gesamten ruhige und gleichmäßige Entwicklung garantiert."

Unserem Gewährsmann schien auch der Hinweis wesentlich, daß die christliche Sozialethik nicht nur das Privateigentum an den Konsumgütern, sondern in gewissen begrenzten Ausmaßen, zur bestmöglichen Verwendung der verfügbaren produktiven Kräfte, ebenfalls dasjenige an den Produktionsmitteln anerkenne. Seine Deutung des mittelständischen Betriebes hebt indessen wieder die allgemein gesellschaftlichen Gesichtspunkte hervor:

„1. Der mittelständische Betrieb ist in seiner wirtschaftlichen Gestalt der Ausdruck der sittlichen Verantwortung des Unternehmers.

2. Er bedeutet nicht nur Produktion und die Lieferung von Gütern, sondern stellt auch einen geistigen Kontakt her zwischen Produzenten und Konsumenten, wenngleich er sich der Großmarktsituation bewußt sein muß.

3. Er ist Familienbetrieb und bietet so die Gewährleistung einer soliden Tradition[27]."

Die anschließenden Beiträge an die Niederschrift der Tagung (von K. W. Boetticher, M. Müller, H. L. Jansen, I. Engel, J. E. Humblet) verraten ihrerseits ein Bedürfnis, vorerst wieder zu umreißen, was sie unter Mittelstand verstehen, um sich daraufhin der Aufzählung der Bauernschaft, der Handwerkerschaft, der selbständigen Kaufleute und der Träger der freien Berufe als deren Stammsubstanz zuzuwenden[28].

Es bestätigt nur die bisherige Entwicklung der Lehrmeinungen, wenn einzelne Referenten — wie etwa J. P. de Crayencourt — die Mitzugehörigkeit des leitenden Personals der privaten und öffentlichen Verwaltungen in Erinnerung riefen. Andere — Austin und Howard sowie R. Stücklen — holten zum Einbezug aller Inhaber und Führungskräfte der Betriebe und Unternehmen begrenzten Umfangs, d. h. auch derjenigen der „kleineren" und „mittleren" Industrie aus. Dazu gesellte sich, nicht zuletzt aus politischer Sicht (K. Schmücker), die Betonung des Willens zum eigenen Erwerb. „Das Prinzip ist das Entscheidende, und dieses Prinzip meint die freie selbstverantwortliche Betätigung im eigenen und auch im fremden Betrieb[29]." A. Burghardt verwies auf Auskünfte aus den Vereinigten Staaten von Amerika, nach denen sich zum Erhebungszeitpunkt 74,7 % aller Bürger und Bürgerinnen als zum Mittelstand gehörig einschätzten, wogegen man für die Zukunft dieses Landes erwarte, daß es bald einmal hauptsächlich die qualifizierten Arbeiter sein würden.

Nach dem Ergebnis einer Galluperhebung sollen sich dagegen in England im engeren Sinne im Jahre 1948 zu den nachstehenden gesellschaftlichen Stufen gezählt haben:

zur Oberklasse	2 %
zur oberen Mittelklasse	6 %
zur Mittelklasse	28 %
zur unteren Mittelklasse	13 %
zur Arbeiterklasse	46 %[30]

Auf der Linie methodischer Forschung suchte in jüngerer Zeit K. J. Gantzel zu einem genügend umfassenden Begriff der mittelständischen Unternehmung zu gelangen[31]. Er bietet eine eigentliche Geschichte der einschlägigen Lehrmeinungen, die über beträchtliche Wegstrecken auch uns als Grundlage dienen kann.

---

[27] *Utz,* A. F.: Der Mittelstand in der Wirtschaftsordnung heute (Akten des internationalen Mittelstandskongresses von Madrid 1958), Heidelberg - Löwen 1959, S. 15 ff.

[28] *Ders.:* S. 27, 68, 79, 153, 247 ff.

[29] *Utz,* A. F.: S. 120, 71, 278, 294 ff. sowie S. 384 ff.

[30] *Lewis,* R. / *Maude,* A.: S. 17.

[31] *Gantzel,* K. J.: Wesen und Begriff der mittelständischen Unternehmung, Köln/Opladen 1962, S. 279 ff.

Freilich mahnen einige Fehlbewertungen, vielleicht noch durch Bindungen an seine Schule verursacht, da und dort zur Vorsicht. Am meisten müssen aber die Schlußergebnisse Gantzels Zweifel erregen, indem diese wieder eine lange Aufreihung von Merkmalen zeitigten, ohne in die Heraushebung eines Kerngehalts auszumünden. Wohl wird der umfangreiche Katalog in grundlegende und Folgemerkmale nach verschiedener Richtung hin aufgegliedert und entwirft er ein umfassendes, überaus reichhaltiges Gesamtbild, das sich geradezu in eine Matrix, ein Netzwerk von Bestimmungsgrößen einspannen läßt:

„In einer freiheitlich-rechtsstaatlich organisierten, entwickelten Wirtschaftsgesellschaft sind unter dem allgemeinen Grundsatz der Anerkennung des Rechtes auf Privateigentum, des Vorhandenseins einer konkurrenzwirtschaftlichen Ordnung und des Prinzips der möglichst optimalen Deckung menschlicher Bedürfnisse die Unternehmungen (im definierten Sinne[32]) als mittelständisch anzusehen, die die folgenden Merkmale aufweisen:

I. Grundmerkmale

1. Der Persönlichkeit des mittelständischen Unternehmers bzw. den Persönlichkeiten der kleinen Unternehmergruppe[33] kommt zentrale und beherrschende Bedeutung in der Unternehmung zu. Sie äußert sich folgendermaßen:

a) Die Unternehmung stellt die dauerhafte Lebensaufgabe des Unternehmers dar. Die Unternehmung ist die notwendige Grundlage seiner Berufsausübung, die auf eine spezielle Leistung ausgerichtet ist.

b) Der Gesichtspunkt der Kapitalpflege und Kapitalrentabilität spielt gegenüber der Berufsausrichtung eine untergeordnete Rolle.

c) Der Unternehmer ist stark konsumorientiert, d. h. die Unternehmung ist seine und seiner Familie entscheidende Existenzgrundlage und Einkommensquelle. Er erstrebt in erster Linie keinen maximalen, sondern einen auskömmlichen und seiner Berufsleistung gerecht werdenden Gewinn.

d) Der Unternehmer ist selbständiger Eigentumsunternehmer. Er vereinigt Kapital und Leitung der Unternehmung in seiner Hand. Die Unternehmung stellt sein überwiegendes Privatvermögen und zugleich Haftungskapital dar. Außerhalb der Unternehmung besitzt der Unternehmer kein nennenswertes Vermögen mehr, das ihn hinsichtlich seiner Existenz von der Unternehmung unabhängig machen

---

[32] Ebenda, S. 136 ff.

[33] Wenn ... nur vom Unternehmer gesprochen wird, so ist damit gleichzeitig immer auch die kleine Unternehmergruppe gemeint für den Fall, daß die Unternehmung als Gesellschaft betrieben wird.

könnte. Der Unternehmer ist selbständig, wenn er de jure und de facto aufgrund seines Eigentums an der Unternehmung seine persönliche Initiative durchsetzt und im Rahmen des allgemeinen gesetzten Rechts alle entscheidenden Leitungsfunktionen dauernd unabhängig vom Willen betriebsfremder Dritter (insbesondere anderer Unternehmungen) und alle Rechtsgeschäfte freiwillig wahrnimmt, Anweisungs- und Kontrollbefugnis hat und keinem betriebsfremden Dritten gegenüber Rechenschaft geben muß, wohl aber allen gegenüber persönlich Risiko und Verantwortung trägt[34].

2. Die Unternehmung zeichnet sich durch das vorherrschende personale Wirtschaftsprinzip aus. Es äußert sich folgendermaßen:

a) Struktur und Wirtschaftsweise der Unternehmung werden von der persönlichen Mitwirkung des Unternehmers bis in Einzelheiten hinein bestimmt.

b) Die in der Unternehmung Tätigen bilden eine personal geprägte Betriebsgemeinschaft, in der die Beziehungen des intensiv mitarbeitenden Unternehmers zu den Betriebsangehörigen und dieser untereinander von persönlicher Kenntnis und ständiger Fühlungsnahme bestimmt werden.

II. Folgemerkmale

1. Den Unternehmer betreffende Folgemerkmale:

a) Der Unternehmer ist ein leistungsfähiger Fachmann.

b) Der Unternehmer zeichnet sich durch eine von vorsichtiger Risikobereitschaft, von Verantwortungsbewußtsein gegenüber Mitarbeitern und Marktpartnern und von der Anerkennung der Existenzberechtigung der Konkurrenten geprägten Wettbewerbsbereitschaft aus. Er ist in erster Linie Leistungsverkäufer, d. h. er erstrebt den Preis, der dem Einsatz personeller und sachlicher Mittel der Unternehmung für die Waren- oder Dienstleistungen zuzüglich eines mäßigen Gewinnaufschlages gerecht wird.

c) Der Unternehmer ist wegen seiner individualistischen Grundhaltung tendenziell koalitionsunwillig. Er bevorzugt die individuelle Selbsthilfe, soll darüber aber nicht ein Solidaritätsbewußtsein gegenüber den Berufskollegen verlieren.

---

[34] Selbständigkeit und Kapitaleigentum sind die notwendige Voraussetzung für die Verwirklichung der Berufsidee und des Lebenswerkes des mittelständischen Unternehmers. Sie sind aber dennoch als eigenständige Grundmerkmale der mittelständischen Unternehmung anzusehen, da das eine Merkmal vorhanden sein, das andere fehlen kann, d. h. beide Merkmale nicht zwingend gleichzeitig gegeben sein müssen: Subjektive Gesinnung und objektive Ermöglichung ihrer Realisierung sind zwei voneinander unabhängige Tatbestände.

d) Der Unternehmer betreibt nicht gleichzeitig mehrere Betriebe sehr verschiedener fachlicher Ausrichtung. Die Unternehmung stellt innerhalb ihrer Lebensdauer sein einziges wichtiges Lebenswerk dar.

e) Der Unternehmer zeichnet sich durch ständige und intensive, funktionsgehäufte Mitarbeit in der Unternehmung aus. Sie ist von seinen laufenden Entscheidungen abhängig. Neben der dispositiven und koordinativen Leitung übt der Unternehmer die wichtigen Verwaltungsfunktionen und einige ausführende Funktionen selbst aus, vor allem in der Beschaffungs-, Absatz-, Finanzierungs- und betrieblichen Sozialpolitik sowie in der Organisation der Unternehmung. Er beherrscht, überschaut und überwacht die Unternehmung bis in Einzelheiten und Routinearbeiten.

f) Der Unternehmer hat nicht das Bestreben, die Unternehmung über die Größe hinaus zu erweitern, die seine beherrschende Stellung und Mitwirkung in der Unternehmung noch gewährleistet. Die Unternehmung darf nicht in mehr und nicht in räumlich weiter entfernte Gliedbetriebe aufgeteilt sein, als es die ständige Mitarbeit und Überschaubarkeit durch den Inhaber gestatten.

2. Die Struktur der Unternehmung betreffende Folgemerkmale:

a) Die Unternehmung ist eine Personalunternehmung, d. h. sie besitzt eine personale Unternehmungsform, die sich in jede Rechtsform kleiden kann.

b) Das durch persönliche oder familiäre Eigenfinanzierung und durch Selbstfinanzierung aufgebrachte Eigenkapital überwiegt so weit, daß gegebenenfalls vorhandenes Fremdkapital die selbständige Unternehmungsführung nicht beeinträchtigt. Die Unternehmung ist nicht emissionsfähig, d. h. der große Kapitalmarkt ist ihr verschlossen. Diese Finanzierungsweise wird unterstützt durch sparsames Wirtschaften im Betrieb und Privathaushalt.

c) Die Unternehmung ist keine Minderunternehmung, d. h. ist mindestens so groß, daß sie dem Inhaber volle Beschäftigung und ausreichendes Einkommen gewährt.

3. Die Leistung und Wirtschaftsweise betreffende Folgemerkmale:

a) Die Unternehmung ist auf eine der Menge und/oder Abmessung nach kleindimensionierte Waren- oder Dienstleistung ausgerichtet.

b) Die hierarchische, nach dem Direktorial- und Liniensystem aufgebaute Organisation der Unternehmung ist gekennzeichnet durch Personalität und Beweglichkeit, d. h. die Anweisungs- und Informationswege zwischen leitendem Unternehmer und ausführenden Stellen sind kurz und zeichnen sich durch persönliche Fühlungsnahme aus.

Die Möglichkeiten der Arbeitsteilung und die Zahl der Zwischeninstanzen sind beschränkt.

c) Die Produktion sowie die Beschaffungs-, Werbe- und Absatzpolitik sind beweglich und anpassungsfähig und werden von persönlichen Kontakten und insbesondere von der persönlichen, direkten Einflußnahme des Unternehmers geprägt.

III. Ergänzende Häufigkeitsmerkmale

1. Häufigkeitsmerkmale, die den Unternehmer betreffen:

a) Der Unternehmer hat eine fachlich orientierte Berufsausbildung genossen.

b) Der Unternehmer ist ständig in der Unternehmung anwesend[35].

c) Der Unternehmer wirkt manuell bei einzelnen oder allen Betriebsprozessen mit[36].

d) Der Unternehmer ist bestrebt, die Unternehmung nach seinem Ausscheiden zu vererben und von einem Familienmitglied oder anderen Nachfolgern fortführen zu lassen.

e) Der Unternehmer bezeugt einen starken Familiensinn.

f) Der Unternehmer ist patriarchalisch eingestellt.

g) Der Unternehmer ist bodenständig und beharrlich, ohne daß diese Einstellung sich zu einem negativen Traditionalismus ausweitet.

2. Häufigkeitsmerkmale, die die Struktur und Wirtschaftsweise der Unternehmung betreffen:

a) Außer dem Unternehmer sind weitere Familienangehörige in der Unternehmung tätig.

b) Unternehmung und Privathaushalt sind in ihrer Wirtschaft und/ oder räumlich eng verbunden.

c) Die Räumlichkeiten der Unternehmung befinden sich auf eigenem Grund und Boden.

d) Ausgesprochene Spezialisten sind in der Unternehmung nicht tätig, vor allem nicht im kaufmännischen Bereich.

e) Die Unternehmung ist überwiegend arbeitsintensiv und hat eine stark proportionale Kostenstruktur.

f) Die Markterkundung wird in Form einer wenig systematischen, sich aus vielen Einzelerfahrungen zusammensetzenden Marktbeobachtung vornehmlich durch den Unternehmer betrieben.

---

[35] Das gilt z. B. nicht für selbständige Handelsvertreter, die viel reisen oder für Unternehmer ohne nennenswerte feste Betriebsstätte, wie z. B. Schornsteinfeger.

[36] Das gilt überwiegend für Kleinbetriebe.

g) Die Werbung stellt sich hauptsächlich als persönliche Einzelumwerbung mittels Verkaufsgespräch und Einzelwerbebrief dar, wobei der Unternehmer maßgeblich beteiligt ist.

h) Der Unternehmer pflegt selbst den persönlichen Kontakt zu seinen Kunden und/oder Lieferanten.

i) Die Unternehmung kommt bei der Beschaffung weniger in den Genuß von Mengenrabatten als die nicht-mittelständische Großunternehmung.

k) Rein spekulative Einkäufe sind selten.

l) Die Unternehmung paßt sich besser als nichtmittelständische Großunternehmungen den Konjunkturschwankungen an.

IV. Grenzfälle

In Grenzfällen ist das aussichtsreiche Streben des Unternehmers nach diesem Zustand ausschlaggebend."

Hat sich unser Autor damit nicht zu weit hinausgewagt? Was bedeutet es zum Beispiel für den Untersuchungsgegenstand, wenn das eine oder andere Merkmal oder einige ausfallen oder wenn einzelne, wie etwa: „die enge Verankerung des Unternehmers in seinen Geschäften" sich nicht mit „ausgeprägter Konsumhaltung" paart, sondern stärkerem Gewinnstreben weicht oder die Kapitalmarktverhältnisse zu aufmerksamster, wohlerwogener Finanzierungsplanung drängen? Überdies bleiben zu mehreren der aufgezählten Eigenheiten und darüber, wie weit sie wesensnotwendig seien, in guten Treuen abweichende Meinungen möglich. Im ganzen bildet die Gantzelsche Definition eher eine ausführliche Umschreibung des mittelständischen Unternehmens als einen „Begriff"; denn dieser soll ja, in möglichst knapper Form — das wirklich Bestimmende: den Kerngehalt der zu erklärenden Tatbestände herausheben. Wenn der Mittelstand einen als solchen auszusondernden ausmacht, muß es ihn eindeutiger in den Griff zu bekommen gelingen.

Offenkundig umschließt der Mittelstand vielschichtige und verwickelte Sachverhalte. Die Schwierigkeiten, sein Wesen zu erfassen, rühren nicht zuletzt vom Kontrast zwischen seiner heutigen Breite und dem letztlich farblosen Beiwort „mittel" her. Dieses bringt wohl eine Zwischenlage zum Ausdruck, läßt sich aber im übrigen als Einteilungshilfe und Maßstab auf die verschiedensten Größen: von den wirtschaftlichen bis zu den kulturellen Werten verwenden. Zum Überfluß gebrauchen die französische, italienische und auch die englische Sprache nicht genau die gleiche Bezeichnung, sondern die Namen „Classes moyennes", „classe medie", „middle classes", was die Unterscheidung von Stand und Klasse im erörterten Zusammenhang als überhaupt fragwürdig erscheinen lassen kann. Sollte am Ende der Spötter G. Gothein mit seinem Gelegenheitsausspruch: „Was man nicht definieren kann, das schaut als Mittelstand man an“ Recht behalten[37]?

5. Versuch einer eigenen Deutung

Den Versuch einer eigenen Erklärung mögen die nachstehenden Feststellungen und Erwägungen leiten. Heute zeigen zum mindesten die abendländischen Gesellschaften nicht eine Zusammensetzung aus nur einigen wenigen um so größeren und durch Gräben oder eigentliche Klüfte voneinander geschiedenen Bevölkerungsblöcken, sondern das Bild stark gegliederter Schichtungen mit meistens weniger scharfen Abgrenzungen. Die modernen Wohlstandsgesellschaften sind sogar sich fortschreitend weiter aufzudifferenzieren im Begriffe, womit eine entsprechende Verflachung der Gefälle zwischen ihnen einhergeht. Die Scheidelinien verlieren sich zwar nicht ganz, bieten jedoch tüchtigen oder sonstwie geschickten Elementen gegenüber früher wesentlich größere Aufstiegschancen. R. König sieht mit seiner These richtig, daß die bisherige Theorie der Klassen durch eine solche der vielschichtigen modernen Gesellschaft, mit großer Wahrscheinlichkeit einer fortschreitend differenzierteren, abzulösen sei:

„Da alle nach verschiedenen und allzuoft nur entgegengesetzten Interessen ausgerichtet sind, müssen andauernd und überall, sich in einer Fülle infinitesimaler Vorgänge wiederholend, Reibungen und Konflikte auftauchen, die nach Abhilfe rufen. Diese Bewegung setzt sich fort in einer ebenso unabgerissenen Auseinandersetzung zwischen den verschiedenen Lebenssektoren in Familie, Wirtschaft, Recht, Religion und Kirche, Staat, öffentlicher Meinung, Unterricht, Berufsausbildungs- und Bildungswesen und allgemeinen sozialmoralischen Leitideen[38].“

Für die damit auseinander zu haltenden Unterteilungen mögen da und dort noch einmal wirtschaftliche Zielsetzungen und Belange[39] mit maßgebend sein. Doch leben ja auch die Menschen der Gegenwart „nicht vom Brot allein“, sondern gehorchen sie noch anderen, z. T. schon berührten Beweggründen, die letztlich um persönliche Entfaltung und Zuneigungen, Anerkennung durch die Umwelt, Sicherheit, bürgerliche Ordnung, Gerechtigkeit kreisen. Aus diesen Anstößen entstehen ebenfalls gemeinsame Auffassungen und Zusammengehörigkeitsgefühle. Wenn es zutrifft, daß die wirtschaftlichen Belange stark gesellschaftlich aufzuspalten vermögen, ist doch nicht zu übersehen, daß auch die übrigen Motivationen, zumal die auf das organisierte Zusammenleben bezogenen, Schichten bilden

[37] *Gothein*, G.: Mittelstand und Fleischnot, Berlin 1906, angeführt bei *Wernicke*, J.: S. 93.

[38] *König*, R.: Soziologie heute, Zürich 1949, S. 69.

[39] Die vielstufige Schichtung äußert sich u. a. in differenzierten Bedarfsstrukturen.

können. Sollten am Ende solche das im Mittelstand Verbindende und dessen Existenz damit bestätigende sein?

Noch einmal hilft uns vielleicht die funktionelle Betrachtungsweise weiter. Der Begriff des Standes legt uns nahe, wieder nach etwaigen arteigenen Beiträgen an dieses gesellschaftliche Zusammenleben zu suchen[40]. Wenn wir dieses nicht einfach durch den blinden Zufall oder den willkürlichen Austrag von Gruppenkonflikten beherrscht vermuten wollen, müssen sich Vernunft, aufbauendes Gestalten und Bereitschaft zum Ausgleich durchsetzen und bewähren.

Gewiß bleibt denkbar, daß in einzelnen Ländern, und zu gewissen Zeiten auch anderwärts, der hauptsächlich Ansprüche erhebende, „revendikatorische" Klassencharakter in den Vordergrund tritt. Doch ist die eigentliche Substanz in *ursprünglichen* Grundlagen des organisierten Zusammenlebens der Menschen, d. h. in arteigenen Beiträgen an dieses zu suchen. Dabei gilt es wieder einen eindeutig bestimmbaren und allen Kreisen, die zum Mittelstand gehören, gemeinsamen Kern herauszuschälen. Er muß letztlich in Gewinnen für die allgemeine Wohlfahrt, welche die verschiedenen Schichten beitragen: nicht nur an Gütern der Außenwelt, sondern in der Förderung des gesellschaftlichen Zusammenlebens als solchem wie der einzelnen zu suchen sein. Auch Privateigentum und Sparsinn verkörpern keine Selbstzwecke, sondern sie verdanken ihre Bedeutung der ihnen innewohnenden Eignung, den Individualitäten Rückhalt und Hebelarme für wirksameres Tun zu bieten.

Während K. Marx und F. Engels der Plan vorschwebte, eine große „klassenlose" Einheitsgesellschaft herbeizuführen, dürften die anschließenden Betrachtungen über die Bedeutung des Mittelstandes dartun, daß dieser umgekehrt die festeste Grundlage vielfältiger, „pluralistischer" Gesellschaften bildet. Das kommt nicht von ungefähr: selbst wenn nicht alle seiner Angehörigen bewußt dazu beitragen, üben doch die Anschauungen und Verhalten vieler bestimmende Einflüsse in diesem Sinne aus.

Damit mündet die kritische Sichtung der bisher vorgeschlagenen Interpretationen und die Frage nach dem, was die zu den Mittelschichten zu rechnenden Glieder der modernen Gesellschaften von den übrigen abzuheben und sie mehr oder anders als jene zu bewegen pflegt, in die Folgerung aus, daß das Ausschlaggebende in einer bestimmten Gesinnung: im Bedachtsein auf die Wahrung und Stärkung der Individualitäten, aber in Gemeinschaften eingebetteter, auf die Regel des „Leben-und-Leben-Lassens" verpflichteter, zu finden ist. Sie legen eine für die Einzelpersönlichkeit eingenommene Grundstimmung an den Tag, die ihr angemessenen Entfaltungsspielraum gewährt wissen will. Zugleich wis-

---

[40] Vgl. oben, S. 134 ff.

sen indessen diese Menschen um die Unzulänglichkeit ihrer Kräfte, um allen Schwierigkeiten des Lebens allein die Stirne bieten und sich genügend gegen Unlauterkeiten und Willkür schützen zu können. Deshalb zeigt sich eine starke Neigung zu eigenen Standesordnungen und zur Beteiligung an Verbänden, im Handwerk so sehr, daß diese geradezu als eines seiner wesentlichen Zusatzmerkmale erscheinen konnte. Dem Hang zum Zusammenschluß stehen allerdings auch wieder Hemmungen entgegen, die manchen, wenn nicht gerade Not am Mann ist, einen nicht sehr konsistenten bleiben lassen. Ebenso wie die Gewerbetreibenden, Hauseigentümer, Bauern hängen viele Unselbständigerwerbende, vorab die in gehobener Stellung und fachlich gut ausgebildeten, dem Wunsch nach weiten Möglichkeiten des eigenen freien Gestaltens nach. Der Verbundenheit mit der Familie, einem Freundes- und größeren Bekanntenkreis tritt wieder ein — der stärkeren Differenziertheit ihrer Verhältnisse wegen allerdings schwächerer — Zug zur Gruppierung in Verbänden zur Seite. Gehen wir mit der Vermutung über das erlaubte Maß hinaus, wenn wir die im Dorf und in den kleineren Städten noch vorhandene Bereitschaft, Nachbarn über zeitweilige Bedrängnisse hinweg zu helfen, als Ausfluß des Mittelständischen werten?

Der Proletarier unterscheidet sich nach der landläufigen Meinung vom „Mittelständler" dadurch, daß ihn beengte Lebensbedingungen, gedrückte wirtschaftliche Lage und starke Abhängigkeiten vom Brotherrn zu dumpfem Dahinvegetieren verurteilen. Zum guten Teil dadurch bedingt, verwehrten geringe geistige Regsamkeit und Bildungslücken die Hinwendung zu einigermaßen profiliertem Ich-Bewußtsein. Als um so empfänglicher pflege er sich für die Massenauflehnung gegen alles Besser- und Höhergestellte und wider die herrschende Ordnung zu erweisen.

Was das Gegenstück: den typischen Kapitalisten betrifft, wäre es im Rahmen eines Gesellschaftssystems, welches das Privateigentum anerkennt, kaum sinnvoll, bereits die kleinen Sparer und alle, die eigenes Vermögen für ihre Geschäftstätigkeit einsetzen, dazu rechnen zu wollen. Deshalb gehören nicht sämtliche Unternehmer von vorneherein dazu. Vielmehr ist das entscheidende Merkmal im ungestümen, vor der Emanzipation von Herkommen und Zeitstil nicht zurückscheuendem Erwerbs-, Geltungs- und Machtstreben von Kraftnaturen zu suchen. Sie zielen auf hohe Gewinne und den Aufbau von Herrschaftsbereichen ab, wobei sie sich durch Rücksichten auf die Konkurrenten, die Umwelt und, wenn es nicht anders geht, ebenfalls durch solche auf die Mitarbeiterschaft wenig hemmen lassen.

Wie dargetan, liegt es im Wesen der Dinge, daß die Abgrenzungen sowohl des Mittelstandes zur Proletarierklasse als zu der der Kapitalisten unscharfe und fließende bleiben müssen. Das bildet aber entgegen F.

Croner[41], wenn man ein Phänomen von offenkundig eigener Substanz vor sich hat, mitnichten einen Grund, auf dessen genauere Wesensergründung zu verzichten. — Vielleicht verdächtigen einige Stimmen den neuen Deutungsversuch wieder der ideologischen Befangenheit[42]. U. E. kann aber keine Rede davon sein, daß die Gesinnungen und persönlichen Gebaren in den Beziehungen mit den Nebenmenschen und ihren Gruppierungen lediglich im Irrationalen oder in kurzsichtig tagespolitischem Zweckdenken wurzeln würden. Oft sind nachdrücklichere durchaus rationale, von einigem Weitblick geleitete und auch nicht lediglich nackt egoistische Beweggründe am Werke.

II. Die Bedeutung dieses Mittelstandes

Beim unverkennbaren gesellschaftlichen und politischen Gewicht des Mittelstandes mußten und müssen vielleicht heute noch die Urteile über ihn je nach dem Blickfeld der Autoren und der Parteiengunst oder -ungunst sehr stark schwanken. Die bisher häufig oberflächlichen Deutungen seines Wesens konnten diese Meinungsverschiedenheiten natürlich nicht beheben. Die herkömmliche bürgerliche Sicht maß vorab der „staatserhaltenden Funktion“ Bedeutung bei. Nach dieser dürften um dieser Wirkung willen einige durch allfällige Minderproduktivität der ihm zuzurechnenden Betriebe verschuldete wirtschaftliche Opfer in Kauf genommen werden. Demgegenüber schätzte E. Grünberg[43] den „gewerblichen Mittelstand als eine zwar unter dem Druck des Großkapitals befindliche, aber gleichwohl aggressive Partisanengruppe im Dienste des nämlichen Großkapitales zur Bekämpfung der Ansprüche der Lohnarbeiterschaft ein“, was weiter vermuten ließ, daß der staatliche Schutz hauptsächlich der Wahrung dieser Stoßtruppe zur Sicherung der überlieferten gesellschaftlichen Ordnung gelten könnte.

Die nähere Ergründung der Sachlagen zeigt Möglichkeiten in beiden Richtungen auf. Allerdings glauben wir nachstehend genügend Anlässe zur Hervorhebung der fördernden Effekte auf Gesellschaft und Wirtschaft zu haben. Es bliebe aber eine Einseitigkeit, die Heranziehbarkeit der Gewerbetreibenden zur Abwehr der Begehren des „dritten Standes“ bzw. der Arbeiterklasse schlechthin leugnen zu wollen. Es mangelt auch nicht an Erklärungen dafür, weshalb das Handwerk und die übrigen ge-

---

[41] *Croner,* F.: Soziologie der Angestellten, Köln 1962. Stoßen wir im praktischen Leben, um noch einmal daran zu erinnern, nicht allerwärts auf Sachlagen, die sich von anderen in den Grenzbereichen nur unscharf, über Mischformen hinweg, unterscheiden, ohne daß es erlaubt wäre, deren Natur im Ungewissen zu lassen?

[42] Wir sehen jedenfalls nicht, daß unsere Kritiker Schlüssigeres zum Verständnis der Sachlagen beizusteuern imstande wären.

[43] *Grünberg,* E.: S. 150.

werblichen Betriebsinhaber manchmal den Begehren ihrer Bediensteten auf Besserstellung: auf die Bewilligung höherer Löhne, Sozialzulagen, Ferienentschädigungen, auf Kürzung der Arbeitszeit, den Ausbau des Kündigungsschutzes Widerstand entgegensetzen, sehen sie sich doch mit ihrer arbeitsintensiven Produktion davon am stärksten betroffen. Zudem können die oft nur geringen Unterschiede in den Einkommen und Lebensbedingungen zwischen diesen Selbständigerwerbenden und den auf höhere Entschädigungen und geringere Arbeitsbelastungen drängenden Gehilfen dazu motivieren, zumal dann, wenn die ersteren unter die Lohnbezüge sinken. Damit hieße es von den Gewerbetreibenden, weitgehend auf ihr eigenes Behauptungsvermögen verwiesen, zuviel zu verlangen, eine besondere Willfährigkeit gegenüber den Forderungen des klassischen Arbeiterschutzes zu erwarten. Endlich erweckten konkrete Entwicklungen schon den Anschein, als ob sich die von L. von Brentano[44] verzeichnete wirtschaftsgeschichtliche Regelmäßigkeit bestätige, wonach der Aufstieg der unteren Bevölkerungsschichten, also der bisherigen Proletarier, zumeist von einer Herabdrückung der nächst höheren, heute der Inhaber kleinerer Betriebe, begleitet sei.

Was sind nun aus unserer Wesensbestimmung für Folgerungen über die tatsächlichen Auswirkungen des Mittelstandes auf Wirtschaft und Gesellschaft zu ziehen? Doch wohl kaum bezweifelbar gewinnt er dadurch Bedeutung, daß seine Schichten allein schon durch ihre Zwischenlage das kritische Gefälle zwischen den „oberen" und „unteren" abschwächen. Damit erfüllen sie Mittlerfunktionen. Die Gräben zwischen scharf voneinander geschiedenen Volksteilen werden überbrückt, die Trennwände abgetragen und Chancen der „Durchlässigkeit" geschaffen. Der Mittelstand erleichtert den sozialen Aufstieg; er ermöglicht es den einzelnen, auf Grund ihrer Tüchtigkeit, mit gesteigerter persönlicher Anstrengung und charakterlichen Vorzügen in höhere Stufen aufzusteigen und dazu nicht hohe Schwellen aufs Mal erklimmen zu müssen. — Tatsächlich nehmen in den aufgelockerten heutigen Gesellschaften viele die Gelegenheiten dazu wahr, wodurch die gehobeneren Kreise andauernd Zuwachs durch aufstrebende Kräfte aus bescheideneren erhalten[45]. Zugleich mehrt der Mittelstand die soziale Sicherheit dadurch, daß Höhergestellte, die sich aus eigener Schuld oder im Gefolge von Schicksals-

---

[44] *von Brentano,* L.: Wirtschaftsgeschichte, Vorlesungen an der Universität München 1907/08, 2 Hefte (im Mskr.).

[45] Wohl wird heute der bürgerlichen Gesellschaft da und dort, etwa im Zuge des Rufs nach „moderner Bildungspolitik" zum Vorwurf gemacht, Behinderungen tüchtiger Kräfte in ihren Möglichkeiten, sich besser entfalten und sozial aufsteigen zu können, aufrecht zu erhalten. Es bleibt aber, soweit die Beschuldigungen überhaupt gerechtfertigt sind, unverkennbar, daß diese Entfaltungs- und Aufstiegschancen ohne die vorhandenen breiten Mittelschichten noch viel kleiner bleiben würden.

schlägen nicht mehr im bisherigen Rang zu halten vermögen, nicht mehr einer schroffen Deklassierung zu verfallen brauchen. Damit trägt der Mittelstand entscheidend zur Entschärfung der sozialen Spannungen bei.

Trotz der bisweilen dagegen geltend gemachten Einwände verdient in Erinnerung gerufen zu werden, was schon Aristoteles über die das gesellschaftliche Zusammenleben fördernden Effekte der mittleren Schichten zu sagen wußte:

„Der Staat aber muß sich soweit als möglich ausgleichen und aus einander nahestehenden Bürgern zusammensetzen. Dies trifft nun am meisten auf den Mittelstand zu. Also muß derjenige Staat in der besten Verfassung sein, der aus solchen Bürgern besteht, wie sie nach unserer Darlegung die natürliche Staatsbildung erfordert. Dieser Mittelstand ist in der Tat das konservative Element ... Weder begehrt er, wie die Armen, nach fremdem Gut, noch begehren andere nach dem seinen ... So kann er sein Dasein ungefährdet erhalten, da er weder andere angreift, noch andere ihn[46].“

In zweiter Linie üben die arteigene Sozial- und Wirtschaftsgesinnung und die dadurch bestimmten Verhaltensweisen bedeutungsvolle Einflüsse aus. Wem das Ziel vorschwebt, für möglichst viele Gelegenheiten zur eigenen Entfaltung der Einzelpersönlichkeiten mit ihren Angehörigen gesorgt zu wissen, möchte selbst nach persönlichem Gutfinden wirtschaften und den Nutzen daraus ziehen, mit der Kehrseite, Mißerfolge nicht auf Dritte abwälzen zu können. Mit der Parteinahme für die Initiative aus freien Stücken läuft die Erwartung ihres fruchtbaren und auch sozial einwandfreien Einsatzes parallel. Damit verbindet sich die Regung, Wettbewerbsbehinderungen durch ungleiche Startgrundlagen zu verringern und zu beheben, wirtschaftliche Übermacht in Schranken zu weisen.

In ihrer Studie über die englischen Mittelklassen glaubten Lewis und Maude diesen bedeutende Verdienste um den ganzen wirtschaftlichen Fortschritt in ihrem Lande zusprechen zu können. Sie bildeten dadurch, daß sie das weiteste Bewährungsfeld für den gesellschaftlichen Aufstieg der Individuen offen hielten, die wichtigste Quelle des bürgerlichen Unabhängigkeitsstrebens[47]. — Etwas weniger scheine diesen Kreisen das solidarische Zusammenspannen auf breiteren Fronten zur Verbesserung der geschäftlichen Aussichten und zur Abschirmung gegen ernste Existenznöte zu liegen.

So verkörpert der Mittelstand den Nährboden für die Vorliebe zum Eigenleben, zur Entfaltung des persönlich Geprägten, vorab im Rahmen

---

[46] Zitiert bei *Marbach,* F.: S. 62.

[47] *Lewis,* R. / *Maude,* A.: "For the English middle-class mentality has absorbed not merely technical and managerial skills but also, to use Elton Mayo's phrase, social skills. It has stood for liberty against the State, upholding Common Law against the Roman code, Parliament against absolutism, militia against standing army, private enterprise against public or private monopoly." *Lewis,* R. / *Maude,* A.: S. 105.

kleinerer, begrenzter Umwelten. In ihm regen sich mancherlei selbständige Initiativen, und auch der Appell zur Selbsthilfe, zur entschlossenen Selbstbehauptung bricht in breitestem Umfange durch. Wo viele nach eigenem Belieben tätig sein können, müssen sich Ansporne zur Hebung der Qualität der Leistungen und zu deren Differenzierung einstellen. Selbst noch vorhandenen traditionalistischen Neigungen fällt oft für fachtechnisch gute Arbeit zu bürgen zu.

Seite an Seite mit diesen Impulsen machen sich immer wieder nachdrückliche Bedürfnisse nach Geborgenheit geltend. Wer nicht von vornherein reichlich mit Glücksgütern gesegnet ist und begrenzte Eigenververmögen für zwar nicht allzu gewagte, aber doch mit einigen Gefahren behaftete geschäftliche Obliegenheiten einsetzen muß, möchte sich gegen diese wenigstens zum Teil abgesichert sehen. Das wird in erster Linie durch die Abstützung der Entgeltansprüche für die erbrachten Leistungen: von den Selbständigerwerbenden auf Preis- und Honorarvereinbarungen, von den in unselbständiger Stellung Beschäftigten auf gesamtarbeitsvertragliche Festlegungen der Gehälter und Löhne, angestrebt. In zweiter Linie sucht man sich, mit dem Beistand des Staates, über ausgebaute Alters- und Hinterlassenen-, Kranken-, Unfallversicherung und dergleichen abzuschirmen. In der jüngeren Entwicklung fühlen sich ebenfalls die Gewerbetreibenden und manche freie Berufe Ausübende auf den Rückhalt dieser Gemeinschaftsvorsorge angewiesen. Vielleicht rühren sogar Neigungen breiter mittelständischer Kreise, sich an die jeweils in der Öffentlichkeit vorherrschenden Anschauungen und Gepflogenheiten anzulehnen, zum „Konformismus", von solchen Geborgenheitsbedürfnissen her. Es gibt so etwas wie soziale Bodenständigkeiten.

Andererseits verhilft die freie und selbständige Betätigung vieler Berufsleute zu einem ungleich größeren Reichtum der Lebensformen als die Ein- und Unterordnung von Dritten unmittelbar abhängiger Glieder von Belegschaften. Dem noch intakten Familienverband, den regionalen Berufs- und Standesvereinigungen, der guten Nachbarschaft, den kulturellen und konfessionellen Verbindungen, den politischen Parteien wohnen die Vorzüge engerer Fühlung zwischen ihren Gliedern und Genossen inne; sie gewähren allein schon dadurch größere Sicherheit. Die genannten R. Lewis und A. Maude beriefen sich, allerdings die Pioniere der Industrie, des Handels und der Kreditvermittlung mit dazurechnend, darauf, daß nur der — so verstandene — Mittelstand den modernen britischen Staat geschaffen hätte. Der treibende Beweggrund dazu sei das Verlangen nach Sicherheit, aber einer solchen im Rahmen persönlicher Freiheit und Unabhängigkeit, gewesen. Von diesem Mittelstande strahlten die organisatorischen Fähigkeiten aus, die erst die wissenschaftlichen, technischen, wirtschaftlichen und sozialpolitischen Errungenschaften möglich machten. Seinen Angehörigen verdanke die britische Nation Erziehung und Schulung. Weil der gesellschaftliche Aufstieg in besonderem Grade auf Aufgeschlossenheit und entsprechendes äußeres Gebaren abstelle, wecke er die meisten Ansporne zur Selbstdisziplin und Höherbildung. Der Mittelstand verweise den Staat und jeglichen Absolutismus in ihre Grenzen. Er trage, obwohl auf Erwerb aus, entscheidend zum sozialen Ausgleich bei und dürfe letztlich, trotz häufig mangelnden tieferen Verständnisses dafür, als der wichtigste Förderer von Dichtung, Kunst und Wissenschaft gelten. Aus den Mittelklassen würde solchen, die der Staat vergesse oder gar unterdrücke, Ermutigung und Unterstützung zuteil; er verhelfe Personen, denen gegenüber die Verwaltungen versagten, zur Wiederbeschäftigung; er beschirme jene, welche die Masse verfolge; er wisse überlebten Unternehmen ein Ende zu setzen oder zeitgemäße ins Leben zu rufen. Er gewähre am ehesten Schutz gegen das „Komitee"; er könne Vorhaben verwirklichen, die zu öffentlichen zu machen noch nicht gestattet wäre[48].

An dieser Aufzählung von Verdiensten mögen einige Abstriche angebracht sein. Sie bergen aber doch recht wesentliche Fingerzeige. Dadurch, daß die Mittelschichten den breitesten Nährboden für eigenständige und dabei irgendwie auf das Allgemeinwohl Bedacht nehmende persönliche Initiativen bereiten, bilden sie ein bestimmendes Ferment der gesellschaftlichen Entwicklung. Mit ihrer Mittlerrolle, aus innerer Verpflichtung zur eigenen Bewährung und Verantwortung heraus, von einiger Zugänglichkeit für Appelle zur solidarischen Unterstützung Bedrängter begleitet, leisten sie Bedeutendes an den Frieden im Lande und an die Ermöglichung von wirtschaftlichen und sozialen Fortschritten. Immer wieder lehren Beispiele von Ländern, welche Gefahren ihren Völkern aus dem Fehlen, Verkümmern und der Zermürbung des „Mittelstandes" erwachsen[49].

Im übrigen müßte es überraschen, wenn den betrachteten gesellschaftlichen Kreisen, bei deren Ausdehnung, nicht auch menschliche Unzulänglichkeiten anhaften würden. Solche treten, den Vorbedingungen entsprechend, ihrerseits häufig auf spezifische Art zutage. So fühlten sich weniger W. Röpke, wohl aber F. Marbach und andere Autoren zu Vermerken darüber bewogen. Nicht wenige erblickten im Mittelstand die Verkörperung der Engstirnigkeit und Engherzigkeit, des dumpfen Spießertums, des hoffnungslos Erstarrten, Saturierten, nicht mehr sich Regenden und Entwicklungsfreudigen[50].

---

[48] *Lewis*, R. / *Maude*, A.: S. 107 ff.

[49] Wir verweisen auf die derzeitigen politischen Entwicklungen in einigen Staaten Südamerikas und im fernen Osten sowie Labilitäten in einigen westeuropäischen Staaten. Wie schon der Titel anzeigt, mit Bedenken für die Zukunft: *Salis*, J. R. von: Verfall der Bürgerlichkeit, in: „Geschichte und Politik", Zürich 1971, S. 371 ff. und 378 ff.

„Wir denken da an die erwähnten möglichen, aber keineswegs zu generalisierenden Unzulänglichkeiten, wie Enge des Horizonts, Phantasiemangel, Kleinlichkeit, Unaufgeschlossenheit und sozialkonservative Überängstlichkeit, verbunden ... mit einer eruptiven Aufbegehrlichkeit überall dort, wo der Staat unerwünschte oder unverstandene Vorkehren trifft[51].“

Ferner wäre es irrig, aus der Beihilfe an den gesellschaftlichen Zusammenhalt auf eine Staatstreue unter allen Umständen zu schließen. So sehr der Mittelstand schon durch sein Beharrungsvermögen gegen politische Verunsicherung und Umsturzgelüste abschirmen mag, mangelt es der älteren und jüngeren Geschichte nicht an bezeichnenden Vorfällen, daß er seinerseits zur Auflehnung und zum offenen Aufruhr fähig bleibt. Obwohl weniger als die „Proletarier“, werden seine Angehörigen auf härteren Druck hin auch von Massenbewegungen erfaßt. So war die große französische Revolution von 1789 eine solche des aufstrebenden, von zunehmendem Selbstbewußtsein durchdrungenen „Kleinbürgertums“. Seither ereigneten sich von Zeit zu Zeit kleinere oder größere Aufstände gegen verhaßte Zielsetzungen und Anwendungen der Staatsgewalt. Namentlich darf nicht vergessen werden, daß Enttäuschungen über den Regierungskurs und das politische Kräftespiel, im Verein mit wirtschaftlicher Not, die mittelständischen Lager Italiens und Deutschlands der 1930er Jahre mit zu Wegbereitern der faschistischen und nationalsozialistischen Revolution machten[52]. Seither hat das Bild eines „Peintre naif“: O. Metelli: „Der Aufstand gegen die Steuerbeamten“ durch den französischen Poujadismus eine neue Aktualisierung erfahren. Dabei scheint diesen Rebellionen ein Hang zum Rechtsradikalismus inne zu wohnen. Indessen ist ein unverzerrtes Bild nur bei Berücksichtigung des Vorkommens menschlicher Schwächen und engstirnig-gruppenegoistischer Regungen, bis zur offenen Auflehnung gegen die bestehenden Ordnungen, in allen Ständen und Klassen zu gewinnen. Die mittleren Gesellschaftsschichten unterliegen dieser Belastung, an ihrer zahlenmäßigen Stärke gemessen, wohl nicht mehr als die anderen. Vielleicht darf man sogar zu ihren Gunsten anrechnen, daß viele Gewerbetreibende, Ausübende der freien Berufe und höhere Angestellte den ausgeprägtesten Willen, Schwierigkeiten so weit als möglich selbst zu meistern, an den Tag legen.

Nach dem übereinstimmenden Befund der Wirtschafts- und Sozialhistoriker ist die Entfaltung des europäischen Bürgertums hauptsächlich

---

[50] *Röpke*, W.: Die Gesellschaftskrisis der Gegenwart, S. 336.

[51] *Marbach*, F.: S. 63.

[52] *Küstermeier*, A.: Die Mittelschichten und ihr politischer Weg, Potsdam 1933, S. 47; *Geiger*, Th.: Die Klassengesellschaft im Schmelztiegel, Köln 1948, S. 167, und *Winkler*, H. A.: Mittelstand, Demokratie und Nationalsozialismus, Köln 1974 (die politische Entwicklung von Handwerk und Kleinhandel in der Weimarer Republik).

dem Mittelstand, und zwar vorab dem zünftigen Stadthandwerk und dem Handel, zu verdanken. Deshalb gibt es bis auf den heutigen Tag enge Verbindungen mit der Bürgerlichkeit. Auch diese hält ja auf die Wahrung ausgedehnter Betätigungsfelder für eigenständige Glieder der Gesellschaft und Vorkehren gegen Zusammenballungen wirtschaftlicher Macht. Zu den für Gesellschaft und Wirtschaft relevanten Tugenden gesellen sich die staatsbürgerlichen: politische Besonnenheit, geschärftes Gefühl für das jeweilen Wesentliche und das richtige Maß, mindestens Gehör für die Gebote des Gemeinwohls, so etwas wie inneres Wissen um die enge Verknüpfung von Rechten und Verantwortlichkeiten, wenn es not tut, volle Bereitschaft zur Verteidigung von Herd und Heimat. Zunehmend gewahrt man heute, daß sich diese Motivationen nur im Rahmen freiheitlicher Ordnungen voll auszuwirken vermögen und die politische Freiheit für ihren Teil, damit sie die von ihr erwarteten Früchte zeitigt, das Emporgehobensein über die Mühseligkeiten und Beschränkungen schwerer materieller Bedrängnis voraussetzt. Wie in der Novelle Gottfried Kellers[53] der Geist des „Fähnleins der Sieben Aufrechten" die Unabhängigkeit jedes einzelnen der Schützenfreunde verlangt, so gedeiht die Demokratie am besten auf diesem Boden.

Kürzlich haben „Gespräche am runden Tisch" die vielseitige, vor allem auch politische Bedeutung eines vorhandenen breiten Mittelstandes für Frankreich bestätigt[54].

III. Das Verhältnis des Mittelstandsbegriffs zum Gewerbe

Was geht aus diesen Feststellungen für das Verhältnis des Mittelstandes zum Gewerbe hervor? Obwohl für die Mittelschichten der Bevölkerung, zumal im europäischen Kulturkreis, die Regel „viele Köpfe — viele Sinne" wie wahrscheinlich für keine andere gilt, wohnen ihnen doch gemeinsame und damit verbindende Eigentümlichkeiten inne. Wir glauben sie hauptsächlich in der besonderen Sozial- und Wirtschaftsgesinnung, meistens von entsprechenden Handlungsweisen begleitet, zu erkennen. Der Meinungsstreit darüber, ob es sich bei ihrer gedanklichen Zusammenfassung um einen „Stand" oder eine gegenüber der unteren und oberen mehr oder weniger abgegrenzte „Klasse" handle, dürfte sich je nach den jeweiligen Bedingungen und herrschenden Anschauungen anders entscheiden. Bei starker Ausrichtung auf die materielle Güterversorgung und die Ansprüche auf ausgeglichene Einkommensverteilung tritt der Klassencharakter, mit der Betonung der zu erbringenden Dienste und der Verwurzelung in einem Stufenbau von Gemeinschaften mehr das Ständische ins Blickfeld.

---

[53] *Keller*, G.: Zürcher Novellen, Das Fähnlein der sieben Aufrechten.

[54] Les classes moyennes et vous, in der Zeitschrift L'Economie (La France concrète) No. 1206, du 16 décembre 1974.

Das Wort „Mittelstand" (-„Klasse") verlangt die extensive Deutung als Sammelbegriff sowohl der selbständigen Handwerker, der meisten Einzel- und vieler Großhändler, der großen Mehrzahl der Inhaber von Dienstleistungsbetrieben, der Bauern, der Angehörigen der freien Berufe, der meisten Intellektuellen als auch der mit Leitungs- und Ordnungsfunktionen betrauten Mitarbeiter in den Betrieben, Unternehmen und Verwaltungen, einer zunehmend wachsenden Rentnerschaft und nicht zuletzt auch mancher qualifizierter Berufsarbeiter.

Dadurch schließt er wohl den größten Teil des Gewerbes bzw. der in dessen Ausrichtung Tätigen ein; aber er deckt sich nicht mit ihm. Nicht auf die wirtschaftlichen Ziele und Notwendigkeiten beschränkt, verkörpert er, über diese hinausgreifend, eine allgemein gesellschaftliche Erscheinung. Deshalb kann der Hinweis auf die „mittelständische Natur von Betrieben und Unternehmen" nur ergänzende Auskünfte liefern. Damit sollen diese keine Abwertung erfahren; es sei nicht bestritten, daß deren Beifügung, die Mitbeeinflussung durch die gesellschaftliche Umwelt zum Ausdruck bringend, oft zu noch größerer Wirklichkeitsnähe heranzuführen vermag. Diese zusätzlichen Merkmale werden auf der Linie entsprechender Einstellungen der Inhaber von Handwerks-, Handels- und Dienstleistungsbetrieben und der allgemeinen Ausstrahlung ihrer Verhaltensweisen zu suchen sein. Dagegen gehört bereits die vorherrschende Begrenzung dieser Gewerbetreibenden auf kleinere Wirtschaftseinheiten nur soweit zu den gesellschaftlichen Bedingtheiten, als das persönliche Format ihrer Träger keinen Aufbau größerer erlaubt. Offenkundig spielen dabei auch die Wettbewerbsverhältnisse auf den Märkten, d. h. ihre geschäftlichen Durchsetzungs- und Behauptungsmöglichkeiten im Zuge der Begegnungen von Angebot und Nachfrage eine wesentliche Rolle. Dazu haben wir jetzt gelernt, die starke Beeinflussung der Betriebs- und Unternehmunggrößen durch die Wahl der Arbeitsfelder und Leistungsarten zu erkennen. Dafür drängen sich wirtschaftliche Erklärungen auf.

Das mittelständische Wesen von Gewerbebetrieben wirkt sich in den für dieses kennzeichnenden Richtungen aus: vorab in der, daß sie ihrerseits, mit ihrer breiten Streuung, entscheidend zur Milderung der Gefälle zwischen den verschiedenen Bevölkerungsschichten und Klassen und damit zur Milderung der sozialen Spannungen beitragen oder beizutragen imstande sind. Im Abschnitt über die Arteigenheiten der Arbeitsverhältnisse erhalten wir besonderen Anlaß, auf günstige Voraussetzungen aus den meistens geringeren Herkunftsabständen der Arbeitgeber und ihrer Gehilfen aufmerksam zu machen. Dazu gesellt sich die Prägung der Gesinnungen: einerseits die Neigung zum selbständigen Erwerb und zum geschäftlichen Handeln nach eigenem Gutfinden, andererseits das Bewußtsein, daß es dabei Verantwortlichkeiten zu übernehmen und nicht rücksichtslos nur den Eingebungen des Eigennutzes zu folgen gelte. Manche Handwerksmeister und Kaufleute legen hervorragende Tüchtigkeit und persönliche Einsatzfreude an den Tag. Ungezählte haben sich auch schon aus eigenem Antrieb der guten Ausbildung und Förderung der Nachwuchskräfte angenommen. Zur mittelständischen Natur der meisten Gewerbebetriebe gehört nicht zuletzt, daß sie strebsamen bisher Unselbständigerwerbenden den Zugang zum Schaffen auf eigene Rechnung bieten.

Natürlich wirkt diese persönliche Haltung auf die Wirtschaft zurück. Zu den fachlichen Leistungen hinzu tragen ebenfalls die im Gewerbe gehegten Gesinnungen bis auf den heutigen Tag zum wirtschaftlichen Fortschritt und sozialen Ausgleich bei. Die Betonung der Verantwortung dem Kunden, dem Beruf, der Familie, der Nachbarschaft gegenüber und die Anerkennung von Solidaritätspflichten wirken sich in Erzeugung und Verbrauch nachhaltig aus. Insofern verhilft das Mittelständische zur noch deutlicheren Kennzeichnung des Gewerbes, als es die Rolle des Persönlichen im Wirtschaften stärker hervorhebt. Dieses „personalistische Produzieren" prägt sich in der Beteiligung der Betriebsinhaber an der Erbringung der Nutzleistungen und den gewahrten Möglichkeiten enger Arbeitsgemeinschaft mit den Bediensteten aus. Diesen gesellschaftlichen Hintergrund darf man nicht unterschätzen.

Dagegen reichen die Aufschlüsse zur Wesenserfassung des Gewerbes nicht aus. Mit der Einsicht, daß die Handwerksmeister, gewerblichen Händler und Träger von Dienstleistungsbetrieben mit ihren arteigenen Angeboten zum Zug zu kommen haben, bleibt nur der Weg, ihr Überleben und Gedeihen aus ihren besonderen Wettbewerbsfähigkeiten heraus zu verstehen. Über diese entscheiden aber zur Hauptsache die wirtschaftlichen Belange und nicht die übergreifenden gesellschaftlichen Zusammenhänge. Überdies schlagen die wirtschaftlichen Bezüge selbst dort, wo die Verhaltensmuster der verschiedenen Schichten des Mittelstandes die Gewerbetreibenden noch näher charakterisieren können, wieder auf diese durch. Die Inhaber und Leiter kleiner Einheiten neigen, wenn es sich nicht gerade um hochgradig schöpferische handelt, zur Abstützung auf einen ausgedehnten Bekanntenkreis, zur Anlehnung an kräftigere Fach- und Standesgenossen und zum Bestreben, immer irgendwie mit dabei zu sein. Von den zum Mittelbereich der Talente und Dienstbeflissenheit zu rechnenden Gewerbetreibenden trauen sich die einen „solide Kunstfertigkeit", die anderen bereits geschäftliche Gewandtheit für das Sich-Durchsetzen im Wettbewerb zu. Die hervorragend tüchtigen Meister und Kaufleute schöpfen ihre Schaffenskraft nicht zuletzt aus dem Erlebnis und Wissen darum, ihren Auftraggebern und Kunden auf sie abgestimmte Leistungen bieten zu können. Einzelne erzielen ihre Erfolge bereits mit besonderer geschäftlicher Wendigkeit.

Wir glauben[55] die andere Natur je von Gewerbe und Mittelstand nicht nur um der Eindeutigkeit der Begriffe willen hervorheben zu sollen, sondern ebenfalls aus dem „praktischen Grunde", daß ihre Vermengung leicht Unsicherheiten für die Wirtschafts- und Sozialpolitik heraufbeschwört. Schon W. Wernet[56] machte darauf aufmerksam, daß die Einbettung der Beistandsansprüche des Handwerks in die Mittelstandspolitik eher Enttäuschungen als die erstrebten Hilfen beschert hätte. Die Schwierigkeiten und Mißerfolge rühren vermutlich nicht wenig von der Koppelung wirtschaftlich-geschäftlicher Anliegen mit allgemein gesellschaftlichen, m. a. W. von der dadurch genährten Neigung, vorab Schutzbegehren, und zwar solche von großer Anwendungsbreite, anzumelden, her. Wohl trägt die Mittelstandspolitik ausgedehntere Fronten ein; ferner kann sie da und dort geistig befruchten. In Zeiten schwerer Wirtschaftskrisen oder durch staatliche Eingriffe verursachter Bedrängnis mag es damit, vorab in der Abwehr, gelingen, eine beträchtliche Geschlossenheit des zusammengefaßten Lagers zu erzielen. Dafür greift mit der Notwendigkeit, näher auf die Sonderbedürfnisse der einzelnen Teile: von der Bauernschaft über das Gewerbe bis zu den höheren Angestellten und den qualifizierten Berufsarbeitern einzutreten, bald einmal Lockerung und eigentlicher Zerfall des Zusammenhaltes Platz.

So gibt es zweifellos einen Mittelstand. Er ist und bleibt aber ein hauptsächlich gesellschaftliches Phänomen. Dagegen muß das Gewerbe vorab als Erbringer arteigener Beiträge an die Güterversorgung und den Volkswohlstand gesehen werden. Sollte unser Untersuchungsgegenstand durch das F. Marbachsche „Gesetz der existenziellen Konstanz des selbständig produzierenden Mittelstandes" am Ende doch noch eine unmittelbare Prägung erfahren? Wie oben dargetan, hebt dieses „Gesetz" den Fortbestand einer großen Zahl unabhängiger „kleiner Existenzen" trotz aller Konzentrationstendenzen in der modernen Wirtschaft hervor[57]. Diese „Kleingewerbetreibenden" besäßen zwar keinerlei Gewähr für die dauernde Erhaltung ihrer Unternehmen und ihrer Berufe; wohl aber lehrten die Erfahrungen und eigentümliche Ausflüsse der Strukturwandlungen selbst, daß sich fortgesetzt neue Betätigungsmöglichkeiten für Betriebe von beschränktem Umfang eröffneten und diesen zeitweilig zu einer gedeihlichen Lage verhelfen könnten.

Soweit dieses „Gesetz" lediglich, als ein solches der empirischen Erfahrung, eine äußerliche, statistisch erfaßbare Gesamtbewegung zum Ausdruck bringen will, lauten die Ergebnisse unserer Ergründung nicht viel anders. In den freiheitlich geordneten Volkswirtschaften vermögen sich

[55] Bd. III, 2. Halbbd., S. 51.

[56] *Wernet*, W.: Personales und instrumentales Wirtschaften, S. 18.

[57] Vgl. S. 52.

neben den Großunternehmen bis auf den heutigen Tag viele kleine mehr oder weniger erfolgreich zu behaupten. Auch von der zweiten, als Antithese zu verstehenden Feststellung des „Gesetzes“, welche die Ungewißheit der Fortkommens-Aussichten für die einzelnen Zweige und Einheiten betont, weichen unsere Befunde nicht grundsätzlich ab. Es gehört zum gewerblichen Schaffen, „gefährdet zu leben und um alte oder neue Arbeitsgebiete zu ringen; das ist seit einem Jahrhundert oder länger das Schicksal dieses Berufsstandes“[58].

Anders verhält es sich dagegen mit dem, was unser eigentliches Forschungsziel sein muß! Daraufhin unterscheiden sich die Betrachtungsweisen bis zu Gegensätzlichkeiten. Die These von der existentiellen Konstanz des selbständig erzeugenden Mittelstandes gibt sich mit dem Blick auf eine Gesamtbewegung: deren Umfang und Umrisse zufrieden, ohne sich einläßlicher um die Richtung und Stärke dessen, was im einzelnen vorgeht, zu kümmern. Namentlich bleibt sie die Antwort auf die Frage nach den Gründen schuldig. Sie macht wohl auf die Zusammensetzung der Mittelschichten aus Kreisen in recht ungleicher Lage aufmerksam. Aber es folgt kaum eine nähere Erwägung darüber, was das Los dieser Gruppen und der einzelnen in dieser Entwicklung bestimmen und das Ganze über mögliche bloße Zufälligkeiten hinausheben könnte. Augenscheinlich spielte bei dieser Einschätzung des Mittelstands noch der K. Marxsche „ökonomische Determinismus“ mit.

Tatsächlich setzt jedoch die wirtschaftliche und soziale Problematik erst mit den tieferschürfenden Fragen ein: ob das Werden, Gedeihen und Abschwachen der Betriebsformen — wie es die Lehre Marbachs zu vermuten nahelegt — nur beschränkt in der Macht der Menschen stehend, allgemeineren Gestaltungskräften gehorcht oder ob zwar, wie zum Leben schlechthin, ebenfalls zu den „selbständigen Mittelständlern“ Erwachen, Aufstieg und Niedergang gehört, die Marktwirtschaft aber, von Wettbewerbsverzerrungen gesäubert, mehr als genug Platz für ersprießliche eigene Geschäftstätigkeit beläßt. Sobald wir dieser Entscheidung nachspüren, drängt sich unweigerlich auf, ihre Abhängigkeit von den Begegnungen von Angebot und Nachfrage und damit letztlich von den arteigenen Beiträgen der einzelnen Gewerbezweige und ihrer Betriebe an die Gesamtgüterversorgung herauszuschälen.

Mit der Annahme im einzelnen unverbindlicher allgemeiner Gesetzmäßigkeiten ist, bei der Vielfalt der Vorbedingungen und Einwirkungen, für die Erklärung des „Mittelständischen“ noch nicht viel erreicht. Wenn man ihm bestimmte Wirtschaftseinheiten oder gar Produktionszweige zurechnen will, mag das die Einsichten in die umfassenden gesellschaftlichen Verklammerungen fördern; mehr kann man aber auch damit nicht

---

[58] *Zelle*, A.: S. 26.

gewinnen. Um festen Boden unter die Füße zu bekommen, m. a. W. zu greif- und praktisch nutzbaren Erkenntnissen vorzudringen, bleiben wir auf die arteigene wirtschaftliche Untersuchung, mit ihren Fragestellungen, Blickrichtungen und Maßstäben verwiesen.

H. Die Ausbildung für die Betätigung im Gewerbe

I. Besondere Befähigungserfordernisse

In den „Grundzügen der Gewerbepolitik[1] ist ein Überblick über die Erfordernisse der beruflichen Ausbildung, als eine ihrer Hauptaufgaben, und die heutigen Auseinandersetzungen darüber zu bieten. Damit können wir uns in diesem Bande, zur Verdeutlichung des Wesens des Handwerks und der gewerblichen Handels- und Dienstleistungsbetriebe, mit den Hinweisen auf die grundlegenden Zusammenhänge und die bisherigen bestimmenden Entwicklungen begnügen. Die Befriedigung differenzierter und stark wechselnder Bedürfnisse verlangt mehrheitlich umfangreiche Kenntnisse und vielseitige Fertigkeiten, die zuverlässig erworben werden wollen. Mit dem Sachwissen muß sich entwickelter Sinn für das, worauf es ankommt, und für das jeweilen zweckmäßigste Handanlegen paaren. So braucht es Vertrautheit mit den Werkstoffen, ihren Anwendungsmöglichkeiten und den geeignetesten Verarbeitungsverfahren. Diese darf sich nicht auf nur gedanklich erworbene oder erst auf entsprechende Anforderungen rasch hinzu zu gewinnende und leicht wieder auffrischbare beschränken. Vielmehr muß sie den Werktätigen dauernd eigen und von ihnen nutzbar zu machen sein. Daher die Unumgänglichkeit ihrer Untermauerung durch persönliche Anleitung, unmittelbare Anschauung und praktische Übung; die meisten beruflichen Fertigkeiten sind nur auf diesem doppelten Weg zu erlangen. Die volle Freiheit in der Auswahl der Rohstoffe, Halbfabrikate und der Art ihrer Transformation und Integration zu Gesamtleistungen, welche man bereits vom „selbständigen Facharbeiter" und erst recht vom Meister und Leiter des Betriebes erwartet, vermögen sich diese sogar nur durch längere Erfahrung zu verschaffen. Die Konsolidierungs- und Vertiefungsnotwendigkeiten machen sich nachdrücklich genug geltend, um zur Aufgliederung der Ausbildung auf die Stufen einer längeren Lehre und der Fortbildung nach dieser, die Vorbereitung auf die Meisterschaft und zur an diese anschließenden weiteren Schulung und Auswertung von Informationen zu drängen. Bloße Spezialgeschicklichkeiten genügen nicht; es bedarf ausgedehnteren Könnens, das zur Hervorbringung von Fertigungserzeugnissen nach Maß und ähnlicher Vermittlung von Waren und Diensten befähigt.

---

[1] Bd. III, 2. Halbbd., S. 92 ff. und 170 ff.

Daraus entspringen am ehesten auch Ansporne zu schöpferischen Weiterentwicklungen, wogegen die Abspaltung wesentlicher Arbeiten von den zu erfüllenden Gesamtaufträgen leicht zu Schmälerungen der Grundlagen für die einschlägigen Gewerbezweige führt. Wie sehr etwa der Verzicht auf den eigenen Entwurf solche gleichsam zu amputieren vermag, erhellt aus Beobachtungen E. Meißners[2]:

„Die Beschränkung der Eigenproduktion und die Durchsetzung mit Handelsinteressen wirkte gleichfalls dahin, die Gestaltungskraft des Handwerks und damit seine Beteiligung an den neuen Formbestrebungen zu lähmen. Es kam hinzu, daß die immer deutlicher werdende Tendenz zur *einfachen* Form manchen dekorativen Techniken des Handwerks den Boden abgrub und von dieser Seite her als Rückschritt gegenüber früherem handwerklichem Können empfunden wurde.“

Die Tüchtigkeit setzt überdies einiges an Charaktereigenschaften voraus: gewonnene Freude an der Arbeit, Pflicht- und Verantwortungsgefühl, Gewöhnung an Ordnung und Sorgfalt, Ausdauer, welche die Produktivität ganz wesentlich mitbestimmen. Nicht von ungefähr erwarten Erzieher von der Gelegenheit zur Vermittlung umfassender Fähigkeiten die ausgiebigere Weckung dieser Talente. Wir können das Gesamtbild dieser Erfordernisse für die Förderung des Nachwuchses im Gewerbe nicht besser umreißen, als es schon vor Jahren u. a. A. Aebi, A. Galliker, v. Neergard und H. Stettbacher in der Sammlung von Abhandlungen „Wege der Schule zum Berufe“[3] taten.

Zur Zeit regen sich starke Strömungen, die gesamte Ausbildung und Erziehung der Jugendlichen der mehr auf die Weitergabe von Wissen ausgerichteten Schule zuzuweisen. Nach wie vor erheischt jedoch die Stoffbearbeitung mitsamt der Erbringung von Diensten bedeutende, oft unterschätzte Geschicklichkeiten „der Hand“. Das verbreitete Widerstreben gegen körperlich anstrengende Arbeit hat sich schon allzuoft in nicht mehr gebührende Würdigung der unumgänglichen manuellen Fertigkeiten niedergeschlagen. Gerade das feine Gefühl für die Werkstoffe und die Belastbarkeit der Geräte, die manche Berufe heute benötigen, sind häufig nur durch die Verbindung wohlangelegter Unterweisung und fortgesetzter Erprobung in der Praxis, unter Auswertung der Errungenschaften von Generationen, zu gewinnen. Das Könnertum muß ein stets gegenwärtiges und auf unterschiedliche Bedingungen unmittelbar abstimmbares sein. Volkswirtschaftlich hängt auch je länger desto mehr daran, daß erst berufliches Ausgebildetsein und Erfahrung möglichen Alternativen gegenüber zum sicheren Griff auf die jeweils günstigsten Arbeitsweisen befähigen. Deshalb behält die vielseitige, zugleich aber „Verbildung“ vermeidende Vorbereitung auf die zu erfüllenden Funktionen

---

[2] *Meissner,* Else: S. 49.

[3] *Buchmann-Felber,* E. J. (Hrsg.): Wege der Schule zum Beruf, Zürich 1942, S. 111, 276, 358 ff.

ihren guten Sinn. — Zeitweilig mögen Verknappung der Nachwuchskräfte und das Gebot, den Jugendlichen nicht längere Lehrzeiten als schlechthin unausweichlich zuzumuten, zur „Rationalisierung" durch Abstriche an den Ausbildungsprogrammen drängen. Diese darf aber für das Gewerbe nicht auf Kosten der Beherrschung aller den einzelnen Zweigen zufallenden Aufgaben gehen und ebensowenig die Leistungsbeflissenheit der Chefs und ihrer Mitarbeiter beeinträchtigen.

II. Rückblick auf die bisherige Entwicklung

Vom Zunfthandwerk wurde die große Institution der Lehre im Betrieb aufgebaut. Wir vermerkten bereits, daß sie in dessen Blütezeit die erste Stufe der Aufstiegsleiter Lehre — Gesellentum — Meisterschaft bildete. Dieser persönlichen Unterweisung in den Werkstätten und auf den Arbeitsplätzen, meistens durch die Betriebsinhaber selbst, waren im Ablauf der Jahrhunderte Höhen und Tiefen beschieden. In guten Zeiten wurde immer wieder einer großen Zahl von Anwärtern auf den Lebensweg eines Gewerbetreibenden eine wohl gestrenge, doch fruchtbare, ihre ganze Individualität prägende Einführung in das berufliche Schaffen zuteil. Daneben gab es weniger gute und, in den Perioden der Entartung, bald durch Preisdruck und Unzulänglichkeiten der Lehrmeister, bald durch minder geeignete Lehrlinge oder durch alle drei Faktoren verschuldet, unersprießliche Lehrverhältnisse. Deshalb schaltete sich über kurz oder lang, namentlich im Merkantilismus, der Staat mit seinen Regelungen ein[4].

Den Abschluß der Lehre markierte nach dem deutschen Sprachgebrauch die „Freisprechung", d. h. die ausdrückliche ständische Anerkennung der erworbenen fachlichen Geschicklichkeiten. Damit konnte sich der ausgewiesene junge Handwerker auf die „Wanderschaft", die Arbeitssuche zu Weiterbildungszwecken bei zünftigen Meistern auswärts und in anderen Ländern begeben. Noch einmal bedenkt man in der Gegenwart zuwenig, welche Appelle zur weiteren persönlichen Ertüchtigung und zur Ausformung von Persönlichkeiten in dieser Wanderschaft steckten. Sie bedeutete ihrerseits eine harte Erziehung, ließ dafür aber diejenigen, die sich ihr gewachsen erwiesen, die Weite der Welt und eine Art internationaler Berufssolidarität erleben. Wahrscheinlich ist in dieser Aus- und Weiterbildung, mit den heutigen Augen beurteilt, die geschäftlich kaufmännische Seite zuwenig gefördert worden. Das frühere Handwerk schien dieser indessen weniger zu bedürfen, weil ja der Anfall entsprechender Arbeit über geraume Zeit noch keine Probleme aufgab. Eine Reihe von Dienstleistungszweigen zogen, noch als handwerk-

---

[4] *Kulischer*, J.: Bd. II, S. 145 ff.; *Below*, G. von: Probleme der Wirtschaftsgeschichte, 2. Aufl., Tübingen 1926, S. 569 ff.

liche eingeschätzt, ähnliche Ausbildungsgänge auf. Wesentlich weniger systematisch blieben diejenigen im Einzelhandel angelegt; indem dieser mehr auf das „einfache“ Hineinwachsen der jungen Kräfte durch den Anschauungsunterricht in den Betrieben und die praktische Erprobung abstellte.

Die liberale Volkswirtschaftslehre erwartet von der Erwerbsfreiheit die stärksten Ansporne zur Anspannung der individuellen Kräfte und, durch die zu befriedigenden Bedürfnisse angeregt, auch zur Hebung der Qualität der erbrachten Leistungen. Bekanntlich haben im vorigen Jahrhundert eine Reihe west- und mitteleuropäischer Länder, mitunter in stürmischer Auflehnung gegen das Alte, die überlieferten korporativen und obrigkeitlichen Ordnungen gegen freiheitliche abgetauscht. In der Tat waren ihnen damit, über deren Industrialisierung und Kommerzialisierung, ungeahnte Aufschwünge ihrer Volkswirtschaften beschieden. Nach den Regeln dieser Schule hätten diese, bei Bedarf nach deren Diensten, auch dem Handwerk und dem Kleinhandel zugute kommen müssen.

Demgegenüber sind wir schon im Abriß über die bisherige zahlenmäßig faßbare Entwicklung des Gewerbes auf einen zeitweiligen Schwund des fachlichen Könnens gestoßen. Es gibt zahlreiche zeitgenössische Stimmen, die an diesen Befähigungseinbußen Anstoß nahmen. Die erste Hälfte des 19. Jahrhunderts scheint in den Ländern, welche die Zunftreglemente abschafften, durch einen eigentlichen Kontrast zwischen der Notwendigkeit der Vorbereitung auf die Betätigung im Handwerk und Kleinhandel und eigentlichen Entartungen gekennzeichnet gewesen zu sein[5]. Hinterher mag man sich fragen, ob diesen Beurteilungen allenfalls „optische Täuschungen“, etwa die Verwechslung kurzfristiger Vorgänge mit langfristigen, z. B. der Auswirkung von Kriseneinbrüchen mit denen struktureller Kräfteentzüge, unterlaufen seien. — Die Aussetzungen reden indessen eine deutliche Sprache. Wenn nicht überall, hatte sich doch weitherum die Verwendung der Lehrlinge als gegen geringsten Lohn verfügbare Gehilfen eingebürgert. Je länger desto häufiger war auch das Können der Lehrmeister zu einem fragwürdigen

---

[5] *Bendel,* H.: Zur Frage der gewerblichen Erziehung in der Schweiz, Winterthur 1883; *Graf,* F.: 20 Jahre Lehrlingsausbildung, Baden 1929; *Herkner,* H.: Die Arbeiterfrage, 6. Aufl., Bd. I, Berlin 1916, S. 48; *Kerstensteiner,* G.: Beobachtungen und Vergleiche über Einrichtungen für gewerbliche Erziehung außerhalb Bayerns, München 1901; *Krebs,* W.: Organisation des Lehrlingswesens und der gewerblichen Fortbildungsschule für Lehrlinge und Lehrtöchter, Bern 1904; *Morgenthaler,* H.: 100 Jahre Gewerbeschule Bern, Bern 1926; *Savoy,* E.: L'apprentissage en Suisse, Louvain 1910, S. 9 und 85; *Schönberg,* G. (Hrsg.): Volkswirtschaftslehre, in 2 Bänden, 3. Aufl., Bd. II, Tübingen 1891, S. 587 ff.; *Schwyter,* E.: Art. „Lehrlingsschutz“ in: Reichesberg, Handwörterbuch der Schweiz, Band II, Bern 1908, S. 916; *Vogt,* J. J.: Die Hebung des Handwerkerstandes (Preisschrift der Gemeinnützigen Gesellschaft des Kantons Bern), Bern 1850, S. 19 und 26 ff.

geworden. Während die einen Publizisten die verschlechterten Verdienstmöglichkeiten unter dem Druck der Konkurrenz der Industrie und des grassierenden Hausierhandels, später der Warenhäuser, dafür verantwortlich machten, meldeten andere ihre Bedenken darüber an, daß sich zusehends weniger noch zur Unterweisung des Nachwuchses taugliche Meister fänden. — Sollte diese Schmälerung der Arbeitsqualifikationen in der Hinwendung der tüchtigeren Kräfte auf lohnendere, weil ergiebigere Produktionsformen und Erwerbszweige ihre zwanglose Erklärung gefunden haben? Auf dem Hintergrund der Meinung, daß das Handwerk und der Kleinhandel kaum mehr lange zu überleben vermöchten, konnte die Verlagerung als eine durchaus natürliche und gebotene erscheinen. Anders heute, wenn und soweit wir sie als nach wie vor nötige Erbringer begehrter arteigener Leistungen kennenlernen. Augenscheinlich waren da und dort mehr Fehleinschätzungen der Bedarfslagen und ihrer Entwicklung als ununterbrochen elastische Anpassung an sich verändernde Nachfragestrukturen am Werke. Die Ablenkung von der Linie der optimalen „Faktorallokation" brauchte immer noch keine Belastungen zu verschulden, wenn die Belegung der verschiedenen Formen der Produktion mit persönlichen Kräften eine bewegliche, sich dauernd auf die jeweilige Nachfrage ausrichtende gewesen wäre. In Wirklichkeit gingen aber mit der Verdrängung von Gewerbezweigen, zumal handwerklichen, nicht selten Fähigkeiten und Fertigkeiten verloren, nach deren Auswertung sich heute wieder ein Bedarf regt, es sie jedoch, wenn überhaupt, nur sehr mühsam und für die Volkswirtschaften kostspielig zurückzuholen bzw. neu einzupflanzen gelingt. Tatsächlich mangelt es nicht an Beispielen dafür, daß der Wiederaufbau solcher Berufe nach längeren Unterbrüchen recht teuer zu stehen kommt.

Als um so verdienstlicher dürfen die in der zweiten Hälfte des letzten Jahrhunderts vorerst im Handwerk aufgebrochenen Anstrengungen gelten, die Schwächen wieder zu beheben[6]. Dabei mußte man sich über Jahre mit der Veranstaltung von Abendkursen für Lernbeflissene begnügen. Weil die Betriebsinhaber ihre billigen jungen Gehilfen tagsüber nicht entbehren zu können glaubten und es vielfach schon am Interesse für die Ertüchtigung mangelte, blieb anfänglich nur diese Möglichkeit. Der Einsatz, darüber hinaus eigentliche Gewerbeschulen für eine wieder methodische Unterweisung einzurichten, war größtenteils noch einmal der Privatinitiative, und zwar vorab derjenigen aus den neugegründeten Gewerbevereinen heraus, zu verdanken. Diese suchten die Meister allmählich zur Freigabe ihrer jungen Gehilfen über halbe oder ganze Tage für Instruktionskurse zu verpflichten. — Erst mit der Zeit hat sich auch

---

[6] u. a. für die Schweiz: *Tschumi*, H.: Der Schweizerische Gewerbeverband 1879 - 1929, Bern 1929, S. 435 ff.

die öffentliche Hand, meistens in der Gestalt der Stadtgemeinden oder Provinzverwaltungen der „Gewerbeschulen" angenommen und deren Besuch verbindlich erklärt. In der Folge begann sich ebenfalls die Allgemeinheit wieder mehr um die Berufslehren zu kümmern. Nicht zuletzt trug dazu bei, daß die jüngeren Industrien und der Handel sowie, auf einer etwas anderen Linie, die Landwirtschaft ihrerseits die Notwendigkeit methodischer Kenntnisse-Vermittlung wenigstens an eine Mindestzahl von Arbeitskräften für ihre Betätigung gewahrten.

Im Kleinhandel war die Fachtüchtigkeit vielerorts vielleicht noch tiefer als im Handwerk abgesunken. Die von J. Hirsch vermerkte Abwanderung der geschulten Kräfte mit damit verbundenem Einströmen nicht oder wenig auf ihre Betätigung vorbereiteter bildete eine allgemeine und meistens die Ablösung geeigneter durch weniger berufene Personen in sich begreifende Erscheinung.

Da es die Kaufleute nur schwer wieder zu gruppieren gelang, war es z. B. in der Schweiz vorerst die neu geschaffene Standesorganisation der kaufmännischen Angestellten, die sich zur Trägerin des allmählich gebotenen Fachunterrichts machte. Natürlich blieb aber für die schließlich entstehenden Verbände der selbständigen Handeltreibenden im Sinne der Vermittlung versäumten Mindestkönnens und der Förderung der Fortbildung noch viel zu tun. Endlich erwachte, mit der Verdichtung des Gefühls für diese Erfordernisse, auch das Verständnis für die Pflege des Unternehmergeistes im Handwerk, im gewerblichen Handel und in den Dienstleistungszweigen.

Die Einbürgerung und Ausgestaltung der heutigen beruflichen Ausbildung für das Gewerbe bildet in allen europäischen Ländern die Frucht gemeinsamer Aufbauarbeit der Berufs- und Standesvereinigungen oder der halböffentlichen Kammerorganisationen und des Staates. Sie macht das Kernstück aller Gewerbegesetzgebungen aus. Das trifft sowohl für Österreich, das nie ganz davon abging, als für die neuen Handwerksordnungen und diejenigen für den Handel in der Bundesrepublik Deutschland, in Belgien, den Niederlanden, Italien zu. In der Schweiz hat die Referendumsdemokratie im Jahre 1932 einem — inzwischen bereits im Sinne des Ausbaus revidierten — besonderen Bundesgesetz über die berufliche Ausbildung zugestimmt, das, von geregelten finanziellen Zuwendungen des Bundesstaates an die „Berufsschulen" begleitet, eine auf die Weckung von Anspornen zur rechtzeitigen Ertüchtigung und den Schutz der Jugendlichen bedachte Normierung der Lehrverhältnisse und der Lehrabschlußprüfungen, bis zur Förderung der beruflichen Weiterbildung, brachte. In Frankreich sind der neue „Code de l'artisanat" von 1962 und die „Loi d'orientation" mit ergänzenden Finanzierungserlassen von 1973 wieder mit in erster Linie auf die Pflege der beruflichen Ausbildung bedacht. Wenn einzelne Länder wie Schweden nicht den Weg der staatlichen, sondern der kollektivvertraglichen Regelung und Förderung beschritten, so strebten auch sie an, die Wissens- und Fertigkeitenvermittlung für das Handwerk und die Kaufleute über Voreingenommenheiten und andere menschliche Unzulänglichkeiten hinauszuheben.

Augenscheinlich reichen die Strukturen der jeweiligen Nachfragen nach Gütern aller Art zur Sicherung gegen das Abgleiten der Befähigungen zur Befriedigung der Bedürfnisse und als Anreiz zu deren Steigerung allein nicht aus[7]. Ungeachtet des hochgehaltenen Grundsatzes der Konsumfreiheit und des Glaubens an die Autonomie der Beschaffungswünsche der einzelnen ist es eben nicht so, daß nur deren Sachkunde und genauer Einblick in die jeweiligen Versorgungsanliegen die Nachfrage bestimmten. Es spielen noch mancherlei andere Einflüsse mit.

III. Die soziale Herkunft der Gewerbetreibenden

Der Pflege der beruflichen Ausbildung kommt für das Handwerk, den gewerblichen Handel und die verwandten Dienstleistungsbetriebe um so größere Bedeutung zu, als diese ihren Nachwuchs nach wie vor zu einem beträchtlichen Teil aus den verschiedensten Bevölkerungsschichten schöpfen. Die klassische Gliederung „Lehrling - Geselle - Meister“ birgt eine zweifache Stufenleiter: außer derjenigen vom Anfänger zur vollen Beherrschung von Fachgebieten eine solche der leistungsbedingten Hebung des sozialen Standes. Nicht von ungefähr ging mit der Unterbrechung der Aufstiegsmöglichkeiten ein Absinken des beruflichen Könnens einher, die beide die Gefahren der Aufspaltung der Gesellschaft in besitzende Betriebsinhaber und von diesen abhängige bloß Angelernte oder Ungelernte verschärfen mußten.

In einem seltsamen Kontrast zur volkswirtschaftlichen und allgemein gesellschaftlichen Tragweite der Funktion des Gewerbes als eines Hauptausbildners der Nachwuchskräfte aus der Arbeiterklasse und den breiten Mittelschichten der Bevölkerung blieben Untersuchungen über die Herkunft der Anwärter auf die Führung selbständiger Betriebe bis dahin spärlich. Weil sie auch — mehr oder weniger zutreffende — Rückblendungen auf noch weniger gestörte Verhältnisse der Zeit zwischen den beiden Weltkriegen in anderen Ländern gestatten dürften, seien einige Ergebnisse einer deutschen Untersuchung von 1952 in Erinnerung gerufen. Anhand von Schülerkarteien der Berufsberatung eines Arbeitsamtes und der Meisterprüfungsbogen der Handwerkskammer des betrachteten Landesteiles, bemühte sich H. Lamprecht, mittels einer Repräsentativerhebung für Nordrhein-Westfalen[8] die Zusammen-

[7] *Gutersohn,* A.: Voraussetzungen und Grenzen des freien Wettbewerbs, in: *Anderegg,* E. (Hrsg.): Gewerbe und Wissenschaft, Festgabe für Dr. P. Gysler, St. Gallen 1953, S. 79.

setzung des Handwerks aus angestammten und aus anderen Berufen dazu gestoßenen Kräften herauszuschälen. Er beginnt seinen Bericht mit der Aussage:

„Das Handwerk erfüllt wichtige, auch nicht durch die Industrie ersetzbare volkswirtschaftliche und erzieherische Aufgaben. Die Forderung nach einer Universalausbildung, durch die der Jugendliche beweglicher und umstellungsfähiger wird, läßt sich in einer Reihe von Grundhandwerken wegen der persönlichen Beziehungen zwischen Meister, Gesellen und Lehrlingen am sichersten verwirklichen[9]."

Daran anknüpfend wird auf die Ausbildung von Lehrlingen durch das Handwerk weit über seinen eigenen Bereich hinaus aufmerksam gemacht.

Welches sind nun die in Zahlen ausdrückbaren Befunde? Sie lauteten zunächst dahin, daß insgesamt nur etwa 33 % aller Lehrlinge von Handwerkern und ihren Familien, dafür 32 % aus der Arbeiterschaft, 20 % aus dem „beamteten und freien Mittelstand" und nur 4 % aus der Landwirtschaft stammten. Die Anteile verschoben sich natürlich mit dem wirtschaftlichen Charakter der daraufhin untersuchten Landesteile und Städte, indem z. B. auf Industrieplätzen dem geringeren Zugang aus den Mittelschichten ein entsprechend stärkerer aus den Arbeiter- und Bergleutekreisen gegenübertrat. Ferner zeigten sich beträchtliche und bezeichnende Unterschiede zwischen den Hauptzweigen: Für das metallverarbeitende Handwerk förderte die Erhebung, neben der betonten Neigung der Söhne bereits darin tätiger Väter zur gleichen oder ähnlichen Wahl, ein bemerkenswert starkes Interesse der Jugendlichen aus dem Mittelstande zutage. Ähnliches traf für das Baugewerbe zu. Im einzelnen glaubte Lamprecht im Metallhandwerk sogar zwei Gruppen auseinanderhalten zu können: einerseits die Lehrlinge der Schmiede, Schlosser, Spengler sowie der Kraftfahrzeugmechaniker, die immerhin mehr aus der Arbeiterklasse hinzukamen, und andererseits diejenigen der Feinmechaniker und Elektriker, welche mehrheitlich aus den Angestelltenkreisen hervorgingen. Als markant vom Metallhandwerk abweichender Typ erschien das Holzgewerbe, indem dieses eine viel stärkere Aufnahme von Nachwuchskräften aus der Arbeiterschaft, unter entsprechend geringerer aus der Angestelltenschaft gezeigt haben soll. Die Nahrungsmittel bereitenden Berufe boten noch einmal ein anderes Bild. Für diese wurde für mehr als zwei Drittel aller Lehrlinge die Beteiligung von Söhnen aus dem Mittelstande und dem Handwerk ausgewiesen, wobei z. B. in der Bäckerei und Metzgerei von vorneherein mit einer besonderen Häufigkeit des späteren Abtausches des „Lehrberufes" gegen eine andere Erwerbstätigkeit zu rechnen war. Endlich vermerkte der Bericht die

[8] Vgl. *Lamprecht,* H.: Das soziale Lebensbild des Handwerks, Band 10 der Schriftenreihe „Soziale Forschung und Praxis", Dortmund 1952.

[9] *Lamprecht,* H.: S. 9 ff.

vorwiegende Regeneration der Bekleidungs- und Ausrüstungsgewerbe in Rheinland-Westfalen aus den eigenen Reihen. Für die weiblichen Lehrbeflissenen machte er auf eine wesentlich stärkere Beschickung aus dem beamteten und freien Mittelstand als aus den Arbeiterkreisen aufmerksam.

Im Zusammenhang kam der örtlichen Streuung der Gelegenheiten zur Absolvierung praktischer Lehren in Betrieben Bedeutung zu. Die Erhebungen ergaben, daß nicht weniger als nahezu 60 % aller Lehrlinge ihren Bildungsgang in Betrieben und Anstalten ihres Geburtsortes und 25 zum mindesten in solchen ihrer Heimatprovinz durchliefen. Die beiden Zahlen beleuchteten die der beschränkten Größe der Betriebe und ihrer breiten Verteilung über das Land zu verdankende Erleichterung des Zugangs zu den fachlichen Fertigkeiten. Darüber hinaus wußte Lamprecht Aufschlüsse über die Herkunft der Meisterprüflinge zu gewinnen. Aus dem Vergleich von 2012 Erhebungsbogen des Zeitraumes 1949/50 ging hervor,

„daß knapp die Hälfte aller zukünftigen Handwerksmeister von Handwerkern stammt“[10].

Etwa je 25 % hätten sich aus dem Beamten- und freien Mittelstand und aus Arbeiterfamilien und nur 7 % aus dem Bauernstand hinzugesellt. Der Verfasser brachte diese Veränderung des Bildes in erster Linie mit einer Neigung der Arbeiter- und der Rentnerbevölkerung in Zusammenhang, die handwerkliche Lehre nur als Steigbügel für eine spätere mehr oder weniger qualifizierte Beschäftigung in anderen Produktionsrichtungen auszunützen.

Die Bedeutung des Handwerks als Träger einer breiten beruflichen Ausbildung spiegelt sich nicht zuletzt in der Häufigkeit der Berufswechsel der Mitarbeiter. Nach den Befunden Lamprechts pflegte sich nahezu ein Drittel aller Unselbständigerwerbenden mit Handwerkslehre früher oder später einer anderen Tätigkeit zuzuwenden. Die Altersstufe, in der dies geschieht, gewährt Fingerzeige auf die Anstöße dazu. Die Arbeiter fühlten sich entweder durch die geringen Verdienstgelegenheiten in den fraglichen Berufen, die oft keine Gründung eines eigenen Hausstandes erlaubten, dazu gedrängt oder gehorchten der Anziehungskraft höherer Lohnversprechen. Starke Abgänge gelernter Kräfte stempelten vor allem das Bäckerei- und Metzgereigewerbe zu „Lehrberufen“, wobei die ausscheidenden Elemente mit Vorliebe in die öffentlichen Dienste übertraten.

„Die Eltern der Nahrungsmittelgruppe geben ihre Söhne gerne in eine solche Lehre, weil sie zu besonderer Pünktlichkeit und Ausdauer erzieht[11].“

---

[10] Vgl. *Lamprecht,* H.: S. 31.

[11] Vgl. *Lamprecht,* H.: S. 18.

Ähnliches traf, etwas weniger ausgeprägt, für das Schmiede-, Schlosser- und das Mechanikerhandwerk, als Vorstufe für die Aufnahme in die Maschinen- und Metallindustrie und in den Eisenbahnbetrieb, zu. Im übrigen zeichneten sich natürlich Abhängigkeiten dieser Beschäftigungswechsel von den jeweiligen Konjunkturen in den einzelnen Wirtschaftszweigen und Landesteilen ab. — Lamprecht verwies ausdrücklich darauf, daß der Abfluß gelernter Gehilfen aus bestimmten Zweigen des Handwerks nicht zur Vermutung einer allgemeinen Unzulänglichkeit der in diesen erzielbaren Einkünfte verleiten dürfe. Sogar für das Schmiedegewerbe ermittelte er über 60 % verheiratete und im Beruf fest verwurzelte „Gesellen“. Andererseits betonte der Bericht immerhin die Aufgabe, fortan eine noch sorgfältigere Abstimmung der Zahl der Lehrlinge auf den dauernden Eigenbedarf an Meistern und Hilfskräften der fraglichen Ausgangsberufe und, erst recht vom Gesichtspunkt des Berufsberaters her, auf die kritische Überwachung der Handwerke mit viel „berufsfremdem“ qualifiziertem Personal bedacht zu sein[12].

Andere Stichproben decken sich zwar nicht genau mit diesen für Deutschland ermittelten Werten, weichen aber nicht so stark davon ab, daß sie als nur von sehr beschränktem Aussagewert erscheinen müßten[13].

---

[12] Vgl. auch *Conradi*, H.: Die Abwanderung der Handwerker in die Industrie, dargestellt am Beispiel eines chemischen Großunternehmens, Stuttgart 1961.

[13] Vor nahezu vierzig Jahren führte auch E. Jeangros in der Schweiz über die Herkunft der Lehrlinge für das Gewerbe im Kanton Bern, d. h. in Verhältnissen, die wiederum als für das ganze Land repräsentativ gelten durften, ähnliche Untersuchungen durch. Er stellte dabei, an das Schema Lamprechts der verschiedenen Gesellschaftsschichten und Wirtschaftsgruppen angenähert, die folgenden Anteile fest:

Tabelle 20

Berufliche Stellung des Vaters	Lehrlinge im Handwerk	Lehrtöchter im Handwerk	Lehrlinge im Handel	Lehrtöchter im Handel
Arbeiter	43 %	47 %	20 %	39 %
Freier und beamteter Mittelstand (einschl. Angestellte)	10 %	11 %	34 %	26 %
Landwirtschaft	9 %	11 %	6 %	4 %
selbständ. Handwerker	21 %	14 %	13 %	14 %
selbständiger Händler	1 %	1 %	12 %	4 %
nicht Feststellbare	21 %	21 %	19 %	16 %

Gesamtzahl der Lehrlinge im Handwerk 6967, der Lehrlinge im Handel 1991.

Auch dieser Autor vermochte bereits kennzeichnende Unterschiede zwischen den verschiedenen Berufen hervorzuheben. *Müller-Schürch*, E. H. / *Jeangros-Daetwyler*, E.: Arbeit und Mensch, Bern 1934; *dies.*: Unsere berufliche Jugend, Bern 1934, S. 30 ff.

Eine jüngste, von uns für den Kanton St. Gallen versuchte Auszählung zeitigte folgendes Bild:

Tabelle 21: Die berufliche Stellung des Vaters von Lehrlingen und Lehrtöchtern in Handwerk und Handel

Berufliche Stellung des Vaters	Lehrlinge im Handwerk	Lehrtöchter im Handwerk	Lehrlinge im Handel	Lehrtöchter im Handel
1. Arbeiter	32,4	40,0	40,3	42,2
2. Freier und beamteter Mittelstand (einschl. Angestellte)	24,3	15,6	26,4	20,7
3. Landwirtschaft	17,2	13,3	4,2	9,9
4. Selbständige Handwerker	19,1	24,5	16,7	16,5
5. Selbständige Händler	3,5	4,4	9,7	7,4
6. Nicht feststellbar	3,5	2,2	2,7	3,3
Summe	100,0	100,0	100,0	100,0
Zahl der Fälle	309	45	72	121

Quelle: Eigene Stichprobenerhebung beim Kantonalen Amt für Berufsbildung, St. Gallen (1975), auf Grund der Daten aus dem Jahre 1974.

Die Erhebung fiel gerade auf das Ende einer lang andauernden Hochkonjunktur. Höchstwahrscheinlich wäre mit jüngsten Auszählungen ähnlicher Art, nach einem weitherum beunruhigenden Konjunkturrückschlag, bereits mit deutlichen Verschiebungen, nicht nur im Sinne einer unversehens wieder größeren Zahl der Bewerber um den Eintritt in eine praktische gewerbliche Berufslehre, sondern auch mit veränderten Anteilen der verschiedenen Bevölkerungsschichten, mehrheitlich auf die Erhöhung derjenigen von seiten der gehobeneren Kreise hin, zu rechnen. Es will uns scheinen, daß solche Untersuchungen schematisiert, in möglichst regelmäßigen Abständen, überall am Platze und sowohl den Wirtschaftszweigen als der Berufsberatung wichtige Fingerzeige an die Hand zu geben geeignet wären.

IV. Die Ansprüche der modernen Wohlstandsgesellschaft

Das Wesen des Gewerbes überträgt die Ansprüche des modernen Lebens in den entfalteten Volkswirtschaften an die in ihm tätigen in eine Reihe von Anforderungen:

Fürs erste stellt sich als weittragende Aufgabe, für die Hinwendung der dafür bestgeeigneten Kräfte[14] zum Gewerbe zu sorgen. Wo es an der ursprünglichen Eignung mangelt, vermag die nachdrücklichste Ausbildung nur Teilerfolge zu erzielen. Bekanntlich soll fortan systematische Bildungspolitik den Elementarschulabgängern aus allen Bevölkerungsschichten die gleichen Chancen bieten und dabei dem starken Bedarf der modernen Industrie und der Verwaltungsdienste nach besser geschulten Kräften Rechnung tragen. Das darf nicht länger dahin mißverstanden werden, daß Handwerk und Dienstleistungsbetriebe mit dem weniger begabten, zumal geistig weniger regsamen Nachwuchs auszukommen vermöchten[15]. Dazu müßten noch andere Berufswahlgesichtspunkte als der der jeweils gerade erzielbaren für den Konsum verwendbaren Einkünfte, wie die Möglichkeiten der Entfaltung eigener Initiativen, der persönlichen Leistungsgestaltung usw. maßgebend werden. Natürlich dürfen nicht die Gewerbetreibenden selbst Abstoßungseffekte auf den Nachwuchs verschulden. Andererseits tut aber auch engere Fühlung der institutionalisierten Berufsberatung mit diesen not, um sie, damit unverzerrte Einblicke in die Chancen und Risiken gewinnend, besser zur Hinlenkung der jungen Leute auf für sie aussichtsreiche Laufbahnen zu befähigen[16]. Im übrigen scheint die aktive Bemühung bewährter Lehrmeister um die Heranziehung tüchtiger Nachwuchskräfte oft immer noch die wirksamste zu sein.

Stark an die Substanz des Gewerbes könnte der Meinungsstreit darüber rühren, ob der Beruf als solcher heute überhaupt noch zeitgemäß und förderungswürdig sei. Wir haben einige Wortführer der Bewegung zitiert, die in Anbetracht des raschen Wandels der jetzigen technischen, wirtschaftlichen und gesellschaftlichen Strukturen, nicht zuletzt unter Berufung auf Stimmen aus der Volkswirtschaftslehre, auf die Herbeiführung einer fortan viel größeren Mobilität der Arbeitskräfte drängen[17]. Diese müßten inskünftig ihre Beschäftigungen leichter zu wechseln fähig und willens sein. Tatsächlich bleibt den Berufen eigen, die-

---

[14] „Bestgeeignete Kräfte" will keineswegs „größte Fähigkeiten schlechthin" heißen. Die Menschen bringen sehr verschiedene Begabungen, die einen mehr „praktische", die andern eher geistig-abstrakte mit. Die moderne Psychologie, Psychotechnik und Pädagogik kennen ganze Systeme solcher Anlagen. Die Erfüllung des aufgezeigten Gebots verlangt eine zunehmend bessere Übereinstimmung zwischen den Einzelveranlagungen und den tatsächlichen Erfordernissen der Berufe bzw. der wirtschaftlichen Stellung, welche die betreffenden Personen versehen sollen.

[15] Allerdings soll das praktische Leben dann und wann die bessere Bewährung guter Primarschüler als mittelmäßiger und schlechter Sekundarschüler zeigen. Vgl. Protokoll der Studientagung für Primarschule und Berufslehre vom 17. November 1953 der Kommission für Gemeinnützigkeit der Ökonomischen gemeinnützigen Gesellschaft des Kantons Bern (im Mskr.).

[16] *Jeangros*, E.: Berufsberatung und Berufswahl, Bern 1951; *Dolder*, H.: Berufsberatung, Winterthur 1968.

[17] Bd. III, 2. Halbbd., S. 90 ff., sowie: *Hesse*, H. A.: Berufe im Wandel; *Thalmann*, H.: Zur Problematik der Berufsmobilität, in: Internationales Gewerbearchiv, 20. Jg. / 1972, S. 39 ff.

jenigen, die sie erlernen und sich ihnen widmen, stärker an sich zu binden. Dabei beruht die gewerbliche Wirtschaft unverkennbar weitgehend auf solchen. Jüngstens scheint indessen eine etwelche Kopfklärung darüber Platz zu greifen, daß manche Gewerbebetriebe ansprechendere und nicht zuletzt sicherere Arbeitsplätze als manche Abteilungen der „Wachstumsindustrien" der letzten Jahre gewähren.

Im übrigen verschaffen sich in der Kritik[18] an der herkömmlichen Betriebslehre u. E. vor allem höhere Ansprüche an die Vorbereitung für die Erbringung abgewandelter Leistungen Luft. Deshalb muß den Trägern des Handwerks und der übrigen gewerblichen Betriebe selbst an der Ausschöpfung aller Möglichkeiten zur zuverlässigen Unterweisung der Lernbeflissenen, sowohl zur Erzielung noch höherer Arbeitsqualitäten als auf die Entlastung von Leerläufen hin gelegen sein[18]. Das ruft vielerorts nach pädagogisch-didaktischer Schulung der Lehrkräfte und Betreuer der Jugendlichen in den Betrieben. Ferner stellt sich im Gefolge der Mechanisierung und Spezialisierung der Mehrheit der Handwerksbetriebe als unumgänglich heraus, die Lehre im Betrieb durch Grundschulkurse zur methodischen Einführung in die ersten Fachkenntnisse und Anleitung im Gebrauch der Werkzeuge zu ergänzen.

Im Zusammenhang steigen auch die Anforderungen an die begleitende Berufsschule[19]. Dem allgemeineren Aufbau von Lehrwerkstätten als Hauptvermittler der Ausbildung stehen eine Reihe von Gründen, nicht zuletzt finanzielle, im Wege. Gegenwärtig wenden sich selbst Länder, die ihre Unterweisung bisher stark auf Schulungszentren abgestützt hatten, ihrerseits mehr der Lehre im Betrieb zu[20]. — Der Appell zur

---

[18] Als Beispiel besonders scharfer, publizistisch aufgemachter Kritik: Der Spiegel, Nr. 18 vom 27. April 1970, S. 54 ff.: Lehrzeit — Leerzeit, deutsche Lehrlinge 1970.

[19] Geifrig, W. / *Kyrantonis,* D.: Die Berufsbildungssysteme in Ländern der Europäischen Gemeinschaft, in Schriftenreihe Internationales Zentralinstitut für das Jugend- und Bildungsfernsehen, Heft 8, S. 7 ff. *Deutscher Lehrer-Verband und Kuratorium der Deutschen Wirtschaft für Berufsbildung* (Hrsg.): Für bessere Berufsbildung, Kongreßbericht, München 1973, insbesondere die Darlegungen von E. Krause S. 29 ff. *Kuratorium der Deutschen Wirtschaft für Berufsbildung* (Hrsg.): Kongreßbericht über Berufsbildung auf dem Wege in die Zukunft, München 1972; besonders: *Schoek,* H.: Das deutsche Bildungssystem im internationalen Vergleich, S. 35 ff., und *Wild,* J.: Handwerkliche Berufsausbildung und sozialer Aufstieg, S. 50 ff.; *Pieper,* A.: Parteien und der DGB zur Berufsbildung, eine Bestandsaufnahme ihrer programmatischen Äußerungen, Köln 1974; *Zentralverband des Deutschen Handwerks* (Hrsg.): ZDH Schriftenreihe Nr. 19: Berufliche Bildung im Widerstreit der Meinungen. Das Handwerk zu den Markierungspunkten des Bundesministers für Bildung und Wissenschaft, Bonn o. J.; Nr. 20: Das Berufs-Grundbildungsjahr, Bonn, o. J.

[20] Die Tendenz geht unverkennbar auf eine berufsbegleitende Schule, die den jungen Menschen von seinem Beruf als praktischem Lebensmittelpunkt aus zu geistiger Übersicht über seine Stellung in der Welt und zu ihm angemes-

Öffnung des „zweiten Bildungsweges“ und Einführung von Berufsmittelschulen will den geistig überdurchschnittlich regsamen Nachwuchskräften Gelegenheiten zur Vorbereitung auf anspruchsvollere Funktionen und zum Aufstieg in höhere soziale Ränge bieten. Zugleich möchte er, nicht minder bedeutsam, zu für den begleitenden Schulunterricht hinsichtlich der Schülerbegabungen homogeneren Klassen verhelfen.

Als organisatorisches Problem gilt es nebenher, viel mehr als für die übrigen Betriebsformen, die richtige Mitte zwischen der Bedachtnahme auf den bestmöglichen und rationalisierten Unterricht und der Notwendigkeit der geographischen Streuung der Schulen, m. a. W. der Wahrung der Zugänglichkeit für strebsame junge Menschen vom Lande, zu finden.

Wenn Volkswirtschafter und Soziologen die Verpflichtung zur elastischen Anpassung der beruflichen Ausbildung an den Wandel der Erzeugungstechnik und der Bedarfsstrukturen betonen, fällt es der Praxis nicht immer leicht, ihr nachzukommen[21]. In deren Abstützung auf öffentlichrechtliche Ordnungen steckt ein starker Hang zur Vereinheitlichung und die Versuchung, den Schwierigkeiten, allen Ansprüchen gerecht zu werden, durch das Verharren auf einmal festgelegten Normen auszuweichen. Die alten Zunftmißbräuche um das Meisterstück mahnen nachdrücklich, vor Erstarrung und Übertreibung auf der Hut zu sein. So gilt es schon die Lehre auf das, was die Wirtschaft hernach von den Berufstätigen erwartet, abzustimmen. Nicht zuletzt soll diese Aufgeschlossenheit für neue Errungenschaften, im Handwerk z. B. für den Gebrauch geeigneter Gerätschaften und bessere Arbeitsverfahren, im Handel für die aufmerksame Kundenbedienung, wecken.

Weitere Fragen wirft heute der mancherorts geschwundene Wille auf, überhaupt noch Lehrlinge in den Betrieb aufzunehmen. Bereits holen einige Länder zur Erhebung besonderer Beiträge zur reichlicheren Finanzierung der Nachwuchsunterweisung, unter Befreiung der selbst darum bemühten, aus. Noch einen Schritt weiter möchten Ansätze gehen, die Betriebsinhaber durch die Ausrichtung von Prämien für die wieder größere Bereitschaft, fachkundige Kräfte nachzuziehen, zu gewinnen. Doch melden sich Bedenken zum Wort, daß solcherlei Entschädigungen in Geldwert zwar noch straffere Regelungen und Überwachungsvorkeh-

---

sener Wirksamkeit in seinem Lebenskreis führt (*Riedel*, J.: Fragen des Berufsschulwesens in der Sammlung Neue Wege für die Schule, Mannheim 1953, S. 115).

[21] Der wiederholt erwähnte Bericht des Wirtschafts- und Sozialausschusses der Europäischen Gemeinschaft (oben S. 157) meint dazu: „Allgemein kann festgestellt werden, daß in den Ländern, in denen die Jugendlichen bisher vorwiegend in Vollzeitschulen auf ihren Beruf vorbereitet werden, Ansätze zu einer stärkeren Betonung der betrieblichen Ausbildung vorhanden sind, daß in Ländern mit überwiegend betrieblicher Ausbildung Tendenzen zu einer Verstärkung der schulischen Ausbildung bestehen.“ (S. 37).

ren durchzuführen erlauben, aber im Verein mit anderen Einmischungen von außen in das persönliche Verhältnis zugleich die eigenen Verantwortungsgefühle der Lehrmeister für ihre Zöglinge beeinträchtigen könnten.

Noch mehr als in manchen anderen Bereichen trifft für die Vorbereitung auf die Berufstätigkeit in Gewerbezweigen das Gebot, wie es u. a. A. Einstein faßte, zu:

„Es ist nicht genug, den Menschen ein Spezialfach zu lehren. Er muß einen lebendigen Sinn dafür bekommen, was schön und was moralisch gut ist. Sonst gleicht er mit seinen spezialisierten Fachkenntnissen mehr einem wohlabgerichteten Hund als einem harmonisch entwickelten Geschöpf[22]."

Das macht deutlich, daß sich diese Ausbildung tatsächlich mit einer Erziehung paaren muß.

V. Gebotene Weiterbildung

Entgegen einer verbreiteten Meinung bedürfen ebenfalls die Gewerbetreibenden der „Education" oder „Formation permanente". Lehre und Lehrabschluß verschaffen nur die Grundlagen für die Bewältigung der fortan zu betreuenden Aufgaben. Wer fachlich und geschäftlich auf der Höhe der Anforderungen bleiben oder mit seinem Könnertum gar führen will, muß in der dynamischen Moderne mancherlei weitere Kenntnisse und Gewandtheiten hinzuerwerben. Der bis dahin — trotz seiner Umhegtheit — nur begrenzt benützte Junghandwerker- und Jungkaufleute-Austausch verkörpert einen bescheidenen Ersatz der früheren Wanderschaft. — Wohl aber haben sich die Fachzeitschriften, häufig als Mitteilungsblätter der Berufs- und Standesvereinigungen, meistens zu wichtigen Informationsmitteln entwickelt. Allmählich regte sich auch eine Nachfrage nach zusätzlichem, freilich immer wieder auf beschränkte Anzahlen von Tagen zusammenzudrängendem Kursunterricht, vorab als ergänzende Vorbereitung auf die Ablegung der höheren Fachprüfungen.

Doch zeichnet sich in der meistens eher geringen praktischen Auswertung der gedruckten Informationen und verhältnismäßig begrenzt bleibenden Beteiligung an den höheren Lehrveranstaltungen einstweilen noch das Vorhandensein starker Hemmungen gegen die Mühen des Erwerbs von noch mehr Wissen ab. Die große Mehrheit der Handwerker und „kleineren" Kaufleute erweist sich von Haus aus nur für die alltäglichen Belange, zumal für die fachtechnischen, aufgeschlossen. Meistens vermögen sie sich auch nur schwer von ihren herkömmlichen Obliegenheiten freizumachen. Deshalb bedarf es für ausgedehnte Kreise einer vorgängigen Weckung des Sinns — einer besonderen „Sensibilisierung" —

---

[22] Zitiert bei *Huggel*, P.: Vom Gesellen zum Meister, in: *Vereinigung ehemaliger Fachschüler* (Hrsg.): Ergebnisse einer Arbeitstagung, Bern 1957, S. 41.

für die erforderliche Vertiefung der Kenntnisse und bessere Sicht auf die Umwelthorizonte. Vorläufig bildet es noch eine eigene Aufgabe, mehr Gewerbetreibende in schöpferische Unruhe, das Bedürfnis, an Tüchtigkeit hinzuzugewinnen, zu versetzen.

Dabei muß, vor dem Ehrgeiz, sich auf Weiterbildung berufen zu können oder etwaigen Ansprüchen auf Möglichkeiten dazu, die eigene höchstpersönliche Einsatzbereitschaft dafür stehen:

„Das Weiterkommen, das Sich-Weiterbilden heißt Ideale haben und Opfer bringen. Opfer an Geld und Gut, aber vor allem an Zeit und nochmals an Zeit. Es geht nicht um acht Stunden im Tag, sondern vielleicht um das Doppelte. Alle unter uns, auch wenn einzelne nie ‚nur' Arbeiter waren, wissen ganz genau, was Opfer für das Fortkommen im Beruf bedeuten ... Man kann sich selber keine Zersplitterung mehr erlauben[23]."

Ungeachtet einiger Befürchtungen, daß es ihnen nicht gelohnt würde, dürften die Arbeitgeber ferner gut beraten sein, die Qualifikation und Betriebstreue bewährter Glieder der Belegschaft durch den Miteinbezug in die organisierte Weiterbildung und die Zubilligung von Urlauben dafür zu fördern.

Zunehmend größeres Gewicht wächst der Heranziehung eigentlicher Unternehmer auch im Gewerbe zu. Manches Unternehmerische mag eine in die Wiege gelegte oder aber nicht vorhandene Gabe bleiben. Viele andere Eigenschaften in dieser Richtung können aber hinzuerworben werden. — Heute suchen die gewerblichen Selbsthilfegemeinschaften: die Verbände, Kammern, Genossenschaften, in der Regel mit Unterstützung der öffentlichen Hand, sowie private Schulungs-, Rechnungsprüfungs- und Beratungsunternehmen den Erfordernissen besser zu genügen. Überdies haben sich einzelne Hochschulen Forschungsinstitute zugelegt, welche aufgrund vertiefter Einsichten der geschäftlichen Praxis an die Hand gehen wollen. Besondere Anstöße, wie die Anerkennung durch Auszeichnungen und die beratende Betreuung der Handwerker und Kaufleute sind die Aufnahmebereitschaft für das höhere Wissen wesentlich zu vergrößern imstande. Dabei will — als typischer Ausdruck des Gewerbes — in der unternehmerischen Förderung stets auch beachtet werden, daß diese nicht etwa die innere Verpflichtung der Lernbeflissenen für ihre angestammten fachlichen Aufgaben verschütten darf.

Über die Zweckmäßigkeit der Fachprüfungen[24] läßt vielleicht der jüngere Meinungsstreit über Sinn und Fragwürdigkeit der Leistungsproben an den Mittel- und Hochschulen, auf die Proportionen der gewerblichen Berufe übertragen, ebenfalls einige Rückschlüsse zu. Ganz außer Zweifel

---

[23] *Huggel*, P.: S. 46.

[24] *o. Verf.*: Die Förderung der Meisterprüfungen, in: *Schweiz. Gewerbeverband* (Hrsg.): Die berufliche Aus- und Weiterbildung, Bern 1953, S. 67 ff., ferner: Bd. III, 2. Halbbd., S. 98 ff.

wäre es Mißbrauch, sie für irgendwelche „Repression“, Einschüchterung oder gar künstliche Beschränkung der Anwärterschaft auf die angestrebten Qualifikationen und qualifizierten Betätigungen zu verwenden. Ebenso weiß man heute über die Risiken der Notengebung Bescheid. Andererseits erlauben aber doch erst die Prüfungen einigermaßen einwandfreie Fähigkeitenvergleiche; sie bewähren sich als Mahnzeichen für die Nachwuchskräfte, sich rechtzeitig und genügend gründlich auf die richtige Erfüllung der ihnen im praktischen Berufs- und Geschäftsleben zufallenden Funktionen vorzubereiten. Die Urteile darüber werden immer von der Art ihrer Durchführung abhängen.

I. Die selbständige Erwerbstätigkeit — Unternehmertum im Gewerbe

I. Allgemeines

Unser Begriff des Gewerbes umfaßt zur Ausrichtung seiner Betriebe und Unternehmen auf die Erbringung irgendwie differenzierter Leistungen hinzu noch das Merkmal des selbständigen Erwerbs. Das ergibt sich zwanglos aus der Einbettung des Handwerks und der verwandten Einheiten des Handels und der Dienstleistungszweige in die Marktwirtschaft. Die gewonnenen Einsichten legen nahe, die starke Verbreitung des Wirtschaftens auf eigene Rechnung und Verantwortung in den westlichen und einigen fernöstlichen Ländern nicht nur aus dem Unabhängigkeitsdrang vieler Menschen und verzögerten Ausscheidungsvorgängen zu erklären, sondern auch als Folge durch die Erzeugungsart gezogener Grenzen für die Ausweitung der Geschäfte zu verstehen. Wo bereits kleinere Betriebe wirtschaftlich zu arbeiten imstande sind, können sich zahlreiche Selbständigerwerbende ansiedeln und entfalten.

Die Volkswirtschafts- und allgemeine Gesellschaftslehre haben zwar bald einmal große Bestände weitherum vorhandener Einzelunternehmen vorausgesetzt, die Bedeutung ihrer Leitung aber erst allmählich erkannt. So ging der Begründer der klassischen liberalen Schule, A. Smith, wohl vom dichten Nebeneinander selbständiger Produzenten und Händler, als Zellen der fortgeschrittenen arbeitsteiligen Gesamtwirtschaft aus, die er aber im wesentlichen einfach als vom Wettbewerb gesteuerte Elemente betrachtete; seine Zuneigung schien mehr den Arbeitnehmern zu gelten. Selbst J. St. Mill fand bei aller Verfechtung der Freiheitspostulate für sie noch wenig Zugang zur Aufgabe, Unternehmungen selbständig zu betreuen und damit zur besseren Güterversorgung beizutragen. Stärkere Beachtung erfuhr diese erstmals bei J. B. Say und hernach, zunächst mehr von gesellschaftspolitischen Gesichtspunkten her, bei Vertretern der konservativen Richtung: S. de Sismondi, Th. Carlyle, J. Ruskin, Le Play, wogegen der heranwachsende Sozialismus diese Chefs immer schärfer der Ausbeutung der Mitmenschen beschuldigte. Schließlich war es der Rückblick auf frühere Zeiten, auf die Entwicklung der ehemaligen Stadt- und Regionalwirtschaften eines G. Schmoller, W. Roscher, der die Augen für die im einzelnen Betrieb und Unternehmen zu versehenden Funktionen und die Bedeutung der Art und Weise ihrer Erfüllung öffnete[1]. Dabei stieß man auf den frühen Durchbruch vorerst nur einiger weniger kraftvoller Pioniernaturen, bis schließlich, um Jahrhunderte später, zunehmend mehr gewinnstrebige „Hauptleute des Kapitalismus" die noch der Nahrungsidee verhafteten zünftigen Handwerker und Kaufleute abzulösen bzw. an ihnen vorbei größere Unternehmen aufzuziehen begannen. Damit wurde der Boden für die Hervorhebung der Rolle des Unternehmers in der Ausgestaltung der heutigen Volkswirtschaft J. Schumpeters[2] vorbereitet. Offenbar brauchte es eine etwelche Abkehr vom Bild der modernen Volkswirtschaft als eines selbständigen, durch ihm „immanente" unabänderliche Gesetze beherrschten Mechanismus, um den Blick dafür frei zu bekommen, daß sie eine von bewußt handelnden Menschen getragene bleibt, die das Geschehen mehr oder weniger weit nach ihrem Ermessen zu beeinflussen imstande sind. Nebenher mußte der allmählich heranwachsenden Betriebswirtschaftslehre schon ihr Untersuchungsgegenstand nahelegen, den treibenden Köpfen nähere Aufmerksamkeit zu schenken und dem Ursprung ihrer Initiativen nachzuspüren. Schon vorher verursachten Industriemagnatentum, die Herrschaft von Eisenbahnkönigen und großkapitalistische Monopolzusammenschlüsse in den Vereinigten Staaten von Amerika öffentliches Ärgernis. Endlich konnten die zuständigen Wissenschaftler, im Zuge der jüngeren zum Teil stürmischen Weiterentfaltung der westlichen Wirtschaften, einerseits den Hang zur Betriebs- und Unternehmungskonzentration, andererseits das Hervortreten des Industrie-, Handels- und Bankmanagers an der Stelle der früheren Eigentümer-Unternehmer nicht übersehen[3]. Heute weiß man, daß es zwar in der Marktwirtschaft nachhaltige Selbstregulierungskräfte gibt, den Leitern der Betriebe und Unternehmen jedoch bedeutender Spielraum für ihr geschäftliches Tun nach eigenem Ermessen verbleibt, aus dem heraus sie dem Produzieren und Verbrauch Richtung und Maß zu weisen haben.

---

[1] *Sismondi*, S. de: Etudes sur l'Economie politique, Paris 1883, S. 274 ff.; *Le Play*, F.: La réforme sociale en France, 6. Aufl., Tours 1878, Bd. II, S. 206 ff.; *Carlyle*, Th.: Vergangenheit und Gegenwart, ausgewählte Schriften, deutsch von Kretzschmar, Bd. VI, Leipzig 1856, S. 33 und 201 ff.; *Ruskin*, J. in: *Crane*, W.: Über das Wiederaufleben von Zeichnung und Handwerk, in „Kunst und Handwerk, Arts and Crafts Essays", Bd. 1: Die dekorativen Künste, Leipzig 1901, S. 2. Alle Schriften zitiert bei: *Herkner*, H.: Die Arbeiterfrage, 6. Aufl., Berlin 1916, Bd. II, S. 43 ff., sowie *Roscher*, W.: (freilich trotz der darauf hinweisenden Titel mehr am Rande) Nationalökonomik des Gewerbefleißes und Handels, 8. Aufl., Stuttgart und Berlin, 1. Halbbd., S. 296 ff.; einläßlicher *Schmoller*, G.: Zur Geschichte des deutschen Kleingewerbes im 19. Jh., Halle 1870; Die geschichtliche Entwicklung der Unternehmung, o. Ort. 1891.

[2] *Schumpeter*, J.: zu dessen Theorie der wirtschaftlichen Entwicklung siehe S. 334 - 335.

[3] *Wiedenfeld*, K.: Das Persönliche im modernen Unternehmertum, Leipzig 1911 sowie *Beckerath v.*, H.: S. 231 ff.

II. Die Bedeutung der Selbstverantwortung

Die Selbstverantwortung spornt zu stärkerem persönlichem Einsatz an. Das bewirkt oft allein schon die Möglichkeit, keiner Befehlsgewalt Dritter unterworfen, nach eigenem Gutfinden handeln zu können. Für viele steckt eine kräftige Anregung darin, keinen engmaschigen Anweisungen gehorchen und andauernd unmittelbar überwacht tätig sein zu müssen. — Die noch vorhandene enge Verbindung von Arbeitseinsatz und sichtbarem Erfolg macht in der Regel größere Energien frei. Zugleich geht der Sinn dafür, daß die Versorgung mit Gütern vorgängige Anstrengungen und Opfer für deren Gewinnung verlangt, meistens weniger als bei unselbständiger und stark aufgespaltener Beschäftigung verloren. Dabei nötigt die dem Rationalitätsprinzip verpflichtete Marktwirtschaft die Träger und Leiter der Betriebe dazu, ihre Aufmerksamkeit und Willensimpulse auf die gesteckten Produktionsziele zusammenzufassen; häufig versprechen nur entschiedene, damit zum Zuge zu kommen. Das weckt verstärktes Gefühl für das Wesentliche und Bedachtnahme auf die Vermeidung von Leerlauf. — Je mehr, zumal in den höher entwickelten Volkswirtschaften, immer wieder auch differenzierte Versorgungsanliegen erfüllt werden wollen, bedarf es dazu eines die ganzen Berufe beherrschenden Könnertums, manchmal noch den Vollzug mehrerer aneinander anschließender Teilverrichtungen durch ein und denselben Werktätigen oder unter der bestimmenden Leitung eines für alle fachlich zuständigen Chefs. Daraus erwächst geschärfter Sinn für die Verantwortung für die Güte der Erzeugnisse und erbrachten Dienste.

Einen Hauptbestimmungsgrund dieser Impulse bilden natürlich die tatsächlichen oder vermeintlichen Verdienstchancen. Der selbständig Erwerbende erhofft von kraftvolleren Bemühungen höhere Erträge. Da fortschreitend mehr Betriebe mit beträchtlichen festen Kosten rechnen müssen, pflegen die Gewinnaussichten aus besserer Auslastung nicht proportional, sondern progressiv zu steigen. Oft sind es erst die letzten Aufträge oder Verkäufe der Geschäftsperiode, welche die volle Deckung der Aufwände und die erstrebten Überschüsse bringen. Diese Bedingtheiten fordern zwangsläufig verstärkte Initiativen heraus. — Als Gegenstück zu den Chancen sind Risiken in Kauf zu nehmen. Der selbständig Erwerbende vermag seine Einkünfte häufig nur aus ganzen Folgen marktwirtschaftlich richtiger Entschlüsse und entsprechend angelegter Nutzleistungen zu ziehen; er kann nicht auf von vorneherein vereinbarte zählen und sich auf längere Dauer von Dienstverhältnissen stützen. Über ihm schwebt nicht nur das Wagnis des Verdienstausfalls, sondern auch noch das von Vermögensverlusten, wobei sich dieses zum Teil noch seinem Gestaltungswillen entzieht. Bekanntlich können z. B. den Kaufmann nach Zeiten von Preisüberhöhungen oder bei starker politischer Unsicherheit mit ihren Auswirkungen auf die Märkte trotz aller Hingabe an seine

Geschäfte schmerzliche Verluste treffen. Der Wettbewerb schlägt ihn in seinen Bann und zwingt ihn, sich immer wieder rasch und vorausschauend den jeweiligen Lagen anzupassen. Vielerorts verstärkt es die Anstöße zur Entfaltung eigener Initiative weiter, wenn verschiedene Anbieter von ungleichen Grundlagen aus zum Zuge zu kommen haben bzw. zu kommen suchen. In derselben Richtung spielt da und dort das Gefühl der Gewerbetreibenden mit, die Entwicklung der Marktverhältnisse nicht nach ihrem Sinn lenken zu können, sondern dieser mehr oder weniger ausgeliefert zu sein. Geraten Unternehmer in finanzielle Bedrängnis, so löst das in nicht wenigen erst recht angespannte Wachsamkeit und persönlichen Einsatz aus. Unter dem Druck erlittener Verluste oder einer Gefährdung der eigenen Existenz nehmen viele äußerste Anstrengungen und Verzichte auf Bequemlichkeiten des Lebens auf sich, um ihre wirtschaftliche Unabhängigkeit zu behaupten.

III. Betriebsinhaber und Unternehmer

Ebenfalls für unsere Betrachtung ist die heutige Mehrspurigkeit der Auffassungen darüber, was den Unternehmer ausmacht, von Belang. Eine vorab in der Wirtschaftspraxis noch verbreitete Meinung spricht den Titel allen Inhabern eigener Unternehmen zu. Das mag in der Tat als das Naheliegendste erscheinen. Sie verkörpern ja deren Träger, müssen in vielen Fällen überall zum Rechten sehen und für sämtliche eingegangene Verpflichtungen gutstehen. Nach diesem Verständnis wären alle Gewerbetreibenden zur Unternehmerschaft zu rechnen, zumal unsere Ausführungen bestätigen, daß sie durchwegs, nur mehr oder weniger ausgeprägt, besonderen Anforderungen gerecht zu werden haben[4].

Dabei braucht sich das „Innovatorische“ (P. Drucker) der Unternehmer-Aktivität nicht immer und notwendig sehr ausgeprägt zu äußern. Manchmal scheinen dem Handwerk gerade vorwiegend schlichte Arbeitsaufträge und dem gewerblichen Einzelhandel die einfache Warenandienung den Stempel aufzudrücken und die Erfordernisse stärkerer Leistungsdifferenzierung auf solche im Kleinen beschränkt zu bleiben[5]. Indessen zeigt die moderne Management-Lehre, daß die heutige Marktwirtschaft jedem Betreuer eigener Unternehmen je länger desto mehr ganze Systeme von Entschlüssen und Vorkehren zu deren Durchsetzung abverlangt, sich die Gewerbetreibenden m. a. W. von den anderen Führungskräften in der Wirtschaft nur noch in der Bewußtheit, bestimmte Dispositionen und vollstreckende Maßnahmen treffen zu müssen und in den Ausmaßen der Hebelarme dieser Leitung unterscheiden können. Bereits fehlt es denn auch nicht an ganzen Auflistungen auf die Ver-

---

[4] Bd. II, S. 15 ff.

[5] Vgl. weiter oben S. 143, 163.

hältnisse der kleinen Wirtschaftseinheiten übertragener Anweisungen, welche die jüngere Betriebswirtschaftslehre für eine methodische Geschäftsführung entwickelt hat. Augenscheinlich stellt es sich aber einstweilen noch als recht schwierige Aufgabe heraus, deren richtige Abstimmung auf die sachlichen und persönlichen Möglichkeiten im Gewerbe zu finden und dessen Angehörige für deren Befolgung zu gewinnen. Vermerkte seinerzeit K. Rössle[6] für das Handwerk, daß zu bescheidene Vorliebnahme mit abseitigen Standorten in den Dörfern und Stadtvierteln manchen Fühlungsverlust mit der Nachfrage verschulde, so machte er bereits auf die Bedeutung ihrer richtigen Wahl aufmerksam. Seither gewahrte man namentlich im Handel und für einige Dienstleistungszweige, daß der engere oder losere örtliche Anschluß an die Käuferschaft oder die Passantenströme eine wesentliche Voraussetzung für Erfolg oder Mißerfolg der Geschäftstätigkeit werden kann. Im Zusammenhang stellt sich weiter die Aufgabe, möglichst nahe an die günstigsten Betriebsgrößen heranzukommen. Namentlich wächst sich die Bestimmung der Leistungssortimente zu einer Hauptobliegenheit der Führung aus: wie weit soll Gebrauchsqualität zu niedrigen Preisen mit viel Vergleichsmöglichkeiten für die Kunden, und wie weit hochgeschätzte, von aufmerksamer Beratung begleitete und durch prompte Reparaturdienste ergänzte geboten werden? Wie weit hat sich der gewerbliche Kaufmann zu besonderer Werbung für seine Angebote zu entschließen und an welches Zielpublikum ist diese vornehmlich zu richten? Bekanntlich erwartet man die Leistungssteigerung im Einzelhandel hauptsächlich davon, dessen in die Zehn- und Fünfzigtausende zählende Angehörige für immer planmäßigere Auslese der vermittelten Waren und fortdauernde Bereinigung ihrer Lager zu gewinnen. Im Verein damit setzt die Festlegung der Verkaufspreise mehr oder weniger bewußte Entschlüsse voraus, sowohl dann, wenn sie eine eher instinktive und nachahmende bleibt, als wenn sie anhand einläßlicher Marktanalysen und Kostenberechnungen erfolgt.

Allerdings hieße es die Tatsachen arg beschönigen, allen heutigen Gewerbetreibenden größere unternehmerische Fähigkeiten und Initiative zuerkennen zu wollen. Offenkundig bestehen in dieser Hinsicht große Unterschiede, indem es, wie schon oben zu vermerken war[7], neben den tüchtigen Kräften immer noch solche gibt, die ihren Geschäften mehr gewohnheitsmäßig als streng zweckbedacht und „novatorisch" obliegen. Nach wie vor finden sich nicht wenige, die aus Unvermögen oder mangelnder Motivation an Überlieferung und enger Gesinnung hängen bleiben. Der Einblick in diese Betriebsformen lehrt mit am deutlichsten, daß die rechtliche Selbständigkeit von Firmen noch nicht ohne weiteres auch

---

[6] *Rössle*, K.: Betriebswirtschaftslehre des Handwerks, S. 30, sowie: Kaufmännische Führung des Handwerksbetriebs, Bd. 1, Berlin 1944, S. 16/17.

[7] Vgl. oben, S. 11, 216 ff.

die volle wirtschaftliche in sich begreift. Damit sich diese bestätigt, müssen sich die Handwerksmeister, Kaufleute und gewerblich ausgerichteten Vermittler von Dienstleistungen aus eigener Beurteilung der Umweltbedingungen, mit entsprechender Regsamkeit gepaart, im Geflecht der Marktbegegnungen selbst zu bewegen und zu entfalten wissen. Das Sich-Zurechtfinden und Handeln-Können in diesen Beziehungen verlangt fortschreitend größere Geschicklichkeit und Führungstalente. Nicht von ungefähr betont der jüngere deutsche Sprachgebrauch für das Gewerbe mehr die Betriebsinhaberschaft und die damit verbundenen Verantwortlichkeiten, der französische das „Patronat". Stärker hat sich die Benennung der leitenden Persönlichkeiten als „Unternehmer" nur im Hoch- und Tiefbau eingebürgert. Vielleicht erklärt sich die Nuance daraus, daß die moderne Entwicklung das Baufach zu einem überdurchschnittlich wagnisreichen macht. Doch dürfte es kaum sinnvoll sein, die Unternehmereigenschaft den Selbständigerwerbenden einzelner Produktions- und allenfalls Handelszweige vorzubehalten.

Wohl aber gewinnt der Titel mehr Aussagewert, wenn man ihn jenen Betriebs- und Unternehmungsleitern zudenkt, die, sich über Traditionalismus und Routine erhebend, die Erbringung ihrer Leistungen unausgesetzt zu rationalisieren oder diese weiter zu verbessern trachten. Wir schwenken damit auf das von W. Sombart herausgearbeitete Leitbild[8] des gewinnstrebig-dynamischen und zugleich „rechenhaften Unternehmers" in einer zusehends kapitalistischer werdenden Volkswirtschaft ein. Jüngere betriebswirtschaftliche Einblicke verdeutlichen noch die Unterscheidung, indem sie zwei Typen: einerseits den hauptsächlich durch die bisherigen Erfahrungen bestimmten und andererseits den vorausschauend neue geschäftliche Möglichkeiten aufspürenden auseinanderhalten. Die Rückblendung auf die bisherige wirtschaftliche Entwicklung fördert bald einmal zutage, daß es vorwiegend die in der zweiten Richtung tätigen Führungskräfte waren, welche große und größere Betriebe aufzubauen und sich zum Hauptschrittmacher der Industrialisierung der Produktion zu machen wußten. Mit der Zeit hat dieser Typus ebenfalls im Gewerbe Fuß gefaßt, sind auch in diesem unternehmerische Kräfte sogar nach der scharf profilierten Auffassung J. Schumpeters erwacht[9].

---

[8] *Sombart,* W.: Bd. I, 2. Hälfte, S. 836 ff.

[9] Übersehen wir aber nicht, daß bereits das Abstellen auf bisherige geschäftliche Erfahrungen nicht unvermeidlich in bloßes Verharren auf den einmal ausgeübten Tätigkeiten auszumünden braucht. Es ist für seinen Teil fachtechnische und kaufmännische Initiativen auszulösen imstande. Doch ist die Hauptbedeutung zweifellos dem vorwärtsdrängenden Unternehmer beizumessen. Auf der Suche nach den Anstößen zur jüngeren Entfaltung der Volkswirtschaften hat *J. Schumpeter* (Theorie der wirtschaftlichen Entwicklung) den Unternehmer auf die Rolle des Bahnbrechers und Wegbereiters eingegrenzt, der

So begegnen wir insofern dem echten „Bau-Unternehmer“, als sich dieser nicht mit einfachen und wenig Risiken bergenden Aufträgen begnügt, sondern seine Fähigkeiten an schwierigeren erproben will. In erster Linie pflegen es solche zu sein, die den Anwärtern auf die Leistungen auf sie zugeschnittene Problemlösungen zu bieten suchen. Manchmal schlägt sich — indessen keineswegs regelmäßig! — unternehmerisches Wirken dieser Art in der raschen Vergrößerung von Bau-Unternehmen nieder. Ferner kann die Anbahnung günstigerer gemeinsamer Rohstoff- und Halbfertigfabrikatebezüge oder die Sicherung von Grundstücken für die Überbauung dafür zeugen. Ähnlich wachsen Unternehmernaturen über die schlichten Betriebsinhaber in den Ausbau- und fertigenden Handwerken, nicht zuletzt unter den Unterakkordanten, heran. Ebenso weitet sich im Fachhandel und in den Dienstleistungszweigen der Kreis der gewandten Kauf- und Fachleute, die, ihre Geschäfte schärfer im Griff haltend, mit besonders gewählten Angeboten aufzuwarten trachten. Es sind jene Einzelhändler, die entweder mit wohl gegliederten, von abgestuftem Kundendienst begleiteten Sortimenten, bei straffer Überwachung der Umschlagsgeschwindigkeiten, für zahlungsschwächere wie für kräftigere Verbraucherkreise da sein möchten oder aber sich als Seele renommierter Vertrauenshäuser für einläßlich zu beratende anspruchsvolle Käufer hervorzutun verstehen. Desgleichen bewahren Unternehmertalente heute manche Gästebewirtung und -betreuung vor durch Kostendruck und Personalverknappung verschuldeten Qualitätsverlusten und erschließen sie vielleicht sogar den Aufstieg in die noch bessere Umhegung der Besucher. Gewiegte Straßentransporteure suchen ihren Verfrachtern mit noch elastischerer Güterzustellung an die Hand zu gehen. Endlich ziehen, vor-

---

1. für zweckdienlichere, d. h. vorab kostensparende Erzeugungsverfahren,
2. für das Angebot besserer Güter und neuer,
3. für die Absatzerschließung für die fortan erhältlichen Mengen an Erzeugnissen und Diensten sorge, und
4. neue Organisationsformen der Industrie, des Handels, der Kreditgewährung, mit Einschluß von Kooperationsübereinkünften, aufzubauen wisse.

Durch die Zuständigkeiten für die Leitung in den Kapitalgesellschaften beeinflußt, geht diese Auffassung so weit, das Tragen finanzieller Verantwortlichkeiten für das geschäftliche Tun und Lassen als nicht mehr zum Kern des Unternehmerischen gehörend einzuschätzen. Allein schon die Pionierfunktion verleihe ihm die bestimmende Substanz. Freilich gilt es doch wohl zu beachten, daß deren Erfüllung oder die zu dieser nötige persönliche Autorität immer auch das Eingehen von Risiken, d. h. von Verantwortlichkeiten: wenn nicht von finanziellen, so doch von gesellschaftlichen, wie Gefahren des „Gesichtsverlustes“ verlangt.

Zweifelsfrei findet sich dieses Unternehmerische heute auch im Gewerbe, lediglich mit der Besonderheit, daß die erforderliche enge Fühlung der Betriebsleitung mit der praktischen Deckung der jeweils zu betreuenden Versorgungsanliegen, im Verein mit der Vorliebe für das Schaffen auf eigene Rechnung, auf die vermögensrechtliche Haftung und höchstpersönliche Rechenschaftsablage über Erfolg und Mißerfolg zurückführt.

erst in den bedeutenderen Bevölkerungsagglomerationen, die Schönheits- und Gesundheitspflege, das Reinigungs- und Teile des Reparaturgewerbes vom Eindringen unternehmerischer Elemente Nutzen.

Dabei hat dieser Zuzug augenscheinlich keine Abschwächung der Neigung zur Bildung von Wirtschaftsvereinigungen und zur Anlehnung an solche zur Folge. Im ganzen Gewerbe fehlt es nicht an Bedürfnissen nach gemeinsamen Anstrengungen, namentlich auch zur nicht isolierten Beteiligung der einzelnen am Marktgeschehen hin. Einerseits machen sich Verlangen nach Absicherung gegen unangemessene Belastungen der Betriebe und Behinderungen durch verfälschten Wettbewerb, andererseits Notwendigkeiten vereinter Bemühungen um die berufliche Aus- und Weiterbildung, und in dritter Richtung etwelche Begehren nach besseren Geschäftserträgen geltend. Wir spüren diesen Kräften und ihren Auswirkungen sowohl in den Begegnungen von Angebot und Nachfrage als im wirtschafts- und sozialpolitischen Bereiche in den beiden Abschnitten „Die gewerblichen Verbände" und „Die gewerblichen Genossenschaften"[10] näher nach. An dieser Stelle seien drei Hauptergebnisse vorweggenommen, weil erst deren Mitbeachtung die selbständige Erwerbstätigkeit der Handwerksmeister, der Kaufleute und Träger arteigener Dienstleistungseinheiten sachgerecht zu würdigen erlaubt:

1. Das Gewerbe muß sich schon deswegen auf Organisationen der gemeinschaftlichen Selbsthilfe stützen, weil ohne eine umsichtige Förderung sowohl des fachlichen als des geschäftlichen Könnertums auf die Dauer schlechthin nicht auszukommen wäre. Dazu müssen möglichst viel persönliche Einsätze und diese überdies für viel differenziertere Auswertungen mobilisiert werden können, als das die staatlich-obrigkeitliche Betreuung für sich allein je zu leisten vermöchte.

2. Des weiteren bedarf es oft des Zusammenschlusses der Gewerbetreibenden, um Marktübermachteffekte von Seiten der Lieferanten oder Abnehmer der Leistungen aufzufangen oder Ungleichheiten der Grundlagen für den Austrag des Wettbewerbs für die verschiedenen Betriebsinhaber und Unternehmer wenigstens einigermaßen auszuebnen. Häufig haben sich diese ja der Ansprüche stärkerer Anbieter oder Nachfragender und nicht selten ebenfalls der Ausflüsse schleichenden Pfuschertums und unlauteren Geschäftsgebarens zu erwehren. Nicht selten wollen zuerst geeignete Nährböden dafür bereitet sein, damit Handwerker und selbständige Kaufleute regere Initiativen entfalten.

3. Die — an sich durchaus denkbaren — Übersteigerungen der Gruppenansprüche pflegen in der freien Wirtschaft und Gesellschaft über kurz oder lang Gegenkräfte („Countervailing power") auszulösen, welche die ersteren fortan im Schach halten, zuzeiten vielleicht sogar über das

[10] Bd. II, S. 78 ff. und 168 ff.

gebotene Maß zurückwerfen. Davon darf man bei einigermaßen gleichgewichtiger volkswirtschaftlicher Entwicklung eine Erziehung hüben und drüben zur Mäßigung erwarten[11].

Im ganzen will der selbständige Erwerb der meisten Gewerbetreibenden in der Verbindung mit ihrer Untermauerung und Rückendeckung durch Gemeinschaftsbestrebungen gesehen werden.

IV. Die bestimmenden Beweggründe

Im Abschnitt über die Arbeitsverhältnisse im Gewerbe haben wir uns die Vielfalt der möglichen Arbeitsmotivationen zu vergegenwärtigen[12]. Für die Betriebsinhaber und Unternehmer gewahrte die heutige Wissenschaft einen noch ausgedehnteren Fächer von Beweggründen. Dabei erwies sich die über lange Zeit gehegte Vermutung, daß diese, wenn sie nicht noch dem „Nahrungsprinzip" verhaftet blieben, vorrangig die „Gewinnmaximierung" anstrebten, als wirklichkeitsfremde Abstraktion[13]. Die Antriebe reichen vom ursprünglichen Betätigungsdrang über den häufigen Wunsch, sich mit eigenem Gestalten zu bestätigen, das Eingenommen-Sein für fachtechnische Probleme oder für die Ausübung von Führungsbefugnissen, den Wünschen nach gesellschaftlicher Geltung, bis zu den Gefühlen der Verantwortung den Familien, den Plätzen des Geschäftssitzes, der regionalen Wirtschaft gegenüber. Nicht wenige reizt das Eingehen von Wagnissen oder menschliche Kontaktfreudigkeit schlechthin. Vielleicht ist das Ziel, zu höheren Einkünften zu gelangen, bei den Gewerbetreibenden mehr als in der Industrie und den Großunternehmen des Handels in eine Fülle anderer Regungen eingebettet, was indessen nicht ausschließt, daß es hier wie dort im einzelnen mit Wucht durchbrechen und die übrigen überdecken kann. Die Befragungen der Handwerksmeister, Kaufleute und Inhaber von Dienstleistungsbetrieben weisen auf eine besondere Hochschätzung des selbständigen Erwerbes hin. Das nähere Zusehen lehrt aber bald einmal, daß es hinter diesem Bescheid oft noch tiefer sitzende Motivationen gibt.

---

[11] Im Übrigen sind wir schon einigen Hemmungen der Gewerbetreibenden gegen gemeinschaftliche geschäftliche Vorgehen, namentlich solche auf breiter Front, begegnet. Diese können sich da und dort zu einer empfindlichen Schwäche auswachsen, etwa dort, wo sich der Fachhandel tatsächlichen Mißbrauchs monopolähnlicher Stellungen seiner Lieferanten: Erzeugern oder Importeuren mit Sonderberechtigungen, zu erwehren hätte. Solche Marktübermachteffekte passen natürlich wieder nicht zum Bild der idealen Marktwirtschaft. Augenscheinlich mangelt es jedoch nicht an Erfahrungen, daß einmal eingebürgerte Marken zu ausschließliche und entsprechend überteuerte Warenwege, vielleicht sogar Versorgungsengpässe, nach sich ziehen können.

[12] Vgl. oben, S. 91, 93.

[13] u. a. *Ulrich*, H.: Das Unternehmerbild in der Betriebswirtschaftslehre, in: Internationales Gewerbearchiv, 16. Jg. / 1968, Heft 2, S. 65 ff.

Letztlich übt das selbständige Geschäften im Gewerbe prägende Einflüsse auf die allgemeinen persönlichen Haltungen aus. Die Verstricktheit in die Marktbeziehungen weckt den Sinn dafür, daß die Regel von Leistung und Gegenleistung das gesellschaftliche Zusammenleben beherrscht und sich die eigenen Existenzchancen immer wieder darnach richten, wie die Auftraggeber und Käufer ihre Arbeiten und Dienste entgelten. Bisweilen wird der eigene Betrieb zur harten Schule, die schmerzliche Enttäuschungen nicht erspart. Wenn das Unternehmerische nicht auf der ganzen Linie hervorzutreten vermag, so lehrt das Gewerbe doch die Unumgänglichkeit entschiedener Einsätze für die zu erfüllenden Obliegenheiten und des Willens zur Selbsthilfe. Für die Vorstellung, Volksgemeinschaft und Staat schuldeten dem einzelnen von vornherein gebührende materielle Sicherung, gewährt es wenig Raum. Vielmehr zeichnen sich schon ernste wirtschaftliche und geistige Gefährdungen seiner Angehörigen wie ihrer Umwelt ab, wenn sie sich nur noch von engen korporativen Vorschriften und Abschrankungen, von Schutzmaßnahmen der öffentlichen Hand im Sinne der Anerkennung der „Standesreservation" begleitet, Zukunftsmöglichkeiten versprechen. — Im ganzen bieten Handwerk, gewerblicher Handel und die verwandten Dienstleistungseinheiten weite Bereiche für die freie Entfaltung persönlichen Schaffensdrangs. Damit bleiben sie auch ein fruchtbarer Boden für die Impulse, sorgfältig auf die Bedarfslagen zugeschnittene Leistungen zu erbringen.

V. Die familienwirtschaftliche Untermauerung des Gewerbes

Zu bedeutendem Teil bleibt der Selbständigerwerbende im Handwerk, gewerblichen Einzelhandel und in den ähnlich ausgerichteten Dienstleistungsbetrieben, wie in der Landwirtschaft, im Familienverbande verankert. Er schöpft m. a. W. bedeutende Kräfte aus der Zusammenarbeit zwischen den Ehegatten und Geschwistern, zwischen den Eltern und ihren Nachkommen. Der anderwärts weit vorangetriebenen Arbeitsteilung und der ihr dort zu verdankenden Produktivitätssteigerung wegen findet zuwenig Beachtung, daß ebenfalls die noch nicht zu Ende geführte Trennung der erzeugenden Tätigkeit von Haushalt und Verbrauch ihre Vorzüge bieten kann. Im Gewerbe bedarf es für manche Arbeiten nur des Einsatzes einiger weniger Fachleute, daneben aber noch der gelegentlichen Mithilfe Dritter; hier erlaubt das Einspringen von Familiengliedern für Stunden, fast ohne erhöhten Aufwand auszukommen, während sonst eine fremde Hilfskraft voll zu entlöhnen wäre.

Vorwiegend gehört die erste Aufmerksamkeit des Handwerksmeisters der zu vollbringenden technischen Leistung; es ist, als ob ihn das Erfordernis, außerdem noch das Rechnungswesen und einen geordneten Zahlungsverkehr zu besorgen, immer wieder innere Widerstände zu überwinden koste. Deshalb bildet es eine große Erleichterung, wenn die Hausfrau oder kaufmännisch geschulte Söhne und Töchter diese Aufgabe zu lösen versuchen und dadurch nicht nur eine Entschädigung an Dritte einsparen, sondern die Wirtschaftlichkeit des Betriebes nachdrücklicher überwachen.

Besonders augenfällig treten die Vorteile der Familienwirtschaft im kleineren Betrieb der Nahrungsmittelgewinnung, des Einzelhandels und des Gastwirtschaftsgewerbes[14] mit ihren täglichen, wöchentlichen und jahreszeitlichen Schwankungen des Kundenzuspruchs zutage. Die Verknüpfung mit ihr gestattet es, in den stillen Perioden nur einen schwachen Bereitschaftsdienst zu unterhalten und dafür in denjenigen des Stoßandrangs gleich mehrere Familienangehörige für die rasche und zuverlässige Bedienung mit einzuschalten. Nicht anders liegen die Dinge im Coiffeur- und im Transportgewerbe. Wenn für das westeuropäische Lebensmittelangebot die großzügige Hausbelieferung der Konsumenten zur Stunde nur noch in städtischen Bevölkerungsagglomerationen und für größere Betriebe tragbar erscheint, könnten doch wohl Botengänge den Familien der Gewerbetreibenden angehörender Jugendlicher einige dieser Dienste immer noch aufrecht erhalten. — Die Familienwirtschaft zieht aus der Tatsache Nutzen, daß es bestimmte Berufstätigkeiten relativ leicht mit solchen für die Besorgung des Haushalts zu verbinden gelingt und die Übergangsverluste beim Wechsel der Verrichtungen geringfügig bleiben. Dazu findet sich die Familie mit erheblich geringeren Lebenskosten zurecht, als sie die einzelnen Glieder bei getrennter Lebensführung in Kauf zu nehmen hätten. Allerdings macht das keine Besonderheit der unmittelbar als Grundlage des Erwerbs dienenden Familiengemeinschaft aus. Dagegen regen sich in dieser Anreize, die Einsparungen zur Verbilligung der Angebote auf den Märkten und zu deren Verbesserung einzusetzen. Die Leistungen der Betriebe werden weniger oft als bei der Beschäftigung fremder Arbeitskräfte durch mangelnden Arbeitseifer beeinträchtigt[15]. Es gibt auch keine Verteuerung der Erzeugung durch mehr oder weniger starr begrenzte tägliche und wöchentliche Arbeits- und Ruhezeiten. Die Verbilligung erfährt noch eine Verstärkung in den Gewerbezweigen von der Art des Nahrungsmittelhandwerks und des Einzelhandels, in denen sich die Familie mit den Erzeugnissen des eigenen Betriebs oder mit zu Bedingungen für Wiederverkäufer beschafften Waren eindecken kann.

Mitunter vermag deshalb der Familienbetrieb sogar mit den niedrigsten Gestehungskosten auszukommen, was das — oberflächlich gesehen

---

[14] Das Hotelgewerbe bietet eigentliche Schulbeispiele dafür, wie einträchtiges Zusammenwirken im Schoße intakter Familien zu besonders gepflegter und dabei nicht überteuerter Betreuung der Gäste verhelfen kann.

[15] *Beckmann*, L.: Die Mitarbeit von Familienangehörigen im Betriebe, in: *Rössle*, K. (Hrsg.): Die kaufmännische Führung des Handwerksbetriebes, Bd. II, S. 123 ff.

seltsame — Phänomen erklärt, daß sich nicht selten industrielle Anbieter und Massenvermittler von Leistungen ebensosehr über ein Unterlaufenwerden im Preiswettbewerb durch Gewerbetreibende wie diese über derartigen Druck von seiten der erstgenannten beschweren. — Schließlich wohnt der Mithilfe der Familienangehörigen in Werkstätten, Verkaufsläden oder bei der Erbringung von Diensten nicht zu unterschätzender erzieherischer Einfluß inne. Sie trägt eigenes Erleben der Mühen, Schwierigkeiten und Genugtuungen des selbständigen Erwerbs ein. Die Beteiligten erfahren es aus nächster Nähe, daß die Einkünfte mit nachhaltigem Einsatz der verfügbaren Kräfte erzielt werden wollen.

Allerdings haben wir uns auch bei der Würdigung des selbständigen Schaffens als Quelle gesteigerter Betätigungsansporne notwendiger Korrekturen des idealtypischen Bildes zu erinnern[16]. Wieder fehlen Kehrseiten der Familienunternehmen nicht. Fürs erste scheint sich so etwas wie eine größere Gehemmtheit dieser Betriebe als der übrigen, zu rationalisiertem Wirtschaften vorzudringen, abzuzeichnen. An seine Unterscheidung zwischen „Einmann-", „handwerklichen Familien-" und „familiengelösten" Betrieben sowie zwischen „werkstattlosen", „heimverbundenen Werkstatt- und heimentfremdeten Werkstattbetrieben" anknüpfend, meinte F. Voigt[17] zwar in den familien- und heimverbundenen, von festen Werkstätten aus arbeitenden Einheiten noch die am meisten handwerklichen zu erblicken. Es zeige sich, daß diese, für die eigene Generationenfolge sorgend, die stärkste Tradition und in Perioden der Bedrängnis den entschiedensten Durchhaltewillen entwickelten. Dagegen steckte im weiteren Hinweis des genannten Autors auf die „größeren kapitalistischen Möglichkeiten für die familiengelösten und nicht mehr heimverbundenen Betriebe" wahrscheinlich die Anspielung, daß sich die übrigen auf dem Weg zur heute notwendigen höheren Effizienz ihrer Arbeit erheblich schwerer täten. Im Nahrungsmittelhandwerk und im parallelen gewerblichen Einzelhandel waren die den Einblick in die tatsächlichen Geschäftsergebnisse sehr bald verdunkelnden „Entnahmen aus der Geschäfts- oder Ladenkasse" bis vor kurzem noch allzu verbreitet. — Dazu erhebt sich schon in diesem Bereich die Problematik der Mitbestimmung. So nachhaltig einträchtiges Zusammenwirken der Familie die Leistung und Wettbewerbsfähigkeit ihrer Betriebe und Unternehmen zu fördern imstande ist, so leicht drohen Uneinigkeiten und Zerwürfnisse deren Lebenskraft zu untergraben. Nicht von ungefähr weiß man in Gewerbezweigen um eine Erfahrungsregel, wonach Spannungen in von Familien gemeinschaftlich betreuten Betrieben sich über kurz oder lang in Mindererträgen und eigentlichen Gefährdungen niederschlügen. Ähnlich wie schwindende Entschlossenheit, den Privatbedarf nach den erzielten oder

---

[16] Vgl. S. 216.

[17] *Voigt*, F.: Art. „Handwerk", in: Handwörterbuch der Sozialwissenschaften.

erzielbaren Erträgen zu bemessen und Kredite innert der vereinbarten Fristen zurückzuzahlen, recht schnell ruchbar werden, geschieht es bald einmal, daß sich die Stärkung aus dem vereinten Einsatz bei erschütterter und sich auflösender Familiengemeinschaft in ihr Gegenteil verwandelt. Das läßt sich gleichermaßen im gewerblichen Handel und in den Dienstleistungsbetrieben wie im Handwerk beobachten.

Indessen spielen in diesen Sachverhalten offenkundig wieder menschliche Unzulänglichkeiten und diejenigen des wirtschaftlichen und gesellschaftlichen Zusammenlebens mit. Erneut bestätigt die nähere Prüfung, daß die aufgezeigten Schwächen nicht vorwiegend durch das Wesen des Gewerbes bedingte, ihm „immanente", sondern durchaus vorherrschend allgemeinen gesellschaftlichen Einschlägen in das Walten der Marktkräfte zuzuschreibende sind. — Noch einmal stoßen wir auf die Folgen verzerrter Einschätzungen der Bedarfsstrukturen und Produktionsaufgaben und entsprechend verfälschter Bewertungen. Bis vor kurzem trugen Zeitschriften mit oberflächlichen Berichten über „Berufe ohne Zukunft" das ihre zur Unterschätzung der Entfaltungschancen für zahlreiche Gewerbezweige und -betriebe bei. Die Fragwürdigkeit dieser Bewertungen tritt u. a. in jüngsten Erfahrungen zutage: Wie wäre sonst ein fast schlagartiger Wechsel von bisherigem Versiegen des Angebots an talentierten Nachwuchskräften für manche Gewerbezweige in ein lebhaftes Interesse für die Betätigung in solchen, im Gefolge der Konjunkturabschwächungen der letzten Monate, zu erklären?

Wohl aber machen es die steigenden Anforderungen an die moderne Wirtschaft, auf noch reichlichere Güterversorgung und bessere Absicherung gegen die Existenzrisiken wahrscheinlich, daß sich auf die Dauer nur die initiativen Geschäftsleute zu behaupten vermögen. Selbst wenn die Zukunft einmal etwelche Änderungen des Lebensstils im Sinne wieder vermehrter Hinwendung zu anderen Werten als der materiellen Gütererzeugung bringen sollte, wird die Wohlstandsgesellschaft von morgen weiterhin nach leistungsfreudigen Anbietern verlangen. Das heißt aber, daß auch das marktwirtschaftliche Modell des selbständigen Erwerbs im Handwerk und in den übrigen Gewerbezweigen für Lehre und Wirtschaftspraxis seinen Aussagewert bewahren dürfte.

VI. Gewerbe und Privateigentum

Die Gewerbetreibenden stützen sich auf das Privateigentum an Boden und Kapital. Sie fühlen sich in hohem Grade darauf angewiesen. Wenn das ursprüngliche Naturrecht dieses Privateigentum, nicht nur an den Konsumgütern, sondern auch an den Produktionsmitteln, noch nicht ausdrücklich anerkannte, hat doch schon Th. v. Aquin — wie die jüngere Literatur aufzeigt[18] — die Zulässigkeit des Sondereigentums festgestellt,

[18] *Marbach*, F.: Theorie des Mittelstandes, S. 151.

„weil es von großem Vorteil für die Menschen sei". Doch dürften es diese nur bis zur Grenze des berufsmäßigen Bedarfs erwerben. Der Sozialethiker A. F. Utz meint im Zuge seines Versuches, den Mittelstand zu deuten, dazu:

„Gemäß der christlichen Eigentumslehre soll das Privateigentum nicht etwa nur reichste Nutzung der Güter im Sinne einer ... größtmöglichen Produktion erzielen ... Vielmehr soll die Privateigentumsordnung den verantwortungsbewußten Menschen im wirtschaftlichen Leben zur Geltung bringen, um bereits auf der materiellen Ebene, also im wirtschaftlichen Sektor jene Ordnung vorzubereiten, die wir im sozialen und politischen Bereich als unentbehrlich und naturgefordert erkennen[19]."

Diese Auskünfte rücken gleich mehrere Erfordernisse ins Blickfeld. Fürs erste setzt die Befähigung zur Erbringung differenzierter Leistungen heute zumeist fest verfügbare Standorte für die Betriebe mit genügend Platz für die Arbeitsstätten und Verkaufsläden voraus. Zwar gibt es noch die Gewerbe im Umherziehen; den weit überwiegenden Hauptteil tragen aber die Seßhaften an die Gesamtversorgung bei. Letztlich fußen ebenfalls die „Mieterbetriebe" auf dem privaten Bodeneigentum, weil die Marktwirtschaft bei unverzerrtem Spiel ihrer Kräfte am ehesten Gewähr für bedarfsgerechte Zuteilung der Bodenflächen und Anschlüsse an den Verkehr bietet. U. E. kennzeichnend müssen auch die Länder mit zentralen Verwaltungswirtschaften den Handwerkern, Händlern und Trägern von Dienstleistungsbetrieben, soweit sie solche noch oder wieder auf eigene Rechnung „geschäften" lassen, dauerhafte Standorte einräumen. Nur damit können diese ihr ganzes Augenmerk auf die richtige Erfüllung der erteilten Aufträge und angemessene Käuferbedienung richten. Was für den Grund und Boden gilt, trifft nicht minder für das Eigentum an den technischen Ausrüstungen der Betriebe und den zu beschaffenden Rohstoffen, Halbfabrikaten und Warenvorräten zu. Wieder hängt die von den Produzenten und Händlern zu erreichende Beweglichkeit für die Befriedigung der jeweiligen Nachfrage in hohem Grade davon ab, daß sie ihre Anlagen und Gerätschaften frei, auf eigene Verantwortung wählen und nach ihrem Gutdünken einsetzen können. Nicht zuletzt zeugen die häufigen Schwierigkeiten, etwa die Handwerkmeister und -unternehmer für die wechselweise Benützung gemeinschaftlich beschaffter Produktionsmittel zu gewinnen, für die Bedeutung ihrer freien und raschen Verwendbarkeit.

Darüber hinaus bedarf der Gewerbetreibende noch eines Kapitalfonds zur Finanzierung der laufenden Geschäfte und als Rückhalt für schlechtere Zeiten. Im Abschnitt über die Möglichkeiten und Grenzen der Ausstattung mit Finanzierungsmitteln[20] war zu zeigen, daß geringes Eigen-

[19] *Utz,* A. F.: Der Mittelstand und die ethischen Normen der Wirtschaft, in: *Utz,* A. F.: Mittelstand, S. 17.

[20] Bd. III, 1. Halbbd., S. 22 ff.

vermögen der Betriebsinhaber unweigerlich die Gelegenheiten zu Auswertung günstiger Betätigungschancen beschneidet oder ihm übergroße Risiken aufbürdet. Vorwiegend entscheiden ebenfalls die Banken über die Bewilligung von Leihgeldern nach dem vorhandenen, notfalls liquidierbaren Eigenkapital. Wir mußten die häufige anfängliche Schwäche der jüngeren Handwerksmeister, Kaufleute und Träger von Dienstleistungsbetrieben in dieser Beziehung, auf dem Hintergrund rasch steigender Anlagen- und Lohnkostenintensität ihrer Unternehmen vermerken. Die von vielen Kreditbedürftigen vorerst über Jahre noch zu durchlaufenden „Durststrecken" werden, außer durch das noch mangelnde Ansehen als tüchtige Fachleute, durch die Knappheit der greifbaren Finanzen bestimmt[21].

Andererseits werfen die zitierten sozialethischen Auffassungen die Frage nach den durch die zu erfüllenden Obliegenheiten gerechtfertigten Ansprüchen auf Privateigentum auf. Im allgemeinen pflegt dasjenige in der Hand von Gewerbetreibenden, der Begrenzungen durch die hauptsächlich zu erbringenden Arbeiten und Dienste wegen, nicht in große Dimensionen auszuwachsen, was allerdings nicht ausschließt, daß das Verlangen nach noch mehr, zumal mit der stärkeren Kommerzialisierung des Geschäftsgebarens, auch in ihren Reihen um sich greift. Mehrheitlich setzen jedoch Konkurrenz und die Konjunkturschwankungen mit ihren geschäftlichen Flauten dafür Schranken. Die betrachteten Betriebsformen verkörpern soweit in der Tat die engste Verbindung von „Kapital und Arbeit" und wollen als solche gewürdigt sein.

Schwerer mag es halten, die sozialethische „Erlaubtheit" jener „Vermögensakkumulation" zu beurteilen, die nicht in Gewerbebetrieben, sondern zur Speisung besonders nach Kapital verlangender Großunternehmen, zumal solcher in der Hand anonymer Gesellschaften, Verwendung findet. Für unseren Untersuchungsgegenstand dürfen wir uns damit begnügen, augenscheinliche Unterschiede der Bedeutung des Privateigentums an den Produktionsgütern und den dafür benötigten Finanzmitteln je nach dem Gebrauch, den die Wirtschaftssubjekte davon machen und je nach seinem Umfang im Verhältnis zu den volkswirtschaftlichen Einsatzerfordernissen zu verzeichnen. Die Verknüpfungen lehren, daß sachgerechte Bewertungen wirtschaftlicher Phänomene oft mit der Methode des „einfachen" Entweder-Oder nicht, sondern nur unter Berücksichtigung der im einzelnen beteiligten Beweggründe und technischen Zweckmäßigkeiten zu gewinnen sind.

In die allgemeinen gesellschaftlich-kulturellen Bereiche stoßen wir mit der Beachtung der Hilfe des Privateigentums für die persönliche Entfaltung der Menschen und ihre „Sozialisierung", d. h. ihre möglichst orga-

[21] Ebenda, S. 43.

nische Eingliederung in die Gruppierungen und das Gesamtvolk vor. — Immerhin spielen spezifisch wirtschaftliche Belange mit: indem ja die Förderung der Persönlichkeit zumeist auch Hebung ihrer Leistungsfähigkeit für die Güterversorgung bedeutet. Gewerbetreibende, die mit der Genugtuung über den Aufbau eigener Unternehmen um der zu erbringenden Leistungen willen zu gesteigerter persönlicher Anstrengung ausholen, pflegen diese, wenn die Bedarfslagen es nahelegen oder empfehlen, mindestens zum Teil ebenfalls zur Verbesserung der Qualität und für den differenzierteren Zuschnitt ihrer Arbeiten einzusetzen. Im übrigen führt der Blick auf diese persönliche Entfaltungshilfe des Privateigentums auf die Ergründung des Mittelstandes und das Verhältnis dieses Begriffs zum Gewerbe zurück[22].

VII. Zur Verbindung mit dem Hausbesitz

Betriebe in unternehmungseigenen Liegenschaften bedeuten festere Verankerung an bestimmten Geschäftssitzen. Diese Verwurzelung an einem Standort, mit ihm dadurch zufallendem Kundenkreis, birgt aber erhöhte Verantwortung für die erzeugten und vermittelten Güter in sich. Seßhafte Produzenten und Händler dürfen es sich viel weniger als Herumziehende oder aus der Ferne Zuliefernde gestatten, ihre Abnehmer mit nicht völlig einwandfreier Ware zu bedienen. — Anderseits schützt der Hausbesitz davor, den einmal gewählten Standort und dessen mit mannigfacher Anstrengung geschaffene Anziehungskraft eines Tages wieder aufgeben zu müssen. Er entlastet damit die Betriebe nicht nur von etwaigen Umsiedlungskosten, sondern zugleich von der Gefahr, eines Teils des erlangten Firmenwertes verlustig zu gehen. Zudem eröffnet sich die Möglichkeit, die Werkstätten, Läden usw. auf längere Dauer hin anzulegen, Maschinen und feste Ausrüstungen einzubauen und dabei auf die Wahrung der Proportionalität zwischen den verschiedenen Elementen zu achten. Meistens verhelfen die Liegenschaften zu erleichterter Kreditbeschaffung, gelegentlich auch zu Vorteilen der Steuerveranlagung. Im übrigen erlaubt die Bindung an Miet- oder Geschäftshausbesitz in jenen häufigen Fällen, in denen der beschränkte Umfang oder die geringe Dichte des Marktes für sich allein keine genügende Grundlage für selbständige Berufsausübung bieten würde, dennoch einen Betrieb zu unterhalten.

So erweist sich das stark aufgeteilte und entsprechend verbreitete Eigentum an Boden und Gebäuden nicht nur als Ansporn zur Entfaltung der persönlichen Kräfte, sondern auch als ein Mittel zur Erhaltung eines anpassungsfähigen, selbst bei stark aufgesplitterter Nachfrage noch vielseitigen Angebots. Daher rührt das aktive Interesse für den Mieterschutz und das in einigen Ländern erhobene Begehren nach der Aufnahme neuer

[22] Vgl. S. 306 ff.

Rechtsinstitute von der Art des „fonds de commerce“ oder des „bail commerçial“[23]. Das erstere soll, gleichsam als Eigentumsersatz, die Betriebsinhaber vor dem Entzug der durch ihre Tätigkeit aufgewerteten Liegenschaften schützen, das zweite bei der Auflösung der Mietverhältnisse durch den Hausbesitzer wenigstens Ansprüche auf billige Entschädigung für inzwischen eingebaute Produktionseinrichtungen schaffen. — Umgekehrt erklärt die Verknüpfung aber auch die Bedenken gegen die staatliche Politik der Unterdrückung von Mietpreisanpassungen an die Teuerung. Wohl bringen solche Erhöhungen ebenfalls Mehrbelastungen für die Mieterbetriebe. Andererseits liegt es wohl weniger am Besitz von Renditenhäusern oder von Bauunternehmern auf spätere Veräußerung hin erstellter Neubauten als am Eigentum an den vom eigenen Betrieb belegten Gebäulichkeiten, wenn die Eingriffe dem Gewerbe ernstliche Schwierigkeiten bereiten können.

[23] Vgl. Gewerbliche Dokumentation, St. Gallen 1948, Nr. 1, S. 5 und 21, sowie 1951, Nr. 3, S. 24 ff.; Schweizerische Gewerbezeitung, Bern 1952, Nr. 43, S. 3; Bulletin d'Information de l'Institut d'Etude Economique et Sociale des Classes Moyennes, Bruxelles 1949, No. 8 und 11, sowie 1950, No. 3.

J. Das Arbeitsverhältnis im Gewerbe

I. Zur Arbeitsfreude und zu den Arbeitsbelastungen im allgemeinen

Im kapitalistischen Wirtschaftssystem hat man sich daran gewöhnt, das Arbeitsverhältnis, die Mithilfe in unselbständiger Stellung Erwerbstätiger in den Betrieben und Unternehmen hauptsächlich auf seine Belastungen hin zu beurteilen. Tatsächlich reicht aber seine Bedeutung gerade in unserem Untersuchungsgebiet wohl am offenkundigsten weit darüber hinaus. Wie der Einsatz der Kräfte grundsätzlich allen Menschen zur Deckung ihres Bedarfs nach Gütern der Außenwelt und darüber hinaus zur persönlichen Entfaltung verordnet ist, so bildet das Zusammenwirken mehrerer oder vieler Beschäftigter in den Betrieben auch einen Haupthebel der Eingliederung der einzelnen in die Gesamtgesellschaft. — Wir meinen den Wesenskern der Arbeit in der Gesamtheit aller menschlichen Anstrengungen zu erblicken, die — im Unterschied zum Spiel — ihren Sinn nicht in sich selbst finden, sondern entfernteren, hinausgerückten Zwecken dienen. Die Arbeitsverhältnisse sollen in erster Linie den Wohlstand fördern und die Individuen „sozialisieren". Kulturen, welche sie für breite Bevölkerungskreise zur drückenden Fron erniedrigen, laufen Gefahr, mit dem Leistungswillen auch vielerlei Gemeinschaft zu untergraben. Im übrigen brauchen die Arbeitsverhältnisse keineswegs unausweichlich Gesundheitsgefährdungen oder Verstöße gegen die Gerechtigkeit und die Gebote der Sittlichkeit zu verschulden. — Allerdings läßt sich nicht leugnen, daß namentlich der Frühkapitalismus schwere Mißstände heraufbeschwor[1], Entwicklungen, die zur Auflehnung dagegen herausforderten und der „sozialen Frage" ihre bis auf den heutigen Tag weltbewegende Virulenz verliehen. Bekanntlich mußten ursprünglich Hungerlöhne, der mangelnde Schutz vor Unfallrisiken und Überanstrengung in den Betrieben sowie überlange tägliche und wöchentliche Arbeitszeiten über kurz oder lang bösen Anstoß erregen. Dementsprechend suchten die entstehenden Gewerkschaften und die allmählich an Boden gewinnende staatliche Sozialpolitik zum Rechten zu sehen.

Mittlerweile ist es, zunächst einmal in den wirtschaftlich fortgeschrittenen Ländern, die Überlastungen und das Elend, den Mangel am Nötigsten, weitgehend zu beheben gelungen. Der Werdegang läßt sich

[1] *Herkner*, H.: Die Arbeiterfrage, Bd. I, S. 17 ff.

mit W. Rostow[2] dahin deuten, daß die westlichen Gesellschaften mit dem steigenden Wohlstand die Skala ihrer Werte zu verändern und der sozialen Sicherheit sowie der Freizeit zunehmend größeres Gewicht beizumessen begannen. — Indessen stellte es sich heraus, daß die Errungenschaften nicht alle Anliegen der unselbständig Arbeitenden erfüllten. Auf die Abschirmung gegen zu starke krankheits- und altersbedingte Einkünfteeinbußen hin meldeten sich erhöhte Ansprüche auf Möglichkeiten der eigenen Vermögensbildung, auf staatliche Förderung des Baus billiger Wohnungen, auf Mitbestimmung der Belegschaften in der Leitung der Betriebe und Unternehmen sowie Begehren nach besseren Bildungschancen zum Wort. Mit seinen frühen Untersuchungen zeigte H. de Man die folgenden, die Arbeitsfreude beeinträchtigenden oder völlig abwürgenden Behinderungen auf[3]:

„1. Arbeitstechnische Hemmungen:
   - a) aufgeteilte Verrichtungen
   - b) ständige Wiederholung der Verrichtungen, wegen
     - aa) Einförmigkeit der Arbeitsbewegung,
     - bb) oder Schmälerung der Fähigkeit zur Entfaltung persönlicher Initiative,
     - cc) Verringerung des Appells an die eigene Aufmerksamkeit,
     - dd) hypnotische Rhythmisierung,
   - c) ungünstige technische Betriebsumstände: Beengtheit am Platz, Lärm, schlechte Luft, schlechtes Licht, unausgeglichene Raumtemperatur

2. Innerbetriebliche soziale Hemmungen:
   - a) Unzufriedenheit mit den individuellen Arbeitsbedingungen
   - b) Ungerechtigkeit des Lohnberechnungssystems
   - c) Autokratische Betriebshierarchie

3. Außerbetriebliche soziale Hemmungen, wie Existenzunsicherheit, Gefühl der Abriegelung des sozialen Aufstiegs und der Herabdrückung in eine untere Klasse, wozu sich wohl noch unerfreuliche Familienverhältnisse oder der Eindruck der Isolierung gesellen[4].“

Ein jüngerer Autor, H. Dubreuil, hat für seinen Teil zunächst zwischen den allgemein-gesellschaftlichen und den individuell-persönlichen Voraussetzungen und den darin vorhandenen Mißständen unterschieden[5]. Den ersteren sind natürlich ungleiche wirtschaftliche und soziale Macht und das Gefühl des Ausgeliefert-Seins an Dritte und des Ausgebeutetwerdens durch diese, Unterschiede der Wirtschaftsgesinnung, verriegelter gesellschaftlicher Aufstieg, Erlebnisse des Klassenkampfes, Massen-

---

[2] *Rostow*, W.: Stadien wirtschaftlichen Wachstums, Göttingen 1967.

[3] *de Man*, H.: Der Kampf um die Arbeitsfreude, S. 150.

[4] *de Man*, H.: S. 280 ff.

[5] *Dubreuil*, H.: Le travail et la civilisation, S. 210 ff. Der Autor unterscheidet zwischen „Psychologie collective“ und „Différence de travail individuelle“.

instinkte usw. zuzurechnen. Als persönliche Quellen der Spannungen hebt der Autor die mangelnde Abstimmung der verlangten Leistungen auf die Eignung der Mitarbeiter, die fehlende persönliche Verbundenheit mit den ihnen aufgetragenen Verrichtungen hervor, die letztere davon herrührend, daß die Beschäftigung nicht den Neigungen entspreche oder die geistigen Kräfte ungenügend in Anspruch nehme oder einfach auf allgemeine Arbeitsunlust stoße. Weitere Ursachen bildeten nach Dubreuil die Einschränkung des Feldes für das freie Gestalten, die enge Bindung an Vorschriften und Befehle „von oben", Unzulänglichkeiten der Entlöhnungsanreize, die Unterbrechung der persönlichen Fühlung mit dem Arbeitgeber und den Arbeitsgenossen sowie das Ausbleiben der gebührenden Würdigung von Verdiensten. Ferner weist er auf das häufig gestörte Gleichgewicht zwischen den Anforderungen an die Werktätigen und der menschlichen Autorität der Vorgesetzten hin.

Das heutige Schrifttum spürt den Arbeitsmotivationen: den Beweggründen, welche den Einsatz der einzelnen Hilfskräfte in den Betrieben und damit das „Betriebsklima" bestimmen, noch einläßlicher nach. An die Maslow'sche Schichtung der menschlichen Grundbedürfnisse[6] anknüpfend, deckt es die Abhängigkeiten der Gesinnung der Beschäftigten außer von ihrer Herkunft, Erziehung und Schulung von der Entlöhnung, den sozialen Absicherungen bis zu den jeweiligen Umweltbedingungen hin auf. Die Beobachtungen bestätigen, daß die Einordnung der einzelnen Arbeitskräfte und ihrer Gruppierungen in die Betriebe eine nach wie vor problembehaftete bleibt und immer wieder aufmerksamer Betreuung bedarf. Ebenso verzeichnen moderne Soziologie und Betriebspsychologie eine ganze Reihe von Einflüssen auf die Arbeitsmoral, d. h. auf Arbeitsfreude und -eifer, mit dem Gegenstück des Arbeitsmißvergnügens. Zugleich bestätigen alle Ermittlungen die hervorragende Bedeutung der Beschäftigungsart.

Ein bezeichnendes (wenn auch umstrittenes) Beispiel der Bemühungen, zu Gesamtsystemen der Impulse vorzudringen, verkörpert das Herzbergsche Schema[7]. Darnach sind zwei Gruppen von Faktoren zu unterscheiden, wobei das Vorhandensein der einen, der sog. Motivatoren oder Satisfiers, die Arbeitszufriedenheit erhöht, während das Nicht-Vorhandensein der andern (der Hygienefaktoren oder Dissatisfiers) Arbeitsunzufriedenheit bewirkt. — Allerdings gilt es bei dieser Konzeption zu beachten, daß sie augenscheinlich nur einen Gegenwartsquerschnitt der gerade vorherrschenden Beurteilungen durch die Glieder der Belegschaft, ohne Berücksichtigung der „Erbmasse" aus der sozialgeschichtlichen Entwick-

---

[6] *Maslow,* A.: Personality and Motivation, New York 1954 (deutsch: Psychologie des Seins, München 1973).

[7] *Herzberg,* F. / *Mausner,* B. / *Snyderman,* B.: The Motivation to Work, 2. Auflage, New York 1967, S. 59 ff., besonders S. 81.

lung zeigen will. Zudem steht mit ihr nicht im Widerspruch, daß die Befunde die Anliegen rund um die erzielbaren Einkünfte als das Arbeitsverhältnis vorwiegend belastende und ohne dauerhaftere Wirkung einschätzen. — Es wäre verwunderlich geblieben, wenn sich gegen das Herzbergsche Schema nicht, zum Teil wieder aufgrund empirischer Erhebungen, mancherlei Einwände zum Worte gemeldet hätten. Unseres Erachtens steckt aber nur, oder vor allem, eine Einladung darin, den einschlägigen Bedingtheiten immer wieder von neuem nachzuspüren.

Im bisherigen Werdegang der Dinge machte die Entlöhnung über lange Zeit hinweg unzweifelhaft einen Hauptstreitpunkt der Arbeiterbewegung wider den „Kapitalismus" aus, und sie droht immer wieder einmal zu einem Konfliktstoff erster Ordnung aufzubrechen. Ebenso können aber die zugestandenen oder erkämpften Lohn- und Gehaltsaufbesserungen im einzelnen wie im ganzen die Schaffensfreude fördern. In beiden Richtungen spielen sowohl die Lohnsätze als die sich daraus ergebenden Monats- und Jahreseinkommen ihre Rolle. In der Regel liefern ja erst die letzteren die Hauptgrundlage der materiellen Lebensfristung. Für viele Beschäftigte war sie bekanntlich über Jahrhunderte eine schmale, oft allzu knappe[8].

Es braucht keine langen Ausführungen darüber, daß gedrückte Löhne wenig Raum für Gefühle der Verpflichtung für die aufgetragenen Verrichtungen und den Brotherren gegenüber belassen. Umgekehrt birgt die Anhebung der Entgelte mindestens die Möglichkeit von Verschiebungen der Stellenwerte für die verschiedenen Belange. In den Lohn- und Gehaltssätzen wird heute weitherum der Gradmesser der Einschätzung der Mitarbeiter durch die Vorgesetzten erblickt. Daraus erklärt sich die Erscheinung, daß Meinungsverschiedenheiten darüber nicht weniger tiefe Mißstimmungen wie die über die gebotenen Gesamteinkünfte heraufzubeschwören vermögen. Weitere gewichtige Probleme wirft die Art der Berechnung der Arbeitsentgelte, das Für und Wider um deren Form auf. Bekanntlich haben einige davon die Beschuldigung auf sich gezogen, „Schinderlöhne" und Hebel der willkürlichen Verkürzung der Entgeltansprüche zu sein[9].

Ursprünglich bestand einmal ein „atomistisches", völlig aufgesplittertes Arbeitskräfteangebot bei um einiges weniger aufgeteilter und gestreuter Nachfrage darnach. Dabei spielte das Überangebot der „industriellen Reservearmee", welche die Attraktion der heranwachsenden Fabriken im Wechsel mit den sich wiederholenden Kriseneinbrüchen

---

[8] Neben dem bereits zitierten H. Herkner: *Schneider*, L.: Der Arbeiterhaushalt im 18. und 19. Jahrhundert, Berlin 1967; *Ruehle*, A.: Illustrierte Kultur- und Sittengeschichte des Proletariats, 1. Bd., Berlin 1930; *Kulischer*, J.: Allgemeine Wirtschaftsgeschichte, Bd. 2, S. 102.

[9] *Herkner*, H.: Bd. 1, S. 147.

zeitigte, eine verhängnisvolle Rolle. Mittlerweise hat aber der Zusammenschluß der Lohnverdiener in den Gewerkschaften zu oligopolistischen Arbeitsmarktstrukturen geführt und den Gewerkschaften sind, durch deren Vorstöße herausgefordert, zunehmend Arbeitgeberverbände gegenübergetreten. Dazu fühlte sich der Staat als Hüter der Volksgemeinschaft zu steuernden Eingriffen bewogen. Eine Folge davon bildet der Hang, die Zahlungsbereitschaft der Unternehmer möglichst schon für die „Normallöhne und -gehälter" auszuschöpfen und die Lohnbemessung nach Anlage und Höhe zu einer öffentlichen Angelegenheit zu machen. Das mußte auch Neigungen zur „Nivellierung", zur Verminderung der Gefälle zwischen der Honorierung der tüchtigen und leistungswilligen Mitarbeiter und den schwächeren wecken. Entgegen über geraume Zeit verbreiteten Befürchtungen, daß die Belegschaften den Aufbau von Sicherungen gegen krankheits- und altersbedingte Einkünfteeinbußen meistens nicht gebührend zu schätzen wüßten, scheint in jüngerer Zeit der Sinn für deren Bedeutung doch an Boden zu gewinnen. Allerdings geschieht das auf dem Hintergrund der Arbeits- und Einkommenspolitik des modernen Wohlfahrtsstaates. In den letzten Jahrzehnten hat dieser umfassende Systeme von Pflichtversicherungen mit Beiträgen aus Steuermitteln gegen die Erkrankungs- und Unfallrisiken, die Gefährdung durch Arbeitslosigkeit, vorzeitigen Tod des Ernährers und Alter aufgebaut.

II. Arteigene Arbeitsverhältnisse im Gewerbe

1. Allgemeines

Welches Bild bieten die Arbeitsverhältnisse im Handwerk, in den gewerblichen Einzelhandels- und Dienstleistungsbetrieben? Kranken sie an denselben wirtschaftlichen und gesellschaftlichen Belastungen wie in vielen Industrie- und auf die Massenvermittlung von Waren ausgerichteten Unternehmen? Oder bieten sie den Boden dafür, daß sich die Mitarbeiter mit ihren Obliegenheiten stärker verbunden fühlen und befriedigendere Entlöhnung verzeichnen können? Tatsächlich bestehen bedeutende Unterschiede zum industriellen Bereich, die mit den durch das größere oder kleinere Format der jeweils beteiligten Menschen bedingten nicht identisch zu sein brauchen.

Wieder sind die typischen Erscheinungsformen zunächst unter der Voraussetzung rationalen und gesellschaftlich einwandfreien Verhaltens der führenden Köpfe und ihrer Hilfskräfte zu zeigen. Hernach heißt es noch einmal die Auswirkungen der persönlichen Schwächen der einen und andern mit in Rechnung zu stellen. Zumeist zog und zieht heute noch das kapitalistische Wirtschaftssystem das Gewerbe genügend in seinen Bann, um ihm ebenfalls die Vorwürfe des Sozialismus einzutragen, daß es seinerseits die Mitarbeit Unselbständigerwerbender zu ungebührlicher Mehrwerterzielung in die eigene Tasche auszuwerten trachte. In der Tat pflanzt sich in der Marktwirtschaft auftretender Druck auf das Angebot, bei aller Gliederung der Hilfskräfte nach Fachtüchtigkeit, Zugehörigkeit zu den verschiedenen Produktionszweigen, Betätigungsorten und Wohnsitzen, mehr oder weniger wellenförmig fort. Durch ihresgleichen und die Industrie oder die Großbetriebe des Handels konkurrenziert, fühlen sich die Handwerksmeister und frei tätigen Kaufleute nicht minder wie jene dazu gedrängt, Behinderungen durch höhere Lohnkosten zu vermeiden und den Mitbewerbern mit den niedrigsten Aufwendungen dafür nachzueifern. Ferner schließt es die Natur des Gewerbes nicht aus, daß Gesinnungsunterschiede zwischen den „Patrons“ und ihren „Gesellen“ oder „Angestellten“ Spannungen erzeugen, die nicht weniger als anderwärts zu klassenkämpferischen Kraftproben auswachsen können. So war schon auf früher häufige kollektive Arbeitskonflikte gerade in einigen Handwerkszweigen hinzuweisen. Es hieße die bisherige Entwicklung arg verzeichnen, mißachten oder leugnen zu wollen, daß Zeiten unbefriedigender Arbeitsbedingungen auch im Gewerbe nicht fehlten und namentlich Kriseneinbrüche da und dort Versuchungen zum Ausspielen stärkerer eigener Marktpositionen den in schwächeren befindlichen Bediensteten gegenüber nährten.

Dennoch bewahrt eine Reihe von Sachlagen für persönliche Beziehungen der Führung der Betriebe mit ihren Mitarbeitern Raum. Wenn die Ausrichtung ihrer Geschäftstätigkeit auf die Befriedigung differenzierter, oft betont individueller Versorgungsanliegen durch entsprechend abzuwandelnde Leistungen den Wesenskern des „Gewerblichen“ ausmacht, so heißt das, daß die Gehilfen bei der Erfüllung der Aufträge über die Planung und Mitarbeit des Meisters hinaus sich in der Ausführung fast immer irgendwie, manchmal erheblich, zu eigenem Mitgestalten aufgerufen sehen. Dazu gesellen sich die Effekte der meistens begrenzten Betriebsgröße, Zusammenhänge, die wir nun für das Handwerk und die übrigen Gewerbezweige getrennt weiter ergründen wollen.

2. Die Arbeitsverhältnisse im Handwerk

a) Arteigene Arbeiten

Die handwerkliche Arbeit bleibt eine anregendere als die Großzahl der in der Industrie und der Massenvermittlung von Waren zu erbringenden Verrichtungen. In der Regel rücken persönliche Anstrengung und damit zu erzielender Nutzen noch nicht weit auseinander. Manche Erzeugnisse — Produktiv- wie Konsumgüter — wachsen zwischen den Händen der Beschäftigtcn und unmittelbar vor ihren Augen heran. Namentlich im Bau- und Ausbaugewerbe sowie in der Möbelschreinerei, bei der Herstellung von Spezialgeräten, im graphischen Gewerbe wird das Sichtbare-Gestalt-Annehmen der Früchte des eigenen Einsatzes zu einer mitbestimmenden Kraft[10]. Für sie herrschen nicht so sehr die Erfordernisse der genauesten Mustertreue und starren Gleichmäßigkeit als Gebote der beweglichen Anpassung an immer wieder etwas oder ausgeprägt andere Umstände oder Bedürfnisse vor. Die Wertschöpfung äußert sich mehr als in den Mengen im besonderen Zuschnitt der zu erbringenden Leistungen. Häufig wollen diese durch vorgängiges fachkundiges Erwägen vorbereitet sein. Dieses fast ununterbrochen zuerst zurechtzulegende Erzeugen pflegt, wie wir sahen, nicht zuletzt im Rahmen der Reparatur- und Erneuerungsarbeiten die Verbindung beträchtlichen Fachwissens mit einem Schatz von Handfertigkeiten zu verlangen. Im großen Schnitt bedeutend öfter als anderwärts braucht es, einer modernen Redewendung gemäß, innovatorische und nicht nur repetitive Tätigkeiten.

Schon für die unteren Chargen gibt es für die Verrichtungen nur die „kleine Routine"; im übrigen herrscht der Wandel und Zwang zu deren fortgesetzter Abstimmung auf die jeweiligen Umstände und die Ansprüche der Kunden vor. Damit droht auch viel weniger Eintönigkeit: Selbst der Schustergehilfe muß weiterhin noch formen; er sieht sich nicht eines Tages als bloßer Lederklopfer oder -Ausschneider oder Bediener eines Automaten; der Monteur muß weiterhin Kopf- und Handfertigkeit zusammen gebrauchen; er läuft nicht Gefahr, sich auf die mehr oder weniger gedankenlose Wiederholung von Handgriffen und die mechanische Nachbildung von Musterstücken beschränkt zu sehen.

„Wie verräterisch ist immer noch die Sprache...! In all den Jahrtausenden, da der Mensch auf dieser Erde lebt, ist ihm niemals in den Sinn gekommen, hat niemals seine Sprache auch nur einen Hauch davon bekommen, daß er dem Werkzeug diene und nicht vielmehr dieses ihm. Seit kaum hundert Jahren aber hat diese ungeheure Revolution es erreicht, daß neun Zehntel aller Arbeit der Menschen darin besteht, das Werkzeug in dessen menschenfernster Form, im Automaten, also: eine Maschine zu bedienen. Hat jemals ein Bauer seinen Pflug, ein Schreiner seinen Hobel, ein Schmied seinen Hammer bedient[11]?"

Zum Wechsel der auszuführenden Verrichtungen kommt meistens ein zeitlicher der physischen und psychischen Arbeitsbelastung dazu. Damit kann die Beschäftigung eine anregendere, der Natur der meisten Men-

[10] Das alte Handwerk neigte nicht von ungefähr dazu, die durchgängige Werkerstellung vom Rohstoff bis zum Enderzeugnis, z. B. vom Eisenstück bis zum Türschloß oder Harnisch durch ein und denselben Fachmann zu verlangen. Dies geschah aus der Erwartung heraus, damit die größtmögliche Verbundenheit des Schaffenden mit seinen Leistungen zu erreichen. Vgl. *Sombart,* W.: Kapitalismus, Bd. 1.1, S. 194.

[11] *Häcker,* Th.: Vom Handwerkszeug und vom Automaten in der Maschine, in *Gatz,* K.: S. 53. Auch dazu gibt es allerdings widersprechende Tatbestände. U. a. weist K. Diehl in seinem Rückblick auf die früheren technischen Produktionsbedingungen darauf hin (S. 292/293). Dennoch gibt die Aussage Häckers doch wohl für weite Bereiche die Regel wieder.

schen gemäßere, mit viel stärkeren Impulsen zur inneren Beteiligung daran, bleiben. Das trifft für die Bäckereigehilfen und die „Metzgerburschen“, für die Schuster wie für die Möbel- und Bauschreiner, den Zimmermann, den Spengler und Installateur, den Schlosser usw. zu. Dasselbe Bild bieten die Maurer, mit ihren Polieren, des Hoch- und die Mineure des Tiefbaus.

„In den Kleinbetrieben hängt Sein oder Nichtsein oft von der Frage ab, wie tüchtig die wenigen Arbeiter sind, wie sie zur Arbeit und vor allem, wie sie zum Meister stehen. Ich sage bewußt ‚zum Meister stehen‘, d. h. mit ihm arbeiten, seine Interessen wahren[12].“

Damit wird ihnen auch eine höhere Wertschätzung von seiten der Arbeitgeber zuteil. Wer gäbe sich namentlich über die Bedeutung des Bauführers, des Chefmonteurs, aber ebenfalls über die ihrer zuverlässigen qualifizierten Gehilfen für die Güte und wirtschaftliche Ausführung der Aufträge nicht Rechenschaft!

Allerdings mußte das Handwerk, um der größeren Produktivität willen, seinerseits auf die Zerlegung der Nutzleistungen für die Kunden in Teilarbeiten einschwenken. Doch erweist sich das nur in begrenztem Umfang möglich. Meistens bleibt die örtliche und zeitliche Aufgliederung stärker, m. a. W. der Einsatz der Hilfskräfte einzeln oder in Gruppen an mehreren Orten und mitunter sogar innerhalb der Tage ein wechselnder. Das hat Erschwerungen der Aufsicht über die plangerechte Besorgung der Arbeiten und damit Unausweichlichkeiten zur Folge, der Tüchtigkeit und Gewissenhaftigkeit der Mitarbeiter, ihr Schaffen bestmöglichst auf die jeweiligen Bedürfnisse hin anzulegen, zu vertrauen. — Ebenso sieht sich das heutige Handwerk seinerseits zur Verwendung von Maschinen und anderer technischer Ausrüstungen, von einem Trend zur Vergrößerung der Betriebe begleitet, gedrängt. Dieser Mechanisierung und Expansion wohnt stets ein Hang zur Nutzbarmachung der — unvermeidlich einförmigeren — Serienfertigung und damit ein Zug inne, den Bedienungsmannschaften doch einiges an bloßer Wiederholung einfacherer Handgriffe zuzuschieben. Wir berührten schon die starke Technisierung des Bauens, die mancherorts fortan mit dem Einsatz lediglich angelernter oder gar ungelernter Leute auszukommen erlaubt. Indessen wissen wir nicht weniger darüber Bescheid, daß in seinen Bereichen nach wie vor manche Leistungen, und zwar gerade die für die Zweckdienlichkeit der Gesamtbauwerke entscheidenden, vorwiegend nach Maß, nicht selten in Einzelausführung, erbracht werden wollen[13]. Für die Ausbaugewerbe gilt dies in womöglich noch höherem Grade. Zwar gewährt auch das Handwerk dem Mitarbeiter nicht völlige Gestaltungsfreiheit, sondern er hat sich an die Anweisungen und Absichten seines Meisters zu halten. Doch empfiehlt es sich für diesen, tüchtige Ge-

[12] *Huggel,* P.: S. 44.

[13] Vgl. oben, S. 181 ff.

hilfen bei der Planung nicht alltäglicher Arbeiten mit zu Rate zu ziehen und ihnen für deren Ausführung, nicht zuletzt zur eigenen Entlastung, Ermessensspielräume zu belassen. — Eher mag die Einschaltung von Zwischenmeistern und Vorarbeitern die Einblicke der ausführenden Gehilfen in den Sinn des Betriebsgeschehens beeinträchtigen. Am Ende verstärken ebenfalls die Anläufe, die Taktarbeit auszuwerten, diese Risiken. Dennoch können auf menschliche Fühlung mit ihren Mitarbeitern bedachte Leiter von Betrieben begrenzten Umfangs diese Lücken noch einigermaßen überbrücken[14].

b) *Andere Arbeitszeitbedingtheiten als in der Industrie*

Die Kehrseite der erforderlichen Abwandlungsfähigkeit der handwerklichen Arbeiten muß ein anderes Verhältnis zur Arbeitszeit als in der Industrie bilden. In der großserienmäßigen und eigentlichen Massenfabrikation herrscht der Drang zur Beschleunigung vor. Da und dort gilt die Zeitersparnis geradezu als Maßstab des Vordringens zu rationalisierten Verfahren. Diesem Bestreben kann sich auch das Handwerk nicht entziehen. In der Tat hat sich in jüngerer Zeit vielerorts eine beträchtliche Steigerung des Arbeitstempos Bahn gebrochen. Dennoch bleiben seiner Anspannung zumeist engere Grenzen als in der großserienmäßigen Fertigung gesteckt, es wäre denn, daß sich Betriebe mehr auf diese verlegten und damit zur industriellen Produktion hinüberwechselten. Wo es differenzierten Bedürfnissen zu genügen gilt und diese immer wieder neu erwogene Verrichtungen erheischen, lassen sich nicht entfernt jene Beschleunigungen ihres Vollzuges wie bei der durchmechanisierten oder automatisierten am Fließband oder dergleichen erreichen. Das zeigt sich besonders deutlich in den betonten Gestaltungsaufgaben der schöpferisch tätigen Handwerker, die höher gespannte Ansprüche von Kennern und Liebhabern erfüllen sollen. Diese müssen erst recht in Muße am Werke sein können. Im übrigen hat ausgerechnet zu einem heute als herabgedrückt eingeschätzten handwerklichen Beruf ein Künstler wie A. Rodin den Hinweis beigetragen: „Bei gewissen alten Schustern habe ich gemerkt, daß das Handwerk ihnen Wonnen gewährte, die genau die Wonnen des Bildhauers sind[15].“ Zudem gesellt sich dem Wech-

[14] Auch H. de Man (Der Kampf um die Arbeitsfreude, S. 153) ist der besondere Charakter der Arbeitsbedingungen im Handwerk nicht entgangen: „Die handwerksmäßig-schöpferische Form des Aufbautriebes ist die historische Urform ... Hier ist die Einheit von Produktionsziel, Produktionsmethode und Produktionstätigkeit vollkommen. Plan und Ausführung sind eins, und zwar in einem doppelten Sinn: der Handwerker fängt die Arbeit nach einem von ihm selbst erdachten Plan an, und im Laufe der Ausführung bestimmt und modifiziert die Ausführung den weiteren Plan. Das Werkzeug verlängert die Hand, und die Hand selber ist wie ein Anhängsel des disponierenden Hirns ... Jede Arbeit ist vom Gesichtspunkt des in ihr zum Ausdruck kommenden individuellen Wollens eine in sich vollendete Schöpfung ... Das geistige Element der Arbeitsfreude geht ganz im Triebhaften auf.“

[15] *Giono*, J.: Das Handwerk des Schuhmachers, in: *Gatz*, K.: S. 233.

sel der auszuführenden Verrichtungen im Gewerbe meistens noch der erwähnte der physischen und psychischen Arbeitsbelastung bei. Wenn bestimmte Phasen der Leistungserbringung besonders starke verlangen können, pflegen auf solche mehr als anderwärts wieder solche geringerer Beanspruchung zu folgen.

Diese Zusammenhänge werfen, weil in der Öffentlichkeit verbreitete Leitbilder meistens keine größeren Gefälle zwischen den vorgeschriebenen Höchstarbeitszeiten in der Industrie und denjenigen im Handwerk erlauben, für die Gewerbe- wie für die Sozialpolitik schwerwiegende Probleme auf.

c) Bessere Überblickbarkeit der kleineren Betriebe und engere persönliche Fühlung

Zudem gewähren die engeren Grenzen, welche die gewerbliche Ausrichtung für die Vergrößerung der Betriebe und die Zerlegung der Fertigungsabläufe zieht, unmittelbarere Einblicke in die geschäftlichen Möglichkeiten und Probleme des Chefs des Hauses. Der Mittätige erfährt es gleichsam noch am eigenen Leibe, was die marktwirtschaftliche Umwelt von ihm verlangt, aber auch, was seine Dienste für das Ganze bedeuten. Zugleich bleibt er Zeuge der tatsächlichen persönlichen Einsätze seines Meisters und Patrons. Wo sich dieser noch bei der praktischen Erbringung der Nutzleistungen maßgebend beteiligt, gesellt sich das Erlebnis der engen Arbeitsgemeinschaft dazu. Vielleicht gibt es überhaupt keine günstigeren Gelegenheiten als das Mit- und Nebeneinander im beruflichen Alltag, um mit dem, was erarbeitet werden will, so etwas wie eine innere Vertrautheit zu gewinnen. Man erlebt gemeinsam, auf was es ankommt. Damit können sich Arbeitgeber und Arbeitnehmer am besten kennen und schätzen lernen. Früher konnte die verbreitete Hausgemeinschaft die Betriebsinhaber und ihre Gehilfen, vom Lehrling aufwärts, noch näher zusammenführen[16]. Im Zuge des Wandels der gesellschaftlichen Strukturen und der Verkehrserleichterungen verliert indessen diese engste Verbindung, die freilich manchmal auch Schattenseiten zeigte, fortschreitend an Boden.

Im ganzen erschließt die gewahrte Überschaubarkeit der Wirtschaftseinheiten auch den Mitbeschäftigten wesentliche Vorteile. Aus der freieren Gestaltbarkeit der ihnen zuzuweisenden Verrichtungen und der näheren Bekanntschaft des Patrons mit dem Mitarbeiter erwächst die Chance, die zu besorgenden Obliegenheiten nach den vorhandenen Fähigkeiten zu verteilen. Wenn die moderne Arbeitsphysiologie die Wünschbarkeit, sowohl Unterbelastungen und damit Langeweile, als

[16] Die Hausgemeinschaft äußerte sich in der Übung, den Mitarbeitern Verpflegung und Unterkunft im eigenen Hause, im Schoße der Familie des Patrons, und den patriarchalisch beeinflußten „großen Lohn" zu bieten.

Überforderungen zu vermeiden betont, so finden sich im Handwerk die günstigsten Voraussetzungen dafür. Nicht zuletzt läßt sich auf die Ausnützung von Gelegenheiten zur persönlichen Weiterentfaltung guter Leute achten. Im Zusammenwirken der Kräfte innerhalb kleinerer Betriebe bleibt wenig Platz für hohle Autorität. Der Gebieter wird nur mit eigener Bewährung und wohlwollender Aufmerksamkeit für seine Bediensteten deren rückhaltlose Beteiligung an den auszuführenden Arbeiten gewinnen. Im Vollbesitz seiner Regsamkeit und seiner Fähigkeiten pflegt es dieser nicht nötig zu haben, sich auf das „hohe Roß" zu setzen und büßt er auch nicht an Ansehen ein, wenn er zur besseren Meisterung fachlicher Probleme den Erfahrungsschatz berufsverbundener Mitglieder seiner Belegschaft mit zu Rate zu ziehen weiß.

„Es kommt entscheidend auf das Bewußtsein der sozialen Partnerschaft an. Wer als Sozius auf dem Motorrad mitfährt, ist auf Gedeih und Verderb mit dem Fahrer verbunden. Er anvertraut sich seiner Führung. Er muß sich mit in die Kurve legen, wenn das Rennen gewonnen werden soll. Er kann den Fahrer aber auch durch verkehrswidriges Verhalten von hintenher gefährden und beide verunglücken lassen. Seien wir uns dieses gegenseitigen Abhängigkeitsverhältnisses bewußt. Dabei liegt allerdings die größere Verantwortung bei dem, der vorne sitzt. Er steuert, gibt Gas und bremst.

Wenn hier vom gegenseitigen Abhängigkeitsverhältnis der Sozialpartner die Rede ist, sei damit keineswegs die sogenannte ‚weiche Welle' propagiert, daß der Chef es nicht mehr wagen darf, eine schlechte Arbeit beim Namen zu nennen, hohe Qualitätsanforderungen zu stellen oder einen Faulenzer, Quertreiber oder sonstigen Störenfried zu entlassen.

Wir haben in den letzten elf Jahren bei rund 900 Handwerksgesellen in Lehrmeisterkursen gefragt, ob sie die ‚weiche Welle' bevorzugen oder eine straffe Führung mit klaren Anweisungen, hohen Qualitätsanforderungen, eindeutige Verantwortlichkeiten. Einstimmiger Wunsch: Streng, aber gerecht[17]!"

Gemeinschaftserlebnis und Vorbild erfahren eine weitere Vertiefung, wenn Herkunft und Gesinnung der Leitung und ihrer Mitarbeiter, wie es häufig der Fall ist, nicht stark voneinander abweichen. Wahrscheinlich vermag derlei Partnerschaft die Arbeitsmoral und das „Betriebsklima" nachhaltiger zu fördern, als das institutionalisierte Mitbestimmungsrechte unter Beizug auswärtiger Stellen je zu leisten imstande sein werden.

Schließlich gewähren die Vielfalt der zu erbringenden Arbeiten und der meistens beschränkte Umfang der Betriebe weniger Platz als in den industriellen und großen der Massenvermittlung von Waren für informelle Gruppen, deren Mitglieder sich über kurz oder lang als vom Arbeitgeber nur noch begrenzt ansprechbar erweisen[18]. Zwar bleibt das

---

[17] *Hutt*, S.: Das gute Betriebsklima und seine Förderung in: Internationales Gewerbearchiv, 14. Jg. / 1966, Heft 3, S. 97 ff.

[18] Dieser Vorzug schwindet natürlich dahin, wenn z. B. Betriebe des Baugewerbes ihrerseits in grose Dimensionen hineinwachsen und sich stärker der serienmäßigen Fertigung zuwenden.

Entstehen von Spannungen zwischen Selbständig- und Unselbständigerwerbenden wahrscheinlich unvermeidlich[19]. Um so mehr gewinnt die Aufgabe des „Chefs" an Gewicht, sich durch seine Tüchtigkeit, Leistungsbereitschaft für sein Unternehmen und die einzelnen Arbeitsaufträge und ebenso durch sein persönliches Verhalten als Vorbild und Vermittler zu bestätigen. Nicht von ungefähr wurde auch schon darauf hingewiesen, daß die persönliche Nähe der Arbeitgeber und -nehmer im Handwerk wohl eine ganz große Chance, aber zugleich ein nicht minder großes Risiko bedeute[20]. Wie sie dort, wo tüchtige Kräfte guten Willens zusammenspannen, die Leistungsfähigkeiten zu steigern und die Personen zu fördern vermag, schlagen sich Schwächen und Charaktermängel noch stärker als anderwärts in beeinträchtigter Arbeitsfreude und kaum mehr behebbaren Verärgerungen — „Frustrierungen" — nieder. Sowohl Reste früherer ständischer Voreingenommenheiten als heutige Hinwendung zu „dynamischem Geschäftsstil" verleiten Gewerbetreibende immer wieder dazu, zu wenig auf die Auswertung der organisatorischen Grundlagen zur Schaffung und Pflege von Vertrauensbeziehungen zur Belegschaft oder zum mindesten zu den besonders qualifizierten Mitarbeitern zu achten. Jedenfalls will es nicht zum idealtypischen Bild des Handwerks und des gewerblich ausgerichteten Handels passen, wenn es Trägern des einen oder anderen einer Nachrede wegen, kein guter Arbeitgeber zu sein, noch schwerer als den Großunternehmern der Industrie und des Handels fällt, anspruchsvollere Kräfte anzuziehen und für längere Dauer bei sich zu halten. In den letzten Hochkonjunkturjahren machten ebenfalls überbeschäftigungsbedingte Leistungsabfälle und neue Argwohne gegen die „Brotherren" von sich reden. Das mindert jedoch die Aufgabe vorab der Arbeitgeber nicht, das Bestmögliche zur Abtragung der Spannungen zu tun. Dabei bleibt dem Handwerk eigen, am meisten Aussichten auf engere Arbeitsgemeinschaft zu erschließen.

Zudem dürfte ihm die erneute Öffnung oder Erleichterung der klassischen Laufbahn: Lehrzeit — Gesellentum — Meisterschaft zugute kommen. Offenkundig reicht die Gegenüberstellung von autoritärer und kollegialer Personalpolitik mit ihren Weiterungen in unserem Untersuchungsgebiet nicht aus. Unter anderem mangelt es nicht an Betriebsinhabern, die sich zwar äußerlich sehr entschieden gebärden und nicht durch sorgfältig abgewogene Ausdrucksweise auszeichnen, von denen jedoch die Mitarbieter viel Bereitschaft, Vertrauen zu schenken, und Ansporne zur weiteren Ertüchtigung erfahren. Offensichtlich hängt

[19] Siehe, auf jüngste Entwicklungen bezogen, *Schmid*, P.: Verlorener Sinn der Arbeit, in: Neue Zürcher Zeitung, 196. Jg. / 1974, *Atteslander*, P.: Leistungsdruck und Leistungsverweigerung, in: Neue Zürcher Zeitung, 196. Jg. / 1974, Nr. 360 vom 6. August 1974.

[20] *Walter*, W.: Das gute Betriebsklima und seine Förderung, in: *Schweizerisches Institut für gewerbliche Wirtschaft* (Hrsg.): Betriebsorganisation im metallverarbeitenden Gewerbe, im Mskr., St. Gallen 1965, S. 9.

sehr viel von deren persönlichem Format und guter Menschenkenntnis ab. Damit bieten sich aber bedeutende Möglichkeiten der „Indoktrination" und „Motivation" der Mitarbeiter, zumal bei bewußter Vorsorge für ununterbrochene Information. Meistens können sich sowohl die fachlichen und geschäftlichen Absichten als die Gebote des persönlichen und sozialen Ausgleichs auf viel kürzeren Anordnungs- und Mitteilungswegen und mit weniger Nötigung zu schriftlichen Anweisungen als in der Industrie Nachachtung verschaffen. Endlich bleiben auch die Beziehungen der Mitarbeiter untereinander unmittelbarere und einfachere. Wohl machen sich Unverträglichkeiten, Aggressionstriebe, Dominationsgelüste und Mißgunst wie anderwärts geltend. Doch erlaubt die größere Nähe des Meisters, viel wirksamer als ein Industrieunternehmer es je tun könnte, zum Rechten zu sehen. Endlich birgt die Vielzahl der vorhandenen Betriebe und Unternehmen, mit den damit verbundenen Möglichkeiten, diese zu wechseln, mehr Schutz gegen Launenhaftigkeiten, Willkür und üble Gesinnung.

d) *Zumeist geringere Gefälle der sozialen Stellung als in der Industrie*

Der flüchtige Hinweis auf die meistens nicht allzu unterschiedliche gesellschaftliche Herkunft der Meister und ihrer Mitarbeiter bedarf noch einer Verdeutlichung. Mit der Hebung breiter Arbeiterschichten hat sich das Gefälle vom „Mittelstand" zu ihnen selbst dort, wo die Betriebsinhaber und Geschäftsleiter dem letzteren entstammen, stark verringert. Die Lebens- und persönlichen Entfaltungsmöglichkeiten klaffen nicht mehr weit auseinander und brauchen deshalb nicht länger ernsten Konfliktstoff zu bergen. In der Regel verfügen die wenigsten freierwerbenden Handwerker über so reichliche Mittel und finanzielle Beistände, daß ihnen — wie es die Ausbeutungslehre behauptet — längeres Zuwarten mit der Nachfrage nach Arbeit einem dringenden Angebot gegenüber, und dadurch Lohndruck möglich wäre. Meistens fühlen sie sich für ihren Teil, zur Vorsorge für gute Beschäftigung gedrängt, bald einmal auf die Mitarbeit ihrer Gehilfen angewiesen. Möglichkeiten, deren Lohn- und Absicherungsansprüchen durch die Verwendung von Maschinen auszuweichen, bestehen nur begrenzt. Schwergewichtig pflegt die Abstützung auf die Dienste gut ausgebildeter Mitarbeiter zu bleiben. — Allerdings können Kriseneinbrüche und längere Depressionsperioden doch einige Verschlechterungen der Marktstellung der Arbeitnehmer verschulden. Die älteren Jahrgänge erinnern sich, daß die Lähmung der Wirtschaft von 1929 bis 1936 da und dort, zumal in den großen Bevölkerungsagglomerationen, sowie in den entlegeneren Gebieten, noch einmal krasse Unterentlöhnung zeitigte. Für die Nachhaltigkeit des Drucks zeugte u. a., daß Gewerbetreibende, die selbst der Lohnarbeiterschaft entstammten und ehedem rührige Gewerkschaftsmitglieder waren, bisweilen die größte Härte an den Tag legten. Umgekehrt hat die inflatorisch angeheizte Überbeschäftigung der letzten Jahre eine „Lohndrift“, d. h. einen Anstieg der bewilligten Entgelte über die gesamtarbeitsvertraglichen Normwerte hinaus gezeitigt, die über kurz oder lang schmerzlichen Korrekturen rufen mußte. Nicht selten sind die Lohn- und Sozialzulagenkosten im Gewerbe wesentlich über das hinaus angestiegen, was die Arbeitgeber selbst aus ihren Betrieben beziehen konnten. Trotz der vorhandenen Kammerung der Arbeitsmärkte dichten die Scheidewände nicht so ab, daß sich Lohnauftrieb oder Lohndruck nicht von den einen auf die andern fortzupflanzen vermöchten. Sogar auf dem Hintergrund des noch von F. Marbach angenommenen „Produktionsmittelmonopols“[21] der Arbeitgeberschaft und eines struktur- wie entwicklungsbedingten Überhangs der „Masse jener, die ihre persönliche Schaffenskraft zum — sofortigen — Einsatz feilzubieten haben“, ist nicht zu übersehen, daß in der Verknappung der greifbaren Hilfskräfte längerer Hochkonjunkturen starke Anreize stecken, solche um jeden Preis anzuziehen. Die Folge können Überteuerungen der zu erbringenden Leistungen und Rückschläge in die Arbeitslosigkeit sein. Deshalb wird es von großer volkswirtschaftlicher und sozialer Bedeutung, ob sich die Unternehmer und die von ihnen Beschäftigten zueinander lediglich nach den Marktimpulsen des Augenblicks verhalten oder aber, von eigenem Weitblick und menschlich-persönlichen Rücksichten mit geleitet, die Schwankungen zwischen Aufschwung und Flaute schon von ihrer Seite nach Möglichkeit einzudämmen trachten. Dazu bietet das arteigene Zusammen-Werken, namentlich im Handwerk und in einigen Dienstleistungszweigen, günstige Vorbedingungen.

e) *Lohnformen im Handwerk*

Die Vergütungen an die Lehrlinge darf man nur sehr beschränkt als „Preis der Arbeit“ verstehen. Da deren Betreuung den sie gewissenhaft ausbildenden Betrieben in den ersten Jahren Belastungen einträgt und der Vorrang ihrer bestmöglichen Förderung gebührt, war dem Lehrlingslohn bis vor kurzem der Sinn einer bescheidenen Ermunterungsprämie oder eines Taschengeldes zugedacht. In den letzten Jahren ist indessen, in Anbetracht der leichten Verdienstgelegenheiten für nach der Elementarschule sofort ins Erwerbsleben übertretende junge Leute und ihrer verhältnismäßig weniger häufigen Wahl eines vorgängige Vorbereitung darauf erheischenden Berufes, eine Erhöhung der Ansätze erfolgt.

Die eigentliche Entlöhnung steht ganz im Banne der besonderen zu erbringenden Arbeiten. Während die Industrie in großem Umfang vom Akkordlohn Gebrauch macht und zusätzliche Leistungsansporne durch die Ausrichtung von Prämien auszulösen sucht, drückt der Betätigung

---

[21] *Marbach,* F.: Mittelstand, S. 239 ff. und: Zur Frage der wirtschaftlichen Staatsintervention, Bern 1951, S. 156.

im Handwerk in der Regel der Zeitlohn den Stempel auf. Mit den Erfordernissen, die Verrichtungen abzuwandeln und unterschiedlichen Versorgungsanliegen gemäß immer wieder anders auszuführen, darf das Schaffen nicht zu sehr unter Zeitdruck geraten. Dem Schutz vor Trägheit und Bummelei hat hier die Auslese der einzusetzenden Kräfte, ihre Einzelüberwachung und die Eingliederung in straff geleitete Untergruppen zu dienen. So konnten sich die Hauptzweige des schweizerischen Bau- und Ausbaugewerbes in den Gesamtarbeitsverträgen mit den Gewerkschaften zu Verboten der Akkordentlöhnung verständigen. Allerdings ist die Regelung heute insoweit durchbrochen, als die Baurationalisierung auf dem Hintergrund von zeitweiligen Nachfrageüberhängen ein heimliches Arbeiten im Rahmen eigens dafür gebildeter Akkordgruppen zeitigte. Indessen sollen an deren, bald an diese, bald an jene Unternehmer verdingten Leistungen vielfach keine höheren Qualitätsansprüche gestellt werden können. Ebenso scheint der Akkordlohn in jüngerer Zeit im Einbau von Küchen, Badezimmern, Wäschereianlagen, in neuen Serien-Wohnhäusern an Boden gewonnen zu haben. Auch für diese Fälle scheint aber die Vermutung berechtigt, daß es dabei bereits stark um Standardausführungen und nicht mehr differenzierte, besondere Qualitäten anstrebende, gehen wird.

Die Entwicklungen ändern wenig am Grundsachverhalt, daß einzeln zu überdenkende Handwerksarbeit meistens die Honorierung im Zeitlohn nahelegt. Zum Idealbild gehört ja die Vertrauensbeziehung zwischen „Meister“ und „Geselle“, die sowohl auf hingebenden als fachtüchtigen Bemühungen, mit wenig Sporendruck von der Einzelbemessung der Entgelte her, beruht. Auf das geringere Hilfskräfteangebot und deren Aufwertung hin vermochte sich diese Ausrichtung, in der Gestalt der Überführung des Wochen- und Zweiwochenlohnes in Monatslohnverhältnisse, noch zu verstärken. Die neue Übung, vielleicht noch durch den dreizehnten Monatslohn am Ende des Jahres ergänzt, möchte vollends den Ehrgeiz der Mittätigen anregen, sich durch Zuverlässigkeit und Bessermachen des verliehenen höheren Rangs würdig zu erweisen. Wo zudem, wie etwa beim ländlichen Bäckerei- und Metzgereigewerbe, die frühere Hausgemeinschaft nachwirkt, läuft die Weiterentwicklung in ähnlichem Sinne.

Es entspricht dieser Linie, daß sich im Handwerk bisher, mit Einschluß des Baugewerbes, nur begrenzte Anwendungen von Prämienlohnsystemen finden. Offenbar fällt es bei der Veränderlichkeit der zu erbringenden Verrichtungen schwer, solche Systeme überhaupt zweckgemäß und zugleich gerecht anzulegen. Zudem zielen die Prämienzusagen wieder auf die Beschleunigung der verlangten, vorgängig aufzuspaltenden und zu standardisierenden Operationen ab. Es bleibt aber dabei, daß es diese mit immer wieder etwas oder ausgeprägt anderem Werkschaffen nur begrenzt zu vereinbaren gelingt. Gewiß ist seit Jahrzehnten eine starke Mechanisierung auch des Handwerks im Gange; ferner wenden sich nicht wenige Unternehmer der Serienfertigung zu. Für manche Teilarbeiten bestimmen schon die technischen Ausrüstungen Schrittmaß und Schnelligkeit. Mit der Nutzbarmachung von Maschinenarbeit entsteht ebenfalls in diesem Bereich doch etwelcher Raum für die Leistungsentlöhnung im engen Wortsinne. — Im Ganzen zielen aber die Reformen im Handwerk mehr auf Verfeinerungen des Zeitlohns, etwa über die Arbeitsplatz- oder Aufgabenbewertung, als auf Beschleunigungsanreize für die Verrichtungsvollzüge ab. Allerdings mag die Praxis gegen die Chargenbewertung ins Feld führen, daß sie die Besoldung der Kader schon ohne umfangreiche Aufschriebe und langes Zusammenzählen von Punkten nach der Bedeutung ihrer Einsätze für die Geschäftsabschlüsse abzustufen wisse. Ferner versperrt den kleineren Unternehmen oft das Gebot des „Verwaltungsminimums" den Weg. Mittlerweile ebnen aber der ohnehin nötige Ausbau des innerbetrieblichen Rapportwesens und die automatisierte Datenverarbeitung die Bahn dafür. Ähnlich verrät die Bemessung der Entgelte für Spezialdienste wie die der Motorfahrzeuglenker, Trax- und Kranführer, Maschinenparkbetreuer, Anfänge einer Arbeitsplatzeinschätzung.

Als Gegenstück zur nur beschränkten Auswertbarkeit von Prämiensystemen könnte das Handwerk größere Möglichkeiten für ansprechende Erfolgs- oder Gewinnbeteiligungen bieten. Wo Meister und gelernte Gehilfen noch miteinander werken oder sich doch persönlich kennen und der kleinere Umfang der Betriebe nähere Einblicke in den Gang der Geschäfte gewährt, wird es am ehesten denkbar, die fest vereinbarten Löhne durch Ausschüttungen aus den erzielten Erlösen oder Gewinnen zu ergänzen. Allerdings verlangt deren Berechnung, wenn sie das gegenseitige Vertrauen und die Betriebstreue stärken soll, einwandfreie Betriebsbuchhaltungen und ebenso unanzweifelbare Nachkalkulationen mit der Übereinkunft, daß den Beschäftigten oder wenigstens ihren Vertrauensleuten innert nützlicher Frist Einblick in sie zu gewähren sei. Daran gebricht es aber in der gewerblichen Wirtschaftspraxis noch allzu oft, während man das erhoffte tiefere Erlebnis der Arbeitsgemeinschaft nur von Auszahlungen in kürzeren Abständen erwarten darf. Nebenher regen sich im Handwerk wie anderwärts immer noch Widerstreben, die Mitarbeiter zu Teilhabern an den Unternehmen zu machen, durch bisherige Alltagserfahrungen bestärkt, daß sich diese selbst weit überwiegend mehr um die regelmäßigen Zahltage als um begrenzte spätere Nachzahlungen kümmerten. Immerhin mehren sich in jüngster Zeit Beispiele dafür, daß wagemutige handwerkliche Arbeitgeber, ebenfalls in der Geschäftsführung unternehmerisch aktiv, mit dieser Betonung der Schicksalsverbundenheit das Gefühl der Mitverantwortung zu fördern und damit das Betriebsklima zu verbessern trachten.

Bereits seit langem zahlen auch Handwerksmeister geschätzten Mitarbeitern am Jahresende oder bei besonderen Anlässen frei bemessene Gratifikationen aus. Allerdings haben die Gerichte einiger Länder, mitunter sogar die einschlägigen Gesetze, den Empfängern solcher Zusatzleistungen bei deren einigermaßen regelmäßiger Zuweisung, damit natürlich die erstrebten Leistungsermunterungen wieder abschwächend, Rechtsansprüche darauf zuzugestehen begonnen. In der Schweiz ist daraus letztlich der erwähnte dreizehnte Monatslohn entstanden.

f) Die soziale Sicherheit im Handwerk

An einigen Verzügen scheint das Arbeitsverhältnis im Handwerk in der Absicherung der Mitarbeiter gegen Einkünfteeinbußen durch Unfälle, Krankheit, Alter und für die Familienangehörigen den vorzeitigen Tod des Ernährers zu leiden. Zum mindesten stellt das E. Reigrotzki für alle kleineren Unternehmen im deutschen Sprachraum fest[22]. Für die Länder des lateinischen und angelsächsischen Kulturbereichs dürfte das wohl noch stärker zutreffen. Die Schuld daran liegt augenscheinlich an mehreren Gründen. Ein namhafter dürfte in der häufig schwächeren und weniger beständigen Ertragslage als in den größeren Wirtschaftseinheiten stecken. Breite Kreise des Gewerbes fanden sich bisher wenig bereit, Belastungen in Kauf zu nehmen, die unversehens zu drückenden auszuwachsen geeignet wären, ohne bald einmal auch höhere Erträge zu erschließen. Ebenso lebendig bleibt die Befürchtung von Beeinträchtigungen im Wettbewerb mit wenig verantwortungsbewußten Mitbewerbern. Zudem hielt eine lange geglaubte Doktrin dafür, daß die Absicherung der Selbstständigerwerbenden gegen die Mißgeschicke und Fährnisse des persönlichen Daseins durch angemessene Erlöse aus den gebotenen Diensten anzustreben sei. Wer das im Geflecht der marktwirtschaftlichen Begegnungen erreichen sollte, gestand auch seinen Lohnempfängern nicht leicht von ihm zu finanzierende ausgedehntere Absicherungen zu. Nachdem er schon mit der Ausrichtung der Arbeitsentgelte im Zeitlohn zurechtzukommen hatte, wollte er nicht mit allgemeinen Zulagen Abschwächungen der Leistungsansporne riskieren. Ferner versperrten dem Aufbau betriebs- und unternehmungseigener Vorsorgeinstitutionen organisatorische Schwierigkeiten, vorab der meistens ungenügende Gefahrenausgleich, den Weg. In kleineren Belegschaften vermochte sich ja das „Gesetz der großen Zahl" nicht auszuwirken. Dazu gesellten sich Bedenken der einzelnen Gewerbetreibenden, mit dem Anschluß an Gemeinschaftsinstitutionen höhere Belastungen aus minder sorgfältiger Betreuung der Gehilfen in anderen Betrieben aufgebürdet zu erhalten.

---

[22] *Reigrotzki,* E.: Die betriebliche Sozialpolitik bei Unternehmungen verschiedener Größe, in: *Arndt,* H. (Hrsg.): Konzentration in der Wirtschaft, S. 1451 ff.

Deshalb vermochten die Berufs- und Standesorganisationen des Handwerks, gewerblichen Einzelhandels und der verwandten Dienstleistungsbetriebe nur wenige größere Versicherungsgemeinschaften zu entwikkeln. Den Anfang dazu machten einfache Sterbegeldkassen zugunsten der eigenen Mitglieder, denen diese aber oft nur zögernd beitraten. Mit der Zeit gelang es, die vorhandenen Lücken mit besonderen Zweckvereinigungen für eine breiter angelegte vorerst private Krankenversicherung auszufüllen. Ferner nahmen sich die Gewerkschaften, nicht immer zur Freude der gewerblichen wie der industriellen Arbeitgeber, der Abschirmung gegen die Folgen von Arbeitslosigkeit, neben der Speisung von Streikfonds und „Gemaßregelten-Unterstützungen", an. Seit dem Ende des Zweiten Weltkrieges hat si chnun die staatliche Sozialpolitik stärker den Aufgaben der Sozialversicherung zugewandt. Wir dürfen hier auf die einschlägigen Betrachtungen in den „Grundzügen der Gewerbepolitik" verweisen[23]. — Immerhin gebührt einigen Gegebenheiten auch in diesem Zusammenhang Beachtung. Allmählich hat eine gewandelte Beurteilung der eigenen Versorgungsbedürfnisse Platz ergriffen. Dabei setzte sich in allen Ländern mit stärker entfalteter Volkswirtschaft der Aufbau vielfältiger Systeme versicherungstechnischer Sozialvorsorge in der Gestalt von Familien- und Kinderzulagen, Feriengeld- und Feiertagsentschädigungen, zusätzlicher Alterskassen, von Solidaritätsfonds zur Finanzierung der Weiterbildung der Beschäftigten, durch. Die auf Erfassung der gesamten Bevölkerung oder doch aller auf die Versicherungshilfe Angewiesenen bedachten staatlichen Vorkehren trugen dem Gewerbe eine Verkleinerung der Gefälle des gebotenen Schutzes von der Industrie und den Großunternehmen des Handels zu ihm ein. Den Preis dafür bildeten jedoch schematische, auf die verschiedenen Verhältnisse wenig zugeschnittene Lösungen mit bedeutenden Beitragspflichten, die mit den gesamtarbeitsvertraglich vereinbarten Zulagen heute Beträge von 40 - 50 % der Lohnsummen erreichen. Zudem konnte geringer Versicherungsrückhalt für die Gehilfen stärkere Appelle an die Arbeitgeberschaft zur unmittelbaren Beihilfe in Bedarfsfällen bergen, während hohe Beitragsverpflichtungen Versuchungen zu wecken imstande sind, damit alle Verantwortlichkeiten als abgegolten zu betrachten. Insoweit kann ausgerechnet die ausgreifende Sozialversicherung der Tendenz zur Entpersönlichung der Beziehungen in den Betrieben Vorschub leisten. Gleichwohl läßt sich kaum verkennen, daß die gesellschaftliche Entwicklung weiterhin die Gefühle des Angewiesen-Seins auf den Versicherungsrückhalt verstärkt und dessen Fehlen einen noch stärkeren Sog für die Nachwuchskräfte, sich anderen Beschäftigungen zuzuwenden, zeitigen müßte.

---

[23] Bd. II, 2. Halbbd., S. 122 ff., sowie: *Holzinger,* D.: Möglichkeiten der Sozialpolitik im Handwerk, Teil I, Berlin 1960, Teil II, Berlin 1964.

Besondere Anstrengungen erfordert verschiedenenorts die Unfallverhütung. Doch bildet die Häufigkeit und Schwere der Unfälle weniger den Ausfluß des „Handwerklichen“ oder „Gewerblichen“, sondern den der größeren Gefährlichkeit bestimmter Leistungen, etwa derjenigen der am Hochbau beteiligten Maurer und Zimmerleute, des Mineurs im Tiefbau, des Schreiners und des Dachdeckers. An sich erlauben die einfacheren Betriebsstrukturen und engeren persönlichen Beziehungen im Gewerbe schlechthin eine elastischere und vom einzelnen Mittätigen aktiver unterstützte Vorbeugung. Dafür wird ihnen freilich meistens weniger Beratung durch Fachspezialisten zuteil.

3. Das Arbeitsverhältnis im gewerblichen Einzelhandel

Ein vom Handwerk abweichendes Bild scheinen zunächst die Arbeitsbedingungen im gewerblichen Einzelhandel zu zeigen. Das rührt zum guten Teil davon her, daß der Handel nicht aus Rohstoffen und Halbfabrikaten Fertigprodukte erzeugt, sondern solche „nur vermittelt“. Daraus entsteht leicht der Eindruck, daß er viel weniger als die Stoffveredelung wertschöpfend tätig sei und deshalb geringere Berufsanforderungen als jene stelle. Entsprechend verbreitet war auch die Auffassung, daß für den Einsatz als „Handlungsgehilfe“ eine kürzere Lehre ausreiche und oft nur angelernte Kräfte zu genügen vermöchten. Meistens brauchte es ja lediglich Fähigkeiten zur mehr oder weniger schematisierten Weitergabe von Waren und zu einfacher Rechnungsablage. Wie bestimmte Großunternehmen ihre Distributionsfunktion zu einem beträchtlichen Teil mit nicht besonders vorgebildetem Personal zu versehen trachten, fühlten sich manche Inhaber kleinerer durch die Begrenztheit der Verdienstspannen und die Verknappung der Mitarbeiter dazu gedrängt, auf weniger qualifizierte zu greifen oder sich mit dem eigenen Familienzusammenhang zu behelfen. Tatsächlich bleiben die von der Kundschaft erwarteten Dienste manchmal einfache, keine beträchtliche geistige Anstrengung erheischende, die sich nur in ihrer Technik, weniger in ihrer Natur von der austauschbar gemachten zerlegten Arbeit in der Fabrik und im Massenverkauf von Gütern unterscheiden.

In Wirklichkeit sind indessen ebenfalls vom gewerblichen Einzelhandel häufig höhere Ansprüche zu erfüllen. Das trifft um so mehr zu, je stärker dieser seine Wettbewerbsfähigkeit nicht nur aus der Nachbarschaft für die Kauflustigen und besser zusagender zeitlicher Dienstbereitschaft zieht, sondern sie mit der Auswahl der Waren, der Sortimentsgestaltung, der Beratung der Besucher, im Reparaturservice, m. a. W. mit sachlich variierten Leistungen, beweisen muß. Wenn der darauf ausgerichtete Handel vielleicht weniger technisches Wissen als das Handwerk erheischt, so haben seine Mitarbeiter und -arbeiterinnen dafür größere geschäftliche Gewandtheit: die Gabe, die Wünsche der Nachfragenden richtig zu erkennen und abzuwägen, Höflichkeit und entgegenkommendes Bestreben, diesen für die jeweils günstigsten Anschaffungen an die Hand zu gehen sowie für Beweglichkeit im Wandel der Märkte zu beweisen. Dagegen benötigt der gewerbliche Kaufmann vielleicht weniger hochspezialisiertes als in ausgedehnteren Fachbereichen bewandertes Personal, das durch Beweglichkeit und Anpassungsvermögen überzeugt.

Eine Reihe von Erfahrungen kann als bezeichnend gelten. Diese lehren immer wieder, daß es der bestimmenden Gegenwart des Leiters namentlich profilierter Fach- und Spezial„geschäfte" bedarf, damit sich die Kauflustigen bestens betreut und versorgt fühlen. Bei öfterer oder längerer Abwesenheit des Chefs des Hauses regt sich leicht und bald einmal das Empfinden, weniger gut und aufmerksam bedient zu werden. Nicht selten entwickelt sich auch eine Vorliebe für die eine oder andere Bedienungskraft. Offenkundig will ein Vertrauen in das Können der Bediensteten erworben sein, auf die persönlichen Wünsche für die Erwerber der Dinge einzugehen. Bei der Einführung der Selbst- oder Teilselbstbedienung kam zum Vorschein, daß es damit manchen Fachhändlern wie den Massenvermittlern von Waren wohl einiges an Ladenpersonal zu erübrigen gelang, sie aber für den Rest fortan noch besseres benötigten. Augenscheinlich gewann die Begabung, höheren Beratungsbedürfnissen zu genügen, im Verein mit Organisationstalenten, noch größeres Gewicht.

Diese Ansprüche bedeuten zugleich Aussichten auf anregendere Arbeit. Auf qualifizierte Angestellte fühlen sich Fachhändler und Leiter von Spezialgeschäften ganz ähnlich wie Handwerksmeister auf ihre vielseitig ausgebildeten „Gesellen" angewiesen. Sie werden ihnen darum höhere Wertschätzung und das Anliegen entgegenbringen, auf ihre Mitarbeit zu allen Tagen und in den Stunden des lebhaftesten Kundenzuspruchs zählen zu können. Das schließt in der Regel dauerhaftere Beschäftigung und bessere Entlöhnung, oft unter Gewährung von Leistungsprämien, bzw. von Umsatzprovisionen, in sich. Zugleich können sich diese Kräfte, vielleicht etwas weniger, aber doch ähnlich wie im Handwerk im Verhältnis zur Industrie, freier als in der Massenvermittlung von Waren betätigen. Sie finden vielleicht sogar am meisten Zugang zum wirtschaftlichen Sinn ihres Schaffens und zu tieferem Einblick in das ganze geschäftliche Geschehen. Auch geraten sie viel weniger als die in den Großbetrieben auf die Erfüllung von Teilobliegenheiten Verpflichteten in den Bann der Eintönigkeit, Routine und Langeweile. Das bereitet wieder den Boden für mehr Arbeitsfreude, für eine Art Beheimatung im Beruf und die engere Fühlung mit dem Arbeitgeber.

Wesentlich ausgeprägter als im Handwerk und damit schon der Lage der Dinge in der Industrie und in den größeren Massenvermittlungsbetrieben sowie in den Verwaltungen angenähert, scheiden sich die Angestellten des Einzelhandels in zwei Schichten: der nur für eine kurze Zeit einen Erwerb suchenden und der dauernd darin aufgehenden Personen. Hier sind viele Kräfte, namentlich weibliche, als Verkaufspersonal oder Verwaltungsgehilfen tätig, die nach einigen Monaten oder Jahren wegen Verheiratung, dem Übertritt in andere Wirtschaftszweige usf. wieder ausscheiden. Diese streben zumeist keine engere Verbindung mit dem Betrieb an und erleben deshalb die Beziehungen zum Arbeitgeber weniger nachdrücklich. Dagegen können die letzteren für die dauernden Gehilfen nicht gleichgültig sein; sie vermögen auch oft in Vertrauensstellungen aufzurücken. Ferner eröffnen sich ihnen meistens noch mehr Gelegenheiten als den Handwerksgesellen zur Gründung oder Übernahme eigener „Geschäfte“, und es machen viele, noch durch Kreditzusagen der Lieferanten ermutigt, davon Gebrauch. Der Handelsangestellte von heute kann seinerseits zum selbständigen Kaufmann von morgen werden, wobei schon dem Umstand Bedeutung zukommt, daß er sich nur das Ziel setzt, in die Stellung eines solchen hineinzuwachsen. Damit verringern sich die Gefälle der sozialen Position noch weiter. Es entsteht weniger Anlaß, die Gegensätzlichkeiten zwischen Kapitalbesitz und Lohnarbeit als für das eigene wirtschaftliche Schicksal entscheidend einzuschätzen und klassenkämpferische Fronten zu beziehen.

Allerdings haben wir auch wieder auf die Unzulänglichkeiten der menschlichen Verhalten und der praktisch gegebenen freien Marktwirtschaft Bedacht zu nehmen. Wenn die kleineren Handelsbetriebe über viele Jahrzehnte an guten, wohl vorgebildeten Führungskräften und damit weitherum ebenfalls an Leistungsqualität verloren[24], so konnte das für die Arbeitsverhältnisse nicht ohne Folgen bleiben. Unter dem wachsenden Wettbewerbsdruck mußte sich die Versuchung regen, die Beeinträchtigungen so weit, als sich Gelegenheiten dazu zeigten, auf die Mitarbeiterschaft abzuwälzen. Tatsächlich ist es im örtlich gestreuten und im Facheinzelhandel zuzeiten zu nicht minder gedrückten Arbeitsbedingungen und Löhnen wie anderwärts gekommen. — Schwache „Kleinkrämer“ stellen auch kaum je stärkere Gehilfen ein und zeichnen sich meistens nicht durch gute Personalführung aus. Noch heute weckt die Beengtheit der Möglichkeiten für manche gewerblich ausgerichtete Betriebe Neigungen, um niedrigerer Arbeitskosten willen mit Gehilfen zweiter und dritter Wahl vorliebzunehmen. Es liegt auf der Hand, daß sich damit auf Zusehen hin vielleicht die Fassade und eine „mittelständische Existenz“ wahren läßt, die Vorzüge der erbrachten Leistungen für die Käuferschaft aber dahinschwinden und damit die eigentliche Substanz verloren geht. — Länger dauernde Depressionen der Gesamtwirtschaft bergen, bei drohender Arbeitslosigkeit, nach wie vor Gefahren

[24] Vgl. oben, S. 219 ff.

des Zurückgeworfen-Werdens auf minder erfreuliche allgemeine Voraussetzungen für die Dienstverhältnisse und gekürzte Löhne[25]. Immerhin ist bei solchen Entwicklungen die Verdrängung langjähriger Gehilfen in den gewerblichen Betrieben wohl weniger als in den übrigen zu befürchten. Natürlich schließt das aber das Aufbrechen persönlicher Spannungen im engen Neben- und Miteinander zwischen den Angestellten und dem „Patron" oder zwischen den erstgenannten und ihren Kollegen nicht aus. Ungünstiger gegenüber dem Handwerk bleibt, daß die betont heterogene Qualifikationsstruktur der Mitarbeiterschaft im Einzelhandel: von der Kleinhilfe für die Besorgung von Nebendiensten bis zum Aufgabenkreis des Handlungsbevollmächtigten, die Vereinbarung kollektiv-vertraglicher Ordnungen erschwert.

Andererseits bietet jedoch die vielfältige, oft unentbehrliche Mitwirkung im Verein mit häufig engerer Arbeitsgemeinschaft mit den selbstverantwortlichen Kaufleuten und ihren Familiengliedern einige Gewähr gegen Willkür und Unfreundlichkeiten. Im übrigen werden sich für die Angestellten führender „Fach-" oder „Spezialgeschäfte", wie für deren Inhaber und Leiter, die intensivierte Ertüchtigung zur Vermittlung höherer Lebensgenüsse durch abgestimmtere Vermittlung von Waren als Haupthebel zur Zurückgewinnung besserer Beschäftigungsbedingungen erweisen.

4. Die Arbeitsverhältnisse in den gewerblichen Dienstleistungsbetrieben

Überblicken wir ebenfalls die Dienstleistungsbetriebe, so stoßen wir auf sehr unterschiedliche Grundlagen und Formen. Für das Coiffeurgewerbe trifft in hohem Maße das bereits für das Handwerk Dargelegte zu. Seine Gehilfen finden wieder in den Gelegenheiten zur unmittelbaren Fühlung mit der Kundschaft ihre Vorteile: Sie können und müssen ihre Arbeiten weitgehend selbständig ausführen und damit ihre Tüchtigkeit sowohl gegenüber dem Meister wie gegenüber den zu bedienenden Personen zur Geltung bringen. Nicht selten wissen in diesem Erwerbszweig die Gehilfen ähnliche Einkünfte wie die Betriebsinhaber zu erzielen.

Beträchtliche Unabhängigkeit für die Abwicklung der Aufträge bewahren sich ferner die Mitarbeiter der Transportunternehmungen. Es bildet eine technische und wirtschaftliche Unmöglichkeit, die Chauffeure auf ihren Fahrten andauernd mit Einzelanweisungen über den Vollzug der Aufträge zu bedenken und sie auf ihre Beflissenheit und Zuverlässigkeit hin näher zu überwachen. Sie erhalten zu den sichere Beförderung erwartenden Fahrgästen und zum oft teuren Frachtgut hinzu kostspielige Fahrzeuge anvertraut, die je nach dem Gebrauch länger oder we-

[25] Wir haben bereits auf die unerfreulichen Entwicklungen im Gefolge der Dreißiger Jahre der langandauernden damaligen Wirtschaftskrise hingewiesen. S. 351.

niger lang verwendungsfähig bleiben und ungleichen Aufwand für Treibstoff und Pflege erheischen. Einmal mehr stellt sich die Beförderung der Personen und Güter hinsichtlich der Sorgfalt des Verlads und Auslads der Waren, der Pünktlichkeit, der Bereitschaft zum Ausgleich von Verspätungen usw. als in einem Grade differenzierbar heraus, der Platz für sehr abgestufte Bewertungen: von unbefriedigend bis zum Wunsche, sich immer durch dasselbe Personal bedient zu sehen, schafft. Endlich fällt es dem Fahrer zumeist nicht sehr schwer, einen eigenen Betrieb aufzuziehen. Wiederum kann nur eine gehobene Stellung des qualifizierten Fahrpersonals samt der Disponenten und, weil weniger zahlreich als die lediglich angelernten Fahrer der Großbetriebe, bessere Entlohnung nebst wirtschaftlicher Sicherung die Folge sein. Ebenso hängt im Bekleidungs- und Wäschereinigungsgewerbe viel von der Sorgfalt des Warenannahme- und Gerätschaften-Bedienungspersonals ab.

Mit größeren Risiken bleiben die Arbeitsverhältnisse im Gastgewerbe belastet. Dieses steht häufig im Zeichen stark schwankenden und keineswegs immer im voraus abschätzbaren Gästezuspruchs. Dabei verlangt es oft über den Großteil des Tages ausgedehnte Bedienungsbereitschaft. Namentlich im Beherbergungsfach wird eine sowohl morgens als mittags und abends bis in die späte Nacht mit derselben Aufmerksamkeit zur Verfügung stehende Betreuung erwartet, wobei einzelne Stunden Spitzenbelastungen bringen. Dazu sah sich das Gastgewerbe mit zur Nutzbarmachung der Arbeitsteilung: in der Gästeverpflegung auf Küche und Service, bereits in kleineren Betrieben mit Abstufungen und Rängen, in der Gästebeherbergung auf die Andienung der Mahlzeiten und den Zimmerdienst ausgeschieden, hingedrängt. Diese Ausgliederung lockert bereits die persönlichen Verbindungen. In jüngerer Zeit trägt die „Krise" der einfacheren Dienstleistungen, d. h. die geringere Neigung in der breiten Bevölkerung, sich der — vermeintlich oder tatsächlich unterbewerteten — täglichen Raumpflege, der Bettenbereitung, dem Zurüsten der Nahrungsmittel in der Küche und dgl. zu widmen, zusätzliche Schwierigkeiten ein. Man hat sie in einigen Ländern durch das Herbeirufen für befristete Zeit beschäftigter Gastarbeiter einigermaßen zu mildern versucht. Nicht wenige Häuser zogen die Konsequenz, ihr Leistungsangebot abzubauen.

Im übrigen erschwert der starke Wechsel des Gästebesuchs im Ablauf der Jahreszeiten die ununterbrochene Aufrechterhaltung der Arbeitsverpflichtungen: oft können sie nur auf einige Monate begrenzte, mit unvermeidlichem Abtausch der Arbeitsplätze, bisweilen auch der Betätigung, und der Inkaufnahme von Perioden der Verdienstlosigkeit sein. Nebenher zeigt die „Trinkgeldfrage" Probleme der Entlöhnung auf. Zu Zeiten mangelte es an Beispielen nicht, daß die am meisten mit den Gästen in Berührung kommenden Hilfskräfte ihre Honorierung in Geld vorwiegend über die Trinkgeldspenden erzielen mußten, freilich zugleich nicht an solchen, in denen die „Spitzenleute“ damit recht viel hereinzuholen wußten. Im ganzen darf aber doch wohl die heutige Ablösung dieser Gepflogenheiten mit ihren Kehrseiten: nicht zuletzt ihren Unbilligkeiten innerhalb der Belegschaften, durch gesamtarbeitsvertraglich vorgeschriebene Mindestentschädigungen als für das ganze Gastgewerbe förderlicher gelten. — Wo es bei häufigen Unterbrechungen des Arbeitsverhältnisses und kärglicher unmittelbarer Entlöhnung bleibt, sind es nur erhöhte Verdienstaussichten über die Trinkgeld-Anreize, welche den Willen zum persönlichen Einsatz wachhalten. Immerhin treten diese Schwächen bei kleineren Betrieben weniger ausgeprägt in Erscheinung, weil dort wieder der Einblick in den Sinn der Verrichtungen weniger verloren geht und sich immer noch Platz für patriarchalische Beziehungen zwischen den „Dienstherren“ und den Angestellten findet. Das Nämliche trifft bei bescheideneren, mitunter aber auch gehobenen Verdienstgelegenheiten im Verpflegungs- und Restaurationsfache zu.

Die Ausrichtung der Gastwirtschaftsbetriebe auf die einfache und Massen- oder aber auf die „gepflegte“ Bedienung spiegelt sich mit in erster Linie in den Anforderungen an deren Personal wider. Wer, etwa um geringerer Auslagen dafür willen, sich mit der ersteren zufrieden gibt, kann auch keinen persönlich abgestimmten „Service“ erwarten. Wohl aber dürfen sich auf gewählte Angebote und Umhegung ihrer Gäste hin tätige Häuser keinen Einsatz wenig qualifizierter Angestellter erlauben; sie bleiben nach wie vor auf beste Kräfte und deren verständnisvolle Mitarbeit angewiesen. Es beruht nicht auf Zufall, wenn die Häuser, die die höchsten Ansprüche erfüllen möchten, mit ihrer straffen Leitung durchaus vereinbar, häufig einen zuverlässigen Stab, vorab für die wichtigeren Dienste und die an der „Front“, langjähriger Gehilfen und Gehilfinnen zu halten trachten.

So bietet das Gewerbe als Ganzes manche von Grund auf andere Arbeitsbedingungen als die Industrie und die Großbetriebe des Handels und der Verwaltung. Wenn die moderne amerikanische Sozialpsychologie die vier Hauptbedürfnisse der Mitarbeiter im Betrieb, nämlich diejenigen nach Anerkennung, nach Sicherheit, nach Zugehörigkeit zur betrieblichen Gemeinschaft und nach persönlicher Förderung, unterscheidet und hervorhebt[26], ist bei näherem Zusehen nicht zu verkennen, daß sowohl das Handwerk als der kleinbetriebliche Einzelhandel und meistens auch die Dienstleistungszweige erheblich breitere Möglichkeiten zur Befriedigung dieser Anliegen als die übrigen bewahren. Das Verlangen nach Anerkennung läßt sich in der engen Berührung mit dem „Patron“ viel besser als im Bereich der anonymen Beziehungen großer Werkgemeinschaften befriedigen; dasjenige nach Sicherheit kann sich zwar we-

[26] *Herzberg*, F. / *Mausner*, B. / *Snyderman*, B.: S. 59 ff.

niger auf wohl ausgestattete Versicherungskassen stützen, begegnet aber einem stärkeren Interesse der gewerblichen Betriebsinhaber, die guten Hilfskräfte dauernd zu seiner Verwendung zu haben und findet schon an der persönlichen Bekanntschaft größeren Rückhalt. Dem Wunsch, sich zu einer Arbeitsgemeinschaft zählen zu können, kommt wieder die enge Fühlung zwischen den im Gewerbebetrieb Tätigen zugute. Nicht zuletzt gibt es auch in den kleineren Betrieben Gelegenheiten, strebsame Leute zu fördern und ihnen Weiterbildung zuteil werden zu lassen. Mißbrauch der stärkeren Marktstellung und eigentliche Ausbeutung der Untergebenen bleiben zwar im Gewerbe wie anderwärts nicht ausgeschlossen; bisher kam es immer wieder einmal vor, daß einzelne seiner Träger aus schwindender Nachfrage nach Arbeit „Kapital zu schlagen" trachteten. Doch darf man behaupten, daß dafür in der Regel weniger Raum als in den übrigen Betriebsformen besteht. Aus der Natur des Handwerklichen und gewerblich-kaufmännischen Schaffens heraus sind Gegenmotivationen lebendig, welche unsozialer Haltung Schranken setzen und wenn nicht immer, so mindestens in ausgedehnten Gebieten dem Andauern schwerer Verfehlungen gegen die beschäftigten Unselbständigerwerbenden Riegel schieben.

III. Der Einfluß der Verbände und der staatlichen Sozialpolitik

Das entworfene Bild verschiebt sich auch nicht bei der Mitberücksichtigung der Gruppierungsvorgänge und Einflußnahmen der staatlichen Wirtschafts- und Sozialpolitik. Noch einmal wirken sich die arteigenen Verhältnisse, soweit die obrigkeitlichen Eingriffe ihnen Rechnung zu tragen suchen, prägend aus. Die Handwerksgesellen begannen sich schon in der späteren Zunftzeit, mit den aufkommenden Abschließungstendenzen der Meister, in eigenen Fachvereinigungen zusammenzutun. Über kurz oder lang setzten auch schon die sozialen Spannungen und offenen kollektiven Arbeitsstreitigkeiten mit „Kabalen" und Verrufserklärungen ein[27]. In den ersten Jahrzehnten nach 1800 hat die Wanderschaft der Ausbreitung eines internationalen geheimen Burschenkommunismus Vorschub geleistet. Ungefähr von der Mitte des 19. Jahrhunderts ab, in England bereits um einiges früher, sollte sich dann die stärkere Neigung der gelernten Berufsarbeiter, vorab der handwerklich tätigen, gegenüber den un- und bloß angelernten in der Industrie beschäftigten Leuten, zu vereinten Anstrengungen in den ersten fester gefügten Gewerkschaften bestätigen. Oft ging erst vom Erstarken dieser Verbände und den von ihnen geltend gemachten Ansprüchen der Anstoß zum Aufbau auch von Arbeitgeberorganisationen aus, wobei aber die der Arbeitnehmer meistens einen strafferen Zusammenhalt erreichten. Ihnen verliehen das erwachende Klassenbewußtsein, die sozialistische Bewegung,

[27] *Kulischer*, J.: Bd. II, S. 144 ff.

der Eindruck der Einflußlosigkeit des Einzelnen auf den Arbeitsmärkten und angegliederte Fürsorgekassen immer stärkeren Auftrieb[28]. Dadurch verhalfen die Gruppierungen zu den vorhin erwähnten Angebotsfronten, denen die Gegenspieler höchstens im Zuge eines langandauernden Austrags scharfer Konflikte einigermaßen Ebenbürtiges entgegenzustellen vermochten. Das Ergebnis mußte eine Verringerung des ursprünglichen Ungleichgewichts der Marktmacht der beiden Parteien, d. h. eine Wendung zu günstigeren Arbeitsbedingungen und Einkünfte-Aussichten für die organisierten Lohnverdiener sein.

Die handwerkliche Arbeitgeberschaft suchte sich gegen diese Blockbildung und den von dieser ausgeübten Druck wie die industrielle zur Wehr zu setzen. Die Folge davon waren über viele Jahrzehnte hinweg oft besonders hart ausgefochtene Arbeitskämpfe, natürlich am meisten dort, wo in den Auseinandersetzungen noch Klassenkampfgesinnung mitspielte. Die Zeiten sind auch heute noch nicht endgültig vorbei, in denen es, des Ausmaßes der Löhne, Sozialzulagen, der begehrten Arbeitszeitverkürzungen oder allgemeiner gesellschaftspolitischer Ansinnen wegen zu länger dauernden Streiks und Aussperrungen kommen konnte. Manchmal macht es den Anschein, als ob jede Generation der Selbständigerwerbenden und der Lohnarbeiter ihre eigenen Erfahrungen mit „Krieg und Frieden" zu machen hätte.

Andererseits pflegt sich aber im Handwerk immer wieder stark auszuwirken, daß es viel gelernten und höchstpersönlichen Arbeitseinsatz verlangt und die qualifizierten Hilfskräfte vorab zum Zusammenschluß unter ihresgleichen neigen. So haben sich in diesen Bereichen die größten Berufsverbände, mit einiger geistiger Distanz zu den umfassenderen „Industrieverbänden" und den proletarischen Einheitsgewerkschaften, ausgebildet[29]. Für sie gilt am meisten, daß sie sich zunehmend auf ihre eigene Kraft zu verlassen und das Ziel des politischen Umsturzes zurückstellend, über die unmittelbare Begegnung mit den Unternehmerverbänden zum Aushandeln der Forderungen bedeutende soziale Fortschritte zu erzielen lernten.

Sowohl von der Eigenart der zu erbringenden Leistungen als von den weitherum gewahrten persönlichen Beziehungen her erwies sich daher das Eingehen auf Kollektivvereinbarungen namentlich für das Handwerk und einige Dienste versehende Zweige vorgezeichnet. Im Hoch- und Tiefbau und in den Ausbaugewerben haben sich ganze Netzwerke von solchen entwickelt. Die zwischen den Gewerkschaften der Arbeitnehmer und den Unternehmen oder deren Fachorganisationen getroffenen Übereinkünfte bilden eine wichtige Ausdrucksform der wirt-

---

[28] Für die Schweiz: *Heeb*, F.: Der Schweizerische Gewerkschaftsbund 1880 bis 1930, hrsg. vom Schweizerischen Gewerkschaftsbund, Bern 1930.

[29] *Herkner*, H.: Bd. I, S. 228 ff.

schaftlichen und sozialpolitischen Selbstverwaltung. Sie gewähren den Spielraum dafür, die ordnenden Vorkehren auf die Entlöhnung auszudehnen und zur näheren Anpassung der Verhaltensnormen für das Zusammenwirken in den Betrieben an die unterschiedlichen Voraussetzungen hinzu für die laufende Milderung von Spannungen zu sorgen. Ferner lassen sie sich in kürzeren Zeitspannen und einfacher als vom Staate getragene revidieren. Gesamtarbeitsverträge wollen denn auch stets von neuem ausgehandelt werden. Damit nötigen sie die beteiligten Gruppen dazu, „dialektisch" auf die Überwindung der einander zunächst widerstreitenden Begehren und Erwartungen mit recht und billigen Kompromissen aus zu sein[30]. Dabei hilft noch einmal die engere Berufsverbundenheit mit: wo sich bereits vom Alltag her näher kennende „Patrons" und Mitarbeiter als Delegationsmitglieder zum Ausmarkten der Anliegen und Gegenanliegen treffen, können sie weniger als anderwärts mit übersteigerten aufrücken und auf solchen beharren. So erzieht dieses „Bargaining"[31] dazu, nicht nur die Ansprüche des eigenen Lagers zu verfolgen, sondern auch auf die Beweggründe der Gegenpartei zu hören. Immerhin wohnen den Konfrontationen einige Gefahren der Nicht-Vermeidung kollektiver Arbeitskonflikte, mit Agitation, Streiks und Aussperrungen inne. Es bleibt aber zu bedenken, daß die Konfliktrisiken ja nicht aus den Begegnungen, sondern aus ursprünglich gegensätzlichen „Interesse"-Lagen erwachsen und von ihnen am ehesten Neigungen zur Verständigung erhofft werden dürfen. Allerdings gibt es auf dem Wege zu Ausgleichen die Hürde, daß die Verhandlungsausschüsse auf deren Erringen hin erst noch die hinter ihnen stehenden Berufsgenossen dafür gewinnen müssen. Dafür bergen die so zustandekommenden Vereinbarungen der „Sozialpartner" die Chance, zu dauerhaften Brückenschlägen zwischen einander bis dahin gegnerisch gesonnenen Bevölkerungsschichten hinzuleiten.

Während die staatliche Willensbildung über das politische Kräftespiel geschieht, das wenig zur Anerkennung guten Willens von Partnern anregt, vermögen die Gesamtarbeitsverträge Gefühle der gegenseitigen

---

[30] Trotz der Neigungen gewisser wirtschaftspolitischer Richtungen, gegen die „konzertierte Aktion" vorab Vorbehalte anzubringen, ist gegenwärtig kaum mehr zu übersehen, daß die schwierige, besondere Anforderungen stellende Aufgabe, die Konjunkturentwicklung mit ihren Schwankungen einigermaßen unter Kontrolle zu bekommen, die Verbände der Sozialpartner zum mindesten auf die Dauer mit gewichtigen Mitverantwortlichkeiten belastet. Bloße Interessenvertretung und Interventionen zugunsten von Gelegenheitseingriffen reichen zur Bewältigung der aufgeworfenen Probleme je länger desto weniger aus. Die staatliche Steuerung wird, wenn sie nicht zu einer umfassenden und zunehmend freiheitsbeschränkenden werden soll, der praktischen Unterstützung aus freien Stücken durch die Wirtschaft, von aufklärender Aktivität der Verbände begleitet, bedürfen.

[31] *Dunlop / Healy:* Collective Bargaining, Principles and Cases, Cambridge Mass. 1953.

Bindung, Bereitschaft zu gemeinsamen Anstrengungen zu wecken sowie, durch die Behebung von Störungen, die Geltung der Berufe und Gewerbezweige zu verbessern. — Gewiß bliebe es ideologische Überschätzung der Aussichten daraus, ähnlich dem Glauben an genügend gutes Walten der freien Märkte, von den Abreden zwischen den Arbeitgeber- und Arbeitnehmerkoalitionen bald einmal die durchgängige Pflege der individuellen Leistungswillen zu erwarten. Dazu steckt in den Menschen, zumal dann, wenn es sich um die Überwindung eingewurzelter Einstellungen zugunsten neuer handelt, in beiden Lagern, nur nach den jeweiligen Umständen verschieden, zu viel „Erdenschwere". Dennoch gibt es überzeugende Beispiele dafür, daß die Verbände dadurch, daß sie — stärker in Berufs- und örtlich beschränkte Gruppen gegliedert — als kleinere Gemeinschaften das gesellschaftliche Zusammenleben verdichten helfen, über den Aufbau echter Berufsgemeinschaften nachhaltig zur sozialen Befriedung beizutragen vermögen. Die Untersuchung der Aktions- und Reaktionsweise in den Wirtschaftsverbänden förderte eindeutig zutage, daß unter einigermaßen „normalen" Vorbedingungen: etwa der ungefähr gleichgewichtigen Entwicklung der Volkswirtschaften, die volkswirtschaftlich und gesamtgesellschaftlich günstigen Effekte die schädlichen stark überwiegen[32]. Mit den abgewandelten Ordnungen büßt allerdings der Gesamt-Arbeiterschutz an leichter Überschaubarkeit ein. Zumeist bestätigt sich aber das „pluralistische" Nebeneinander von Vorschriften nach Maß als das kleinere Übel als Systeme einheitlicher, die von manchen Bürgern als Zumutung empfunden, auf Widerstände stoßen und sich dabei von zentralen Ämtern aus als oft gar nicht lückenlos auf ihre Respektierung hin überwachbare erweisen[33]. Ein Beispiel solcher Zusammenhänge bieten die Arbeitszeitbegrenzungen. Wie vorhin dargetan, läuft es auf Beeinträchtigungen der handwerklichen Qualitätsarbeit und sorgfältiger fachhändlerischer Bedienung hinaus, diese denselben Schranken für dafür verfügbare Tagesstunden wie die aufgeteilten und oft monotonen Einheitsverrichtungen zu unterwerfen. Nicht selten werden damit Quellen der persönlichen Genugtuung aus noch nicht zur Eile gedrängter Berufsarbeit verschüttet. Das hat unweigerlich Schmälerungen des Fächers der erhältlichen Leistungen zur Folge. Zugleich droht es die Werktätigen ihren beruflichen Obliegenheiten wie ihren Führungskräften wieder zu entfremden.

Eine Reihe von Ländern sucht heute diesen Bedingtheiten dadurch Rechnung zu tragen, daß zwar staatliche Gesetze einen für alle Betriebe

---

[32] Siehe darüber Bd. II, S. 110 ff.

[33] Im Bd. III, 2. Halbbd. (S. 44), verweisen wir auf einen weiteren Vorzug der Gesamtarbeitsverträge: Platz für individuelles Zureden im Falle von Zuwiderhandlungen gegen die getroffenen Vereinbarungen zu belassen, mit gleichwohl gewahrter Möglichkeit, über uneinsichtige Arbeitgeber oder -nehmer Sanktionen zu verhängen.

verbindlichen Mindestschutz der Werktätigen gegen die Gefährdungen von Gesundheit, Leben, guter Sitte, menschliche Würde gewährleisten sollen, den zuständigen Verbänden aber der weitere Ausbau dieses Schutzes, die Beihilfe zur befriedigenden Regelung der Arbeitsentgelte und die Förderung des sozialen Ausgleichs im allgemeinen anvertraut bleibt. Die umfassend angelegte Sozialreform muß das Mögliche zur lückenlosen Befolgung ihrer Anweisungen vorkehren, dabei aber den Wettbewerb verzerrende Schematisierung vermeiden. Mit mehrgeleisiger Vorsorge lassen sich sowohl anpassungsfähigere und beweglichere Ordnungen treffen als Gefühle der Verantwortung dafür in breiteren Kreisen wecken. So empfiehlt es sich, nicht alle Unternehmen, zumal die gewerblichen, einem einheitlichen vollen Betriebsschutz und ein und denselben weiteren sozialen Verpflichtungen unterwerfen zu wollen. Vielmehr gilt es die Handwerksmeister und selbständigen Kaufleute, ihre Bedachtheit auf die gleiche Belastung aller Berufs- und Standesgenossen ausnützend, durch Appelle für die eigene Mitgestaltung ausgewogener Lösungen zu gewinnen. Was an Nachdrücklichkeit der Befehle abgeht, vermögen diese Vereinbarungen über das stärkere Augenmerk der Beteiligten aus der Nähe für deren Befolgung und vermehrte Ermahnung der Säumigen auszugleichen. — Eine Zwischenstufe zwischen der gesamtarbeitsvertraglichen Übereinkunft und dem zwingenden Gesetz bildet die Allgemeinverbindlicherklärung von Vertragsbestimmungen. Es liegt an den einander entgegengerichteten Ansprüchen und Erwartungen, daß der Meinungsstreit über die Anwendungsbereiche von Vertrag und Gesetz kaum je zur Ruhe kommen kann.

Wenig Platz dürfte in den Gewerbebetrieben, zumal den kleineren, für die institutionalisierte Mitbestimmung der Belegschaften bestehen. Ihre Leitung soll ja eine besonders bewegliche und auch schwierigere Aufgaben ungehemmt in Angriff nehmende sein. Mit ihrer marktwirtschaftlichen Stellung vertrüge es sich nicht, ihre Entscheide und Anordnungen von vorgängiger umständlicher Willensbildung bei den übrigen Betriebsangehörigen oder gar von Einflüssen außenstehender Dritter abhängig zu sehen. Dafür bieten sich, aus der engeren persönlichen Arbeitsgemeinschaft heraus, mancherlei Gelegenheiten, die jeweiligen Erfordernisse technischer, organisatorischer, wirtschaftlicher und sozialer Natur an Ort und Stelle unmittelbar abzusprechen.

Mit der Notwendigkeit, zur Hauptsache mit dem Zeitlohn zurechtzukommen, muß der Gewerbetreibende um so mehr auf die Weckung und Förderung des Leistungswillens aus den übrigen verfügbaren Ansatzpunkten aus sein. Das bedeutet gebieterische Notwendigkeit, hervorragende Dienste gebührend ebenfalls in der Entlöhnung anzuerkennen und deren Nivellierung abzuwehren. Noch einmal muß sich die Befähigung zur Differenzierung, hier in der Richtung der Einstufung der Mitarbeiter nach dem, was sie leisten und einbringen, bestätigen. Bei aller

Betonung der Vorteile, die den kollektiven Vereinbarungen innewohnen, bedarf es zur Pflege echter Betriebsverbundenheit zwischen den „Patrons“ und ihren Mitarbeitern einigen gewahrten Raums für individuelle Auszeichnungen und frei zugebilligte Gratifikationen. — Bekanntlich wendet die moderne Sozialpolitik als weitere Hebel den Einsatz von Schlichtungsstellen für die Vermittlung drohender oder schon ausgebrochener „kollektiver Arbeitskonflikte“ sowie von Schiedsgerichten und „Gewerbegerichten“ an. Die letzteren sollen für eine vereinfachte Individualrechtsprechung sorgen, die den — als finanziell schwächer eingeschätzten — Arbeitnehmern Ansprüche aus dem Dienstvertrag leichter zu verfechten erlaubt.

Die Systematik unserer Untersuchung verweist den Abriß der tatsächlichen Haltung des Gewerbes zur Sozialreform wie der zur wohlfahrtsstaatlichen Wirtschafts- und Steuerpolitik in die Abschnitte: „Gewerbe und öffentliche Hand“ und „Die Hauptlinien der jüngeren Gewerbepolitik in einigen Ländern“ der Halbbände III 1, S. 109 ff. und III 2, S. 215 ff. Bei erster oberflächlicher Betrachtung mag es als merkwürdig erscheinen, daß sich das Handwerk und die gewerblich ausgerichteten Handels- und Dienste bietenden Betriebe mit den Eingriffen des modernen Wohlfahrtsstaates zur Förderung des sozialen Ausgleichs und um eines umfassenden Arbeitsschutzes willen oft recht schwer tun. Wenn sich ihre Verbände, bei aller grundsätzlichen Anerkennung der dringendsten Erfordernisse, gegen die fortschreitende Verkürzung der zulässigen Höchstarbeitszeiten, die Einführung von Zulagenverpflichtungen zu den Löhnen, die Stärkung der Rechtsstellung der Bediensteten stemmten, konnte in der herkömmlichen Blickrichtung der Eindruck entstehen, daß es mit den mitmenschlichen Gefühlen dieser Arbeitgeber letztlich nicht so weit her wäre und ihre Widerstreben eher von geringer Zugänglichkeit für die Stützung der wirtschaftlich Abhängigen und Schwachen zeugten. Oder sollte am Ende die Produktivität ihrer Betriebe hinter dem zurückbleiben, was die wünschbare Hebung der Existenzmöglichkeiten für die breiten Bevölkerungskreise je länger desto mehr auch von ihnen verlangt?

Indessen gewahrt man heute, daß eine Hauptursache der Schwierigkeiten im vorwiegenden Zuschnitt der Vorschriften und der als nötig eingeschätzten Absicherungen auf die typischen Arbeitsbedingungen in der Industrie und den Großbetrieben steckt. Zudem öffnet gerade zur Stunde das Verlangen nach „Lebensqualität“ für Unzulänglichkeiten bzw. Einseitigkeiten der bisherigen Wohlstands-Maßstäbe, d. h. für deren Ergänzungsbedürftigkeit durch weitere Werte, die Augen. Das dürfte ebenfalls den Boden für eine fortan bessere Mitbedachtnahme auf die arteigenen Arbeitsverhältnisse im Gewerbe bereiten. Wir zeigen auch die Folgerungen aus der tieferen Einsicht in das Wesen und die „Lebensgesetze“ der gewerblich ausgerichteten Betriebe und Unternehmen für deren Ordnung und Förderung in wohl abgestimmtem Zusammenspiel staatlicher Maßnahmen mit solchen der Selbstverwaltung im Bande III 2: „Das Gewerbe im Spiegel seiner Ansprüche an die Wirtschafts- und Sozialpolitik“[34].

IV. Einige statistische Ausweise

Als Frucht methodischer Erhebungen in den Jahren 1951 - 1959 stellte E. Reigrotzki[35] in seinem Beitrag „Betriebliche Sozialpolitik bei Unternehmen verschiedener Größe“ an das Grundlagenwerk: Die Konzentration in der Wirtschaft u. a. fest:

„Die Tatsache, daß das manifeste sozialpolitische Gefälle durch ein gegenläufiges Gefälle, in dem rationale Überlegungen und gefühlsmäßige Imponderabilien mitspielen, kompensiert wird, so daß ein allgemeiner Sog zum Großbetrieb auf dem Arbeitsmarkt keineswegs besteht, geht aus den folgenden Umfrageergebnissen vom Dezember 1959 mit hinreichender Deutlichkeit hervor:

Frage: ‚Einmal angenommen, Sie könnten ganz frei wählen; in was für einem Betrieb würden Sie am liebsten arbeiten: in einem kleinen Betrieb so bis zu 20 oder höchstens 50 Beschäftigten oder in einem mittleren bis zu einigen hundert Beschäftigten oder in einem Großbetrieb mit vielleicht tausend und mehr Beschäftigten?‘

Gliedert man die — allerdings auf sehr schmaler Basis — eingeholten Auskünfte nach der Größe der Betriebe, in der die Befragten beschäftigt sind, so ergibt sich das folgende Bild:

Tabelle 22

Von den in den links aufgereihten Betrieben beschäftigten Befragten wünschten .... % in Klein-, Mittel- oder Großbetrieben tätig sein zu können:

Wirkliche Betriebsgröße	Gewünschte Betriebsgröße			
	Kleinbetrieb	Mittelbetrieb	Großbetrieb	Summe
Kleinbetrieb	70 %	17 %	13 %	100 %
Mittelbetrieb	18 %	52 %	30 %	100 %
Großbetrieb	6 %	16 %	78 %	100 %

Aufschlußreich sind die in freier Antwort angegebenen Gründe für die getroffene Entscheidung. Es ragen jeweils drei Argumente für den Großbetrieb und drei Argumente für den Kleinbetrieb hervor:

[34] Siehe auch *Schmidt*, K.-H.: Systematische Gewerbepolitik als Mittel zur Hebung der Lebensqualität, in: Internationales Gewerbearchiv, 23. Jg. / 1975, Heft 4, S. 194 ff., mit dem Verweis auf den Bericht: *Der Bundesminister für Arbeit und Sozialordnung* (Hrsg.): Qualität des Arbeitslebens, S. 6, 129, 211.

[35] *Reigrotzki*, E.: S. 1466 ff.

Tabelle 23

Freie Antworten	Klein-betrieb	Mittel-betrieb	Groß-betrieb
Für den Großbetrieb:	%	%	%
Die sozialen Einrichtungen sind besser . .	1	3	23
Besser organisiert, moderner, alles geregelt, geregelte Arbeit und Arbeitszeit	1	0	21
Bessere Bezahlung, man verdient mehr . .	2	9	21
Man taucht in der Masse unter	1(?)	0	9
Dauerhafte Arbeit, Sicherheit	—	2	8
Man lernt mehr, besseres Fortkommen, bessere Aufstiegsmöglichkeiten, größere Verantwortung	4	13	14
Für den Kleinbetrieb (Mittelbetrieb):			
Ruhe, weniger Lärm, ruhiger Betrieb, weniger Menschen, in Ruhe arbeiten, gemütlicher	22	5	2
Man ist persönlich geschätzt, nicht nur eine Nummer, mehr familär und freundschaftlich, gegenseitiges Verständnis, Leistung wird mehr geschätzt, man wird berücksichtigt	25	18	0
Besserer Kontakt zu Arbeitskollegen, man kennt sich gut, mehr Kameraden zusammen, nicht so in der Masse	20	25	5
Selten und weniger ausgeprägt für den Mittelbetrieb:			
Gutes Betriebsklima (allgemein)	3	11	1
Besserer Kontakt zu den Vorgesetzten, zum Chef	3	7	1
Der Betrieb hat die richtige Größe, das richtige Mittelding	2	8	2
Der Rest der Antworten ist hinsichtlich der Betriebsgröße ziemlich indifferent:			
Ich habe dort gelernt, bin es so gewohnt, schon lange hier, gefällt mir, bin zufrieden damit	10	6	9
Die Arbeit ist interessanter, abwechselungsreicher, größere Übersicht, mehr Einblick in alle Dinge	9	11	9
Anderes	4	0	2
	107	118	127
Keine Meinung	11	7	4

Damit scheint eine erste hinreichende Grundlage für gezielte weitere Untersuchungen gewonnen. Vielleicht, daß es dazu abgewandelter Methoden bedarf; die Bedeutung solcher Erhebungen ist aber kaum zu überschätzen.

Ferner sind wir heute die Ergebnisse einer Untersuchung des westdeutschen Bundesministeriums für Arbeit und Sozialordnung über die Qualität des Arbeitslebens auszuwerten in der Lage. In einer jüngsten Abhandlung faßt K.-.H. Schmidt die Befunde wie folgt zusammen:

„Darnach waren die befragten Arbeitnehmer des Handwerks und des Baugewerbes im höheren Maße als die Arbeitnehmer insgesamt und die Arbeitnehmer der industriellen Großbetriebe mit den Arbeitsbedingungen ‚zufrieden'. Die Arbeitnehmer des Handwerks und Baugewerbes zeigten sich im besonderen zufrieden mit den Kontakten zu Kollegen, dem Betriebsklima, den Arbeitsplatzbedingungen und der Einkommensform. Eine relativ geringe Zufriedenheit zeigten sie dagegen hinsichtlich der Arbeitszeit und der Arbeitsplatzsicherheit. Hier fielen die Zufriedenheitswerte der Arbeitnehmer in den industriellen Großbetrieben relativ hoch aus. Indessen waren die Arbeitnehmer in geringerem Maße mit den Aufstiegschancen zufrieden als die Arbeitnehmer des Handwerks und Baugewerbes. Die Aufstiegschancen scheinen also von den Arbeitnehmern des Gewerbes günstiger eingeschätzt zu werden als häufig angenommen.

Auch die Befragungsergebnisse zur Berufsmobilität und zum Nutzen der Ausbildung für den Beruf lassen auf verhältnismäßig hohe Zufriedenheitswerte im Gewerbe schließen. Denn im Handwerk und Baugewerbe erwies sich der Anteil der im ursprünglich erlernten Beruf tätigen Personen erheblich höher als in der Industrie und im Durchschnitt der befragten Arbeitnehmer. Ebenso fiel der Anteil derjenigen Befragten, die aus der Ausbildung ‚großen Nutzen' für den Beruf zogen, im Handwerk und Baugewerbe höher aus als in der Industrie und in der Gesamtheit der befragten Arbeitnehmer. Es konnte daraus gefolgert werden, ... daß für das Handwerk und das Baugewerbe die traditionelle Berufsausbildung immer noch relativ funktional ist'. Als Hinweis auf relativ befriedigende Arbeits- und Berufsbedingungen im Gewerbe können ferner der erheblich niedrigere Krankenstand im Handwerk und Baugewerbe als in den industriellen Großbetrieben gelten.

Dabei ergab sich auch ein geringerer Krankenstand der Selbständigerwerbenden als der Unselbständigen. Dieses Ergebnis dürfte mit der stärkeren Arbeitsbelastung und der schärfer ausgeprägten Trennung zwischen dem Arbeitsplatz und der häuslichen Umgebung bei den Arbeitnehmern zusammenhängen. Zum andern wirkt eine größere Identifikation mit der Arbeit sowie eine geringere soziale Sicherung gegen Krankheitsfälle bei den Selbständigen mit[36]."

[36] *Schmidt*, K.-H.: Systematische Gewerbepolitik ..., S. 201 ff.

K. Das gewerbliche Schaffen aus innerer Berufung

I. Geistig-seelische Verankerung

Im praktischen Wirtschaftsleben wirken mit den Beweggründen um die Güterversorgung und den allgemein gesellschaftlichen höchstpersönlich geistig-seelische zusammen. Das trifft auch für das Gewerbe zu. Neben der bäuerlichen Landwirtschaft, der Verpflichtung auf ein Lehramt der verschiedenen Stufen, auf die qualifizierte Auswertung der Heilkunde und die Krankenpflege bieten das Handwerk, in vielleicht etwas begrenzterem Rahmen ebenfalls der Einzelhandel und einige Dienstleistungszweige für „engagierte" Berufstätigkeit am meisten Spielraum. Wenn dem nicht so wäre, müßten manche dieser Branchen im Zuge der letztverflosssenen 70 - 80 Jahre noch mehr gute Kräfte eingebüßt und damit an Boden verloren haben. Bei aller Bestimmtheit des handwerklichen Schaffens durch die Notwendigkeiten der physischen Lebensfristung und die modernen Wohlstandsansprüche schwingt häufig auch ursprüngliche Freude am „Werken" mit. Wie seine Anfänge im europäischen Mittelalter in Religion und Mystik wurzelten, berichten heutige Ethnologen, daß z. B. das afrikanische immer noch seine Spitzenleistungen im Dienste des Sakralen zustande bringe. Jedenfalls vermag es mit am stärksten den ganzen Menschen in seinen Bann zu ziehen und die Hingabe an seine Obliegenheiten zu einer Berufung zu erhöhen. Wo der ganze Erfolg von sehr anpassungsfähiger Arbeitsausführung abhängt, weckt dies auch die nötige Aufmerksamkeit dafür. Gesellen sich noch Wegleitungen einer renommierten Familientradition und gehobener Ansprüche der Auftraggeber und Käufer dazu, so sensibilisiert der Ehrgeiz, deren Erwartungen besonders gut gerecht zu werden, vollends für tieferes Erleben. Die fachliche und kaufmännische Ausbildung, zumal die in der Mehrzahl der Länder Westeuropas betriebene, auf die Vermittlung umfassenden Könnens hin angelegte, verstärkt ihrerseits die Einsatzbereitschaft für hervorragende Leistungen. Damit kann die Betätigung im Handwerk als langer Hebelarm der persönlichen Entfaltung wirken. Von dieser Ebene aus gibt es eine Stufenleiter bis zur schöpferisch gestaltenden Kunst. Nicht von ungefähr betonen Sachkenner, daß jedes hervorragende Künstlertum nur auf der Grundlage echter handwerklicher Fähigkeiten und Fertigkeiten möglich sei.

Die Zusammenhänge lassen sich am besten durch einige Zeugnisse aus der Literatur- und Kunstgeschichte belegen und verdeutlichen. Sie erschließen eindrucksvolle Einblicke in die Verbindung des wirtschaftlichen Sinns des Handwerks mit seiner außerwirtschaftlichen, sogar metaphysischen Verbindung. Zu welchem Grad diese Verankerung im selbständigen gewerblichen Dasein gedeihen kann, hat an einem Fall der Existenzgefährdung Alphonse Daudet[1] mit einem seiner „lettres de mon moulin" aufgezeigt. Einige Schriftsteller offenbaren die Tragweite scheinbar alltäglicher Entscheidungen. In diesem Sinn schreibt J. Ruskin:

„Wohlverstanden, man muß hierin eine gestrenge Wahl treffen: ob man blinde Werkzeuge oder Menschen haben will. Beides zusammen geht nicht. Es liegt nicht in der Absicht der Natur, daß Menschen exakt wie Werkzeuge schaffen, daß jeder Kraftaufwand vollkommen präzise sei. Wenn man dies von ihnen verlangt und fertig bringen will, daß ihre Finger taktgemäß schaffen wie Kammräder, ihre Arme Kurven ziehen wie Zirkel, dann muß man sie entmenschlichen. Ihre ganze Geistesenergie muß dann herhalten, damit sie aus sich Kammräder und Zirkel machen... So werden Seele und Gesicht abgestumpft, bis der ganze Mensch schließlich verloren geht."

Ein anderer Autor, Lewis Mumford, gibt zu bedenken:

„Von der menschlichen Seite betrachtet, liegt der wesentliche Unterschied, der von den Anhängern des mechanischen Prinzips meist übersehen wird, in dem Umstand, daß die Arbeit an der Maschine Frondienst, das Handwerk aber eine Lebensform ist. Die Verrichtungen bei den mechanischen Berufen sind ihrer Natur nach Sklavendienst, denn sie zwingen den Arbeiter, das von der Maschine festgesetzte Tempo einzuhalten und dem von dem Zeichner festgesetzten Modell peinlich nachzugehen, so daß er nur das ausführende Instrument eines fremden Willens ist, während die handwerklichen Berufe relativ frei sind, sofern sie dem Arbeiter eine gewisse Auswahl zwischen verschiedenen Typen und Arbeitsmethoden lassen[2]."

Diese Betonung der Unterschiede mag für viele Beschäftigungen eine übertriebene sein; dennoch zeigt sie Zusammenhänge auf, die kaum je überschätzbar sein dürften. Der Gewerbetreibende muß sich durch die praktische Tat, durch die Bewährung auf dem Markte behaupten; er kann sich Rechthabereien und Vorurteile über das zu Bietende meistens nicht leisten. Wie sehr sich diese Nötigung in eine Gunst, ja wieder in eine Freiheit zu verkehren vermag, hat keinem geringeren als J. W. von Goethe Eindruck gemacht. Goethe meint, die Wissenschaft hätte keine Ursache, auf jene „treuen fleißigen Menschen" als auf „nur werkzeugliche Tätler" herabzusehen, denn sie verdanke ihnen mehr, als man ge-

---

[1] *Daudet,* A.: Le secret de maître Cornille, Lettres de mon moulin, Paris 1951; *Zola,* E.: Au bonheur des dames, Paris 1883. Wir erinnern ferner an: *Mummenhoff,* E.: Der Handwerker, in der Sammlung: Die deutschen Stände in Einzeldarstellungen, Jena 1925; *Muthesius,* K.: Goethe und das Handwerk, Leipzig 1927; *Scheffer,* K.: Lesebuch aus dem Handwerk, Berlin 1946; *Mori,* A. de: Artigianato italiano, Firenze 1947; *Spaan,* J. B. Th.: De Glorie van het Ambacht, Antwerpen 1941, und die in diesen Werken angegebenen weiteren Schriften; *Ruskin,* J.: Vom Handanlegen in der Arbeit, in: *Gatz,* K.: S. 36.

[2] Vgl. *Mumford,* L.: Handwerken — eine Forderung der Menschenwürde, zitiert in Gatz, K.: S. 39.

meinhin annehme. Sie, die ein „laborioses und ernstes Leben führen", hätten den „gesunden, gradblickenden Menschenverstand". In ihrem einfach-handwerklichen, immer der Sachwirklichkeit zugewandten Tun, bei dem es sich auf der Stelle zeige, was richtig und was falsch sei, werde er entwickelt und geschärft; durch philosophische Spekulation und intellektuelle Überspitzung gehe er nur zu oft verloren, so daß man auf solche Menschen das Sprichwort anwenden könne: „Ihm fehlt es nicht an geistigen Eigenschaften, doch gar zu sehr am greiflich Tüchtighaften[3]."

Dieses Erfordernis der Bewährung, für die Kunden wirklich da zu sein und ihre Erwartungen zu erfüllen, nötigt zur Konzentration auf einzelne Fachgebiete, was wieder die Persönlichkeit formen hilft. Wer wahrhaftig und gewissenhaft bleibt, wird aus den Rohstoffen, dem Werkzeug oder aus seinem Leistungsangebot nicht mehr machen wollen, als er sich selbst davon versprechen darf. Damit lernt er nicht zuletzt seine eigenen Grenzen kennen, was wieder die Bereitschaft zur freien Einordnung in die gesellschaftliche Umwelt fördert. Das Zusammenspiel von Verpflichtung und Möglichkeit der Arbeitsgestaltung nach einem eigenen Gutfinden ist geeignet, Berufswahl und Berufsausübung als so etwas wie von Natur Vorgezeichnetes erscheinen zu lassen:

„Ihr sehet wohl ein, daß der Ablauf aller Handgriffe der Handwerksarbeit eine der persönlichen Initiative des Handwerkers unterworfene Harmonie ist, daß darin recht eigentlich das Wesen des Handwerks besteht, daß gerade diese Initiative dazu angetan ist, Leidenschaften in dem Handwerker zu wecken, ihn mit starken Banden an das Leben zu fesseln[4]."

II. Die Verpflichtung zur Qualitätsarbeit

Schon im Mittelalter bildete das Handwerk den günstigsten Nähr- und Resonanzboden für Gefühle der Verantwortung gegenüber Obrigkeit und Bürgerschaft, des Dienens auf höheres, überweltliches Geheiß. Daraus leiteten sich u. a. die strengen Ehrbegriffe ab:

„Man arbeitete und arbeitete gut. Es lag im Wesen der Arbeit selbst, daß sie eben gut gemacht sein mußte; es gab keine Wahl. Ein unglaublich tiefes Gefühl lebte in einem für das, was wir heute die ‚sportliche' Ehre nennen ... Davon war das ganze Leben durchtränkt. Eine bodenlose Abscheu vor aller schlecht getanen Arbeit, eine Verachtung für den Pfuscher, tiefer als sie ein hoher Herr zur Schau trägt ... Alle Ehren flossen in dieser einen Ehre zusammen ... Häufig waren Heim und Werkstatt miteinander verschmolzen. Die Ehre des Hauses und die Ehre der Werkstatt waren ein und dieselbe[5]."

---

[3] Vgl. *Muthesius:* S. 75.

[4] *Giono,* J.: Im Handwerk geht es um den ganzen Menschen, in: *Gatz,* K.: S. 48.

[5] *Péguy,* Ch.: Das Glück der Arbeit haben viele jetzt verloren, in: *Gatz,* K.: S. 22.

Diese Ehrbegriffe waren ebensosehr Ausdruck des Selbstgefühls als der Bereitschaft, der Allgemeinheit und dem Herrgott für das, was man tat und bot, gut zu stehen.

Wie ehedem bergen die vom Handwerk zu betreuenden Bedarfslagen noch in der jetzigen verweltlichten Zeit günstige Voraussetzungen für die Erneuerung dieser Gewissenhaftigkeit. Die Vielseitigkeit der erforderlichen Kenntnisse und Fertigkeiten, die Wahrung des Spielraums für die Arbeit nach individuellem Ermessen sowie des Überblicks über den Sinn des Werkens regen nach wie vor zur Unterwerfung unter höhere Maßstäbe an. So wurzelt das Streben nach verbesserter Qualität wohl zum Teil in den anfänglichen technischen Schwierigkeiten, überhaupt einmal Befriedigendes zustandezubringen; es entspringt aber erst recht den Gelegenheiten und dem Ansporn von Aufträgen, die von vorneherein höhere Ansprüche an die Tüchtigkeit stellen[6].

Der Schriftsteller H. Hiltbrunner glaubte in diesem Drange sogar das Grundgesetz des handwerklichen Schaffens zu entdecken:

„Was geht da vor; wie geht es vor? Nicht anders, als heute noch jeder gute Handwerker hinsichtlich seines Materials und seiner Absicht vorgeht: Er wird alles, was ihn ablenken könnte, von sich tun; er wird nach bestem Wissen und Vermögen sich mit seinem Material identifizieren; er selber ganz und gar eins sowohl mit seinem Material als auch mit seinem Gegenstand. Dadurch, daß er sich selber zugunsten seines Vorhabens aufgibt, wird er auf eine seltsame Weise alle Gesetze seines Materials inne; er wird auf dem Wege des Instinktes all das Wissen erreichen, das er braucht, um zu seinem Ziele zu kommen ...

Fertigmachen, so gut als möglich machen — das ist noch heutigentages das Kennzeichen handwerklichen Arbeitens, soweit es Vollendung erreicht hat, das ist noch zur Stunde die Forderung, die jeder rechte Handwerker an sich stellt.

Fertigmachen — kein großes Wort, ein Alltagswort! In den Ohren derer, die ihr Leben lang nichts fertig bringen, tönt es wie Spießigkeit, Pedanterie, Hausbackenheit; demjenigen aber, der das Rechte, Gute und Vollendete will, ist es ein kategorischer Imperativ. Es ist somit die kürzeste Formel für das werktätige Verhalten, das moralische Gesetz alles Schaffens in kürzester Lesart. Nur der Handwerker hat sein Arbeitsgesetz so lapidar ausdrücken können[7]."

Davon, wie sich auf dem Boden solchen Könnertums und solcher Zucht die eigentliche Kunst zu entfalten vermag, zeugt P. A. Renoir:

„Wir können nichts mehr und sind unserer Sache nicht mehr sicher. Betrachtet man die Werke der Alten, so vergißt man, sich aufzuspielen. Vor allem waren diese Leute bewunderungswerte Handwerker. Sie verstanden ihr Handwerk! Darin liegt alles! So ist die Malerei zuerst ein Handwerk, das man

---

[6] So sollen nach dem Verfasser gegenüber gemachten Äußerungen österreichischer Möbelschreiner die meistens sehr persönlich geprägten Ausstattungswünsche des früheren Adels für eine Auswahl bester Berufskräfte eine einzigartige Schule verkörpert haben.

[7] *Hiltbrunner*, H.: S. 61 ff.

als guter Handwerker ausüben muß, und keine Schwärmerei. Wenn wir an die Lehrzeit der Maler früherer Zeiten denken, dann müssen wir uns vorweg dessen gegenwärtig sein, daß sie sich in ihrem Wesen nicht von der Lehrzeit der anderen Handwerke unterschied. Der Malerlehrling zeichnete in der Werkstatt nicht nur, sondern er lernte auch, Pinsel anzufertigen, Farben zu reiben, Holzplatten und Leinwand zu präparieren. Nach und nach wurde er in die Schwierigkeiten dieses Handwerks eingeweiht, vor allem in die so erschrekkend schwierige Farbenanwendung, die nur eine von Geschlecht zu Geschlecht wachsende Erfahrung möglich machen kann. Nie stand diese strenge Lehrzeit, die den jungen Malern auferlegt wurde, der Entwicklung ihrer Eigenart jedoch im Wege[8]."

Schließlich steckt in diesen Anforderungen und Impulsen noch etwas. Wo es vollen Einsatz menschlichen Wollens, vielfältiger Fertigkeiten und anderer Talente zu erbringen gilt, regt sich auch die Genugtuung über das Zustandegebrachte. Lust zur Meisterung der beruflichen Obliegenheiten und Eifer dafür, vielleicht noch durch Ideale beschwingt, vermögen selbst in der nüchternen Gegenwart die Menschen noch aufzulockern. Die Lebenskraft mancher Handwerkszweige ist erst damit, daß manche ihrer Angehörigen noch anderes als Geldeinkünfte und zwar zum guten Teil ebenfalls Genugtuung erzielen wollen, zu erklären.

III. Kehrseiten der Verwurzelung im Handwerk

Diese Verwurzelung in allgemein menschlichen und geistigen Bereichen hat volkswirtschaftlich allerdings ihre Kehrseiten: Wer den Beruf nicht nur um des Erwerbes willen, sondern als Lebensaufgabe ausübt und sich in ihn hineingeboren fühlt, löst sich nur noch mit Mühe davon. Die vom ausschließlich wirtschaftlichen Blickwinkel aus vielleicht wünschbare leichte Verpflanzbarkeit der „persönlichen produktiven Kräfte" auf verschiedenste Verwendungen, je nach den Schwankungen der Marktverhältnisse, erfährt dadurch eine erhebliche Beeinträchtigung. Das trifft besonders dort zu, wo Berufslehre und berufliche Fortbildung bedeutende Zeitaufwände, von mehreren Jahren, und zwar des aufnahmebereitesten Alters, mit Beschlag belegen. Die Erfahrung lehrt, daß Zwänge, später die Betätigungsgebiete zu wechseln, manche Menschen, die sich in ihre angestammten Berufe intensiv einlebten, geradezu in ihrer Individualität treffen können. So sehr die berufliche Ertüchtigung die Anpassung an langsame Bedarfsverschiebungen zu erleichtern imstande ist, weckt sie Hemmnisse gegen die rasche Preisgabe der erworbenen Fertigkeiten je nach den kürzerfristigen Verschiebungen in den Nachfragesituationen.

Mitunter sind allerdings die Anstrengungen um die fortwährend verbesserte Leistung noch eine verminderte Beweglichkeit der Handwerker gegenüber dem Wandel der Verbraucherwünsche zu verschulden imstan-

---

[8] *Renoir,* P. A.: Nur hochgespannte Geister handwerken recht, in: *Gatz,* K.: S. 43.

de. Da die Erbringung von Leistungen hoher Qualität häufig eine entsprechende geistige Haltung verlangt und weniger Bedachtnahme darauf übermächtige Versuchungen zum Nachlassen im Vollkommenheitsstreben wecken kann, wird es begreiflich, daß tüchtige Handwerksmeister auf das Vorliebnehmen von Auftraggebern und Käufern mit weniger guten nur mit Widerstreben eingehen. Daraus entstehen leicht Benachteiligungen im Wettbewerb; da und dort hat schon eine Abkehr vom Bemühen um beste Arbeit Platz gegriffen, mit der Folge, daß hernach für die Befriedigung wieder erwachender höherer Ansprüche keine diesen gewachsene Könner mehr zur Verfügung stehen.

IV. Die Berufsfreude im Einzelhandel und in den Dienstleistungszweigen

Ähnliche Möglichkeiten wohnen, freilich in verkürztem Masse, den Zweigen der Dienstleistungswirtschaft und dem klein- und mittelbetrieblichen Einzelhandel inne. Anstelle der körperlichen Werkanfertigung können die Anforderungen der Dienstleistung Ansatzpunkte zur gefühlsmäßigen oder allgemein geistigen Verankerung der Berufstätigkeit bieten.

Allerdings wartet das Schrifttum mit weniger Zeugnissen der vollen Hingabe an die zu erfüllenden fachlichen und geschäftlichen Obliegenheiten als für das Handwerk auf. Eine erste kennzeichnende Würdigung hat weniger das persönliche Erleben der Berufstätigen als die Eigenschaften im Auge, die der gute Kaufmann mitbringen bzw. aufweisen soll.

Nach Joh. Heinrich Jung (Jung-Stilling): Gemeinnütziges Lehrbuch der Handlungswissenschaft, 2. Aufl. Leipzig 1799, muß der Handelsmann

„vor allen Dingen den Handlungsgeist besitzen, das heißt, seine Seele muß mit Lust zu diesem Geschäft angefüllt sein und geschwind alles durchschauen können, was Nutzen oder Schaden bringt; mit einem Wort: er muß zur Handlung geboren sein". Weiter müssen „Vorsicht und Behutsamkeit, Klugheit und ... alle seine Handlungen leiten, damit ihn kein unreifer Hasard, kein unüberlegtes Zutrauen zu unsicheren Personen zugrunde richte. Geschwind im Entschluß, ordentlich in allen Geschäften, verschwiegen, wachsam, freundlich und höflich, freigebig ohne Verschwendung, herzhaft und gesund muß ein Mann sein, der recht mit Glück und Beifall handeln will[9]."

Ein zweites Bild gilt bereits wieder den Nöten des Kleinhändlers, indem der Großstadtroman „Au bonheur des dames" aus der zweiten Hälfte des vorangegangenen Jahrhunderts von Emile Zola den Kümmernissen Ausdruck verleiht, in denen der angestammte Krämer in der Nachbarschaft des rasch emporwachsenden Warenhauses, von dessen Konkurrenz bedrängt, zu ersticken fürchtet.

[9] Zitiert bei *Seyffert*, R.: Wirtschaftslehre des Handels, 5. Aufl. (Hrsg. Sundhoff, E.), Köln/Opladen 1972, S. 40.

Gleichwohl gibt es bis auf den heutigen Tag ebenfalls Kaufleute sowie Gastwirte und Hoteliers aus Berufung, und es fehlen auch die Coiffeurmeister, Inhaber von Transportunternehmen und Automechaniker mit besonderen Genugtuungserlebnissen aus ihrer Berufstätigkeit nicht. Sie zeichnen sich meistens durch mustergültige Leistungen der aufmerksamsten, „gepflegten“ Bedienung der Kunden aus. Für das Gastgewerbe seien als Beispiele besonderer persönlicher Einsätze nur Namen wie Ritz-Paris, Kempinski-Berlin, Sacher-Wien, Seiler-Zermatt und auch Frey-Fürst Bürgenstock bei Luzern genannt. Zu diesen führte tieferes Erfühlen der Bedeutung der zu betreuenden Aufgaben, das nicht selten viel mehr auf Spitzenleistungen abzielen als eine größtmögliche erwerbswirtschaftliche Ausbeute der Aktivität anstreben ließ.

Tatsächlich wächst gegenwärtig — mit der verbesserten Schulung — allmählich wieder der Kreis echter Kaufleute, denen ihre Vermittlungsaufgabe Schwung verleiht und die den Dienst am Kunden zu einer Sache ihres Ehrgeizes und Gewissens machen. Dabei läßt sich gerade aus der Ausrichtung der Betriebstätigkeit auf die Befriedigung differenzierter Wünsche, durch Kundenberatung und Abstimmung des Sortiments auf höher gespannte und vielfältige Ansprüche mit am meisten persönliche Genugtuung schöpfen. Nicht mehr einfach verkaufen wollen, was die Industrie jeweilen anbietet:

„Der Kaufmann muß sich seiner Stellung als Anwalt des konsumierenden Publikums bewußt werden. Er muß seiner Kundschaft ein sachkundiger Berater werden und soll vom Fabrikanten nur Waren verlangen, die dem Qualitätsideal und den Anforderungen der Zweckmäßigkeit ebenso wie denjenigen des guten Geschmackes entsprechen. Dann wird er auch das in erster Linie berufene Organ für die Erziehung des kaufenden Publikums bilden. Dann — aber auch nur dann — wird er seine Kulturaufgabe vollauf erfüllen und erfolgreich an der Herbeiführung gesunder volkswirtschaftlicher Verhältnisse mitwirken können[10].“

Mit solchen Zielsetzungen vermag sich der Händler über den „Krämer“ zu erheben, sich zum guten Kaufmann aufzuschwingen. So oft und soweit diese tiefere Bindung an die Berufe zustande kommt, überträgt sie sich aber — als Gegenstück zum gesteigerten handwerklichen Gestaltungswillen — in ein verstärktes Verlangen darnach, im einmal gewählten Sinne fortarbeiten, d. h. den Betrieb und die darauf begründete eigene Existenz ohne merkliche Einbrüche oder Wechsel der Leistungen fortführen zu können. Jede volkswirtschaftliche Würdigung, welche den praktischen Verhältnissen im Handwerk, im Handel und in den Dienstleistungszweigen gerecht werden und namentlich das Phänomen der Qualitätserzeugung richtig erfassen soll, muß dieser Einbettung des wirtschaftlichen Geschehens in allgemeinere menschliche Vorbedingungen und Beweggründe die gebührende Beachtung schenken.

[10] *Hättenschwiller,* A.: Kaufmännische Ideale, zitiert bei *Kurer,* A.: Von Mittelstandspflicht und Mittelstandsrecht, Solothurn 1916, S. 8.

V. Die enge Verbindung der Gewerbetreibenden mit ihrer gesellschaftlichen Umwelt

In der gewonnenen Charakteristik liegt eine weitere enthalten: Wirtschaftende, die sich im Unterschied zur Durchschnittsbefriedigung eines Massenbedarfes um die Deckung vielfältiger und stark wandelbarer Bedürfnisse bemühen, müssen in besonders enge Berührung mit der Zivilisation und Kultur der Volksschichten kommen, für die sie tätig sind. Die auf die Befriedigung dieses Bedarfs ausgerichteten Formen der Produktion und der Warenvermittlung werden einer starken Prägung durch den nationalen und regionalen Lebensstil bzw. die Eigenheiten der Käuferschaft unterliegen. Dem Gewerbe fallen hauptsächlich zwei große Gruppen der modernen Gesellschaft zu bedienen zu: einerseits der alteingesessenen „bodenständigen“ Kreise, andererseits der zu Wohlstand gelangenden, die sich von der Überlieferung lösend, aus Fortschrittsglauben oder Auszeichnungsstreben ihre eigene Welt zu bereiten suchen.

Die ersteren bleiben dem Herkommen, zugleich aber doch schon der Individualisierung der Versorgungsanliegen, im Rahmen der Einordnung des „Ich“ in eine mehr oder weniger festgefügte Gemeinschaft, zugewandt. Die zweitgenannten neigen zu großbürgerlicher Lebensführung, wobei sie fremde Wesensart und Errungenschaften der Technik und des Geistes übernehmen, aber persönlich profilierte Ansprüche damit verbinden.

Weckt die Bedienung anspruchsvoller Abnehmer erhöhten Schaffenseifer, so muß sich das in einer starken Prägung der erbrachten Dienste durch die äußere und innere Haltung der diese bietenden Fachleute in den verschiedenen Ländern, Regionen und Ortschaften, bis zum Lokalkolorit, niederschlagen. Offensichtlich zutreffend hat W. Wernet die hohe „Affinität“ des Handwerks zu seiner gesellschaftlichen Umwelt, deren Lebensformen im Unterschied zu den uniformierenden Einflüssen der industriellen Güterangebote betont[11]. Dem deutschen und österreichischen Handwerk sind, bei näherem Zusehen sich deutlich abhebend, manche andere Einzelzüge als dem französischen und italienischen, und wieder andere als dem nordländischen eigen. Für Großbritannien konnte es bis vor kurzem überhaupt fraglich erscheinen, als ob es dort ein dem kontinentalen vergleichbares gebe. Die Bedingtheiten durch die Betätigungsräume bestätigen sich auch innerhalb der Ländergrenzen, vorab zwischen der Stadt und den ländlichen Verhältnissen.

In sie ist die Abhängigkeit der Anlage, Ausmaße und Geschäftsgebaren der gewerblichen Unternehmen von den Wirtschafts- und Gesellschaftsstrukturen der Einzugs- und Absatzbereiche eingeschlossen. Unverkenn-

---

[11] *Wernet*, E.: Handwerkspolitik, S. 28.

bar wirkt sich der Umstand, daß allen Verkehrsverbesserungen zum Trotz manche Bedarfe nach wie vor aus der Nähe, von der unmittelbaren Fühlung der Nachfragenden mit ihren Beauftragten und Vertrauens-Bezugsquellen Nutzen ziehend, gedeckt werden wollen, weit über die wirtschaftlichen Belange hinweg aus. Wie die seinerzeitigen Vorschläge Rosenstocks zur „Werkstattaussiedlung" und Empfehlungen Hellpachs, die Vorteile der „Gruppenfabrikation" auszuschöpfen, bewahrt der Hinweis W. Röpkes auf eine größere Dorfgemeinde mit vielfältig zusammengesetzter Wirtschaft als Beispiel einer günstigen Dezentralisation seine Berechtigung:

„Es (das Dorf) liegt irgendwo im Berner Mittelland und beherbergt mit seinen 3 000 Einwohnern neben den Bauernhöfen folgende Kleinindustrien, Gewerbe und Berufe: eine ganz im Dorfmilieu versteckte Maschinenfabrik von 100 Arbeitern mit weitem Rufe für landwirtschaftliche Spezialmaschinen, eine Leinenweberei und Leinenbleicherei, eine moderne Buchdruckerei, eine Brauerei, eine Stuhlfabrik, eine Obstmosterei, eine Verzinkerei, eine Leinengarn- und Halbgutfabrik, eine Käserei, eine Handelsmühle, eine Möbelfabrik, eine Käseexportfirma, Holzhandlungen und Sägereien, eine Zichorienfabrik, eine Werkzeugschmiede, Gärtnereien, Maurergeschäfte, eine Seilerei und eine lange Reihe von offenbar wohl gedeihenden Handwerkern (Schreiner, Kaminfeger, Küfer, Korbmacher, Sattler, Maler und Gipser, Spengler, Coiffeure, Elektrotechniker, Schneider, Schuster, Dachdecker, Bäcker, Metzger, Hafner, Uhrmacher und Gärtner). Das kulturelle Niveau dieses kleinen Ortes wird gekennzeichnet durch eine ansehnliche und auf anspruchsvolleren Geschmack eingerichtete Buchhandlung, durch eine Musikinstrumentenhandlung und durch eine Sekundarschule[12]."

In der nachbarschaftlichen Mischung solcher Betriebe steckt noch mehr als Gunst der Standorte und der Arbeitsorganisation. Namentlich ein vielseitig entfaltetes örtlich verwurzeltes Gewerbe läßt über die Möglichkeiten der besonders anpassungsfähigen Hervorbringung von Gütern hinaus vielerlei fruchtbare persönliche Querverbindungen entstehen. Diese dichteren Beziehungsgeflechte bergen ihrerseits Appelle zur Bewährung im Alltag und fördern auch den Sinn der einzelnen für natürliche Rangordnungen der „Interessen". Aus dem Austausch von Arbeiten, Erzeugnissen und Diensten über kürzeste Wege, ohne viel Zwischenvermittlung, erwachsen Gefühle der Zusammengehörigkeit und des Aufeinander-angewiesen-Seins. Am Ende können sogar Gegengeschäfte zum Ausdruck durchaus rationeller Anschlüsse an das Marktgeschehen und lohnender tieferer Vertrauensverhältnisse zwischen den jeweiligen Partnern werden. Solche verzweigte Kontakte unter gesellschaftlich weniger unterschiedlich gestellten Subjekten bewahren auch am ehesten den Boden für die persönliche Unabhängigkeit der Beteiligten, was in Regionen und Ortschaften, die ihren Wohlstand zur Hauptsache einzelnen Großunternehmen verdanken, nicht überall selbstverständlich zu bleiben

[12] *Röpke*, W.: Civitas Humana, Zürich 1944, S. 81.

braucht. Zugleich nähren sie am meisten noch so etwas wie spontane Solidaritäten, die u. a. in der Schweiz der Jahre des zweiten Weltkrieges die freie Mitbetreuung der Betriebe zur Armee einberufener Handwerksmeister, Kaufleute usw. durch Nachbarn und Berufskollegen auszulösen vermochte[13].

Dieses organische Zusammenleben in engeren Bereichen hat im Schrifttum bis vor kurzer Zeit — vielleicht, weil es zu nahe lag — wenig Beachtung gefunden. Seine Bedeutung tritt aber bei Vergleichen mit demjenigen in den Großstädten, den großen Industrieplätzen und deren Vororten sofort zutage. Hier ein von näheren Einblicken in das Schaffen und die Lebensmöglichkeiten der einzelnen, sowie in die Bedürfnisse des Gemeinwesens getragenes Miteinander, dort ein loses Nebeneinander, das sich immer mehr auf die „großen" Vorgänge im Rampenlicht der Öffentlichkeit an einigen wenigen Brennpunkten der gesellschaftlichen Aktivität ausrichtet. Im Zuge der Industrialisierung und Entwicklung der Großunternehmen mit deren Zusammenballung auf bevorzugte Räume versorgen sich fortschreitend breitere Konsumentenkreise außerhalb ihrer Wohnorte, suchen sie auswärts die Geselligkeit und übergeben sie die Wahrnehmung ihrer Standesbelange, häufig sogar ihrer allgemeinpolitischen Anliegen zusehends zentralistischeren Organisationen. Bei aller Unumgänglichkeit der Anlehnung an Parteien, Verbände, Genossenschaften ist ebenfalls der Effekt der Aufspaltung der modernen Gesellschaft in Vertikalkolonnen mit geringerer Fühlung zwischen deren Gliedern über ihre Grenzen hinweg und entsprechend geringeren Anregungen zum Ausgleich der Ansprüche bereits im Kleinen zu beachten.

Das von mancherlei wirtschaftlichen Querverbindungen durchsetzte stark nachbarschaftliche Zusammenleben mag dann und wann auch seine Schwächen zeigen, z. B. gegenüber den Impulsen und Aufklärungen von außen vorerst weniger offen sein. Dafür erweist es sich fast in aller Regel als gefestigter, was ihm, wenn es sich nicht in Engstirnigkeiten verliert, doch wieder zu arteigenen Befähigungen, die Außenwelt mit auf sich wirken zu lassen und Beiträge zur Förderung des Gesamtwohls zu leisten verhilft.

So oblag uns zwar, als u. E. aktuelle und bedeutungsvolle Aufgabe, einmal das Handwerk und das weite übrige Gewerbe möglichst konsequent als Teil der modernen Volkswirtschaften ins Auge zu fassen und zu ergründen. Unser Vorhaben will aber nicht etwa deren Einbettung in allgemein soziale bzw. soziologisch relevante Zusammenhänge verdecken, sondern wir meinen, daß diese ihrerseits noch besser zu erhellen seien.

---

[13] *Anderegg*, E.: Das Standortsproblem im Gewerbe als Ausgangspunkt einer aktiven Gewerbepolitik, in: Beiträge zum 2. gewerblichen Hochschulkurs, St. Gallen 1942, S. 15 ff.

Schriftenreihe des Schweizerischen Instituts für gewerbliche Wirtschaft an der Hochschule St. Gallen für Wirtschafts- und Sozialwissenschaften

Das Gewerbe in der freien Marktwirtschaft

Von Alfred Gutersohn

Band II

Die betriebswirtschaftlichen Eigentümlichkeiten — Die gewerblichen Verbände — Die Verflechtungen des Gewerbes mit dem Markt. 1962. 417 Seiten, broschiert, sfr. 36,—

Aus dem Inhalt: 1. Die betriebswirtschaftlichen Eigentümlichkeiten — 2. Die gewerblichen Verbände — 3. Die gewerblichen Genossenschaften — 4. Die Bestimmung der Preise im Gewerbe — 5. Die Marktstellung des Gewerbes in der Rohstoff-, Halbfabrikate- und Warenbeschaffung — 6. Die Bedeutung der Untervergebungen — 7. Das Gewerbe im Wandel der volkswirtschaftlichen Verhältnisse

Band III / 1. Halbband:

Finanzierungsbedarf und Kreditversorgung des Gewerbes — Gewerbe und öffentliche Hand. 1974. 194 Seiten, broschiert, sfr. 35,—

Aus dem Inhalt: 1. Finanzierungsbedarf und Kreditversorgung des Gewerbes: Allgemeines, Die Strukturen des Kapitalbedarfs, Eigenheiten des Kapitalbedarfs der gewerblichen Betriebe, Die Finanzierung der gewerblichen Betriebe, Die Kreditversorgung des Gewerbes in einigen europäischen Ländern, Die jüngste Entwicklung — 2. Gewerbe und öffentliche Hand: Zwiespältige Beziehungen zwischen Gewerbe und öffentlicher Hand, Die Beziehungen des Gewerbes zur Bürokratie, Das Gewerbe und die Steuern

Band III / 2. Halbband:

Das Gewerbe im Spiegel seiner Ansprüche an die Wirtschafts- und Sozialpolitik. 1974. 291 Seiten, broschiert, sfr. 35,—

Aus dem Inhalt: 3. Das Gewerbe im Spiegel seiner Ansprüche an die Wirtschafts- und Sozialpolitik: Gewerbepolitik als Äußerung der Wirtschaftspolitik, Grundzüge der Gewerbepolitik, Steuernde Eingriffe — aktuelle Hauptprobleme der Gewerbepolitik, Gebotener Gewerbeschutz — die Mittel des Gewerbeschutzes, Abschließende Feststellungen zur Gewerbepolitik, Die Hauptlinien der jüngeren Gewerbepolitik in einigen Ländern

Schulthess Polygraphischer Verlag AG, Zürich

Mathematik für Volks- und Betriebswirte. Eine Einführung in die mathematische Behandlung der Wirtschaftstheorie. Von R. G. D. Allen. Übersetzt von Prof. Dr. E. Kosiol. 3. Aufl. XV, 572 S. 1963. Ln. DM 54,—.

Mathematische Wirtschaftstheorie. Von R. G. D. Allen. Aus dem Englischen übersetzt von G. Kade. XXII, 988 S. 1971. Ln. DM 98,—.

Makroökonomische Theorie. Eine mathematische Analyse. Von R. G. D. Allen. Aus dem Englischen übersetzt von E. Fürst und F. Schebeck. XI, 469 S. 1972. Ln. DM 58,—.

Allgemeine Volkswirtschaftslehre. Ein Einführung. Von Adolf Weber. 7. Aufl. XXVII, 738 S. 1958. Ln. DM 44,—.

Theoretische Volkswirtschaftslehre als System der Wirtschaftstheorie. Von W. Weddigen. 3., durchgesehene und ergänzte Aufl., 8.—10. Tausend. 388 S. 1964. Brosch. DM 22,60; Ln. DM 26,60.

Grundkurs in Volkswirtschaftslehre. Von L. Hübl, W. Meyer und W. Ströbele. 2., überarbeitete Aufl. 140 S. 1975. DM 16,60.

Grundkurs in Mikroökonomie. Von L. Hübl, R. Ertel, W. Meyer und W. Ströbele. 143 S. 1977. DM 18,60.

Der Haushalt. Eine Darstellung seiner volkswirtschaftlichen Gestalt. Von E. Egner. 2., umgearbeitete Aufl. 475 S. 1976. DM 68,—.

Theorie der wirtschaftlichen Entwicklung. Eine Untersuchung über Unternehmergewinn, Kapital, Kredit, Zins und den Konjunkturzyklus. Von J. Schumpeter. 6., unveränderte Aufl. XXVI, 369 S. 1964. Ln. DM 38,60.

Das Wesen und der Hauptinhalt der theoretischen Nationalökonomie. Von J. Schumpeter. 2., unveränderte Aufl. XXXII, 626 S. 1970. Ln. DM 66,60.

Außenwirtschaft. Die internationalen Wirtschaftsbeziehungen. Von A. Kruse. 3. Aufl. XIV, 737 S. 1972. Ln. DM 68,—.

Grundfragen der Wirtschaftspolitik. Von R. Büchner. 2., neubearbeitete und erweiterte Aufl. 136 S. 1973. DM 19,60.

Wirtschaftspolitik. Von W. Heinrich. 2., neubearbeitete Aufl. Bd. I: XXIII, 475 S. 1964. Ln. DM 56,60; Bd. II/1: XX, 311 S. 1966. Ln. DM 42,60. Bd. II/2: XIX, 311 S. 1967. Ln. DM 42,60.

Steuerüberwälzungslehre. Theoretische und empirische Verteilung von Abgaben und Kosten. Von H. Recktenwald. 2., überarbeitete und erweiterte Aufl. 219 S. mit zahlr. Tab. und Abb. 1966. Lw. DM 38,60.

Verkehr. Von F. Voigt. 1. Bd.: Die Theorie der Verkehrswirtschaft. 2 Teilbde. XLVI, 983 S. 1973. Ln. zus. DM 176,—; 2. Bd.: Die Entwicklung des Verkehrssystems. 2 Teilbde. XXXV, 1426 S. 1965. Ln. zus. DM 152,—; 3. Bd.: Die Organisation der Verkehrsmittel. In Vorb.; 4. Bd.: Zielsysteme und Werkzeuge der staatlichen Verkehrspolitik. In Vorb.

D U N C K E R & H U M B L O T / B E R L I N

Bausteine der Betriebswirtschaftslehre. Eine Sammlung ausgewählter Abhandlungen, Aufsätze und Vorträge. Von E. Kosiol. I: Methodologie, Grundlagen und Organisation. 592 S. 1973. Lw. DM 124,—; II: Rechnungswesen, S. 593—1323. Lw. DM 175,—.

Pagatorische Bilanz. Von E. Kosiol. 1095 S. 1976. Lw. DM 198,—.

Marketing. Von R. Nieschlag, E. Dichtl und H. Hörschgen. 9., durchgesehene Aufl. XXIV, 592 S. 1976. DM 38,—.

Marketing in Frage und Antwort. Ergänzungsband 1 zu: Nieschlag-Dichtl-Hörschgen, Marketing. Von B. Treis. 2. Aufl. 234 S. 1974. DM 19,80.

Fallstudien zum Marketing. Ergänzungsband 2 zu: Nieschlag-Dichtl-Hörschgen, Marketing. Hrsg. von E. Dichtl. 3. Aufl. 1: Entscheidungssituationen. 238 S. 1975. DM 14,80, fPr. 2: Lösungsskizzen. 228 S. 1976. DM 36,—.

Erfolgskontrolle im Marketing. Hrsg. von F. Böcker und E. Dichtl. 367 S. mit 84 Abb. und 65 Tab. 1975. DM 38,—.

Entscheidungsanalyse im Marketing. Von P. Hammann unter Mitarbeit von B. Erichson und W. D. Scheel. XVI, 790 S. 1975. DM 68,—.

Verbraucherschutz in der Marktwirtschaft. Hrsg. von E. Dichtl. 224 S. 1975. DM 22,80.

Marketing-Soziologie. Soziale Interaktionen als Determinanten des Marktverhaltens. Hrsg. von K.-G. Specht und G. Wiswede. 466 S. 1976. DM 59,—.

Wissenschaftliche Betriebsführung und Betriebswirtschaftslehre. Festschrift zum 75. Geburtstag von Otto R. Schnutenhaus. Hrsg. von W. Kroeber-Riel und C. W. Meyer. 258 S. 1969. DM 58,60.

Betriebswirtschaftliche Forschung in internationaler Sicht. Festschrift für Erich Kosiol zum 70. Geburtstag. Hrsg. von H. Kloidt. 577 S. 1970. Lw. DM 116,—.

Unternehmensführung. Festschrift für Erich Kosiol zu seinem 75. Geburtstag. Hrsg. von J. Wild. XI, 556 S. 1974. Lw. DM 126,—.

Analysen zur Unternehmenstheorie. Festschrift für Leopold L. Illetschko zum 70. Geburtstag. Hrsg. von K. Lechner. VII, 295 S. 1972. DM 68,—.

Führungsprobleme der industriellen Unternehmung. Von F. Henzel. 2 Bde. I: Die Produktion in technologisch-wirtschaftlicher Betrachtung. XV, 389 S. 1973. Lw. DM 78,—; II: Die Industrie in ihren Marktproblemen: Beschaffung, Lagerhaltung, Absatz. XV, 370 S. 1973. DM 78,—.

Betriebswirtschaftspolitik. Von W. Heinrich. 2., neubearb. Aufl. XIII, 153 S. 1967. DM 19,80 (Sonderdruck aus: Wirtschaftspolitik, 2. Bd., 2. Hälfte).

Grundzüge einer Theorie der Beschaffungspolitik. Von P. Theisen. 511 S. 1970. DM 78,—.

DUNCKER & HUMBLOT / BERLIN

ROBERT NIESCHLAG

Binnenhandel und Binnenhandelspolitik

2., neubearbeitete Auflage

351 S. 1972. Lw. DM 44,—; brosch. Studienausgabe DM 32,—

„Prof. Dr. Robert Nieschlag hat in der neuen Bearbeitung die jüngsten Entwicklungen im Groß- und Einzelhandel berücksichtigt und verarbeitet. Seinem Stil ist er treu geblieben: Sein Buch liest sich gut und ist allgemein verständlich. Er gibt nicht nur die Daten, oft in übersichtlichen Tabellen, sondern interpretiert Entwicklungen und Tendenzen in klarer, einleuchtender Form. Wer Handel ‚verstehen' will, und zwar in beiden Bedeutungen dieses Wortes, sollte daher zum Nieschlag greifen."

Handelsblatt

WERNER WEDDIGEN

Grundzüge der Gewerbepolitik

Handwerks-, Industrie- und Energiewirtschaftspolitik

162 S. mit 12 Tab. und 1 Abb. 1967. DM 18,60

„Es ist dem Verfasser gelungen, eine breite Fülle von wirtschaftspolitischen Kenntnissen zu vermitteln. Ein umfassendes Sachverzeichnis ermöglicht eine rasche Information und macht das Buch auch als Nachschlagehilfe wertvoll. Dies trifft insbesondere auf die informativen historischen Darlegungen zu. Aber auch das Bestreben, in einem solchen kurzen Aufriß die Gegebenheiten der Gewerbepolitik im internationalen Bereich, vor allem aber in den planwirtschaftlichen Ordnungen der Sowjetzone und der Sowjet-Union, mitzuerfassen, verdient Anerkennung."

Gewerbearchiv

WERNER WEDDIGEN

Grundzüge der Handelspolitik

Binnenhandel und Außenhandel

150 S. 1968. DM 18,—

„Wer einen tieferen Einblick in den Bereich des Binnenhandels sucht, dem wird mit den ‚Grundzügen der Handelspolitik' ein fundamentales Rüstzeug an die Hand gegeben. Von den 150 Seiten dieses äußerst komprimiert geschriebenen Werkes sind allein 88 dem Binnenhandel gewidmet. Der zweite Teil hat die Außenhandelspolitik zum Gegenstand. ... Ein Werk zur Ausbildung für den Nachwuchs, nicht nur an Universitäten, sondern vor allem in den Betrieben und Schulen; ebenso aber auch ein Nachschlagewerk für den, der in der täglichen Praxis mit Begriffen des Handels zu tun hat."

Marketing-Journal

D U N C K E R & H U M B L O T / B E R L I N